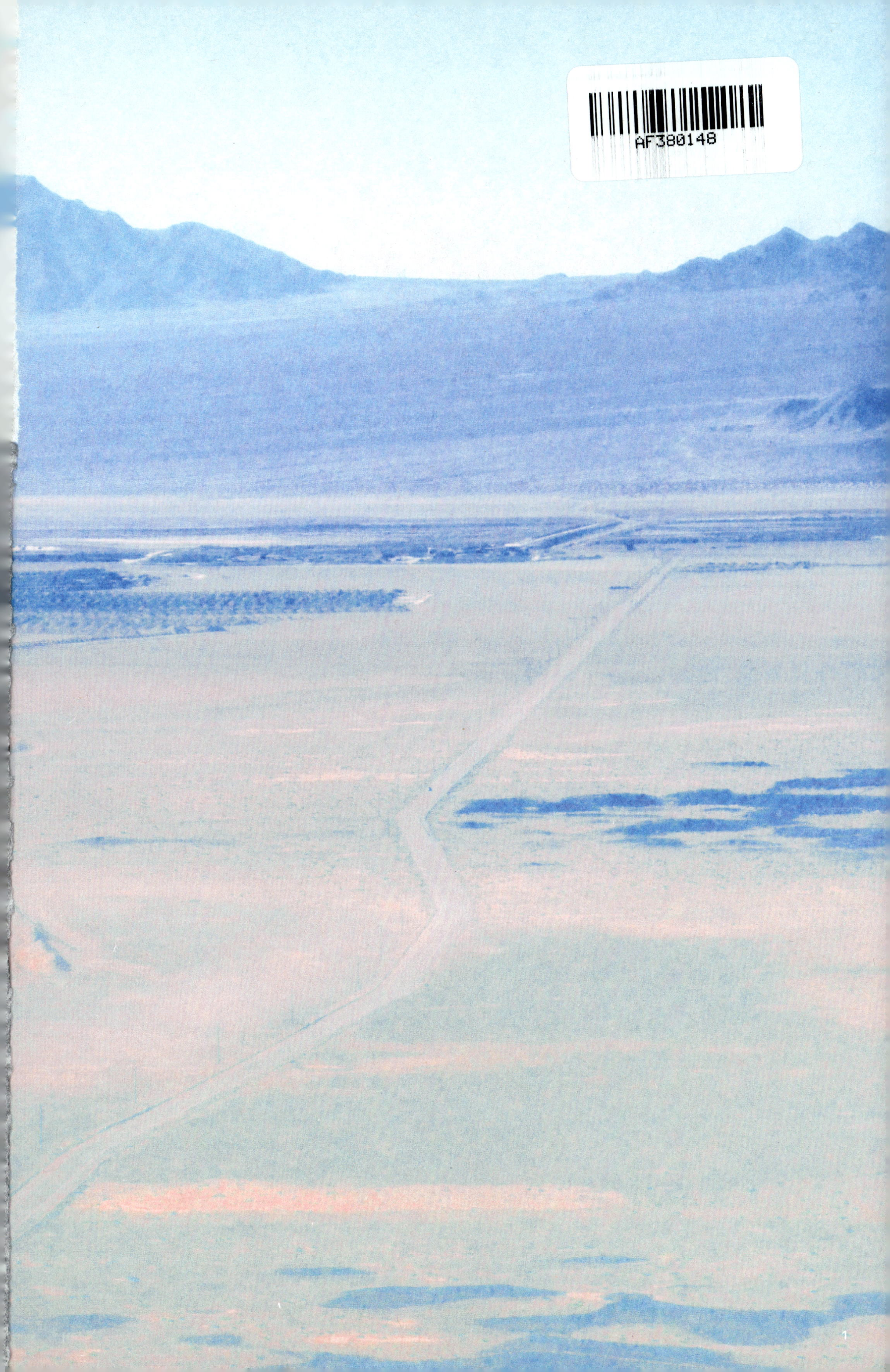
AF380148

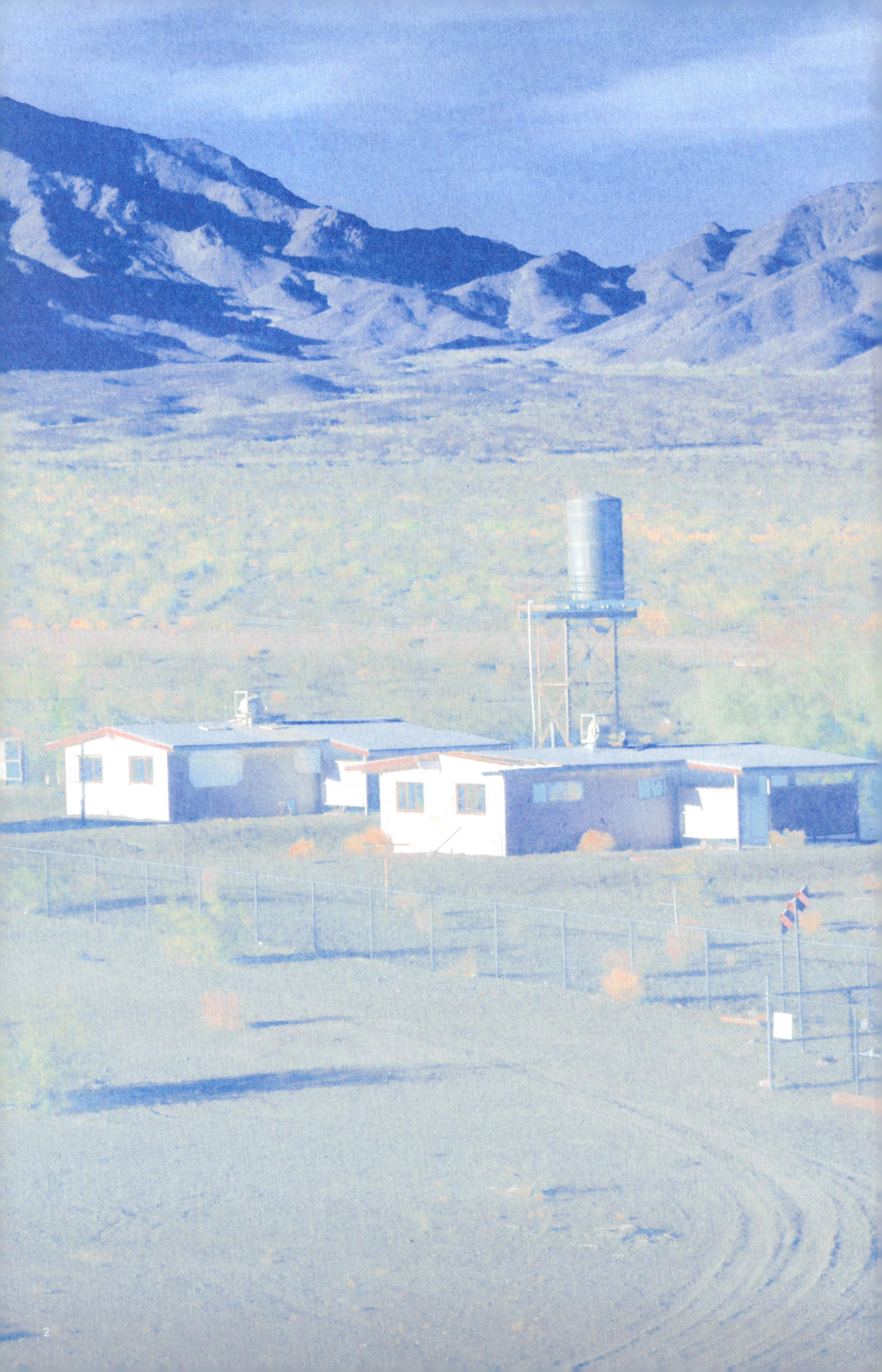

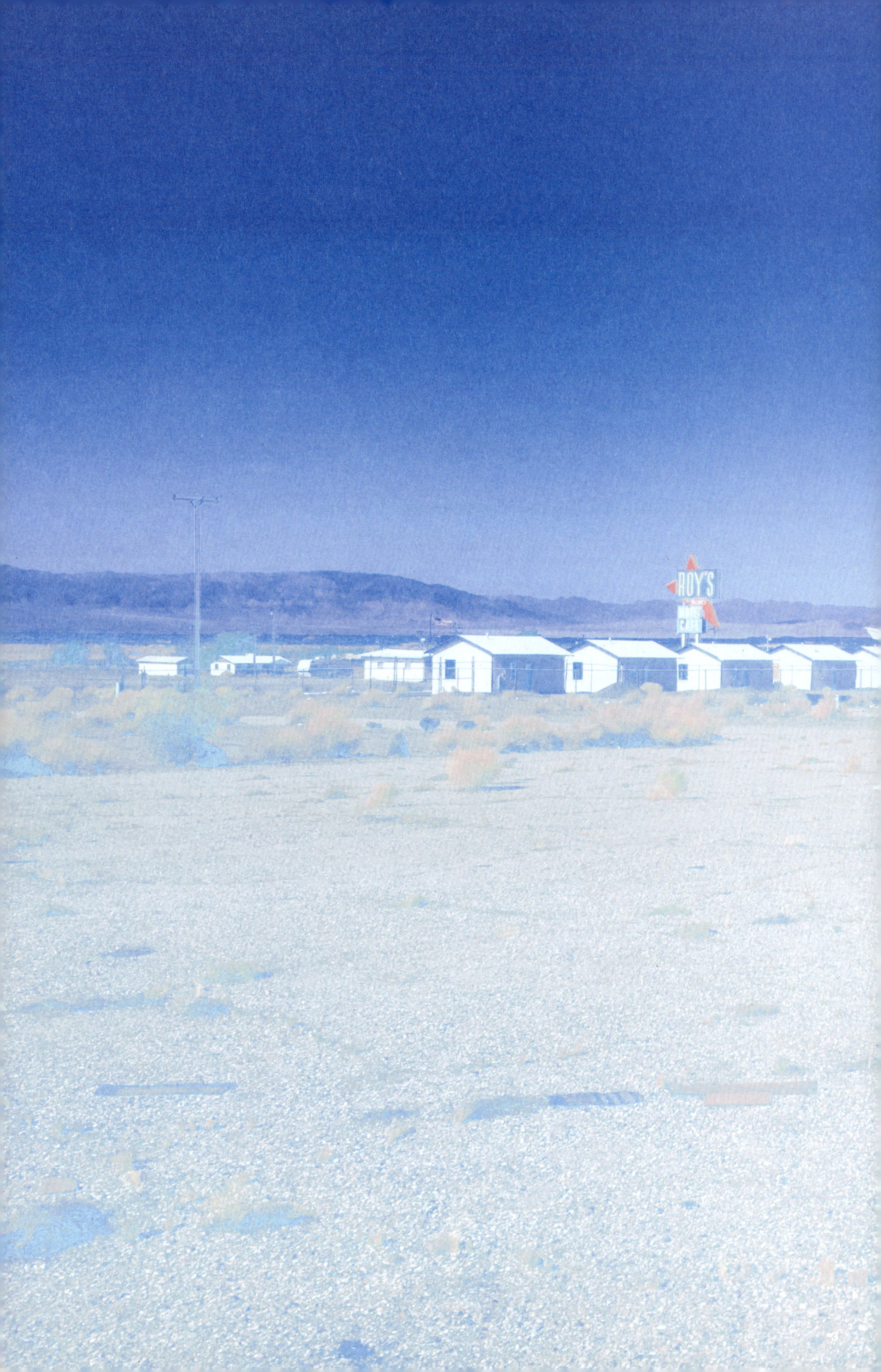
ROY'S
MOTEL
CAFE

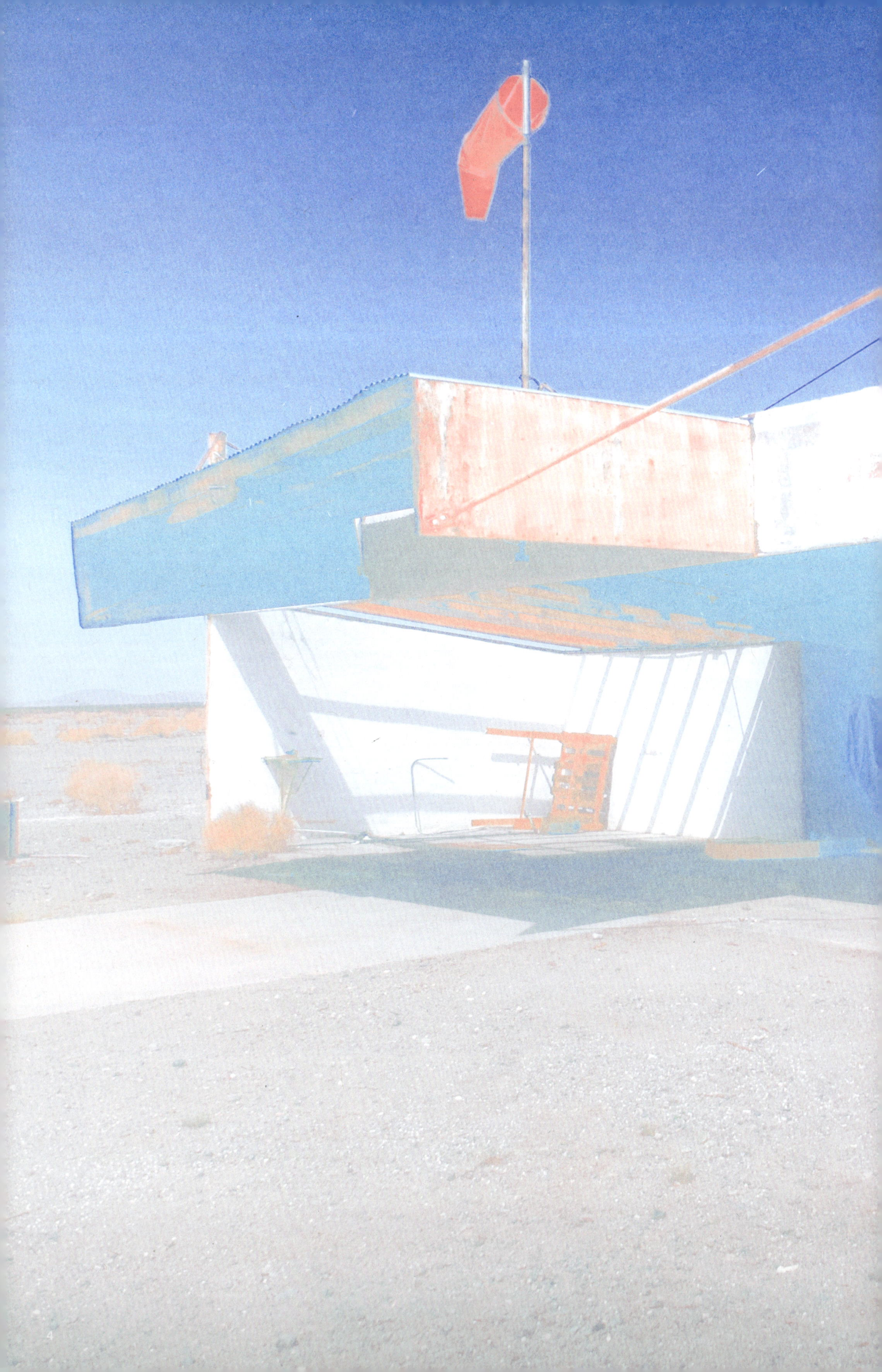

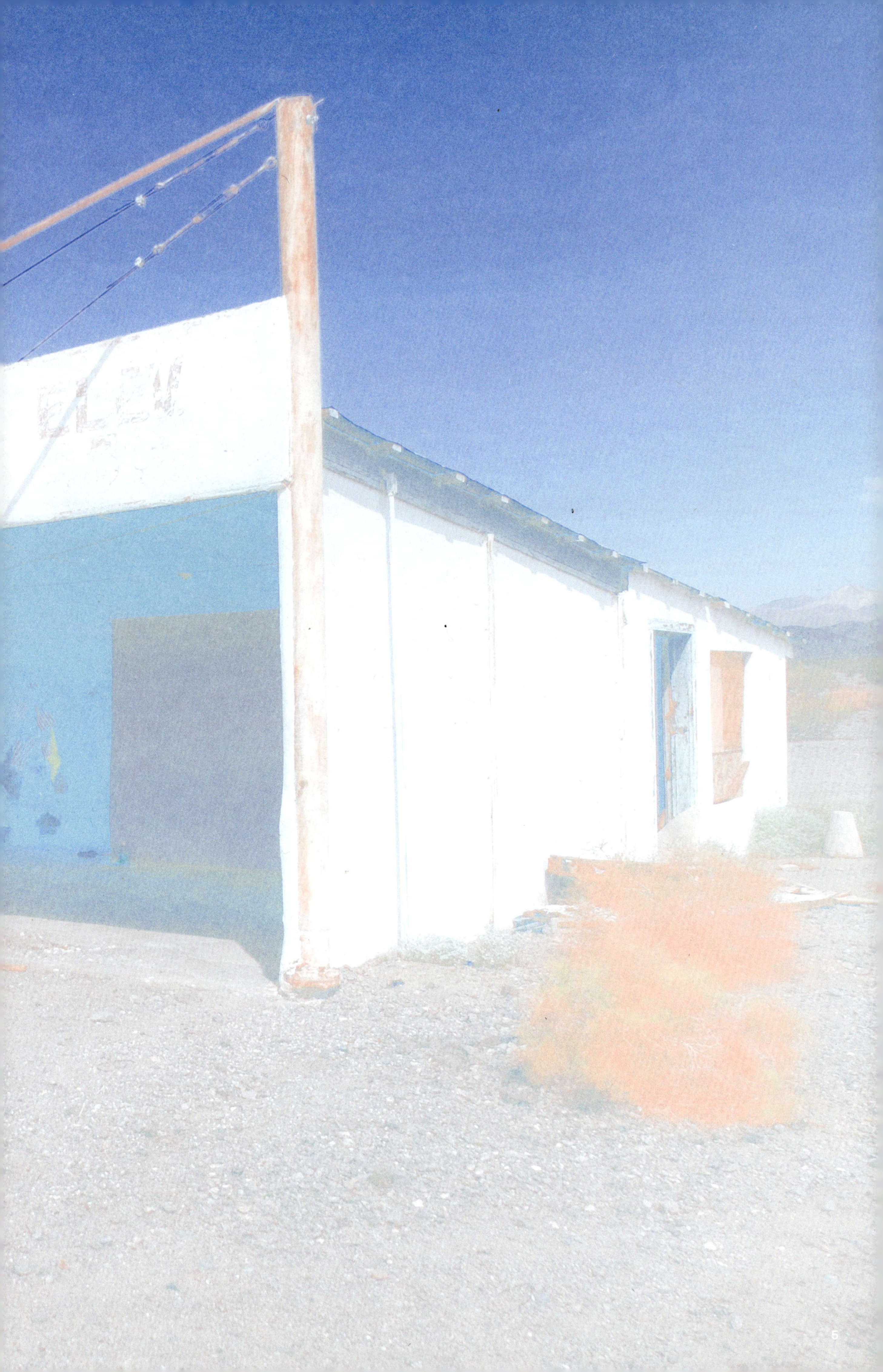

BLEU

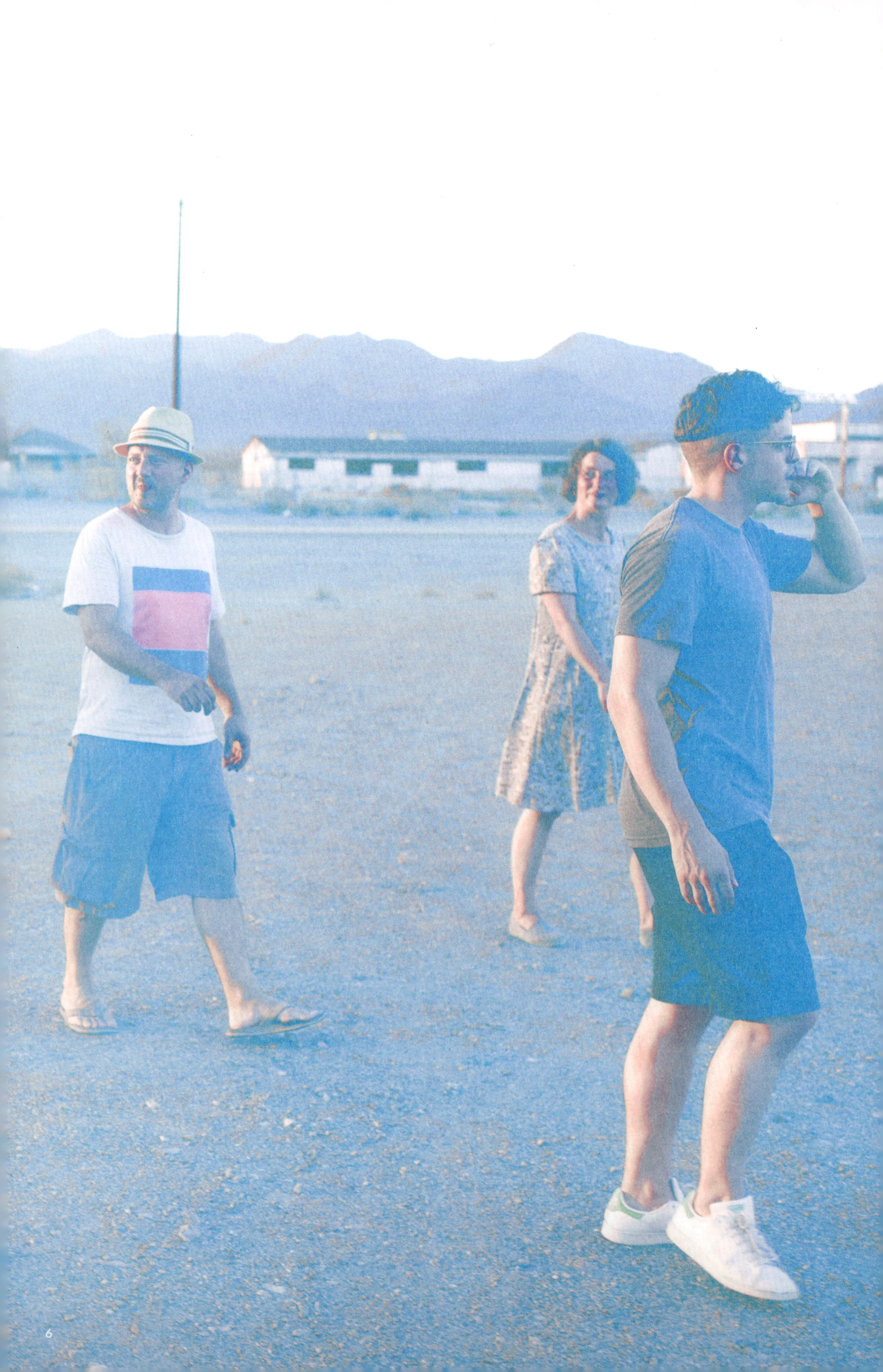

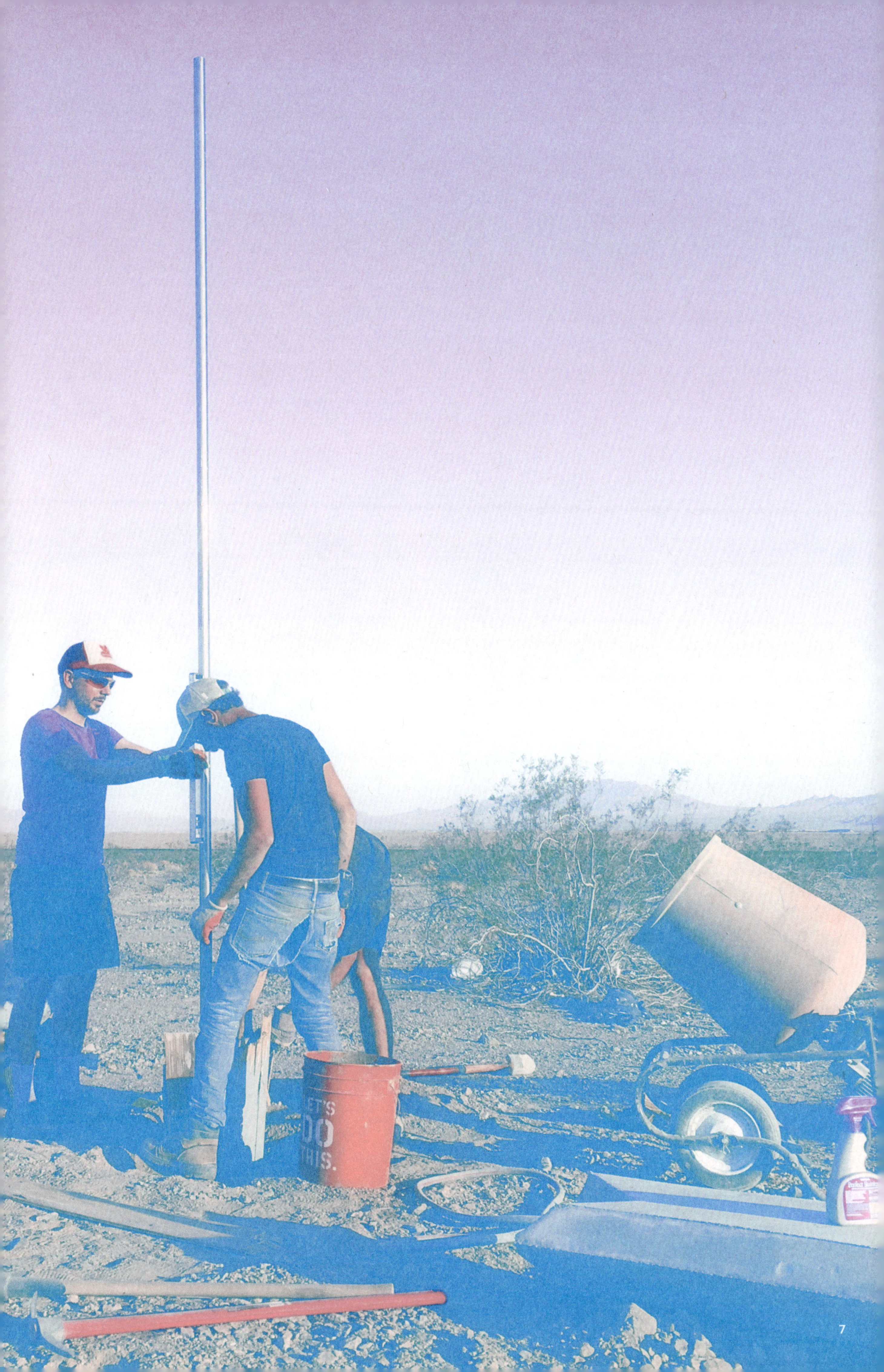

LET'S
DO
THIS.

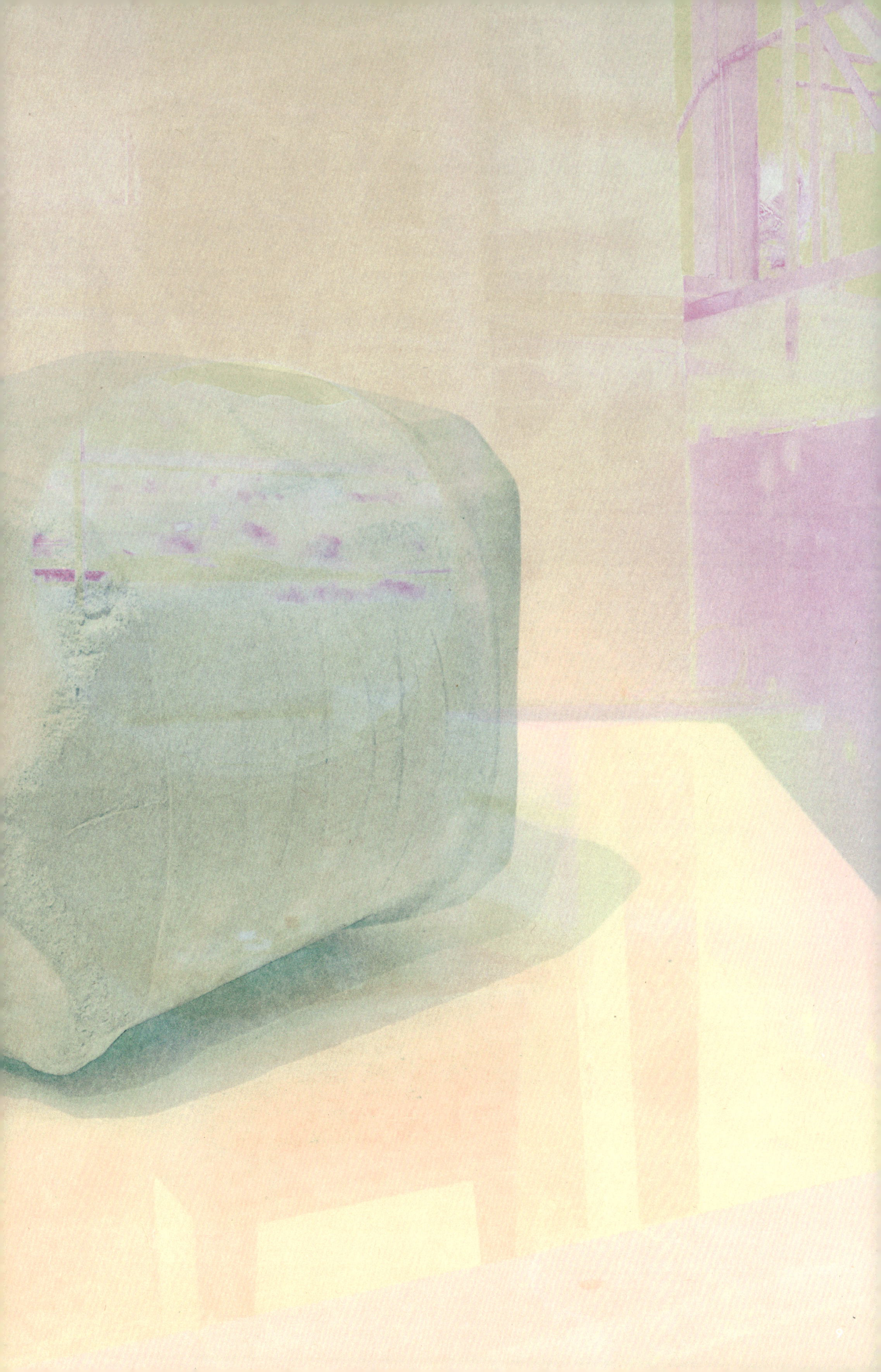

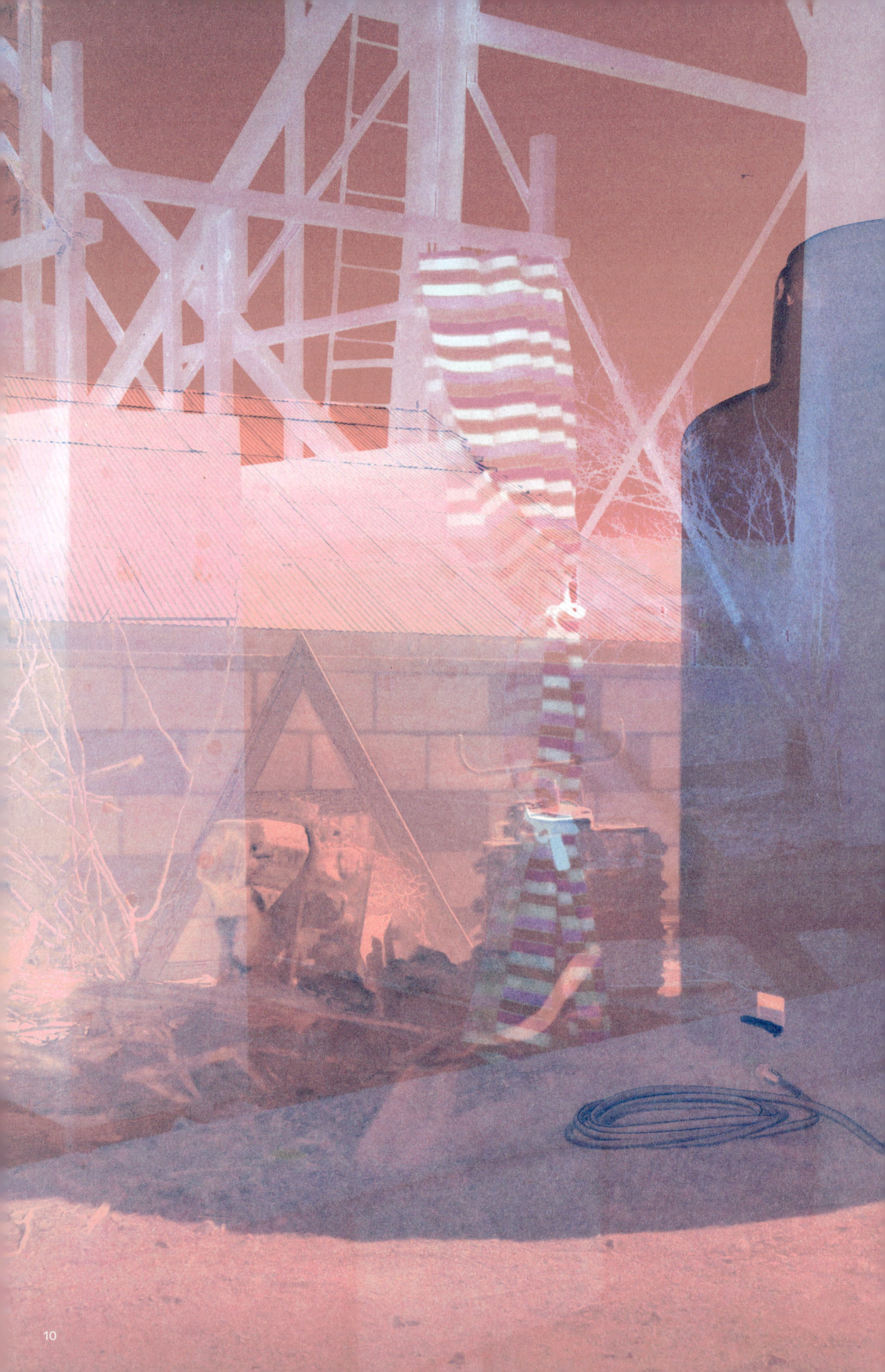

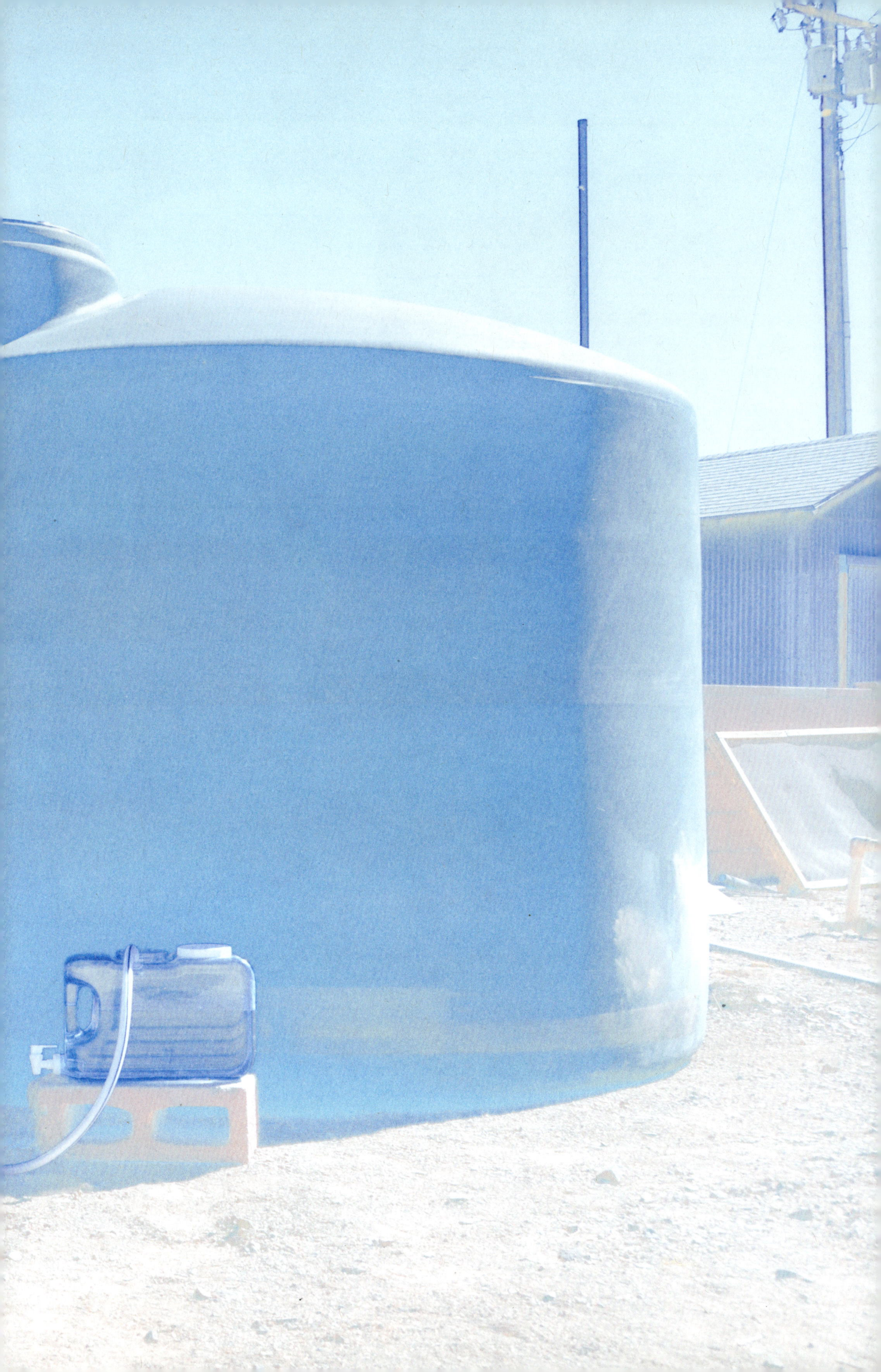

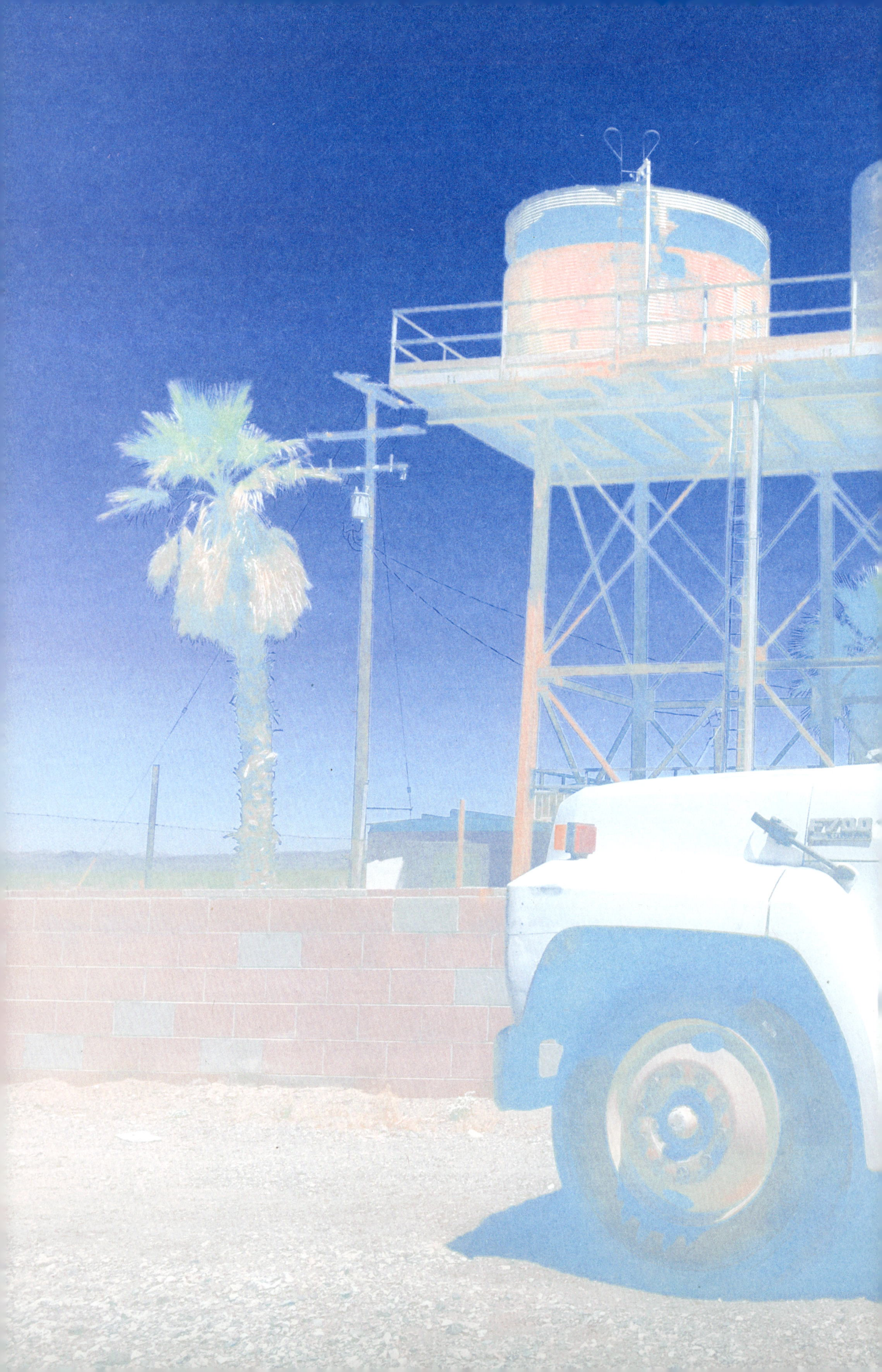

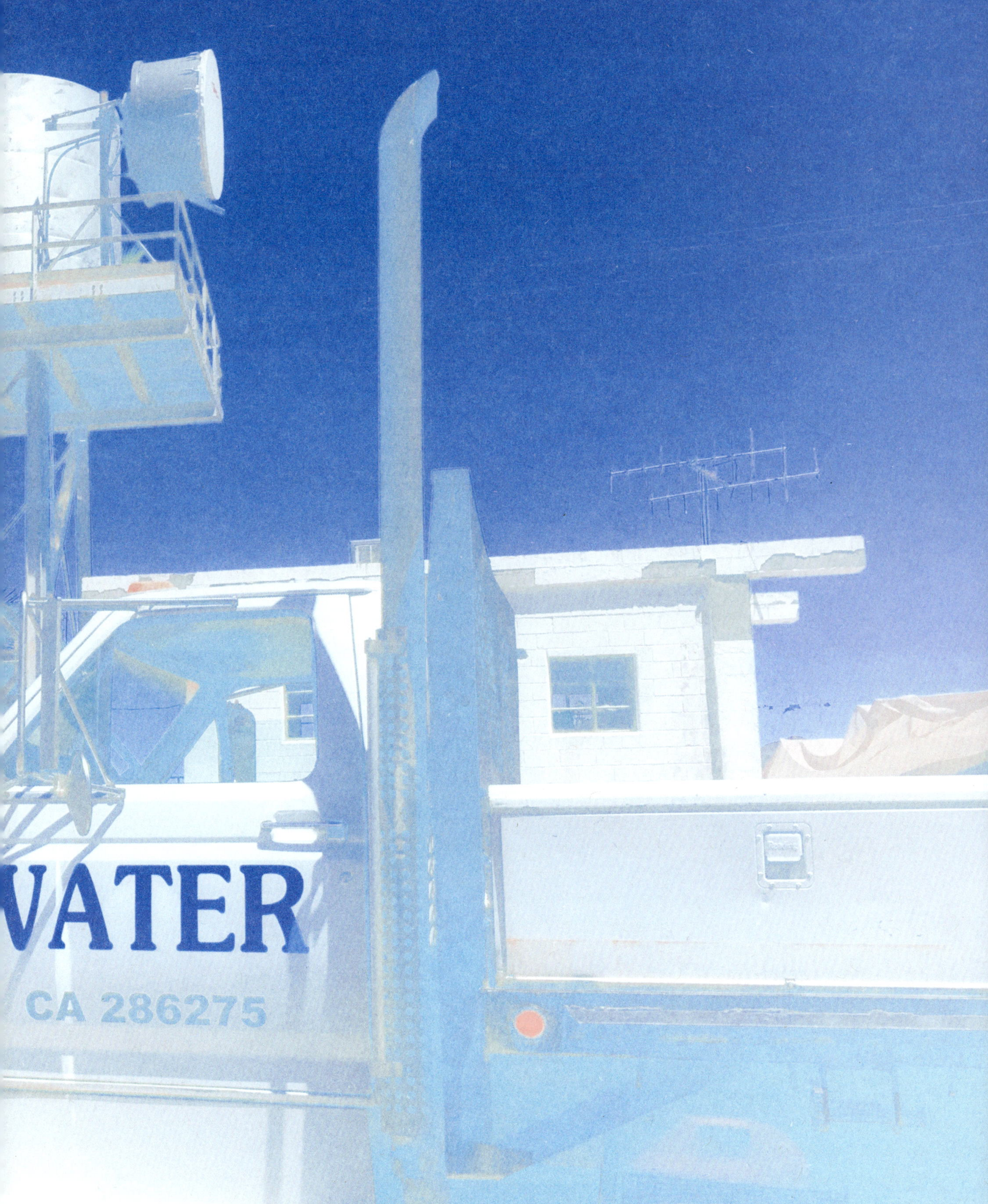
VATER
CA 286275

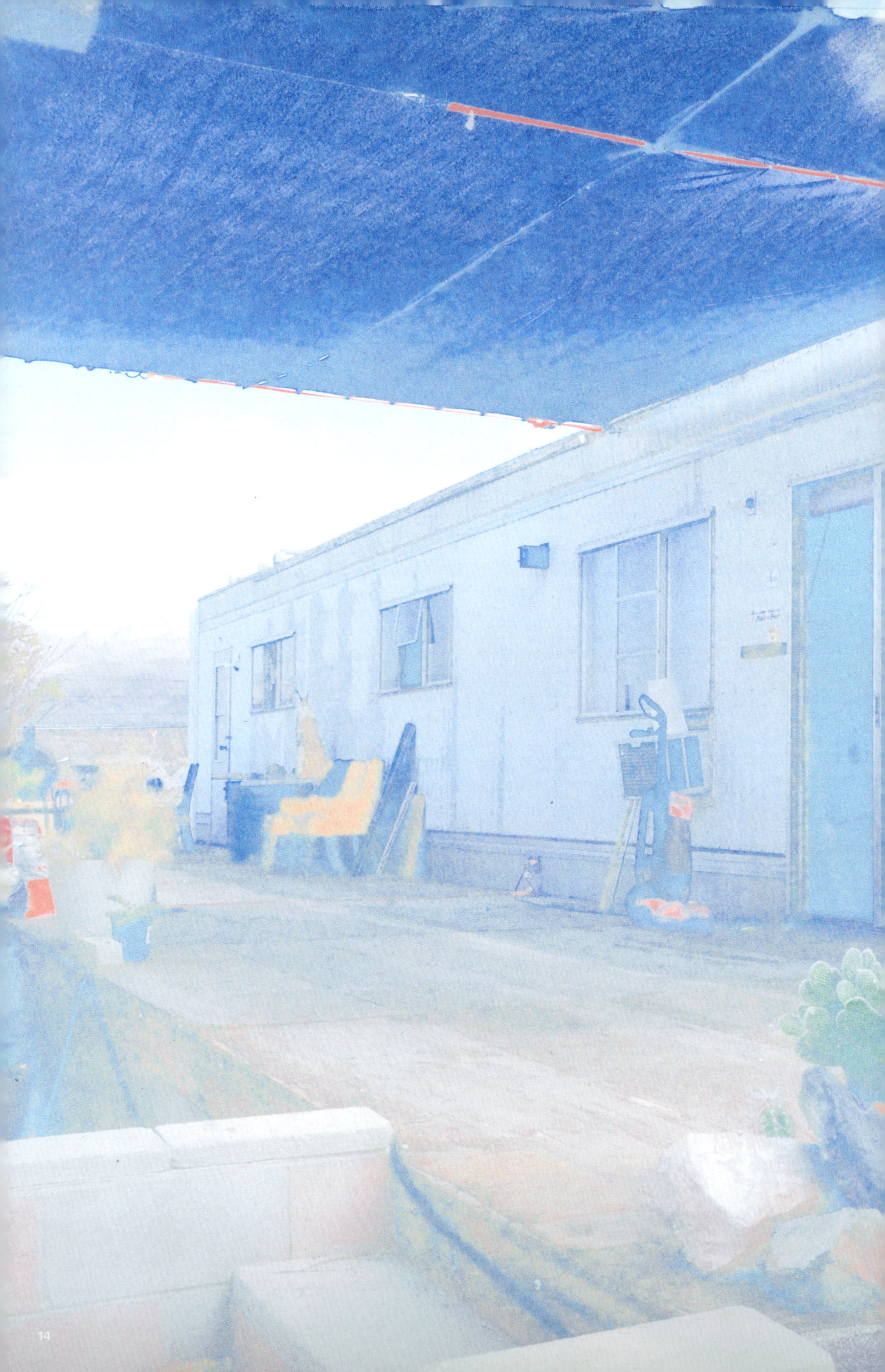

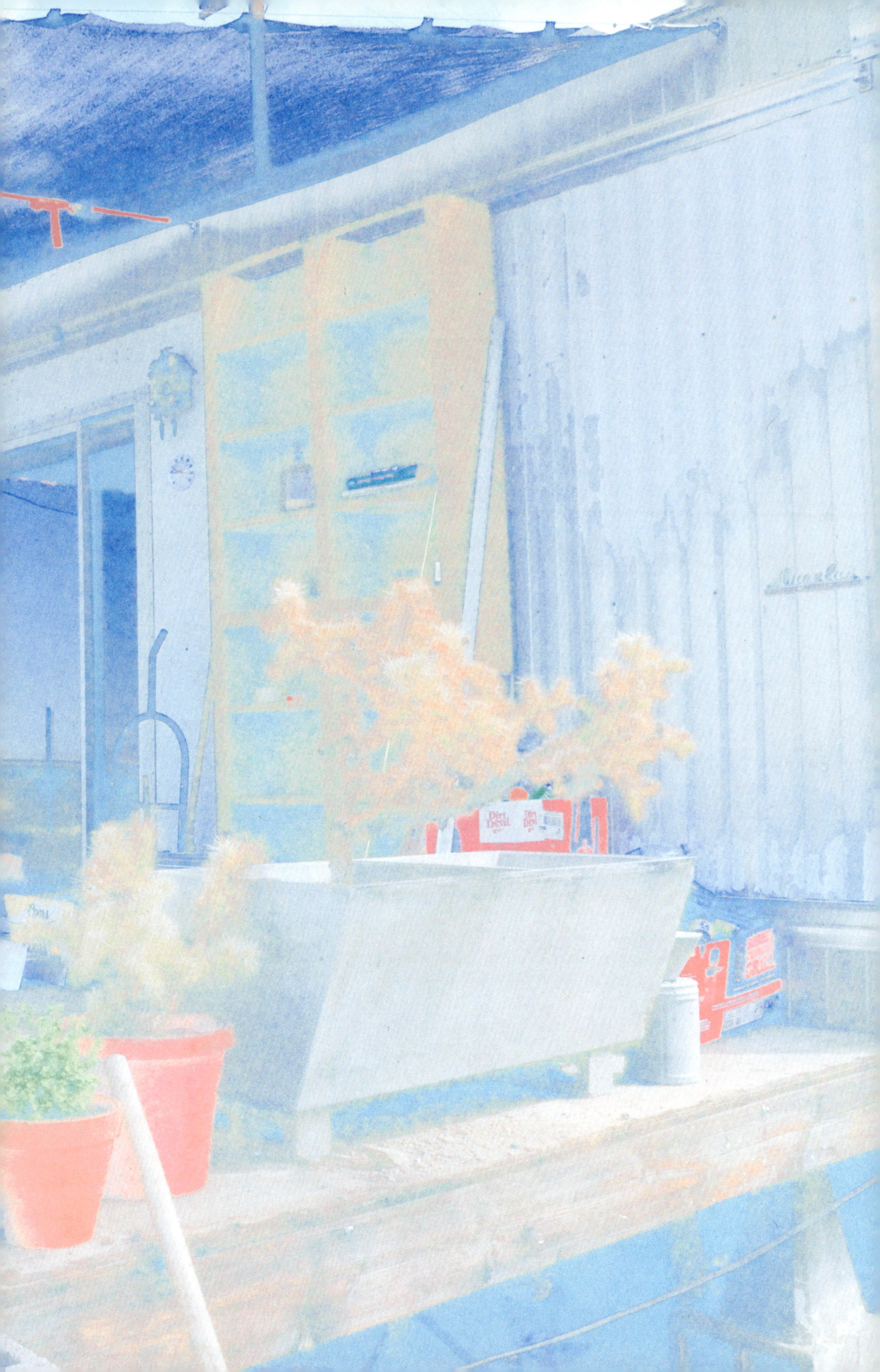

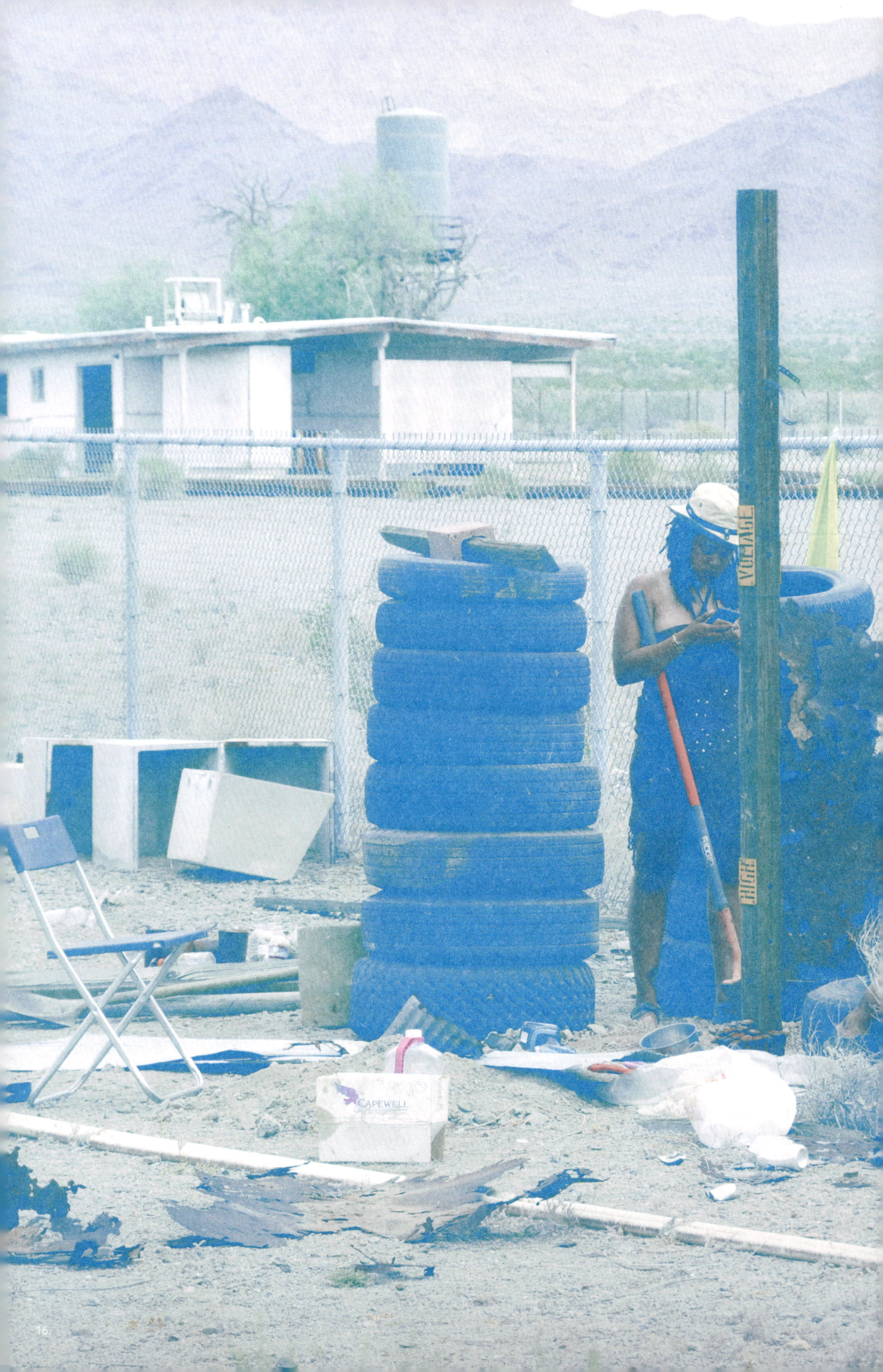
VOLTAGE
HIGH
CAPEWELL

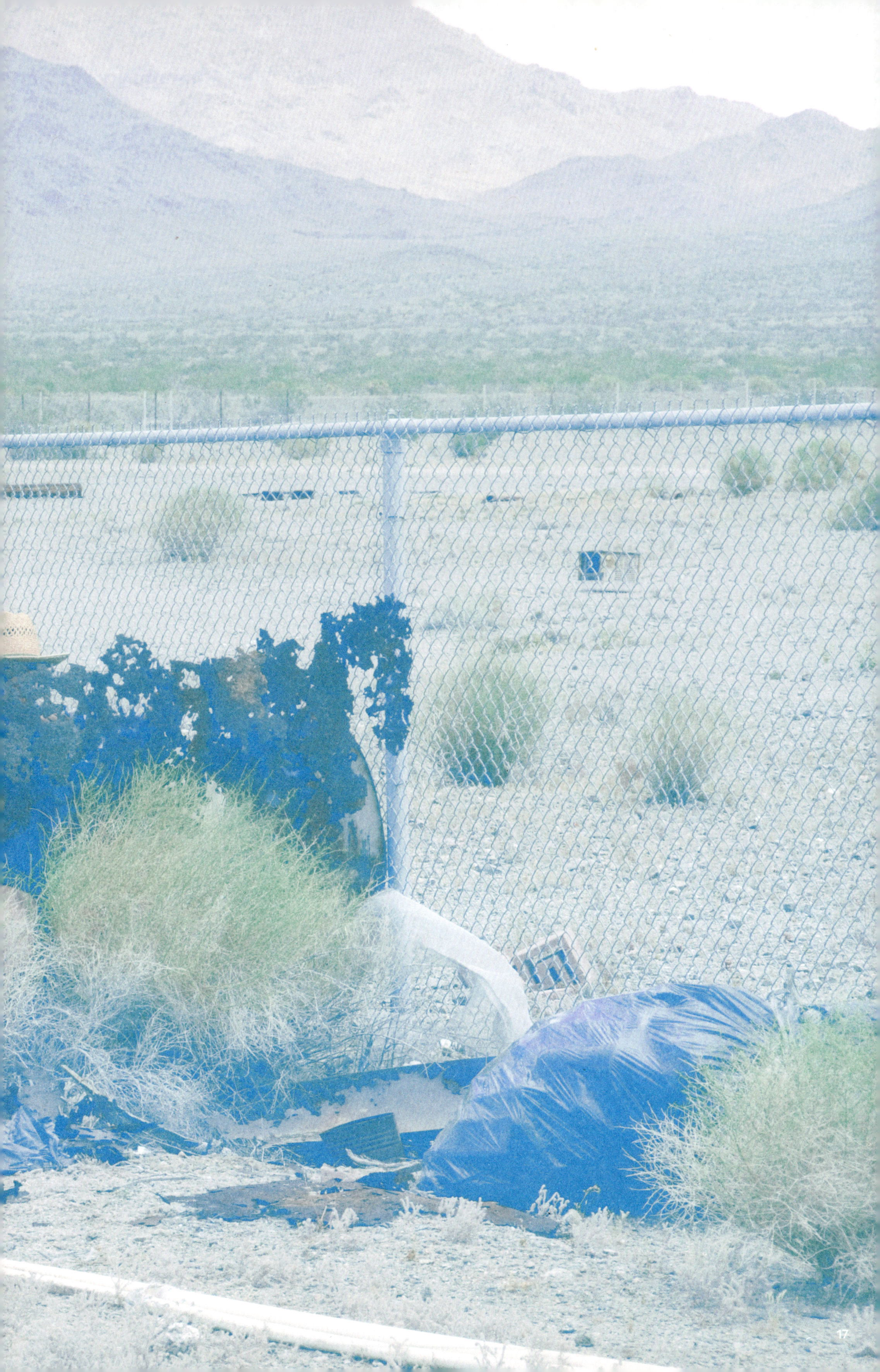

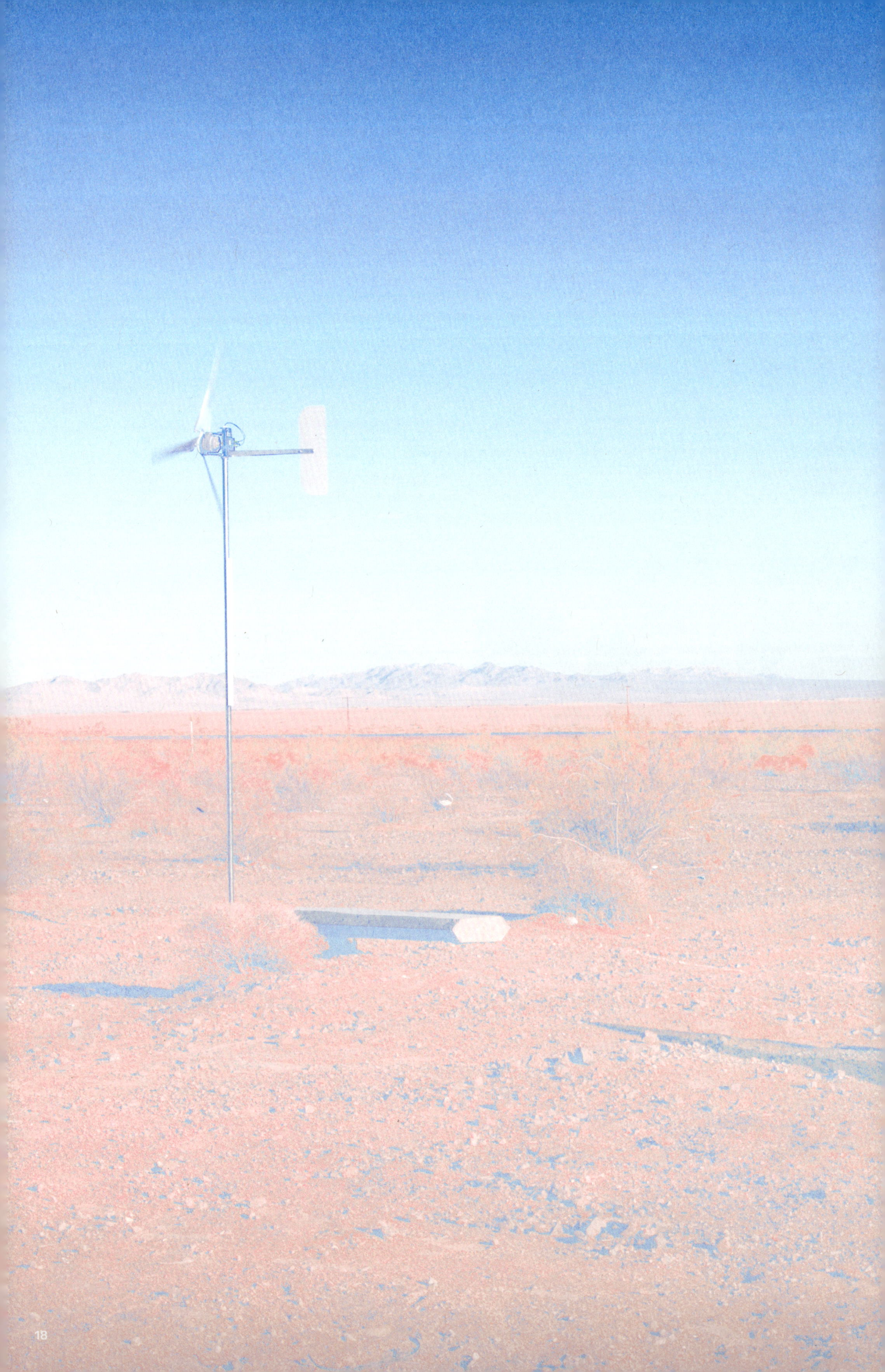

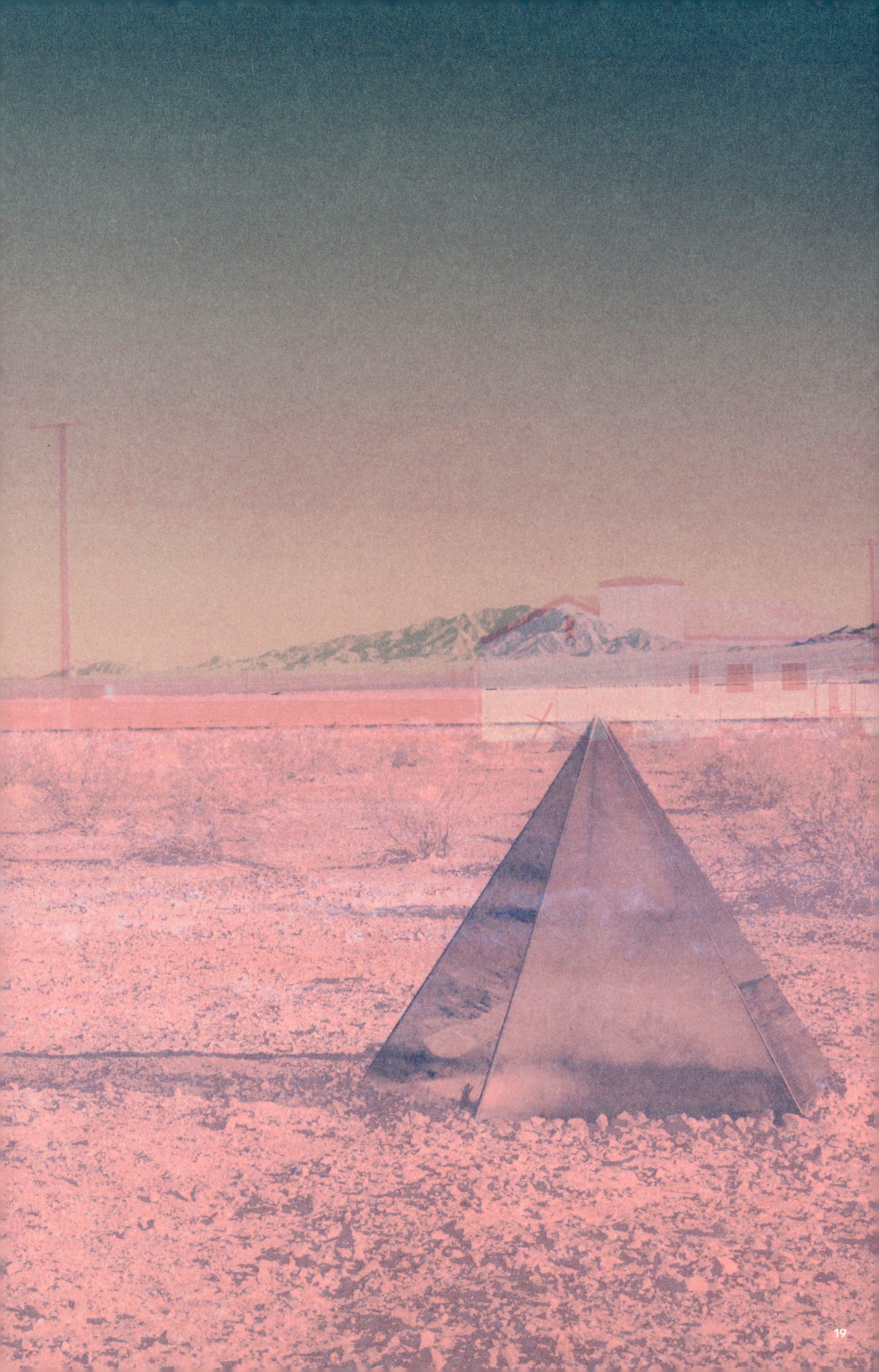

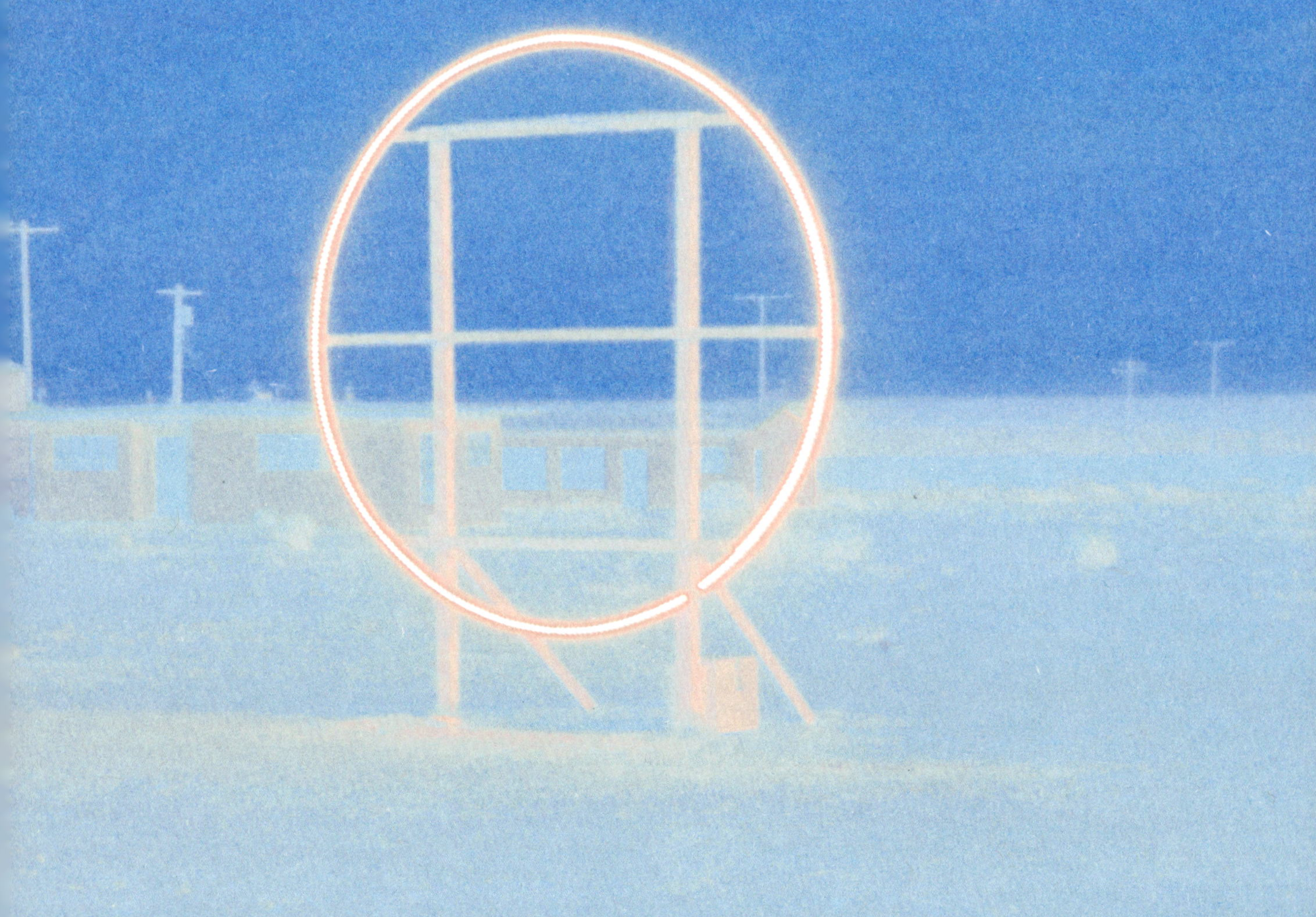

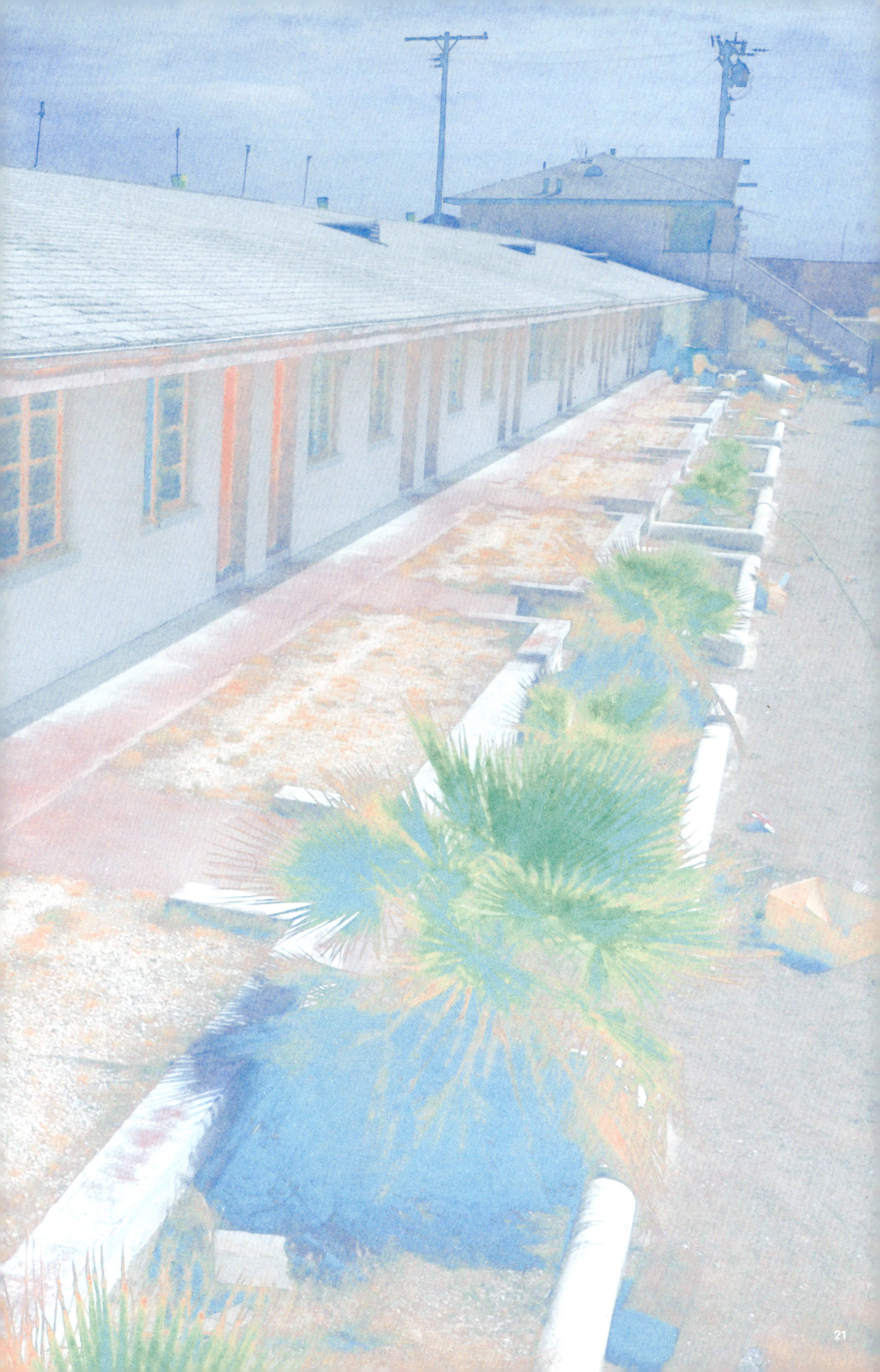

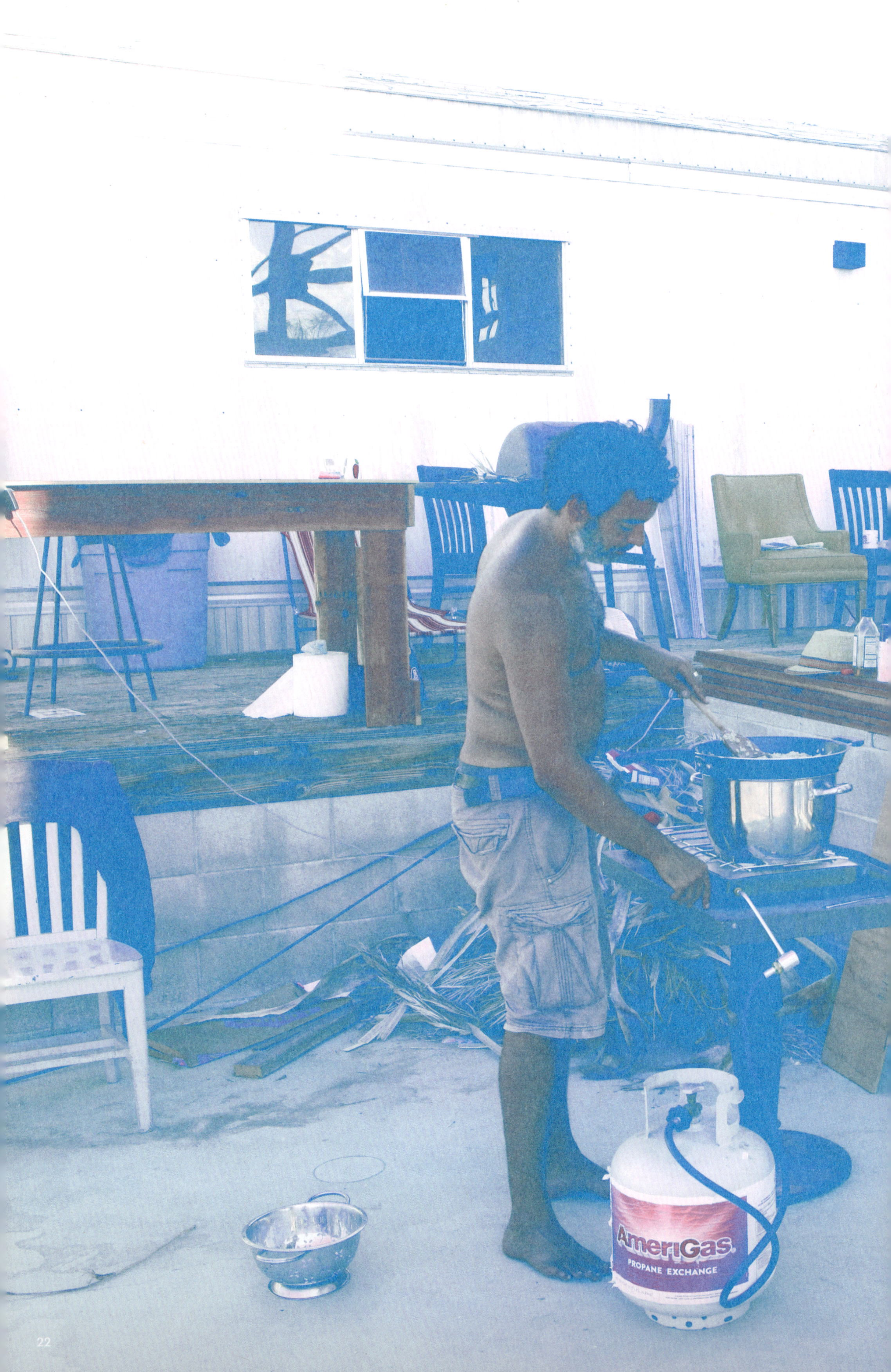
AmeriGas
PROPANE EXCHANGE

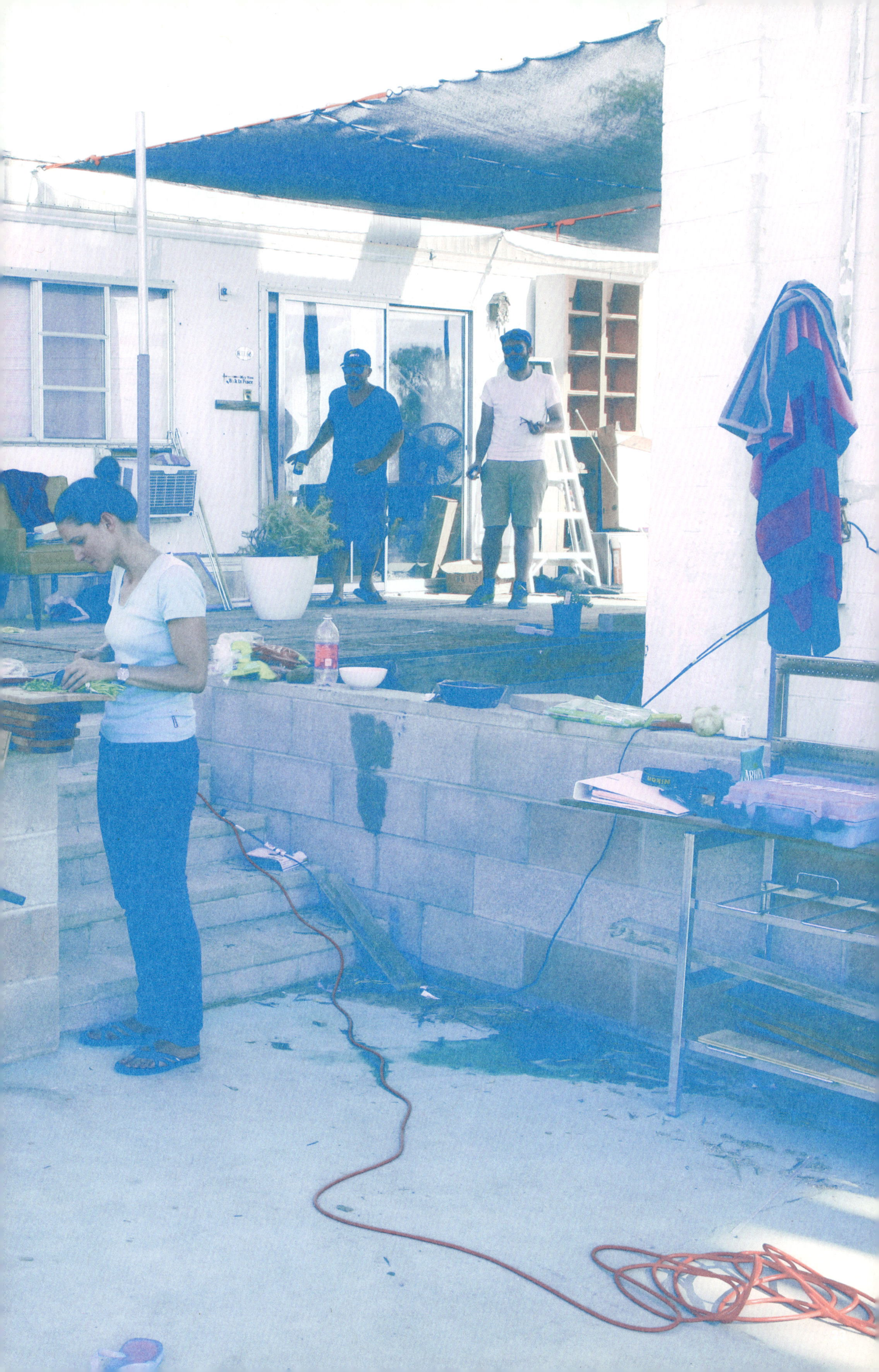

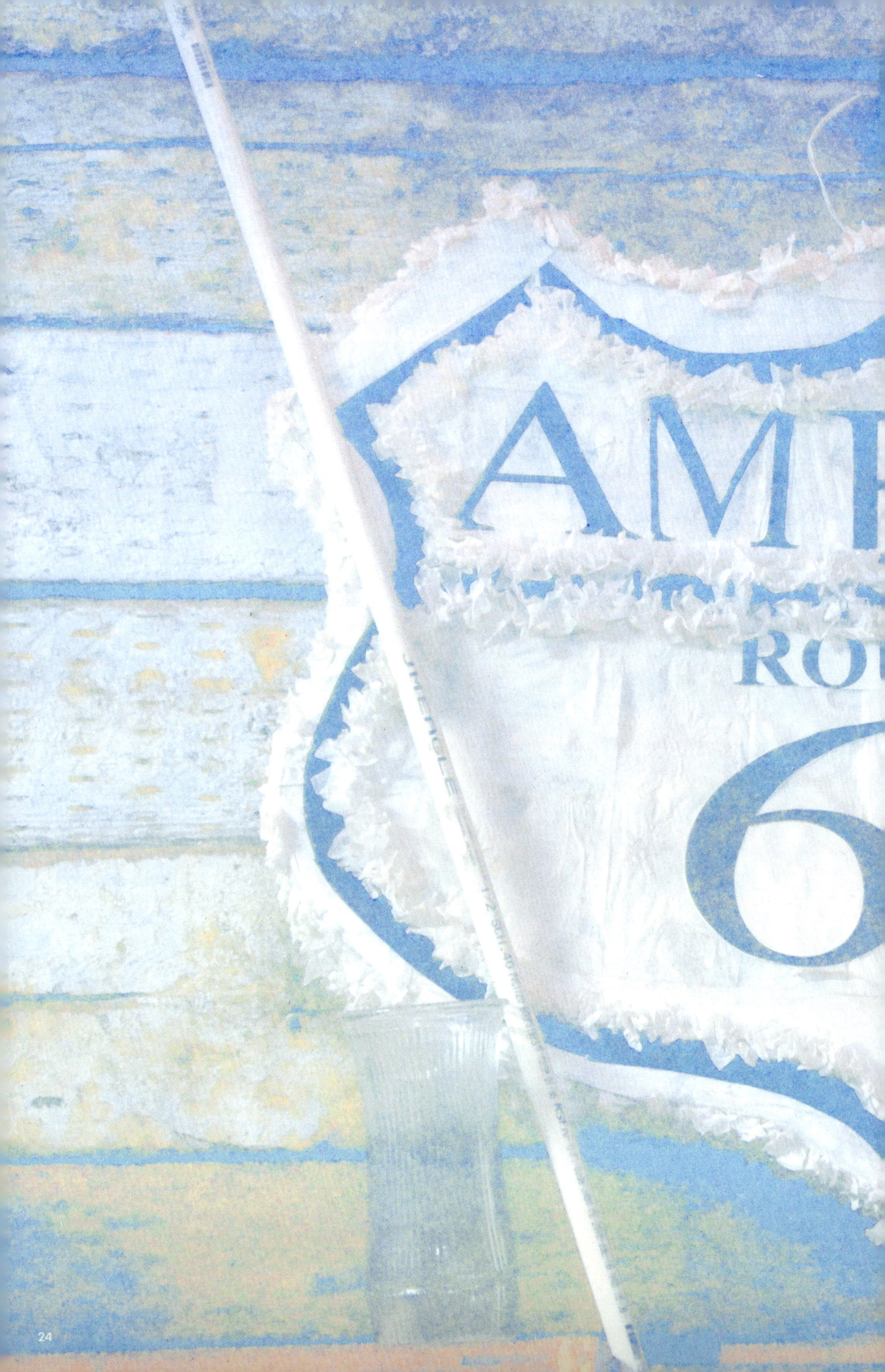
AM
ROU
6

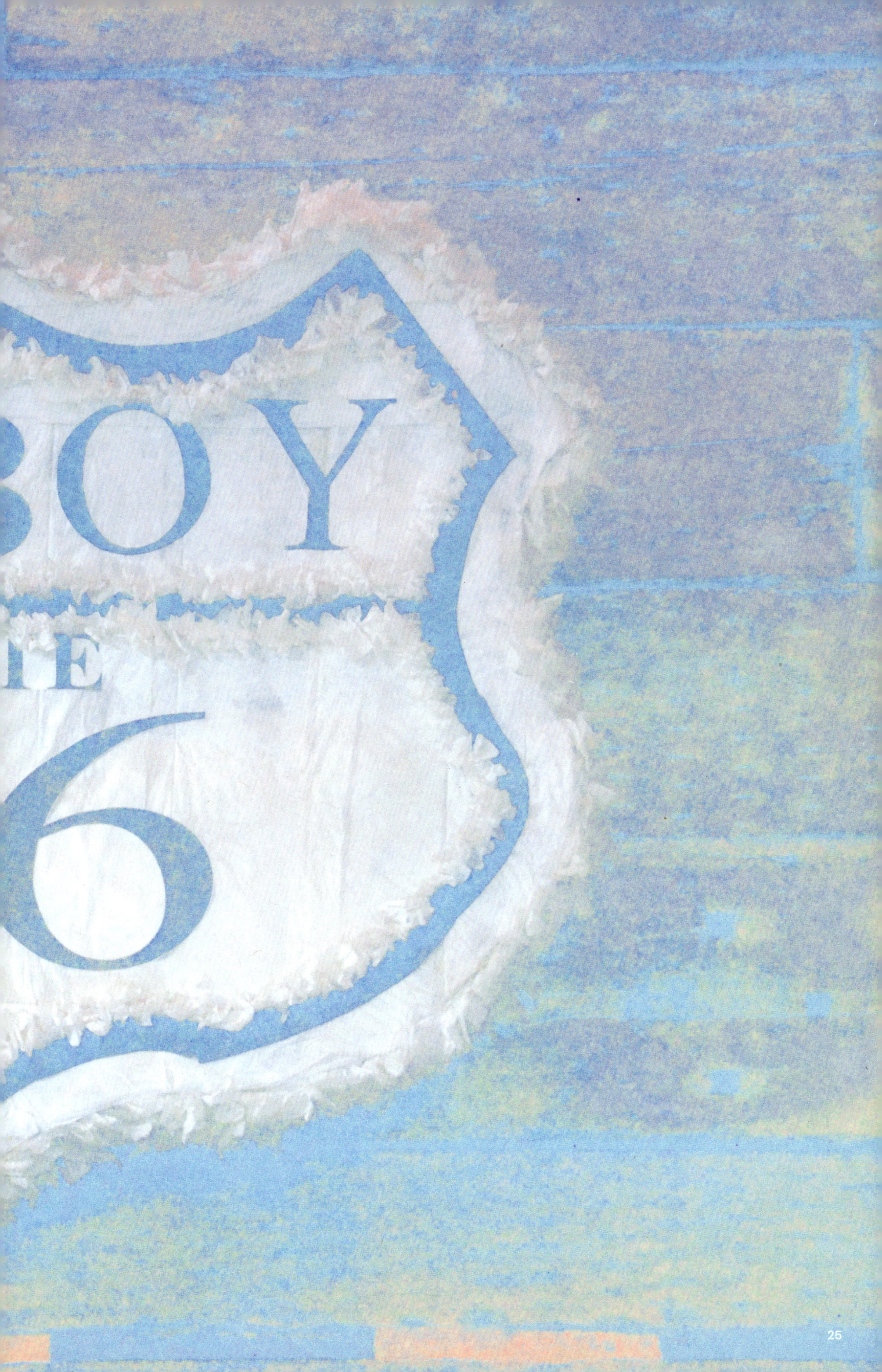
BOY
TE
6

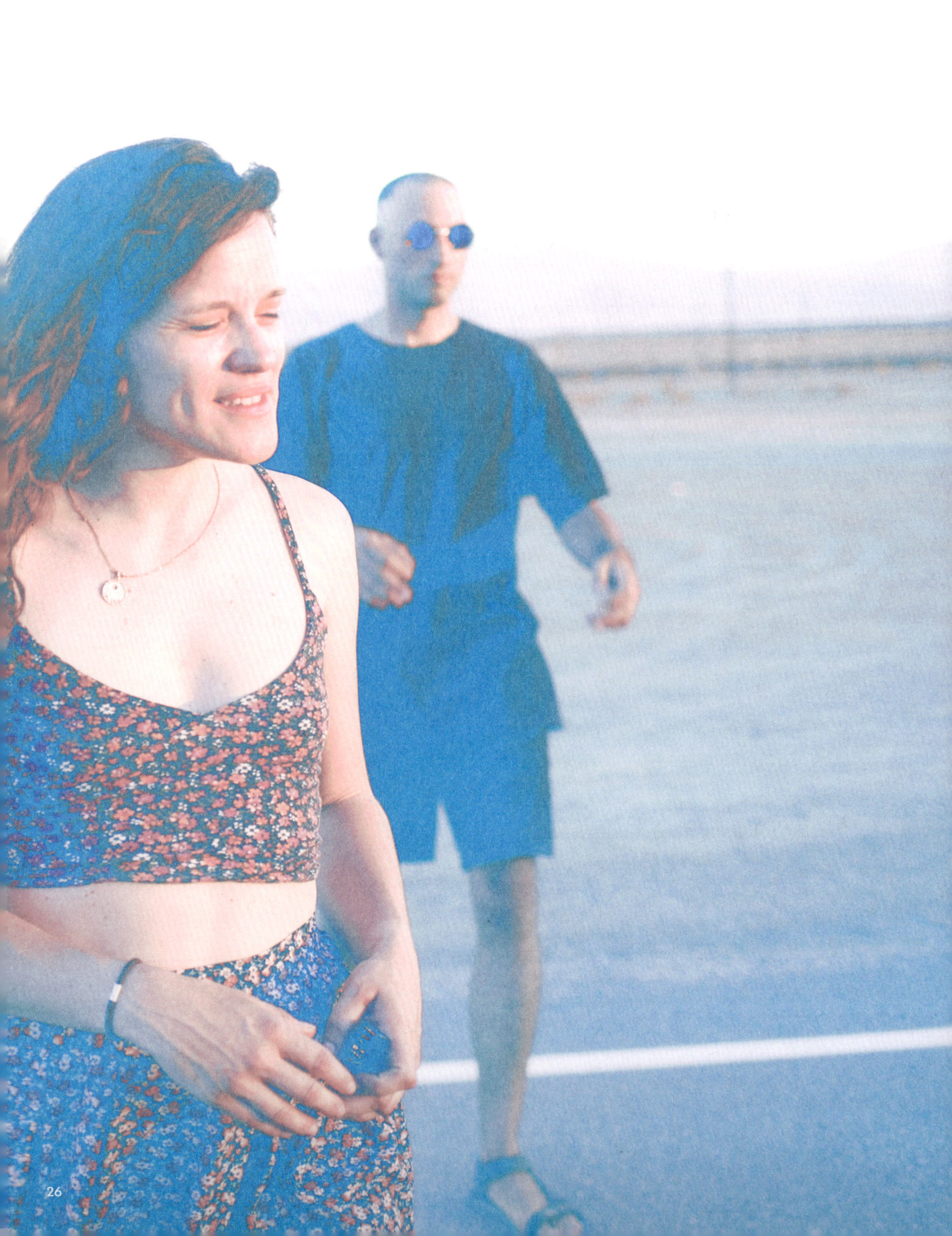

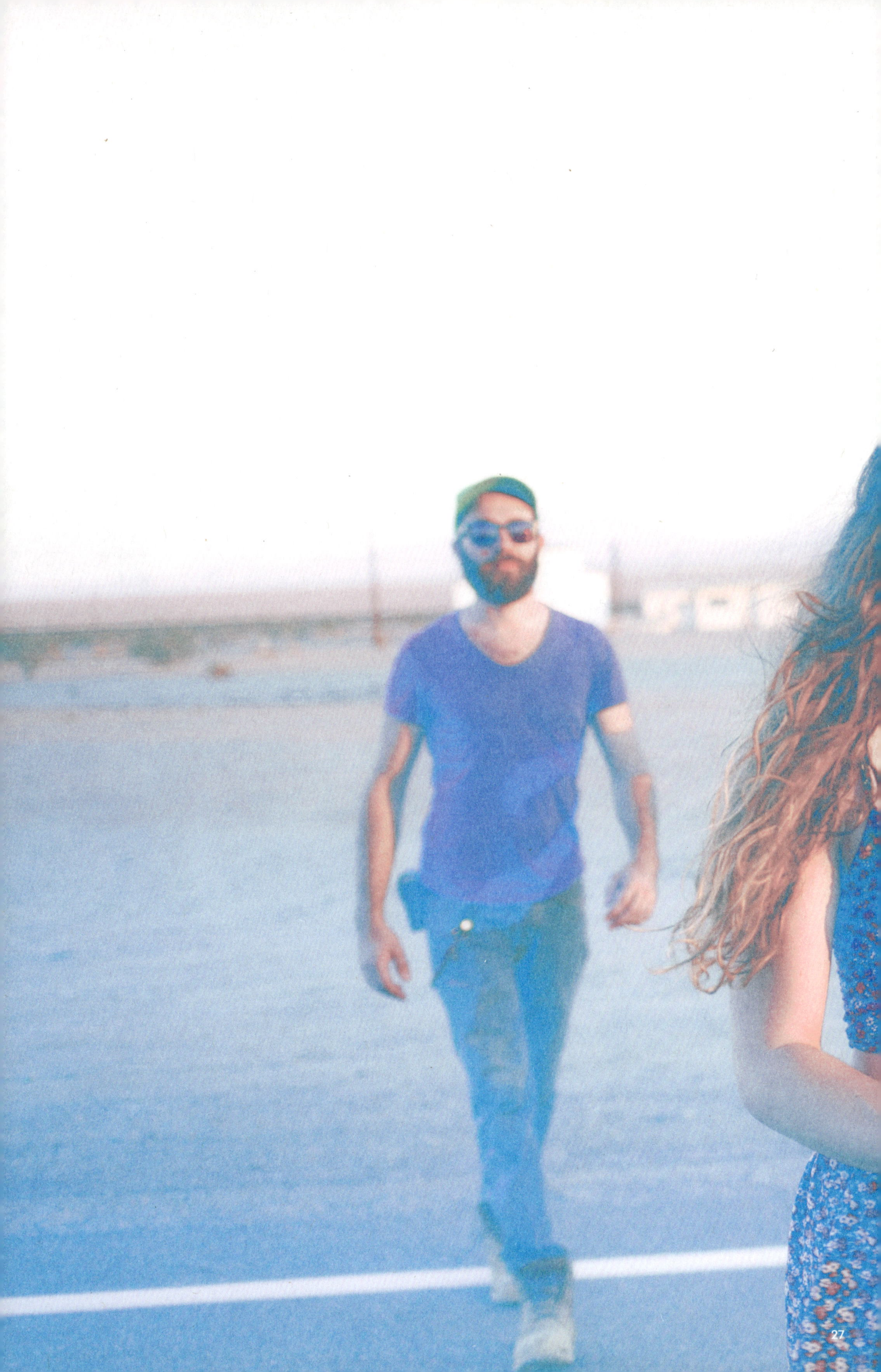

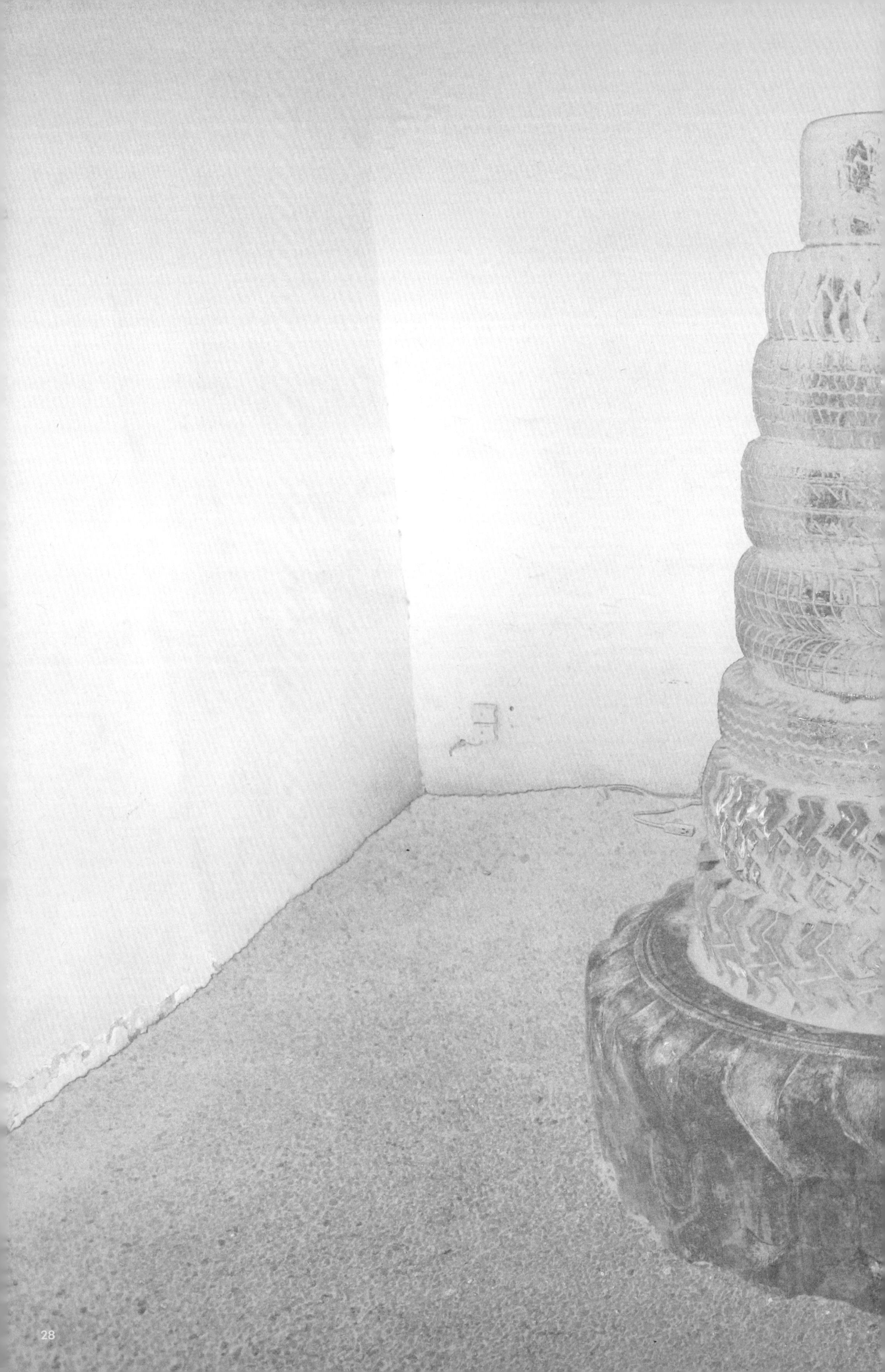

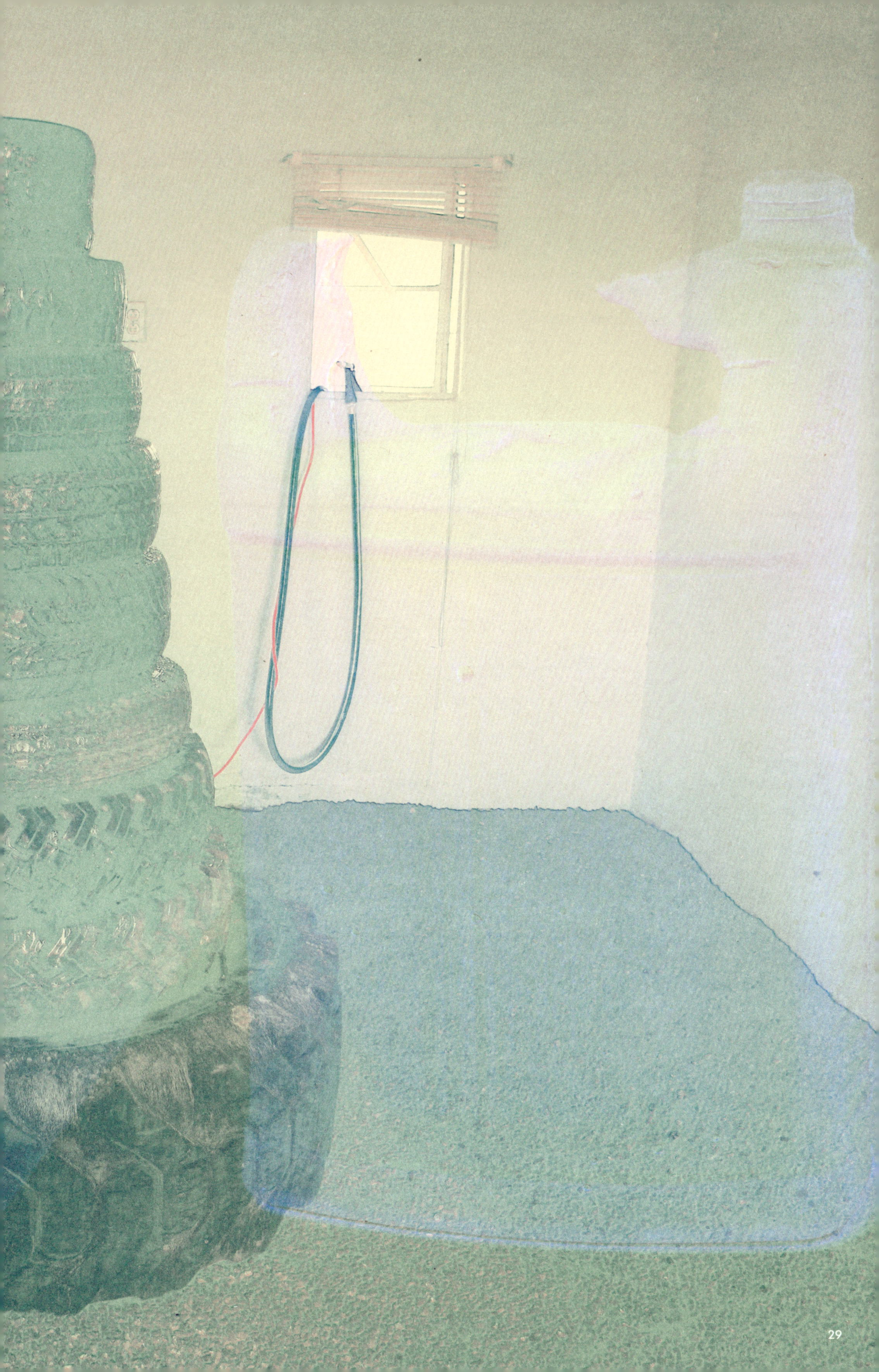

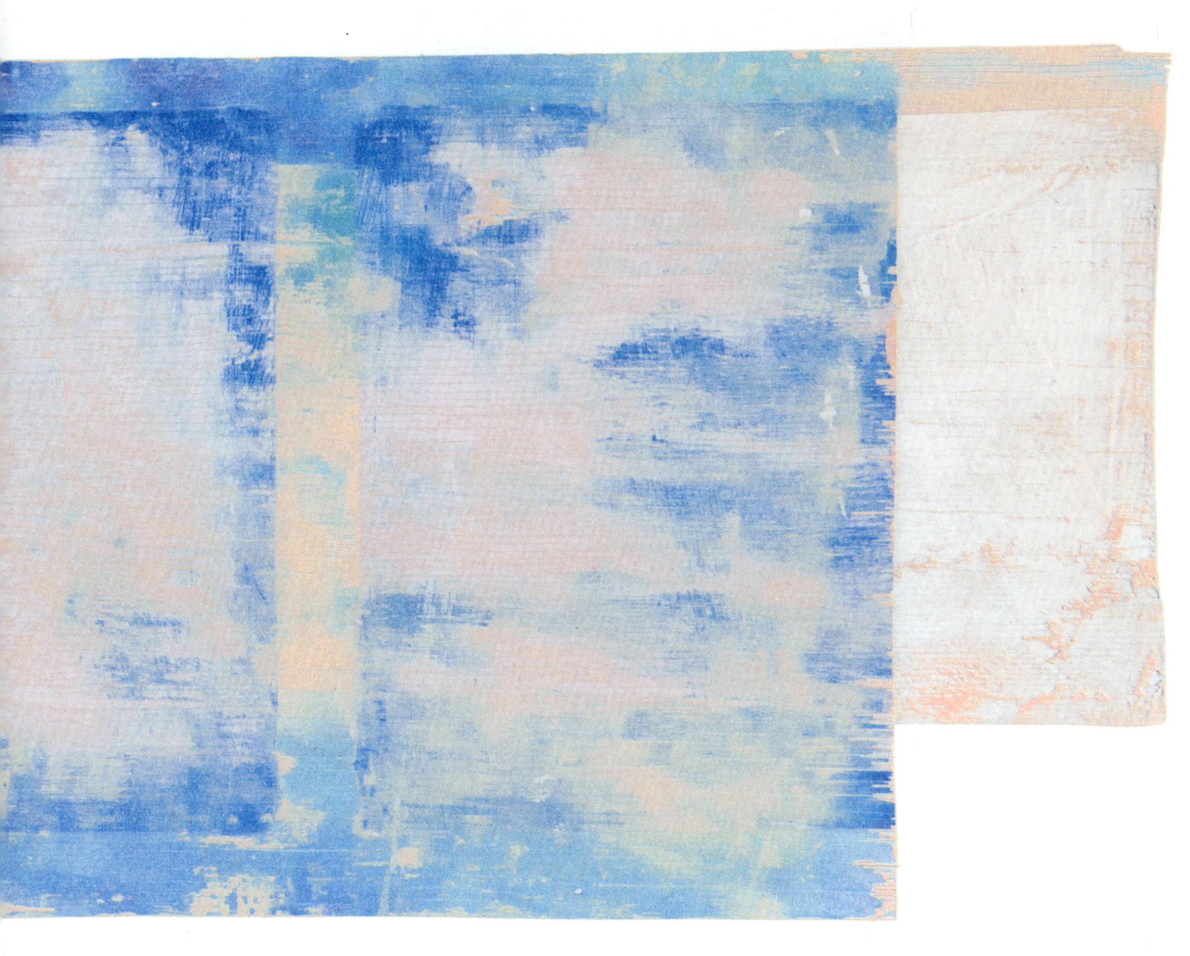

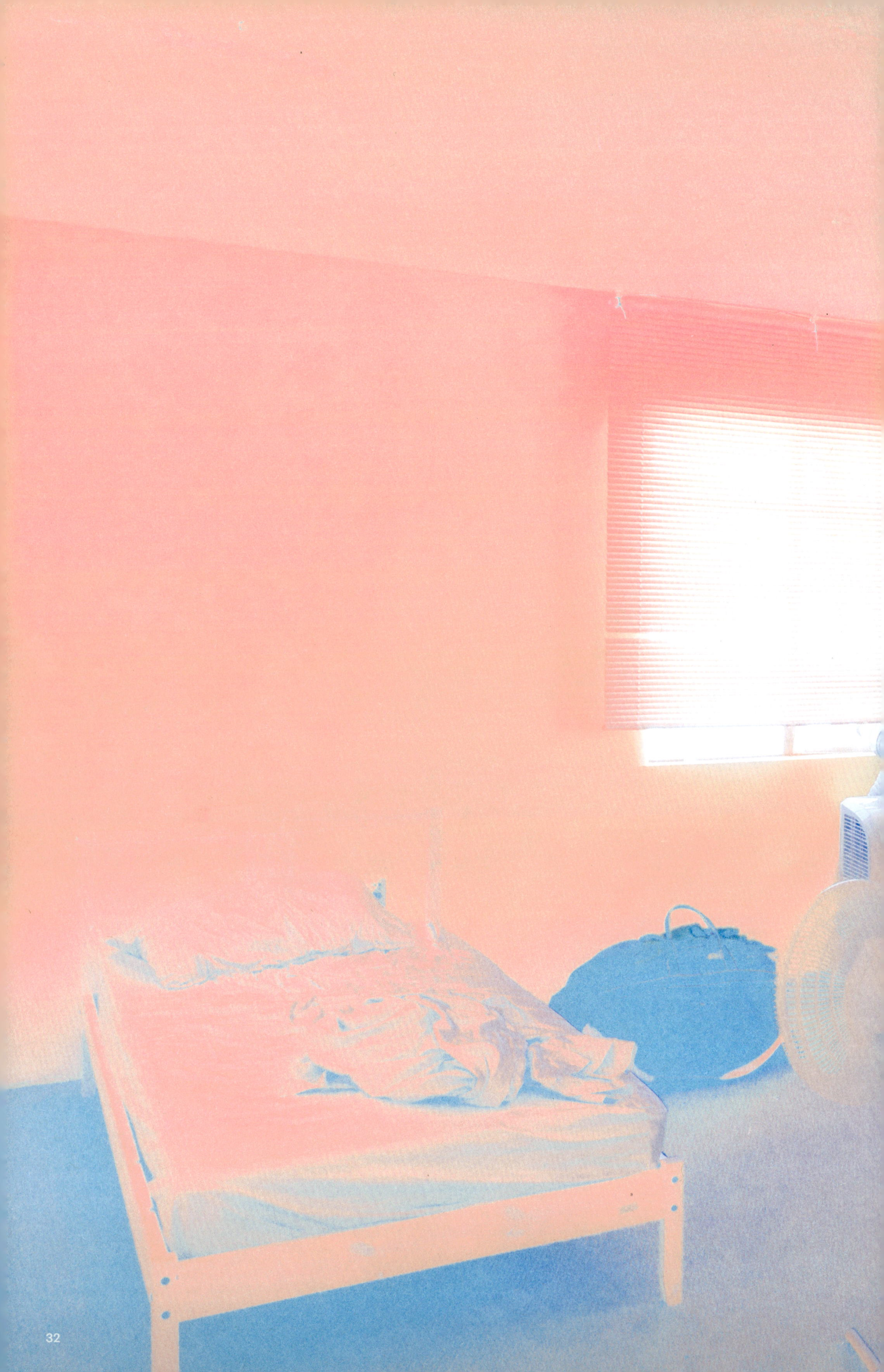

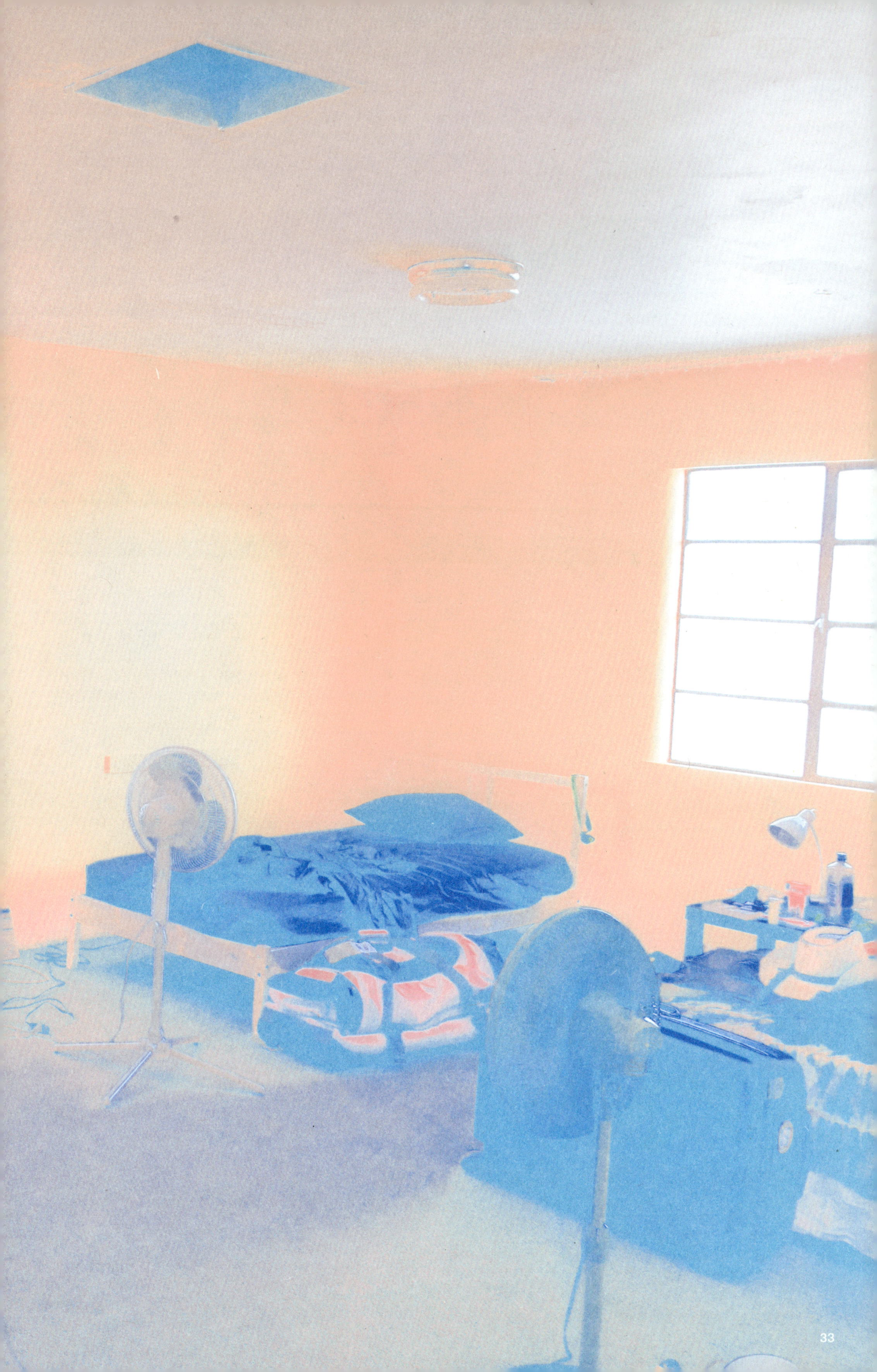

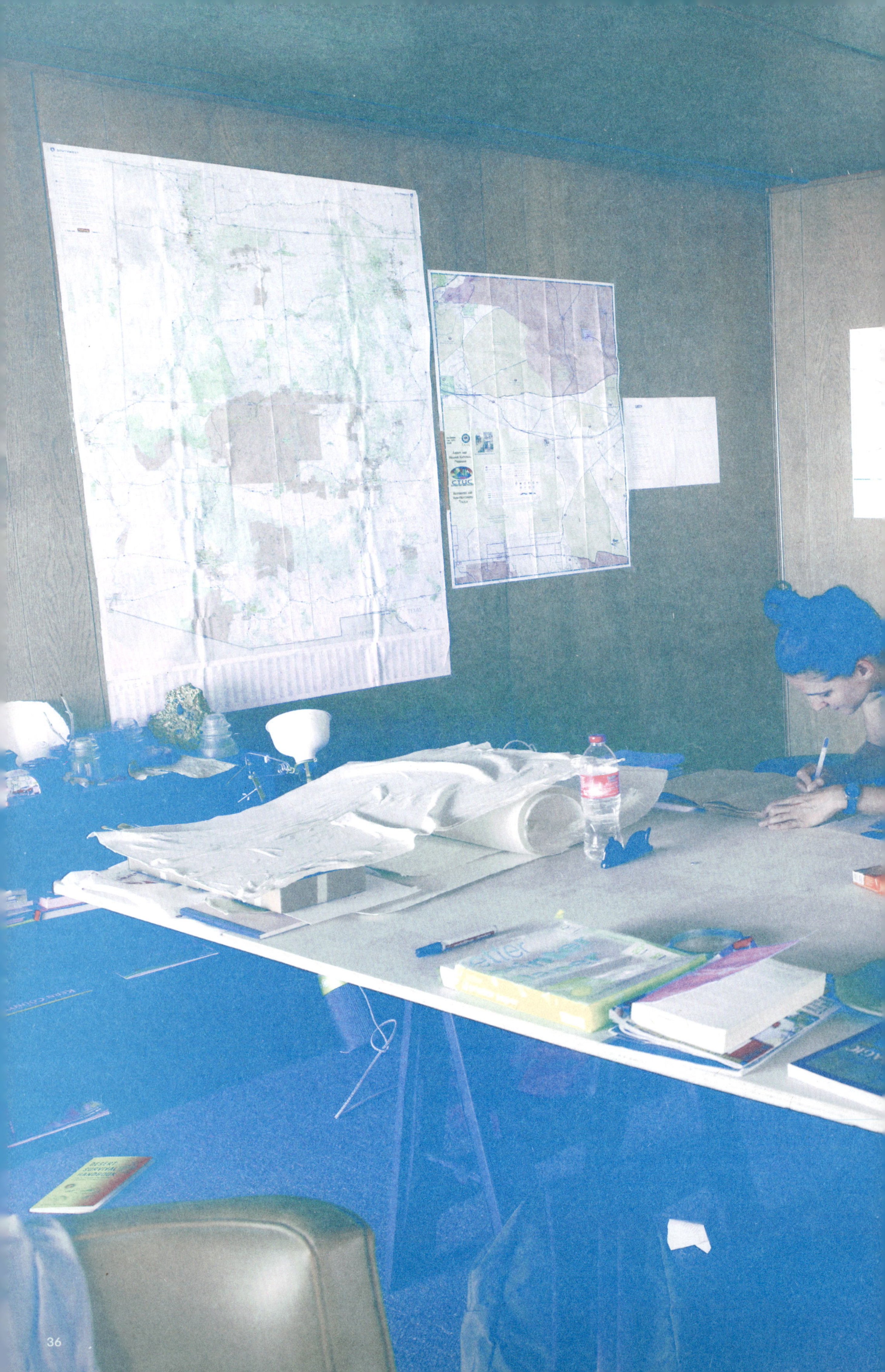

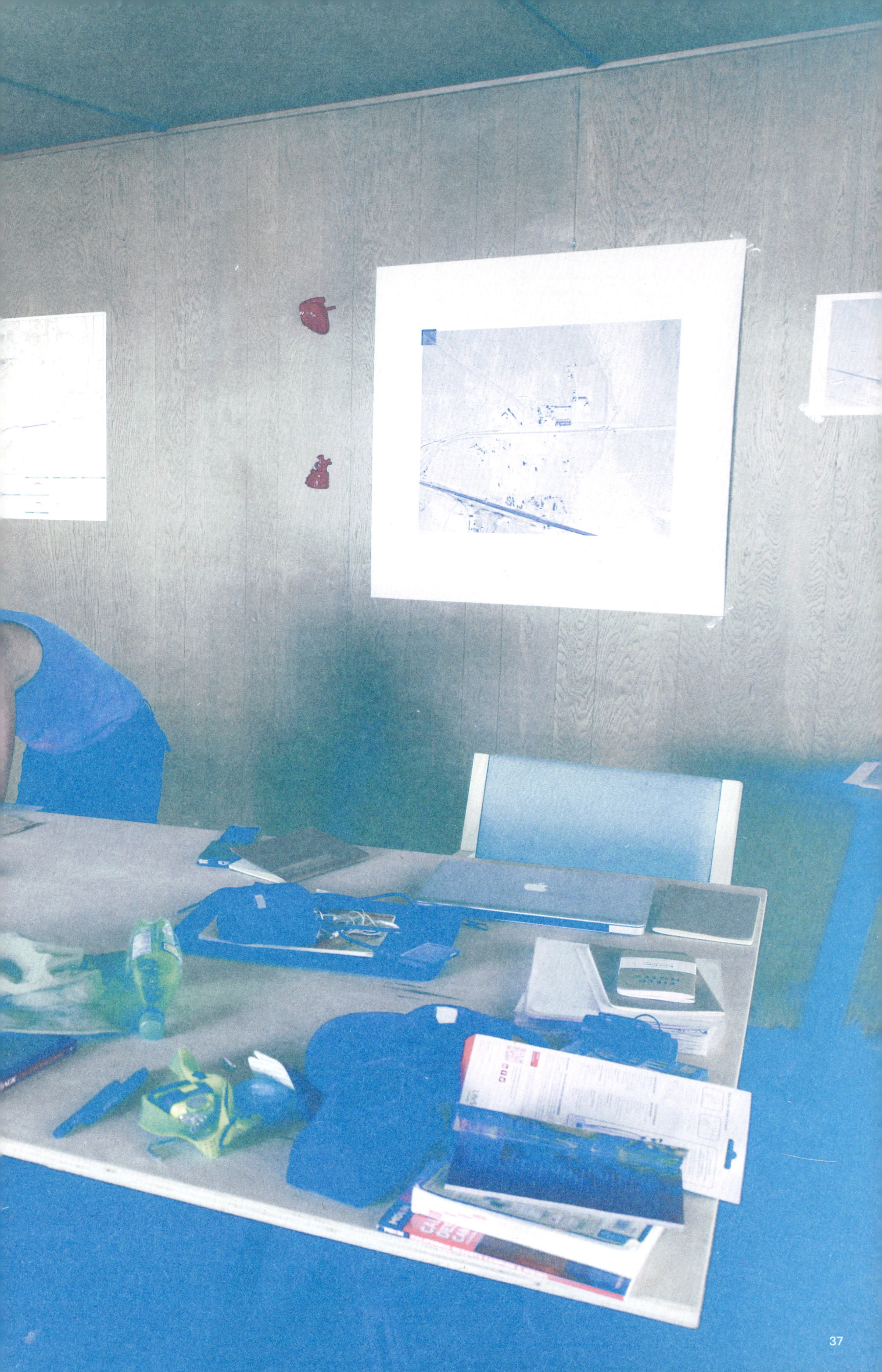

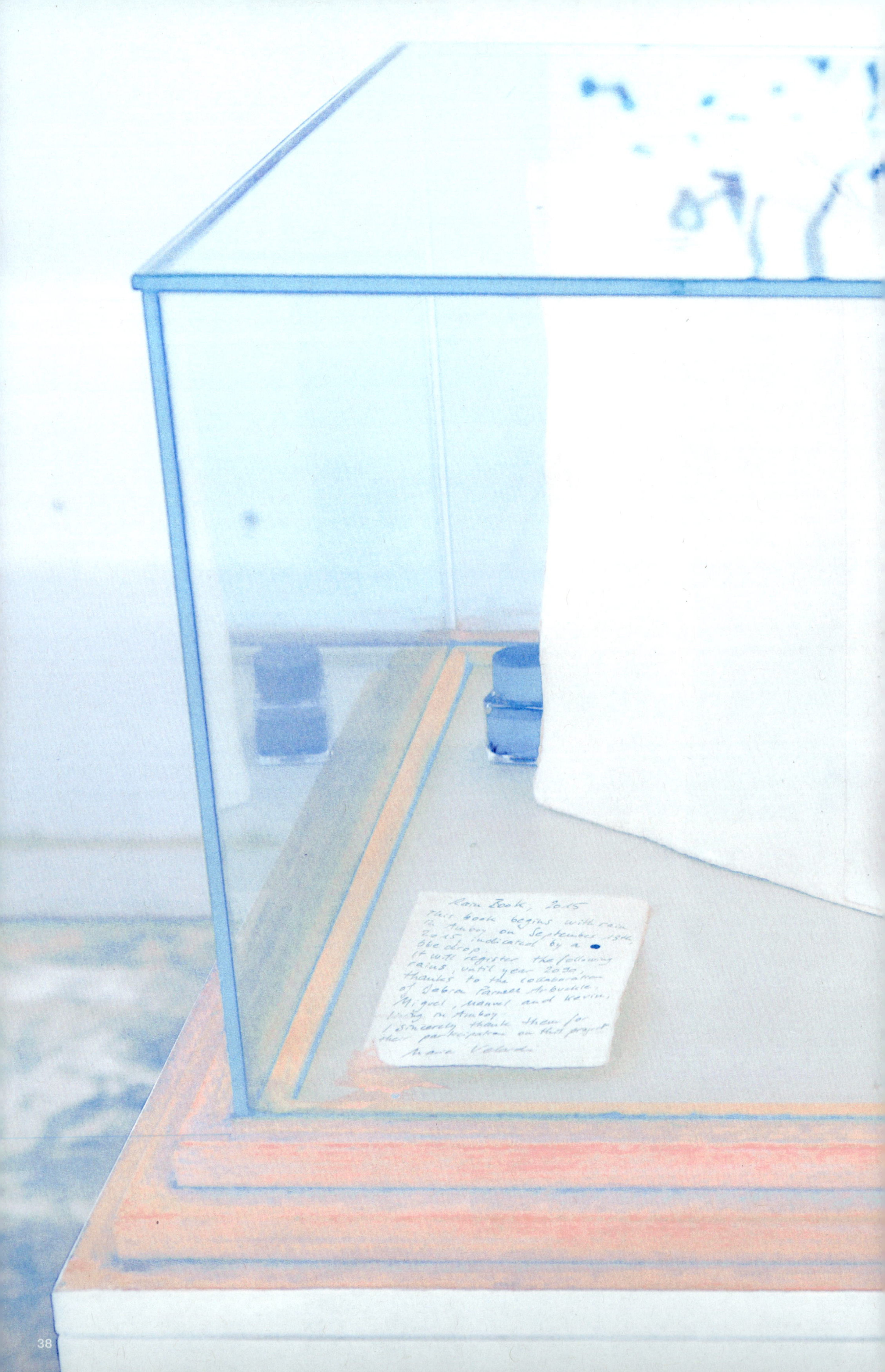

Rain Book, 2015
This book begins with rain
in Amboy on September 15th,
2015 indicated by a ●
blue drop.
It will register the following
rains, until year 2030,
thanks to the collaboration
of Debra Parnell Arbuckle,
Miguel, Manuel and Kevin,
living in Amboy.
I sincerely thank them for
their participation on this project
Irma Velada

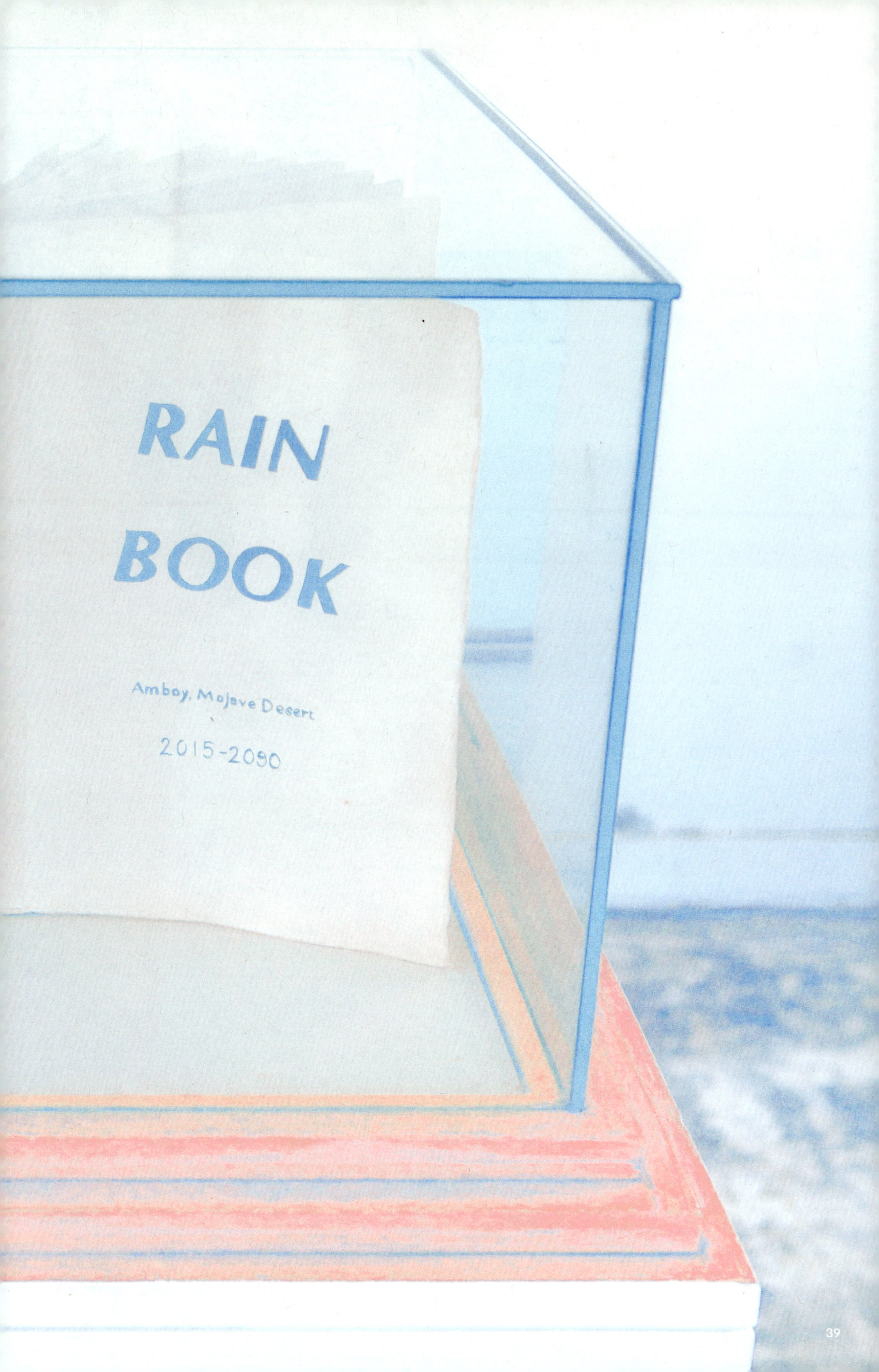

RAIN
BOOK
Amboy, Mojave Desert
2015-2090

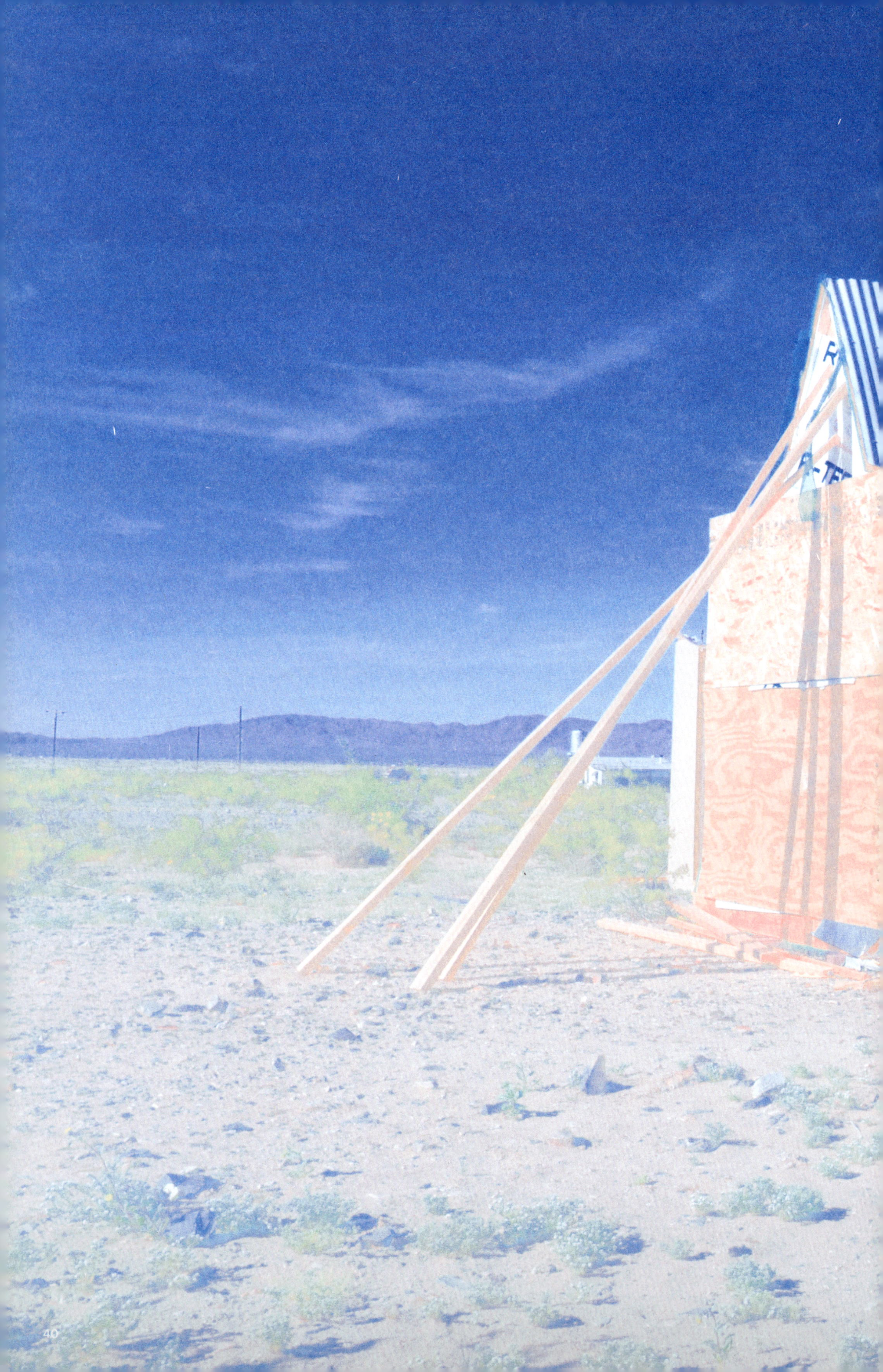

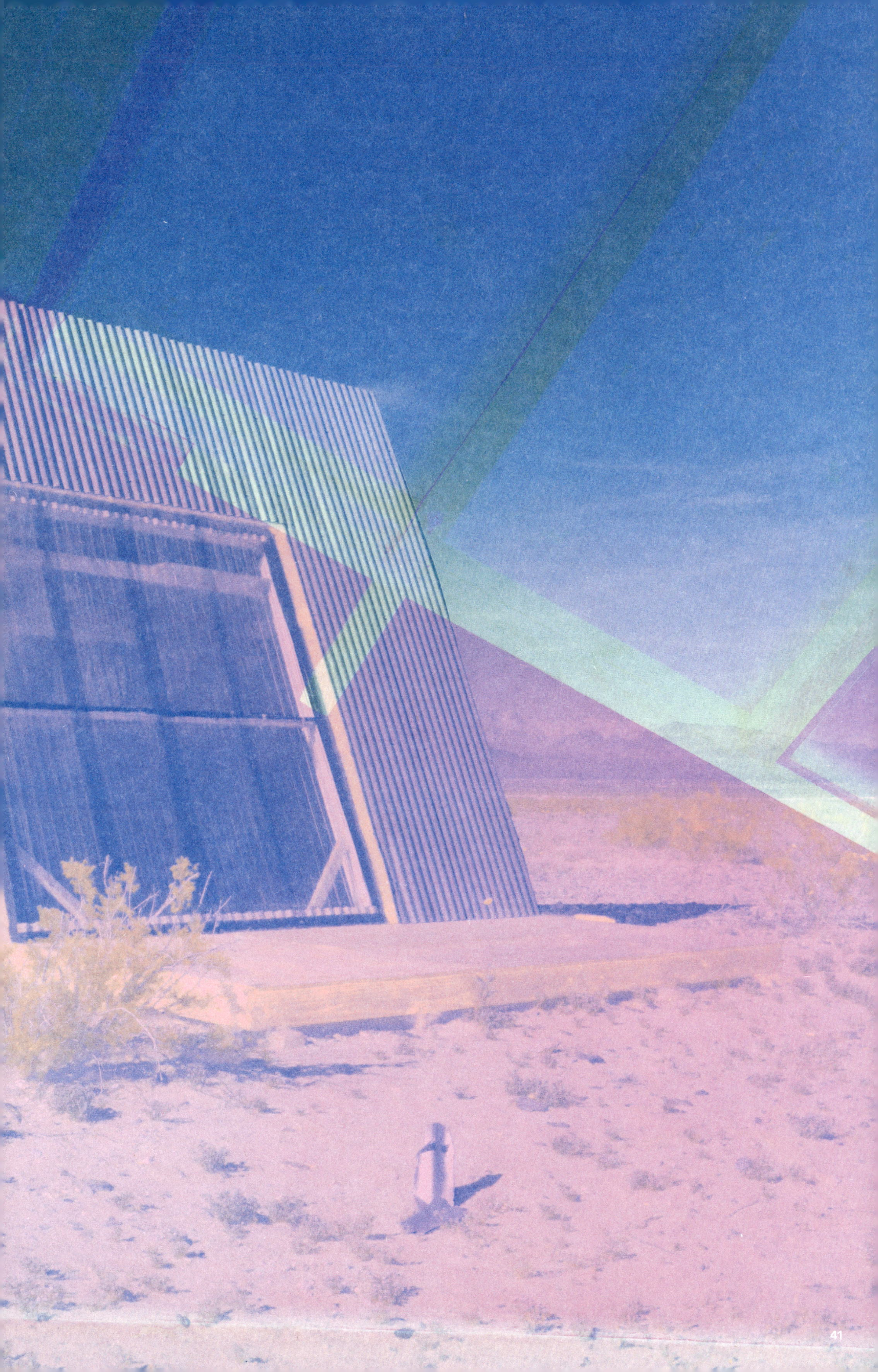

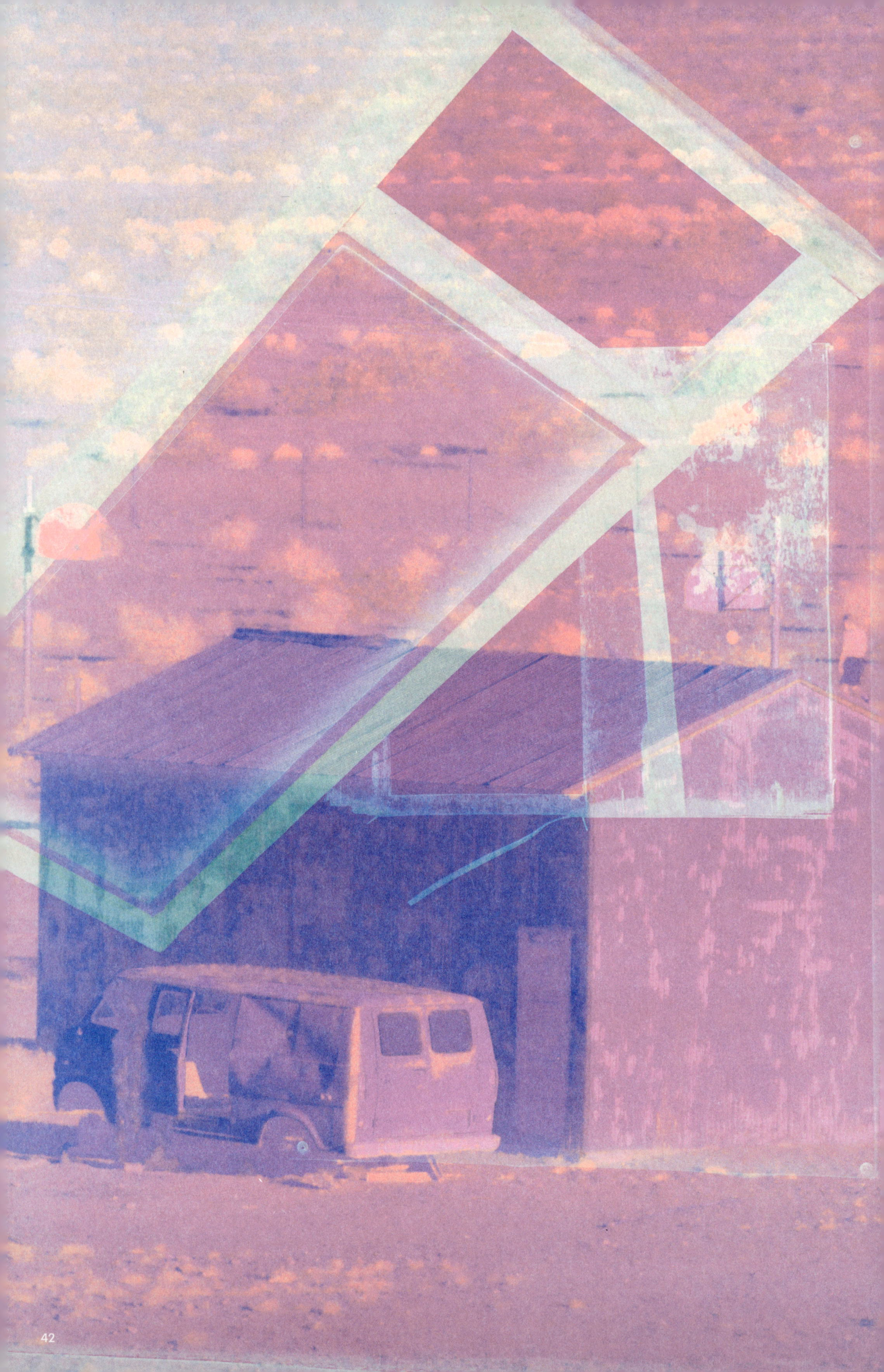

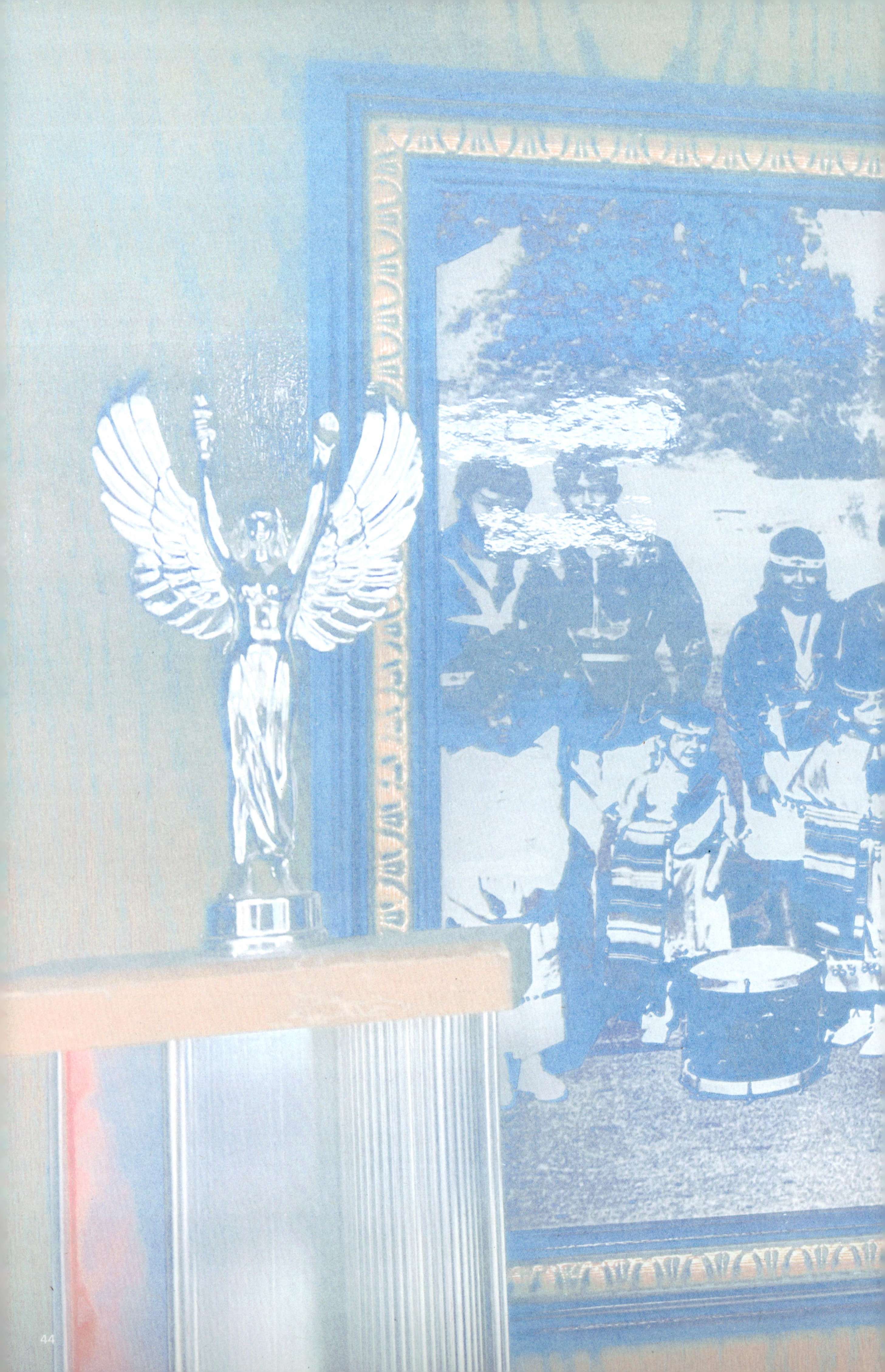

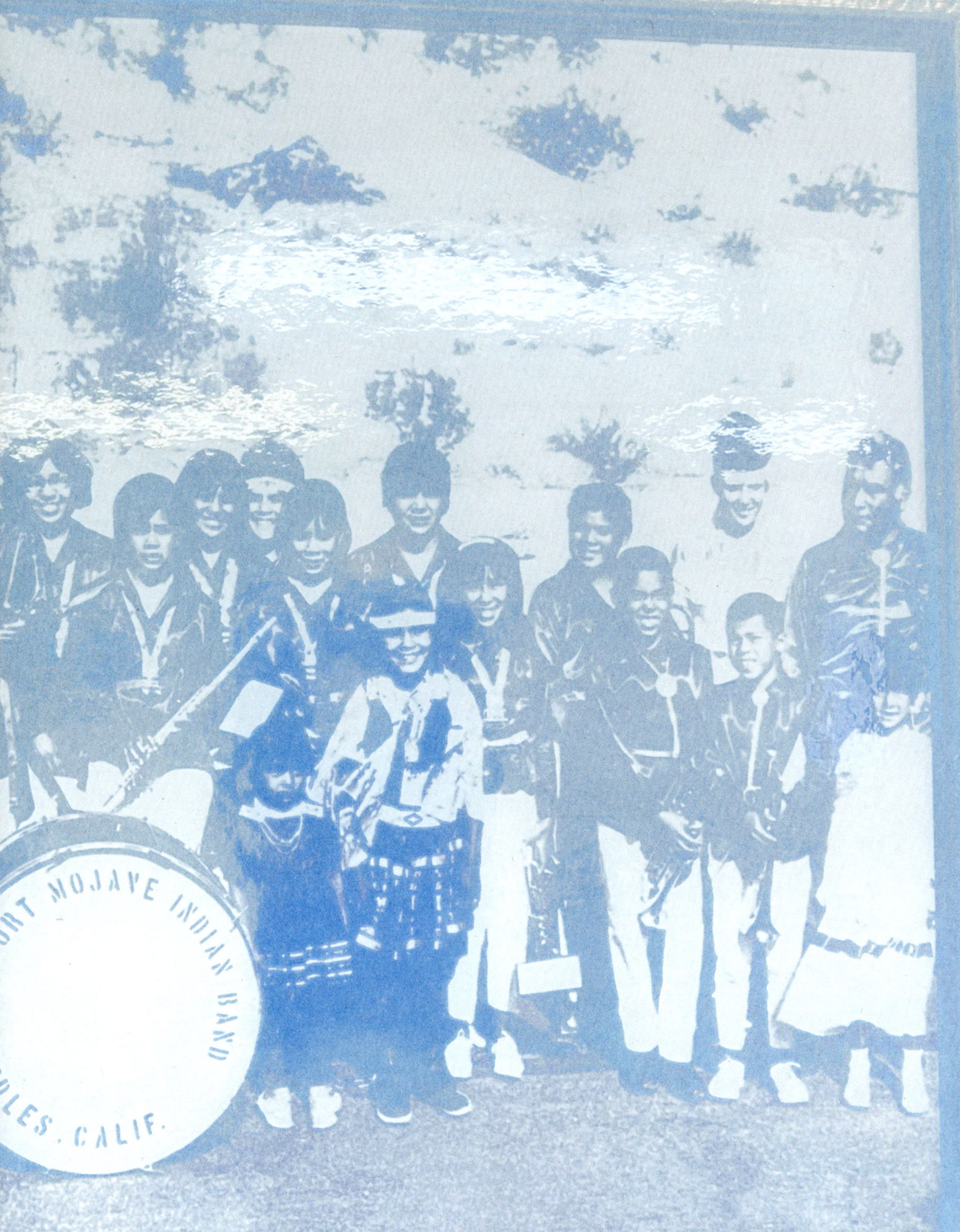
FORT MOJAVE INDIAN BAND
NEEDLES, CALIF.

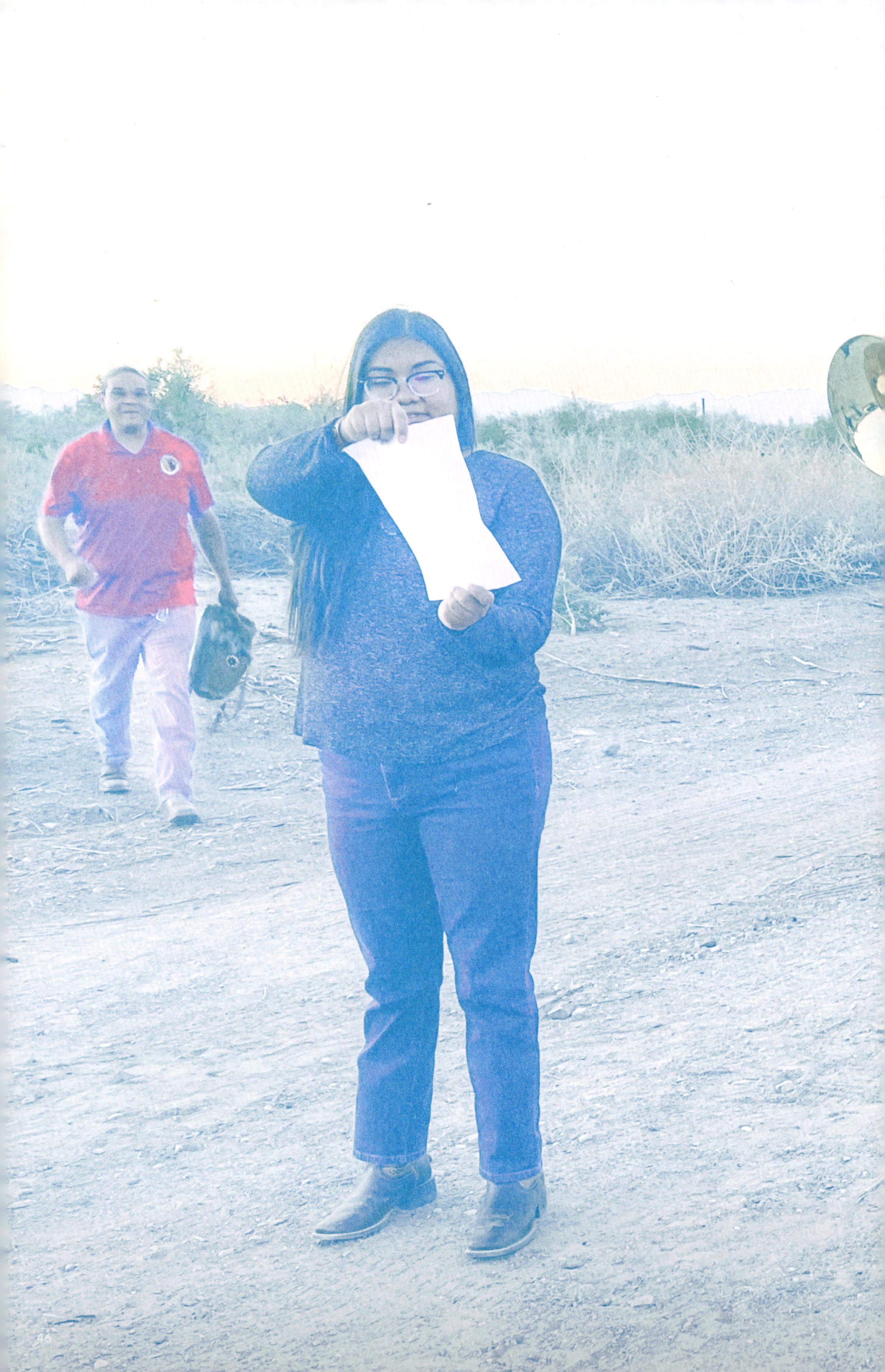

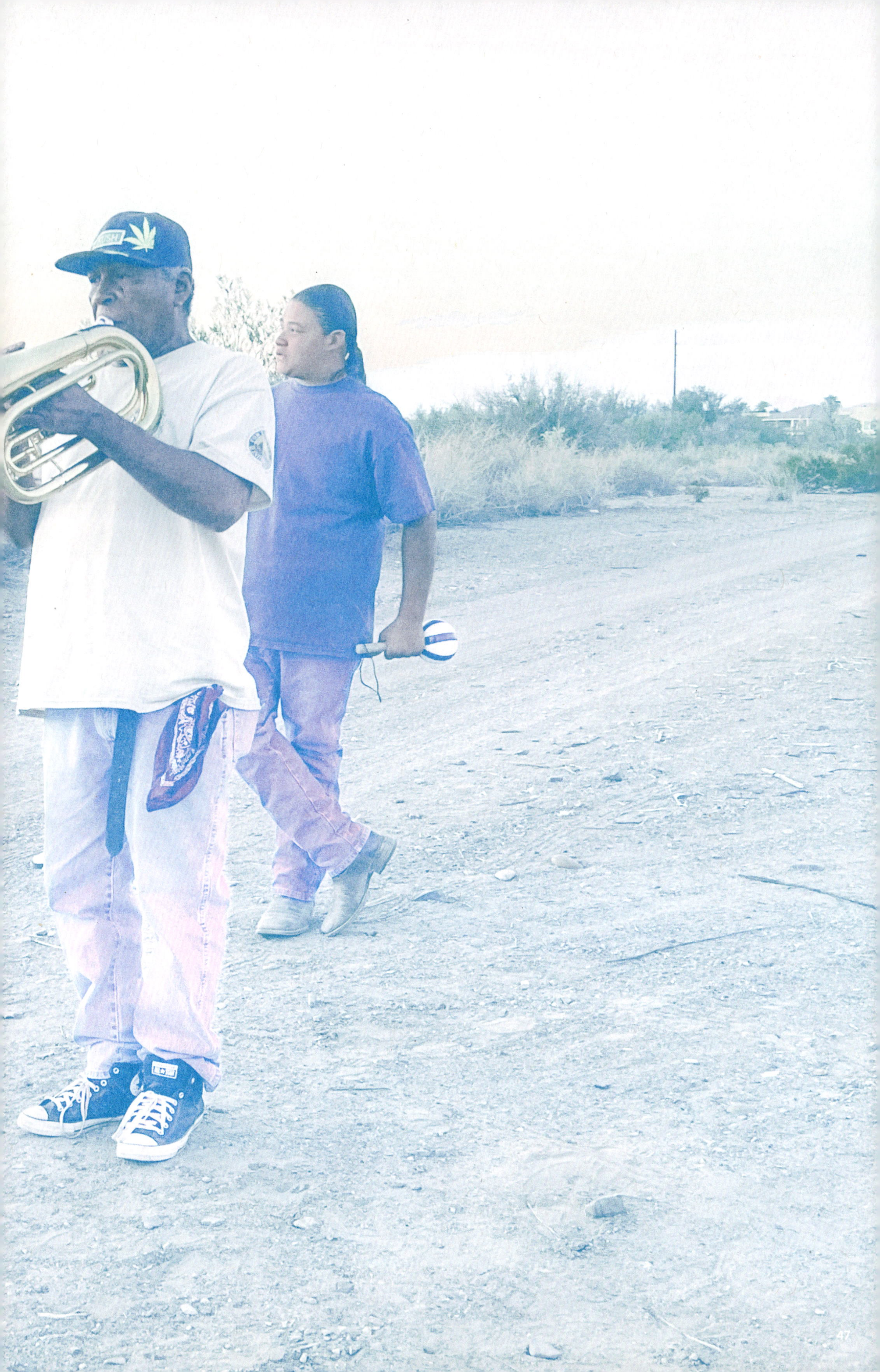

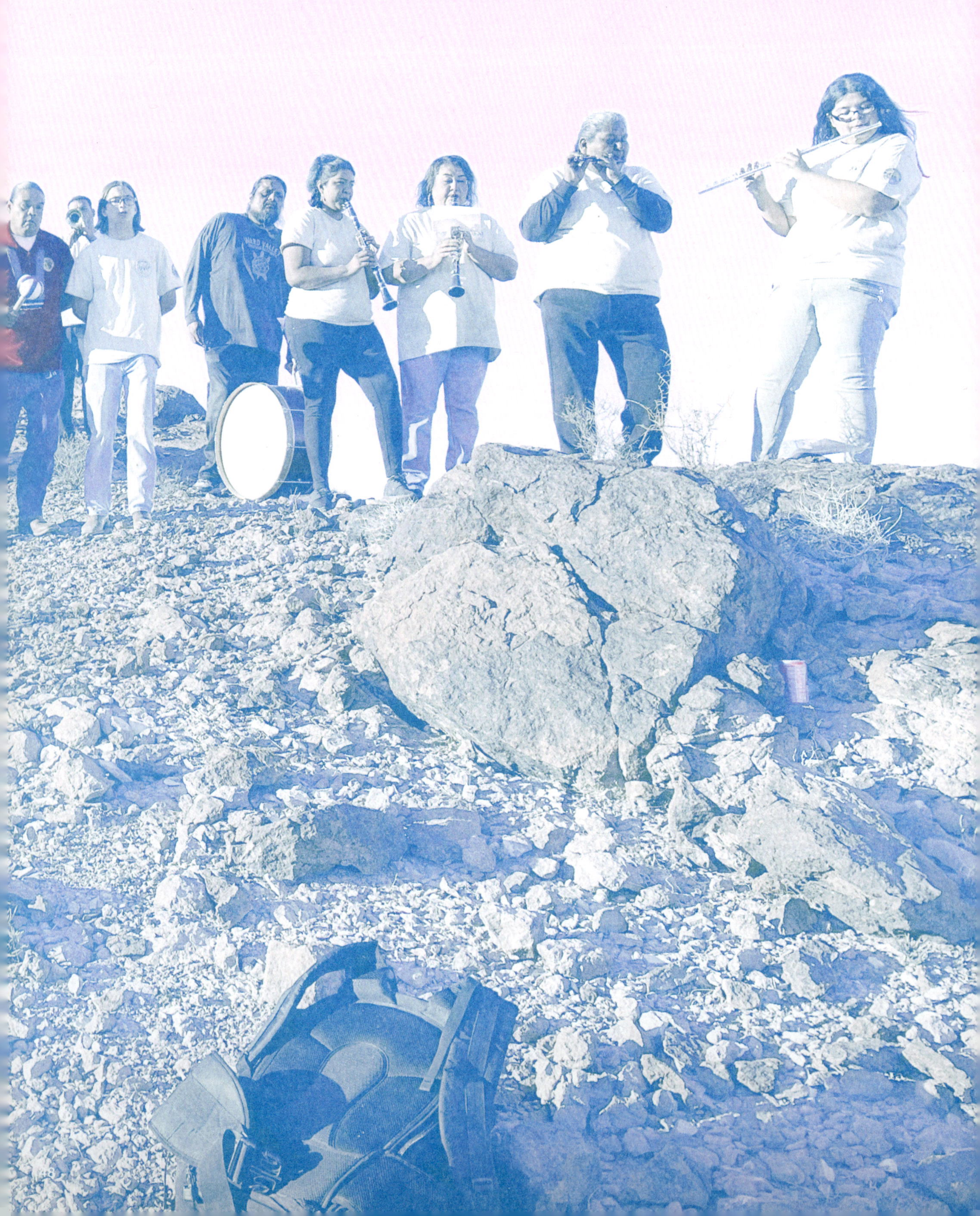

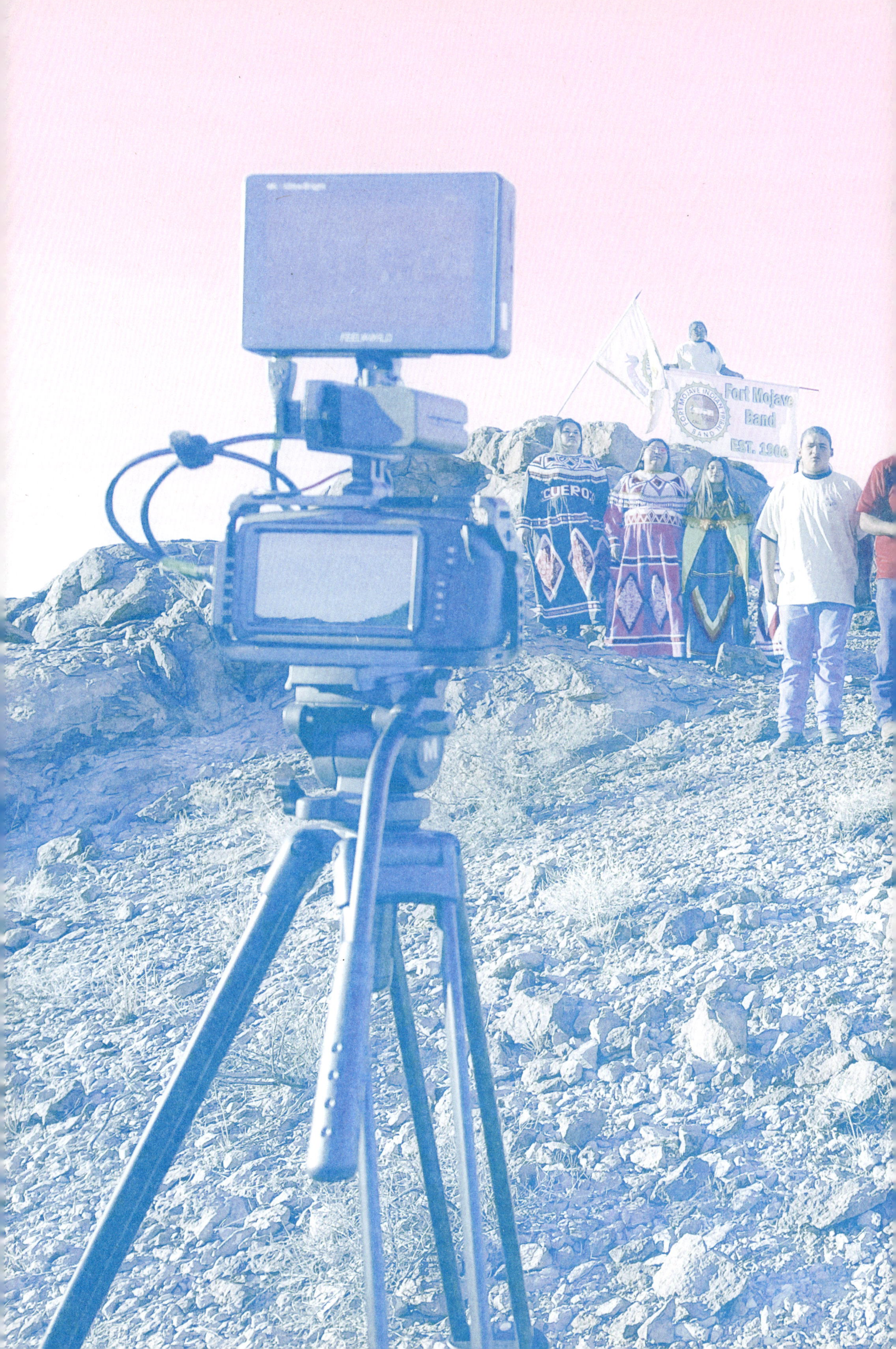

CUERO
FORT MOJAVE INDIAN TRIBAL BAND
CAL.
Fort Mojave Band
EST. 1906

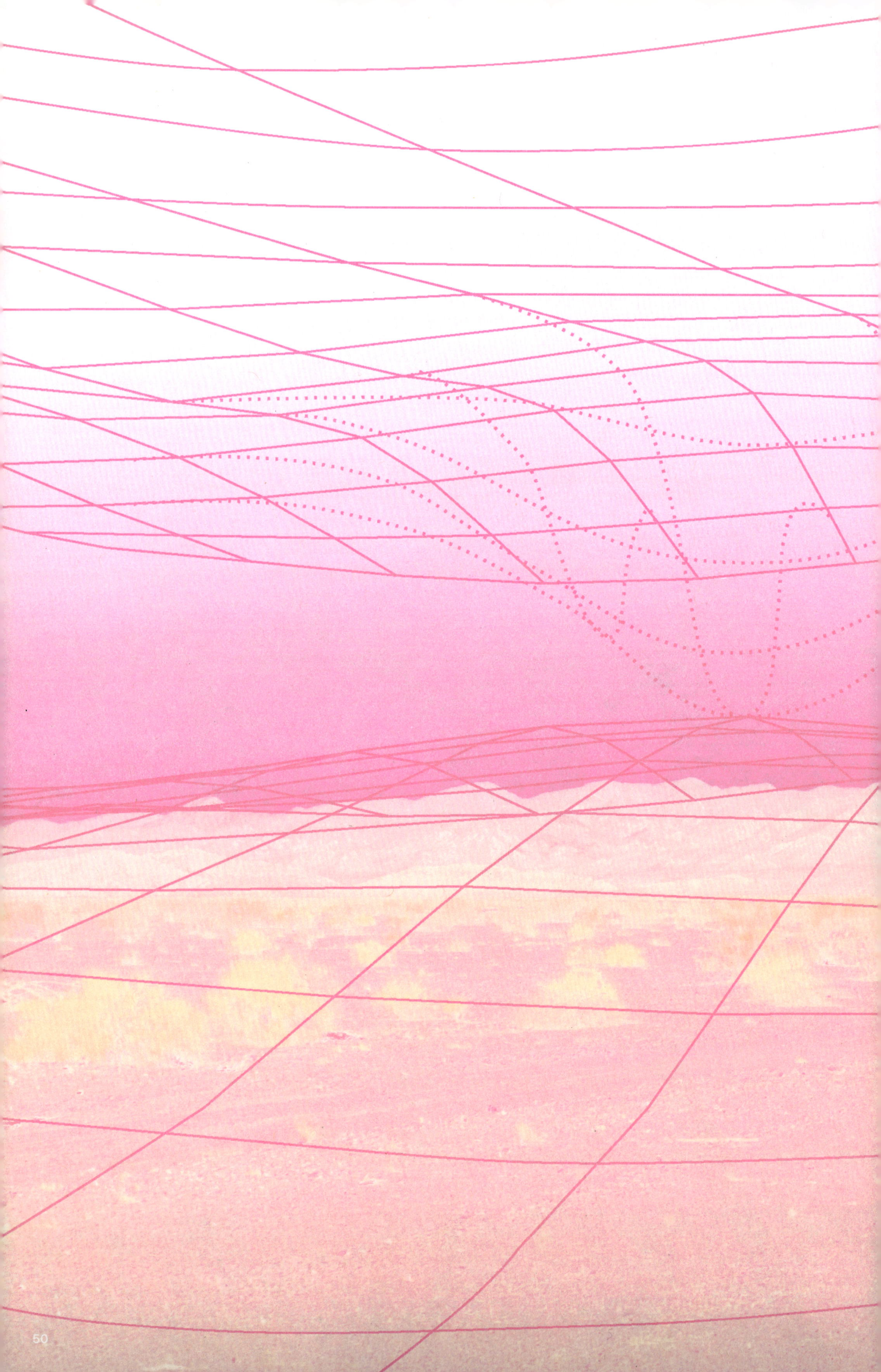

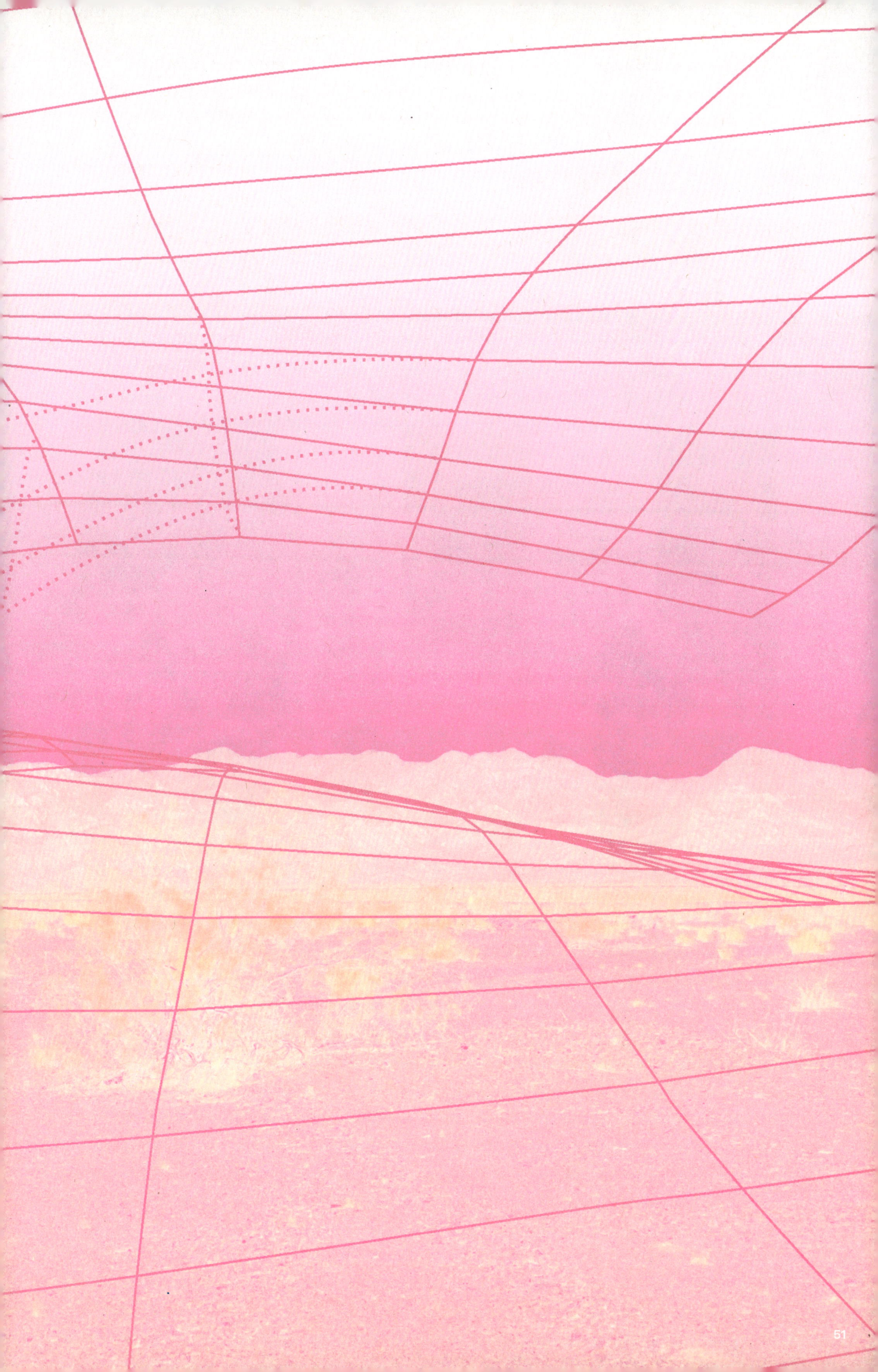

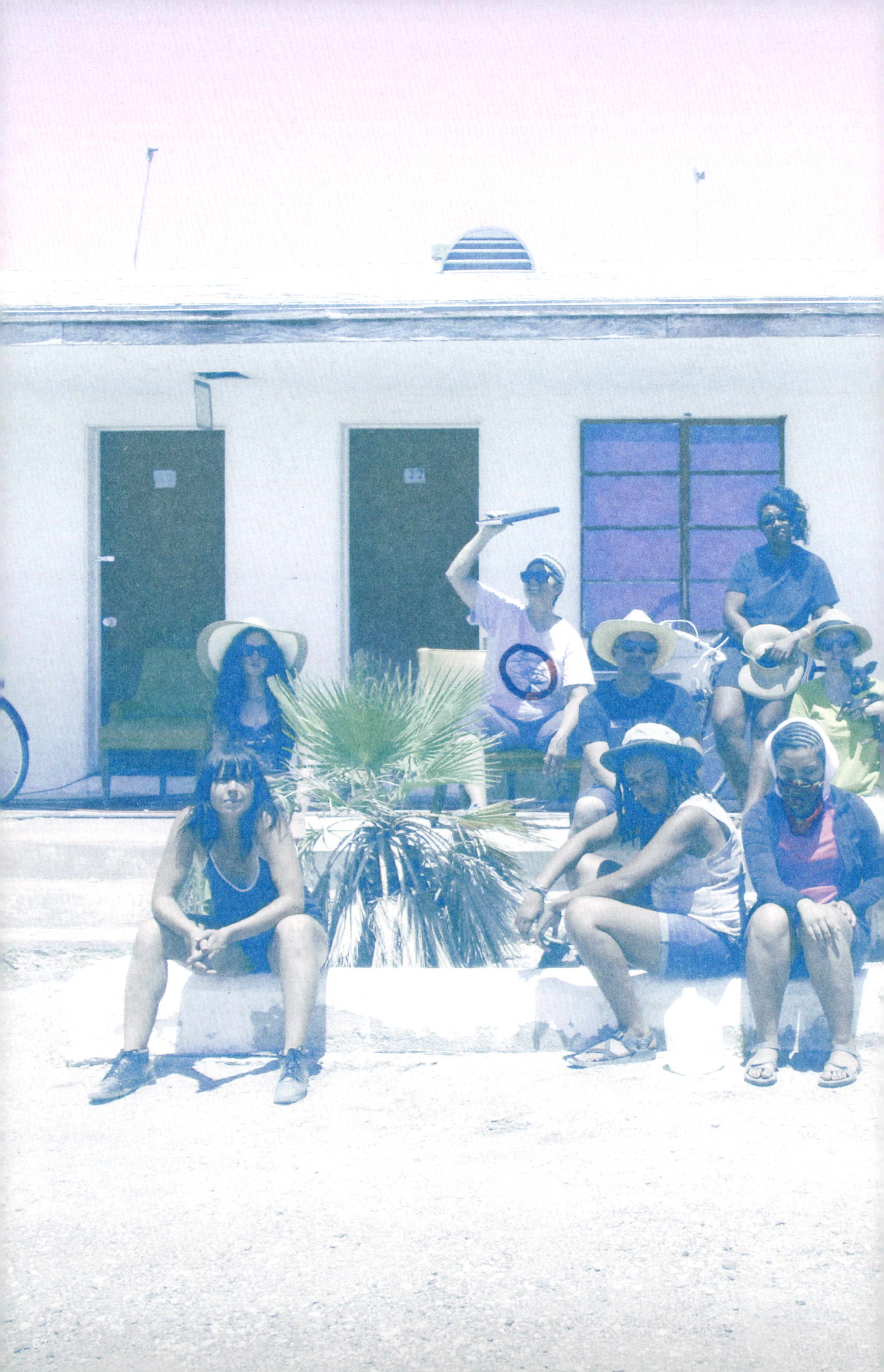

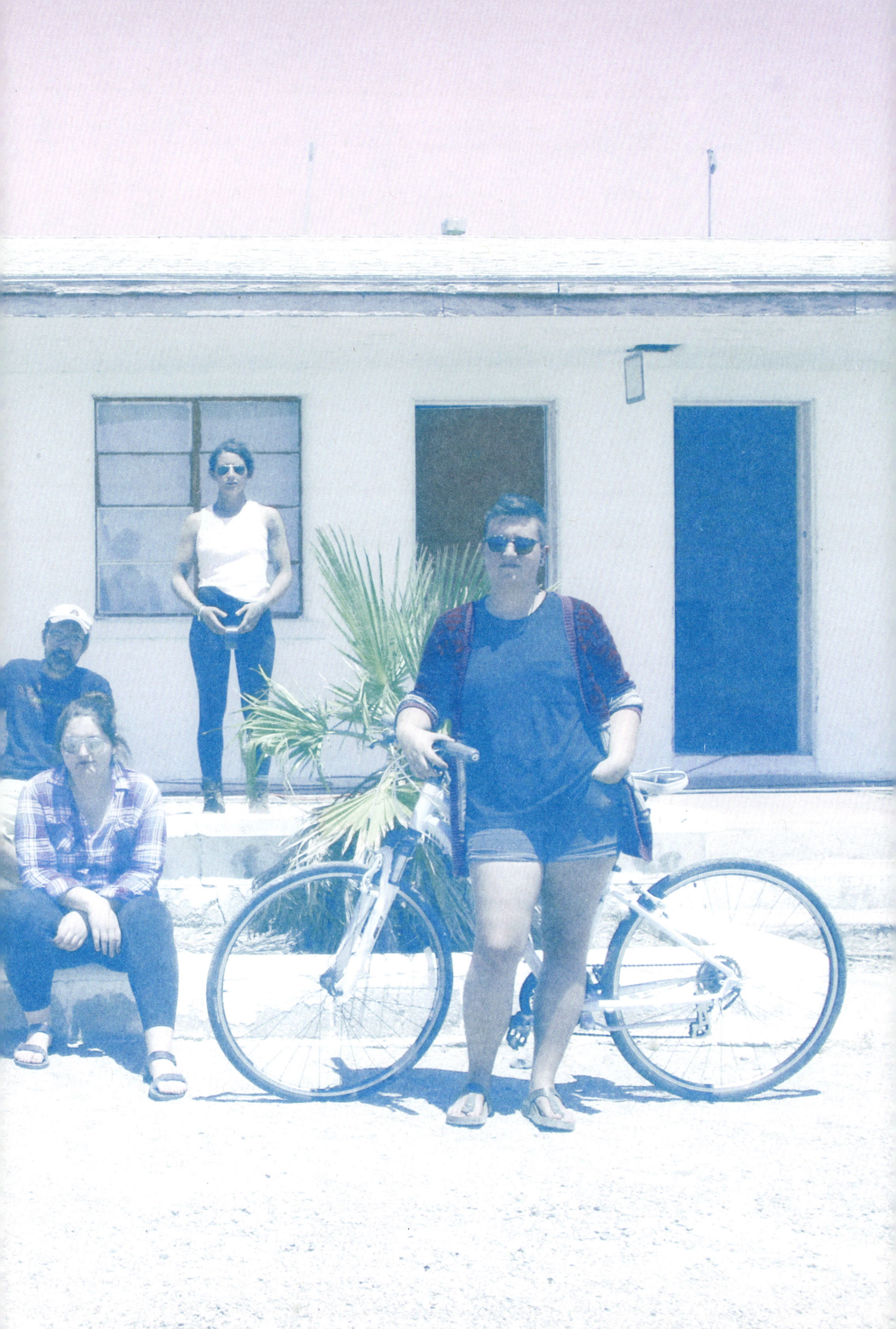

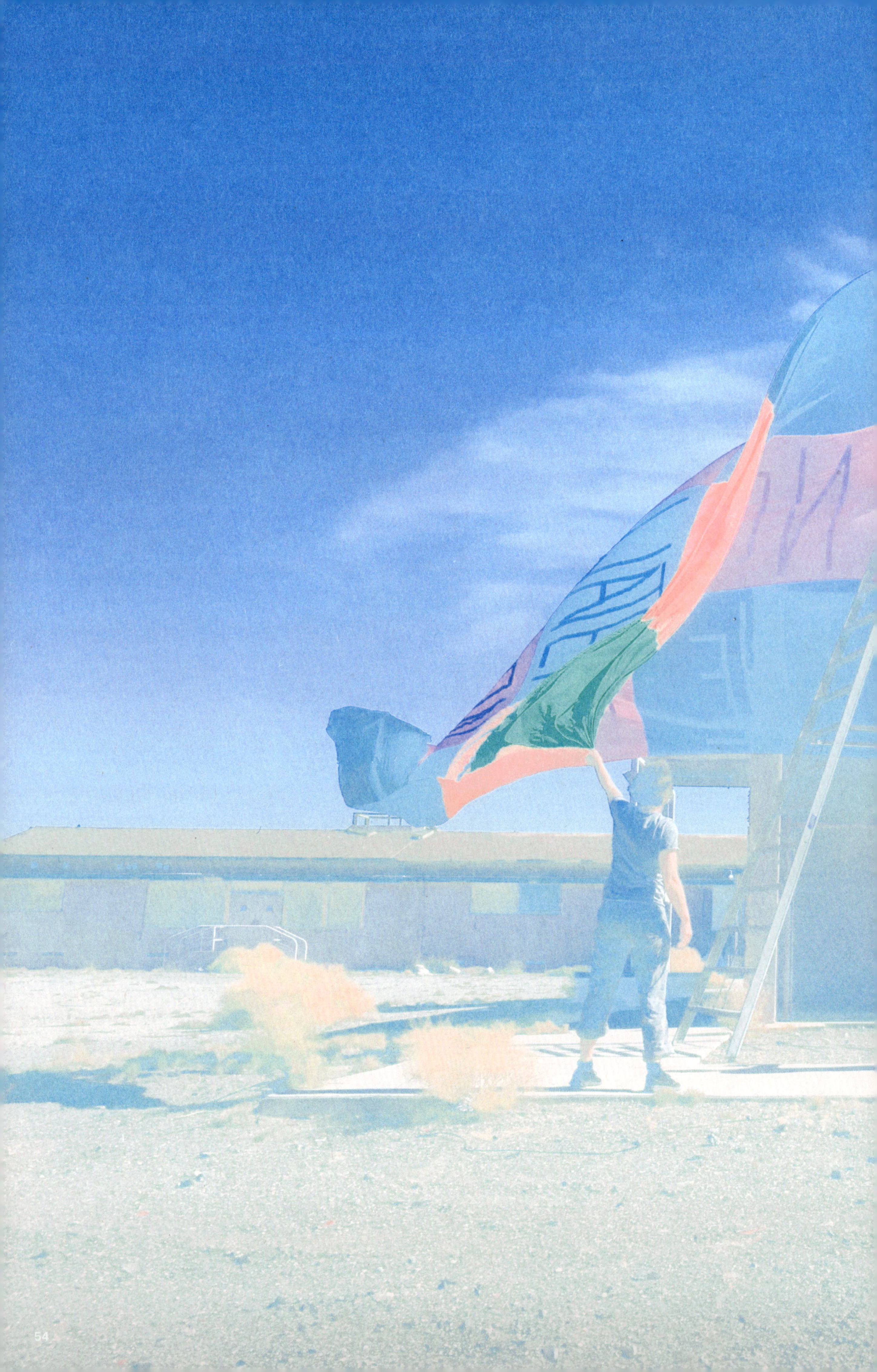

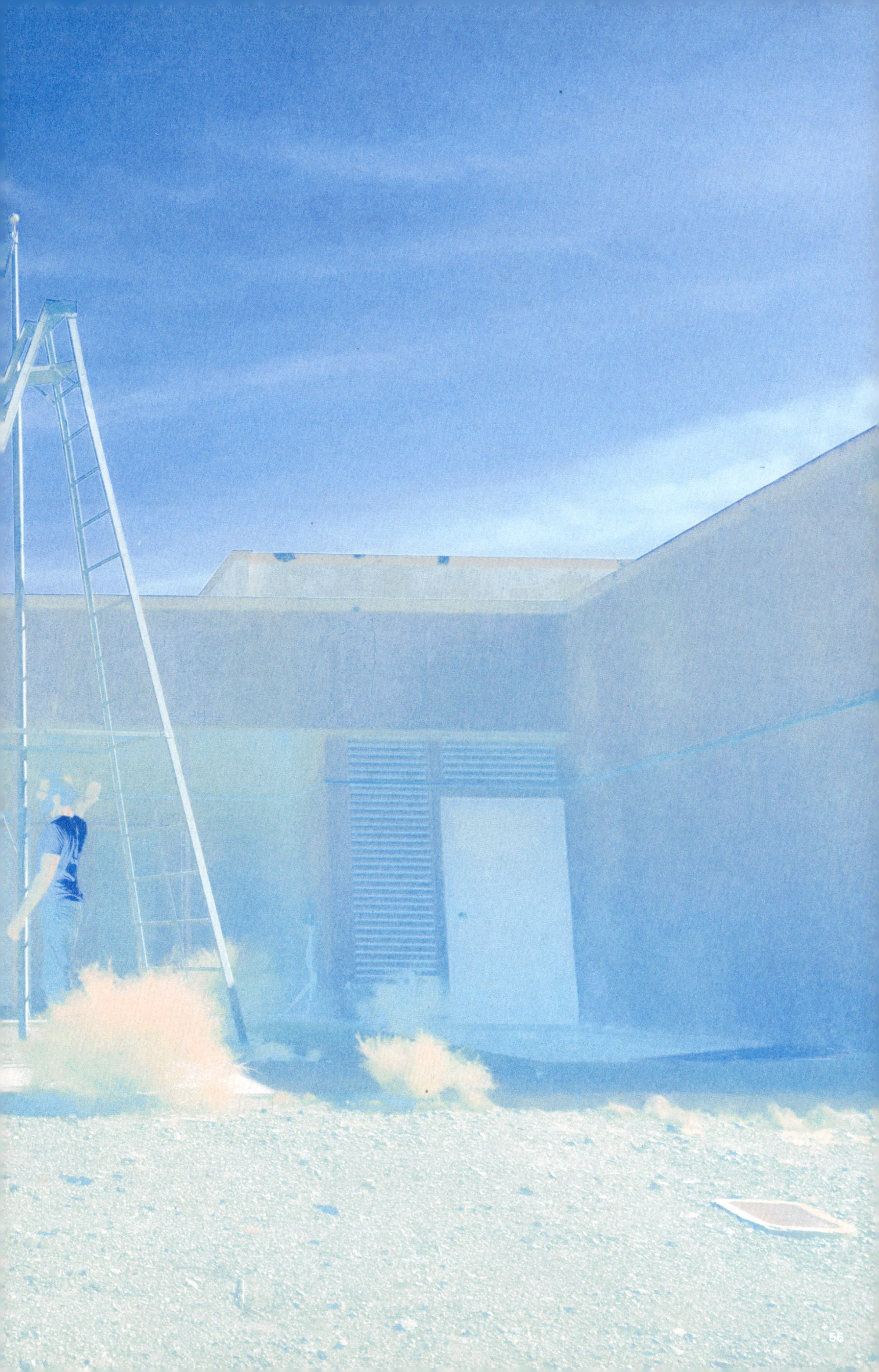

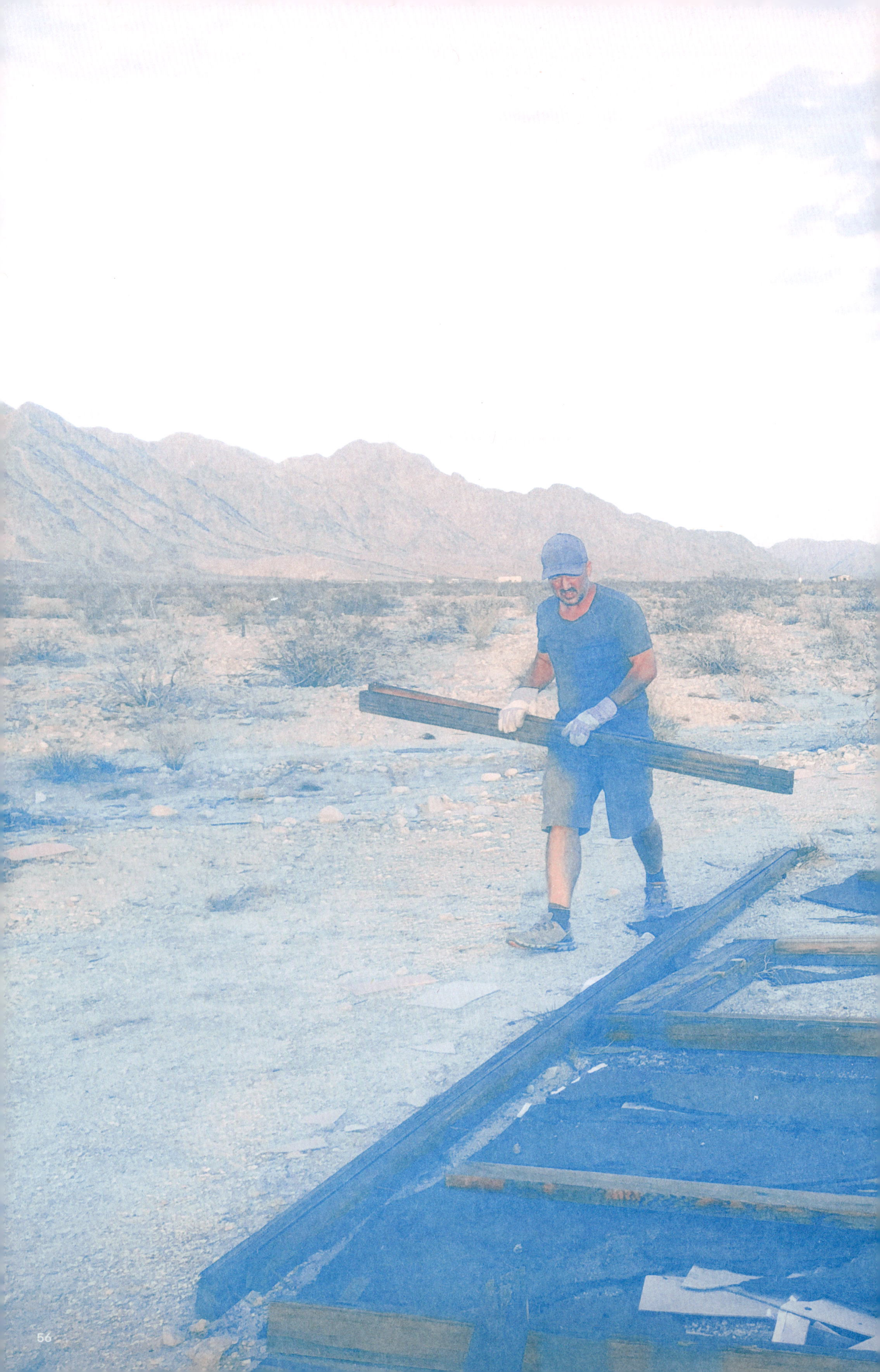

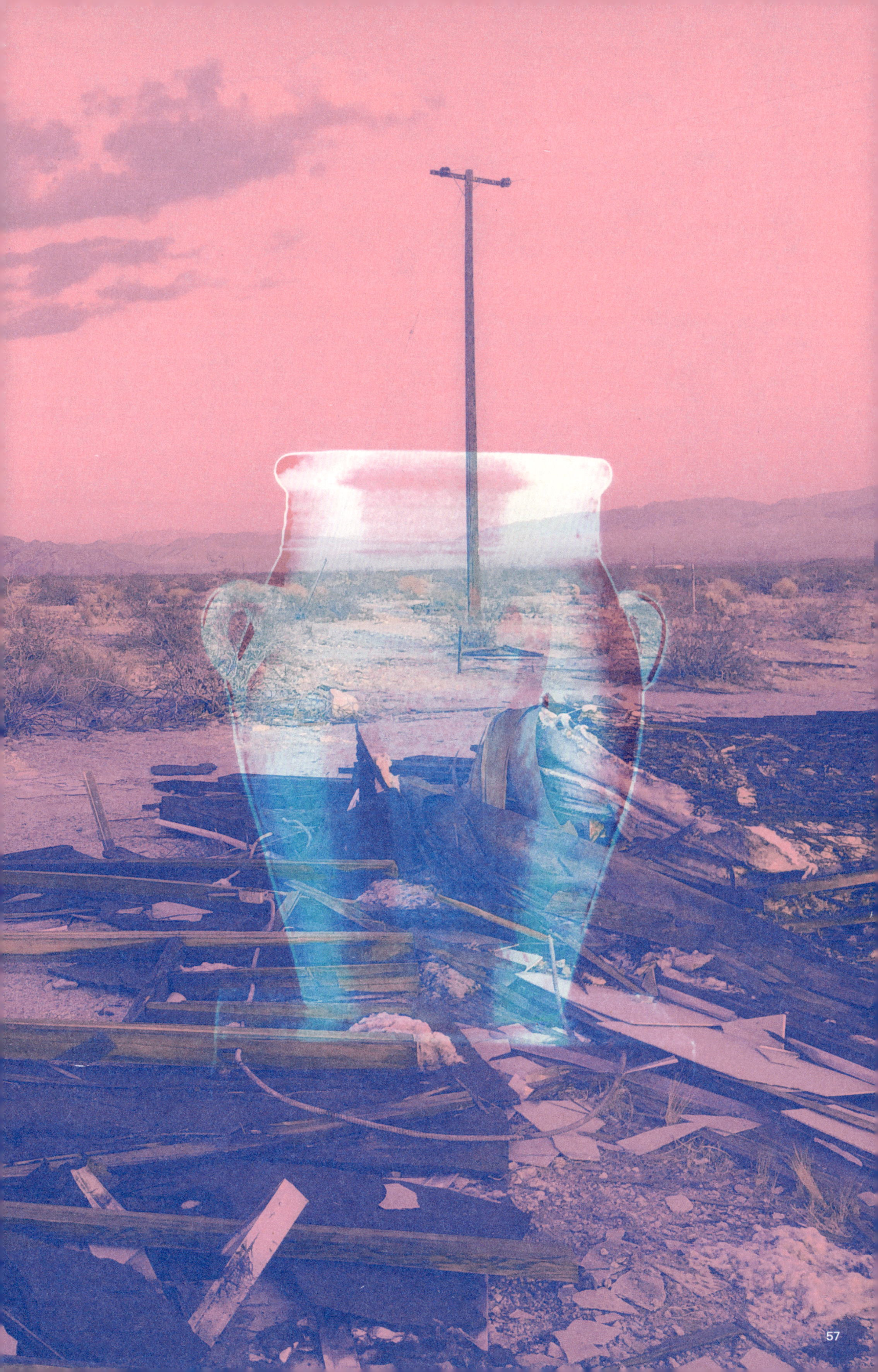

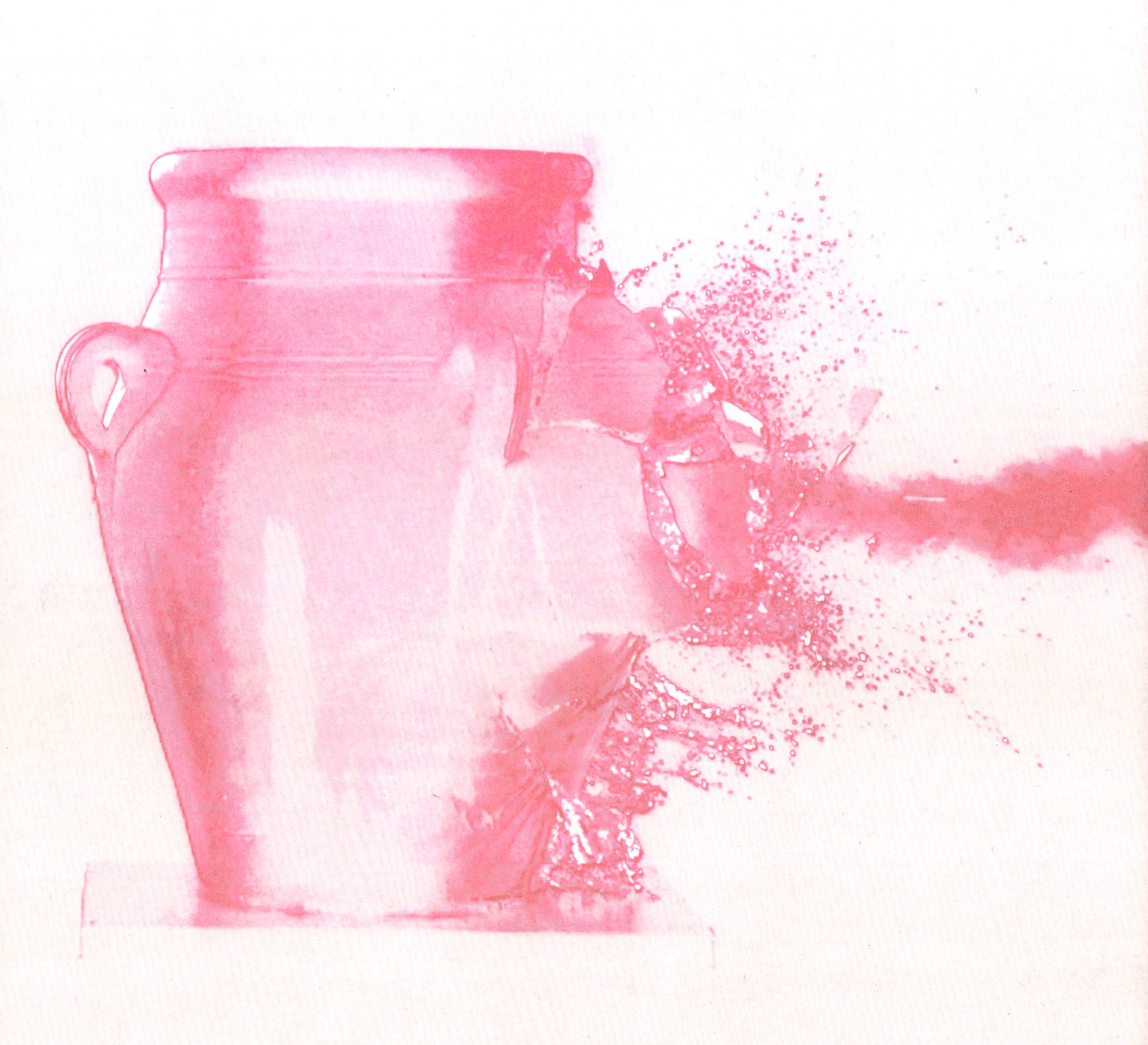

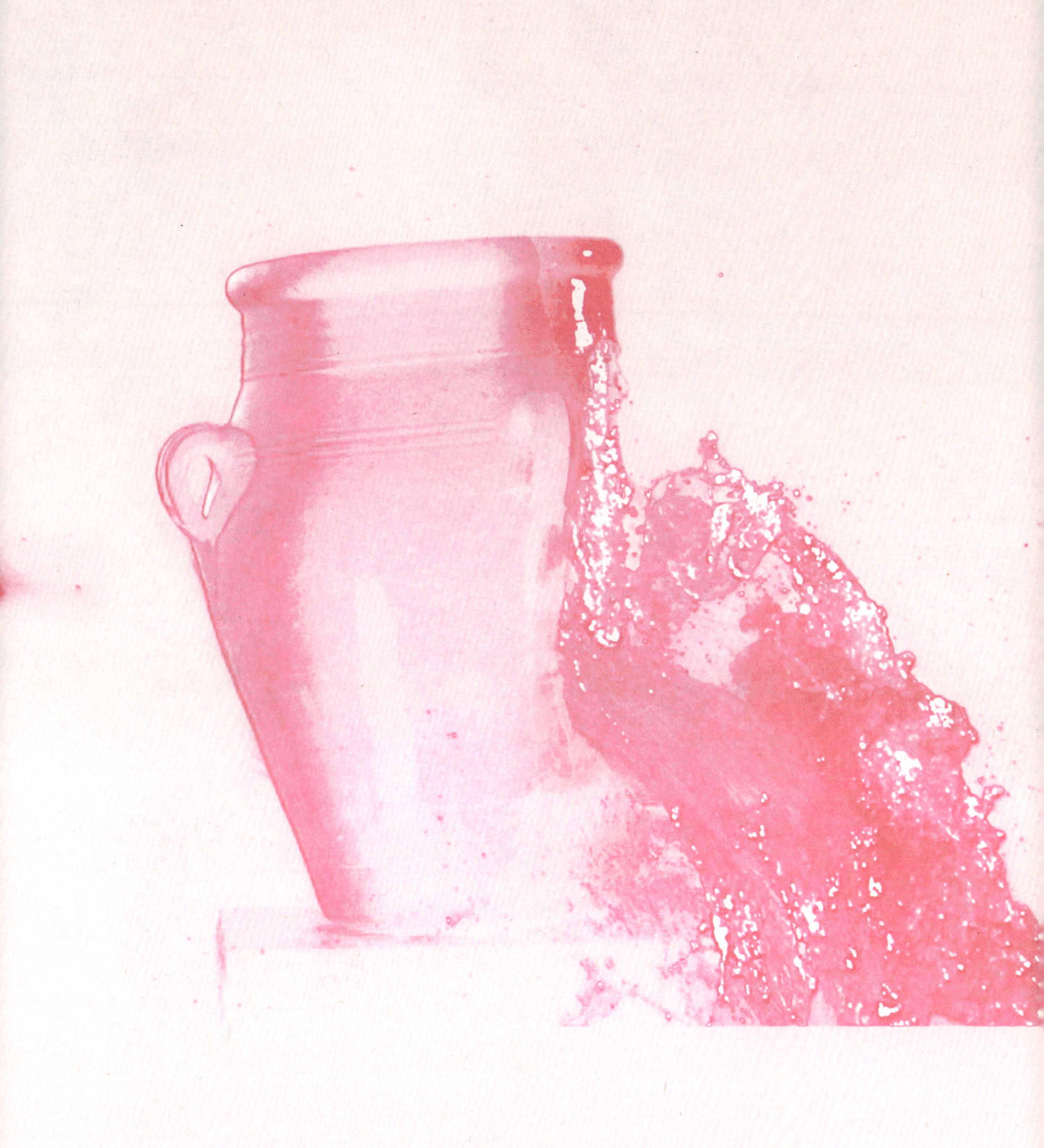

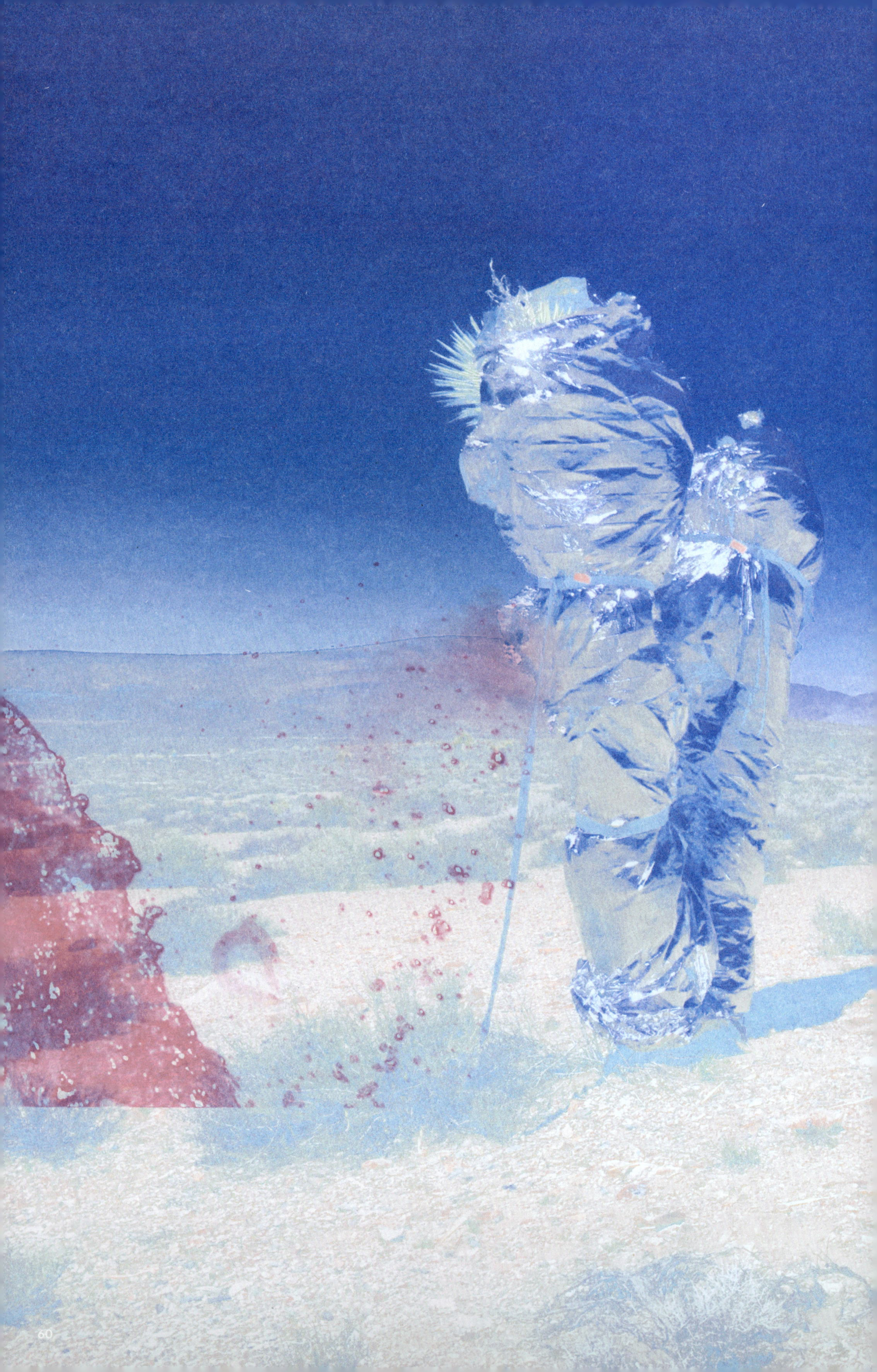

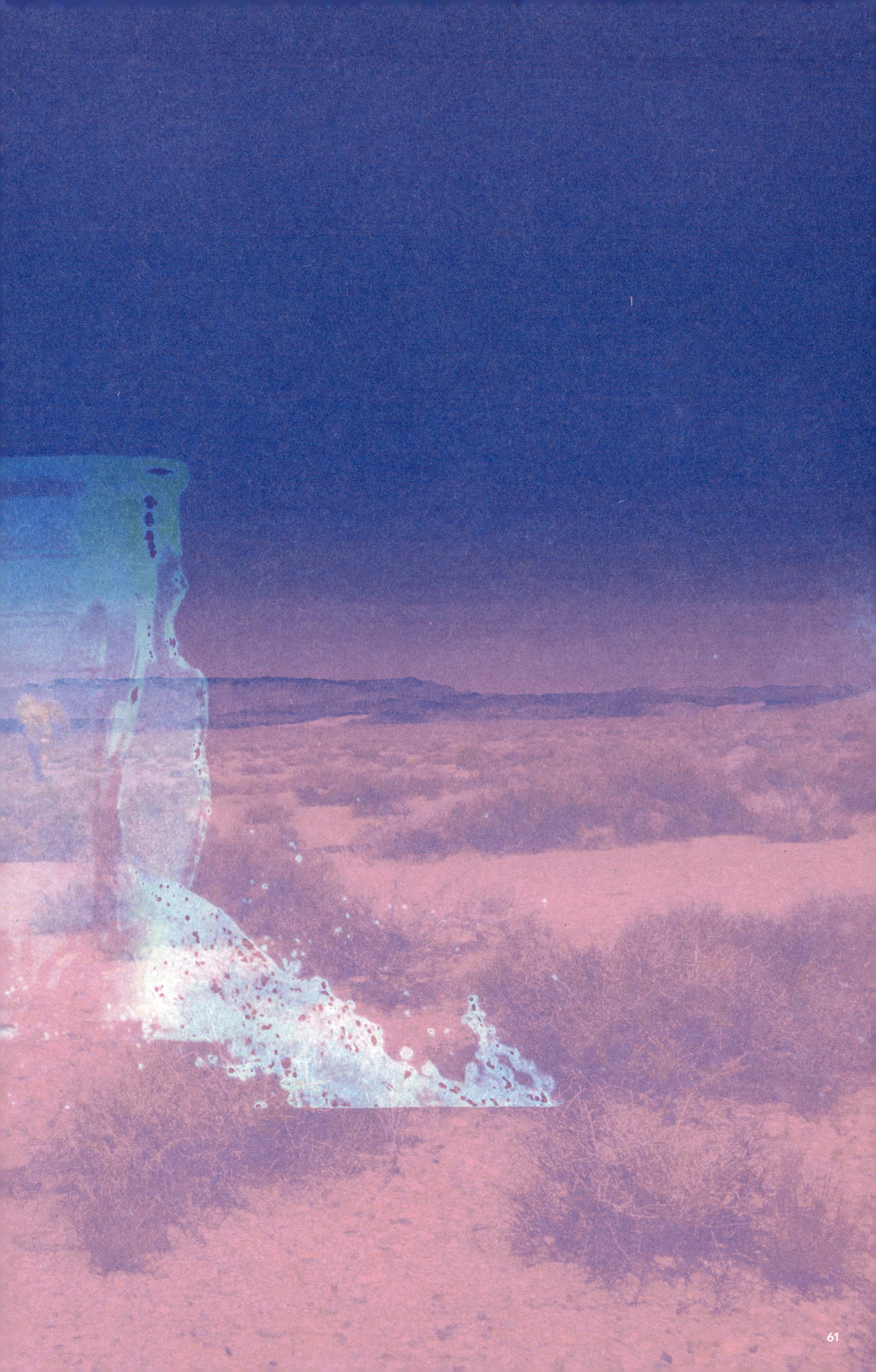

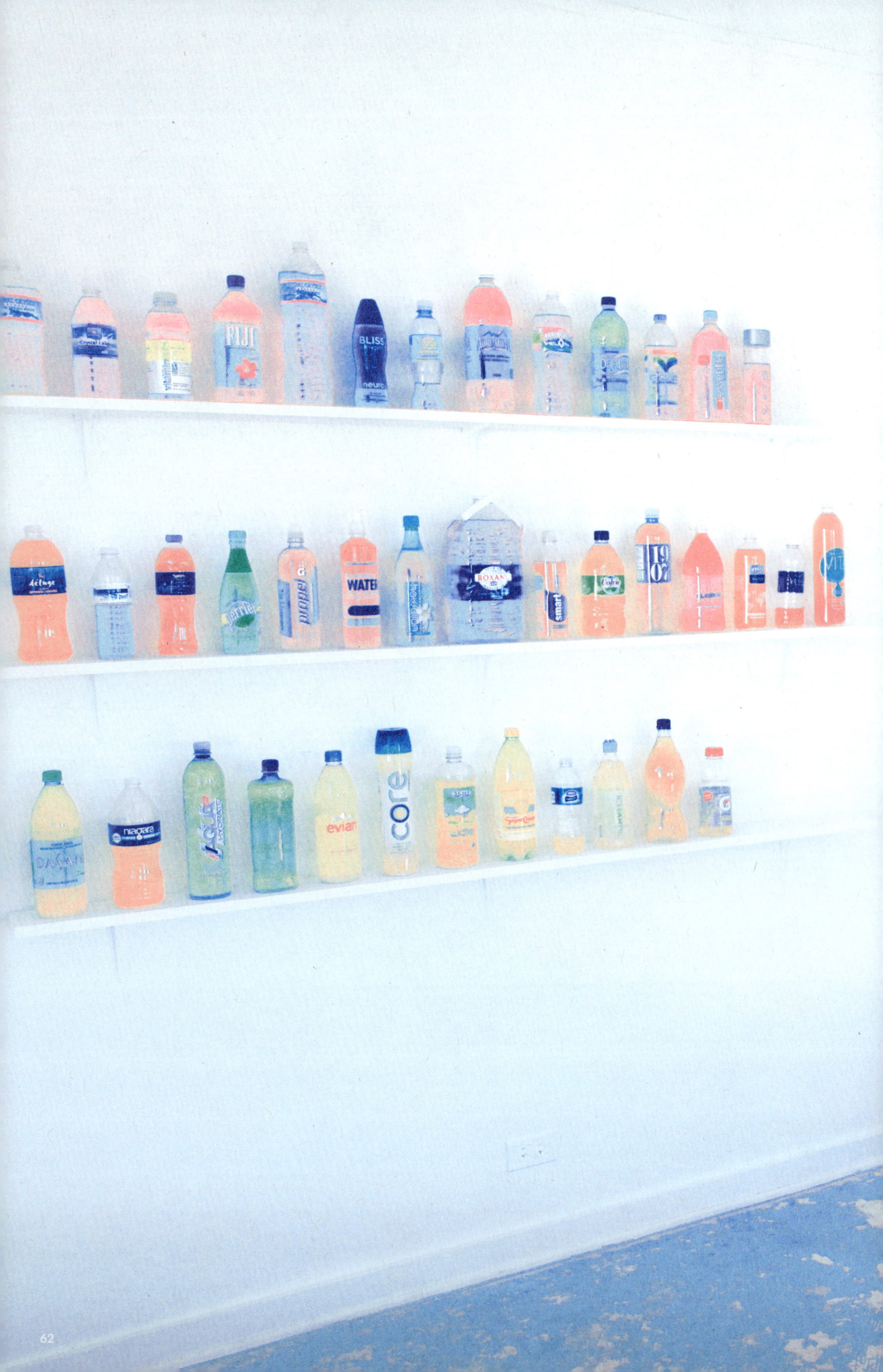

FIJI
BLISS
neuro
AQUAFINA
ARROWHEAD
déluge
Perrier
propel
WATER
ROXANE
smart
Cott
1907
VIT
DASANI
niagara
AQUA HYDRATE
evian
core
STATE
Gatorade

	Day 1	Day 2	Day 3	Day 4	Day 5	Day 6	Day 7
1ST WEEK							
Drunk	3,1	3,3	3,03	4,5	6,6	5,6	4,85
Pissed	1,59	1,59	1,6	1,65	0,95	1,6	1,35

	Day 8	Day 9	Day 10	Day 11	Day 12	Day 13	Day 14
2ND WEEK							
Drunk	6,15	3,2	3,7	7,2	5,8	4,75	4,15
Pissed	1,3	1,8	1,3	3,78	2,5	1,7	1,15

	Day 15	Day 16	Day 17	Day 18	Day 19		
3RD WEEK							
Drunk	3,25	3,2	4,15	3,3	4,5		
Pissed	1,7	2,0	2,8	1,85	1,2		

All is calculated in liters – 1 liter = 33,8 Fl oz

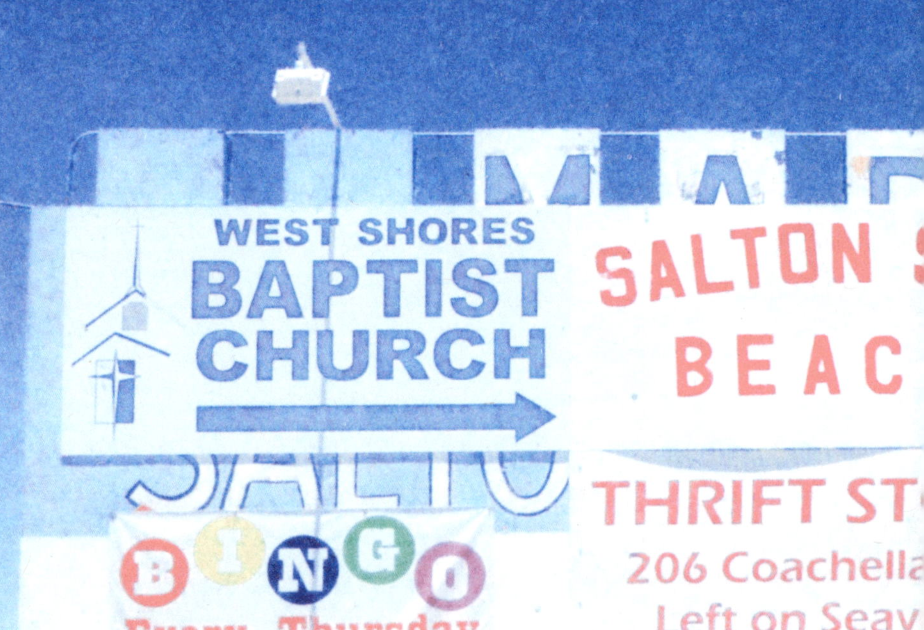
WEST SHORES
BAPTIST
CHURCH
SALTON S
BEAC
SALTO
THRIFT ST
206 Coachella
Left on Seav
760-482-771
BINGO
Every Thursday
10am   2pm
WALTERS Restaurant & L
224 Brawley Ave., Salton Sea

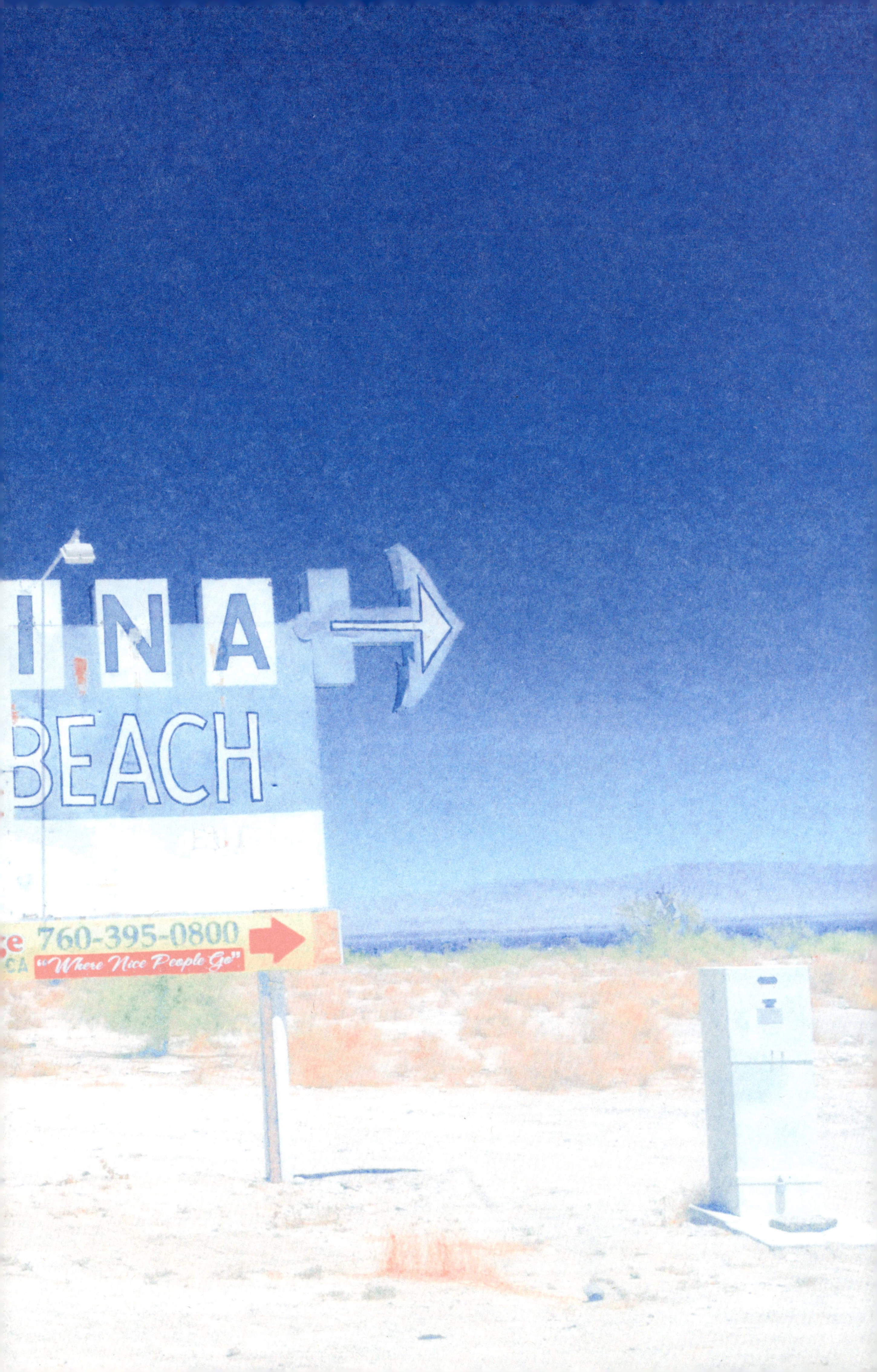

INA
BEACH
760-395-0800
"Where Nice People Go"

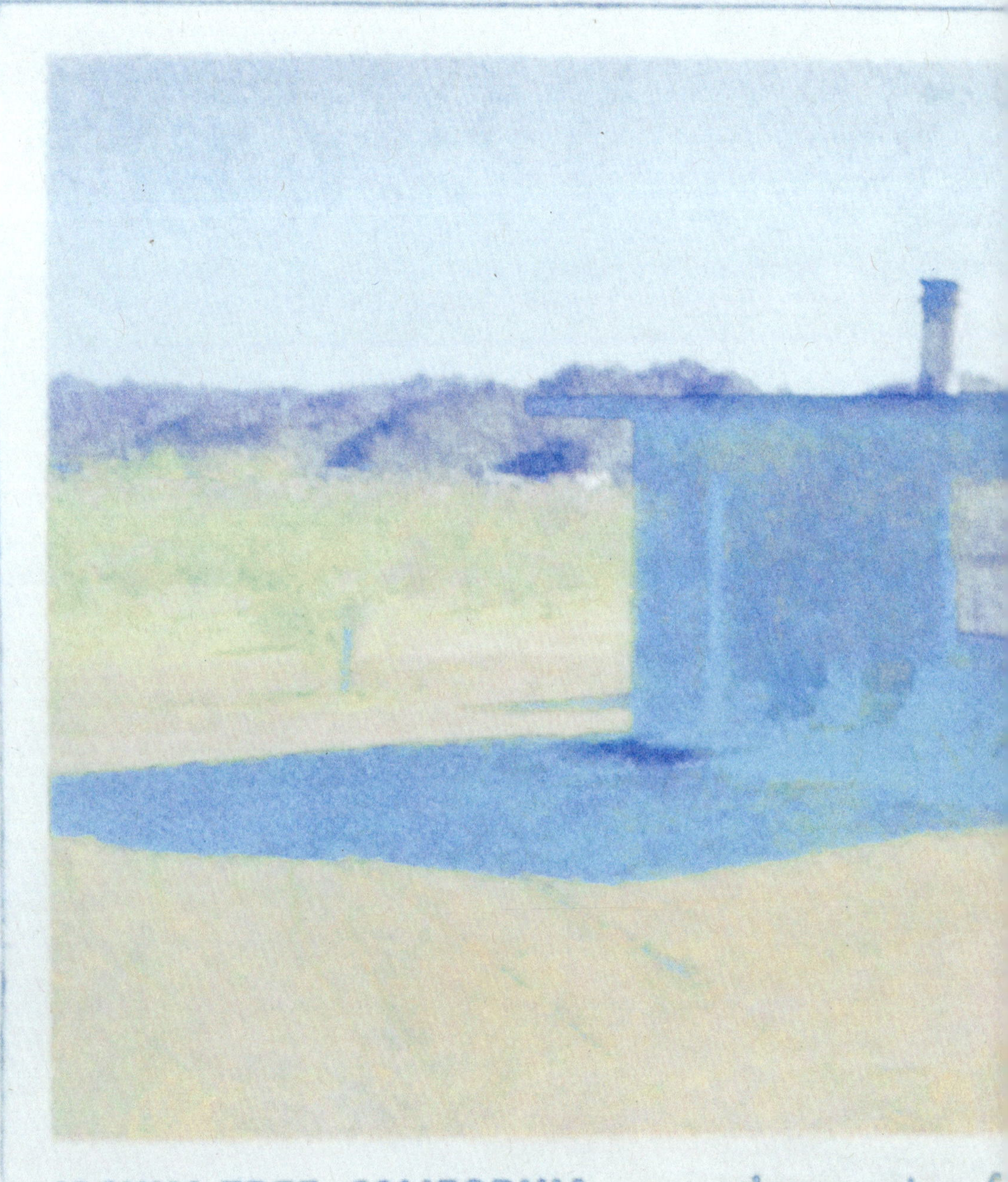

JOSHUA TREE, CALIFORNIA — ... the music of
cabin has an Airbnb history, is located in an a
smaller functioning solar system. Seller had in
full acres of Joshua Tree majesty can be used
appreciate. Appointments only, there may be v
61325 Vine Street, Joshua Tree.

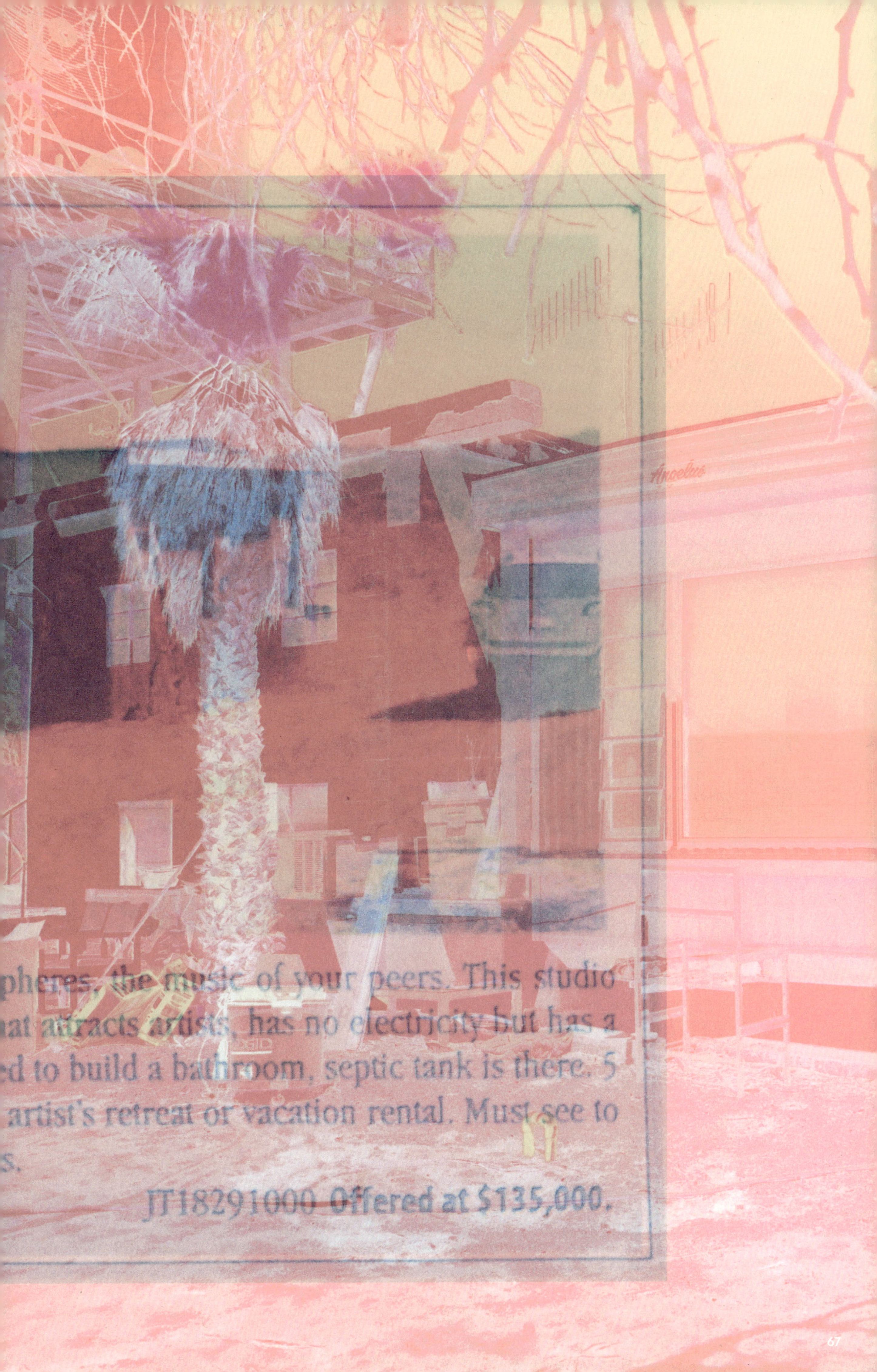
pheres, the music of your peers. This studio
at attracts artists, has no electricity but has a
ed to build a bathroom, septic tank is there. 5
artist's retreat or vacation rental. Must see to
s.
JT18291000 Offered at $135,000.

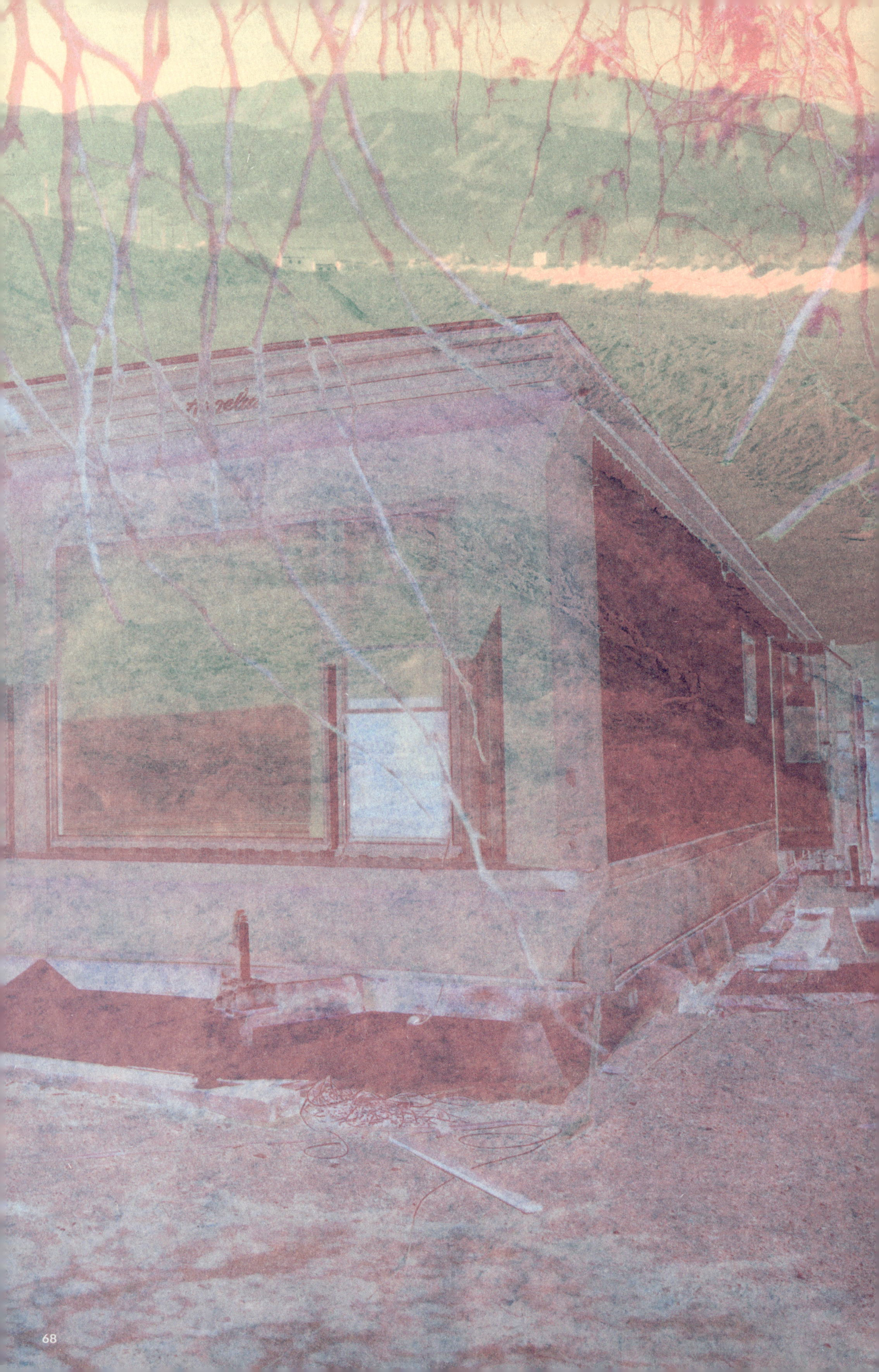

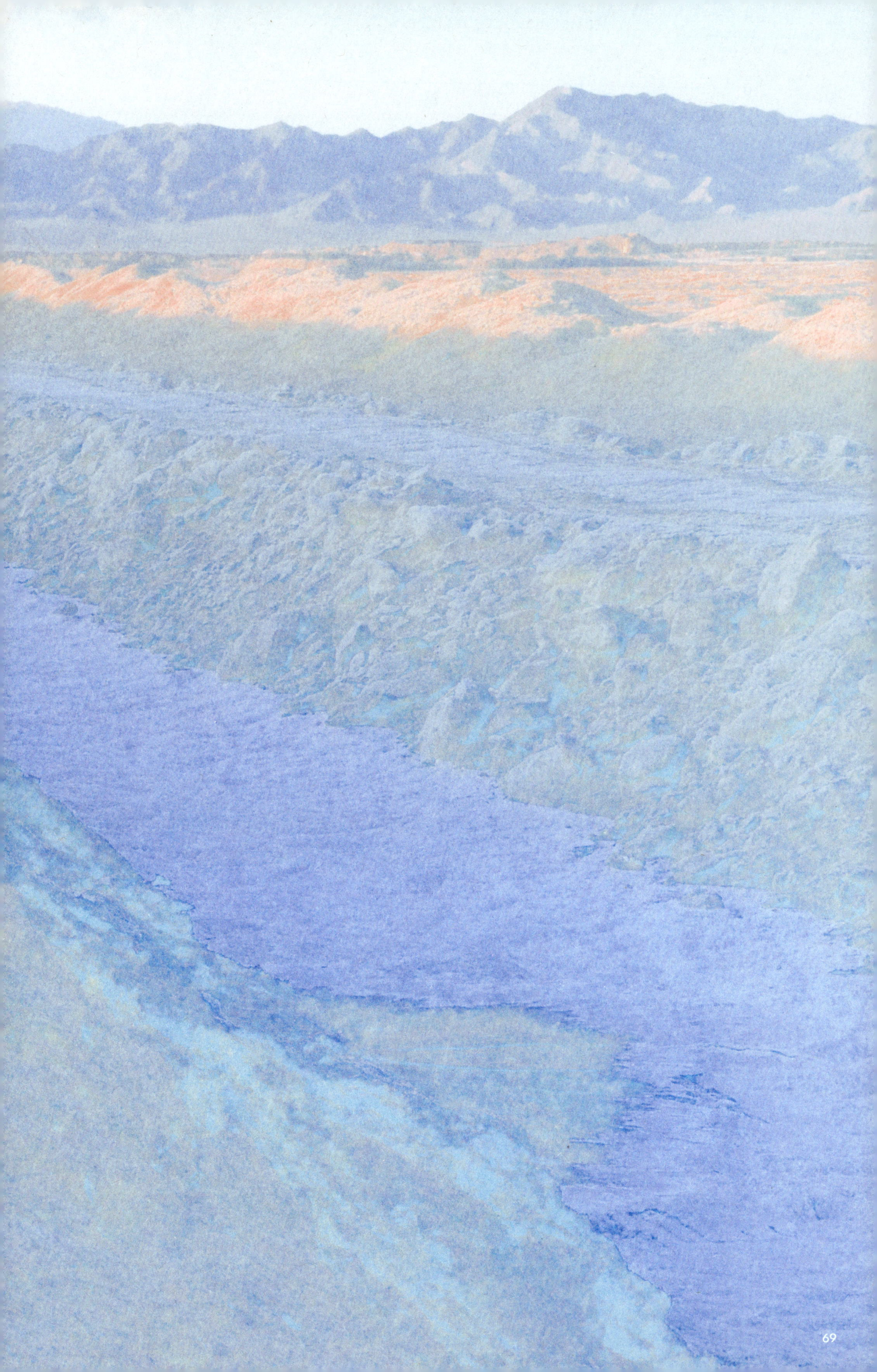

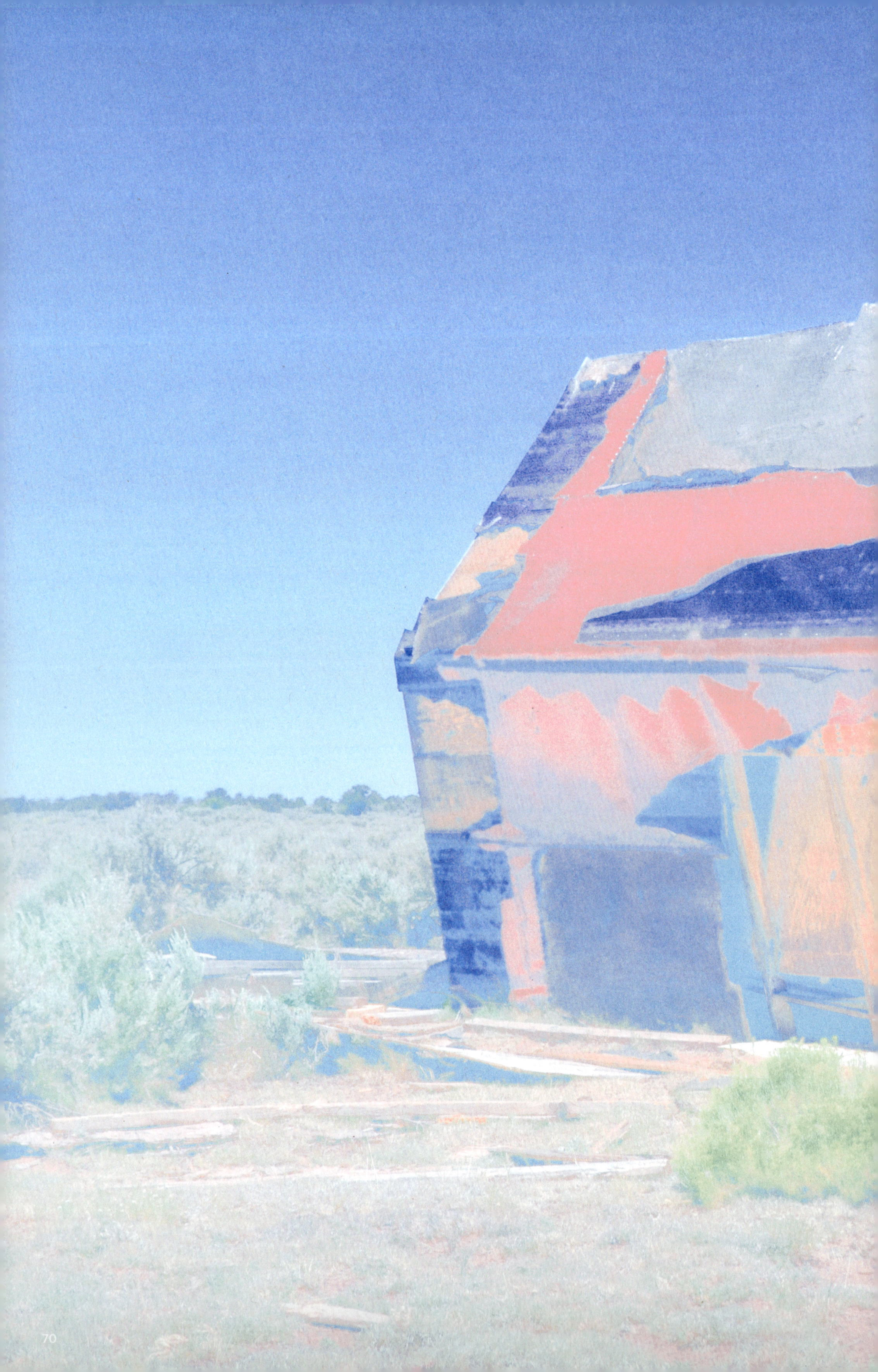

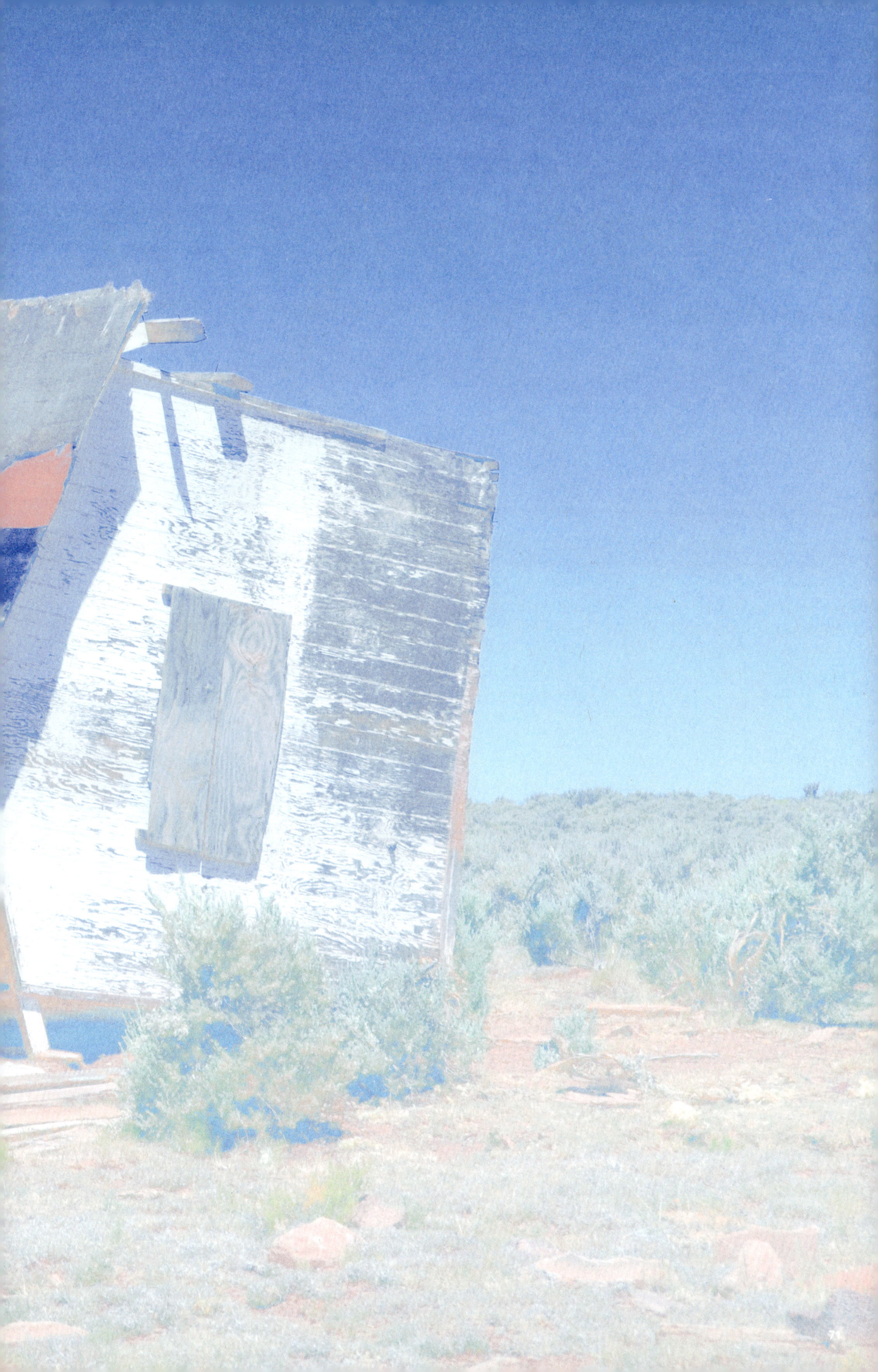

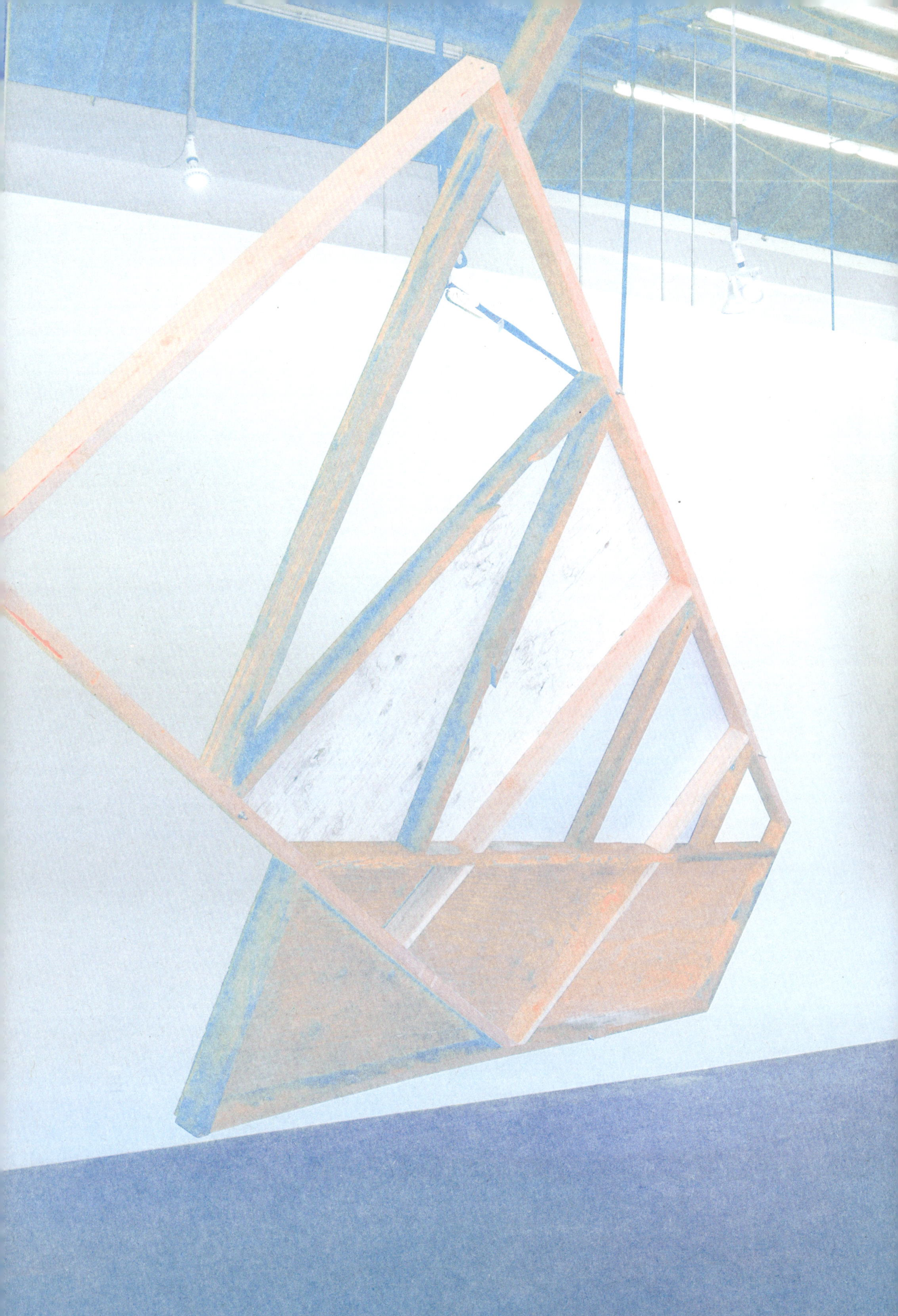

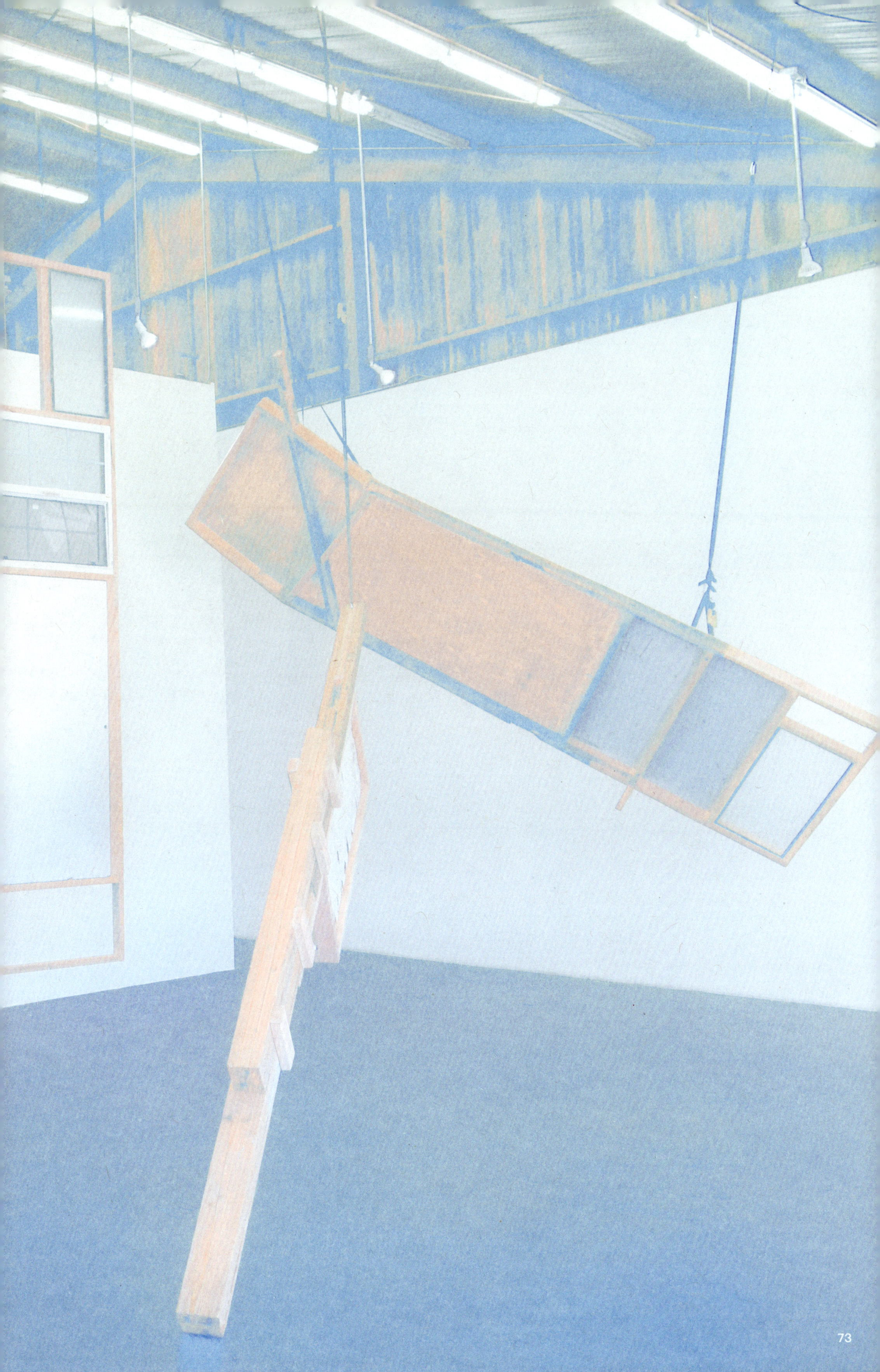

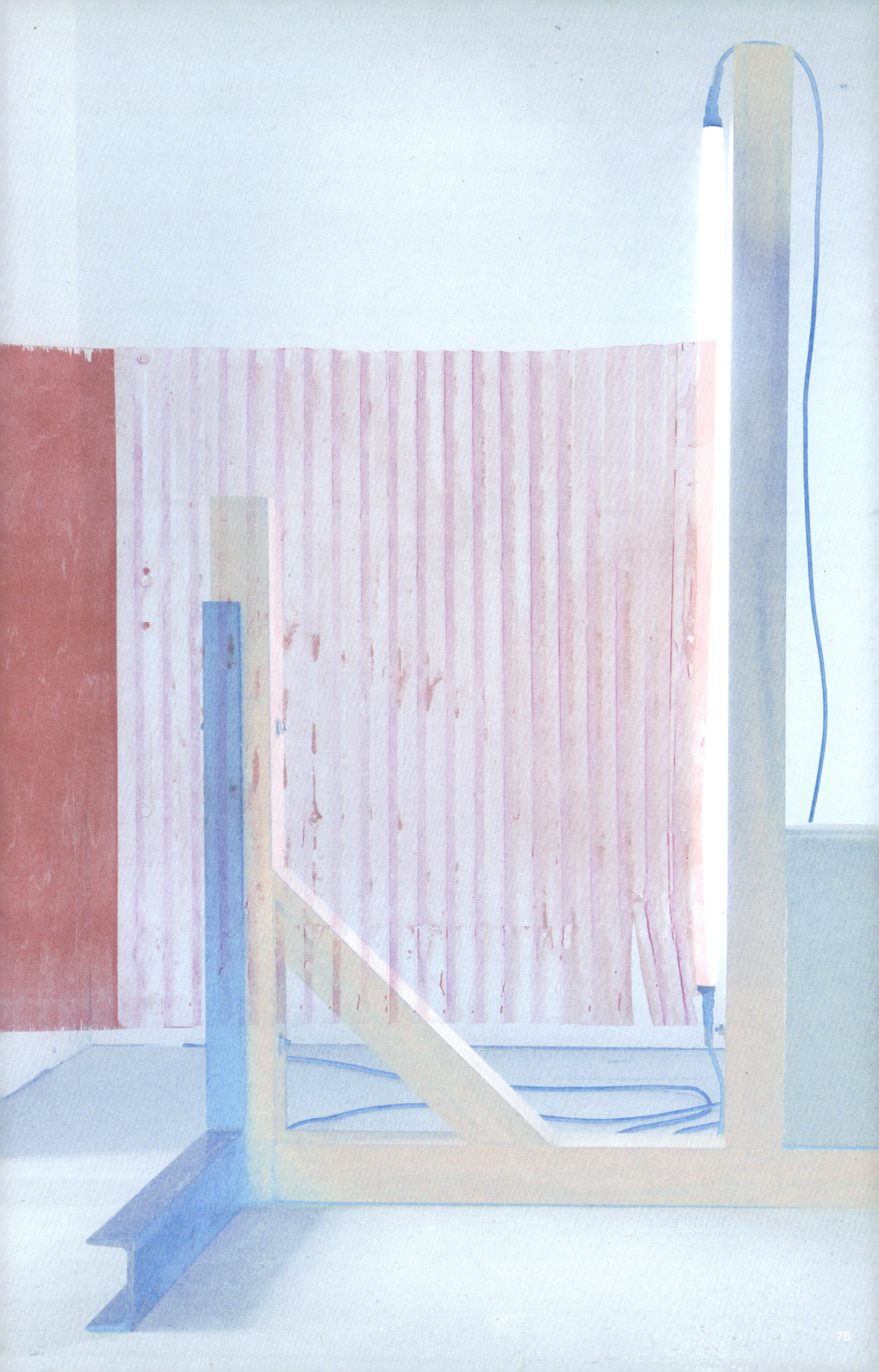

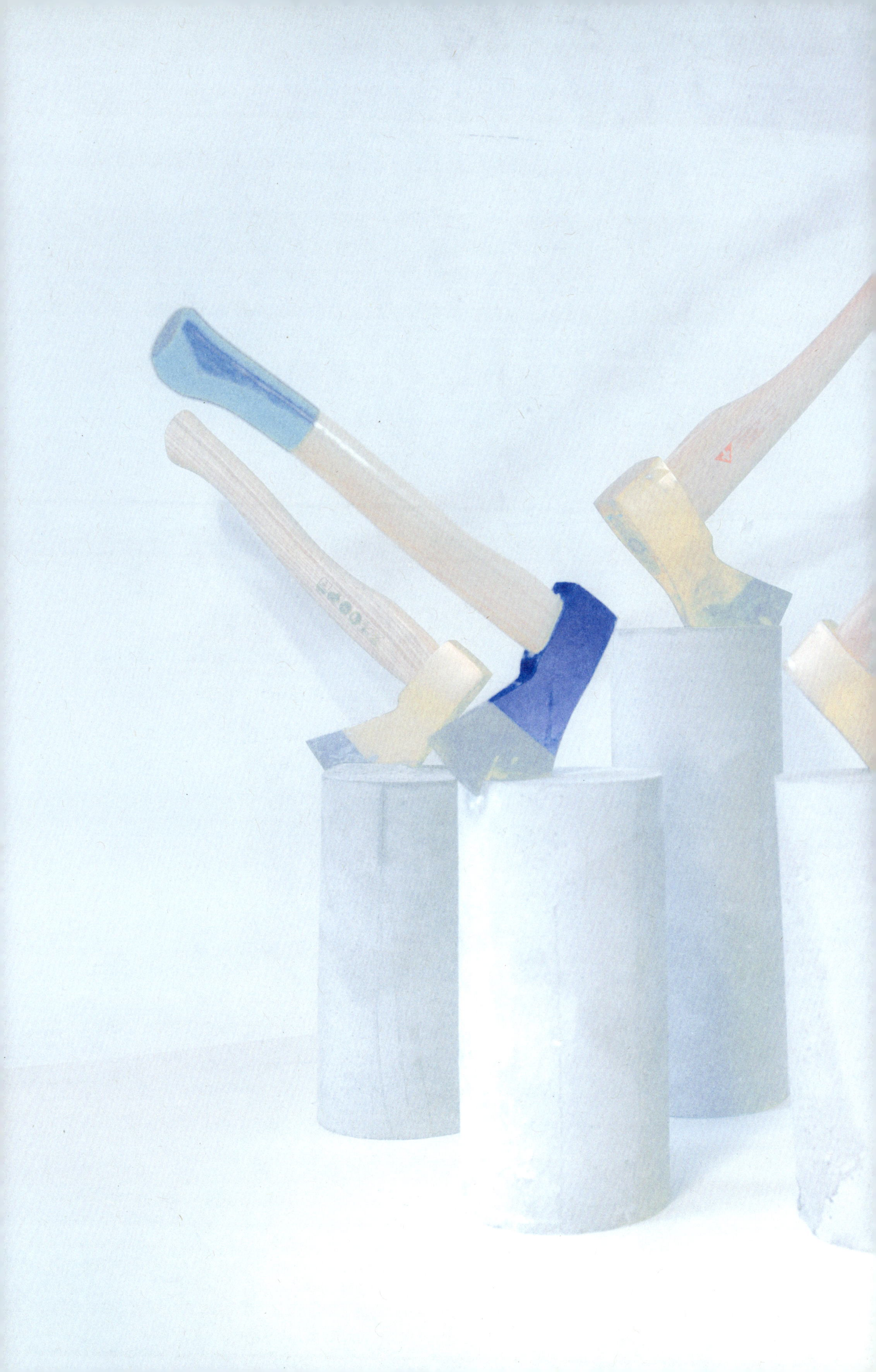

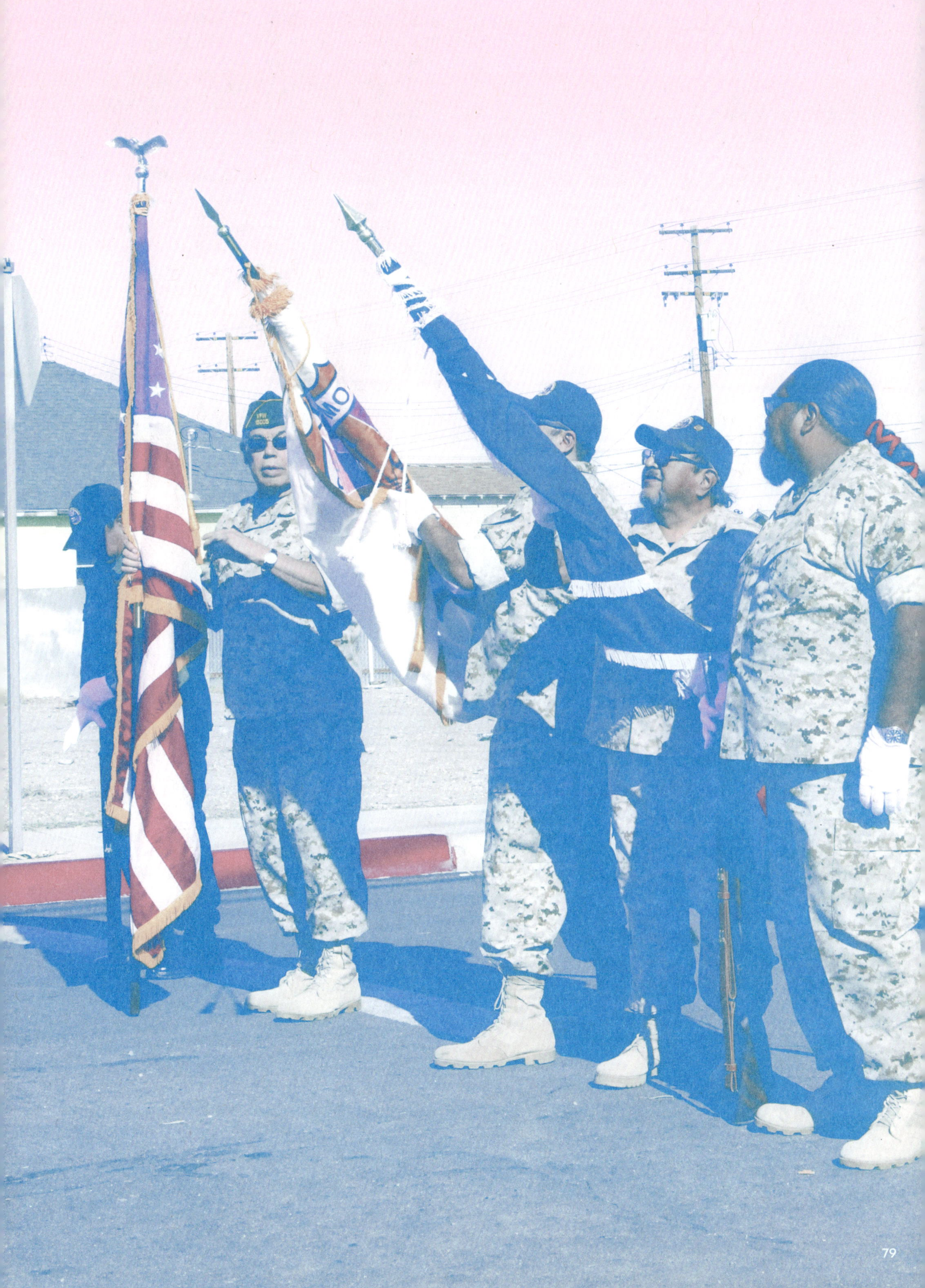

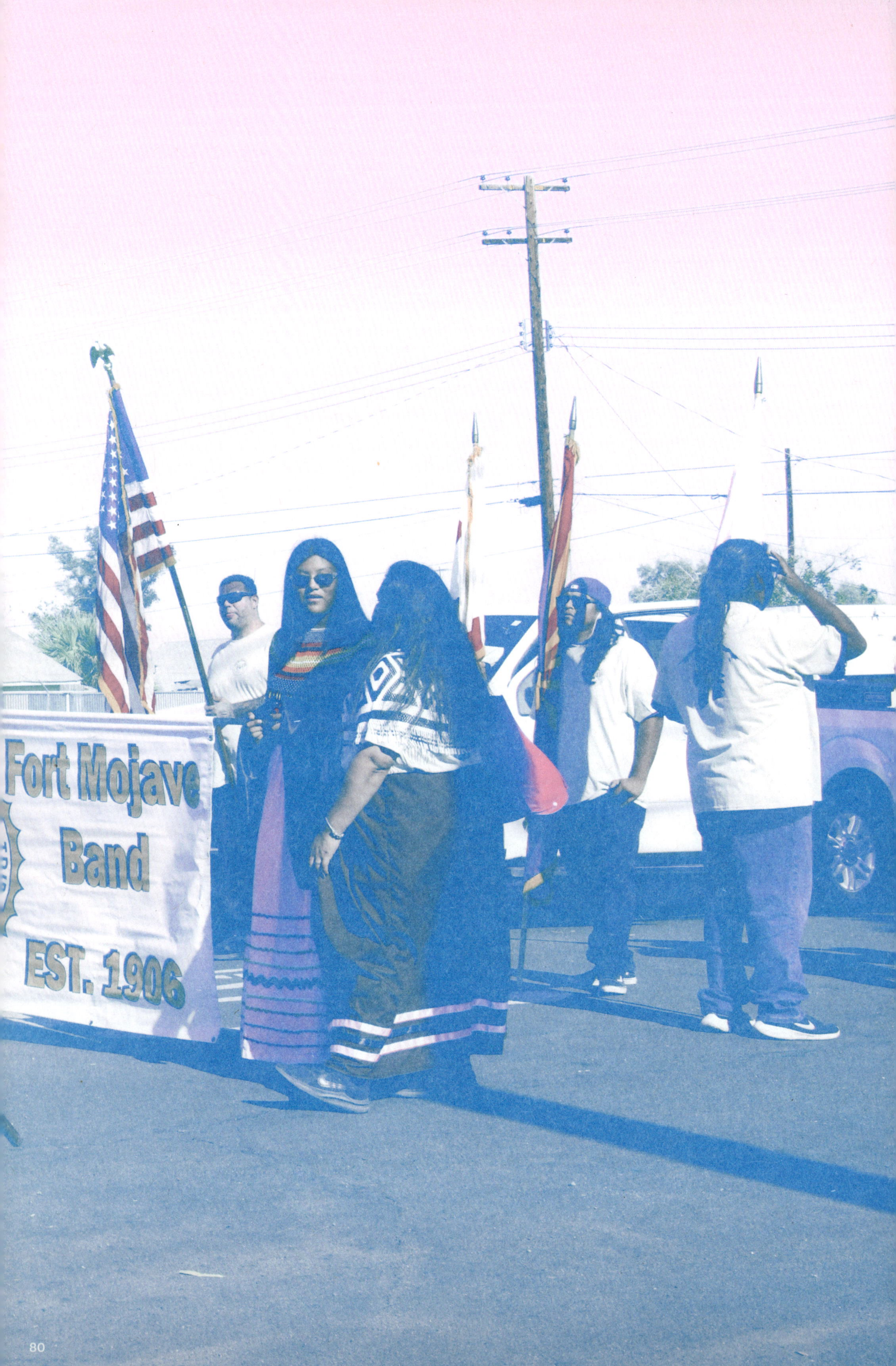

Fort Mojave
Band
EST. 1906

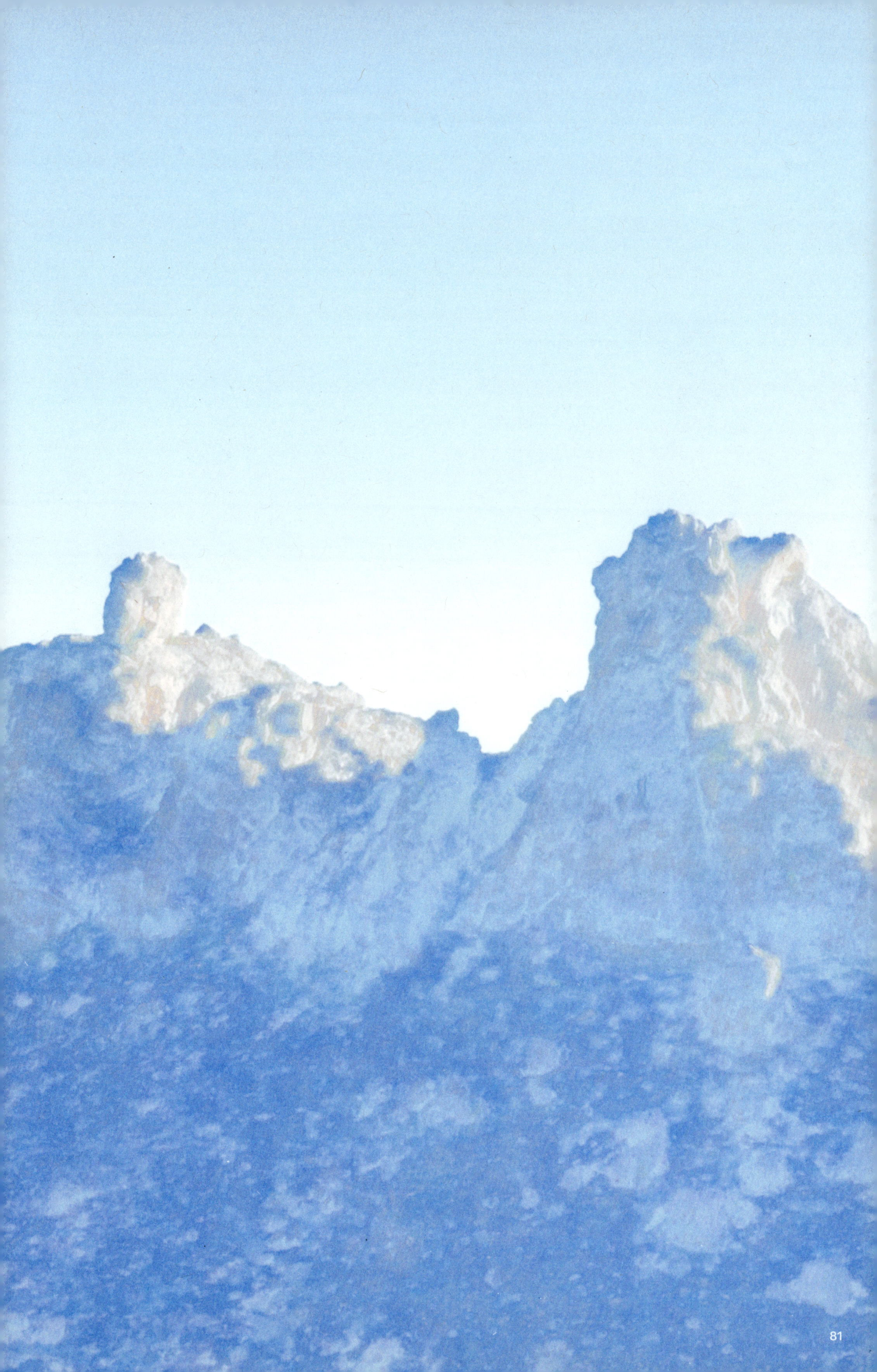

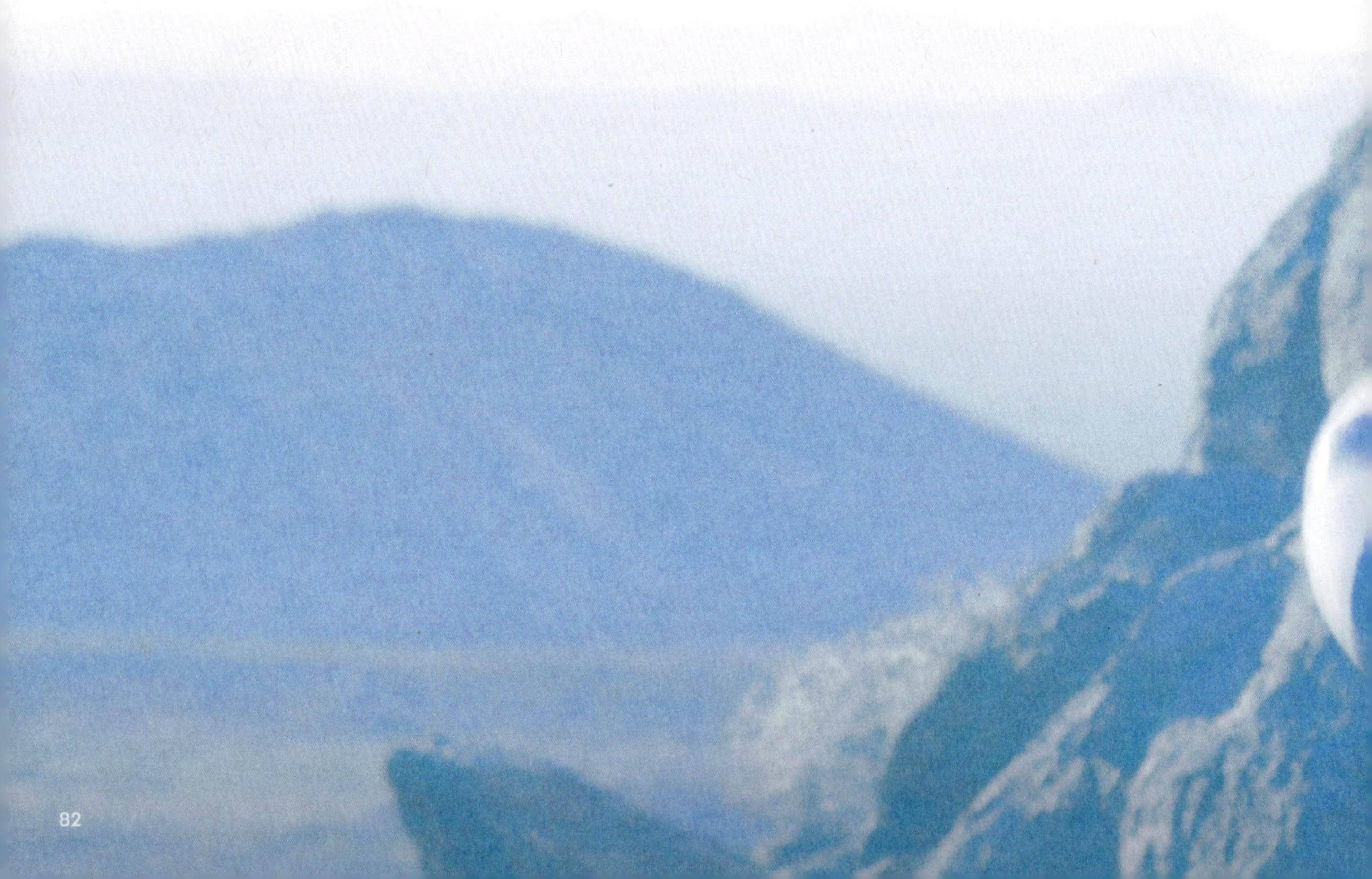

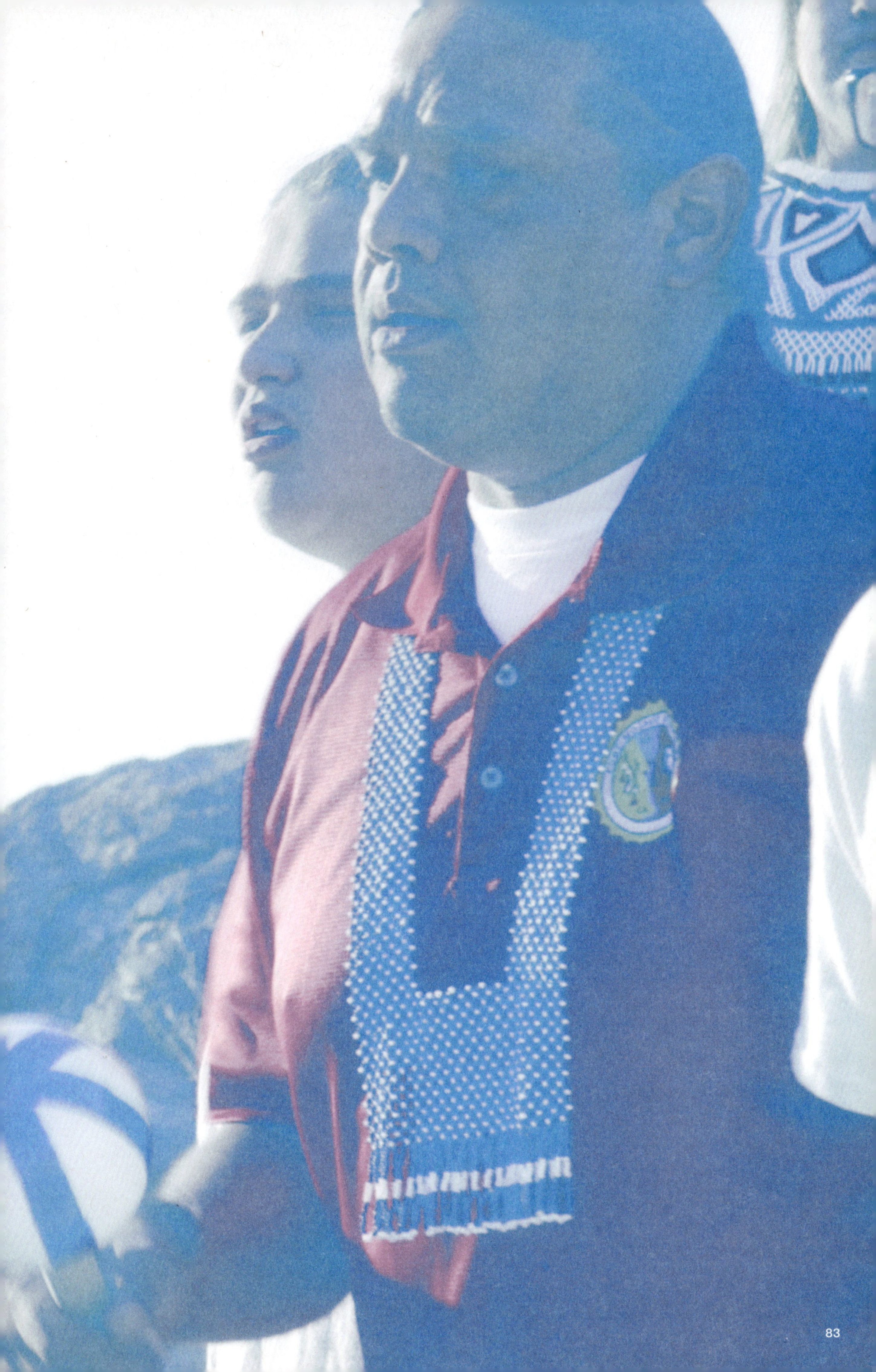

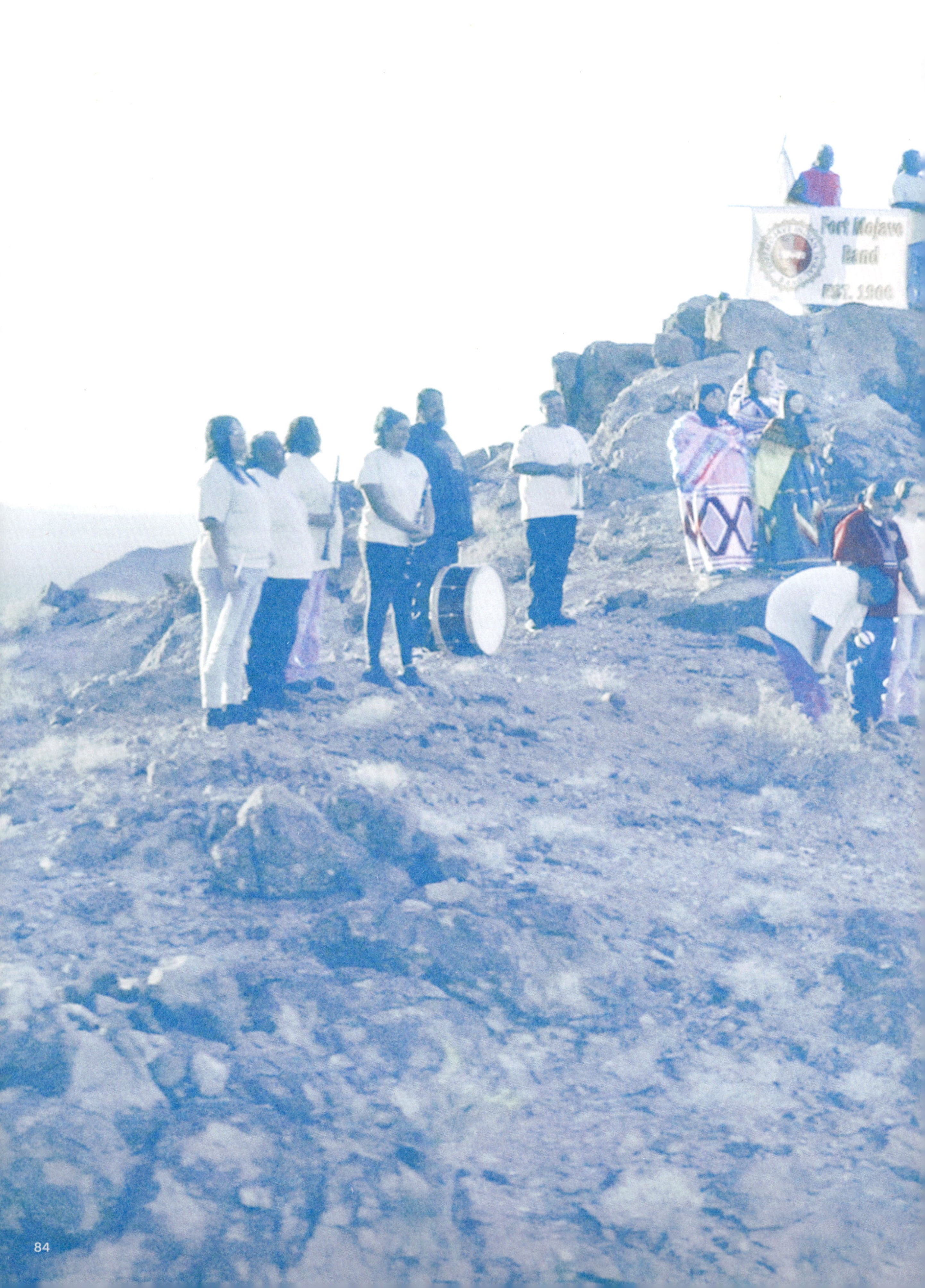

Fort Mojave
Band
EST. 1900

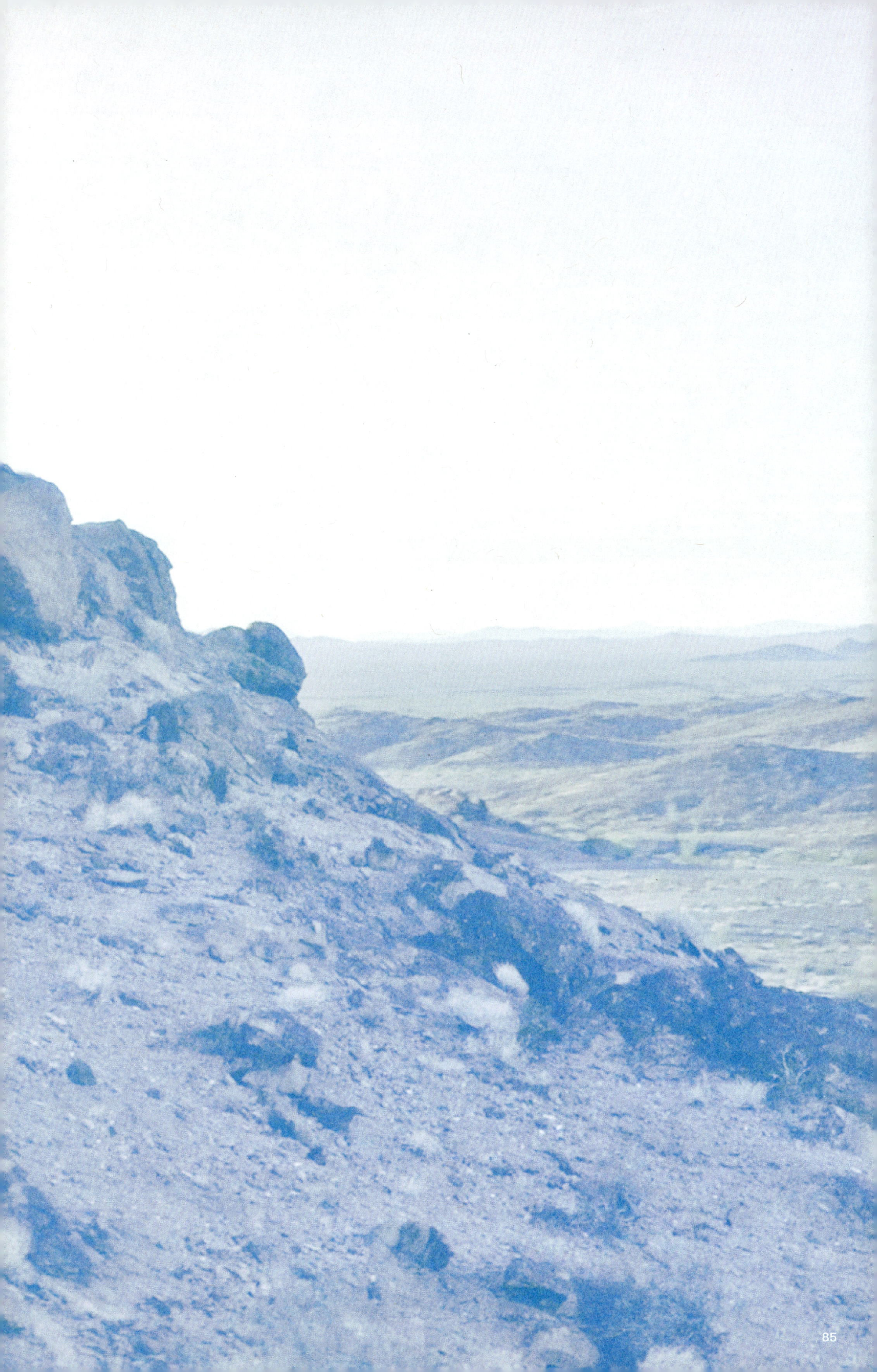

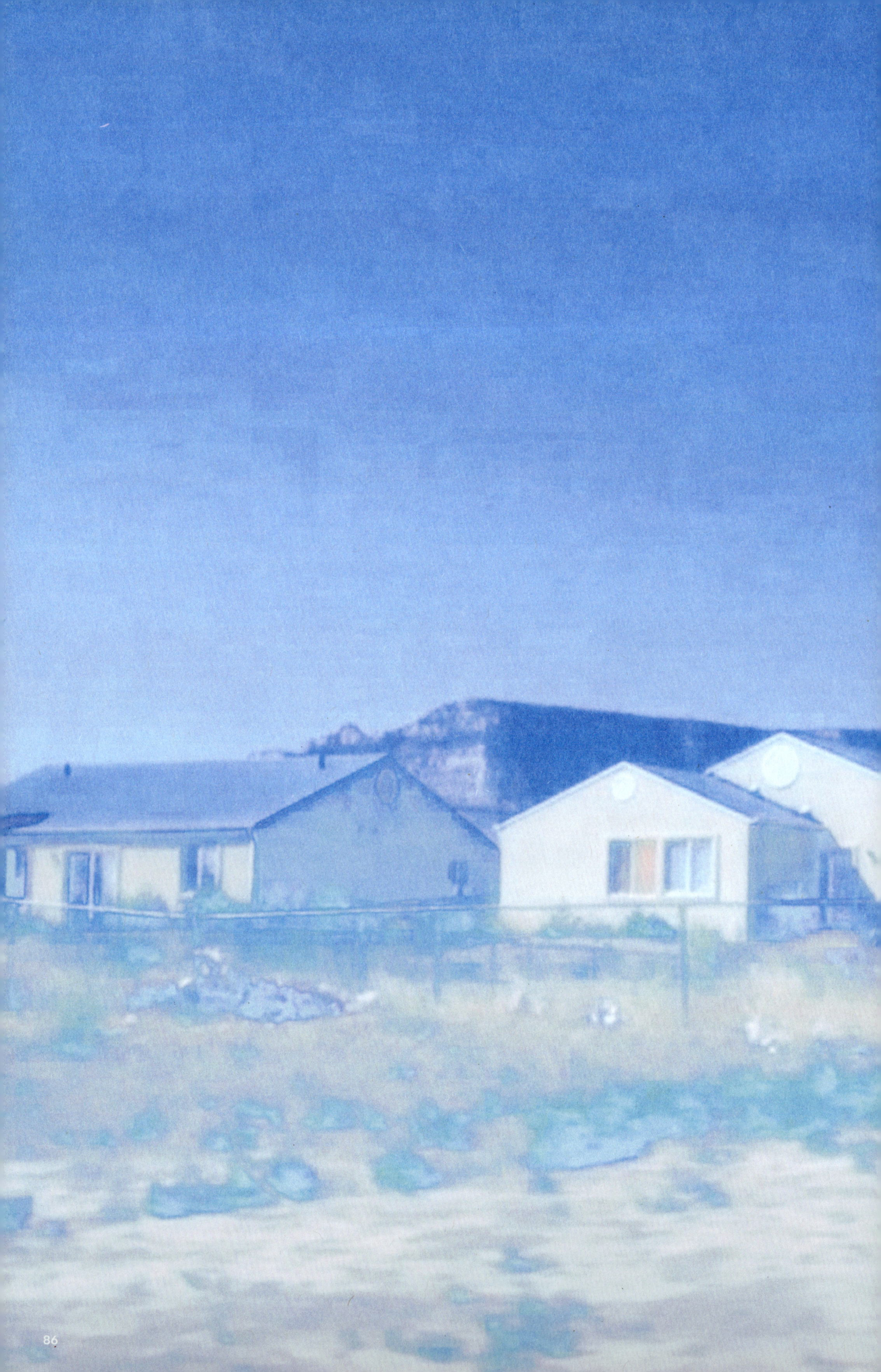

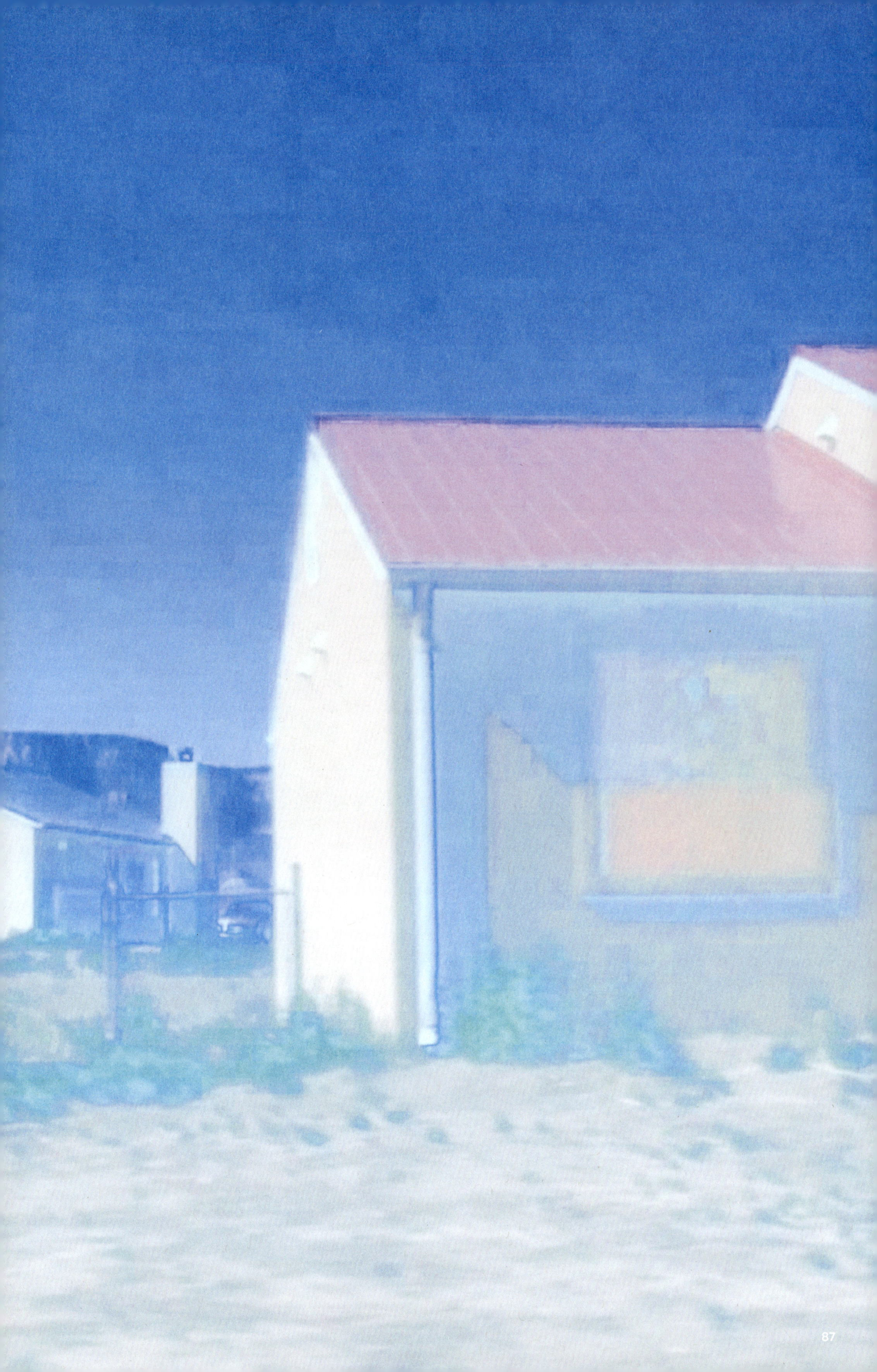

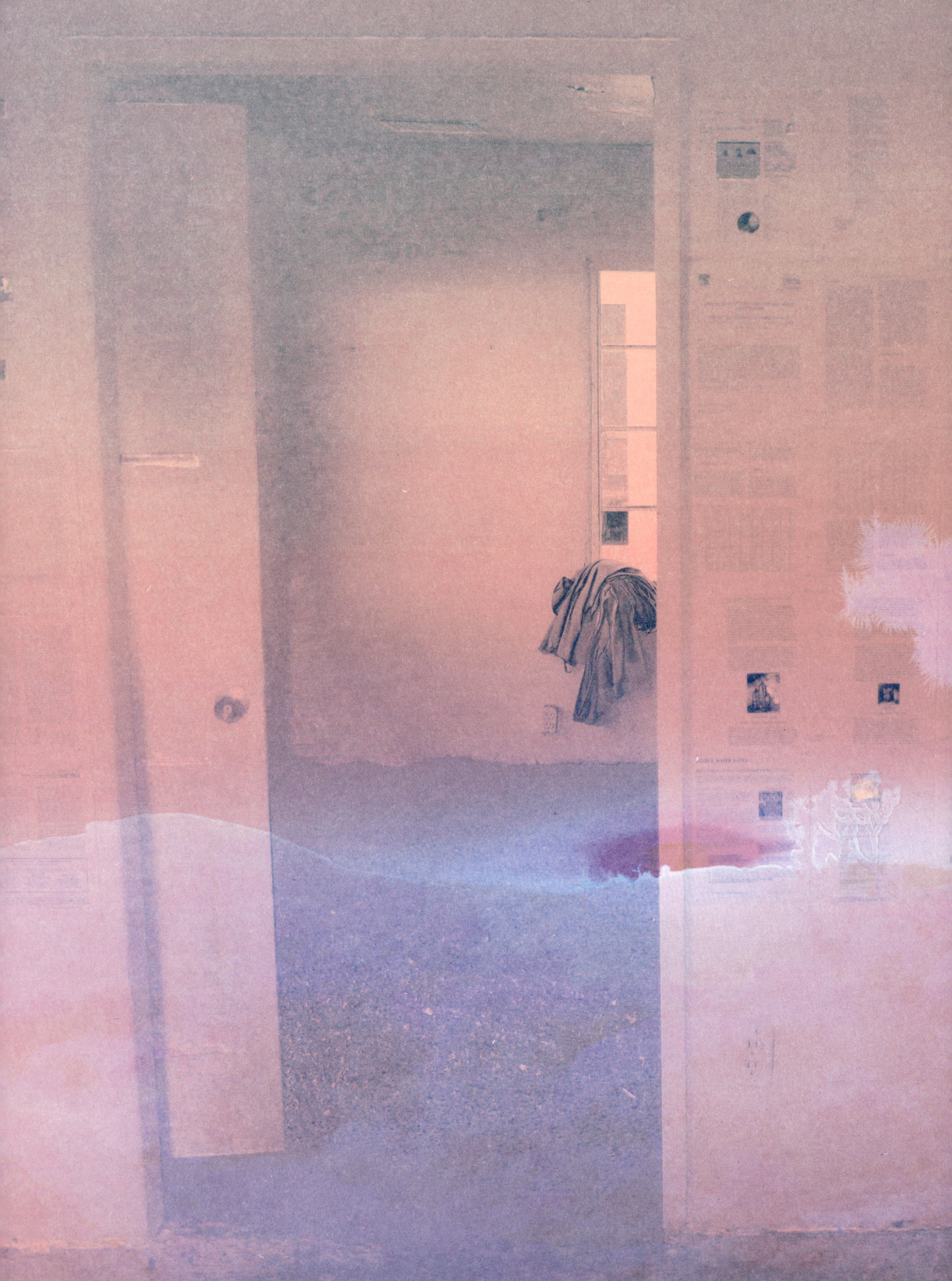

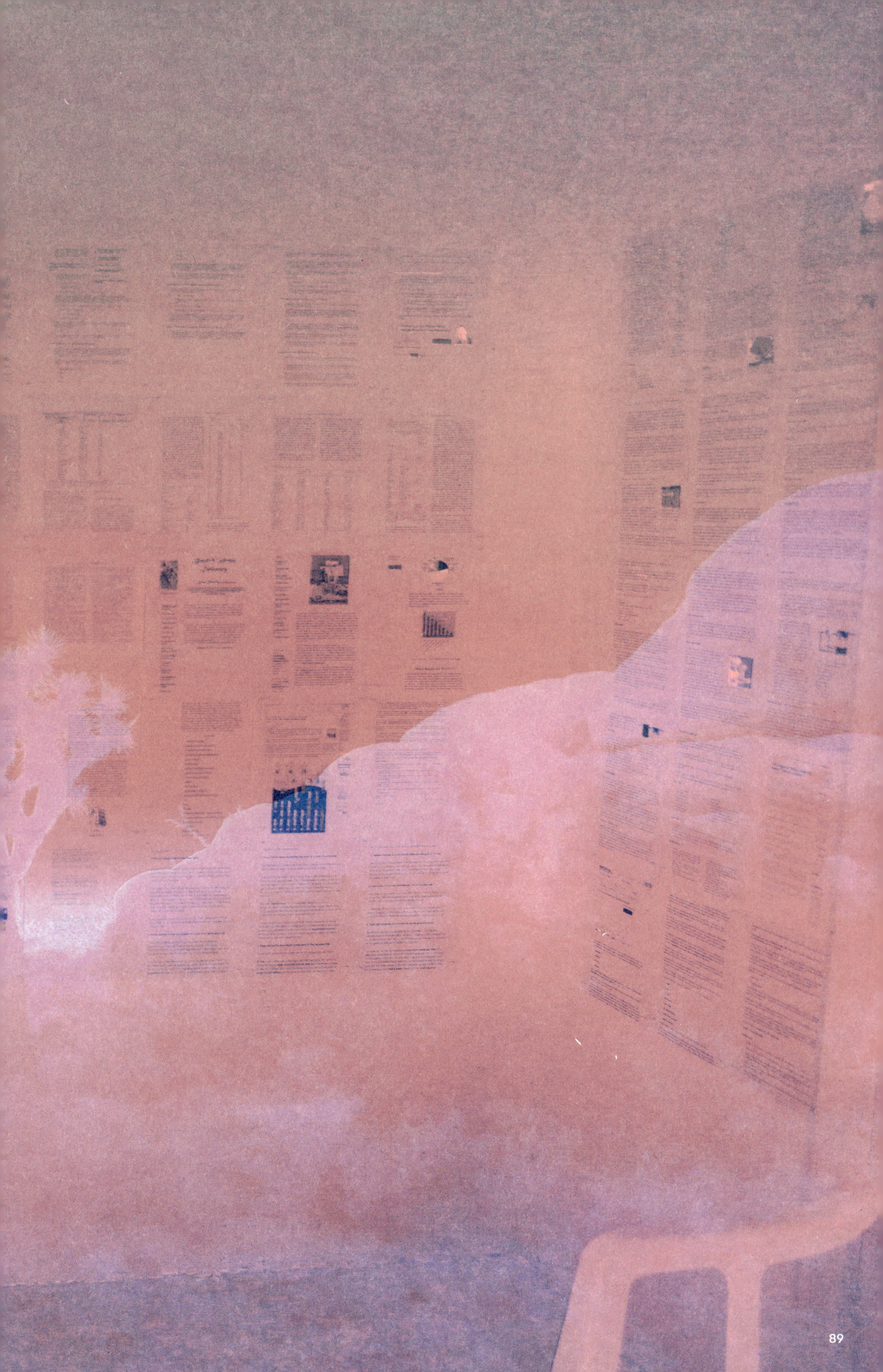

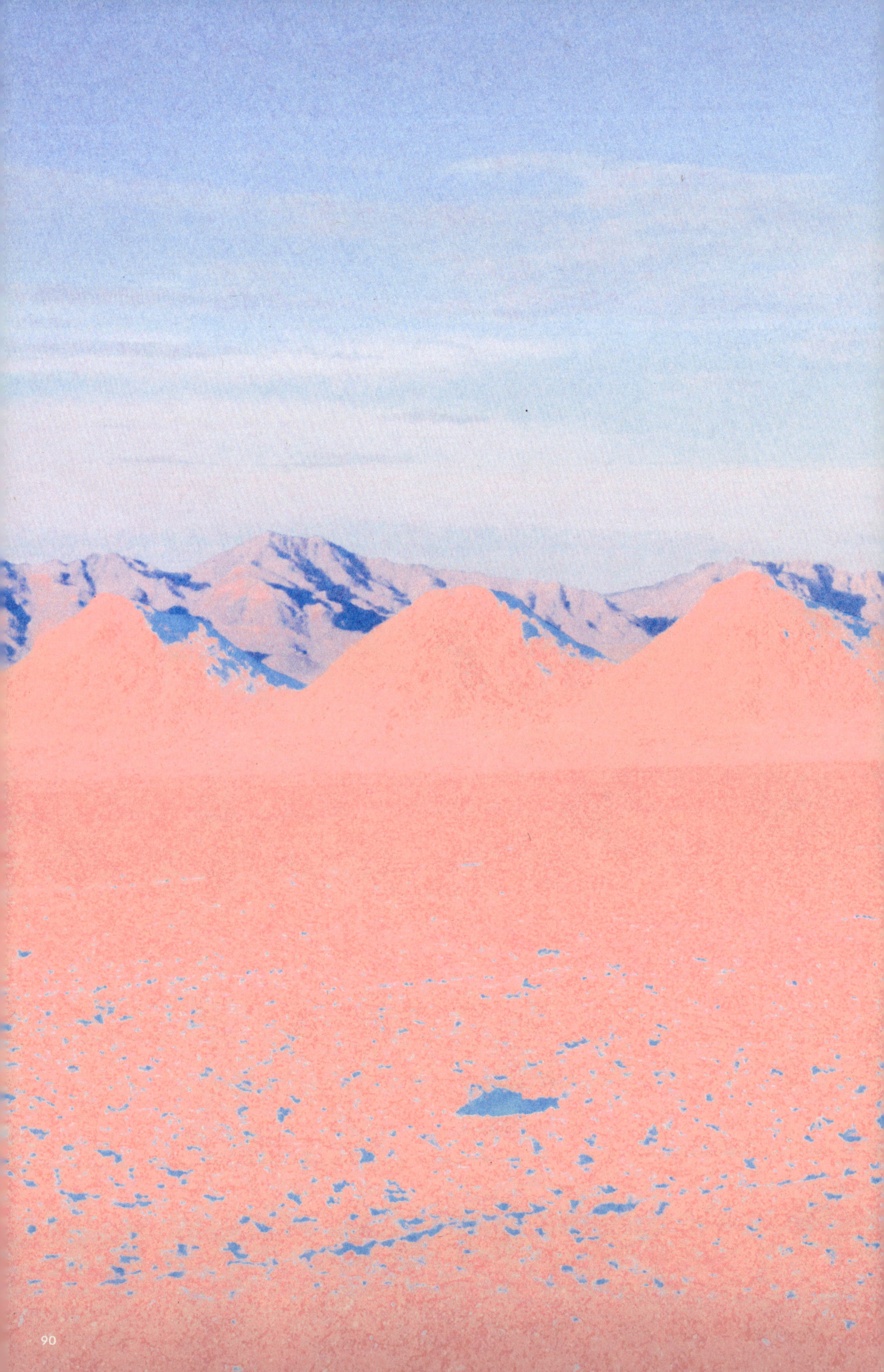

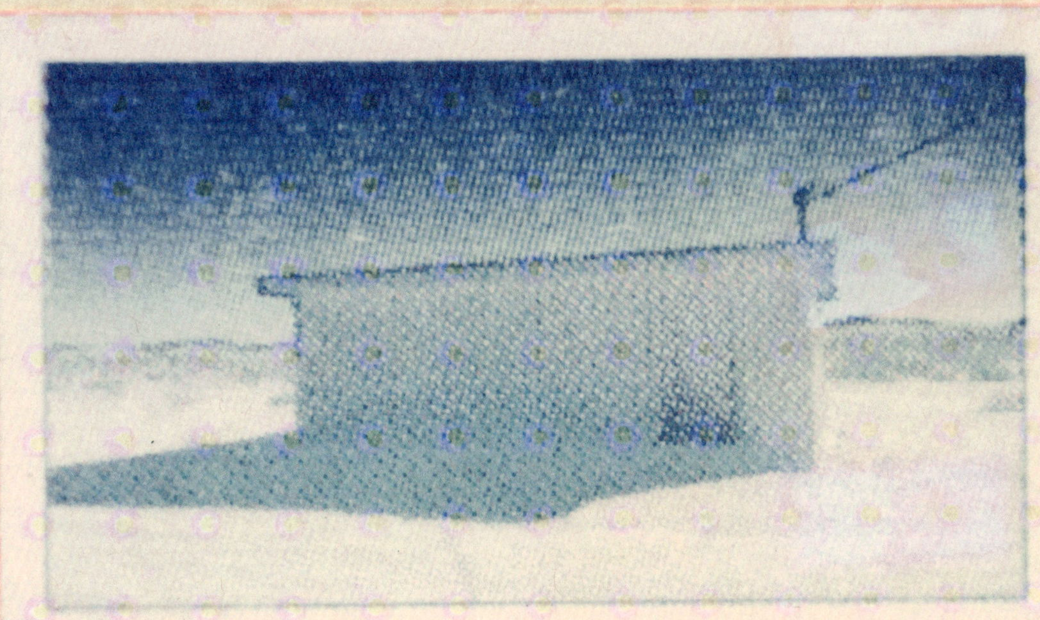

GREAT UNFINISHED CABIN ON 5 ACRES
— Electricity, but not plumbed. Neighboring 2 bedroom, 1 bath on 5 acres for sale by
same seller.

87785 Amboy Road, 29 Palms.
Asking $35,000.

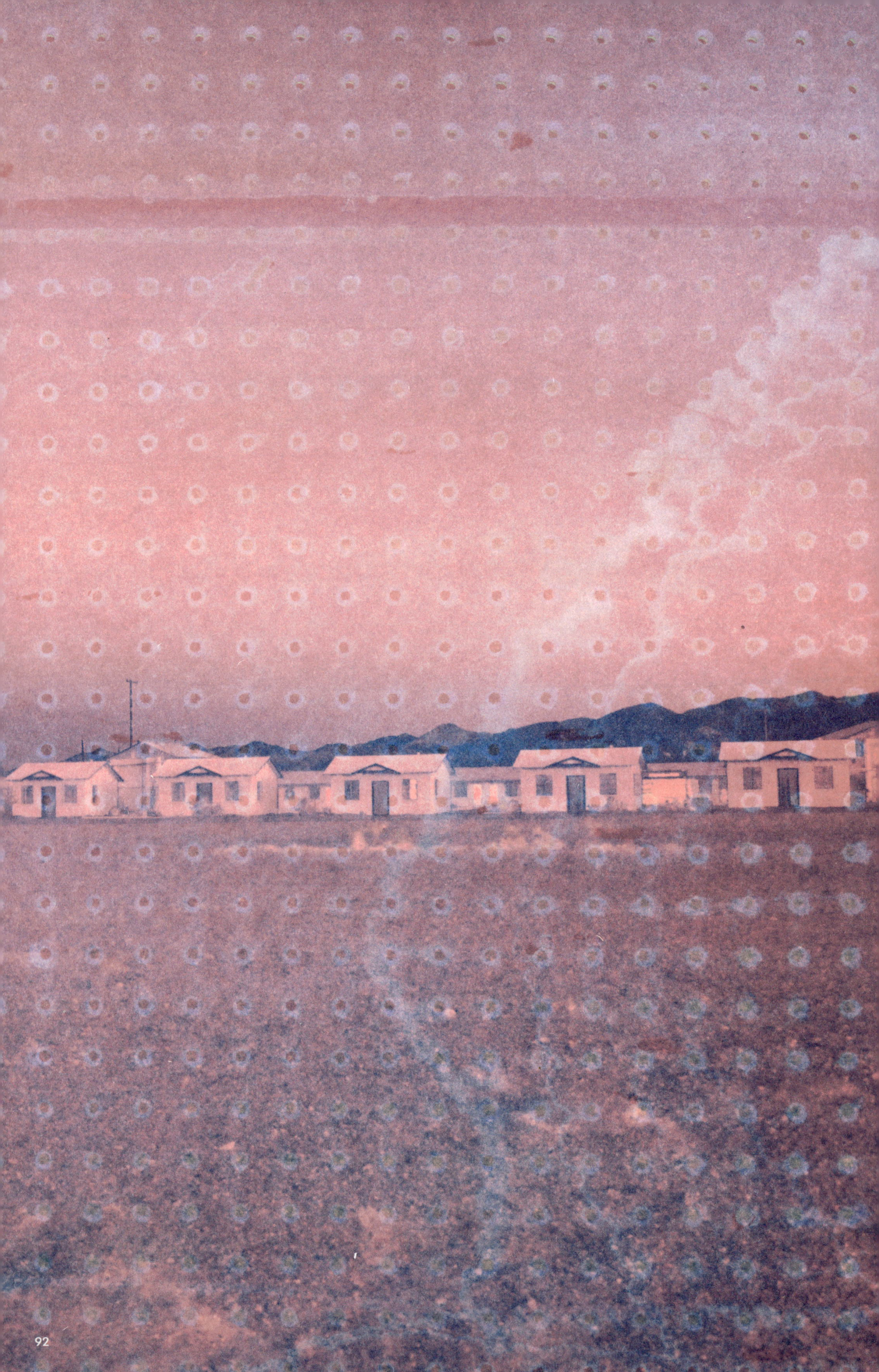

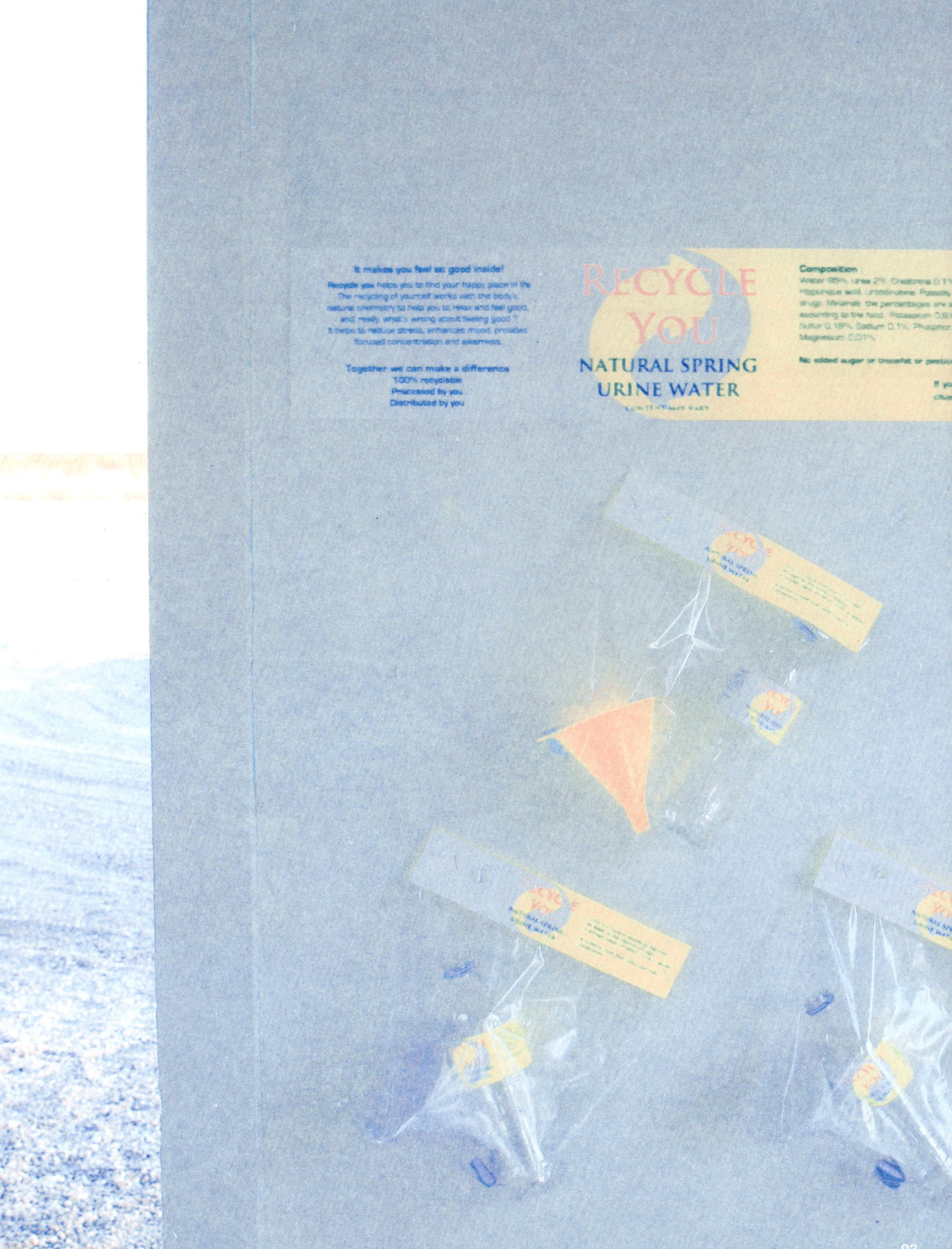
It makes you feel so good inside!
Recycle you helps you to find your happy place in life
The recycling of yourself works with the body's
natural chemistry to help you to relax and feel good,
and, really, what's wrong about feeling good ?
It helps to reduce stress, enhances mood, provides
focused concentration and awerness.

Together we can make a difference
100% recyclable
Processed by you
Distributed by you
RECYCLE YOU
NATURAL SPRING
URINE WATER
Composition :
Water 95%, urea 2%, Creatinine 0.1%,
Hippurique acid, Urobilinobine. Possibly to
drugs. Minerals, the percentages are
according to the food. Potassium 0.6%,
Sulfur 0.18%, Sodium 0.1%, Phosphor. 0
Magnesium 0.01%
No added sugar or transfat or pesticide
If you
chang

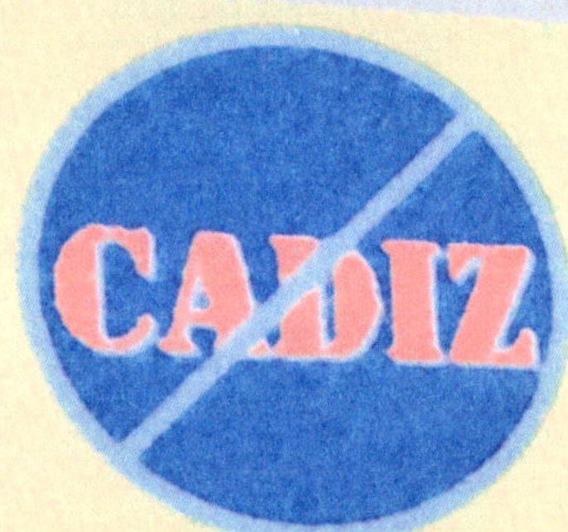
CADIZ
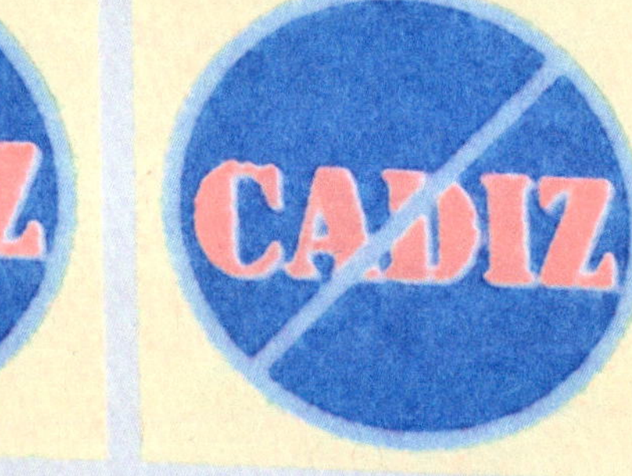
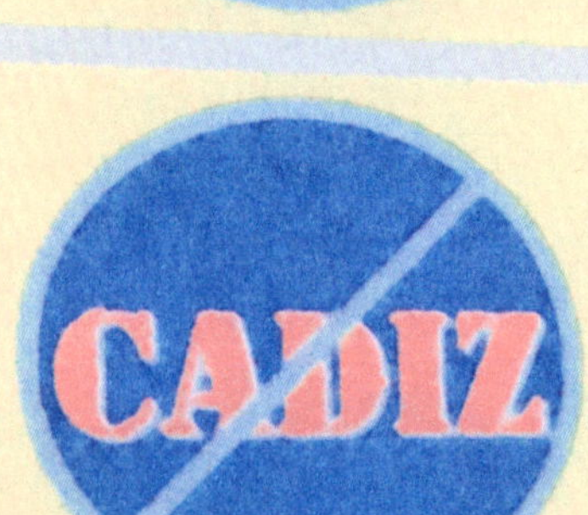
CADIZ

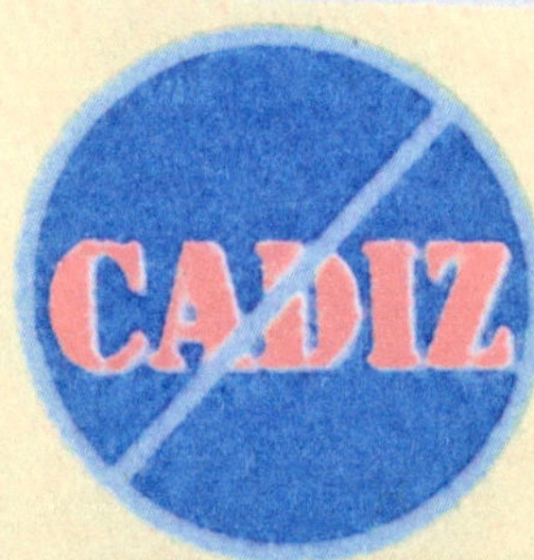
CADIZ

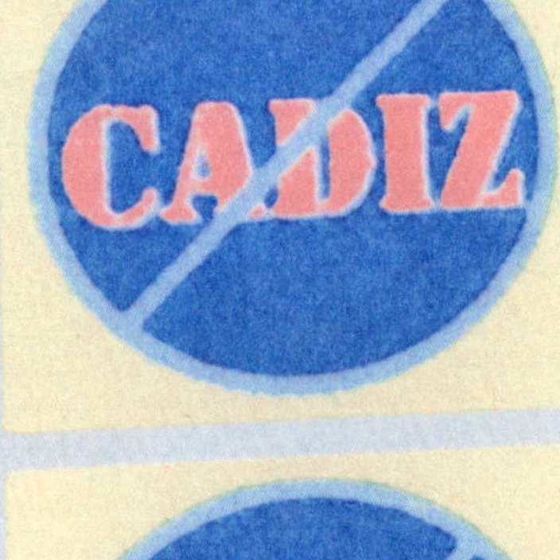
CADIZ
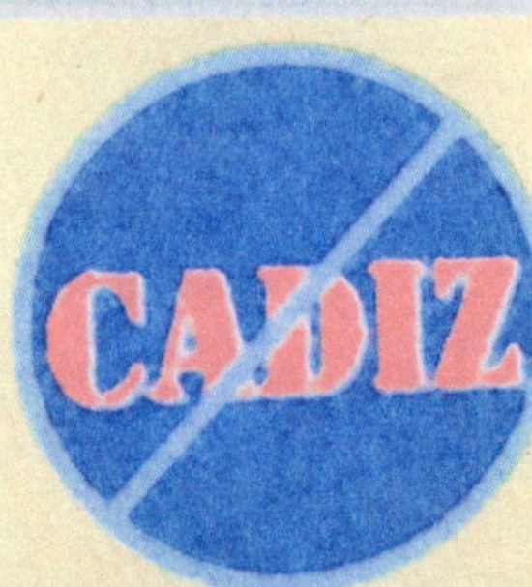
CADIZ
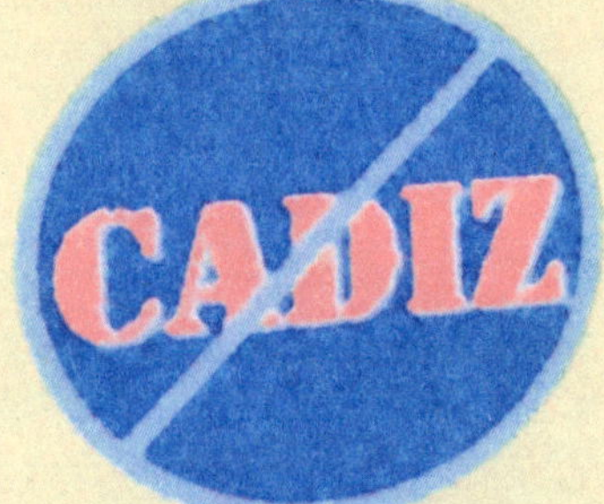
CADIZ
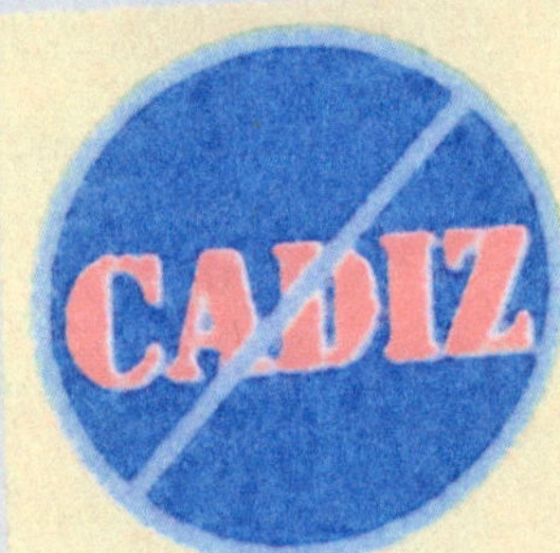
CADIZ

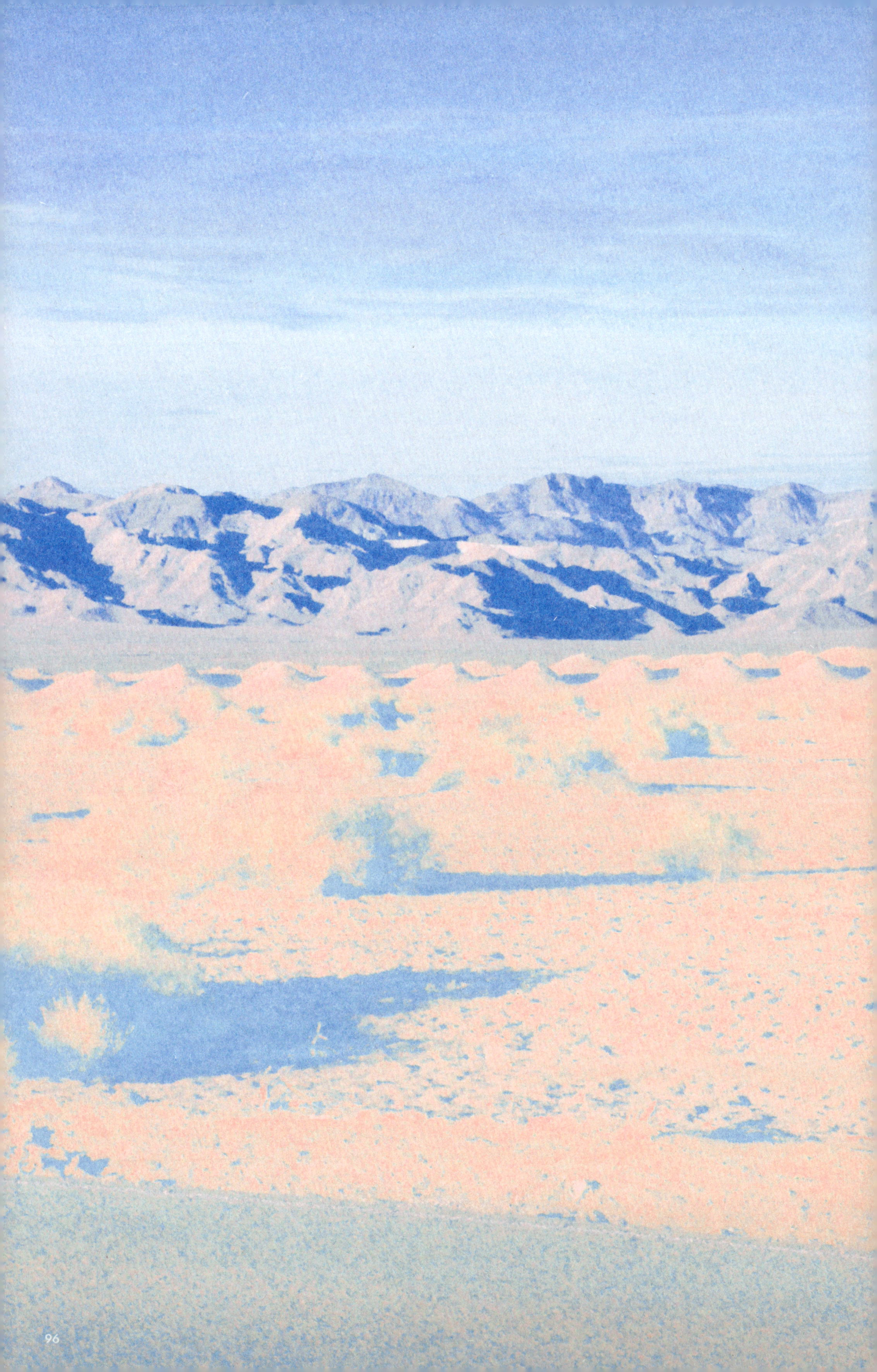

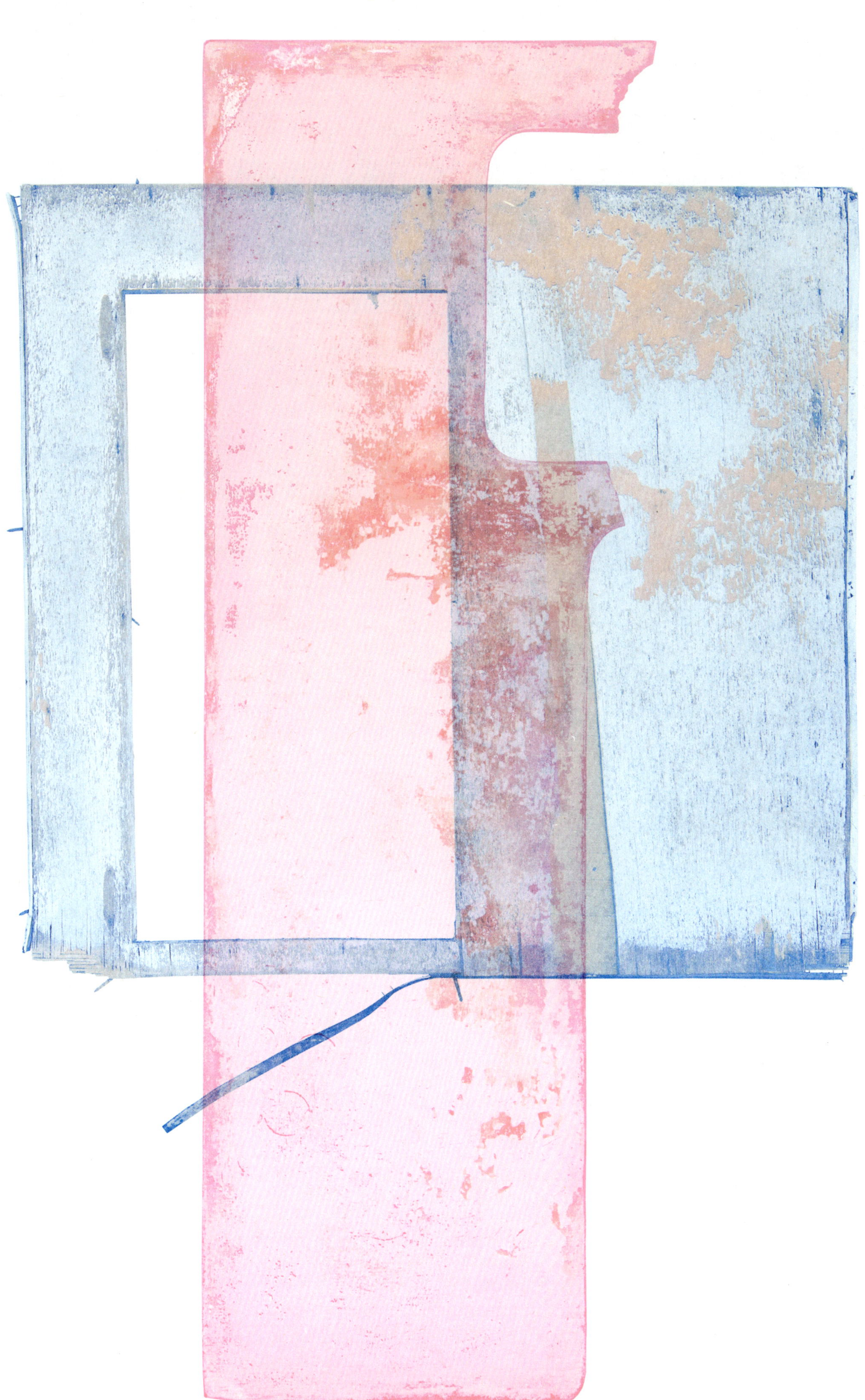

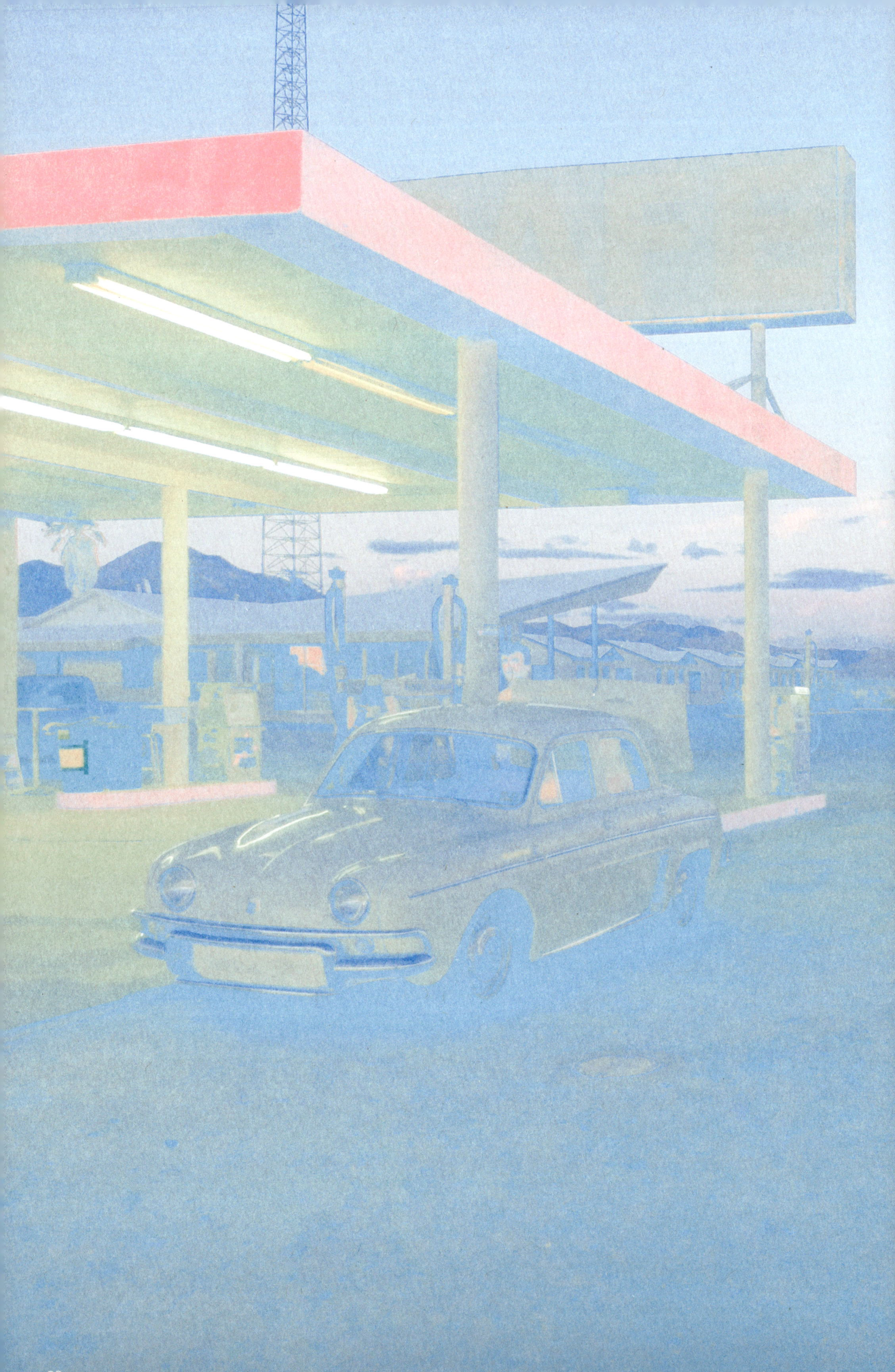

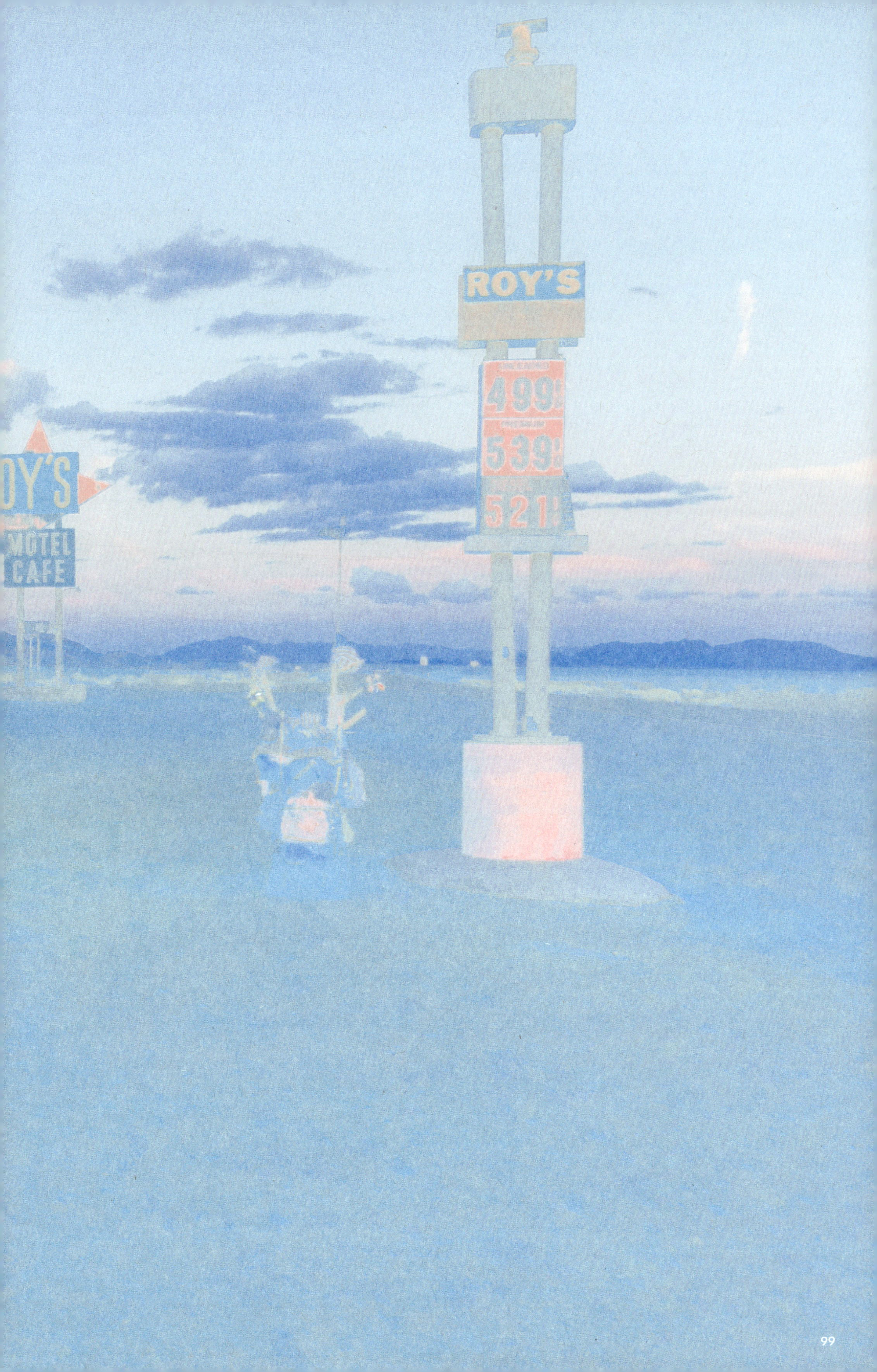
ROY'S
499
539
521
OY'S
MOTEL
CAFE

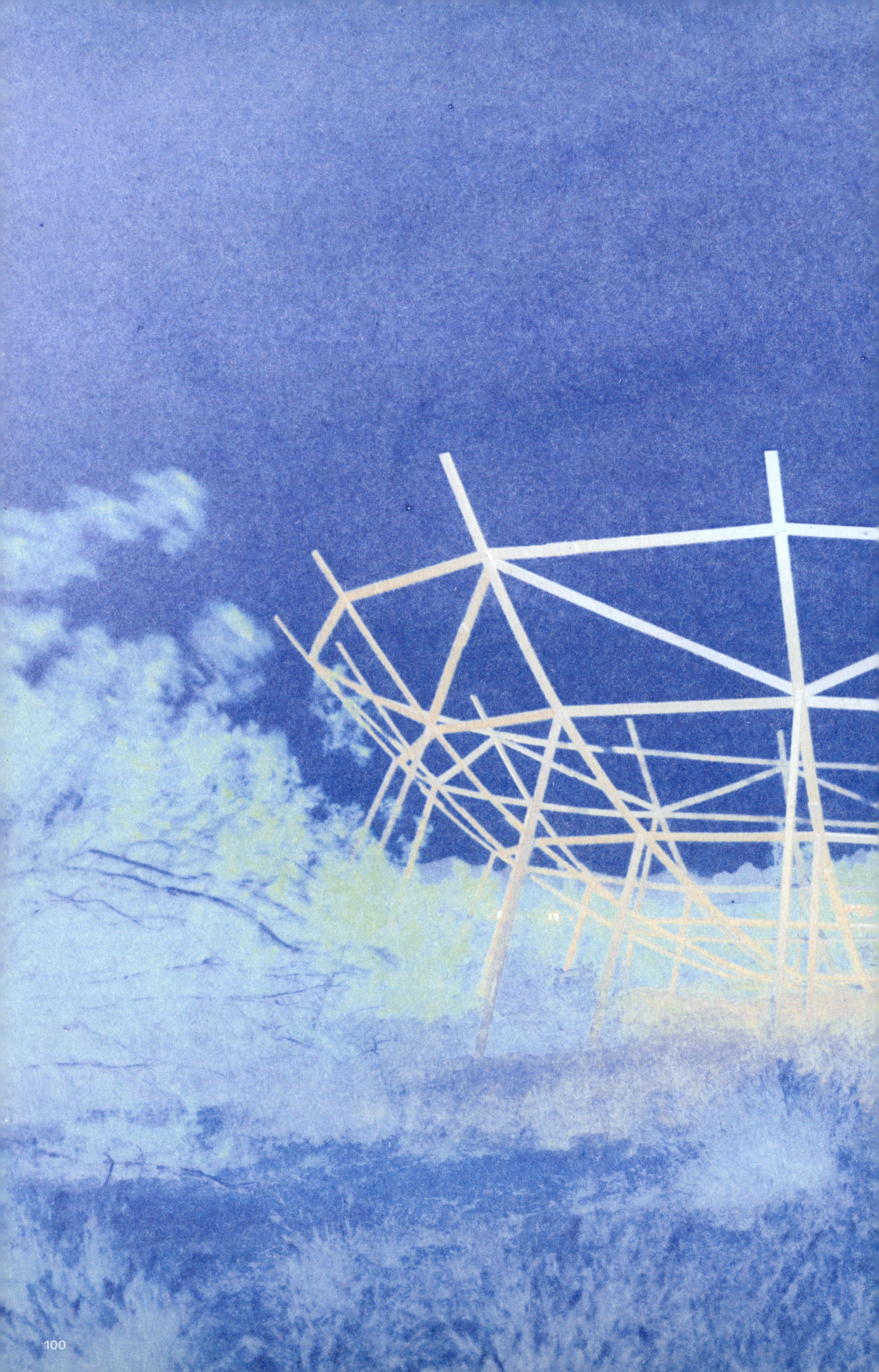

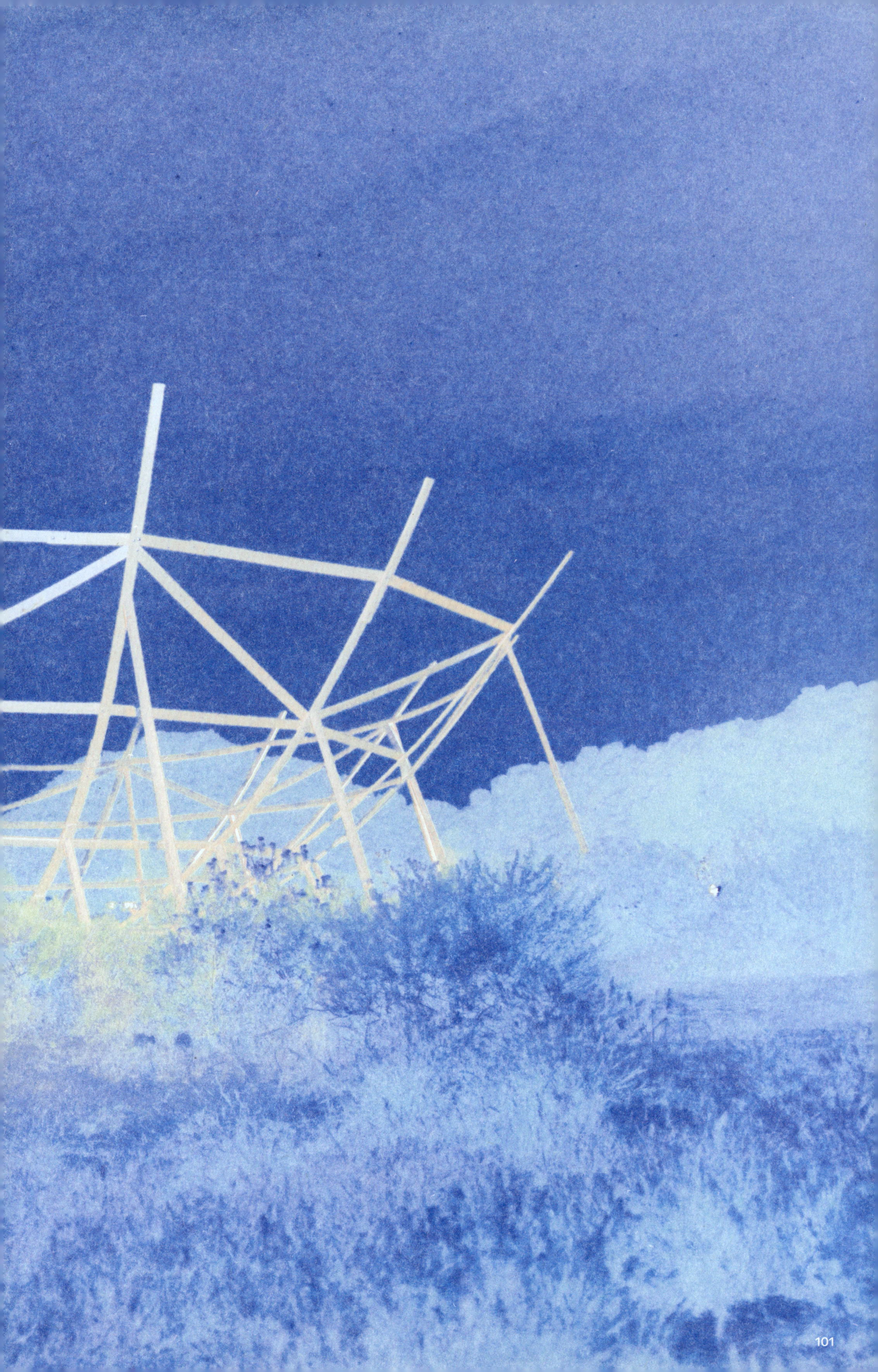

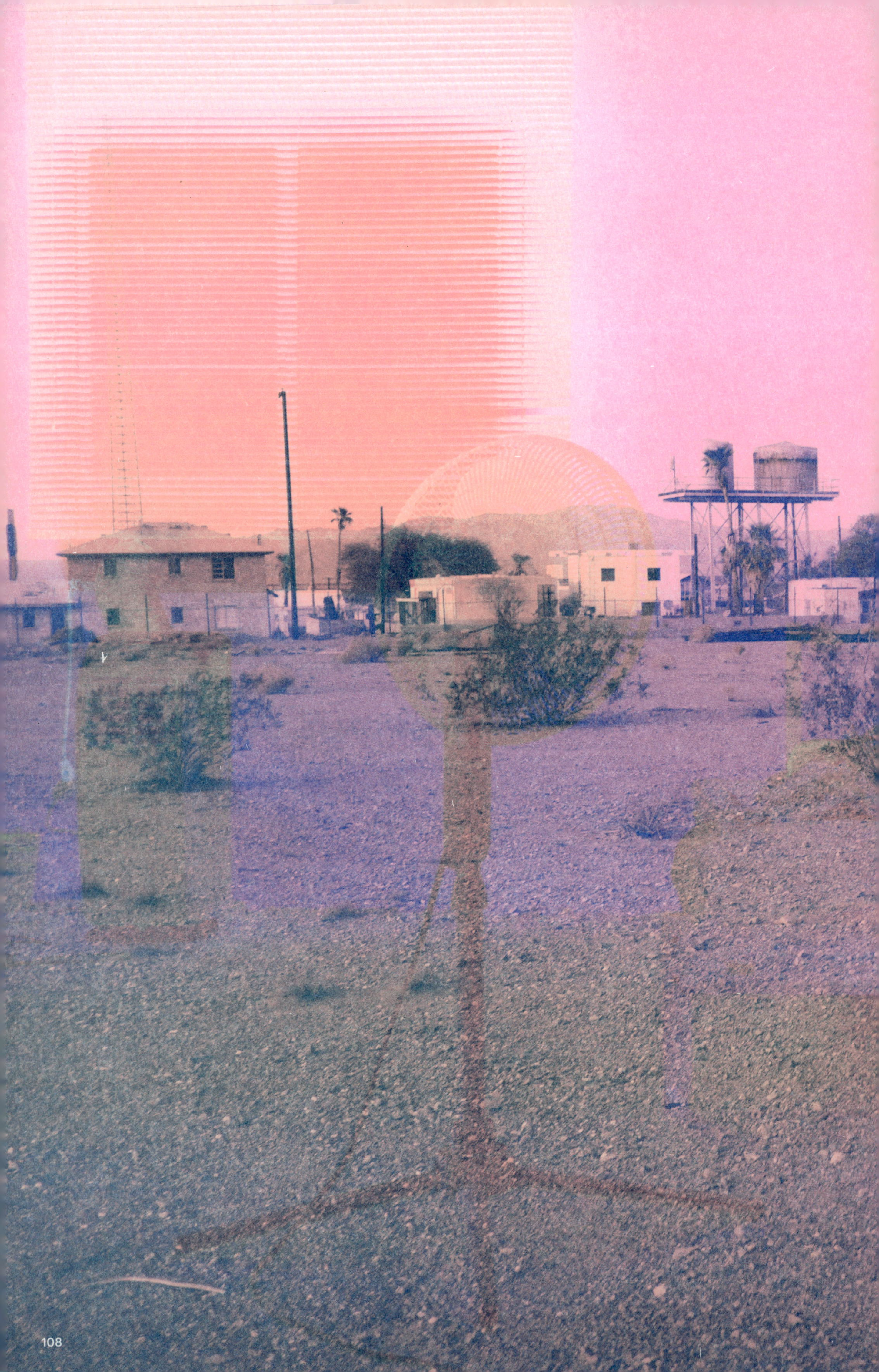

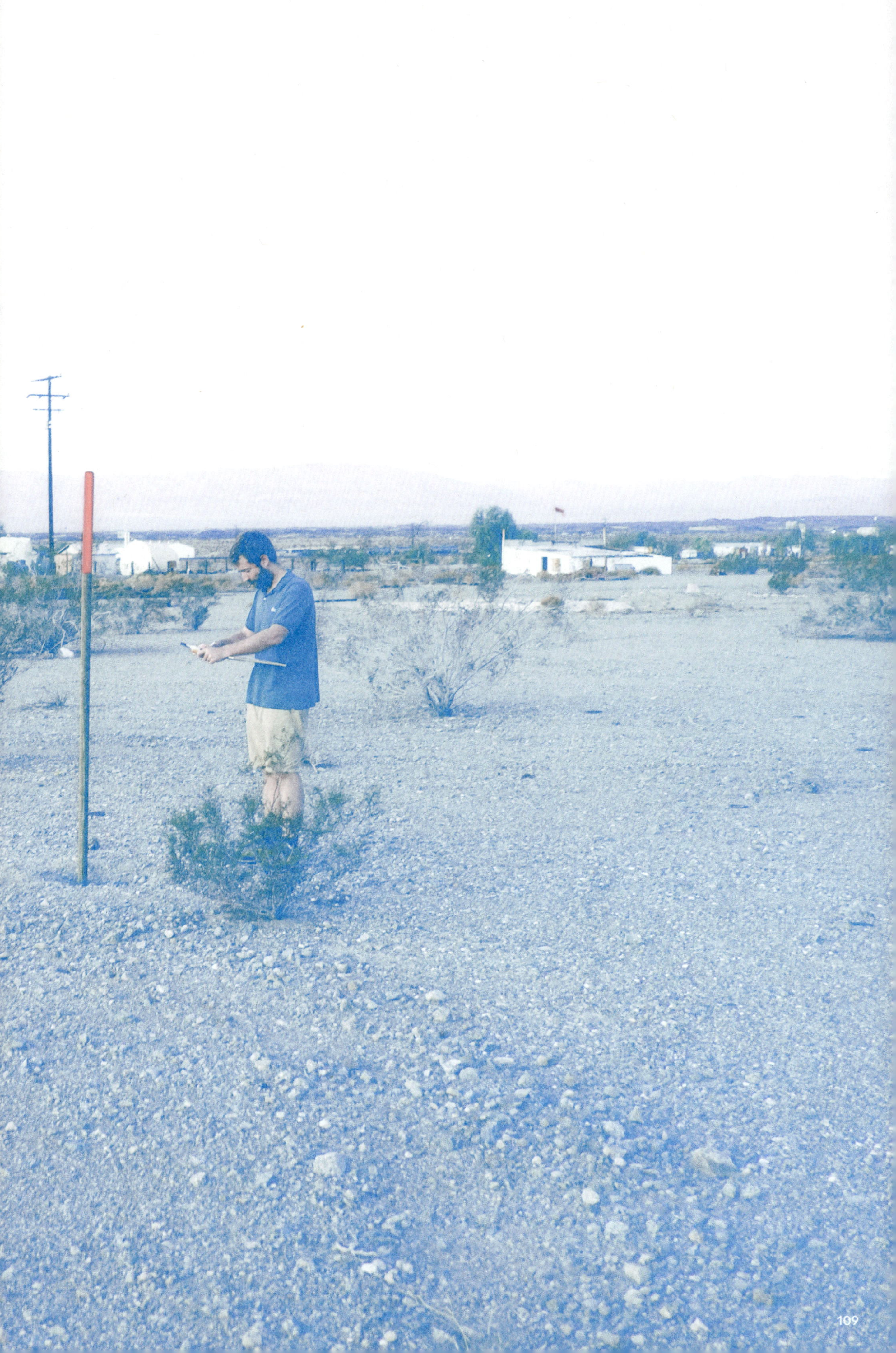

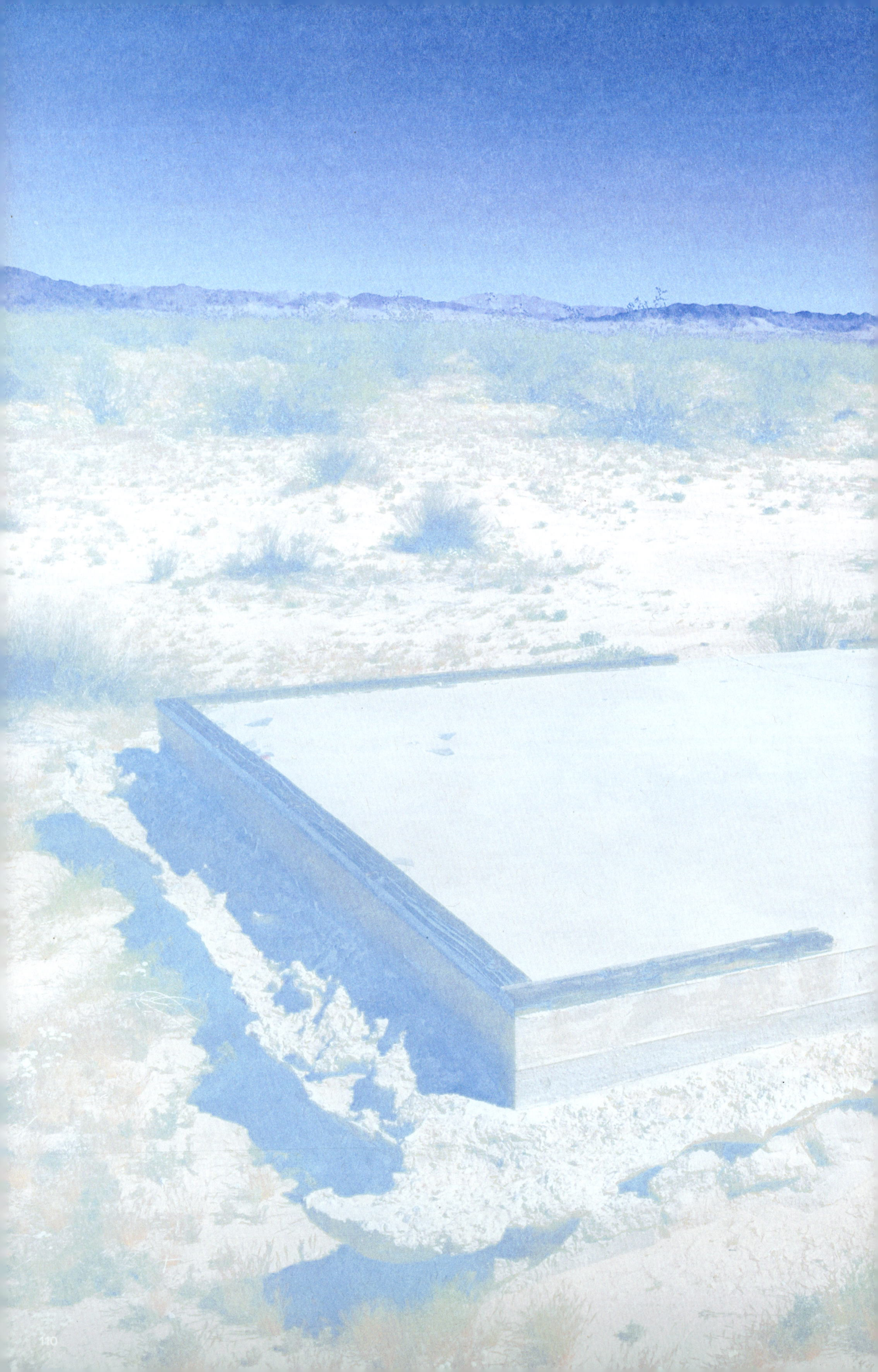

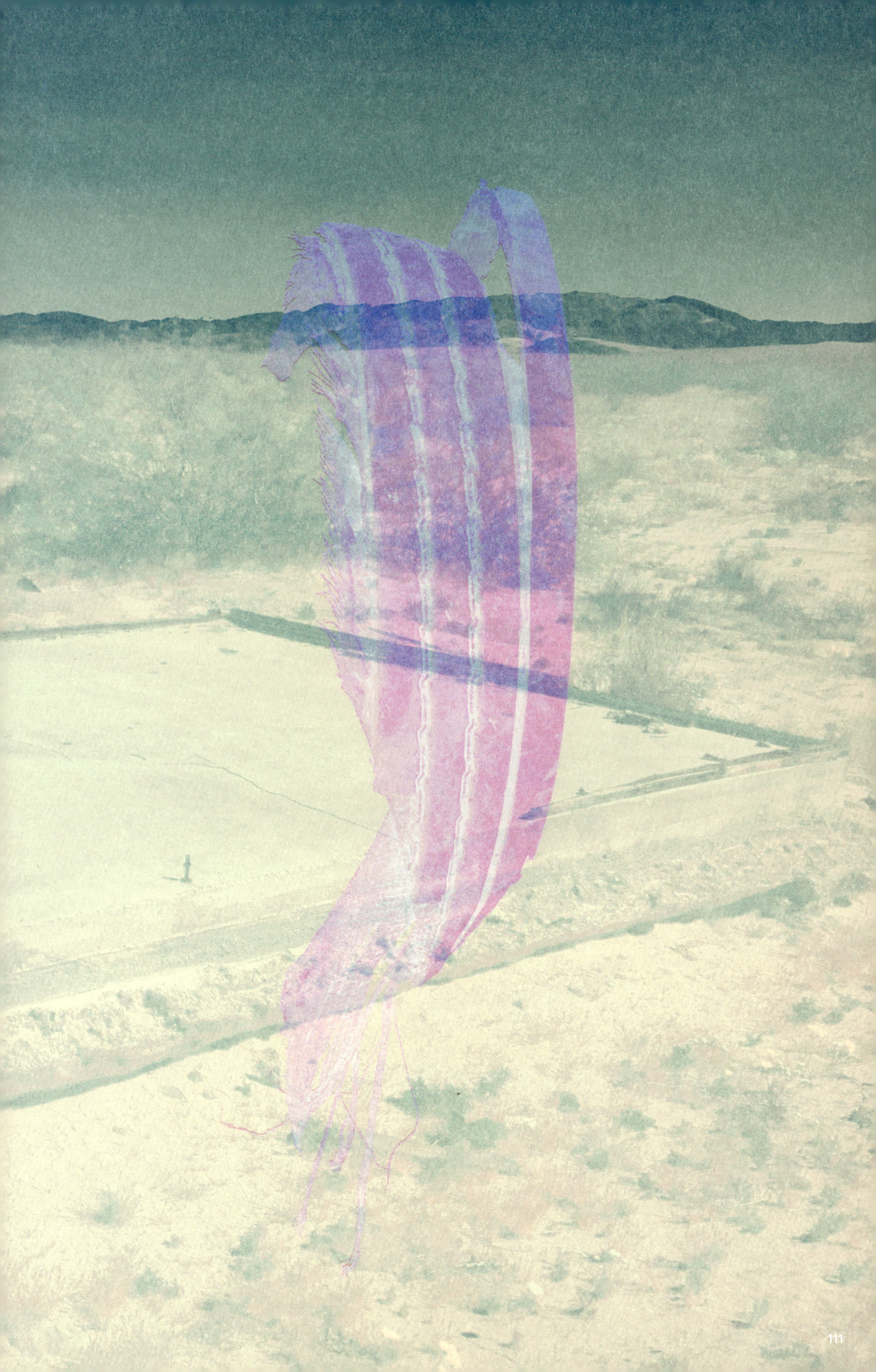

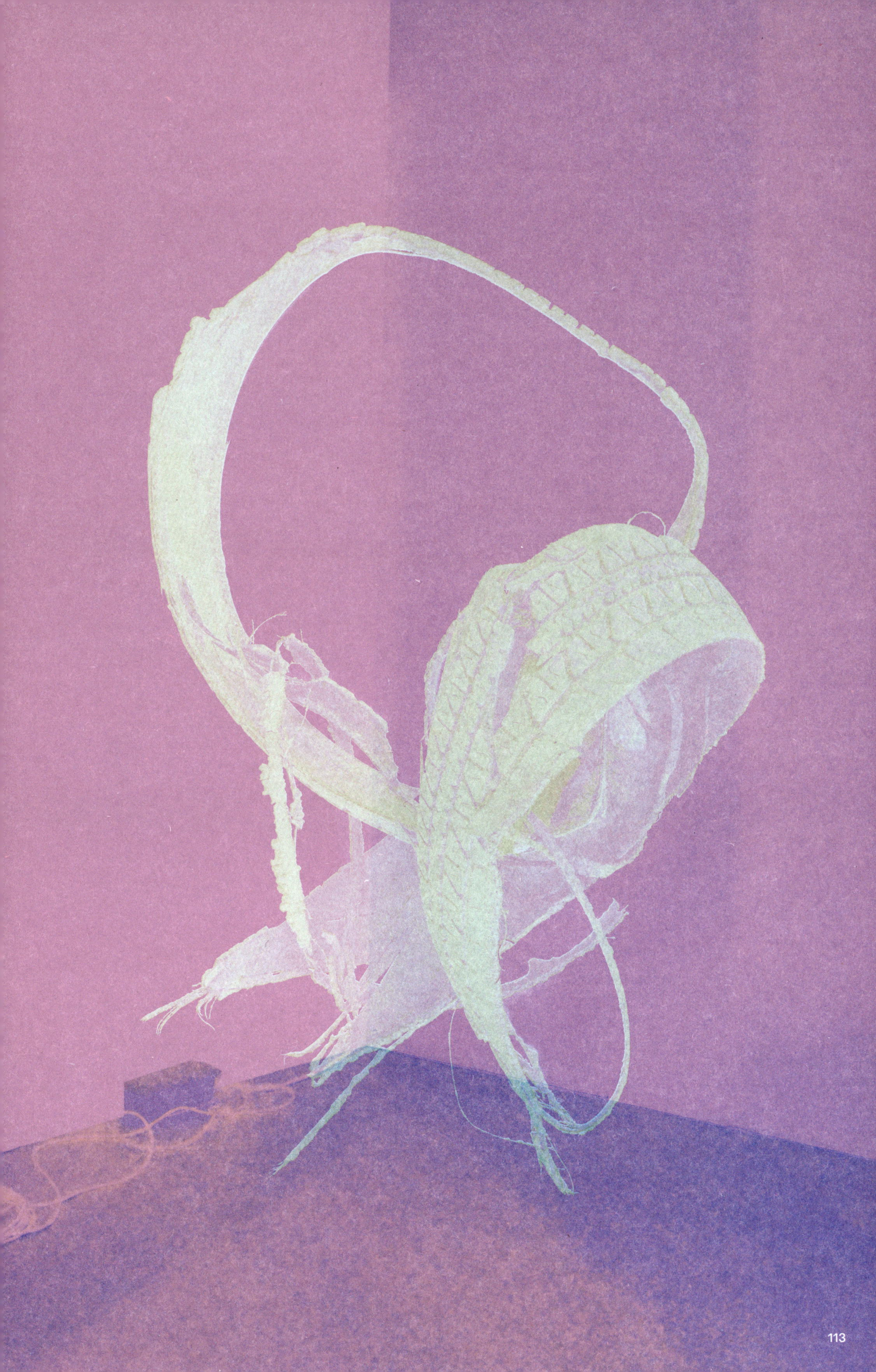

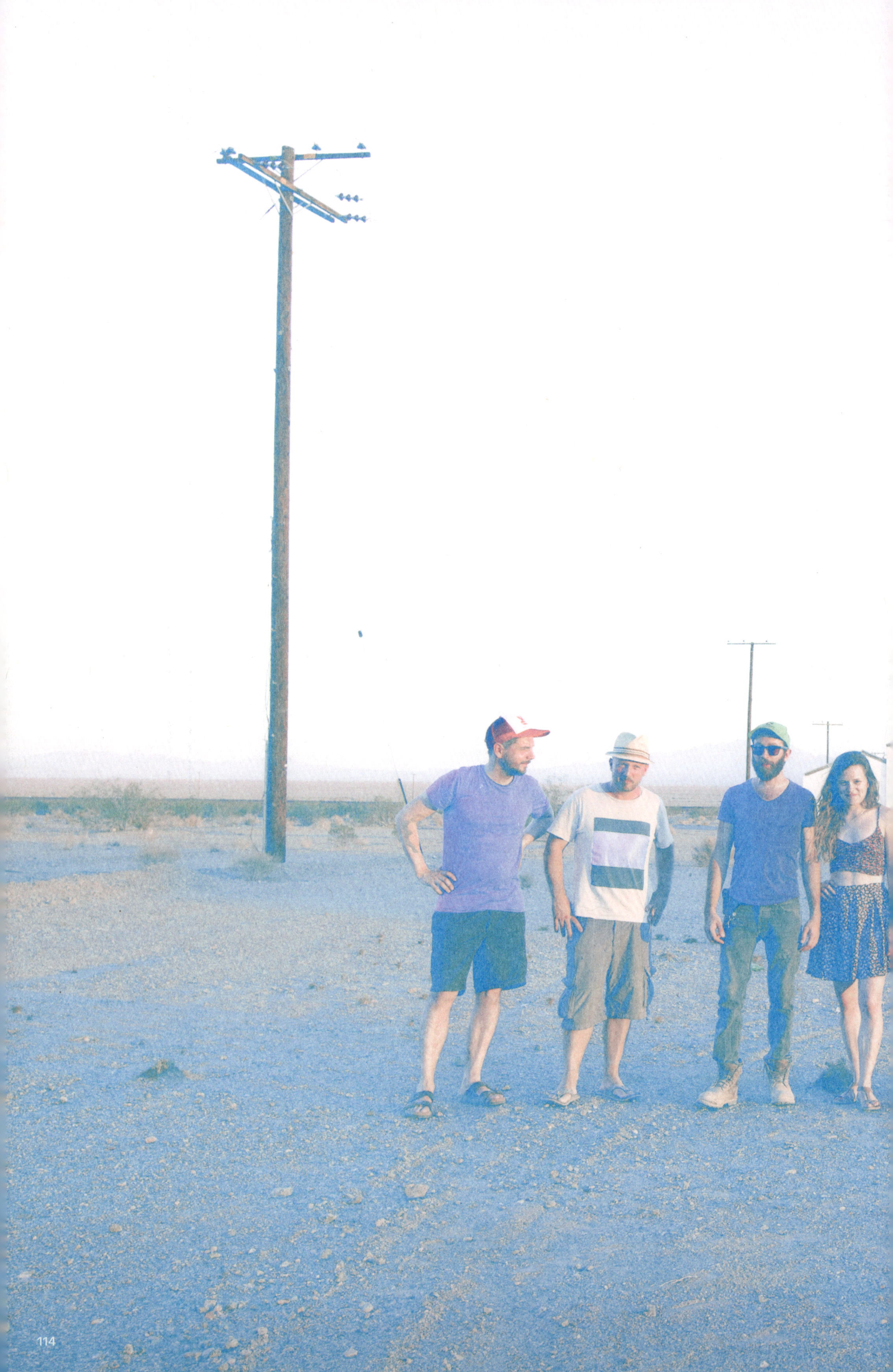

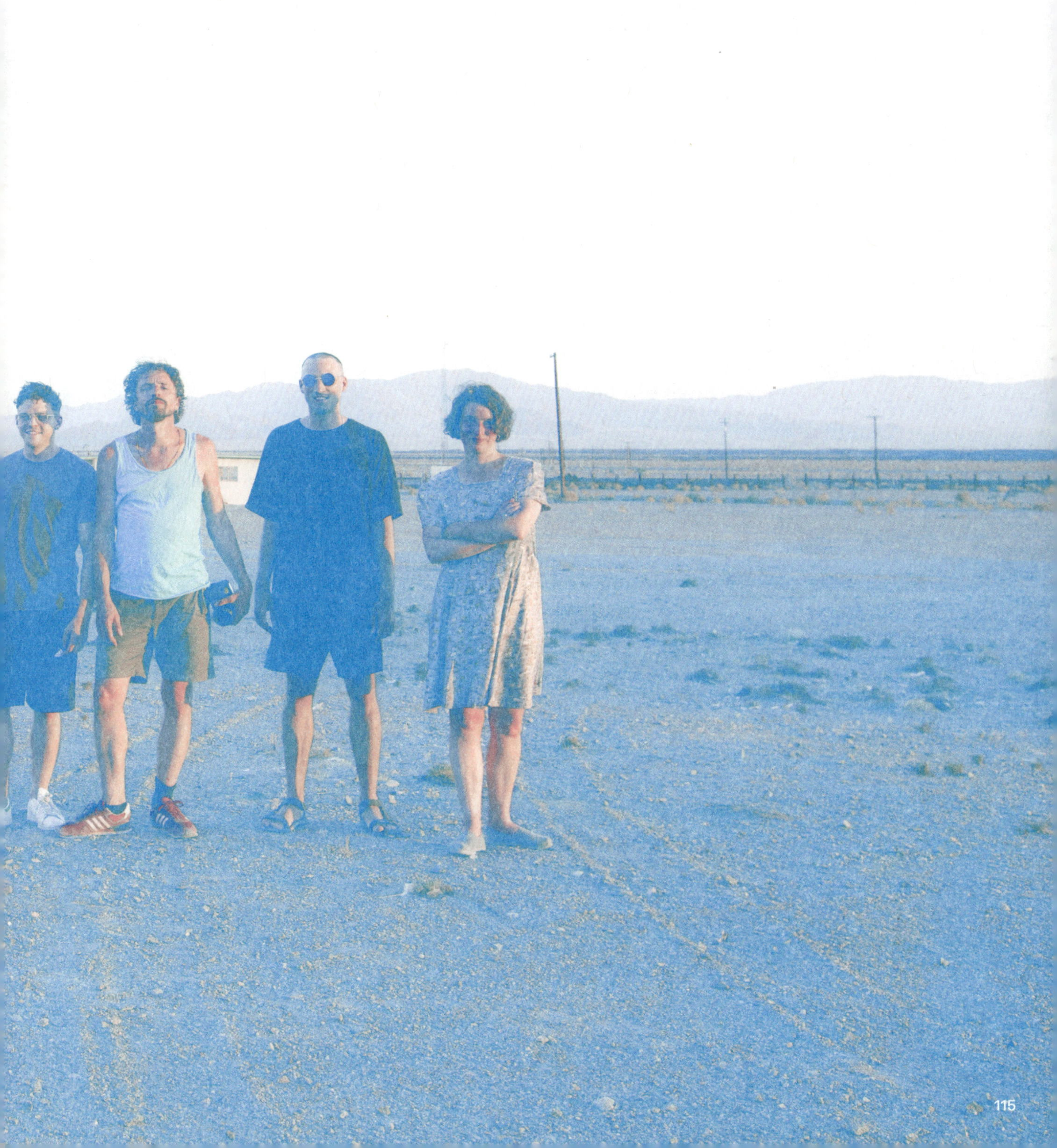

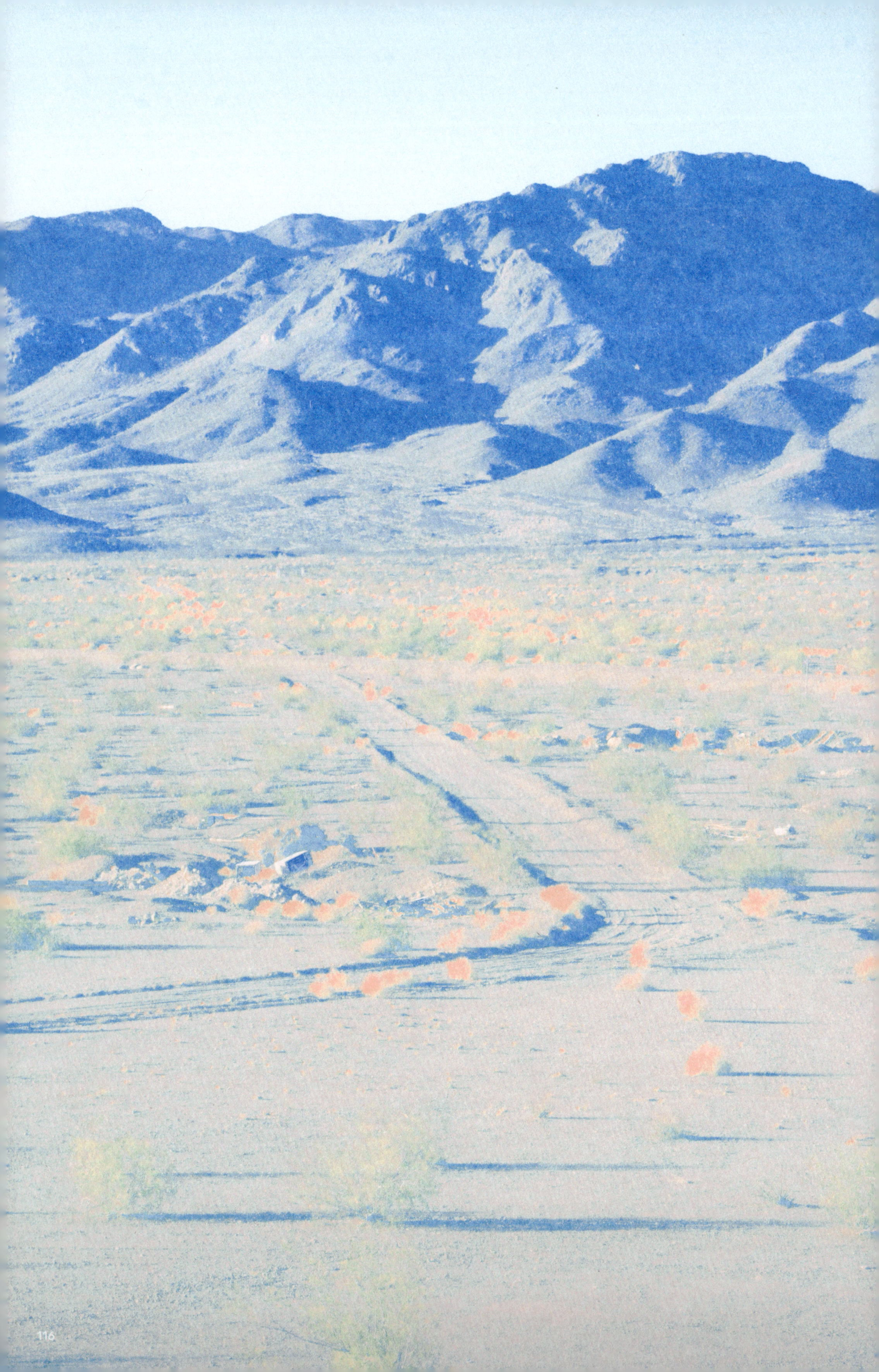

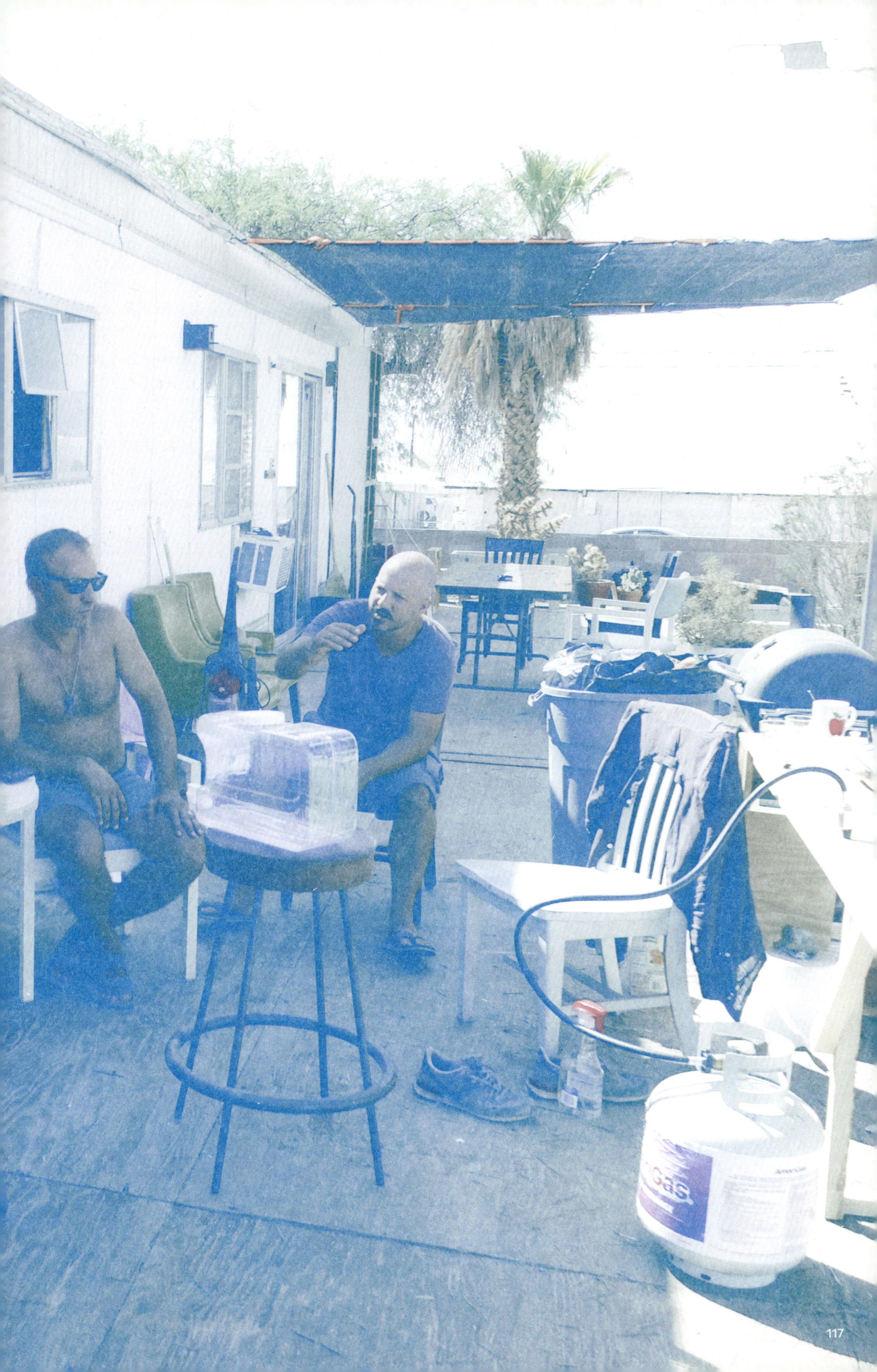

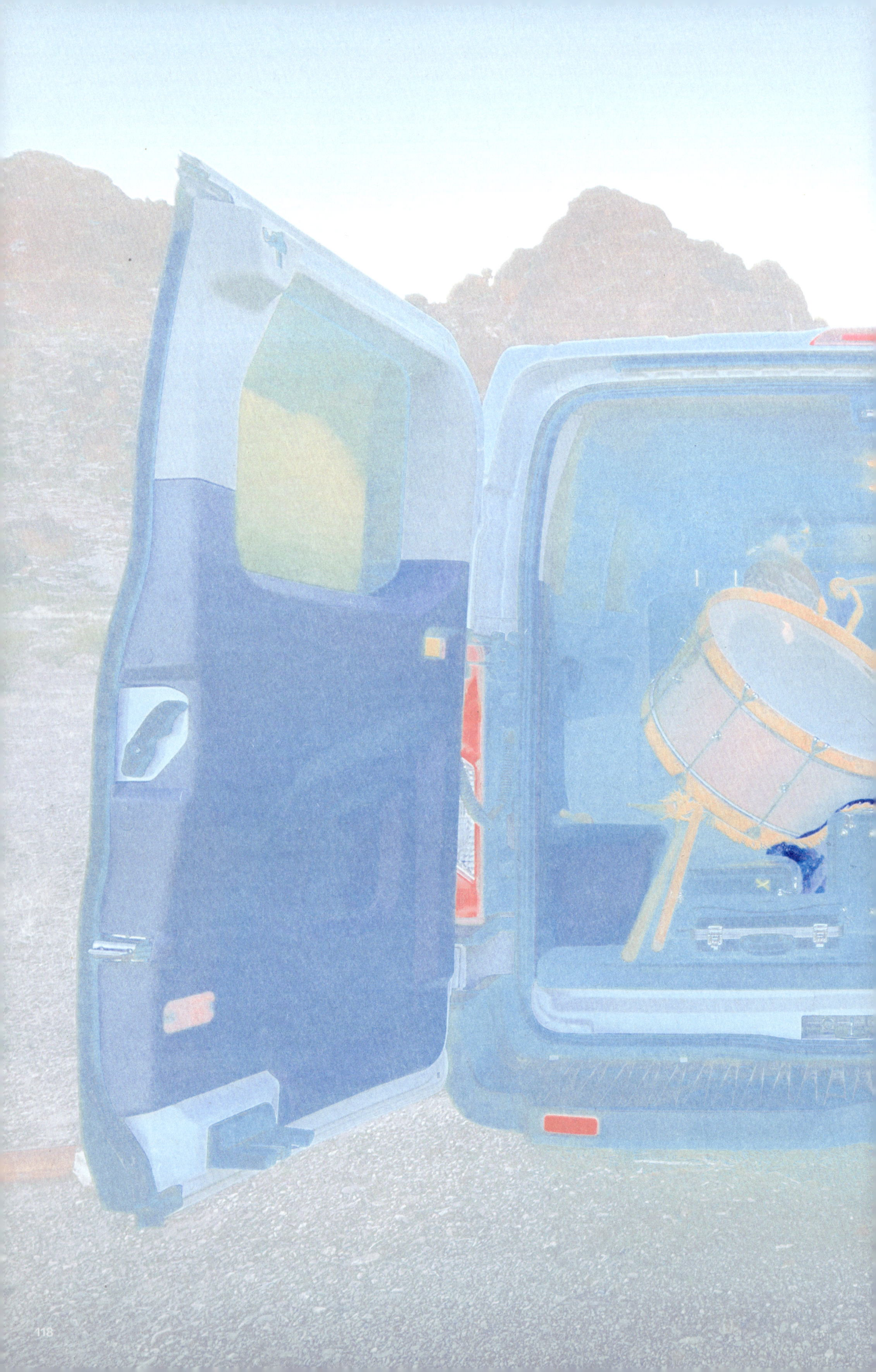

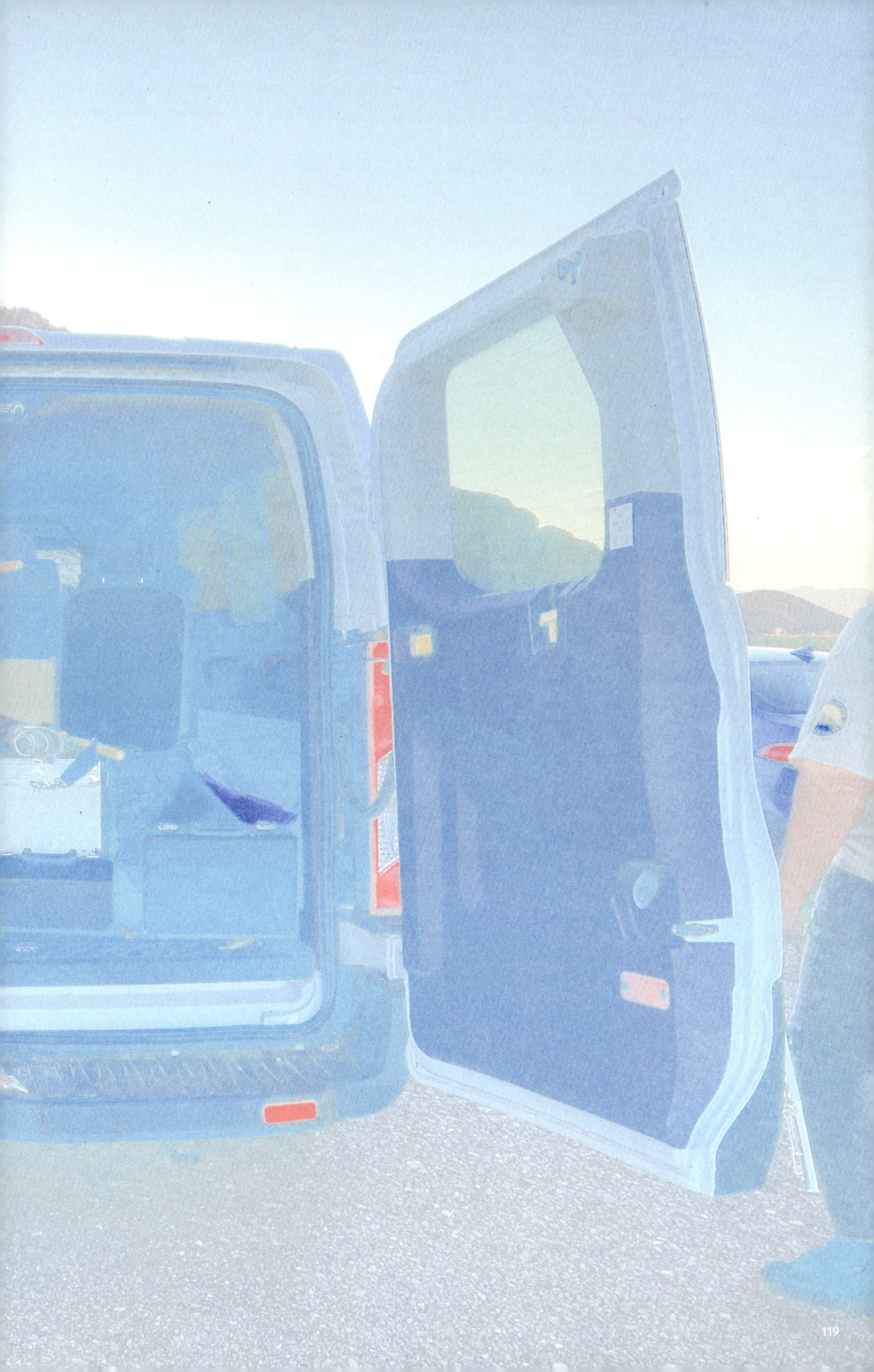

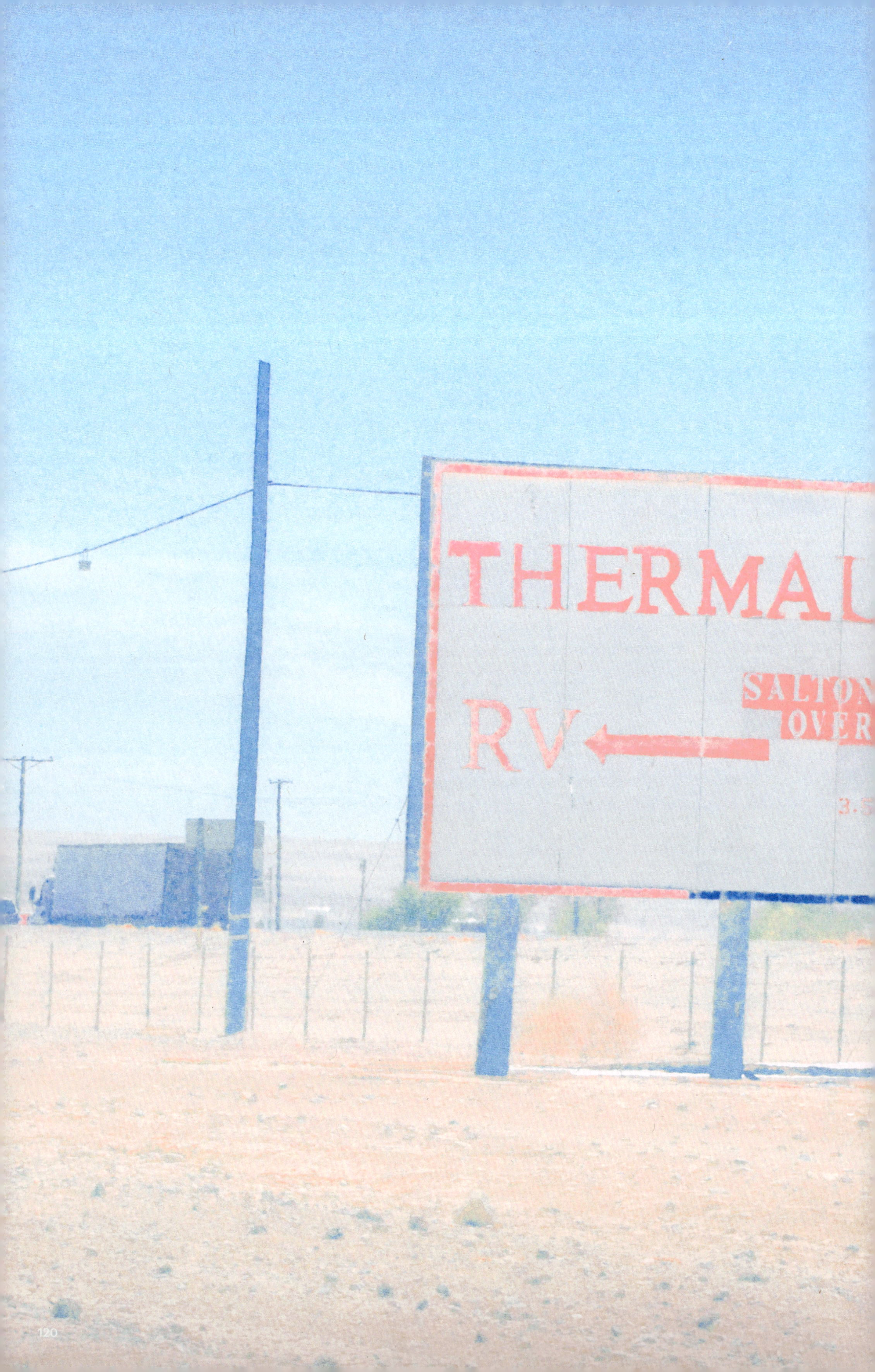

THERMAL
SALTON
OVER
RV ←
3.5

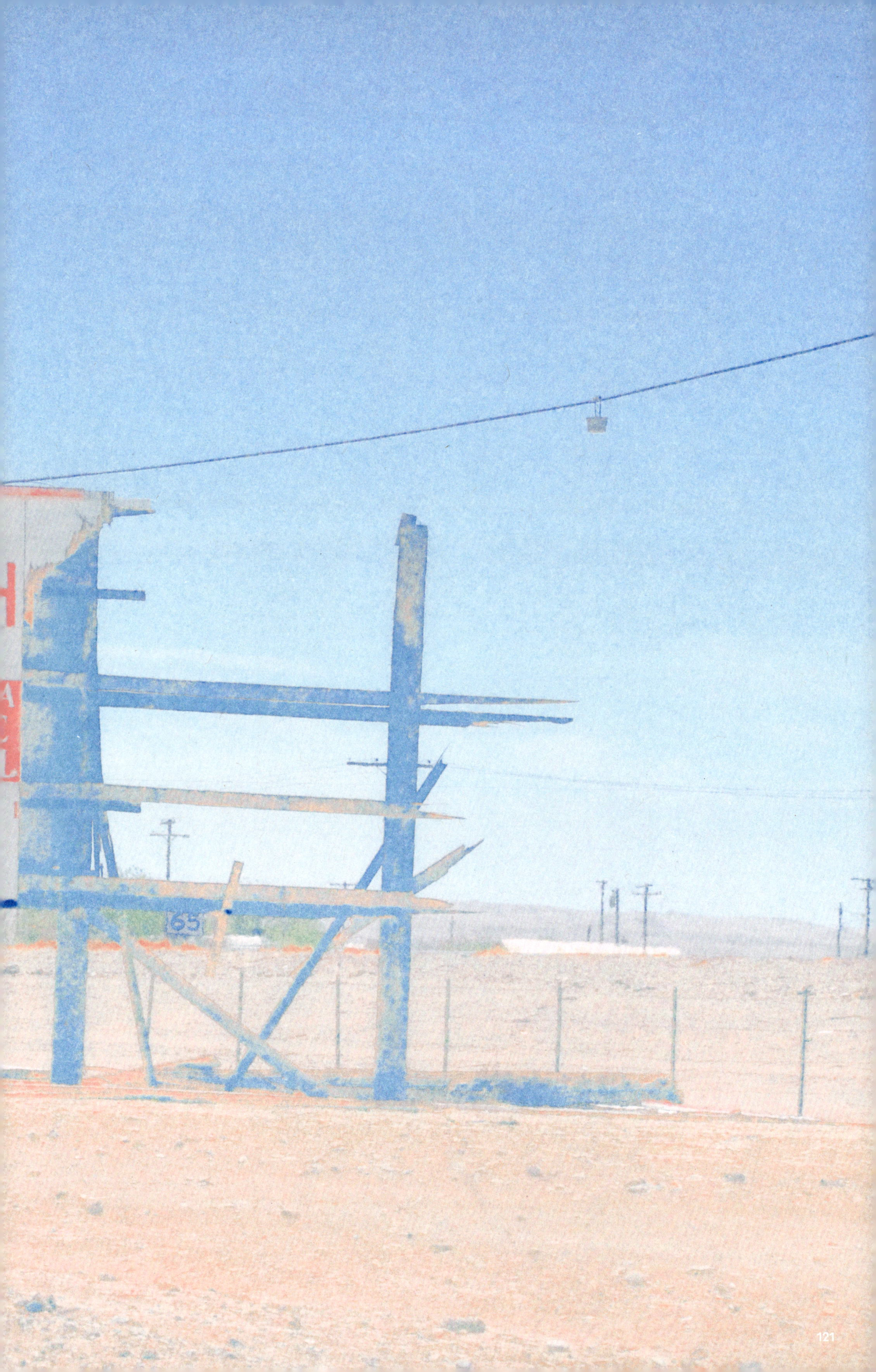

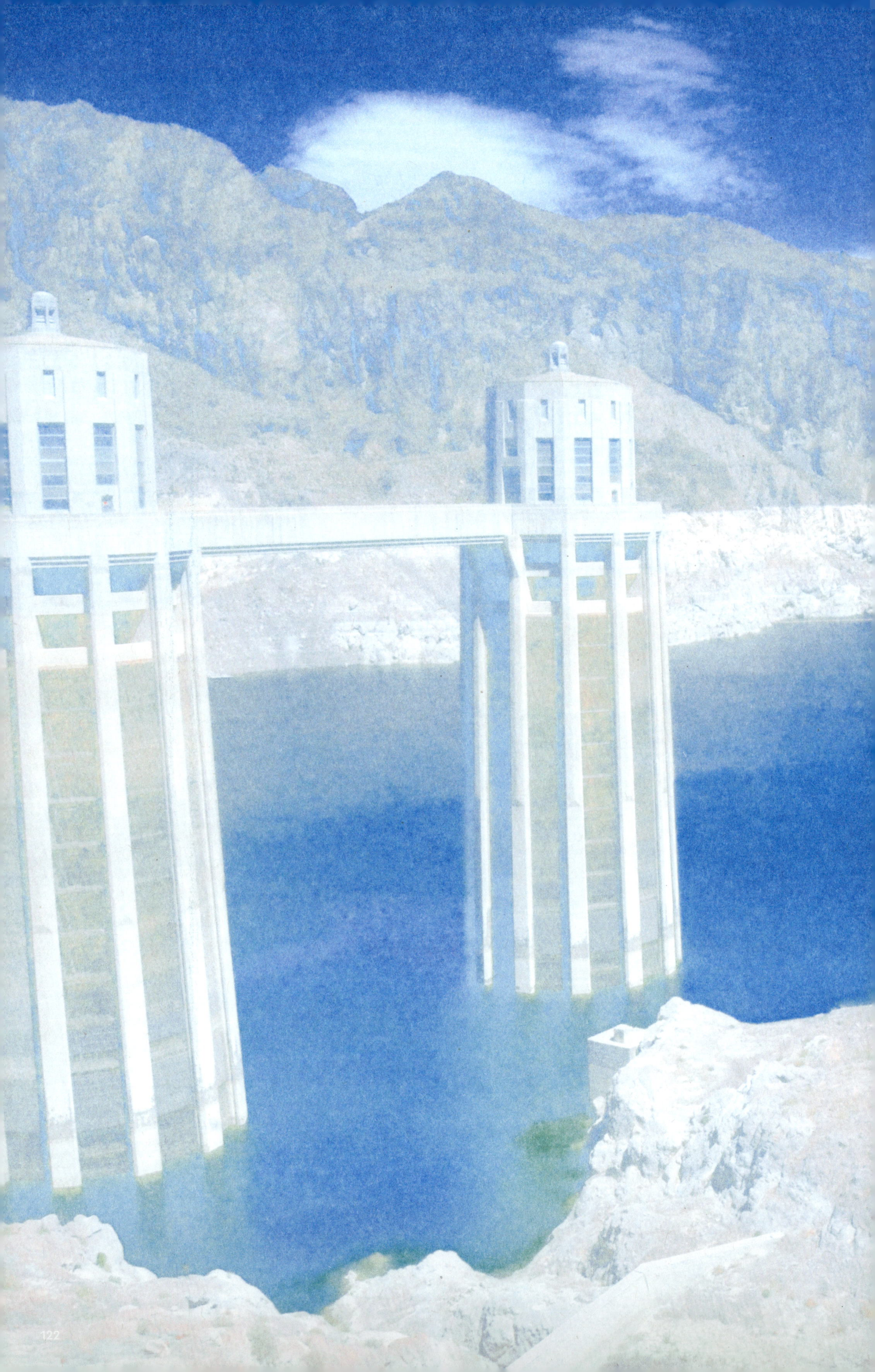

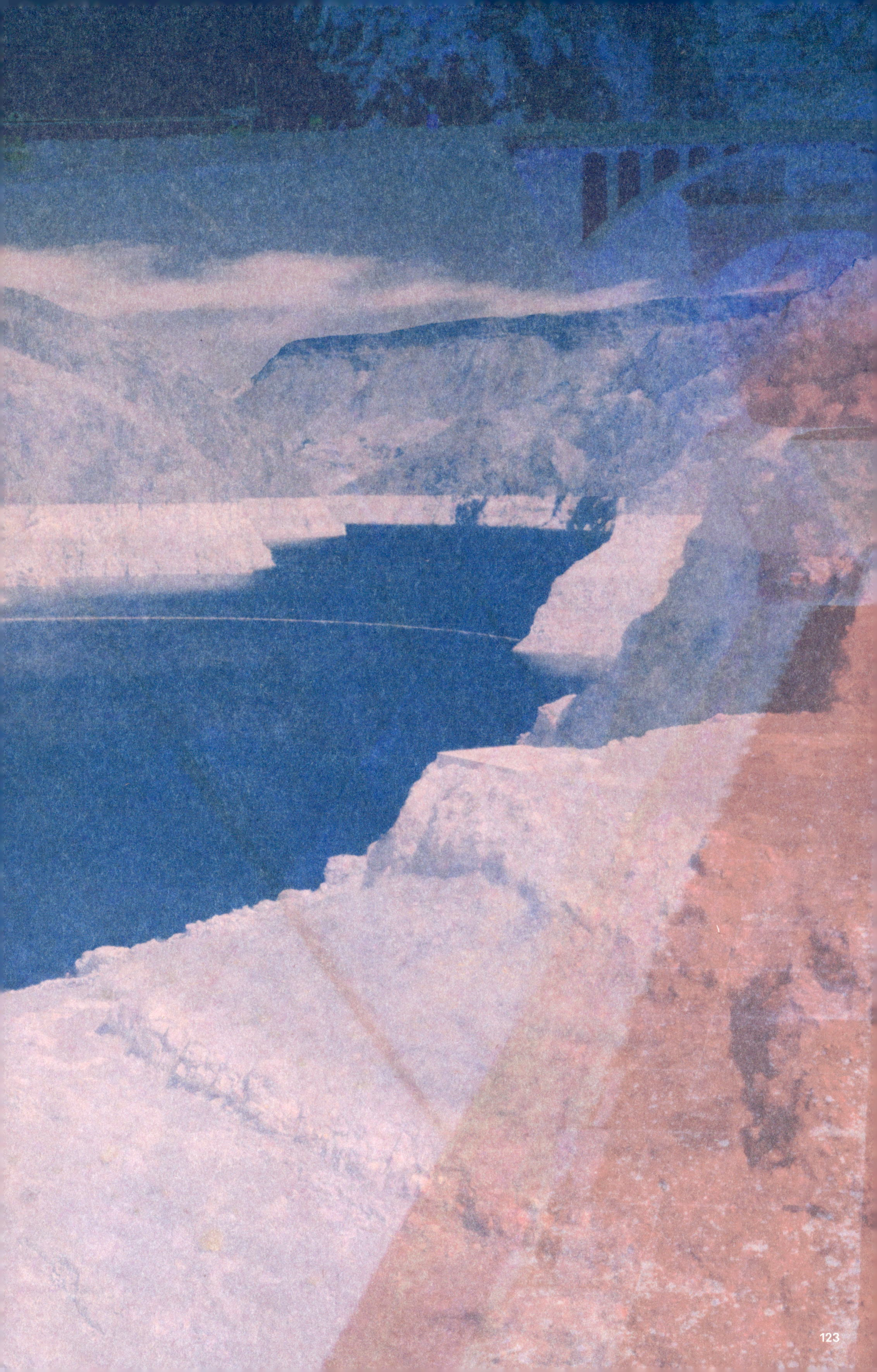

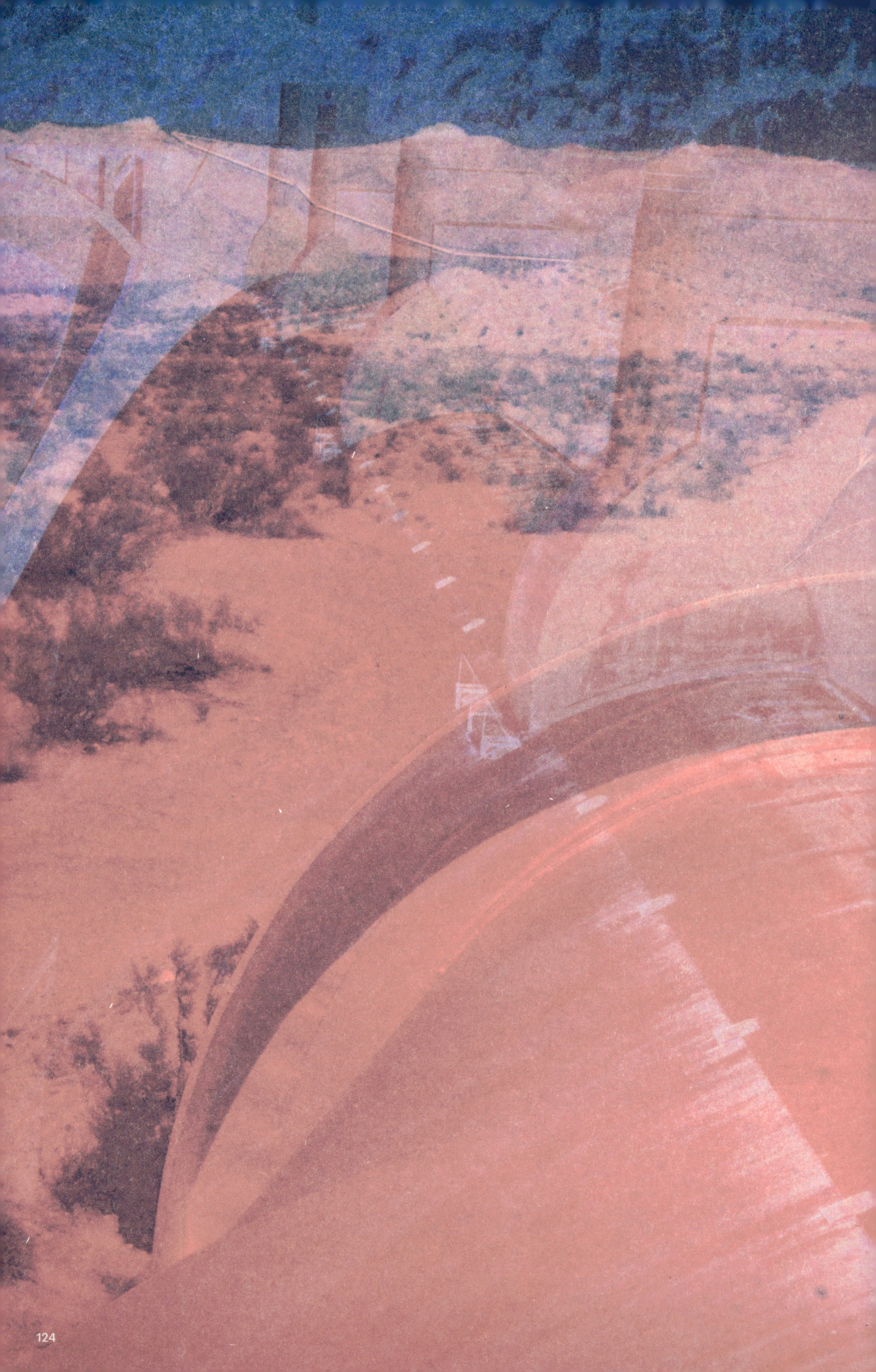

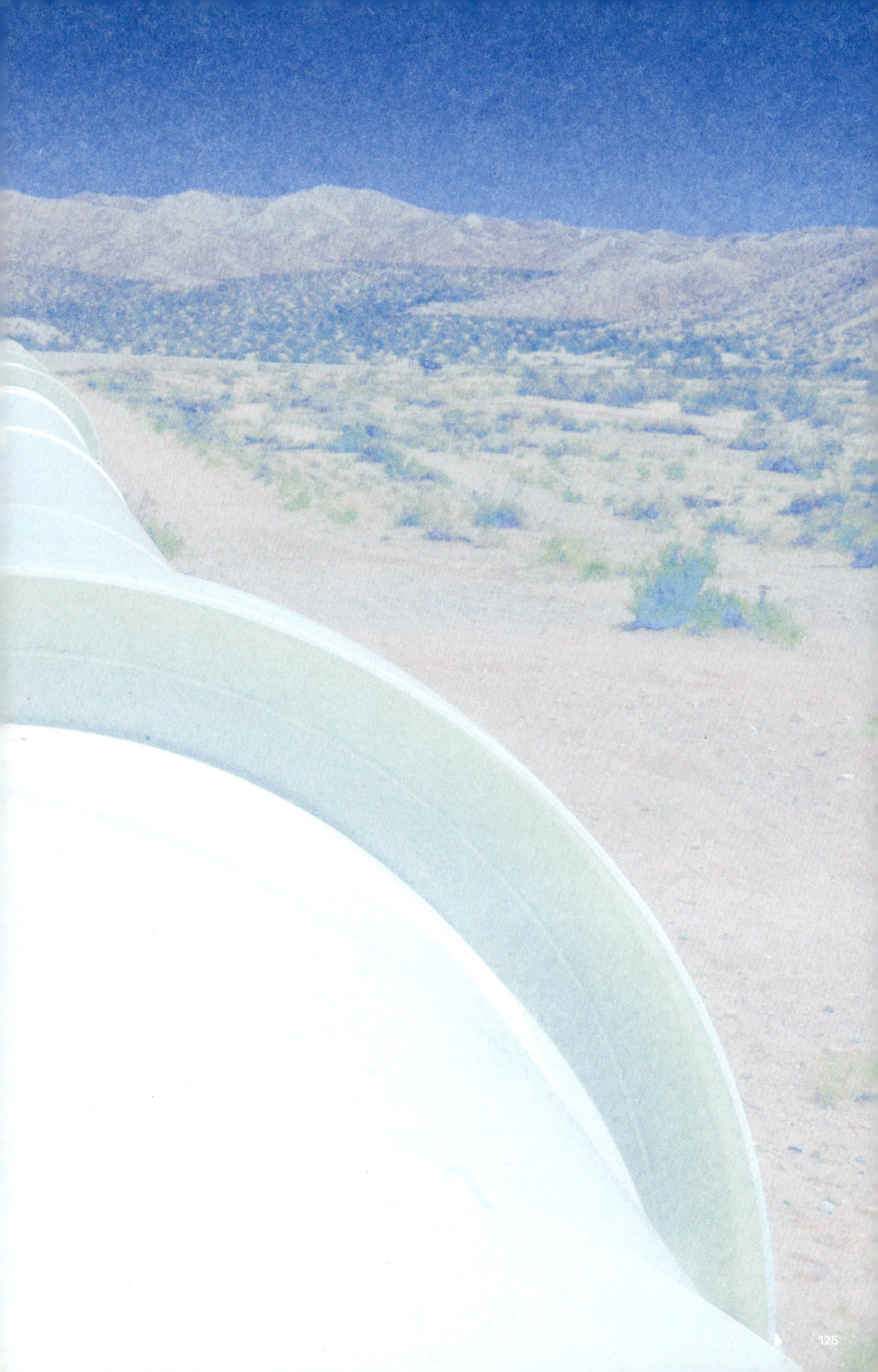

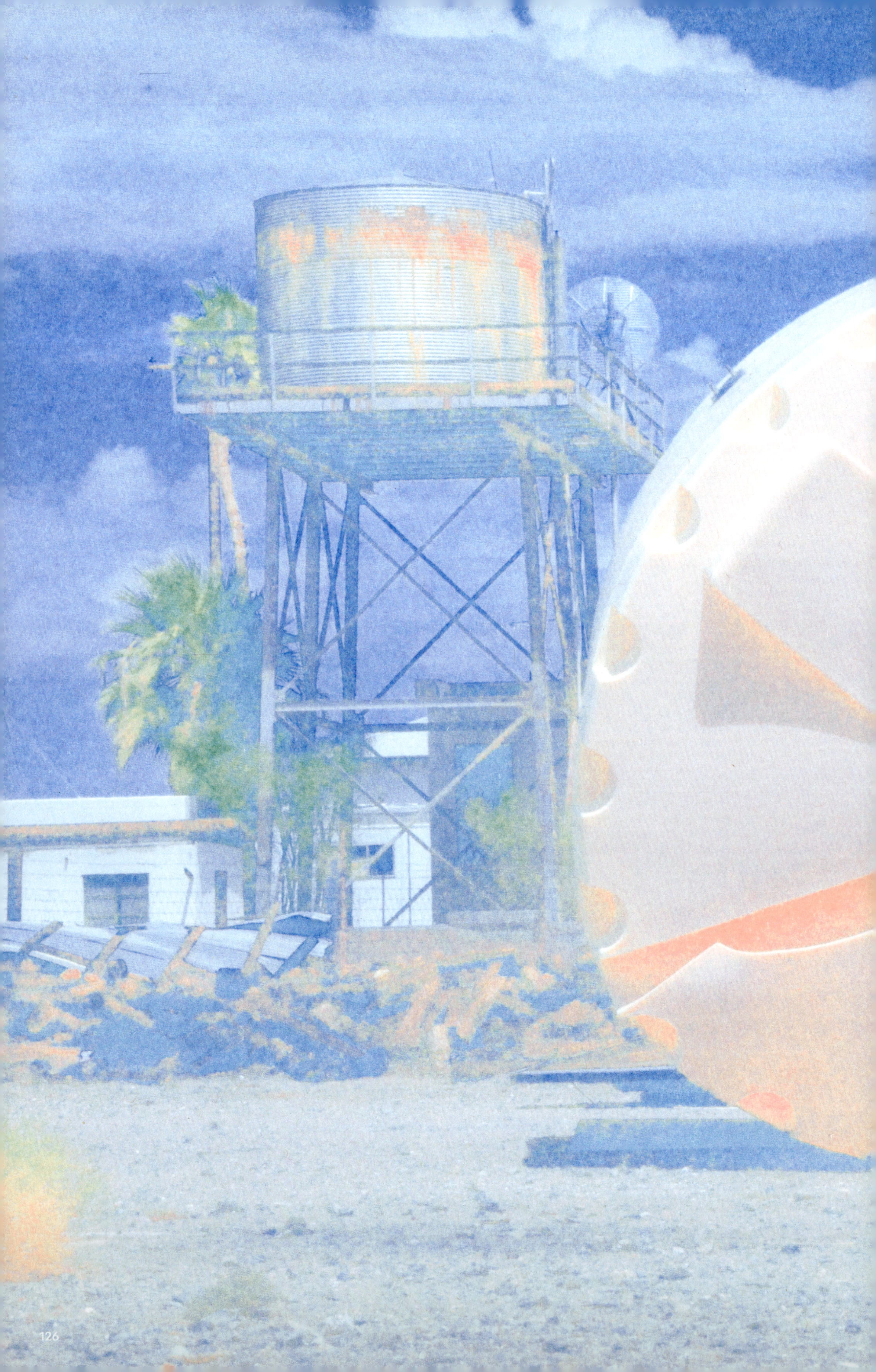

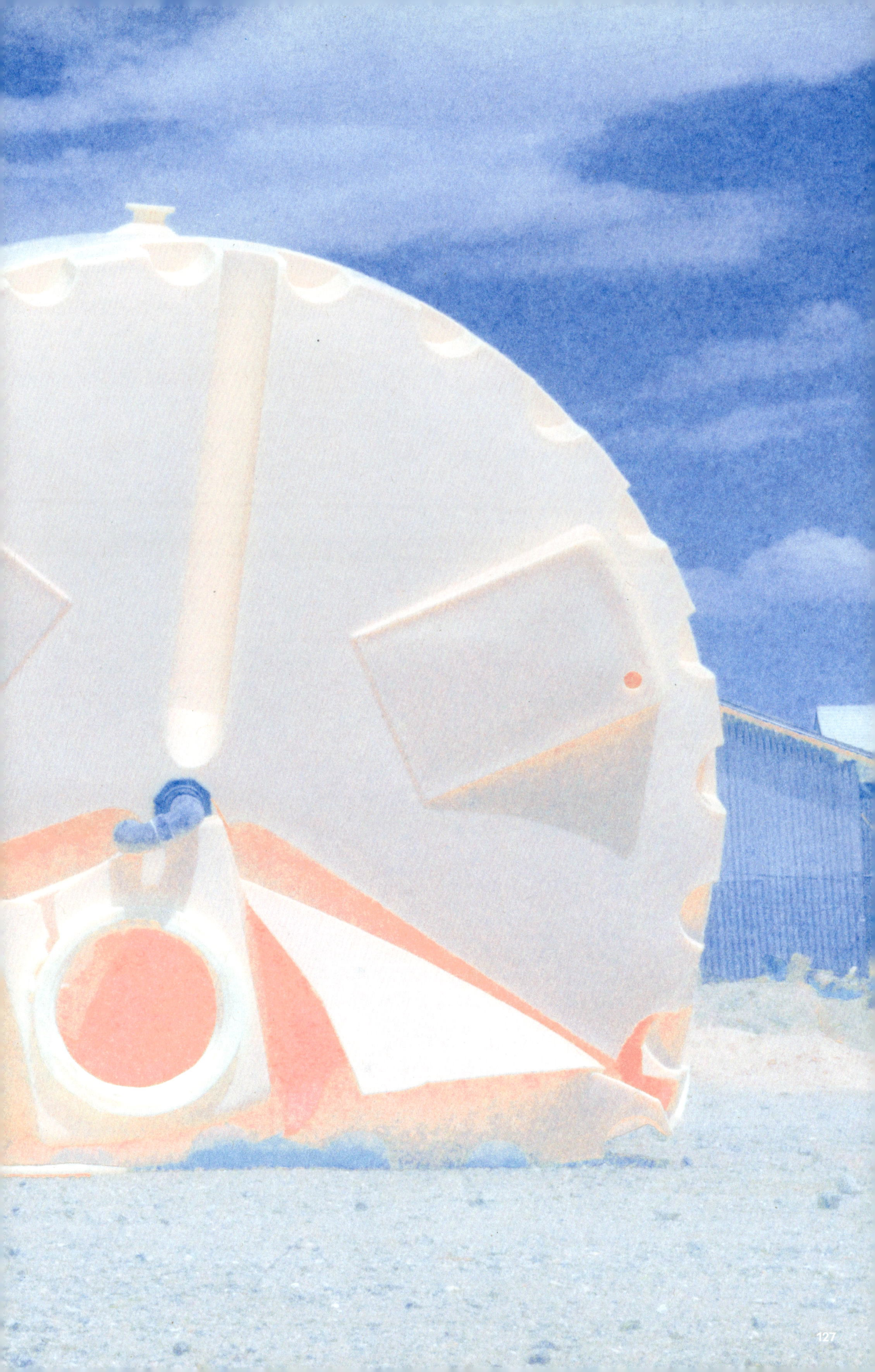

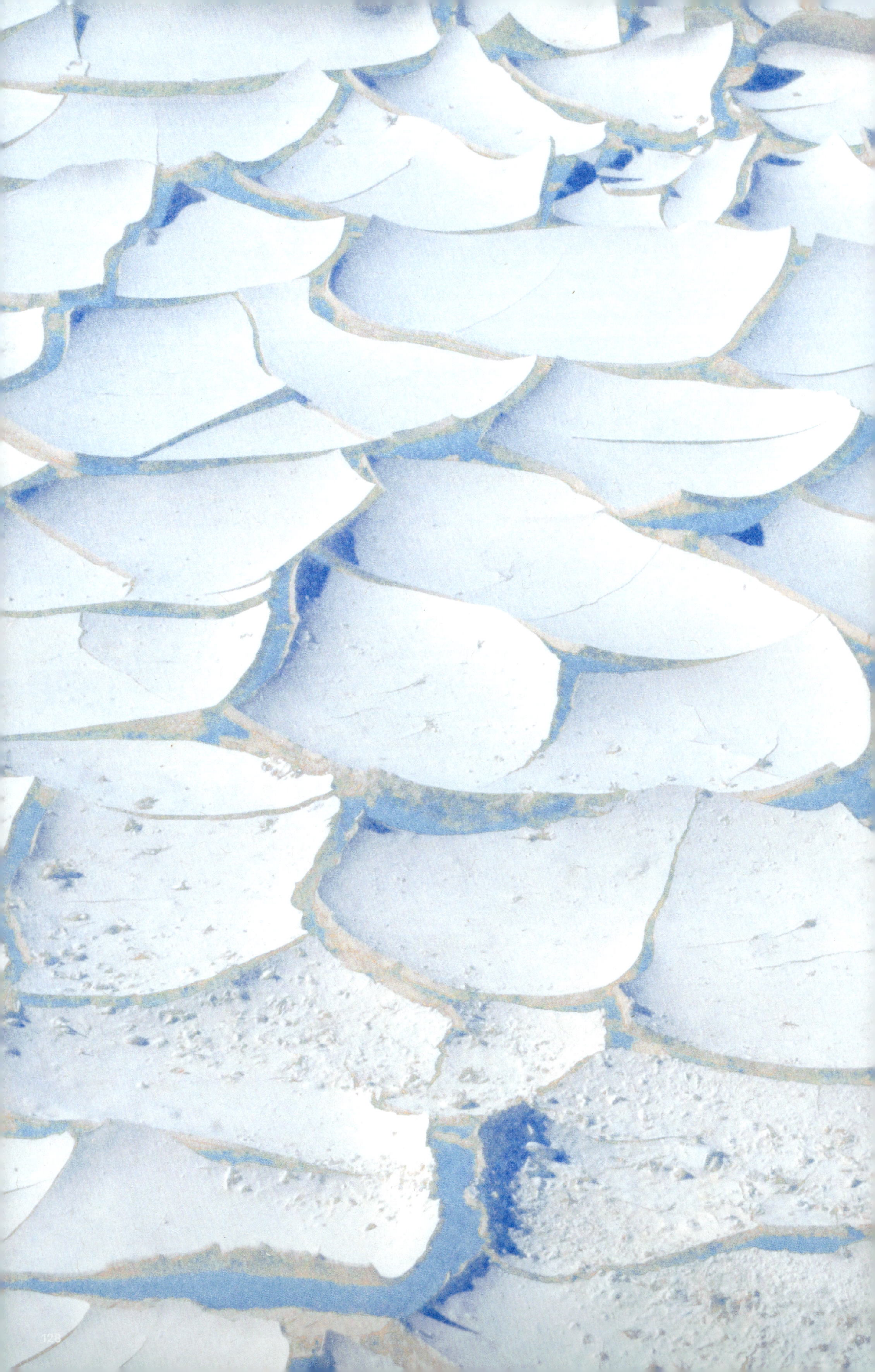

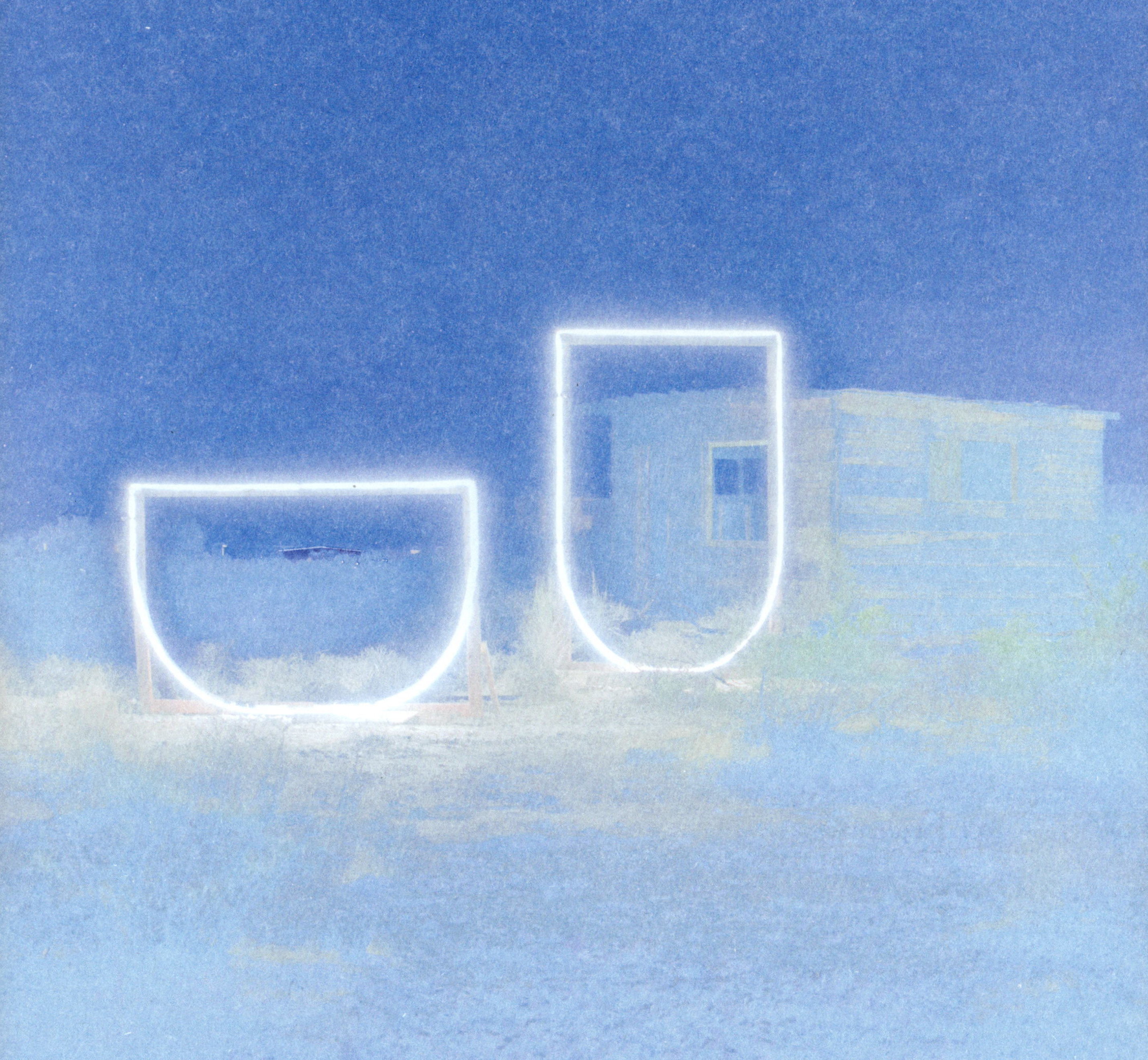

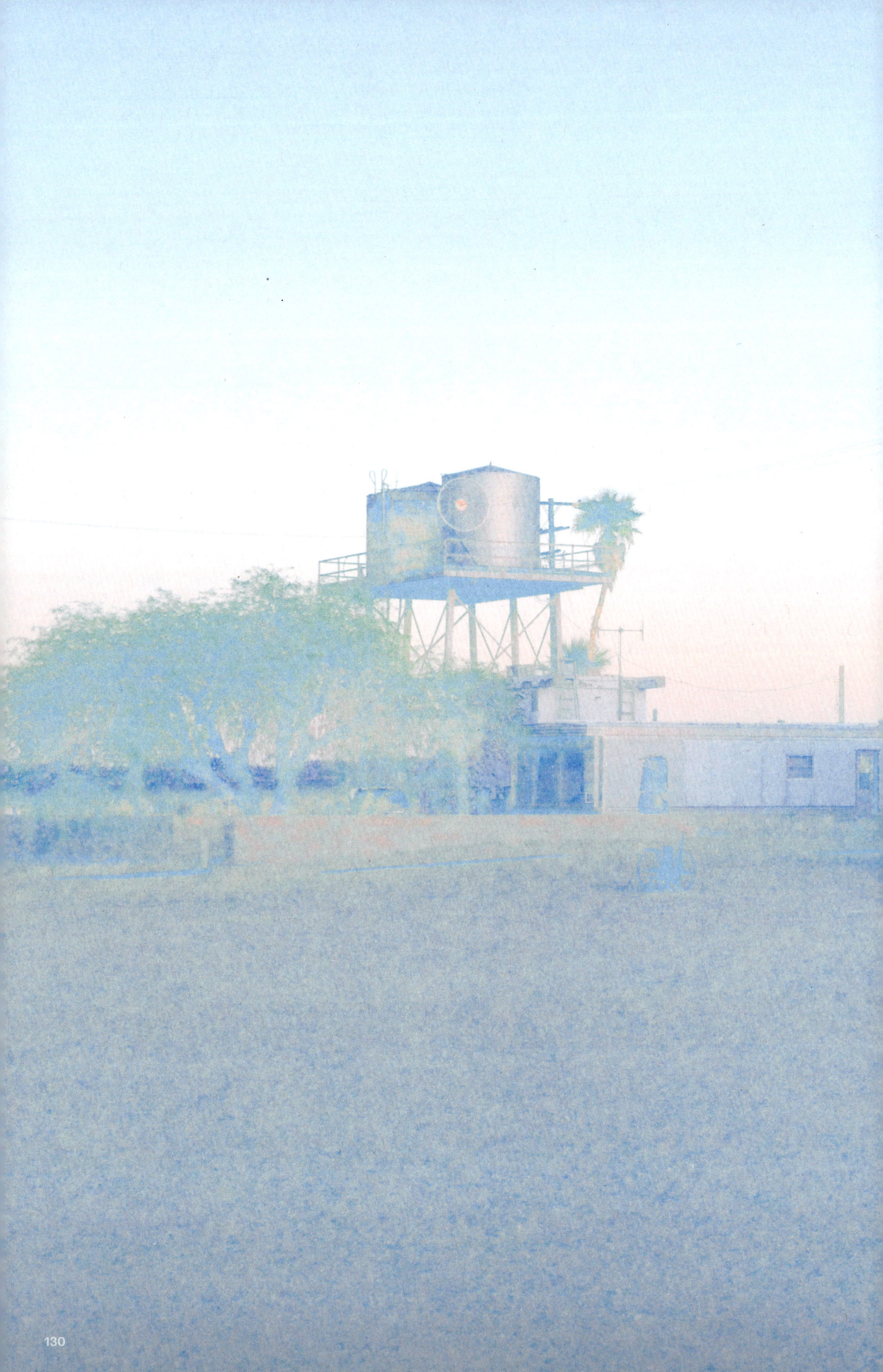

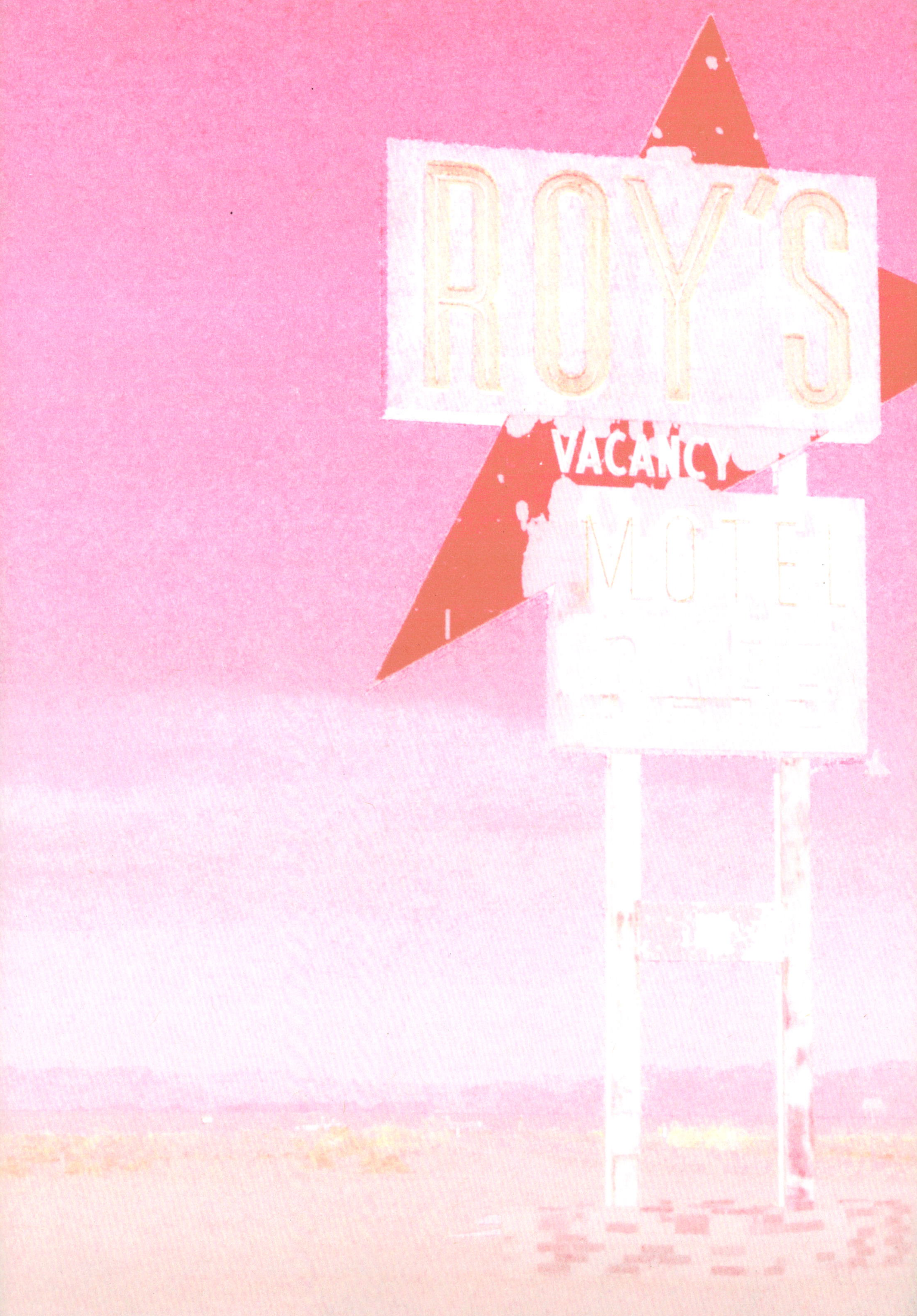
ROY'S
VACANCY
MOTEL

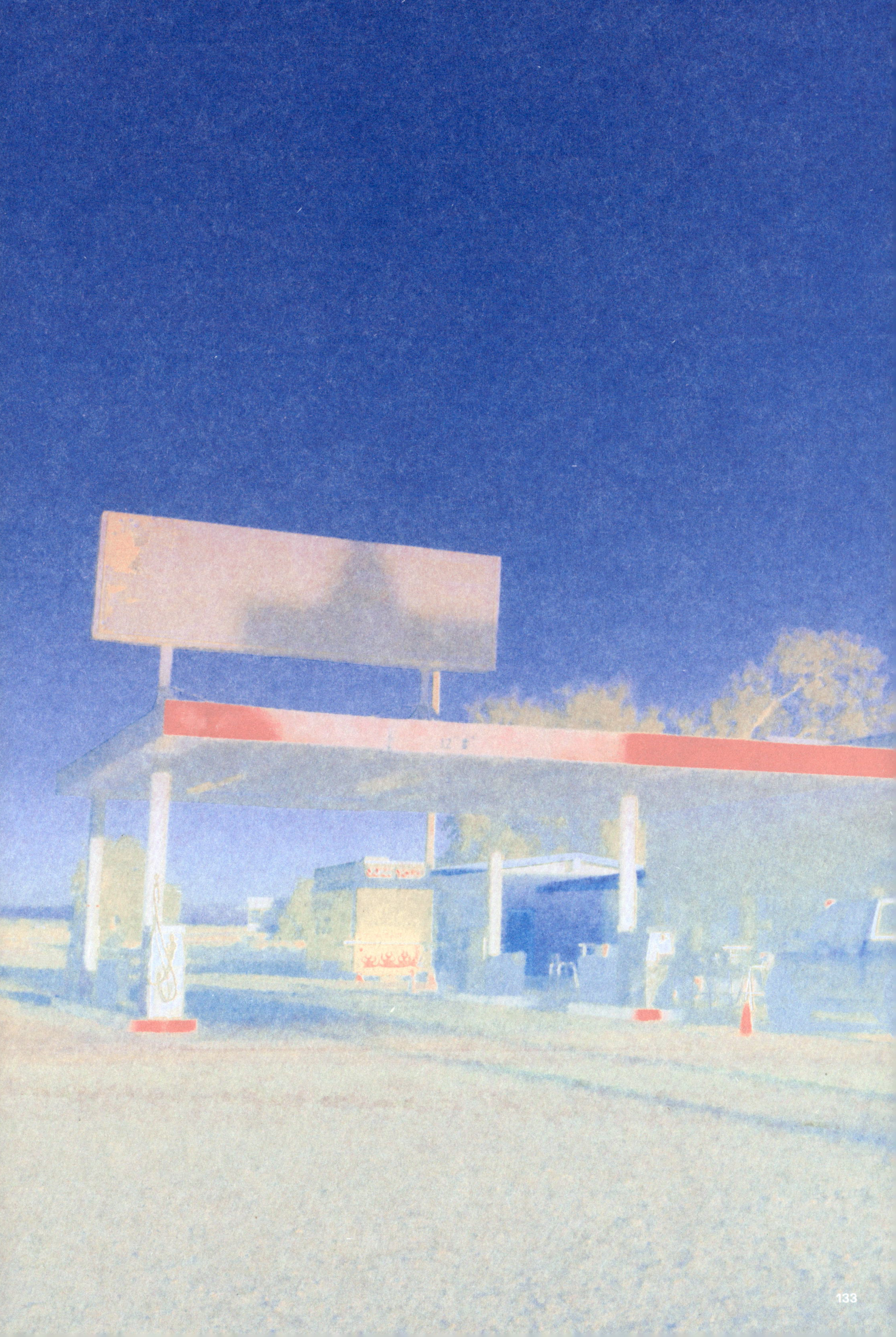

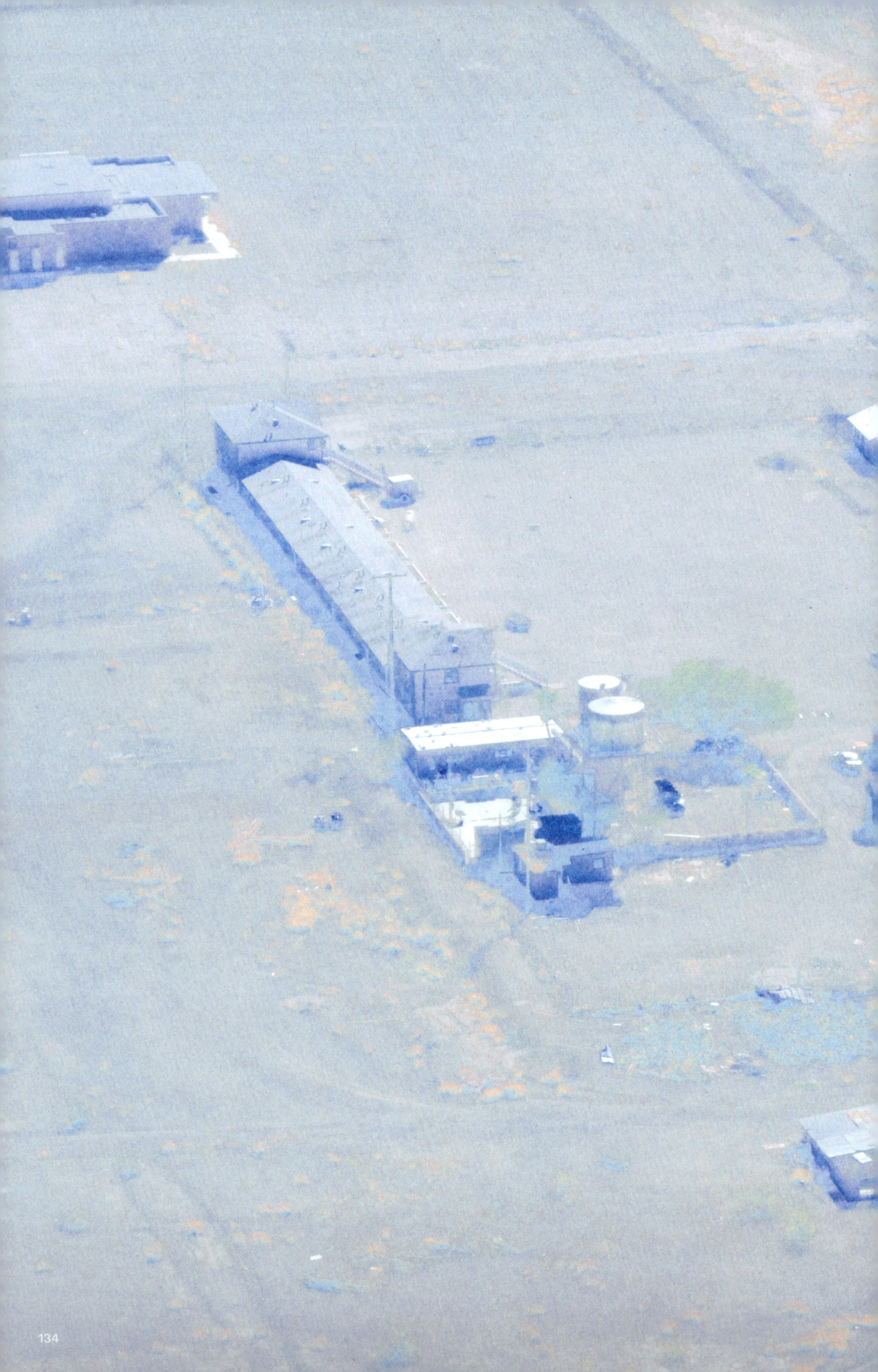

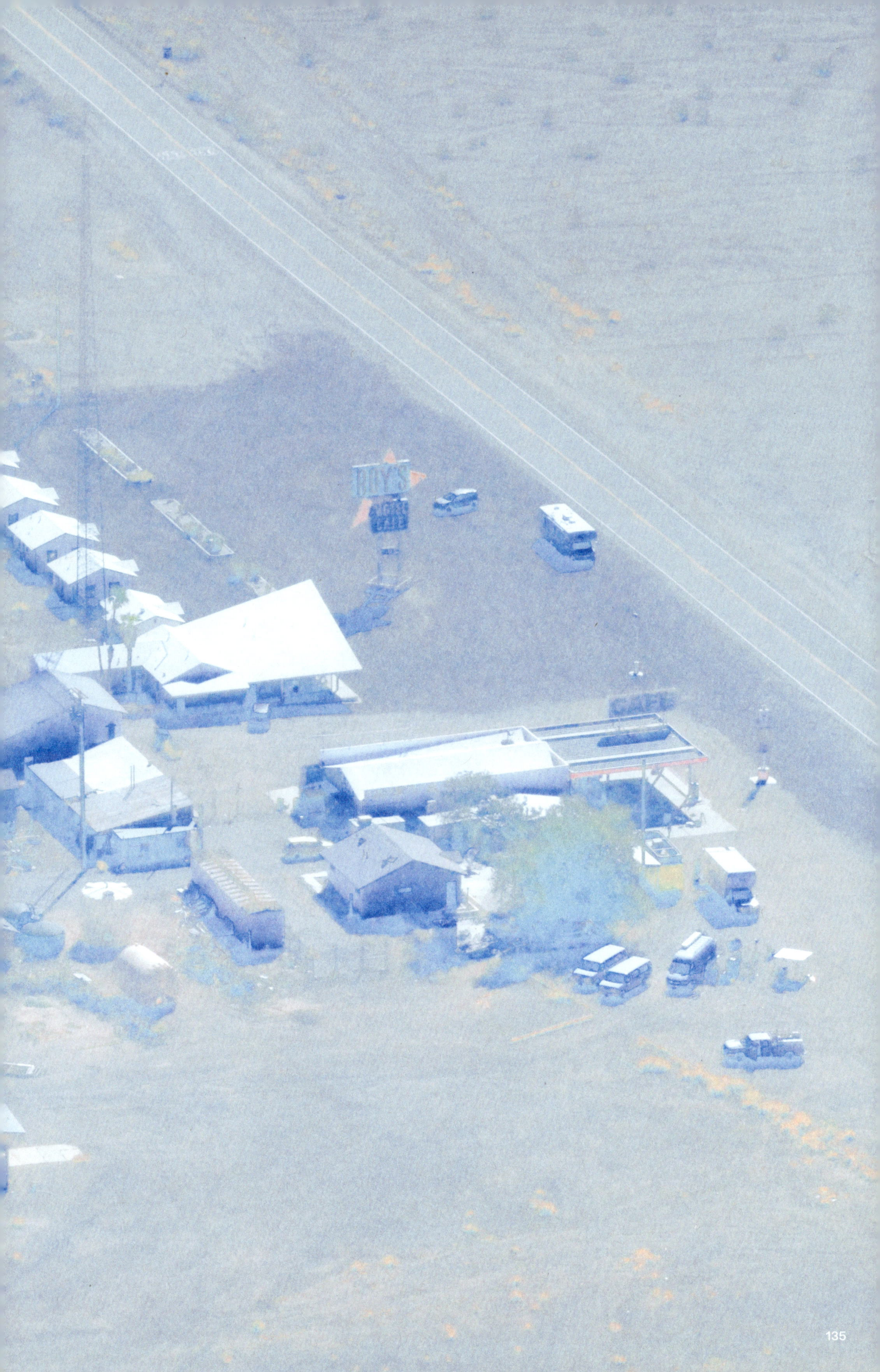
ROY'S
MOTEL
CAFE
CAFE

Amboy, Mojave Desert, USA.
Ghost town that emerged with the arrival of the railroad,
Abandoned town where temperatures reach 50 degrees Celsius.
Fantasy, a mirage made popular by Hollywood, the great
dream factory.
A dream to colonize the desert, the Far West, the land of
Western conquests.
Trains pass through without stopping. No longer in service.
Incessant sun, salty water, arid land,
Route 66, a service station, a post office and scattered motel
cabins.
Amboy, Mojave Desert, USA.

The desert.
Undefined space of possibilities,
Place of utopias, the starting point of the wildest of projects.
To settle in the desert,
Is to dream of another society,
To create a community differently.
Land art, *Double Negative, Complex city*,
Architecture, *Arcosanti, Integration*
The infinite sandpit of creation,
Of sensory experience
Counter-culture, ideal of renewal, ideal of freedom.
Gas station, bottled water, air conditioning, the mirage
and its complexity.

2014.
The door opens, the mirage becomes palpable,
The intensity of the light is unbearable, the sand,
The heat is exacerbated by tin roofs.
Desert flora, fauna living underground.
Under scorching skies, slowly emerges
The distortion.

Distances are no longer the same. It's relative.
Fata Morgana, vision, dream.
Everything stretches out. Floating and undulating
interchangeably. Everything is elongated.
Ninety kilometers to find water.
Distortion.
The heat warps space and time.
Once the border between Amboy and the desert is crossed,
Once you are beyond the the illusion of air conditioning,
Out of reach of the miracle of water brought in by truck,
Amboy and its artificial shadow which lends it as habitable,
The desert suddenly has something that is eternal and pure.

We think that nothing exists in the desert, that it is barren
and empty.
But it's when we accept that we are nothing
And rediscover the humility that we have lost with nature,
That we discover the infinite population of the desert,
Invisible due to the greed our eyes have grown accustomed to,
Setting out under the scorching sun, is to accept starting
from zero.

Entering, at the very least, into a relationship of equality
With everything that exists and endures differently to us.
The humility of the desert.
To refocus on our true needs.
Thirst, skin, energy, and the other.
To experience our belonging to an All,
Nothing more nothing less.
And in the light, which no longer burns,
The sand, which is no longer dust,
Resembles a large blank page
Where the stories deviate from those of
The white cowboys of Hollywood.

EXT. DAY. MOJAVE DESERT
The sand. The intense light scorched like metal. The horizon line
separating the sky and the white sands of the ground dances
in a floating illusion.
In the distance, a white man appears from the mirage. He is
alone, his gaze confident, his face stern.
A cowboy, his head high under his worn leather ten-gallon
hat, he strides proudly across the land that he both masters
and owns.

ELLIPSE.
A barefoot cowboy walks laboriously. The horizon seems
to move further away with each step, a mirage.
He deliriously envisions the lights of a gas station, of gasoline
gushing non-stop from the pump, beef patties sizzling on a grill
behind a counter, multicolored packets of cigarettes, Amboy,
the illusion of a rush towards boundless gold, the mirage of
a desert settlement, domesticated, the illusion of survival
based upon the consumption of fossil fuels, tanker trucks, oil
wells, and diverted watercourses under an orange sun.
The white cowboy, head throbbing, pupils absent, stumbles.
He is alone and small.
Lying on the sand, his tongue parched in the dust, his eyelids
closed forever. The end of an impossible story. Cut.

Timelapse. Night falls abruptly on the man's body, scorched
by hours in the sun.

EXT. NIGHT. MOJAVE DESERT
From the warm smoldering ashes, a deeper, more intrinsic
understanding arises. The desert is no longer perceived as
a struggle, there is an innate wisdom and familiarity with
the environment that has been transmitted through the
generations, long before what human memory can recall.
Whilst contemplating the vast desert landscape, thoughts are
triggered about the souls who once inhabited the expansive
Mojave plains.
This renewed spirit of humanity knows that the solution lies
in taking a different direction, and so it sets forth, going back
along the path that was initially forged by white man.

ELLIPSE.
Upon encountering the previous inert panorama that the
Cowboy had seen, fresh eyes reveal it as lively.
Dead cacti now have a million delicate needles. The humidity
now seems palpable, and the salty water in the soil becomes
a resource.
The sand is not a flawless reflection of the burning sunlight.
Instead it bears the scars of a former lake. Salt pockets give
the infinitesimal terrain the iridescent hue of a galaxy which is
visible in such a low-hanging sky the night embraces the earth.
An embrace so close, everything is connected, intertwined
in the broad arms of the night. The pebbles of the sky are the
desert's stars.
Upon the earth, a scorpion adopts a bluish tinge. Near it, a
galaxy sprawls at the cusp of a cactus teeming with vitality.
The quintessential soul discerns the passage of eternal time
in the sand.

It recalls previous nights when each grain was slightly larger,
when each star was slightly smaller.
In its grasp, the desert unfurls in expansion. Everything is
connected, interconnected. Soul and desert meld into a
boundless cosmos. There is no divide. Universe. The human
soul is the cactus, the scorpion, the creosote bush, the sand
and the dust, the rain and the light, and all living things.
In an ecstasy-imbued stance, the human soul is serene under
the starlit sky. It does not assert dominance over the desert,
it adjusts, listens and reveres.
And in the first light cast in the morning, the promise of a new
connection hovers.

> Returning from Amboy,
> Is only to think of going back.
> Is to see that nature is not a resource,
> But a part of us.
> That everything is merely atoms,
> That everything is interconnected.
>
> Returning from Amboy,
> Is to take the time,
> To see what truly lies beneath the illusion.
> To respect what is and what isn't,
> To regard things as ends in themselves.
> To learn from our vulnerabilities, to change the world.
> To create a distortion of our anthropocentrism.
> The magic no longer resides in the bright lights of modernity
> The great progress of civilisation as the only way
> We must now forge new paths.
>
> Draw wisdom from those who have forever dwelled in
> the desert's hold,
> On the outskirts of a particular idea of progress.
> Return to them, with humble hearts ready to learn,
> Indispensable insight, knowledge of how to adapt,
> How we make the effort to adapt
> To nature.

It's when we meld into an element that we can truly encounter it.
How do we live in the desert of which we are a part?
We must draw inspiration from those we have ignored.
The answer, since a long time,
They have found it.

Séverin Guelpa

Amboy, désert de Mojave, USA.
Fantôme d'une ville sortie de terre avec l'avènement
du chemin de fer,
Village presque abandonné sous cinquante degrés.
Fantasme, mirage peuplé par Hollywood, la grande fabrique
de rêve.
Rêve de peupler le désert, le Far West, terrain des conquêtes
de l'Ouest
Un chemin de fer qui passe sans plus s'arrêter. Fin de l'activité.
Soleil permanent, eau salée, terre aride,
Route 66, une station-service, une poste et quelques cabines
de motel en rade.
Amboy, désert de Mojave, USA.

Le désert.
Espace indéfini des possibles,
Lieu des utopies, point de départ des projets les plus fous.
S'installer dans le désert,
C'est rêver d'une autre société,
De faire différemment communauté.
Land art, *Double Negative, Complex city*,
Architecture, *Arcosanti, Integratron*
Le bac à sable infini de la création, de l'expérience sensorielle,
Contre-culture, idéal d'un renouveau, idéal de liberté.
Station-essence, eau en bouteille plastique, air climatisé,
le mirage et sa complexité.

2014.
La portière s'ouvre, le mirage devient palpable,
La brûlure insupportable de la lumière, le sable,
La chaleur que les tôles des toitures amplifient,
Le mirage devient un lieu clos extrême.
Flore aride, faune qui se terre.
Sous l'accablement de la brûlure du ciel, naît peu à peu
La distorsion.

Les distances ne sont plus les mêmes. Elles se relativisent.
Fata morgana, vision, rêve.
Tout s'allonge. Flotte et gondole immuablement. Tout est
allongement.
Quatre-vingt-dix kilomètres pour trouver de l'eau.
Distorsion.
La chaleur déforme l'espace et le temps.
Une fois la frontière entre Amboy et le désert dépassée,
Une fois que l'on est hors du mirage de la climatisation,
Hors de portée du miracle de l'eau amenée par camions,
Amboy et son ombre artificielle qui le rend vivable,
Le désert a soudain quelque chose d'éternel et de pur.

On croit du désert qu'il n'est rien, qu'il est absence et vacuité,
Mais c'est quand on accepte de n'être rien,
Retrouver l'humilité que l'on a perdue face à la nature,
Que l'on découvre le peuple infini du désert,
Invisibilisé par l'avidité dont nos yeux ont pris l'habitude.
Partir seul sous le cagnard, c'est accepter de repartir de zéro.
D'entrer, au minimum, dans un rapport d'égalité

Avec tout ce qui existe et demeure différemment de nous.
L'humilité du désert.
Se recentrer sur ses vrais besoins.
La soif, la peau, l'énergie, l'autre.
Éprouver notre appartenance à un Tout,
Pas plus pas moins.
Et dans la lumière, qui n'est plus une brûlure,
Le sable, qui n'est plus de la poussière,
Ressemble à une grande page blanche,
Où les histoires s'éloigneraient de celles
Des cowboys blancs d'Hollywood.

EXT. JOUR. DÉSERT DE MOJAVE
Le sable. La lumière lourde et brûlante comme un métal. La ligne
de l'horizon, séparant le ciel blanc du sol sable, danse dans
un mirage flottant.
Du mirage, au loin, sort un homme blanc. Il est seul, le regard
sûr, le visage dur.
Cowboy, la tête haute sous son chapeau de cuir fatigué,
traverse fièrement cette nature dont il est maître et possesseur.
L'œil sur un écosystème qu'il juge à disposition, il traverse le
paysage, faisant l'inventaire de ce qui lui est utile, de ce qui
ne lui sert à rien.
Soudain, le vent de Santa Ana se lève dans les vêtements
de cowboy. Une bourrasque brûlante emporte au loin son
chapeau. Il marque un temps, semble inquiet soudainement.
Le désert s'étend autour de lui à l'infini. Il est seul et petit.
Distorsion.

ELLIPSE.
Cowboy mis à nu marche péniblement.
L'horizon semble s'éloigner à chacun de ses pas, mirage.
Il devine et délire les lumières d'une station-service, de
l'essence qui jaillit à l'infini de la pompe, des steaks hachés
sur un gril derrière un comptoir, des cigarettes aux paquets
multicolores, Amboy, le mirage de la ruée vers un or illimité,
le mirage d'un désert colonisé, domestiqué, le mirage d'une
survie basée sur la consommation de ressources fossiles,
camions-citernes, puits de pétrole et cours d'eau déroutés
sous un soleil orangé.
Le cowboy blanc, la tête dégorgée, les pupilles absentes,
trébuche. Il est seul et petit.
Allongé sur le sable, la langue cuite dans la poussière, il a
les paupières qui se ferment pour toujours. Fin d'une histoire
impossible. Coupez !

Timelapse. Sur le corps de l'homme calciné par des heures
de soleil, la nuit tombe brutalement.

EXT. NUIT. DÉSERT DE MOJAVE
De ces cendres tièdes, encore fumantes, c'est une âme plus
essentielle qui se relève. Une âme neuve qui semble connaître
le désert autrement. Le désert n'est plus un combat, elle l'a
toujours connu, sagesse transmise depuis des générations,
un savoir qui remonte bien au-delà de la mémoire humaine.
En considérant l'immensité de sable, elle songe aux âmes

d'autrefois qui peuplaient les vastes plaines de Mojave.
L'âme neuve de l'humanité sait que la solution est à rebours
et elle se met en marche, remontant à l'envers la piste tracée
par l'homme blanc.

ELLIPSE.
En passant devant la nature morte qu'avait considérée
Cowboy, les yeux nouveaux voient que le tableau est animé.
Les cactus morts ont désormais un million d'aiguilles
délicates. L'humidité de l'air semble maintenant palpable,
l'eau salée du sol devient une ressource.
Le sable n'est pas un immaculé miroir à brûlure. Au loin, il
porte les stigmates du lac d'autrefois. Quelques poches de sel
donnent au relief infinitésimal la couleur irisée d'une galaxie
que l'on reconnaît dans ce ciel si bas où la nuit épouse la terre.
Étreinte si proche, tout est lié, relié dans les grands bras de
la nuit. Les cailloux du ciel sont les étoiles du désert.
Au sol, le scorpion a pris une teinte bleutée. Près de lui, une
galaxie s'étale au pied d'un cactus bourgeonnant de vitalité.
L'âme essentielle reconnaît dans le sable le passage du
temps immémorial. Elle se souvient des nuits précédentes où
chaque grain était un peu plus gros, où chaque étoile était
un peu plus petite.
Dans sa paume, tout le désert est en expansion. Tout est lié,
relié. L'âme et le désert ne font qu'un dans un grand cosmos.
Il n'y a plus de frontière. Univers. L'âme humaine est le cactus,
le scorpion, le créosotier, le sable et la poussière, la pluie et
la lumière, et tous les êtres vivants.
Immobile dans une posture d'extase, l'âme humaine est en paix
sous les étoiles. Elle ne domine pas le désert, elle s'y adapte,
l'écoute et le respecte.
Et dans les premières lueurs que décoche le matin flotte
l'espoir d'une relation nouvelle.

      Rentrer d'Amboy,
      C'est ne penser qu'à y retourner.
      C'est voir que la nature n'est pas une ressource,
      Qu'elle est partie de soi.
      Que tout n'est qu'atomes,
      Que tout est relié.

      Rentrer d'Amboy,
      C'est prendre le temps
      De voir ce qui se cache réellement sous le mirage.
      Respecter ce qui est, ce qui n'est pas,
      Considérer les choses comme des fins en soi.
      Apprendre de ses fragilités, pour changer le monde,
      Créer une distorsion de notre anthropocentrisme.
      La magie n'est plus dans la lumière de la modernité
      Le grand progrès de la civilisation comme unique voie.
      Nous devons désormais tracer de nouveaux chemins.

      S'inspirer des populations qui vivent depuis toujours dans
      le désert,
      Restées en marge d'une certaine idée du progrès.
      Revenir à elles pour apprendre avec humilité

Un savoir indispensable, un savoir du comment s'accommoder.
Comment nous, faire l'effort de nous adapter
À la nature.
C'est quand on se fond dans un élément qu'on peut le
rencontrer.
Comment vivre dans le désert dont on fait partie?
Il faut s'inspirer de celles et ceux que nous avons ignoré·e·s.
La réponse, elleux, depuis bien longtemps,
lels l'ont trouvée.

Séverin Guelpa

MATZA
Mojave

EN

William L. Fox

The Mojave is the smallest, driest, and westernmost of North America's five deserts. It is generally a high desert, and it is hot but not the hottest on average. And yet, it contains the lowest point on the continent and the hottest temperature record. Numerous science fiction movies have been made in it not just because it is the closest desert to Hollywood, but because it is so alien in appearance it offers few objective correlatives to contradict fantasy worlds. That's not irrelevant to the existence of its largest city, Las Vegas.

Contemporary artists from Switzerland have been working in this arid environment at least since Jean Tinguely (1925-1991) and Nikki de St. Phalle (1930-2002) detonated *Study for the End of the World Nº2* in 1962 for an NBC television special. They assembled dynamite bombs during four days in the parking lot of the Flamingo Hotel off the Las Vegas strip, then carried the explosives and discarded appliances thirty miles south to Jean Dry Lake to assemble everything and blow it up for a live broadcast audience. It was America's introduction to the fact that a dry lakebed was an experimental testbed for art as well as nuclear weapons.

Eight years later the artists Michael Heizer with his friends Robert Smithson and Nancy Holt used Jean Dry Lake as the surface into which they dug *Rift II*, a roughly fifty-foot-long shallow zigzag trench. It was an early emblematic work in the Land Art movement. Riffing off these earlier artists Swiss artist Ugo Rondinone was commissioned by the Nevada Museum of Art and Art Production Fund in New York to erect his *Seven Magic Mountains* nearby in 2016. The work sees a thousand visitors a day, people driving from LA to Las Vegas stopping in their tracks at the unexpected sight of seven 30-foot-plus stacks of brightly colored boulders on the edge of the playa.

One of the most spectacular projects proposed by a Swiss artist for the Mojave has never been built, although Christoph Büchel (1966-) first proposed *Terminal* as early as 2000. Consisting of a decommissioned Boeing 727 jetliner buried 38 feet deep near the town of Boron, the 153-foot-long aircraft would be reached by a long pedestrian tunnel. The experience would be intensely claustrophobic—the antithesis of flight, Rondinone's towers, and the very nature of the desert itself.

You can, in part, blame Honore De Balzac's existential romanticism for all this. Writing in 1830 in a short story titled "Une Passion Dans Le Désert" ("A Passion in the Desert"), his protagonist proclaimed North Africa as a space where "'Oh! that can't be described... In the desert, you see, there is everything and nothing... it is God without mankind." The French-Algerian philosopher and writer Albert Camus (1913-1960), and the Egyptian-born French-speaking poet Edmond Jabès (1912-1991) furthered European literary fascination with deserts worldwide as spaces in which experiments in the human condition were permitted. It did not impede the notion when the American military began to blow up atomic devices in the northern Mojave in 1951, a study for the end of the world number one.

In the middle of the Mojave, roughly equidistant from the Los Angeles and Las Vegas airports, sits the mostly abandoned town of Amboy, population 1-5 people, depending on the day and who is pumping gas, the main reason the town still exists. Amboy was an important fueling stop along the most remote part of the renowned Route 66 highway that connected Chicago to LA. When Interstate 40 opened in 1973 it was routed north of the town, and the settlement quickly died. There was no potable water, the sodium chloride from the nearby Bristol Dry Lake (and salt farm) pervasive throughout the local water table. The BNSF, which is the largest freight railroad in the United States, used to drop off water. No longer. The shipping containers labeled Walmart and Amazon have nothing to offer Amboy. In short, the town's derelict motel would make a perfect art base camp, which Severin Guelpa immediately realized.

From 2015-2017 Guelpa brought artists, engineers, scientists and more to the site, which offered a chance to hone survival tactics using as little bottled water as possible while exploring the flat black lava flows from nearby Amboy Crater, a dormant cinder cone that last erupted 10,000 years ago

At 250 feet tall and 1500 feet in diameter, it is not huge but incremental. At noon on a summer day, you could find yourself walking in 115°F heat, drinking a quart of water an hour, and making sure when you are 40 percent through your supply, you turn back, lest you run out. The last tranche of MATZA Amboy artists came to the town in 2017, a group of students from Arizona State University (ASU). ASU sits in Tempe just outside Phoenix—the students were used to heat and came prepared. Their "immersive learning" trip took place just months after the British writer and curator Neville Wakefield opened Desert X in the Coachella Valley, not quite a hundred miles to the southwest.

Wakefield, with his then-wife the artist Olympia Scarry, had founded an outdoor art exhibition, *Elevation 1049* in 2014 in Gstaad. The number refers to the elevation of the famed Swiss ski resort town (roughly 3400 feet). Wakefield told a *The New York Times* reporter that he could export his curatorial methodology anywhere, even to Death Valley. Well, not exactly—landscape interventions aren't welcomed by the National Park Service. But in February 2017 Desert X opened in and around Palm Springs with sixteen artist projects in the desert. As of 2023 it has now presented four exhibitions with a total audience of more than 1.7 million, and twice helped present two outdoor desert exhibitions in Saudi Arabia.

To give just one reason why the Swiss are enchanted with the desert is that you can find a rural location without a town, village, train station, or hotel within sight, something that is difficult to do in the deeply folded Alps. Yet, much of the Mojave is reachable by car. It's the difference between a steeply compacted terrain with little intervening space (valleys and lakes and Switzerland) and lots of flat ground in between (the Basin and Range province within which most of the Mojave resides.) Severin Guelpa played with the differences by also holding residencies on the upper Altesch Glacier in the Bernese Alps. Since then, MATZA has extended its research-based approach to art and land use to various urban sites in Switzerland, as well as sites in Tunisia, Kenya and Colombia.

What MATZA Amboy offered was a quiet, out-of-the-way stage upon which to back up to the edge of what could be described, and to perform everything and nothing, a precursor for the acts that would follow.

As the world heats, glaciers melt, and deserts become so hot planes can't take off for lack of lift, art on the Mojave becomes increasing important as a performative research platform from which to assess how we conduct ourselves on the planet

Sources:

Balzac, Honore De. "A Passion in the Desert." Translated by Ernest Dowson. Originally published in French in 1830 in the magazine *Revue de Paris* as "Une Passion Dans Le Désert," the short story was translated and published by Project Gutenburg in 2010, last updated 2019. Accessed June 30, 2023: https://www.gutenberg.orgfiles/1555/1555-h/1555-h.htm.

Donadio, Rachel. "Art Reaches New Heights in Alps," *The New York Times*, January 31, 2014. Accessed on July 3, 2023 at: https://www.nytimes.com/2014/02/01/arts/design/art-reaches-new-heights-in-alps.html.

Scott, Emily Eliza. "Desert Ends," in *Ends of the Earth: Art of the Land to 1974*, eds. Philipp Kaiser and Miwon Kwon. Los Angeles: MoCA and Prestel, 2012, pp. 67-85.

MATZA Mojave

FR

William L. Fox

Le Mojave est le plus petit, le plus sec et le plus occidental des cinq déserts d'Amérique du Nord. Il s'agit dans l'ensemble d'un désert d'altitude, où il fait chaud, mais pas le plus chaud en moyenne. Pourtant, c'est là que se trouve le point le plus bas du continent et que l'on enregistre les températures les plus élevées. De nombreux films de science-fiction y ont été tournés, non seulement parce que c'est le désert le plus proche d'Hollywood, mais aussi parce qu'il est si étranger en apparence qu'il offre peu de corrélations objectives pour contredire les mondes imaginaires. Cela n'est pas sans rapport avec l'existence de sa plus grande ville, Las Vegas.

Les artistes contemporain·e·s suisses travaillent dans cet environnement aride depuis que Jean Tinguely (1925-1991) et Nikki de St. Phalle (1930-2002) ont fait exploser *Study for the End of the World N°2* en 1962 pour une émission spéciale de la chaîne de télévision NBC. Iels ont assemblé des bombes à la dynamite pendant quatre jours dans le parking de l'hôtel Flamingo, près de Las Vegas, puis ont transporté les explosifs et les appareils cassés sur une distance de 30 miles vers le sud, jusqu'au lac Jean Dry, où iels ont tout assemblé et fait exploser l'ensemble. L'évènement, diffusé sur les chaines de télévision, a touché un large public. C'est ainsi que l'Amérique a découvert qu'un lac asséché pouvait servir de banc d'essai expérimental pour l'art et les armes nucléaires.

Huit ans plus tard, les artistes Michael Heizer et ses ami·e·s Robert Smithson et Nancy Holt ont utilisé le lac Jean Dry comme surface dans laquelle iels ont creusé *Rift II*, une tranchée en zigzag peu profonde d'environ quinze mètres de long. Il s'agit d'une des premières œuvres emblématiques du mouvement du Land Art. S'inspirant de ces premier·ère·s artistes, l'artiste suisse Ugo Rondinone a été mandaté par le Nevada Museum of Art et l'Art Production Fund de New York pour ériger ses *Seven Magic Mountains* à proximité en 2016. L'œuvre reçoit un millier de visiteur·euse·s par jour, des personnes conduisant de Los Angeles à Las Vegas s'arrêtent à la vue inattendue des sept empilements de plus de 30 pieds de rochers aux couleurs vives au bord de la playa.

Bien que Christoph Büchel (1966-) ait proposé *Terminal* dès 2000, c'est l'un des projets les plus spectaculaires proposés par un·e artiste suisse pour le Mojave qui n'a jamais vu le jour. Constitué d'un Boeing 727 déclassé et enterré à 38 pieds de profondeur près de la ville de Boron, l'avion de 153 pieds de long aurait été accessible par un long tunnel piétonnier. L'expérience aurait été intensément claustrophobique – l'antithèse du vol, des tours de Rondinone et de la nature même du désert.

Le romantisme existentiel d'Honoré de Balzac est en partie responsable de cette situation. En 1830, dans une nouvelle intitulée « Une Passion dans le désert », son protagoniste proclame que l'Afrique du Nord est un espace où « Oh! cela ne se décrit pas... Dans le désert, voyez-vous, il y a tout et rien... c'est Dieu sans l'homme ». Le philosophe et écrivain franco-algérien Albert Camus (1913-1960) et le poète francophone d'origine égyptienne Edmond Jabès (1912-1991) ont renforcé la fascination littéraire européenne pour les déserts du monde entier en tant qu'espaces permettant d'expérimenter la condition humaine. Cela n'a pas empêché l'armée américaine de faire exploser des engins atomiques dans le nord du Mojave en 1951, une étude sur la fin du monde numéro un.

Au milieu du Mojave, à peu près à égale distance des aéroports de Los Angeles et de Las Vegas, se trouve la ville d'Amboy, en grande partie abandonnée. Elle compte de un·e à cinq habitant·e·s, selon les jours et les personnes qui pompent l'essence, principale raison pour laquelle la ville existe encore. Amboy était un important point de ravitaillement le long de la partie la plus éloignée de la célèbre Route 66, qui reliait Chicago à Los Angeles. Lorsque l'Interstate 40 a été ouverte en 1973, elle a été construite au nord de la ville, et le village s'est rapidement éteint. Il n'y avait pas d'eau potable, le chlorure de sodium provenant du lac sec de Bristol (et de la ferme salinière) étant omniprésent dans la nappe phréatique locale. La BNSF, qui est le plus grand chemin de fer de marchandises des États-Unis, avait l'habitude d'y déposer de l'eau. Ce n'est plus le cas. Les conteneurs d'expédition étiquetés Walmart et Amazon n'ont rien à offrir à Amboy. En bref, le motel abandonné de la ville faisait un parfait camp de base artistique, ce que Severin Guelpa a immédiatement compris.

De 2015 à 2017, Guelpa a fait venir des artistes, des ingénieurs, des scientifiques et d'autres personnes sur le site, ce qui a permis d'affiner les tactiques de survie en utilisant le moins d'eau en bouteille possible tout en explorant les coulées de lave noires et plates du cratère d'Amboy, un cône de cendres dormant dont la dernière éruption date d'il y a dix mille ans

Avec une hauteur de 250 pieds et un diamètre de 1500 pieds, il n'est pas énorme mais progressif. À midi, un jour d'été, vous pourriez vous retrouver à marcher sous une chaleur de 46°C, à boire un litre d'eau par heure et à faire demi-tour lorsque vous aurez épuisé 40% de votre réserve, de peur d'être à court. La dernière tranche d'artistes de MATZA Amboy est venue dans la ville en 2017, un groupe d'étudiant·e·s de l'Arizona State University (ASU). L'ASU se trouve à Tempe, juste à côté de Phoenix – les étudiant·e·s étaient habitué·e·s à la chaleur et sont venu·e·s préparé·e·s. Leur voyage d'« apprentissage immersif » a eu lieu quelques mois après que l'écrivain et conservateur britannique Neville Wakefield a ouvert Desert X dans la vallée de Coachella, à une centaine de kilomètres au sud-ouest.

Wakefield, avec son épouse de l'époque, l'artiste Olympia Scarry, avait fondé une exposition d'art en plein air, *Elevation 1049*, en 2014 à Gstaad. Le chiffre fait référence à l'altitude de la célèbre station de ski suisse. Wakefield a déclaré à un journaliste du *New York Times* qu'il pouvait exporter sa méthodologie curatoriale n'importe où, même dans la Vallée de la Mort. Enfin, pas exactement: les interventions paysagères ne sont pas bien accueillies par le Service des parcs nationaux. Mais, en février 2017, Desert X a ouvert ses portes à Palm Springs et dans ses environs, avec seize projets d'artistes dans le désert. En 2023, il aura présenté quatre expositions avec un public total de plus de 1,7 million de personnes, et a contribué à deux reprises à la présentation de deux expositions en plein air dans le désert en Arabie saoudite.

L'une des raisons pour lesquelles les Suisse·sse·s sont enchanté·e·s par le désert est qu'il est possible de trouver une région rurale sans ville, village, gare ou hôtel à portée de vue, ce qui est difficile à faire dans les Alpes profondément plissées. Pourtant, une grande partie du Mojave est accessible en voiture. C'est la différence entre un terrain fortement compacté avec peu d'espace intermédiaire (vallées et lacs en Suisse) et beaucoup de terrain plat entre les deux (la province de Basin and Range dans laquelle se trouve la majeure partie du Mojave). Severin Guelpa a joué avec les différences en organisant également des résidences sur le glacier supérieur d'Aletsch dans les Alpes valaisannes. Depuis, MATZA a étendu son approche de l'art et de l'utilisation des sols, fondée sur la recherche, à différents chantiers urbains en Suisse, ainsi qu'à des sites en Tunisie, au Kenya et en Colombie.

Ce que MATZA Amboy offrait, c'était une scène tranquille, à l'écart, sur laquelle on pouvait reculer jusqu'à la limite de ce qui pouvait être décrit, et où l'on pouvait jouer tout et rien, un précurseur des actes qui allaient suivre.

Alors que le monde se réchauffe, que les glaciers fondent et que les déserts deviennent si chauds que les avions ne peuvent plus décoller faute de portance, l'art sur le Mojave devient de plus en plus important en tant que plateforme de recherche performative à partir de laquelle nous évaluons la façon dont nous nous comportons sur la planète

Sources:

Balzac, Honore De. « A Passion in the Desert. Traduit par by Ernest Dowson. Publié à l'origine en français en 1830 dans la *Revue de Paris* sous le titre « Une Passion Dans Le Désert », la nouvelle a été traduite et publiée par le projet Gutenburg en 2010, dernière mise à jour 2019. Consulté le 30 juin 2023 sur: https://www.gutenberg.orgfiles/1555/1555-h/1555-h.htm.

Donadio, Rachel. « Art Reaches New Heights in Alps », *The New York Times*, 31 janvier 2014. Consulté le 3 juillet 2023 sur: https://www.nytimes.com/2014/02/01/arts/design/art-reaches-new-heights-in-alps.html.

Scott, Emily Eliza. « Desert Ends », in *Ends of the Earth: Art of the Land to 1974*, éditions Philipp Kaiser et Miwon Kwon. Los Angeles: MoCA et Prestel, 2012, pp. 67-85.

Drylab 2023

Marco Janssen

It is the Spring of 2023. Eight female water refugees encounter an abandoned hotel in Amboy, California, with a water tank that can support the group for a month if they keep their water use down to four gallons of water a day per person. The decennia of drought in the southwestern United States combined with deteriorating water infrastructure has led some people to flee populated areas like Phoenix in search of water.

For a 30-day period, the group is managing to cope with the water restrictions and even use only three gallons of water a day. An elaborate gray water system is developed, as well as an outhouse. The diet consists of water-wise vegan options sourced from local ingredients. The group also gets used to the smells caused by reduced personal hygiene. Despite the extreme conditions, the limited amount of water, electricity, internet connection, and personal space, the group is thriving.

It is 2023. The southwestern United States experiences a water crisis, and the water in the Colorado river reaches such low levels that additional cuts are imposed on various states like Arizona, Nevada, and California. The CNN breaking news headlines include that Phoenix limits the construction of new buildings due to groundwater depletion and that the Phoenix suburb Rio Verde Foothills is cut off from piped water due to the water crisis.

The story of the eight female water refugees happened not in 2023, but in 2017 as part of an art-science project Drylab 2023. The eight females were students from Arizona State University who took part in this project to experience life under extreme water scarcity. The project was led by me, a sustainability scientist, and artist Adriene Jenik, both professors at Arizona State University.

Drylab 2023 was partly inspired by the work of Elinor Ostrom (1933-2012), born and raised in California, and an eminent scholar on the study of shared resources such as water.

The traditional perspective on governance of shared resources is known as the "tragedy of the commons": if people share a resource, they will tend to overharvest this for their self-interest, which requires privatization or nationalization of the resource to prevent it. Ostrom and her colleagues showed by empirical investigation and synthesis of numerous case studies that self-governance is

possible under the right conditions

Those conditions include representative participation in governance, active monitoring and enforcement, and well-defined boundaries of the shared resource and resource users. Elinor Ostrom was awarded the 2009 Nobel Memorial Prize in Economic Sciences for challenging conventional wisdom and providing a broader framework to govern shared resources.

Some of the empirical work that informed Ostrom's research were Swiss case studies, especially Törbel, a village in Valais, Switzerland,, where there was an elaborate governance regime to avoid overharvesting of the shared meadows in the mountains. It was the Ostrom-Swiss connection that brought Séverin Guelpa and myself together to pursue a project as part of MATZA in Dryland lab in Amboy, center of the interdisciplinary activities carried out by the artist since 2014. The infrastructure created by Séverin Guelpa and the experience he had working in Amboy enabled me to envision an art-science project and recruit an art professor to join me. As a former collaborator of Ostrom, I study the conditions of self-governance, especially using behavioral experiments related to shared water resources. Given the long-term drought in the southwest of the United States, and the lack of water in Amboy, the idea emerged to focus on managing water in Amboy. Teaming up with Adriene Jenik, an art professor and desert dweller, who has been using media art to do performance projects on possible futures, led to the idea to tweet from the future.

We envisioned staying at Amboy for a month and enacting to be in a fictional future with extreme water scarcity. We recruited students who created their persona for this project, and they would share on social media their adventures. We choose 2023, six years into the future, to make the future relatable. The election of President Trump and the increasing concerns in academia on water scarcity made this future not unrealistic. However, water scarcity was not part of the public debate, especially in Arizona.

In preparation for the stay in the Dryland lab in Amboy, the students and professors met on a regular basis in the Spring semester of 2017 to define the narrative, get familiar with the concepts of the governance of the commons and define the conditions for the stay. Of the eight students, four were art students, and four were sustainability students. During the stay in Amboy, the students would make the decisions about water, the professors were not part of the narrative and only attended to observe and guide the process.

The first week of the project was a challenge. There was not sufficient gray water generated to facilitate the flushing of the toilets, which led to the development of the outhouse. There were many more shared resources that required attention. Most cellular phone services did not effectively transmit to the project site. A hotspot was available for the project on designated laptops and only for project-related activities. Rodents found their way to our stored food, which needed better protection and better cleaning to reduce this illegal appropriation. With limited freezer capacity, a cooperative strategy had to be implemented to generate ice cubes. A general lack of experience in cooking for larger groups, in particular, preparing diverse vegan meals, initially proved challenging. Ideally, lunch would consist of leftovers from the day before, but during the first week, miscalculations resulted in not enough food for everyone for both lunch and dinner.

Those issues were mainly resolved after the first week, and the group got into their rhythm. The last week of the stay, the group experienced a heatwave, and with limited cooling options, this was a challenge, especially when Amboy had a brief blackout.

After the participants went back to the Phoenix area, there were attempts to continue the learned new lifestyle. This was a challenge due to the different norms in Phoenix and infrastructure available. What stuck with most participants in the long term was a vegan type of diet.

With the current water crisis in Arizona and neighboring states, Drylab 2023 became a reality for many in the southwest of the USA. The art-science project demonstrated that a reduction of water use is not a problem of technology, but a commitment towards living according to more cooperative social norms.

The art-science project was the first collaboration I had with artists in a professional setting, and more have followed since.

The collaboration between science and art is not always smooth due to different goals, experiences, and concepts, but when overcoming the obstacles, opens up new creative ways of thinking, expressing emotions, and appreciating different ways of knowing

In fact, in recent years, there has been increasing collaboration between scientists and artists within the scope of sustainability, which provide a venue to cope with the uncertain future humanity is entering, in line with the objective of MATZA.

For more information see Janssen, M. A., A. Jenik, S. Z. Tekola, K. L. Davis, S. Flores, W. Gibbs, M. Koehn, V. Lyons, C. Mallory, S. Rood, S. Guelpa, and L.-A. Pfister. 2018. Drylab 2023: living a possible future with resource scarcity. *Ecology and Society* 23(4):8.
https://doi.org/10.5751/ES-10299-230408
http://drylab2023.net

Drylab 2023

Marco Janssen

Nous sommes au printemps 2023. Huit réfugiées de l'eau trouvent un hôtel abandonné à Amboy, en Californie, avec un réservoir d'eau qui peut subvenir aux besoins du groupe pendant un mois si elles limitent leur consommation d'eau à quatre gallons par jour et par personne. La sécheresse qui sévit depuis des décennies dans le sud-ouest des États-Unis, combinée à la détérioration des infrastructures d'approvisionnement en eau, a poussé certaines personnes à fuir des zones peuplées comme Phoenix à la recherche d'eau.

Pendant trente jours, le groupe réussit à faire face aux restrictions d'eau et n'utilise même que trois gallons d'eau par jour. Un système élaboré d'eaux grises a été mis en place, ainsi que des toilettes extérieures. Le régime alimentaire se compose d'options végétaliennes respectueuses de l'eau et provenant d'ingrédients locaux. Le groupe s'habitue également aux odeurs causées par une hygiène personnelle réduite. Malgré les conditions extrêmes, la quantité limitée d'eau, d'électricité, de connexion internet et d'espace personnel, le groupe prospère.

Nous sommes en 2023. Le sud-ouest des États-Unis connaît une crise de l'eau et l'eau du fleuve Colorado atteint un niveau si bas que des coupures supplémentaires sont imposées à divers États comme l'Arizona, le Nevada et la Californie. Les gros titres de CNN indiquent que Phoenix limite la construction de nouveaux bâtiments en raison de l'épuisement des eaux souterraines et que la banlieue de Phoenix, Rio Verde Foothills, est privée d'eau courante en raison de la crise de l'eau.

L'histoire des huit réfugiées de l'eau ne s'est pas déroulée en 2023, mais en 2017, dans le cadre du projet artistique et scientifique Drylab 2023. Les huit femmes étaient des étudiantes de l'université d'État de l'Arizona qui ont participé à ce projet pour faire l'expérience de la vie en situation de pénurie d'eau extrême. Le projet était dirigé par moi-même, scientifique spécialiste de la durabilité, et par l'artiste Adriene Jenik, tou·te·s deux professeur·e·s à l'université d'État de l'Arizona.

Drylab 2023 a été en partie inspiré par les travaux d'Elinor Ostrom (1933-2012), née et élevée en Californie, et éminente spécialiste de l'étude des ressources partagées telles que l'eau.

La perspective traditionnelle sur la gouvernance des ressources partagées est connue sous le nom de « tragédie des biens communs » : si les gens partagent une ressource, ils auront tendance à la surexploiter dans leur propre intérêt, ce qui nécessite une privatisation ou une nationalisation de la ressource pour l'empêcher. Ostrom et ses collègues ont montré, grâce à une enquête empirique et à la synthèse de nombreuses études de cas, que l'autogestion est possible dans de bonnes conditions

Ces conditions comprennent une participation représentative à la gouvernance, un contrôle et une application active, et des limites bien définies de la ressource partagée et des utilisateur·trice·s de la ressource. Elinor Ostrom a reçu le prix Nobel d'économie 2009 pour avoir remis en cause les idées reçues et proposé un cadre plus large pour la gouvernance des ressources partagées.

Certains des travaux empiriques qui ont alimenté la recherche d'Ostrom étaient des études de cas suisses, en particulier Törbel, un village valaisan en Suisse, où il y avait un régime de gouvernance élaboré pour éviter la surexploitation des prairies partagées dans les montagnes. C'est la connexion Ostrom-Suisse qui a amené Séverin Guelpa et moi-même à poursuivre un projet dans le cadre de MATZA au sein du Dryland lab à Amboy, centre des activités interdisciplinaires menées depuis 2014 par l'artiste. L'infrastructure créée par Séverin Guelpa et son expérience à Amboy m'ont permis d'envisager un projet art-science et de recruter un professeur d'art pour me rejoindre. En tant qu'ancien collaborateur d'Ostrom, j'étudie les conditions de l'autogouvernance, notamment à l'aide d'expériences comportementales liées au partage des ressources en eau. Compte tenu de la sécheresse qui sévit depuis longtemps dans le sud-ouest des États-Unis et du manque d'eau à Amboy, l'idée est apparue de se concentrer sur la gestion de l'eau dans ce village asséché. La collaboration avec Adriene Jenik, professeure d'art et habitante du désert, qui utilise les arts médiatiques pour réaliser des projets de performance sur les futurs possibles, a conduit à l'idée de tweeter depuis le futur.

Nous avons envisagé de rester à Amboy pendant un mois et de faire semblant d'être dans un futur fictif avec une pénurie d'eau extrême. Nous avons recruté des étudiantes qui ont créé leur personnage pour ce projet et qui ont partagé leurs aventures sur les médias sociaux. Nous avons choisi l'horizon 2023, soit une projection de six ans dans le futur, pour rendre l'avenir intelligible. L'élection du président Trump et les préoccupations croissantes du monde universitaire concernant la pénurie d'eau ont rendu ce futur réaliste. Malgré tout, la pénurie d'eau ne faisait pas partie du débat public, en particulier en Arizona.

Pour préparer le séjour au Dryland lab à Amboy, les étudiantes et les professeur·e·s se sont réuni·e·s régulièrement au semestre de printemps 2017 pour définir le récit, se familiariser avec les concepts de la gouvernance des biens communs et définir les conditions du séjour. Sur les huit étudiantes, quatre étaient des étudiantes en art et quatre en durabilité. Pendant le séjour à Amboy, les étudiantes prendraient les décisions concernant l'eau, les professeur·e·s ne feraient pas partie du récit et ne seraient présent·e·s que pour observer et guider le processus.

La première semaine du projet a été difficile. Il n'y avait pas assez d'eau grise pour faciliter la chasse d'eau des toilettes, ce qui a conduit à l'aménagement des toilettes extérieures. De nombreuses autres ressources partagées nécessitaient une attention particulière. La plupart des services de téléphonie cellulaire ne transmettaient pas efficacement sur le site du projet. Un hotspot était disponible sur des ordinateurs portables désignés et uniquement pour les activités liées au projet. Les rongeurs ont trouvé le chemin de notre nourriture stockée, qui avait dès lors besoin d'une meilleure protection et d'un nettoyage régulier pour lutter contre cette appropriation illégale. La capacité du congélateur étant limitée, une stratégie de coopération a dû être mise en œuvre pour produire des glaçons. Le manque général d'expérience en matière de cuisine pour de grands groupes, en particulier la préparation de repas végans variés, s'est avéré difficile au départ. Idéalement, le déjeuner devait être composé des restes de la veille, mais, au cours de la première semaine, des erreurs de calcul ont fait qu'il n'y avait pas assez de nourriture pour tout le monde, tant pour le déjeuner que pour le dîner.

Ces problèmes ont été en grande partie résolus après la première semaine, et le groupe a pris son rythme. La dernière semaine du séjour, le groupe a connu une vague de chaleur, et les possibilités de refroidissement étant limitées, cela a constitué un défi, en particulier lorsque Amboy a connu une brève panne d'électricité.

Une fois que les participantes sont retournées dans la région de Phoenix, elles ont tenté de poursuivre le nouveau mode de vie qu'elles avaient appris. Ce fut un défi en raison des différentes normes en vigueur à Phoenix et de l'infrastructure disponible. Ce que la plupart des participantes ont conservé sur le long terme, c'est un régime végan.

Avec la crise de l'eau qui sévit actuellement en Arizona et dans les États voisins, Drylab 2023 est devenu une réalité pour de nombreux et nombreuses habitant·e·s du sud-ouest des États-Unis. Ce projet art-science a démontré que la réduction de la consommation d'eau n'est pas un problème de technologie, mais un engagement à vivre selon des normes sociales plus coopératives.

Ce projet a été la première collaboration que j'ai eue avec des artistes dans un cadre professionnel. D'autres ont suivi depuis.

La collaboration entre la science et l'art n'est pas toujours aisée en raison des différences d'objectifs, d'expériences et de concepts, mais une fois les obstacles surmontés, elle ouvre la voie à de nouvelles façons créatives de penser, d'exprimer des émotions et d'apprécier d'autres modes de connaissance

En fait, ces dernières années, la collaboration entre les scientifiques et les artistes s'est intensifiée dans le domaine de la durabilité, ce qui permet de faire face à l'avenir incertain dans lequel l'humanité s'engage, conformément à l'objectif de MATZA.

Pour plus d'informations, consultez Janssen, M. A., A. Jenik, S. Z. Tekola, K. L. Davis, S. Flores, W. Gibbs, M. Koehn, V. Lyons, C. Mallory, S. Rood, S. Guelpa, and L.-A. Pfister. 2018. Drylab 2023: living a possible future with resource scarcity. *Ecology and Society* 23(4):8. https://doi.org/10.5751/ES-10299-230408 http://drylab2023.net

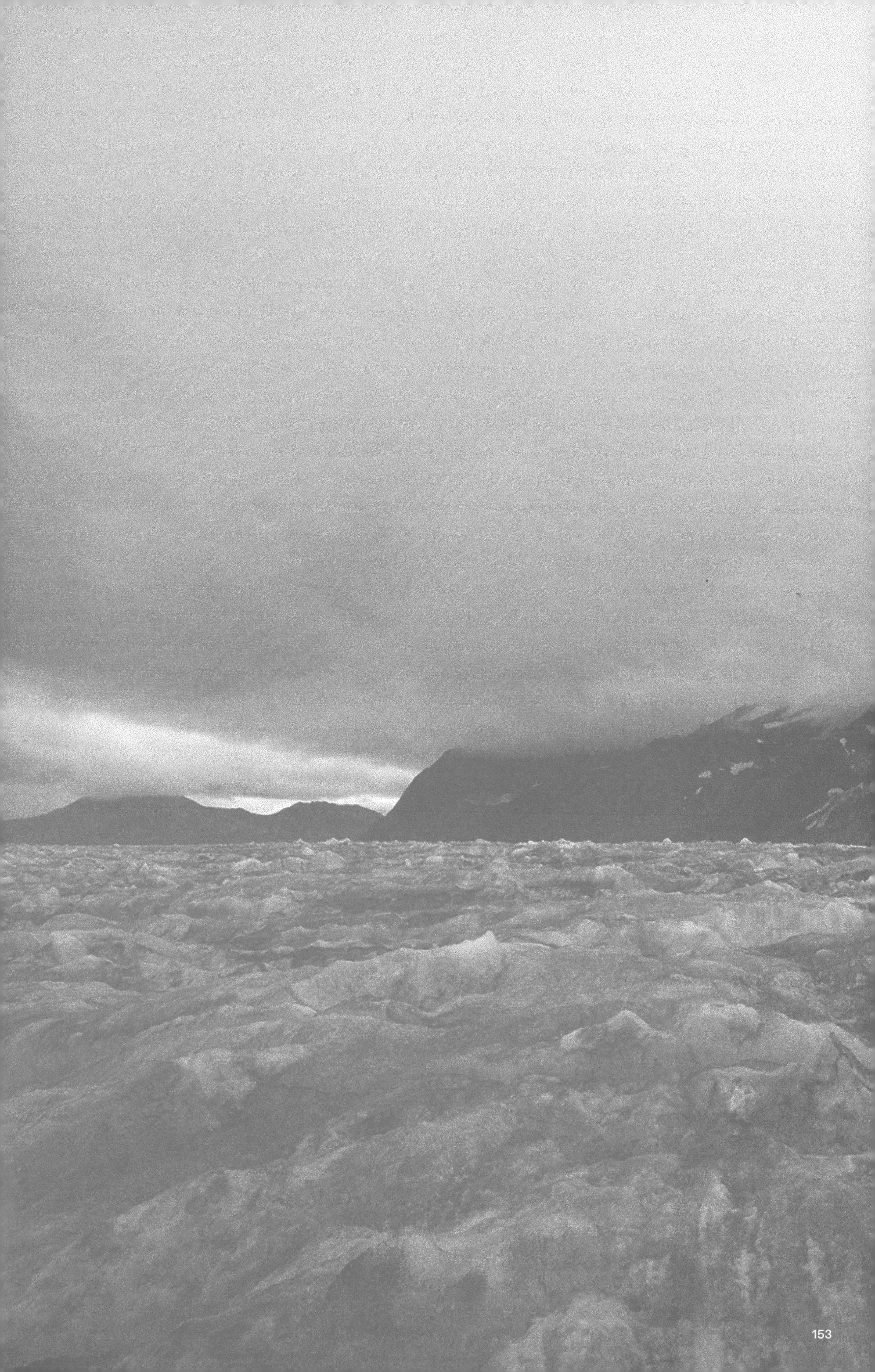

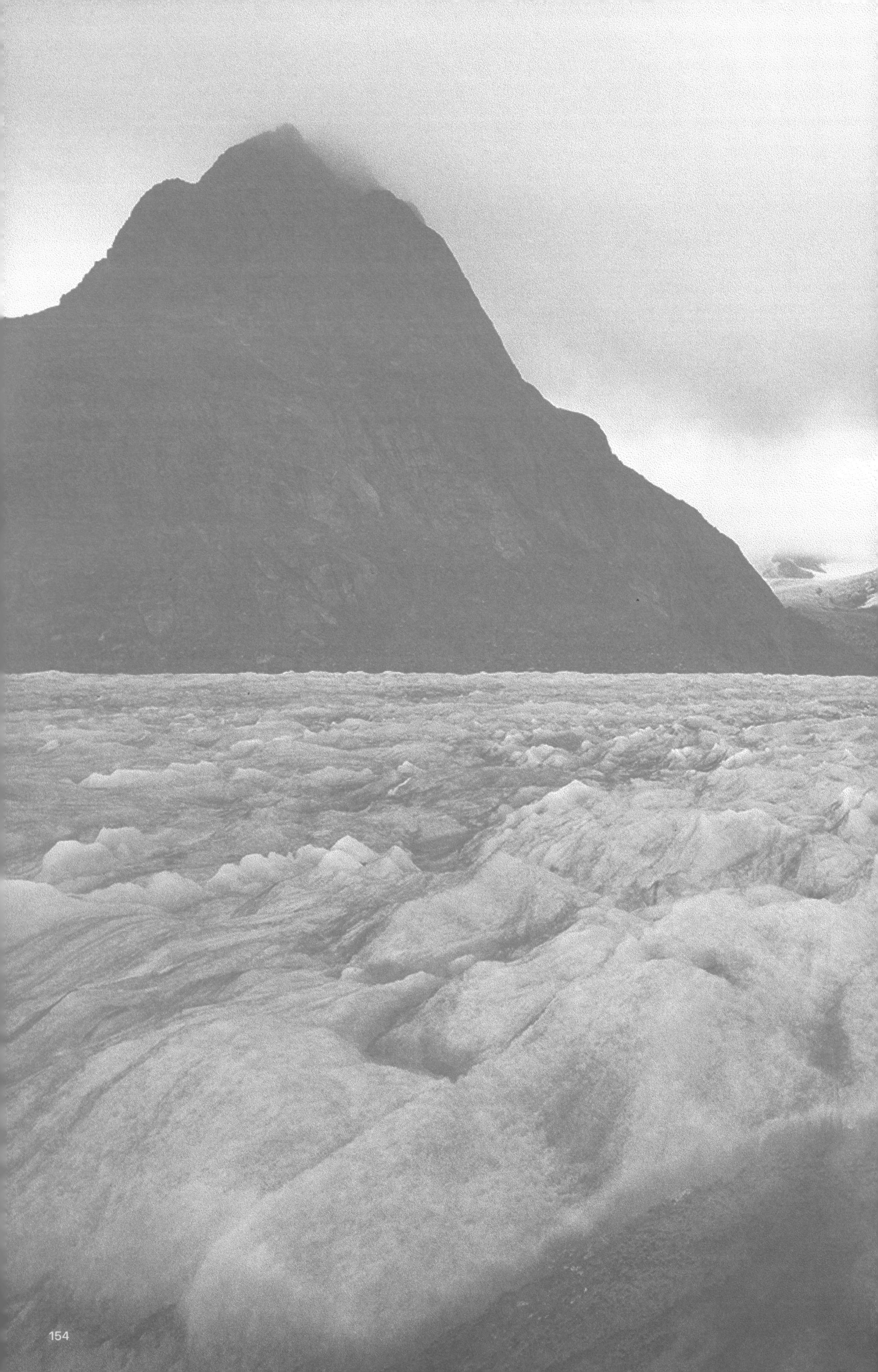

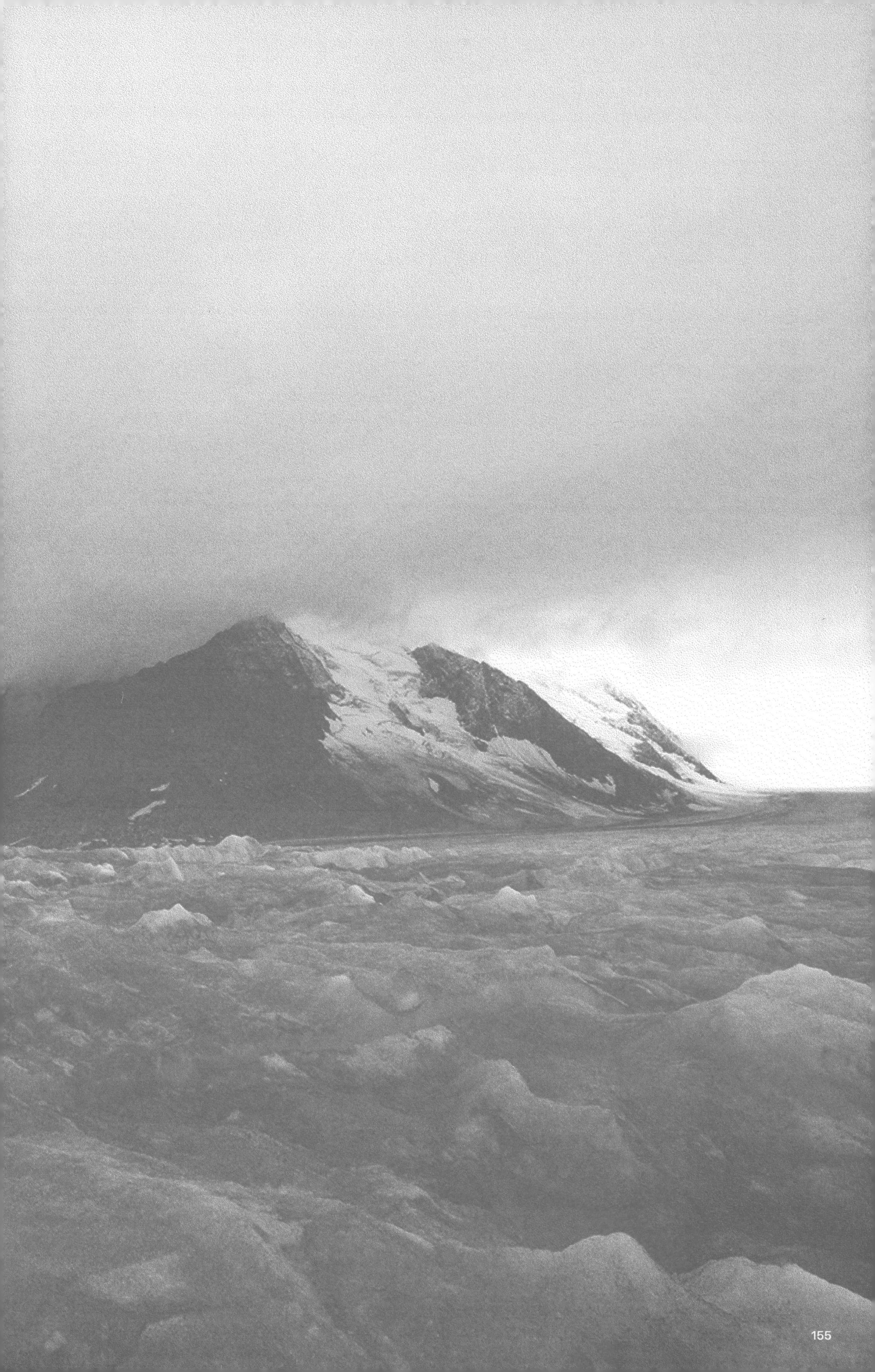

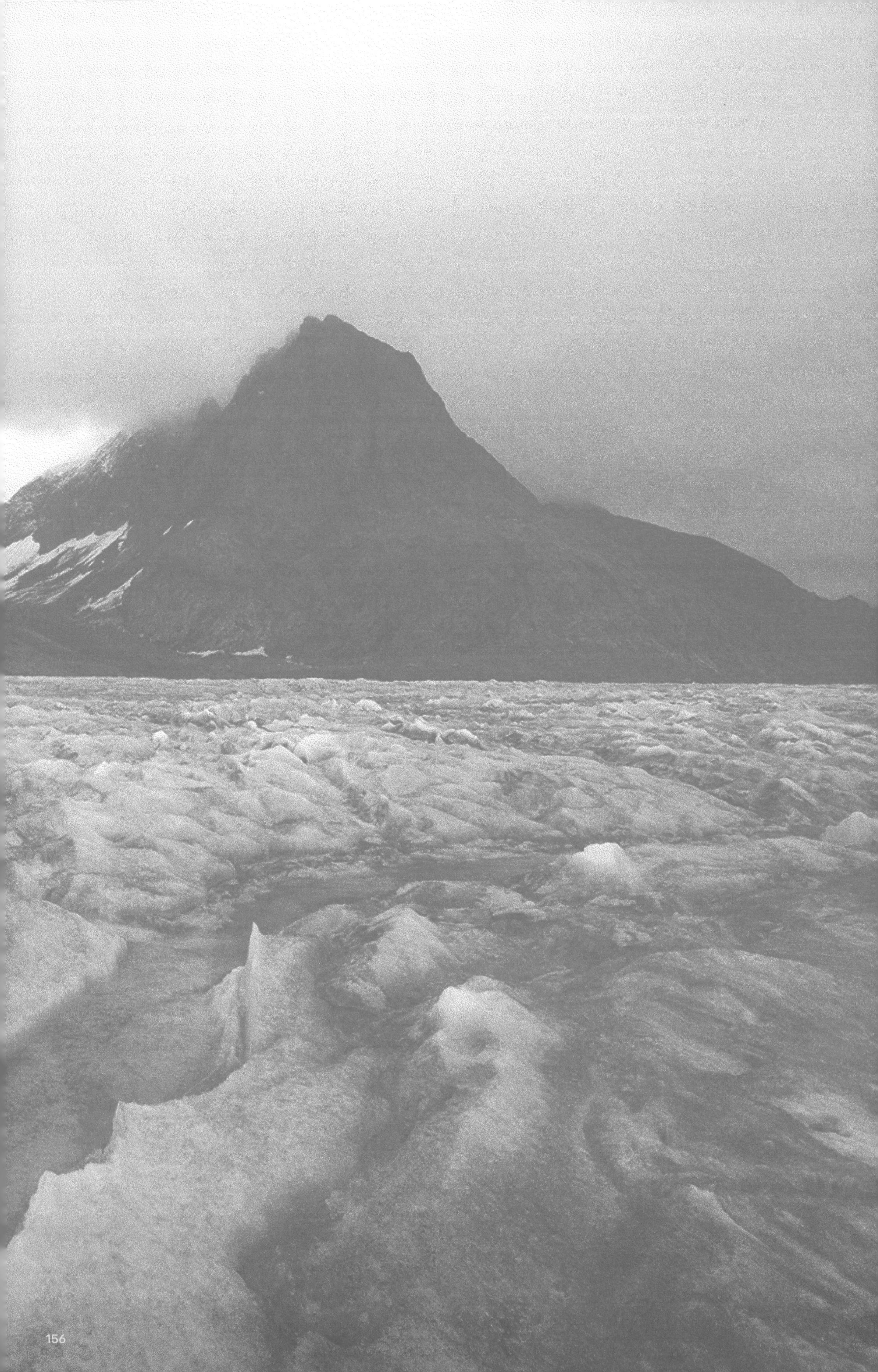

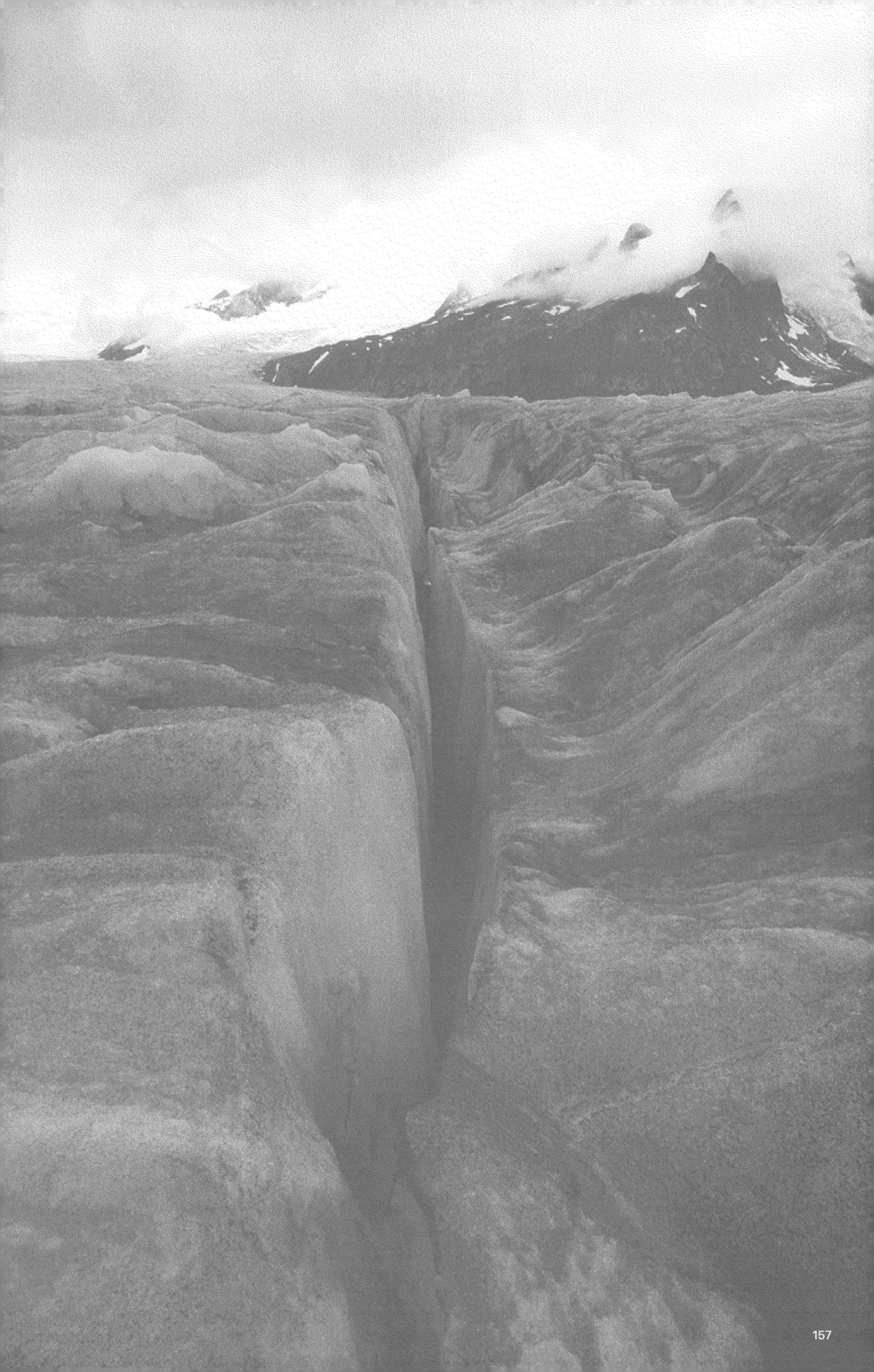

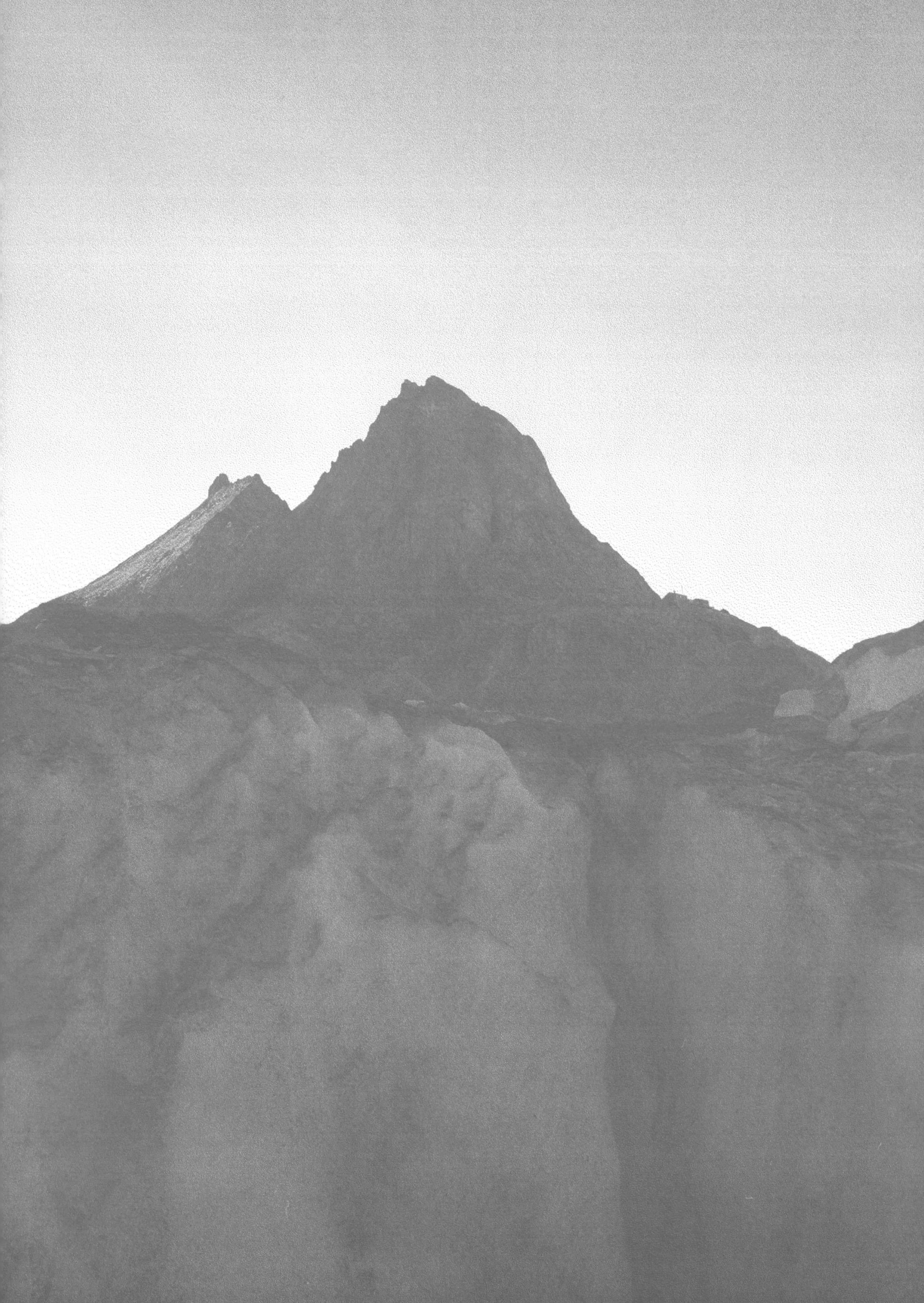

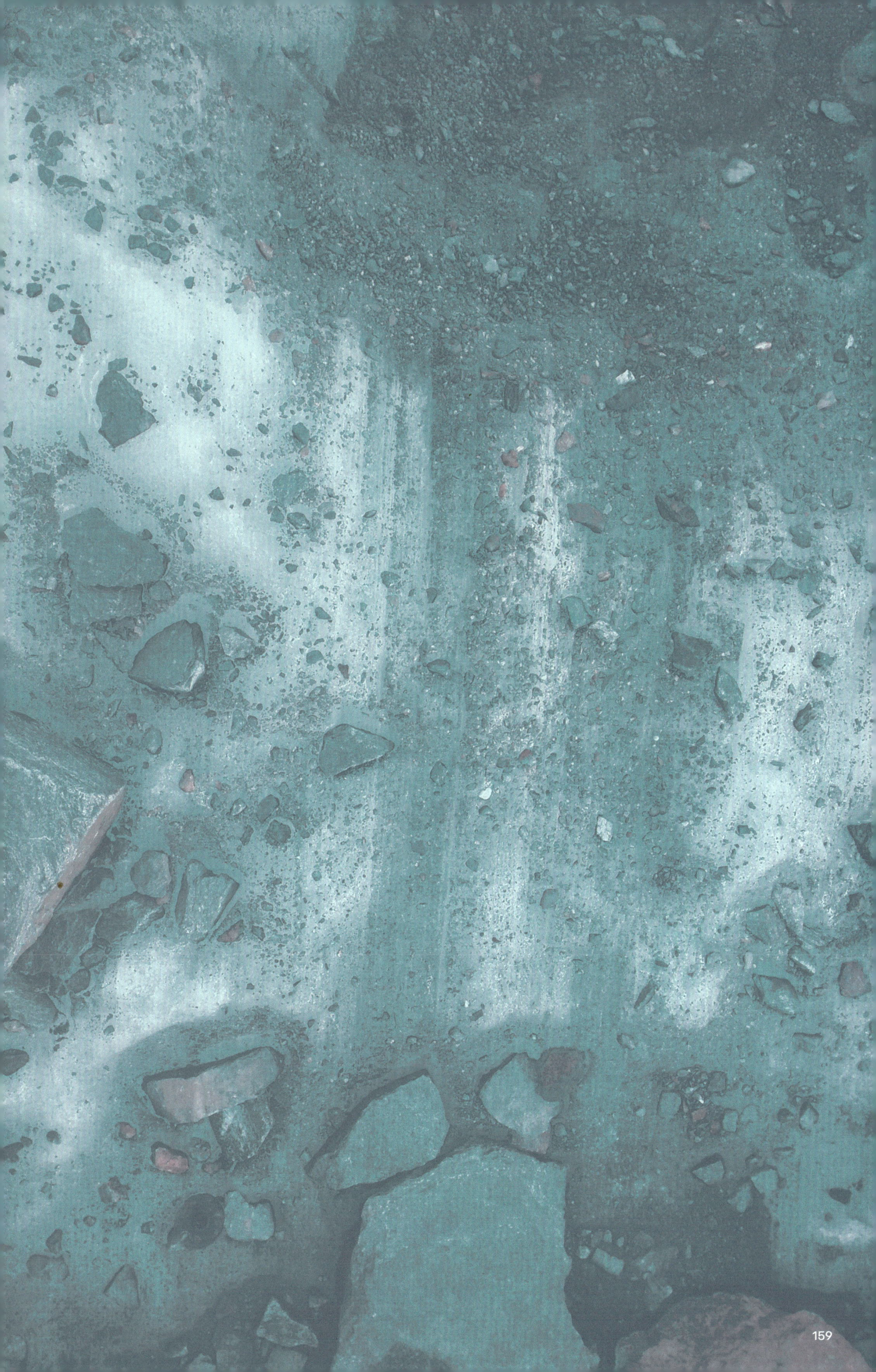

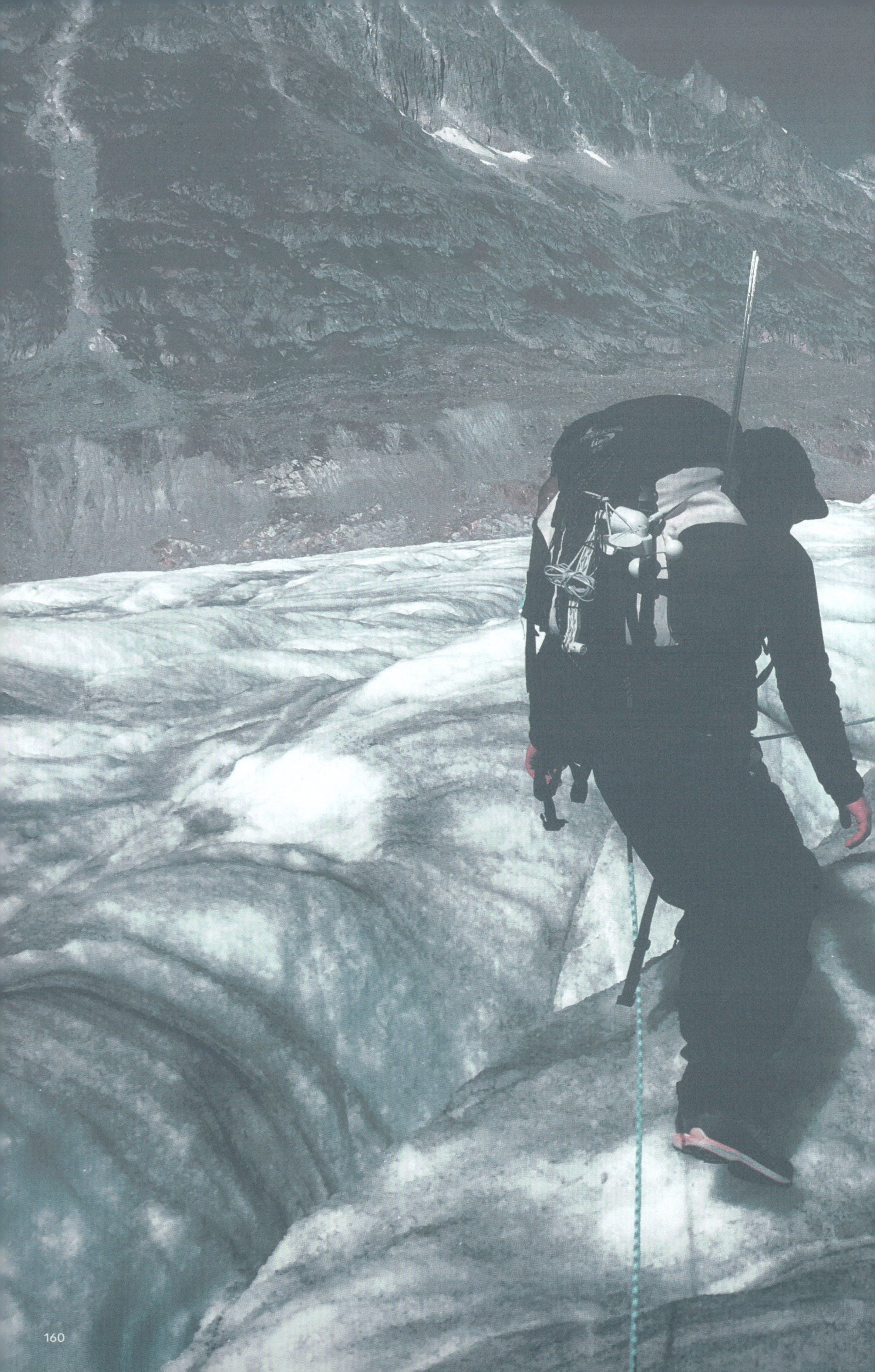

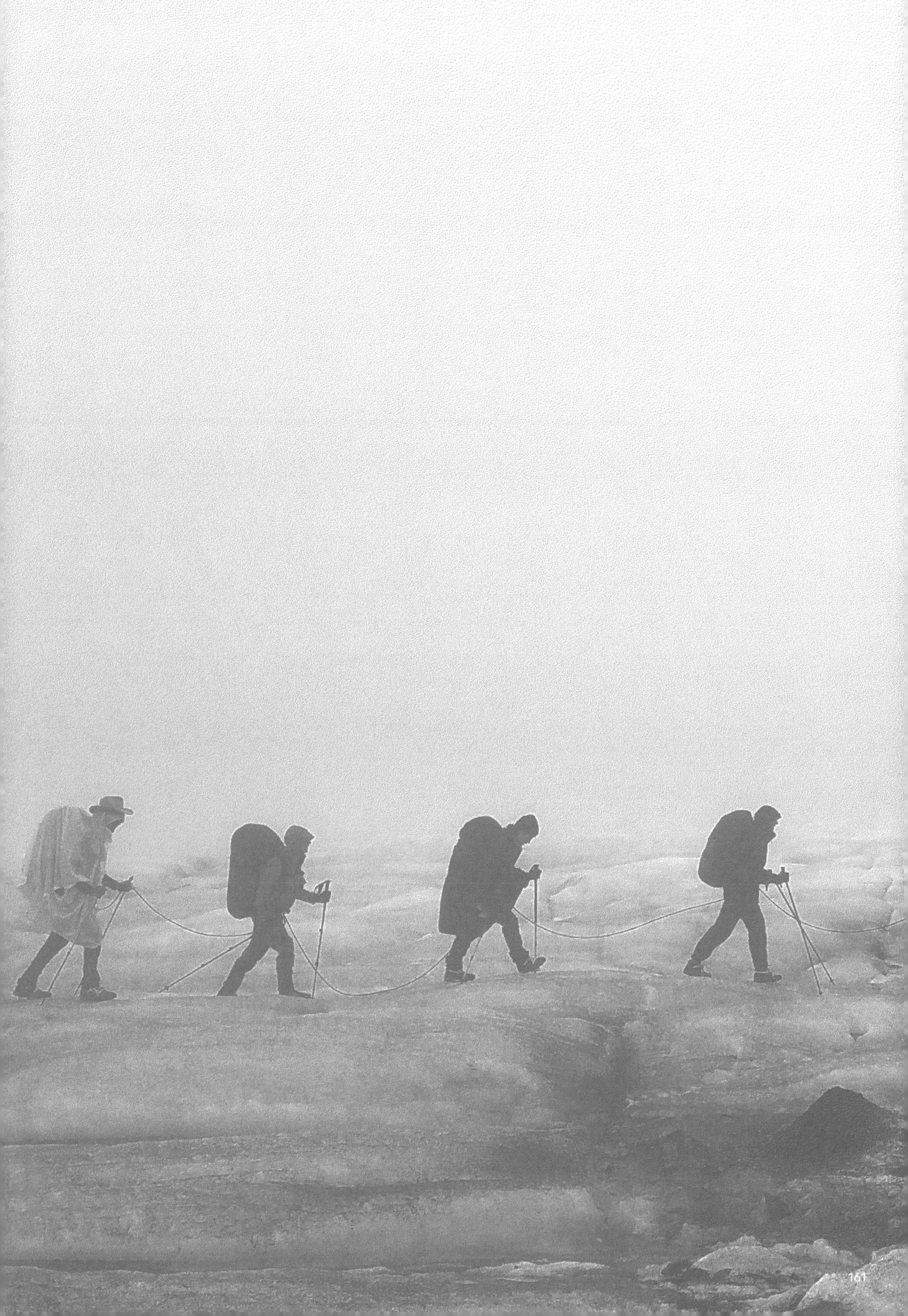

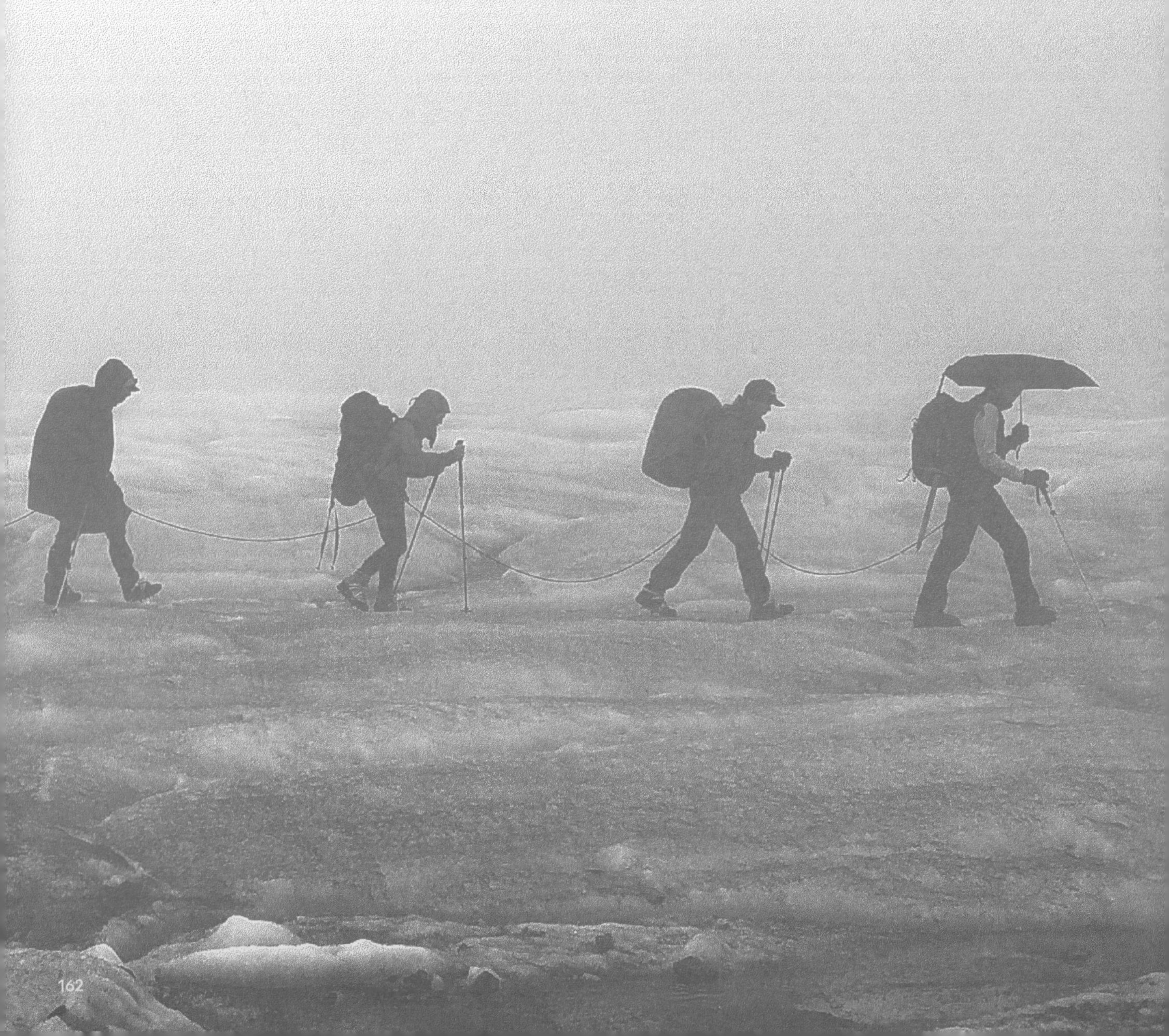

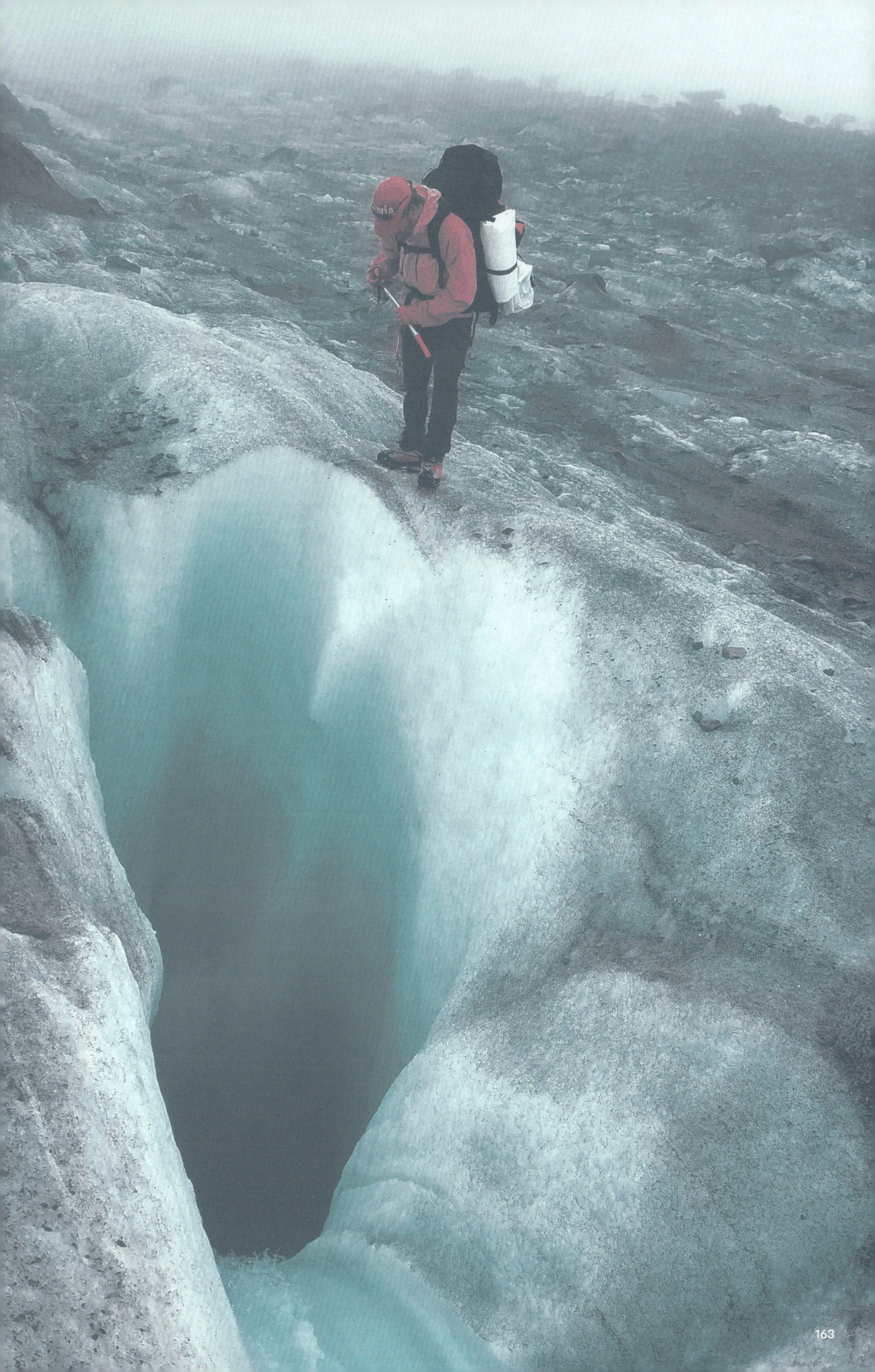

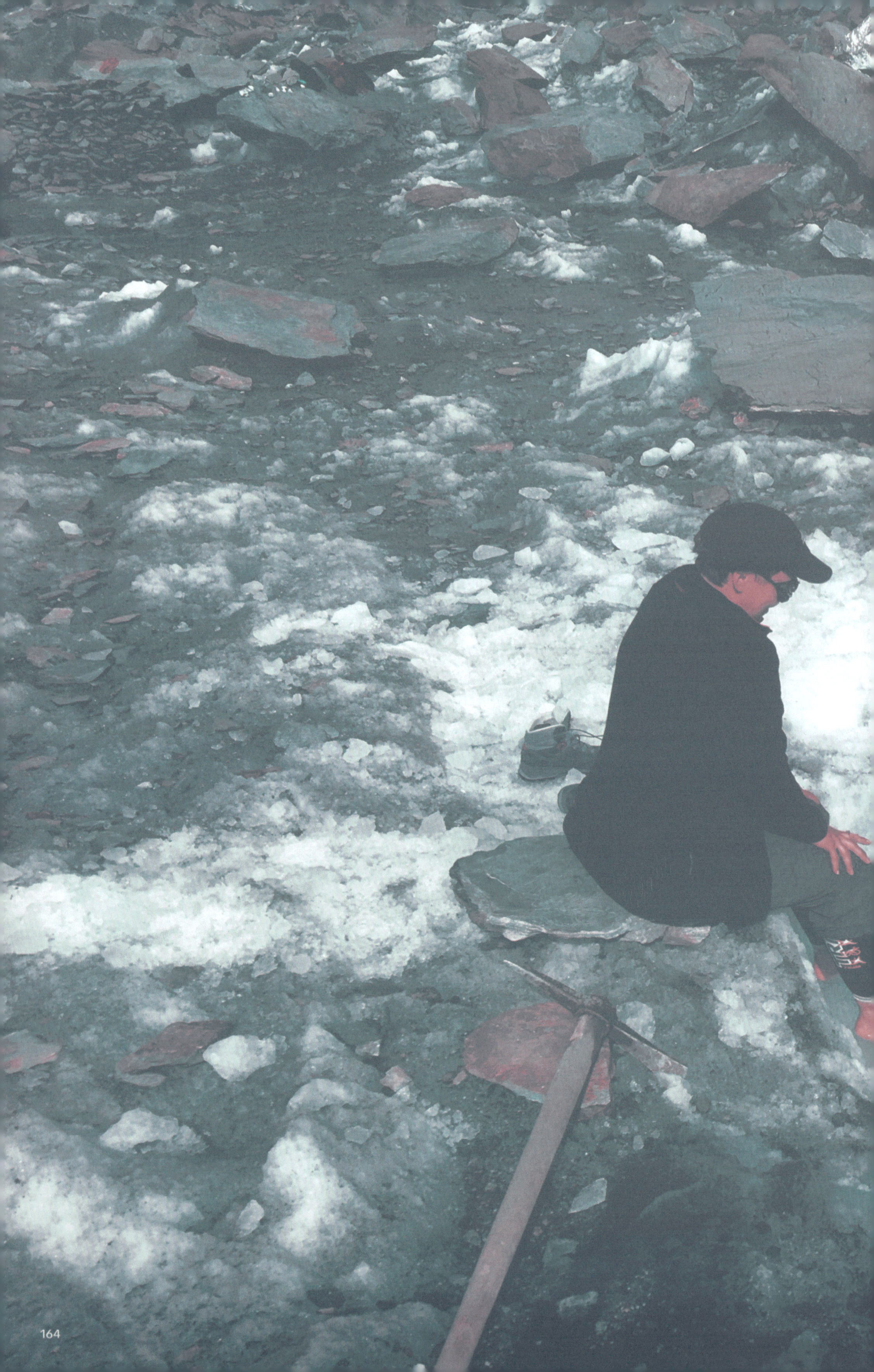

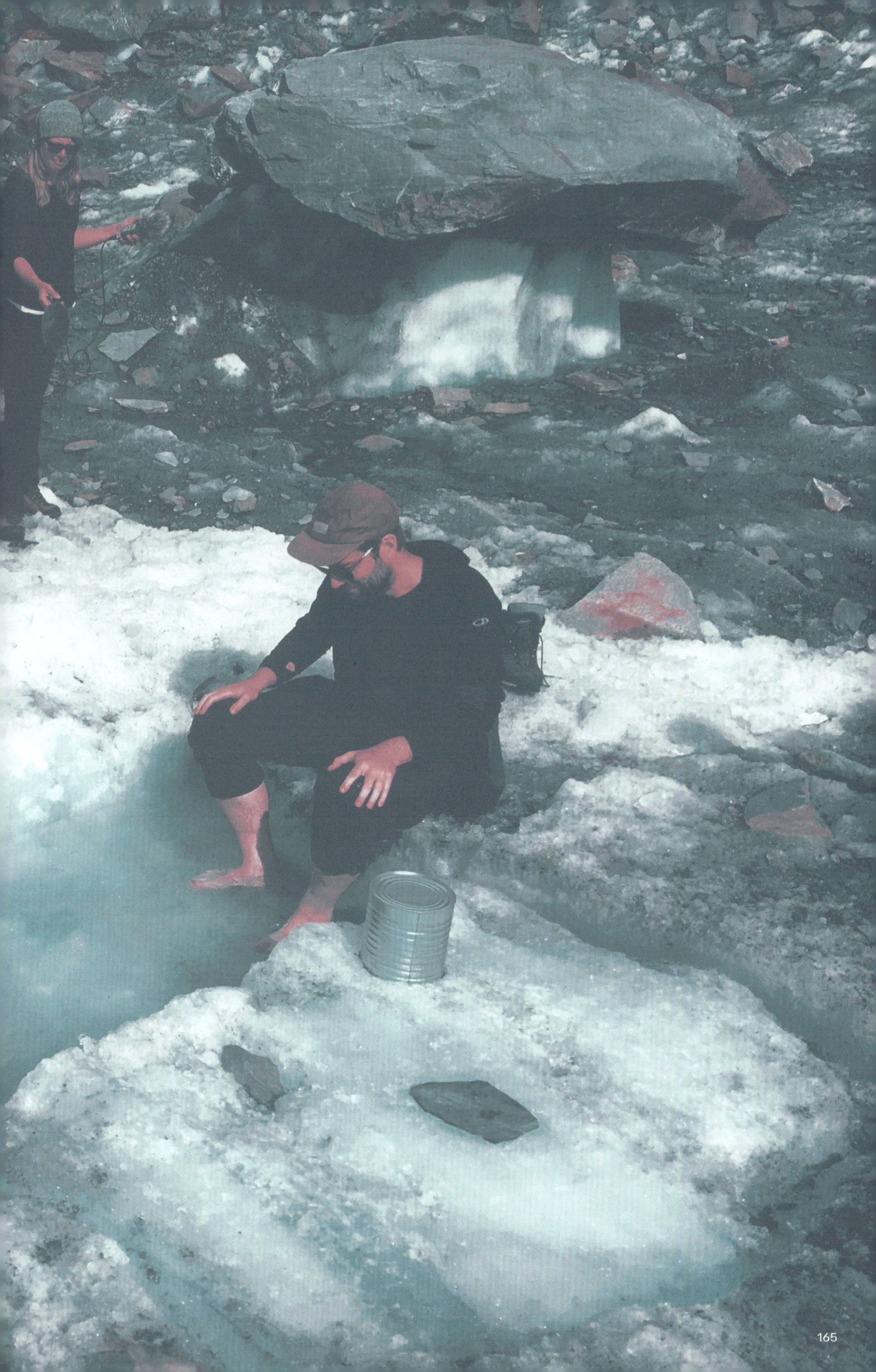

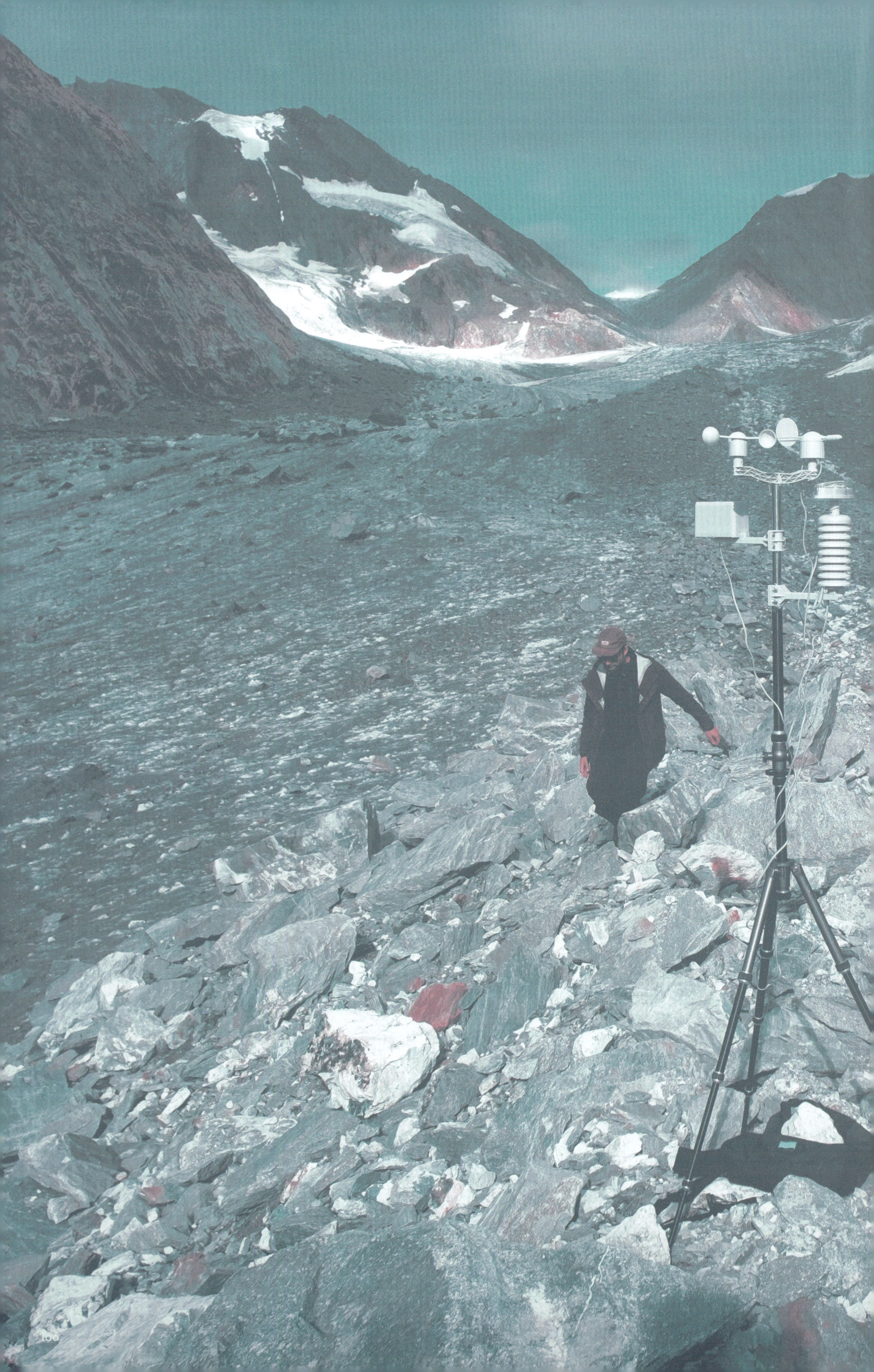

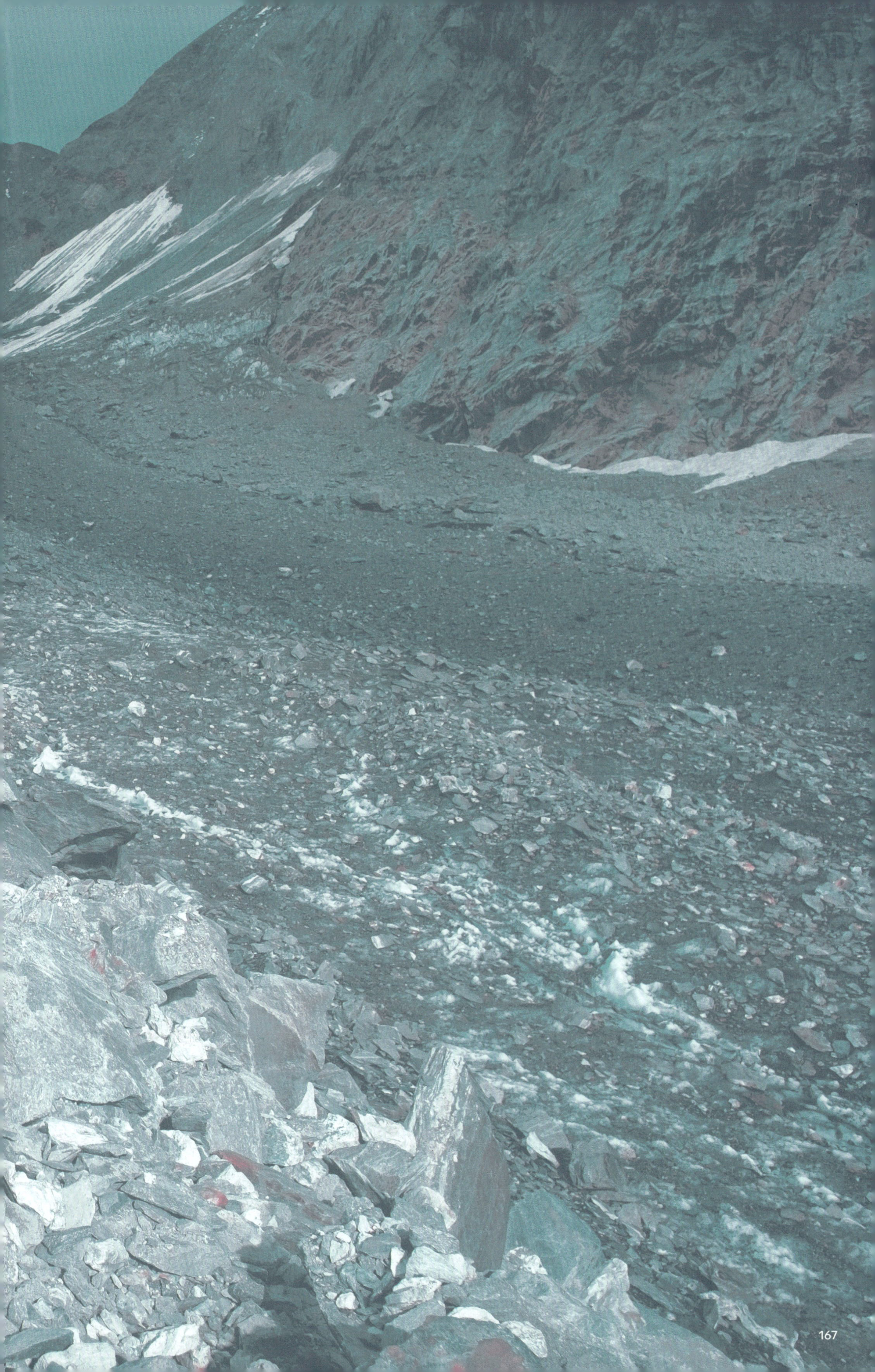

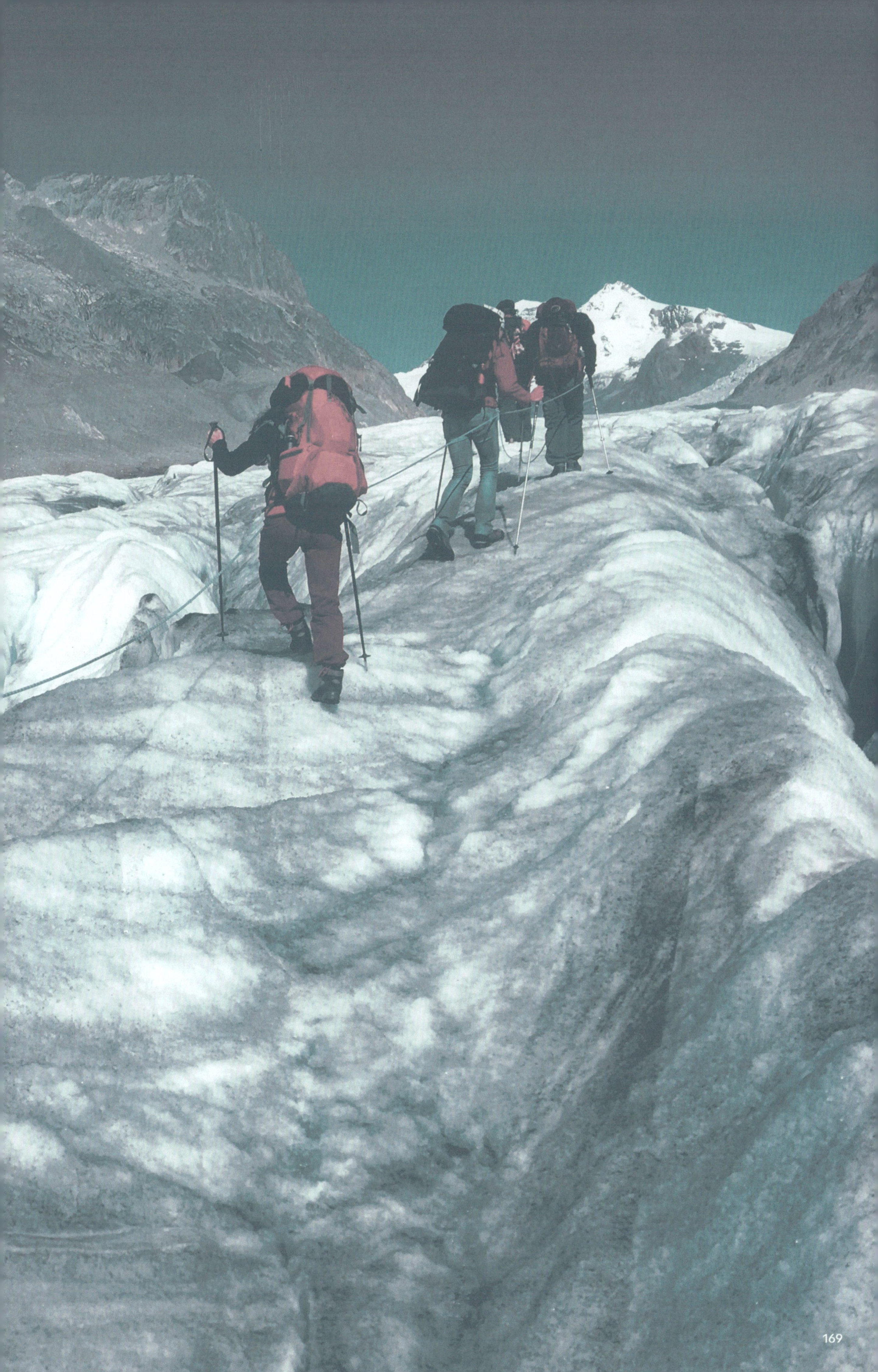

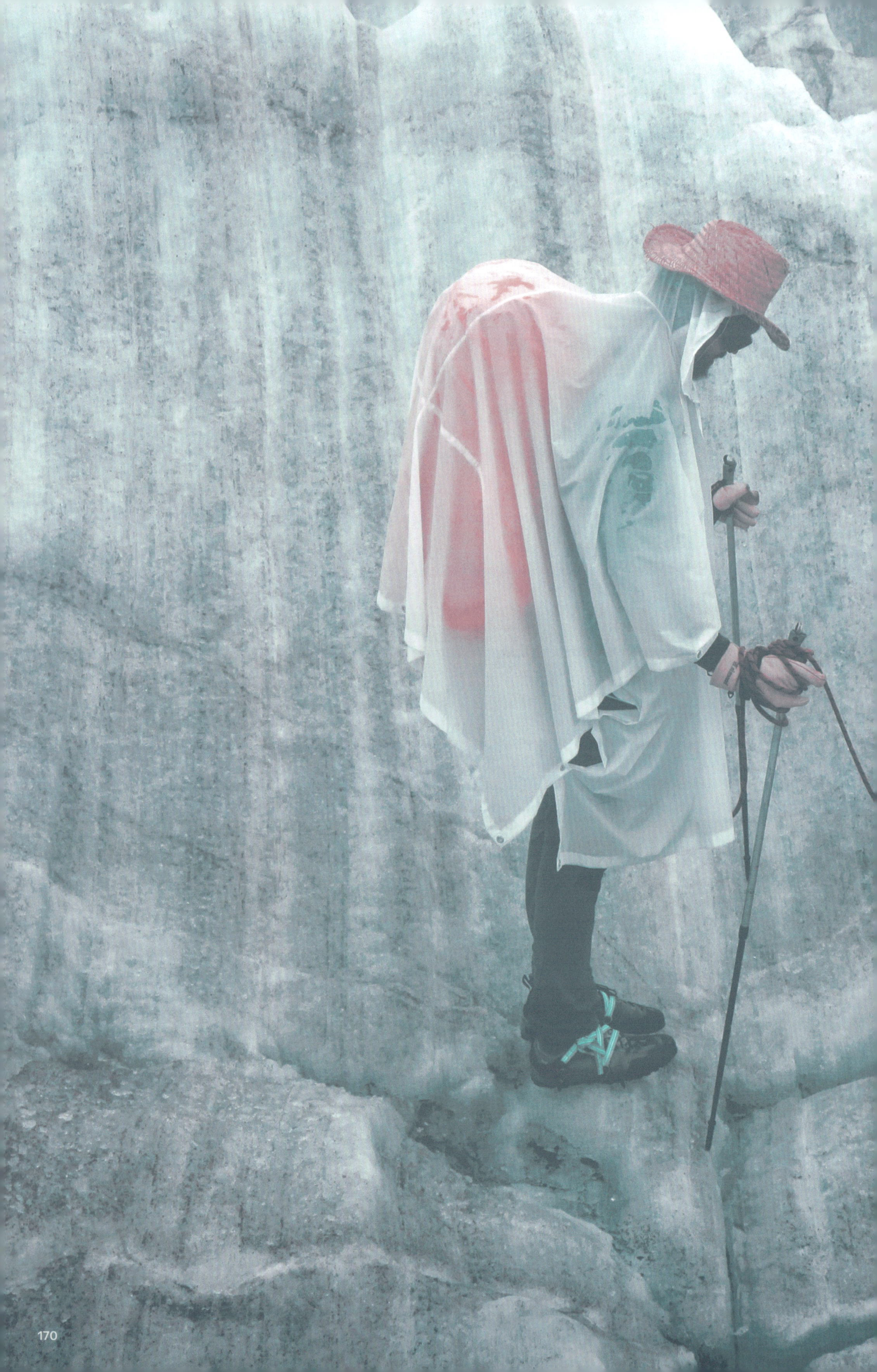

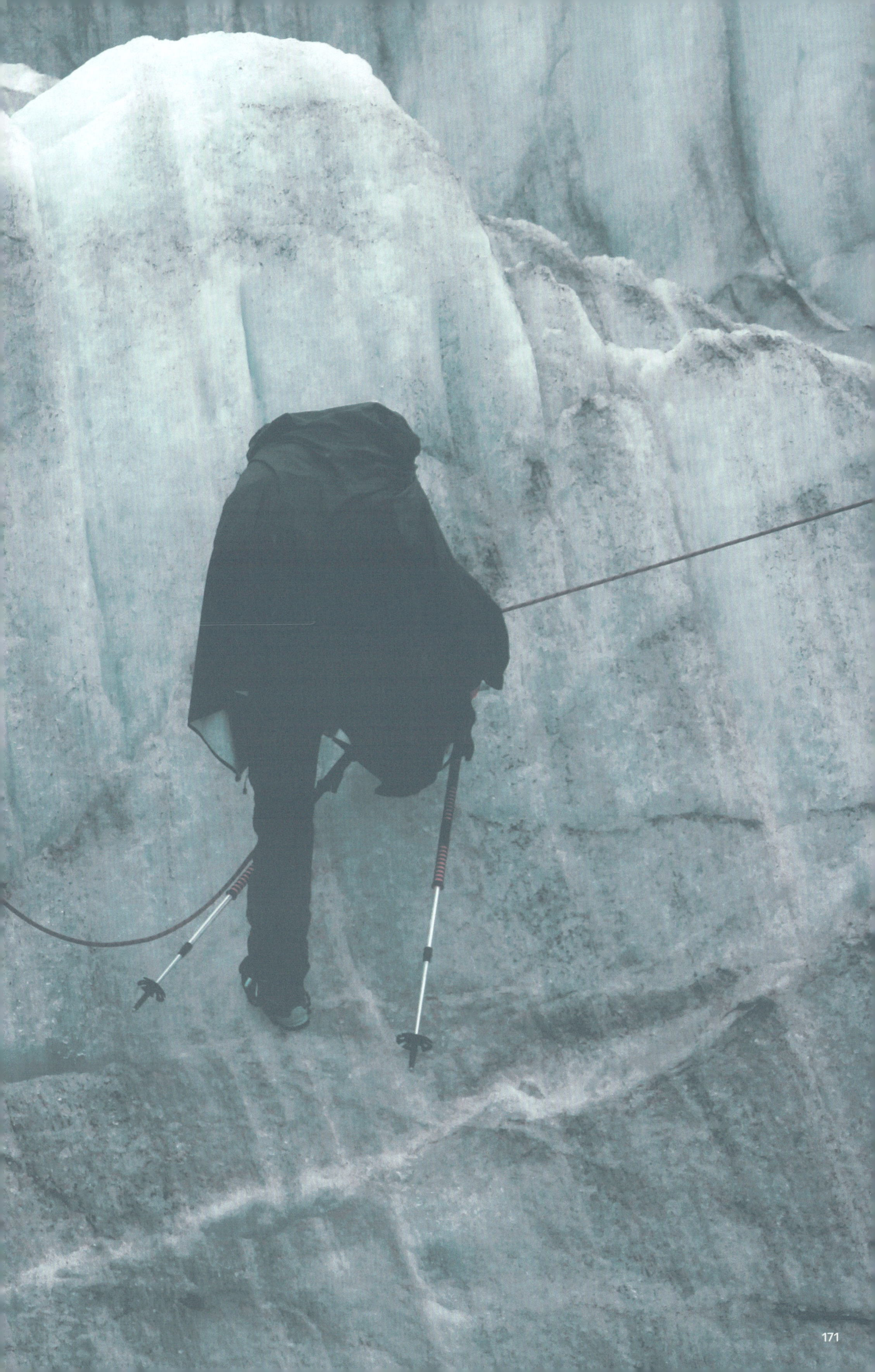

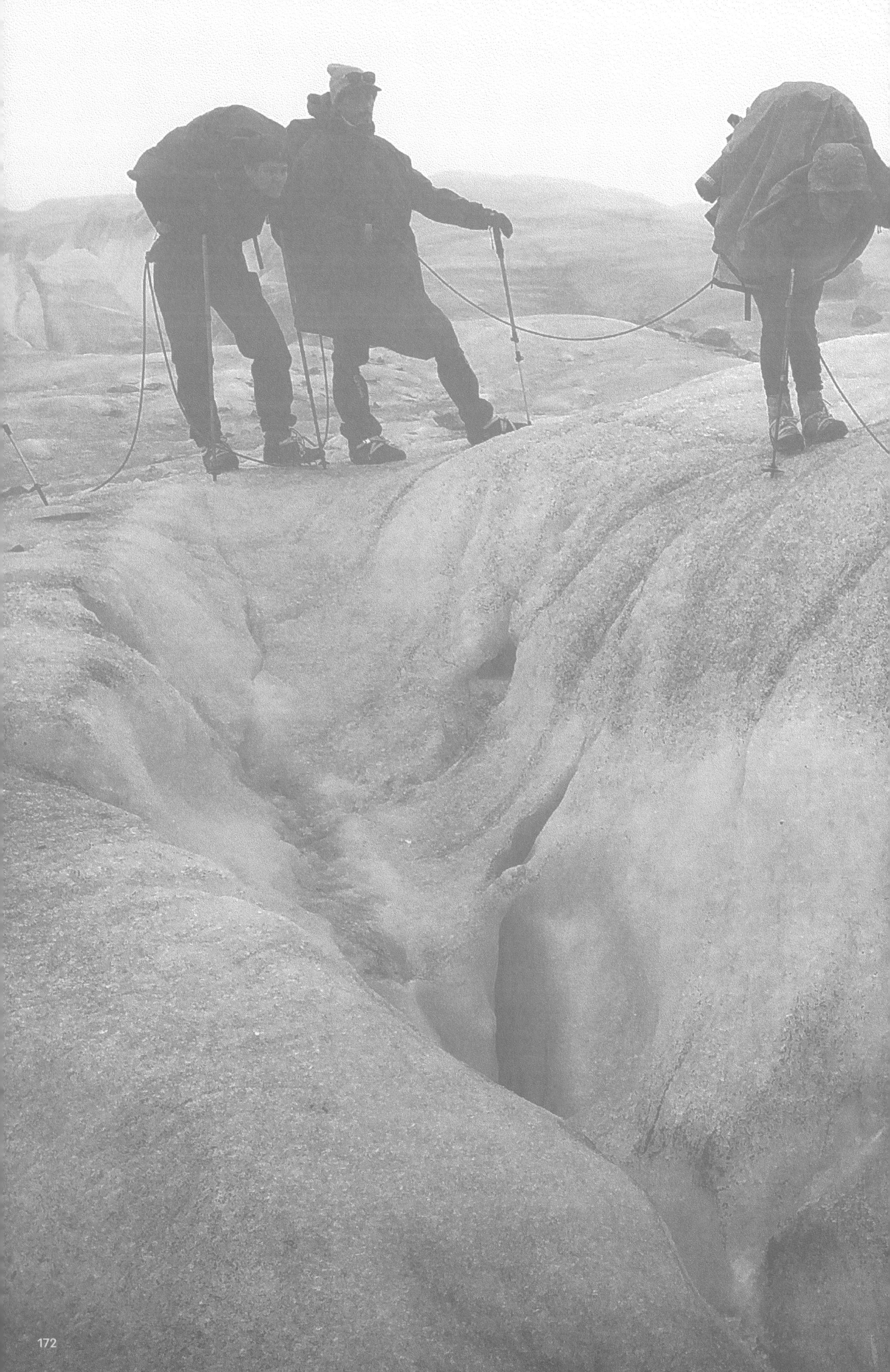

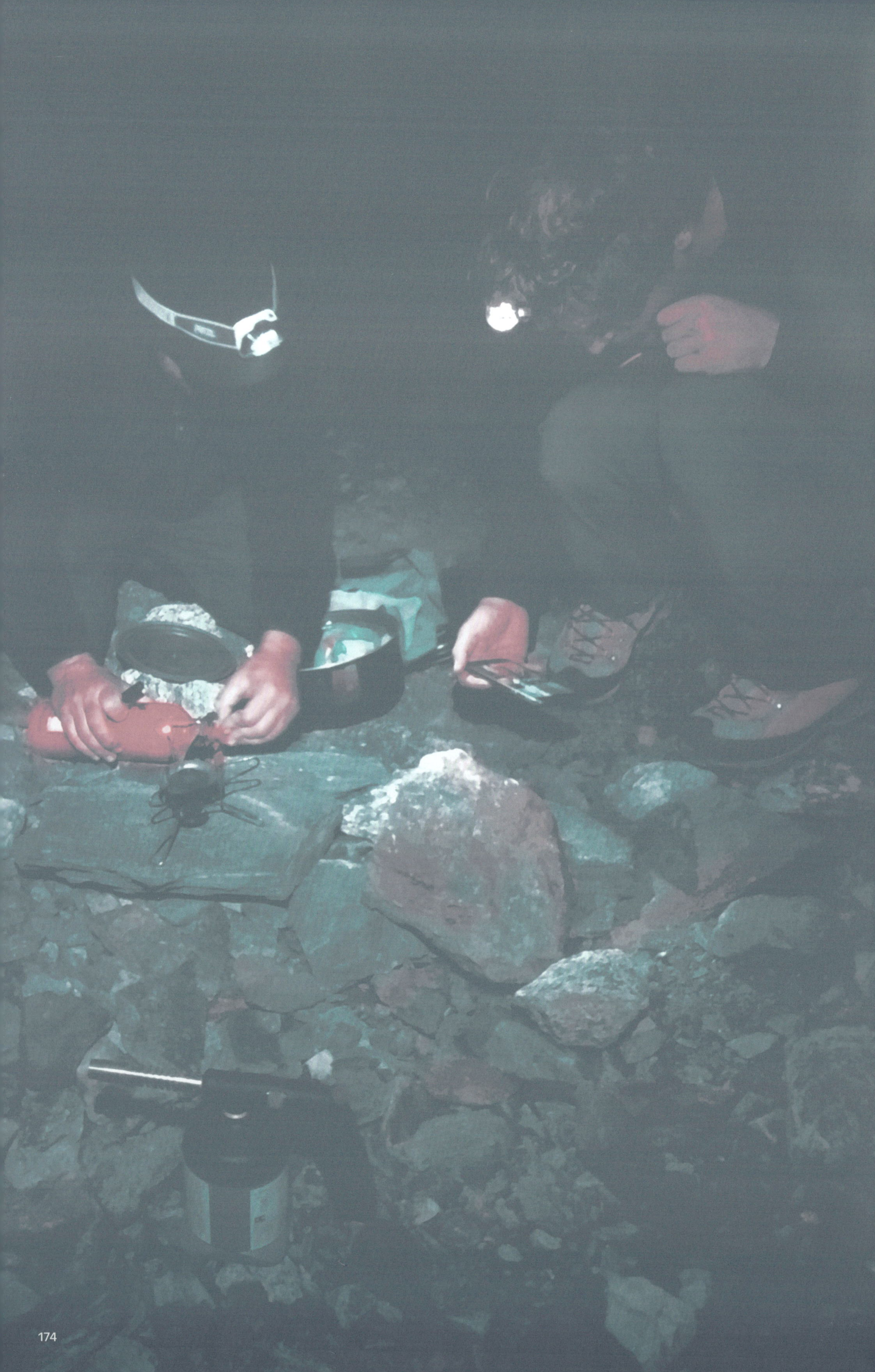

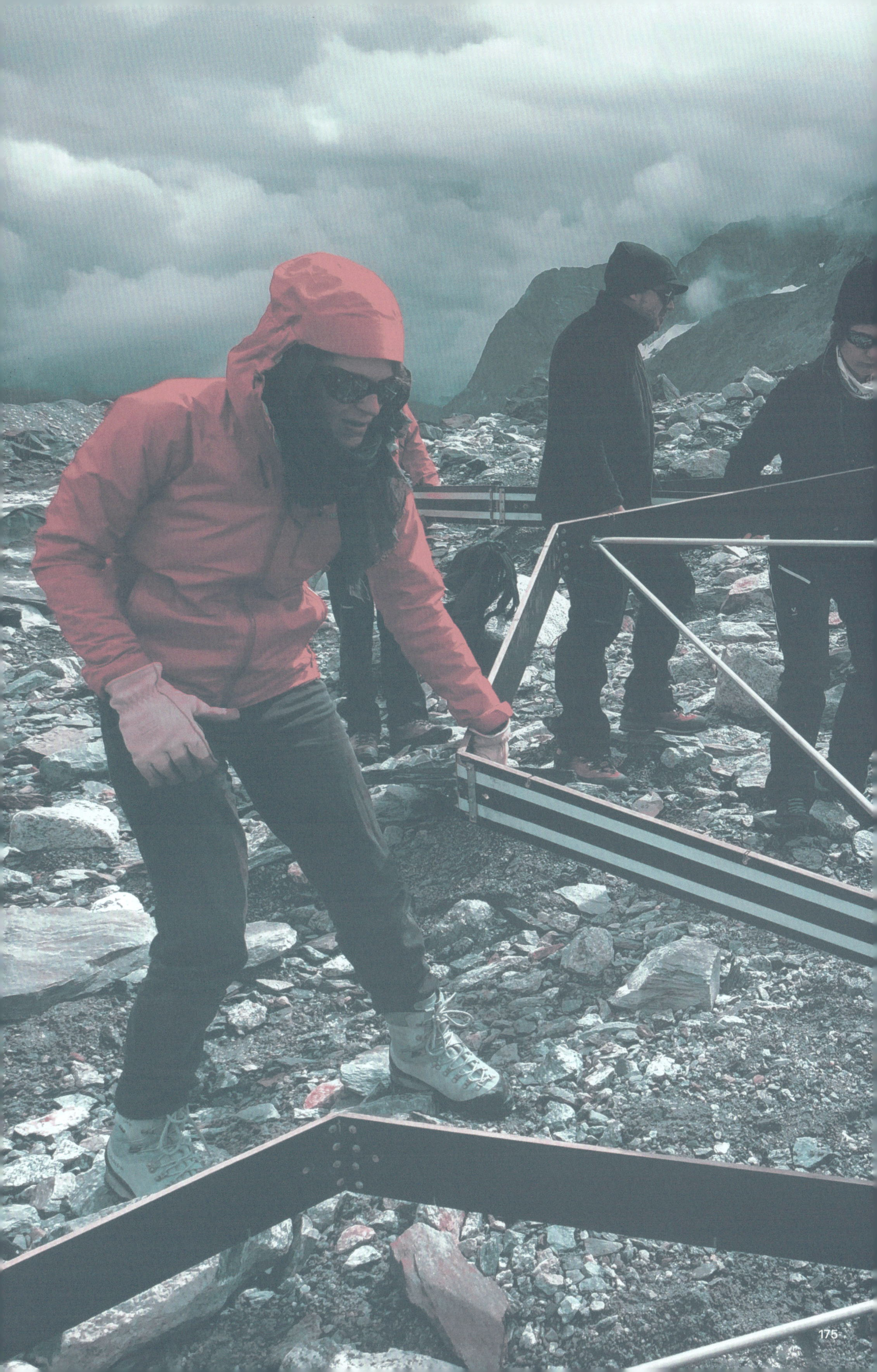

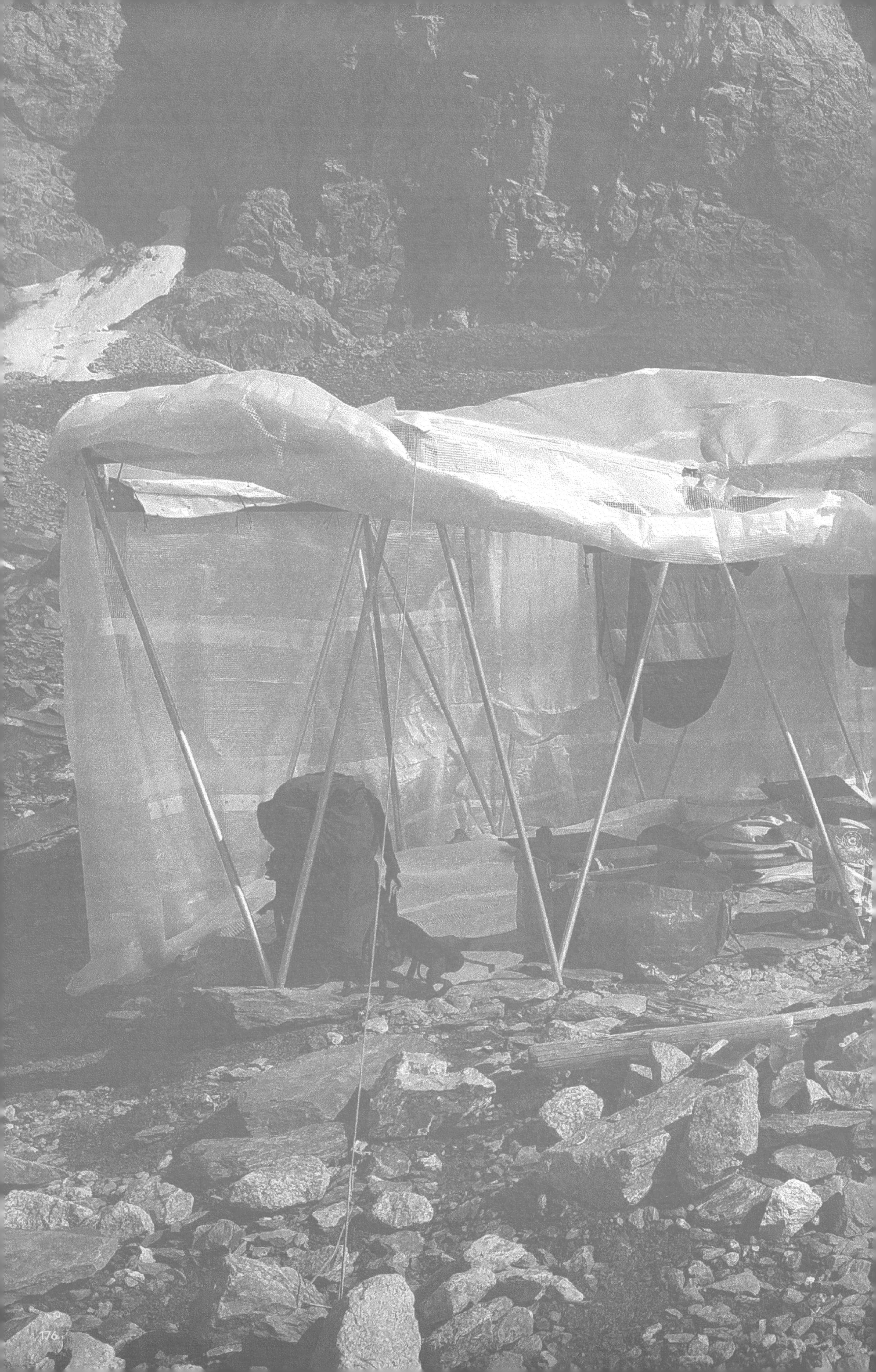

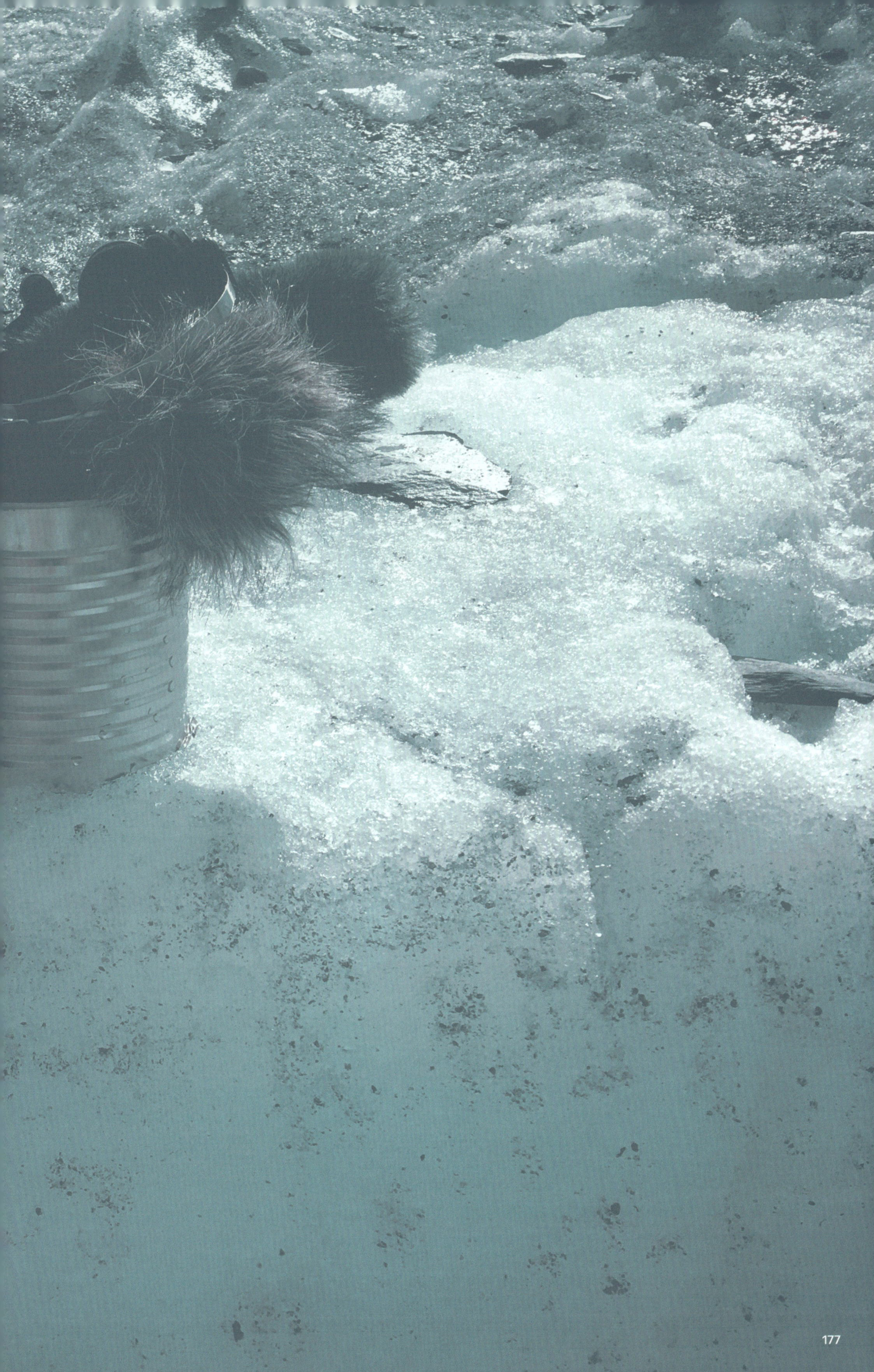

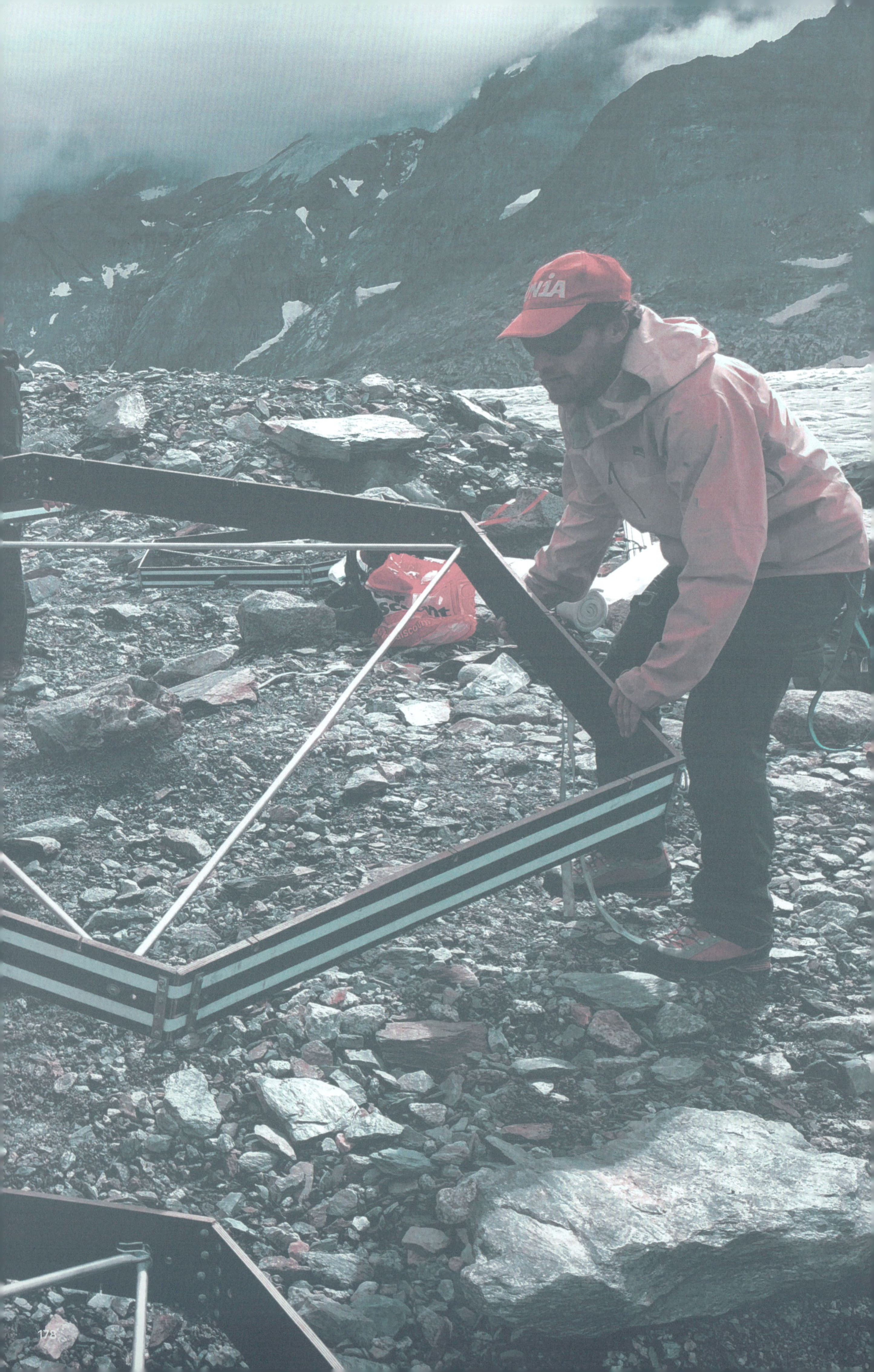

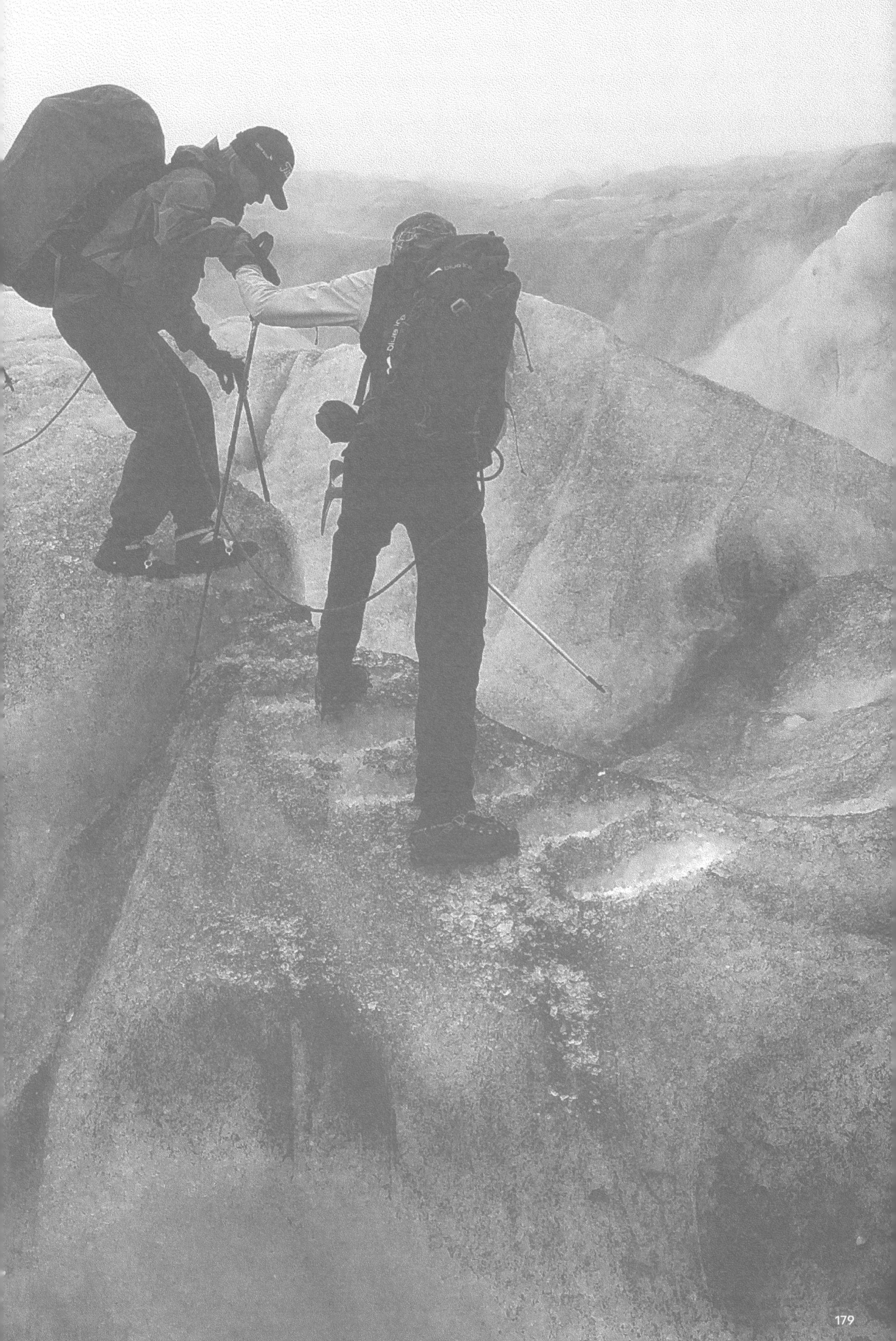

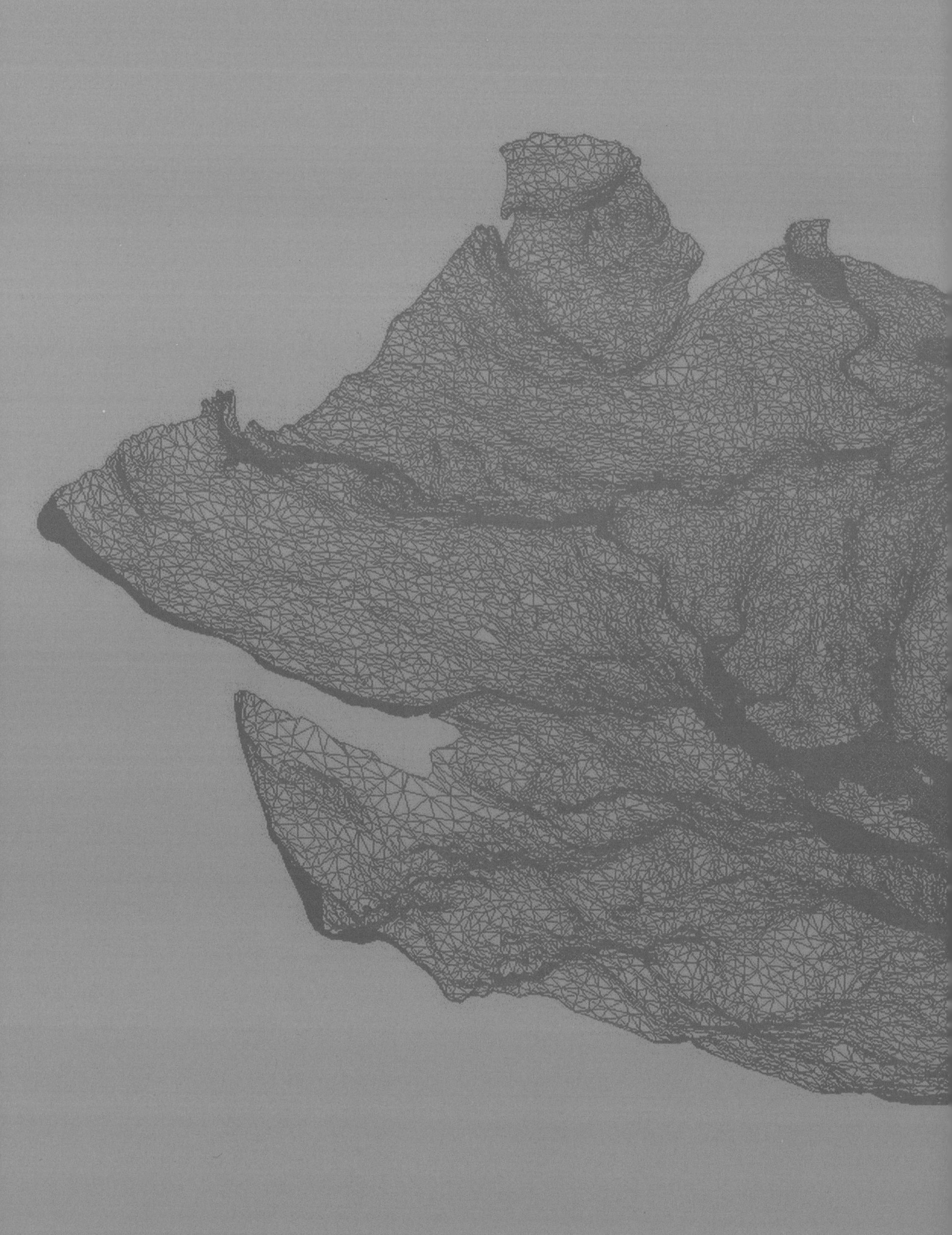

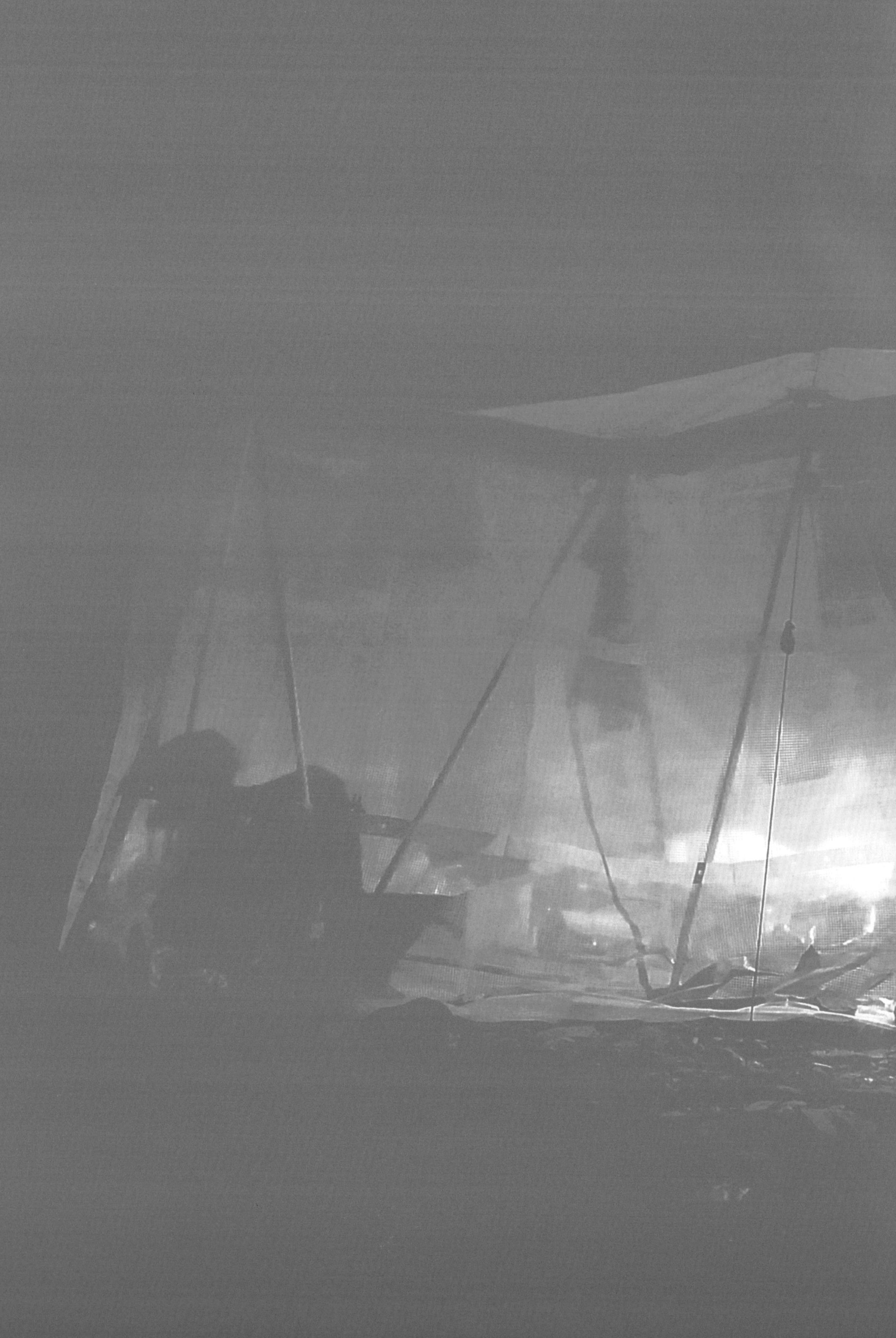

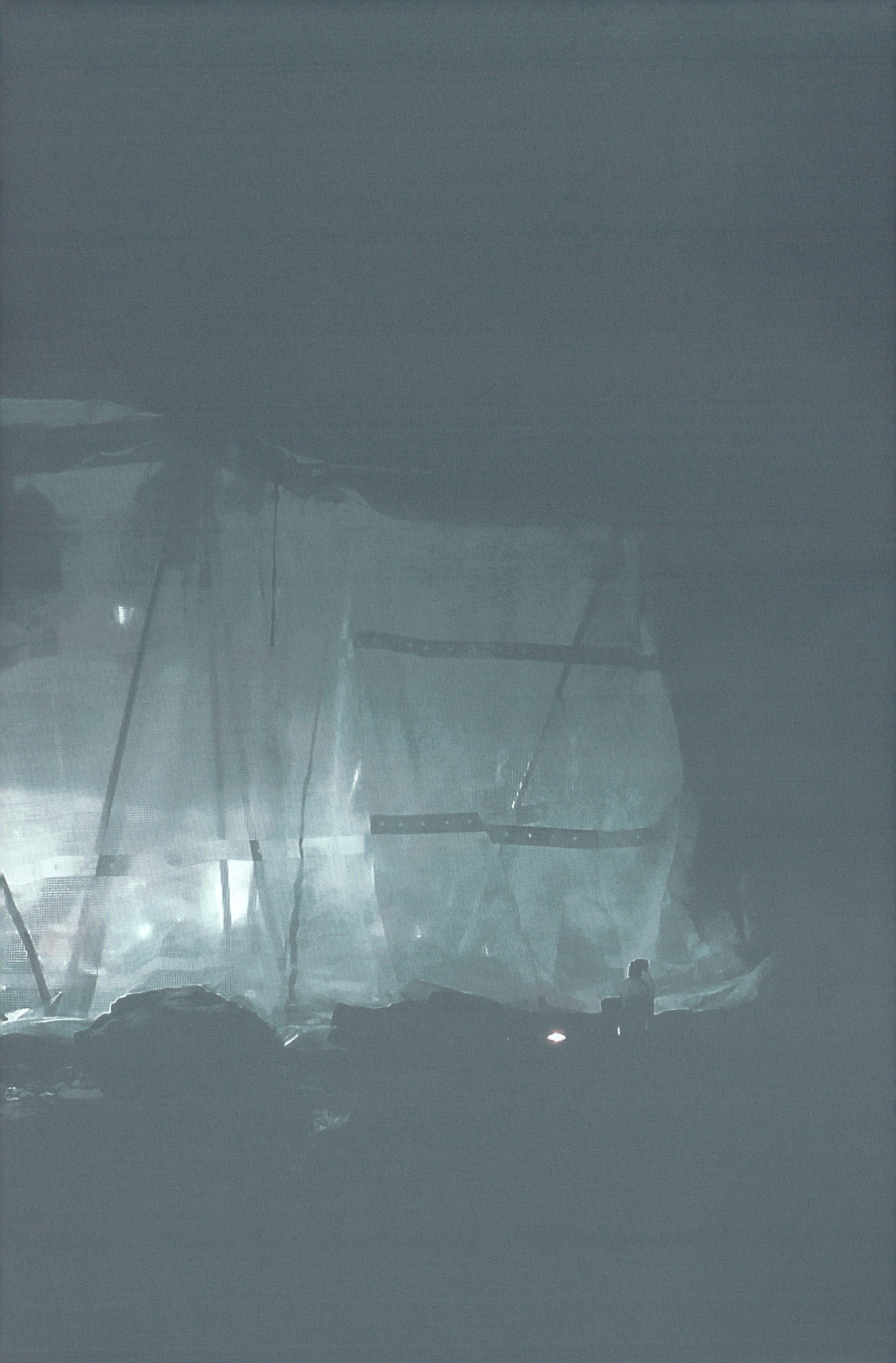

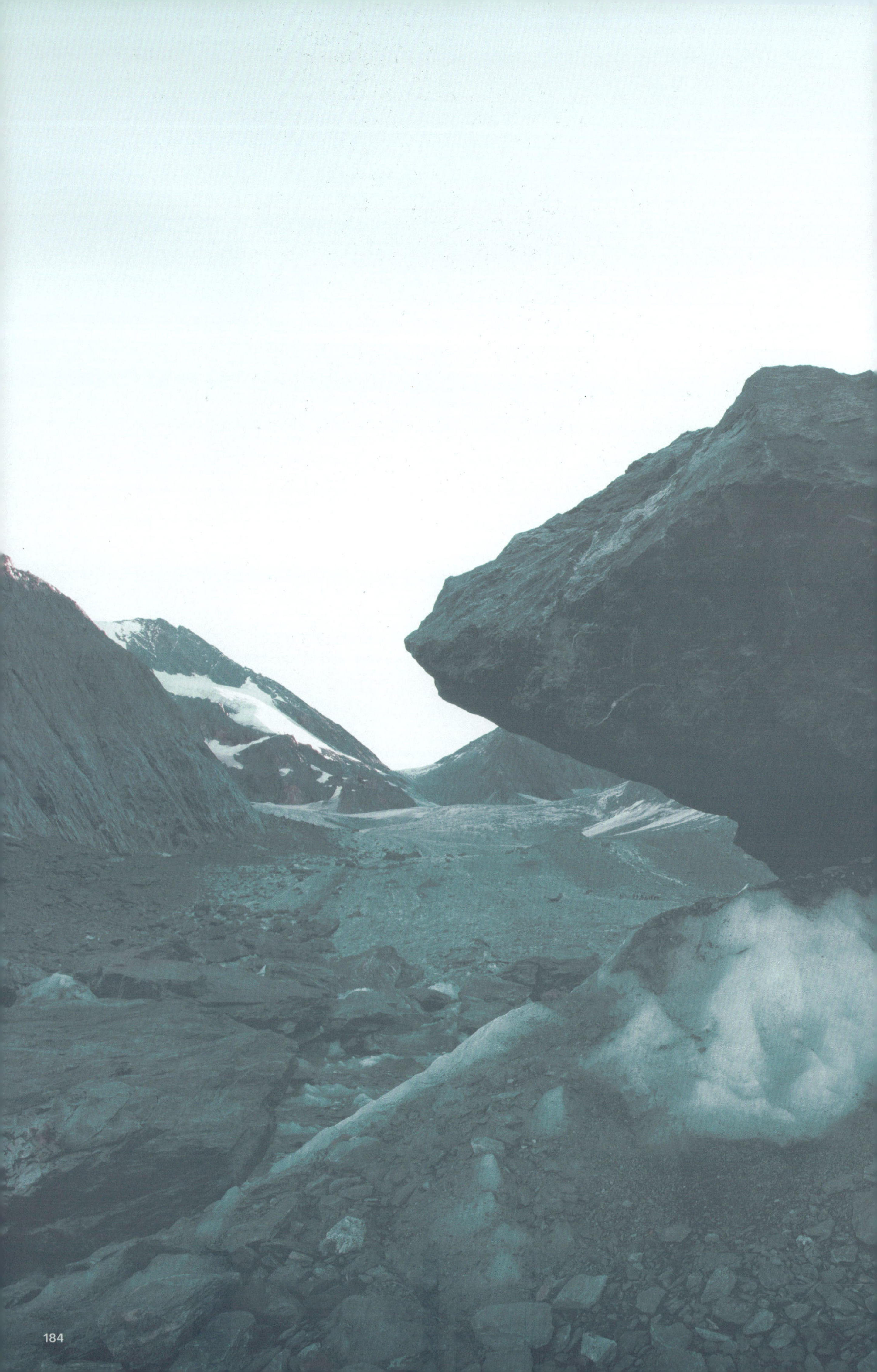

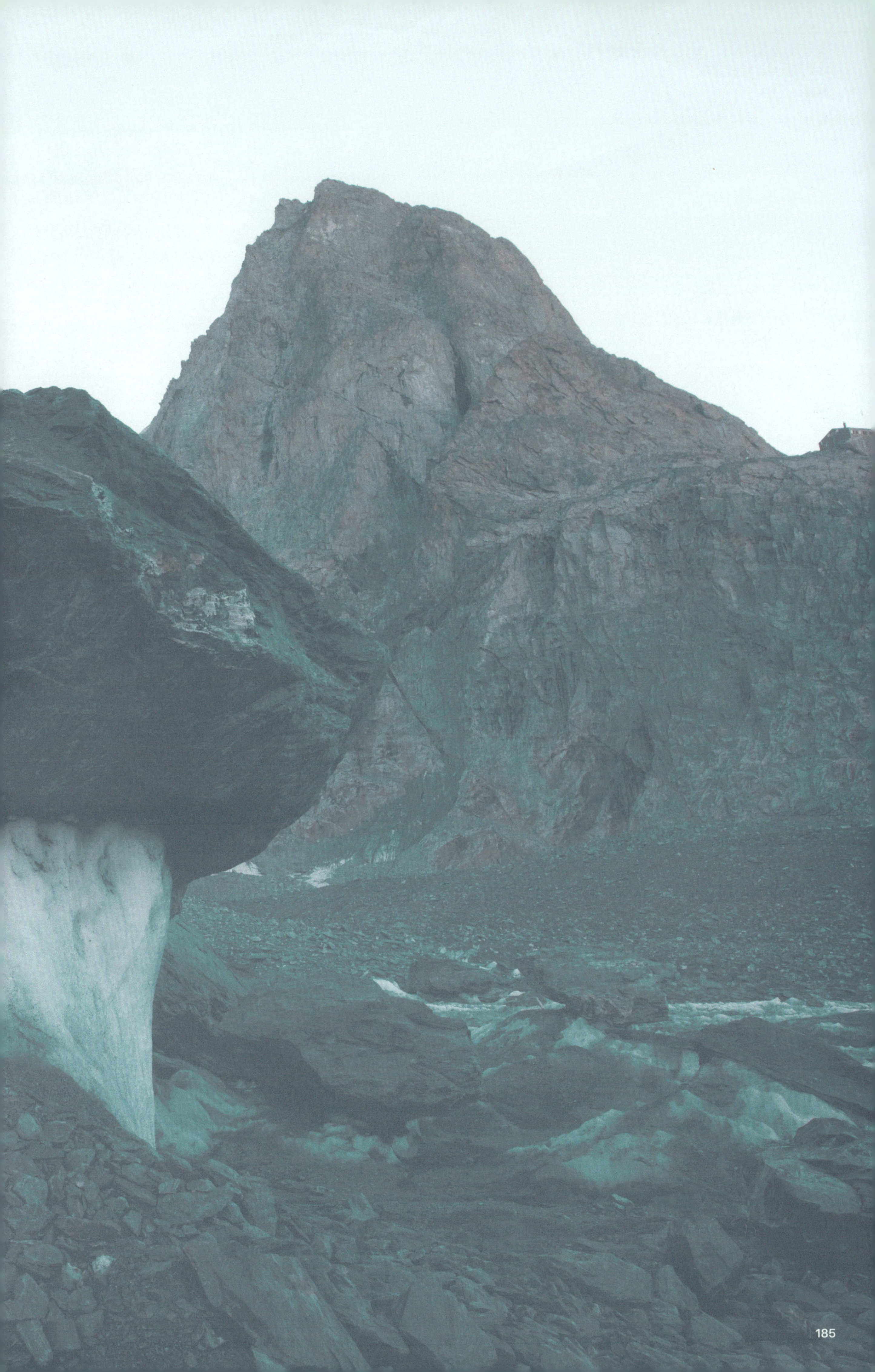

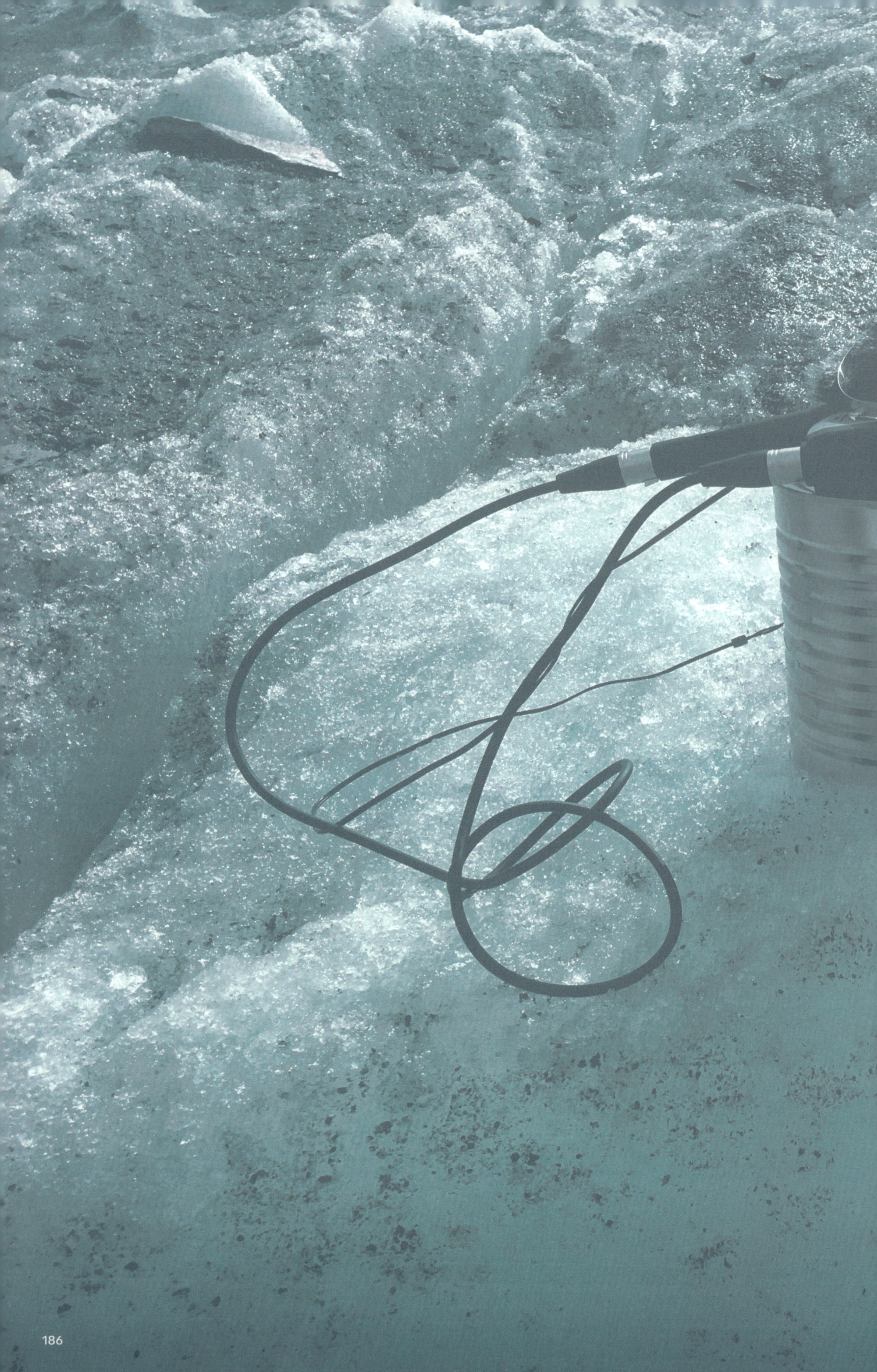

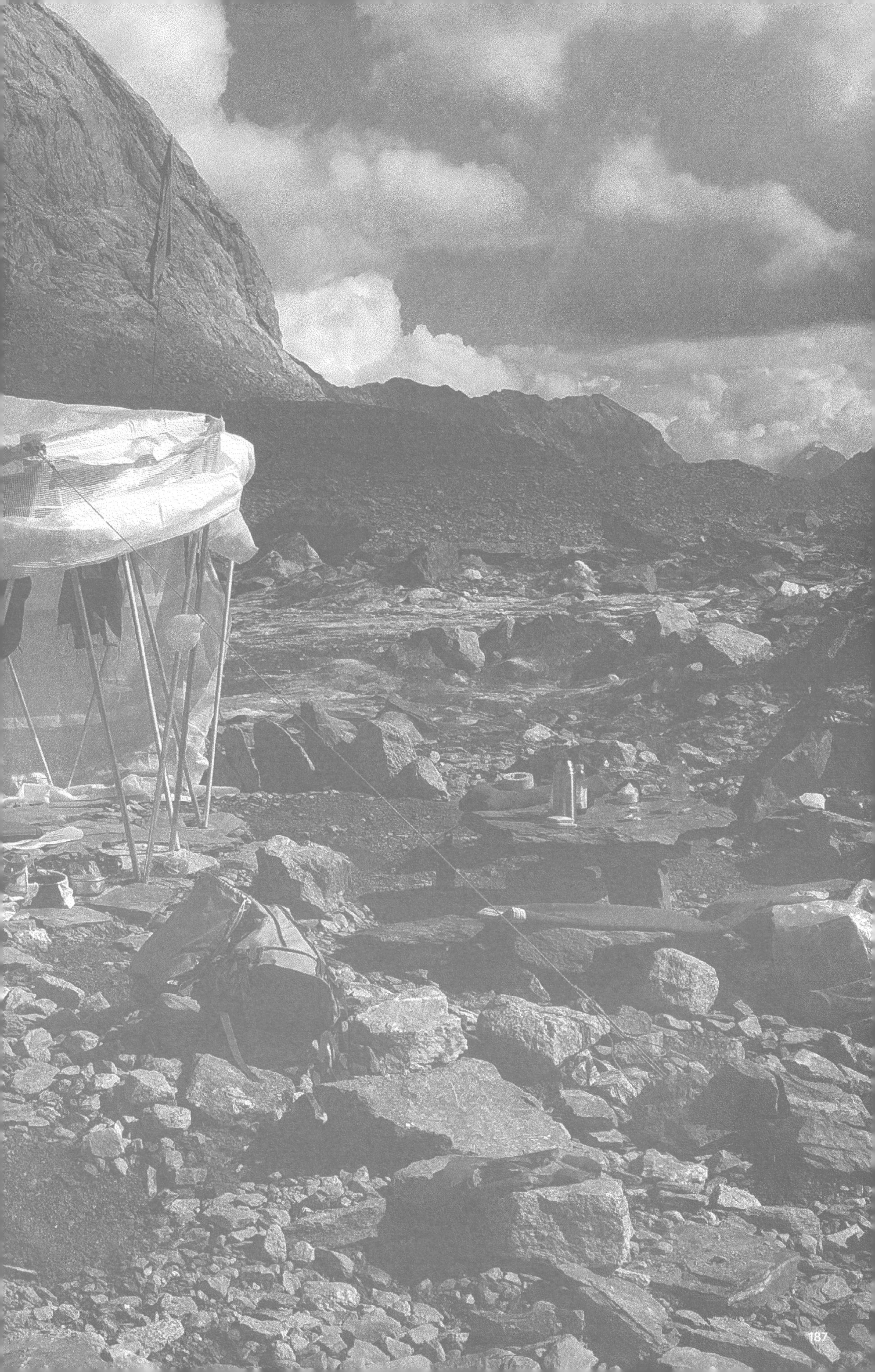

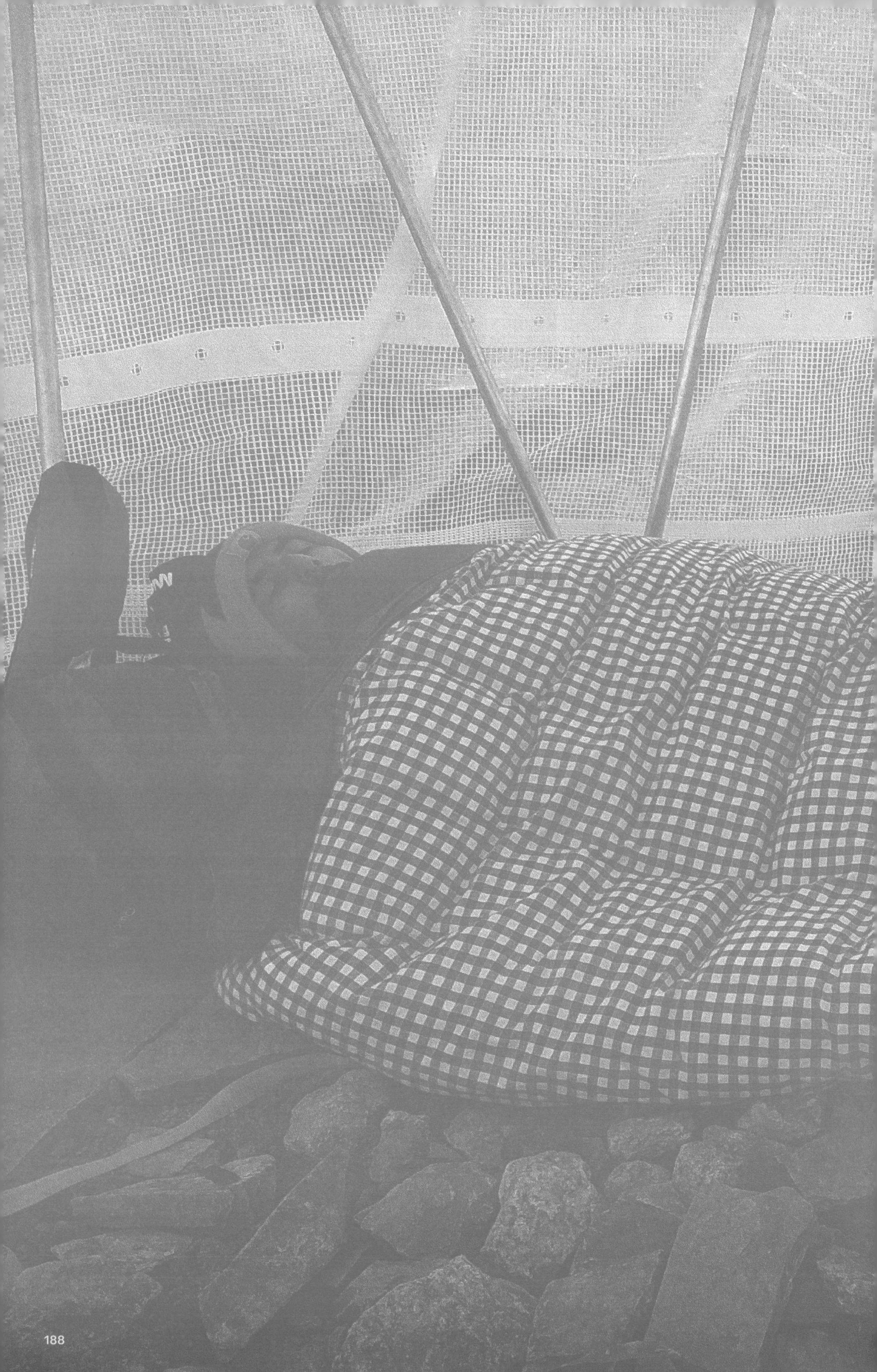

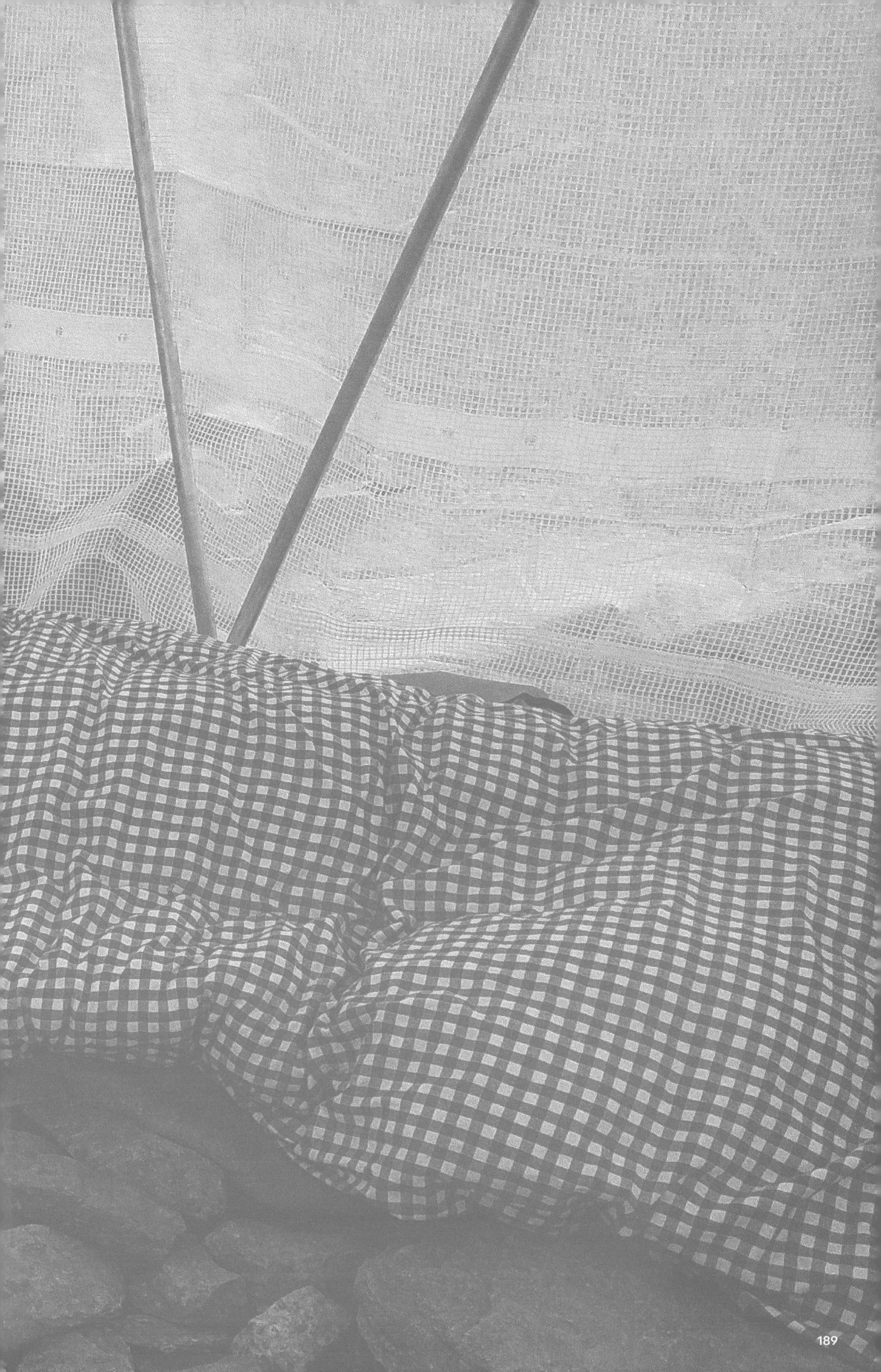

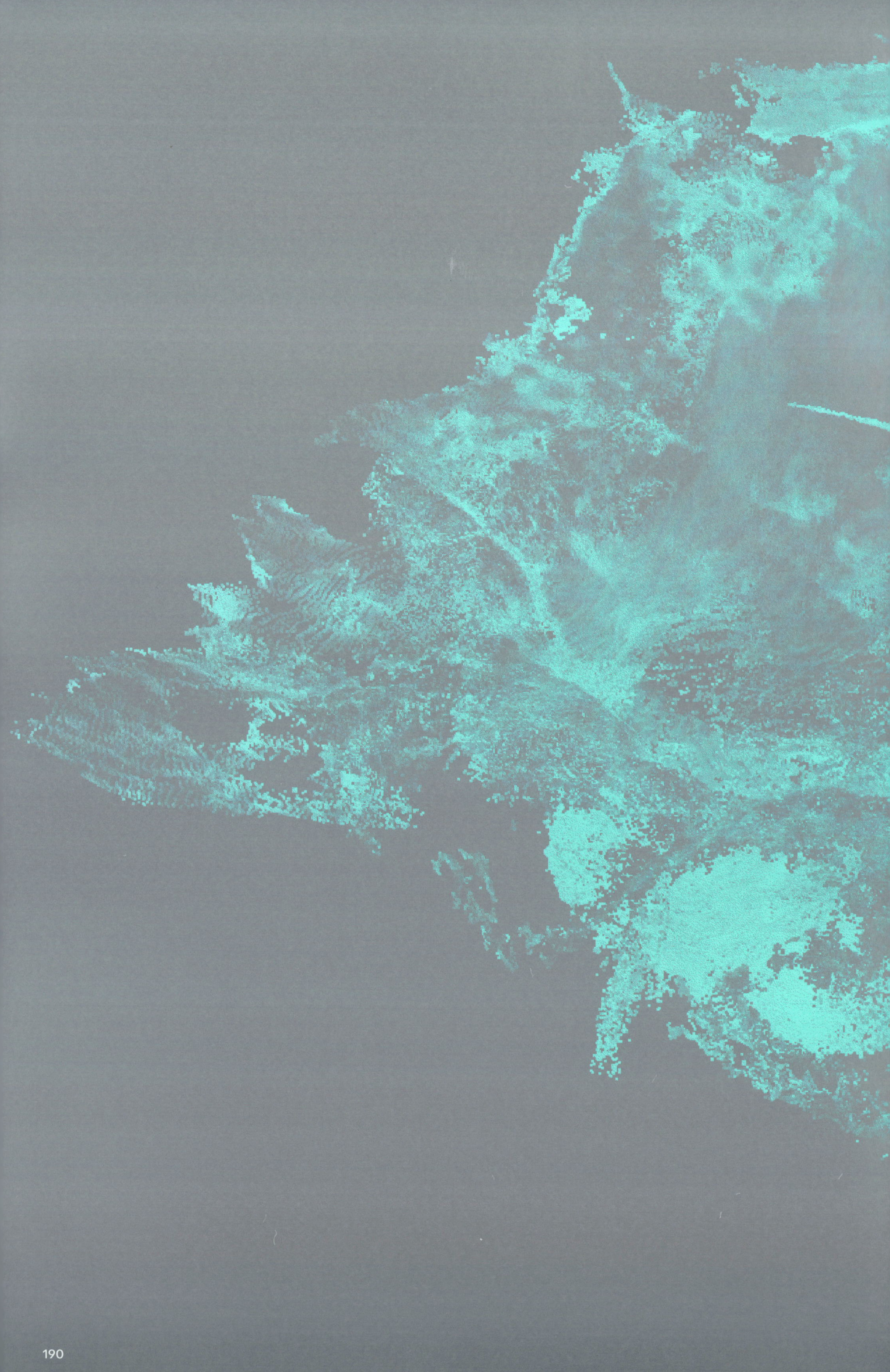

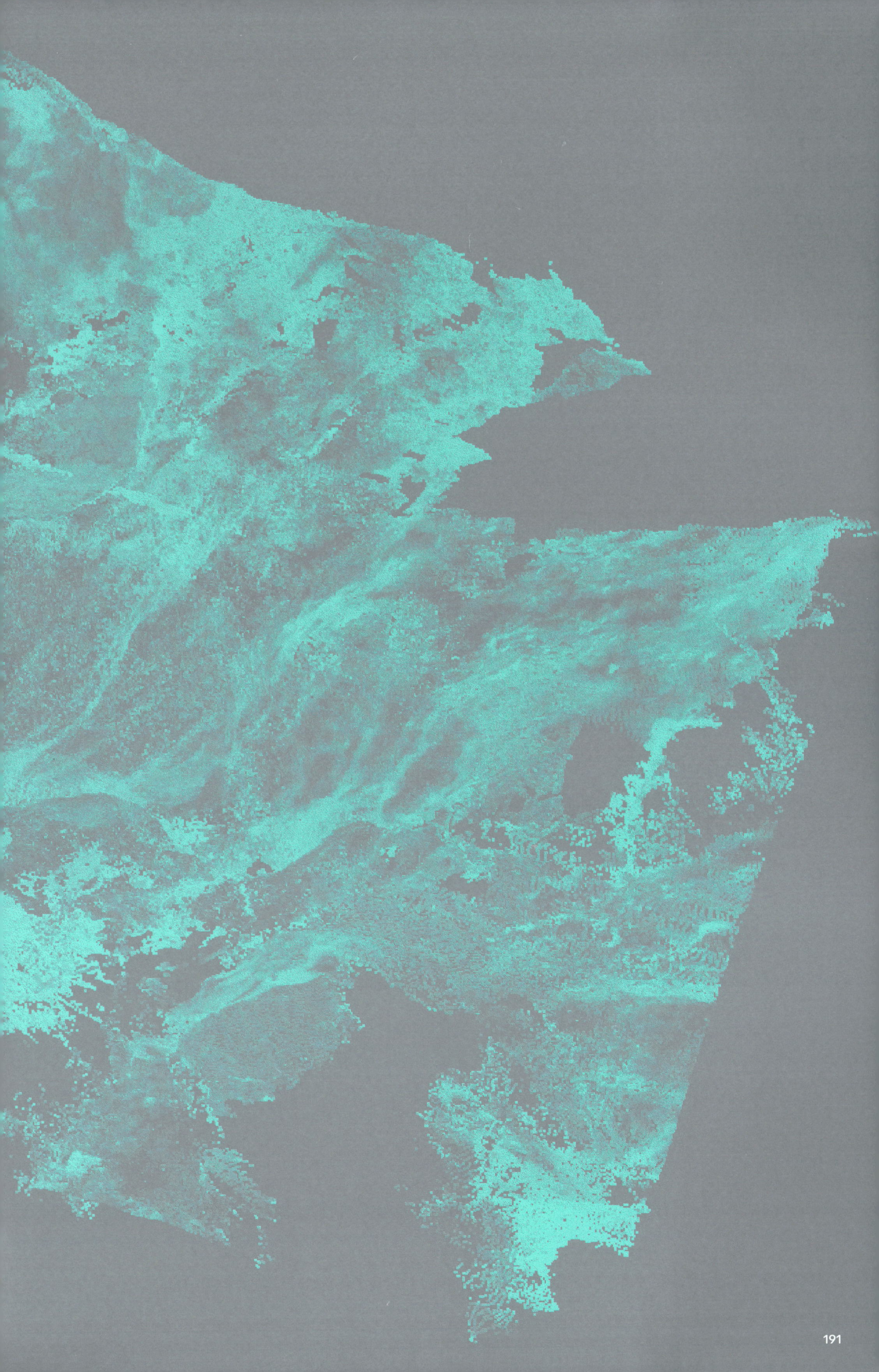

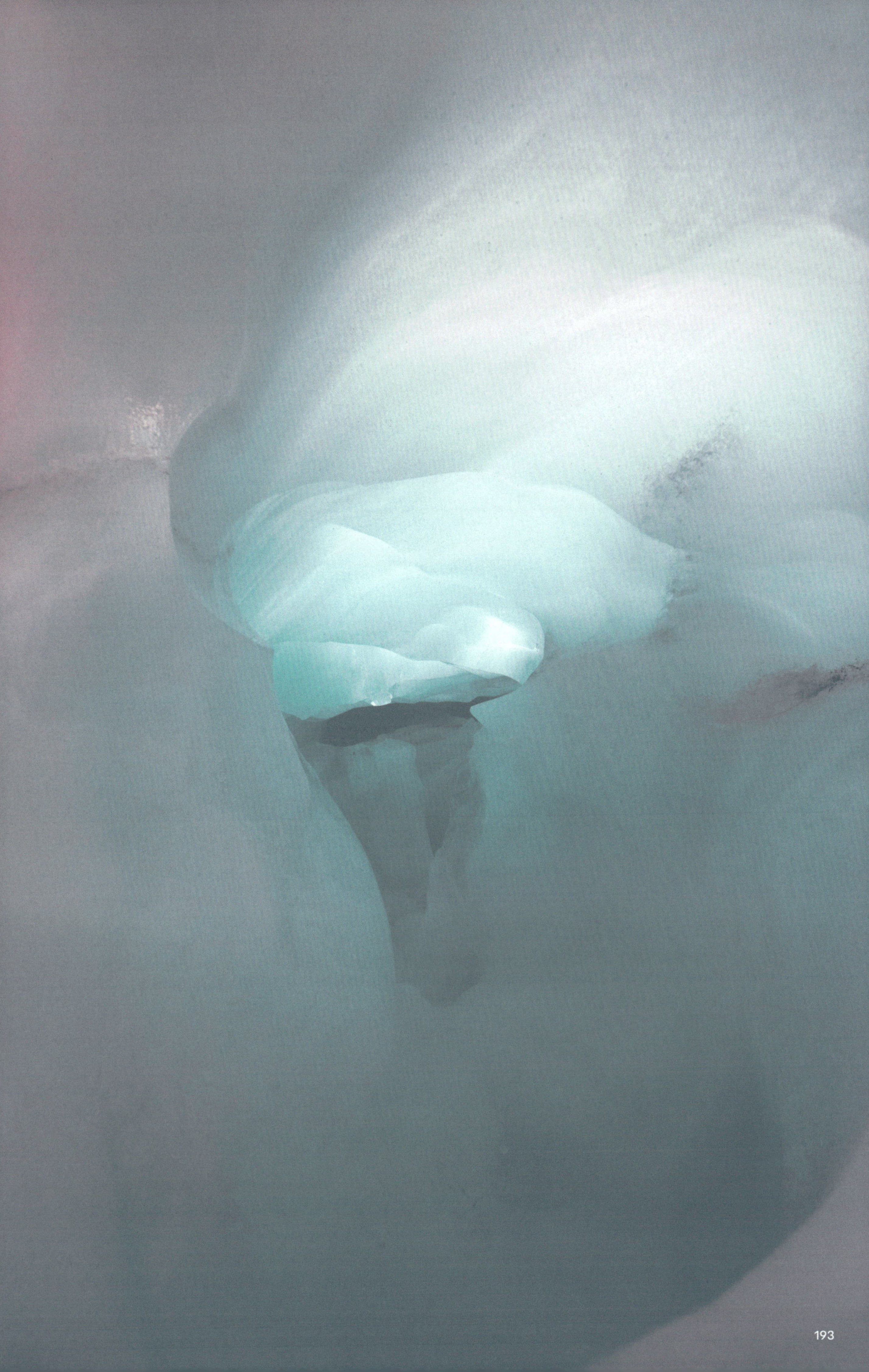

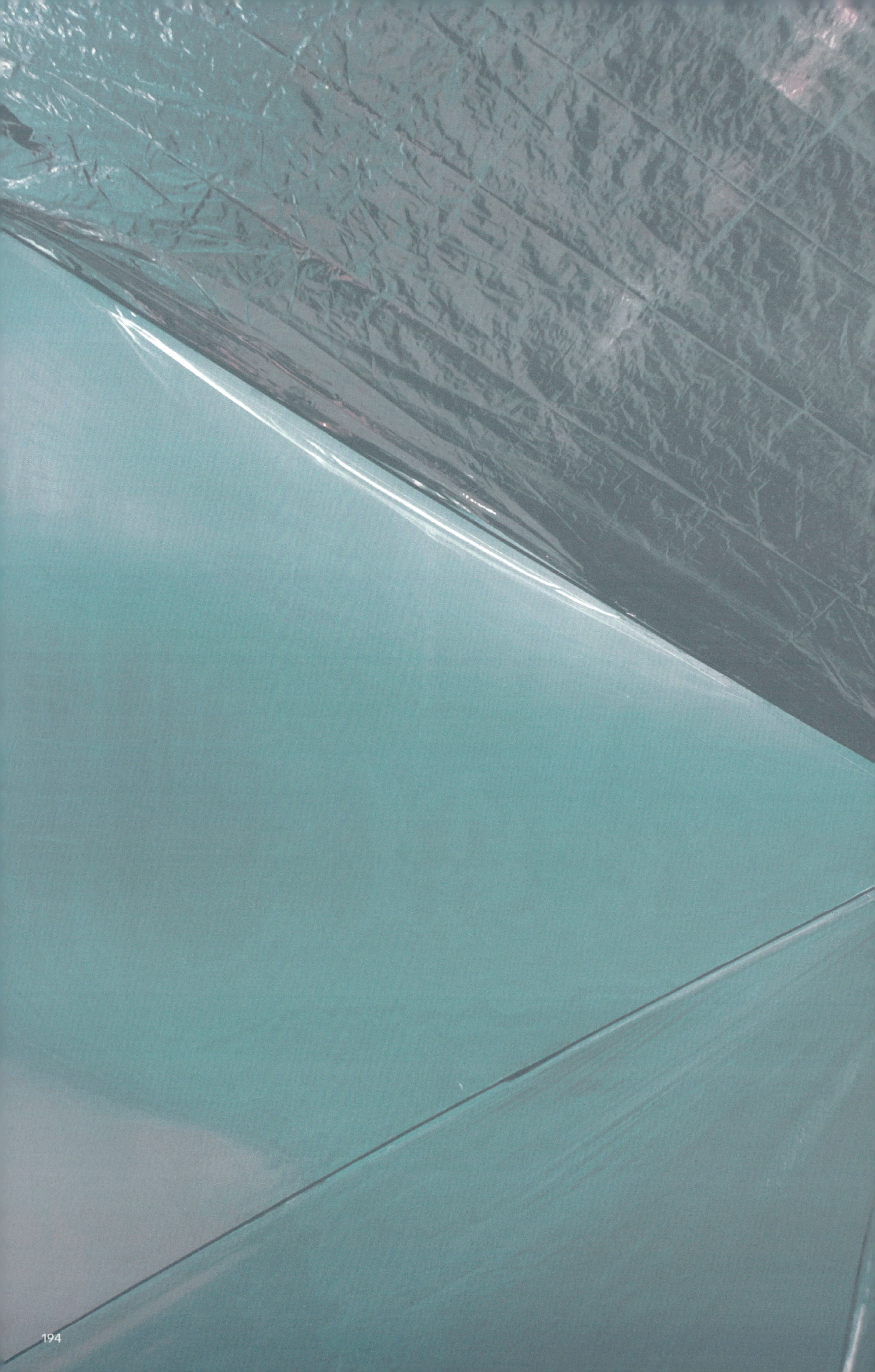

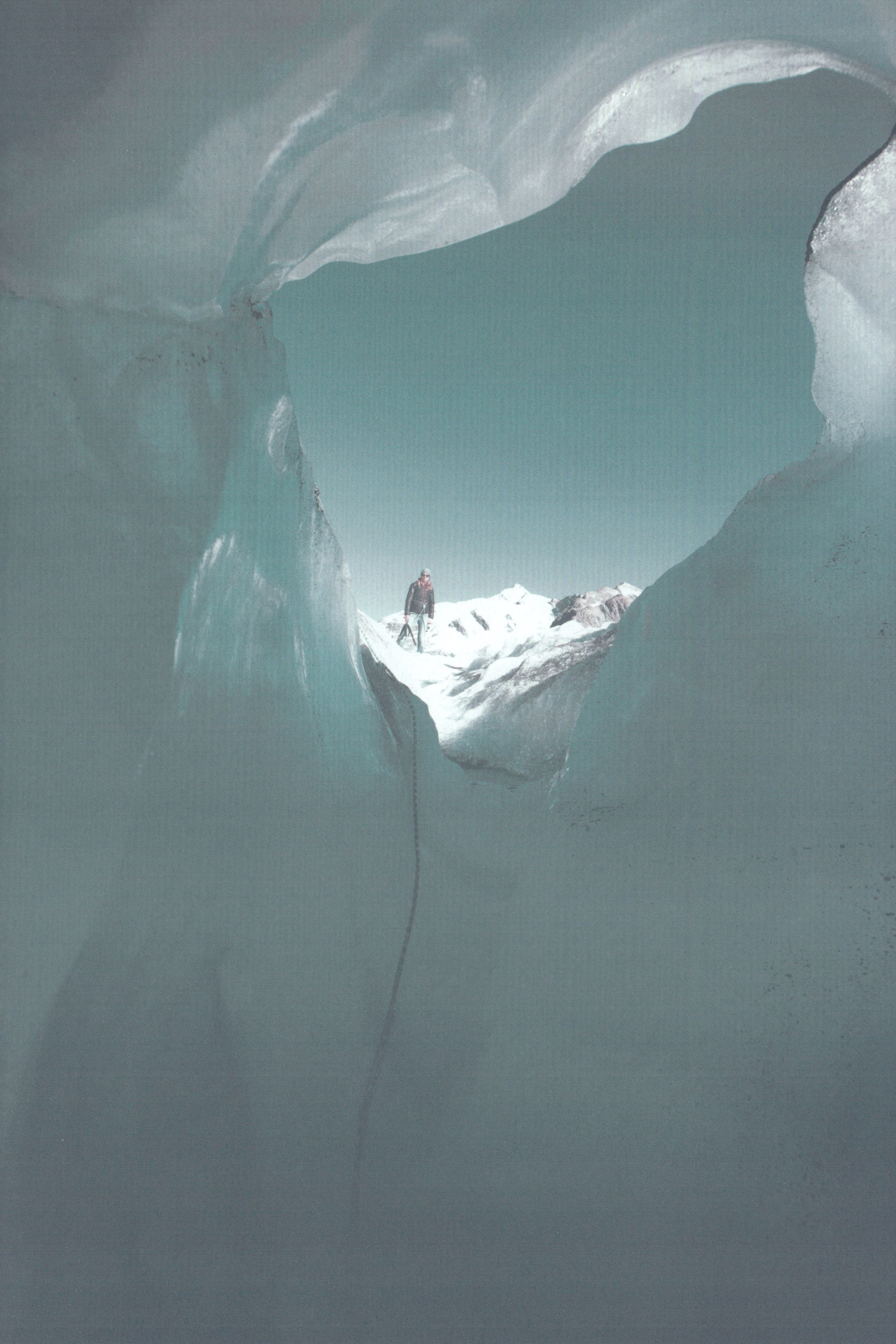

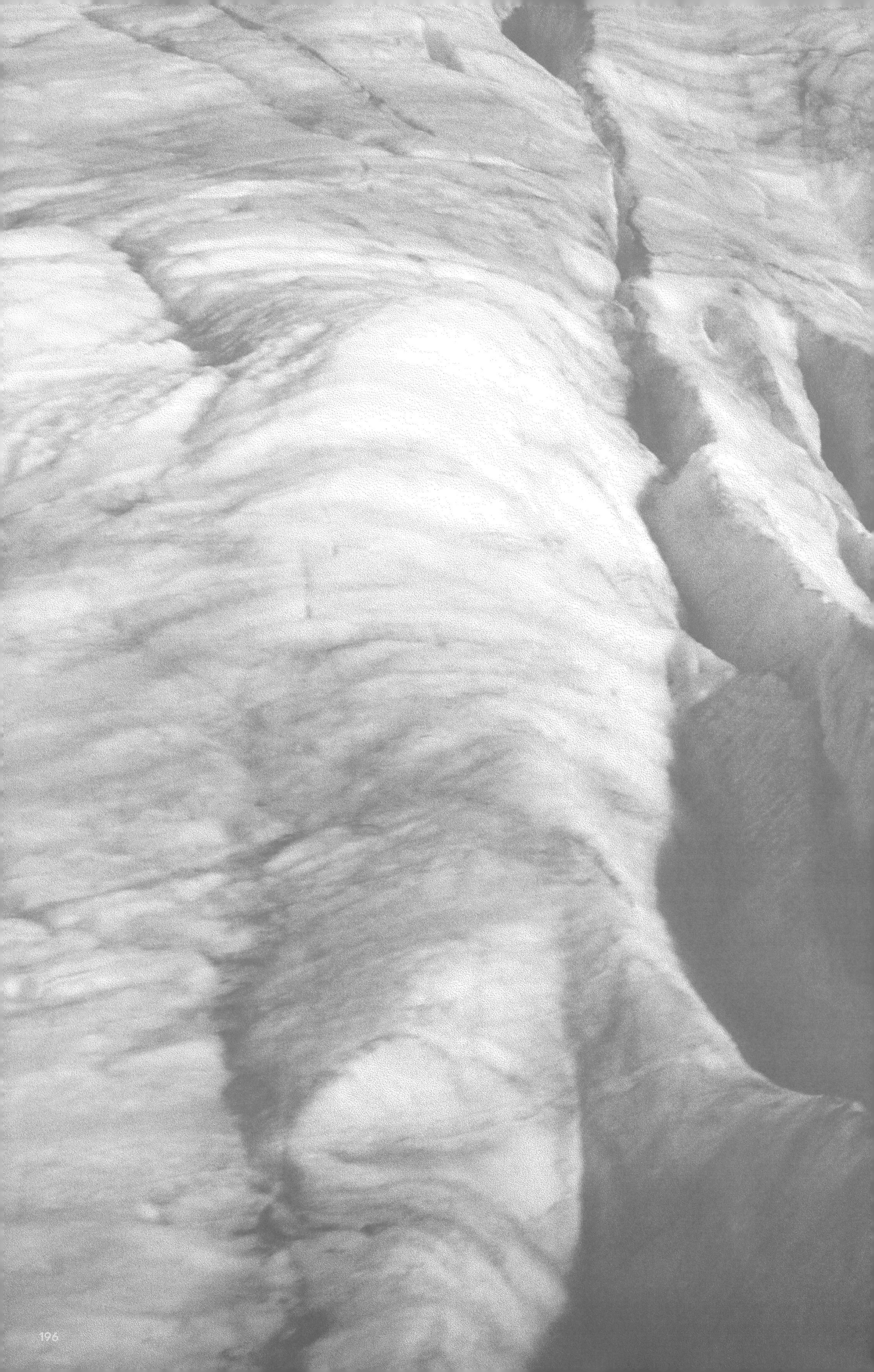

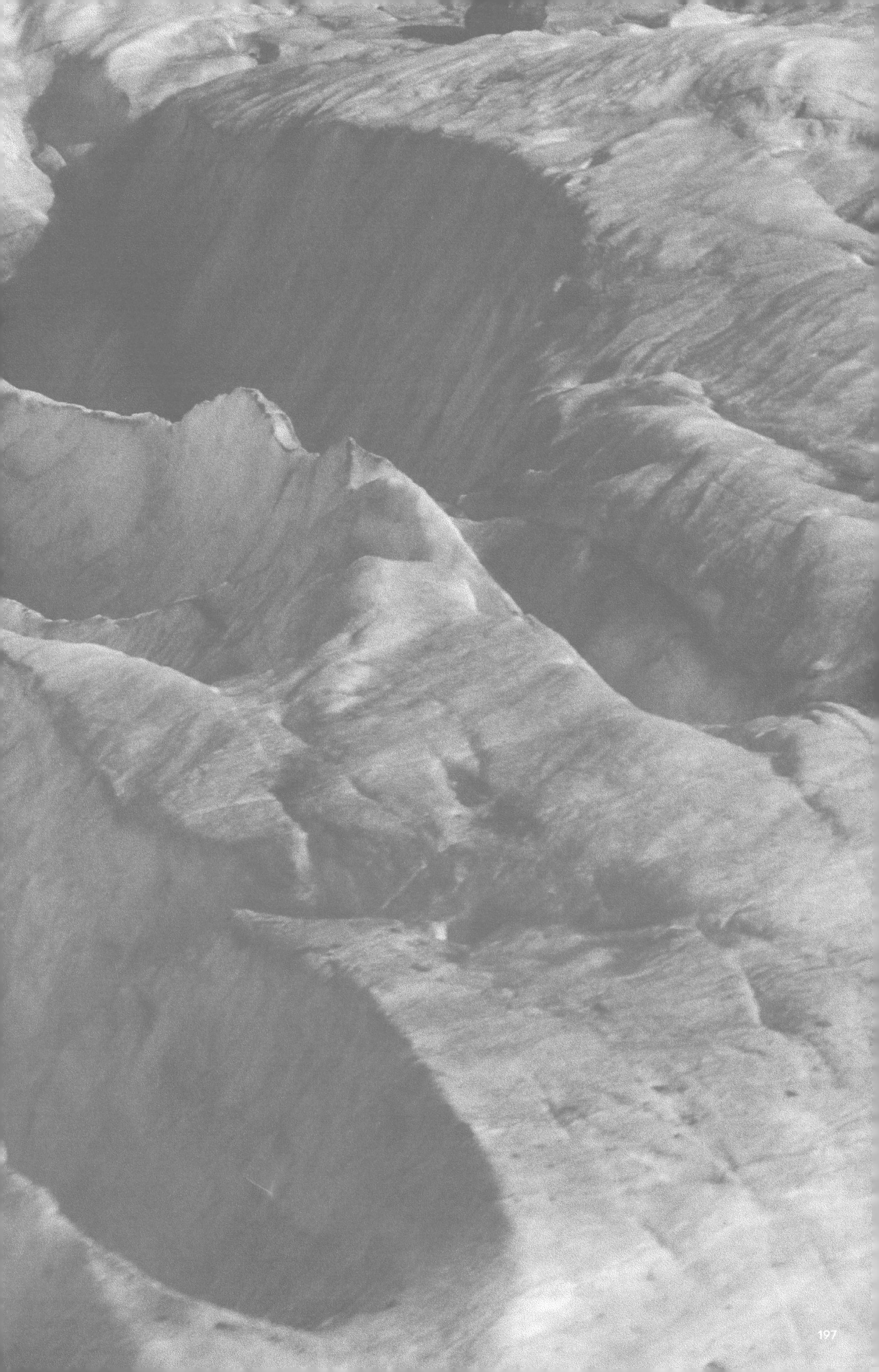

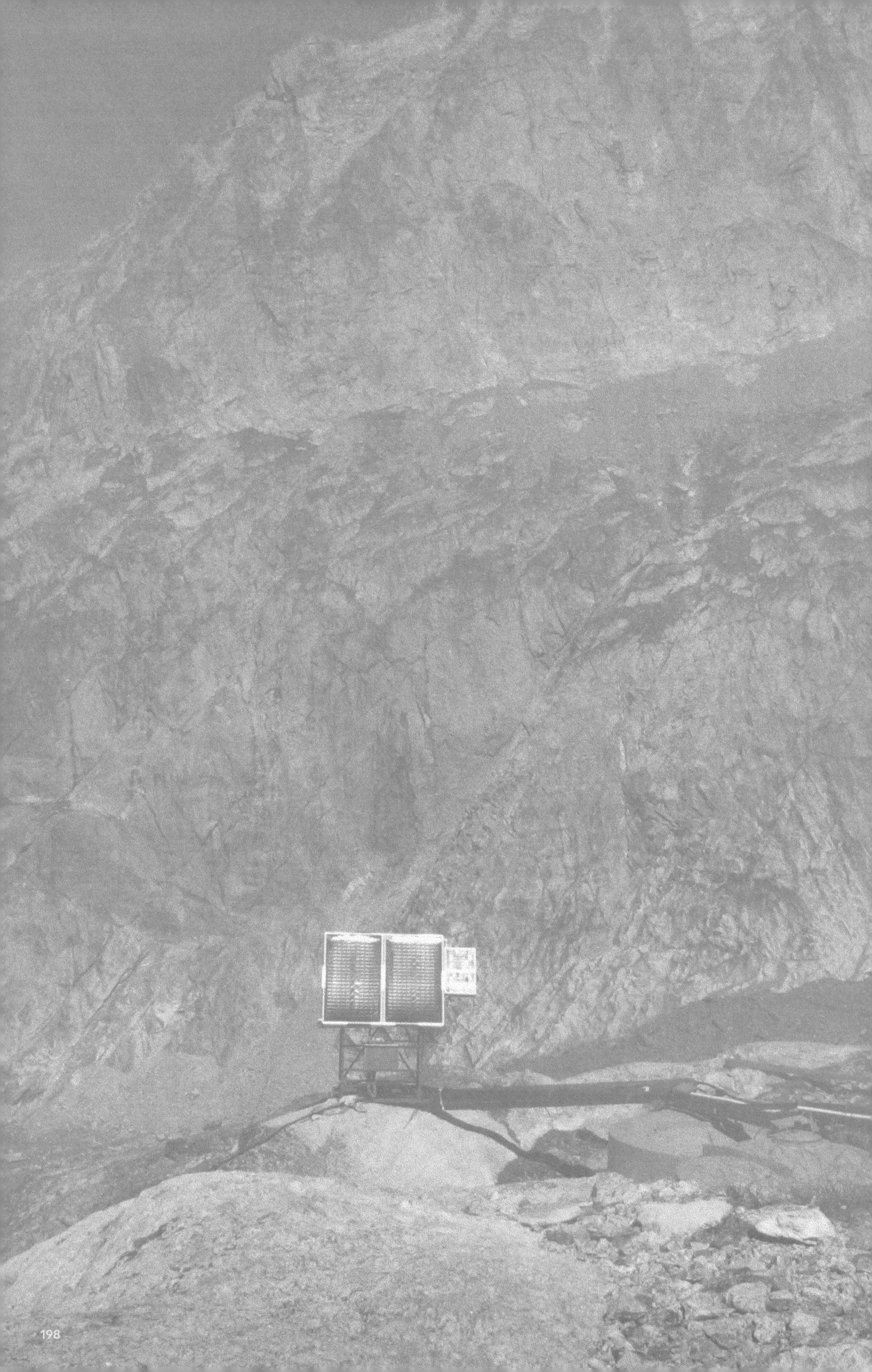

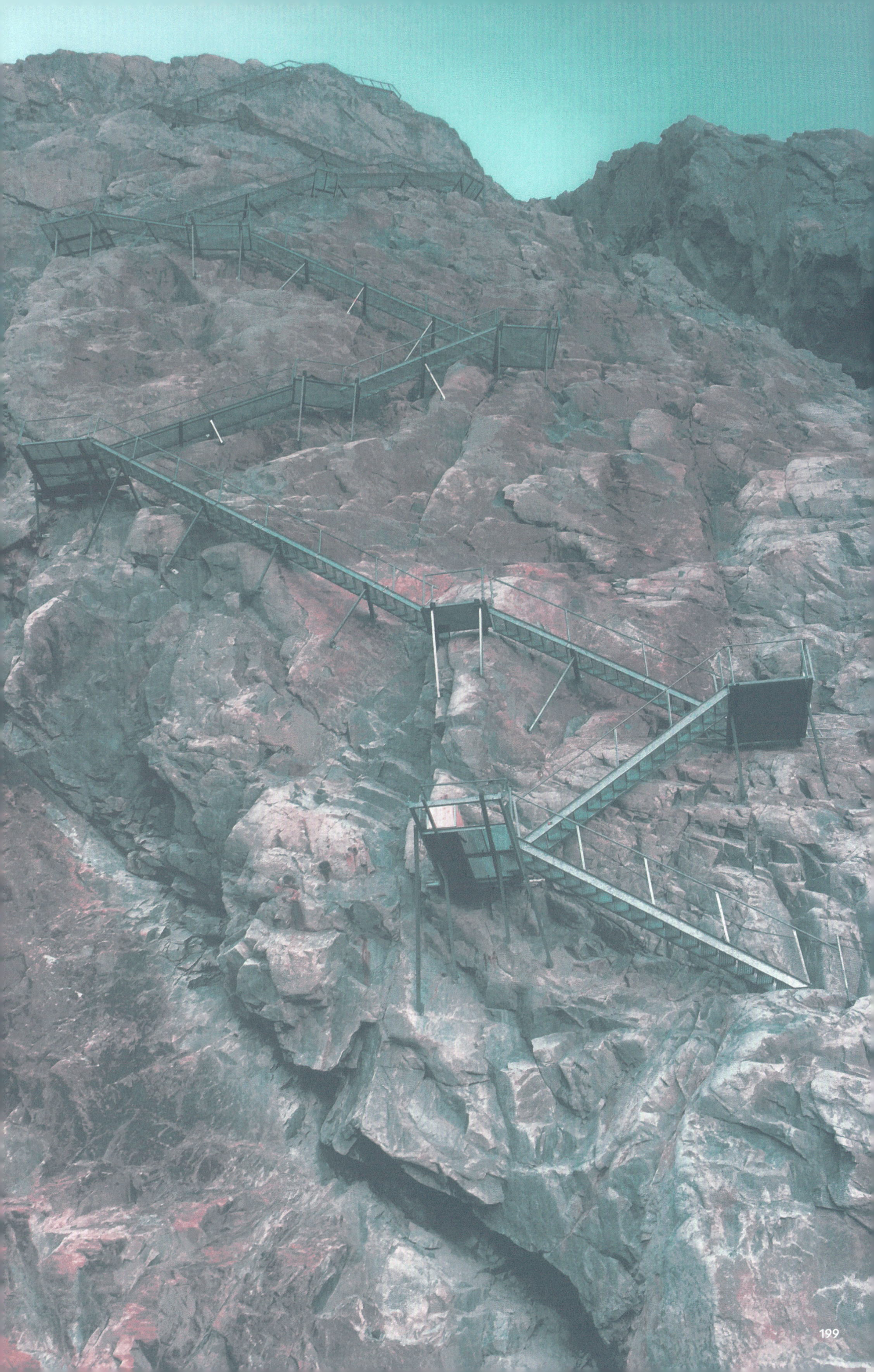

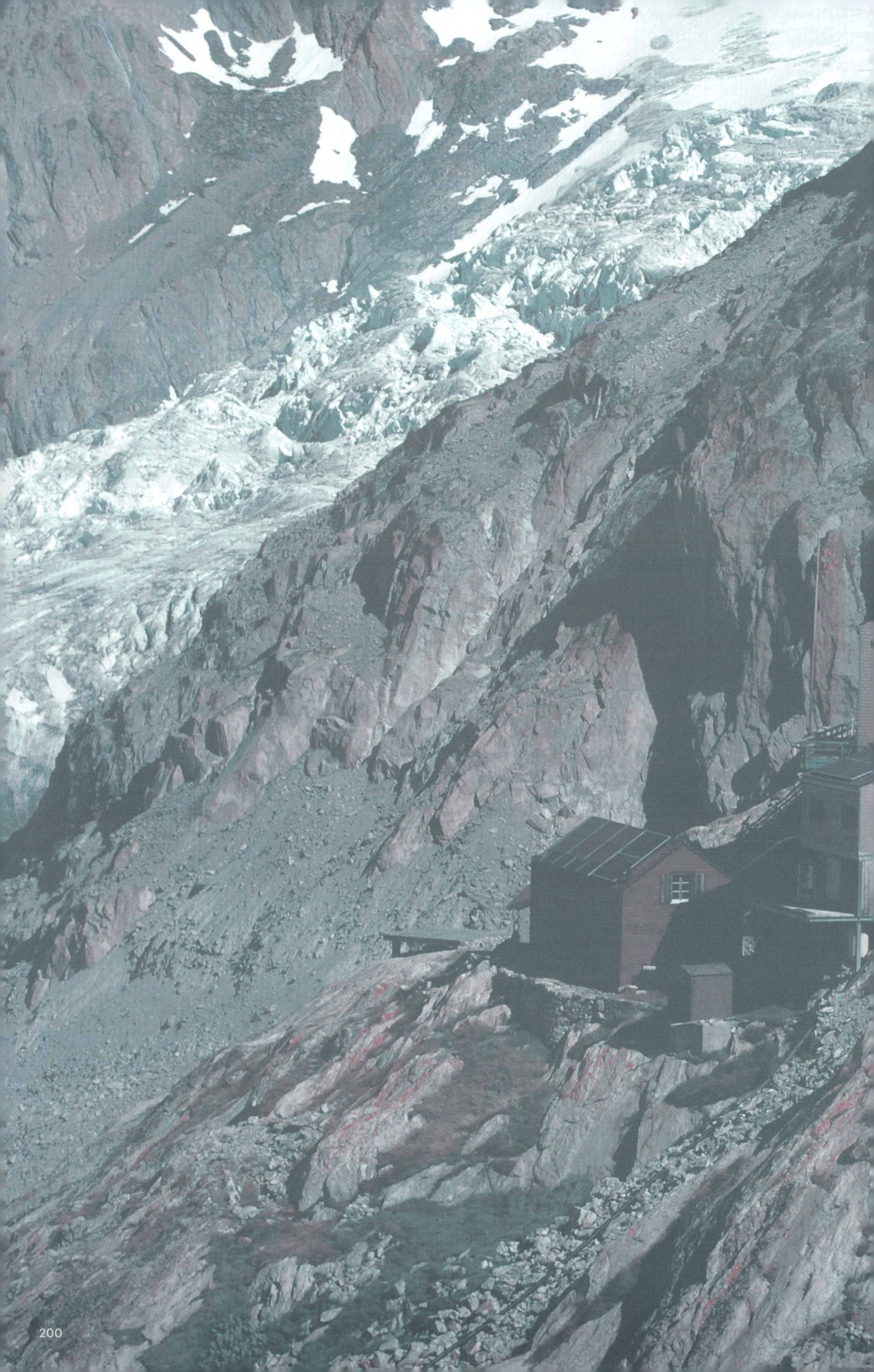

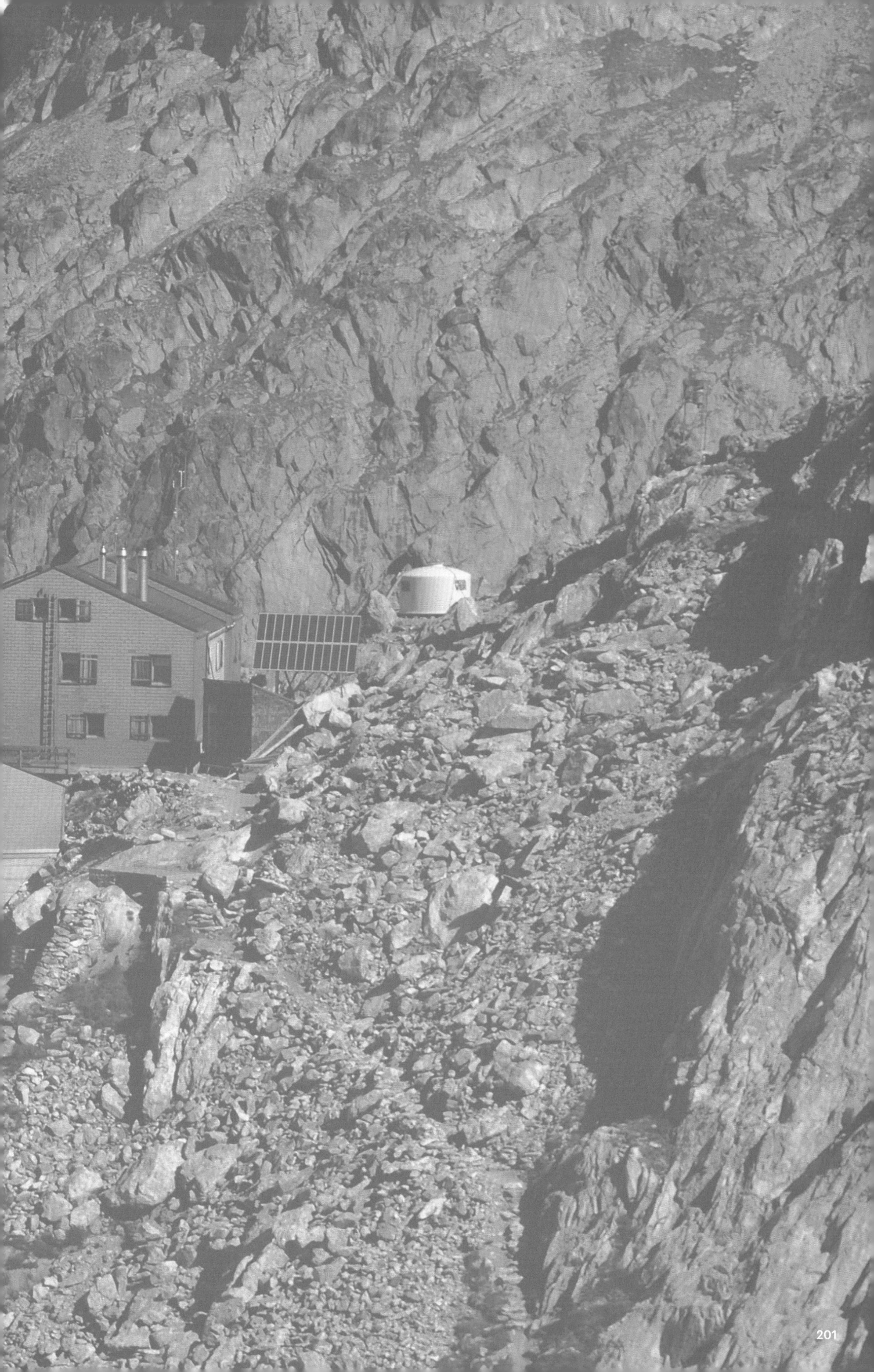

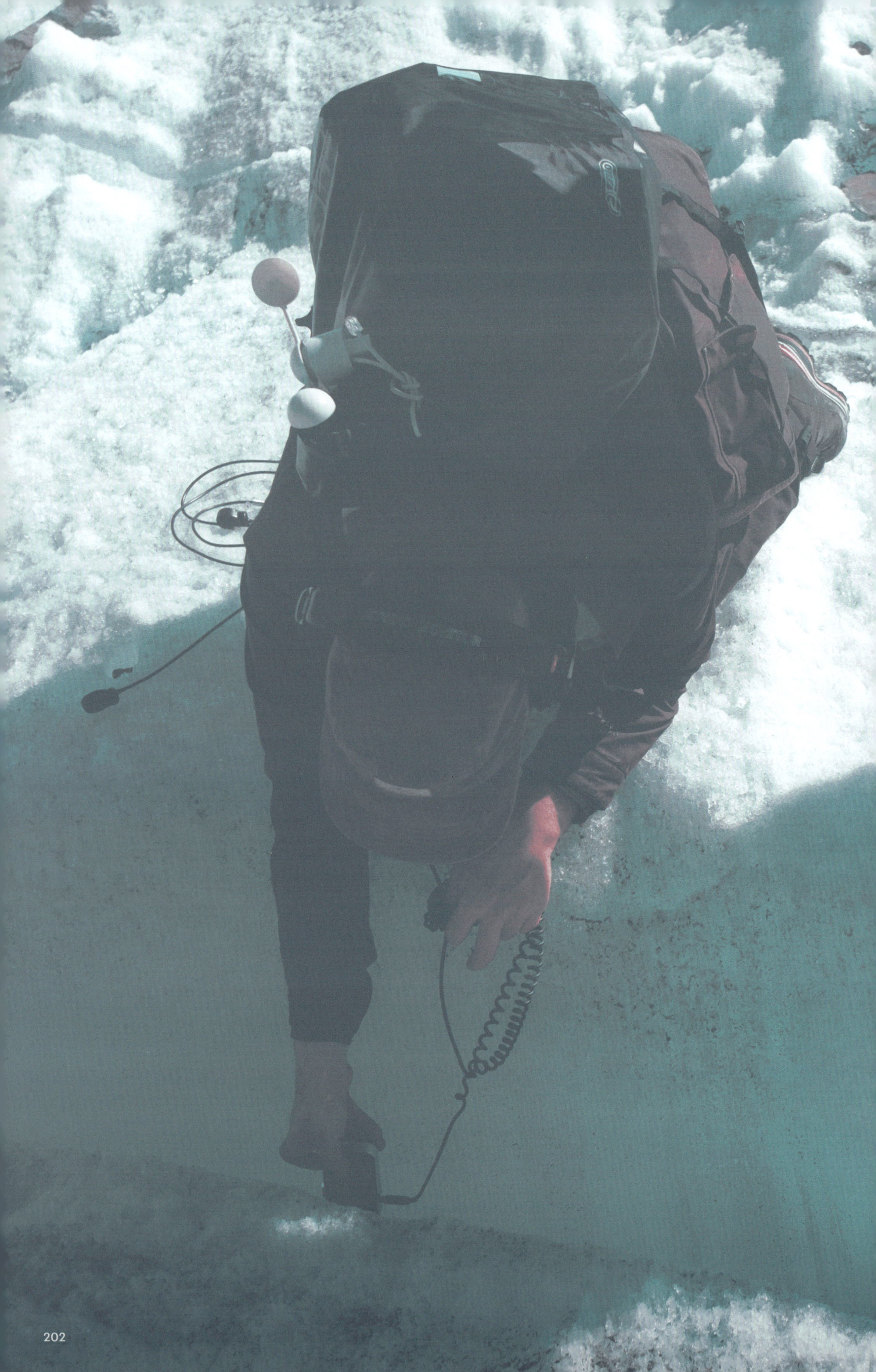

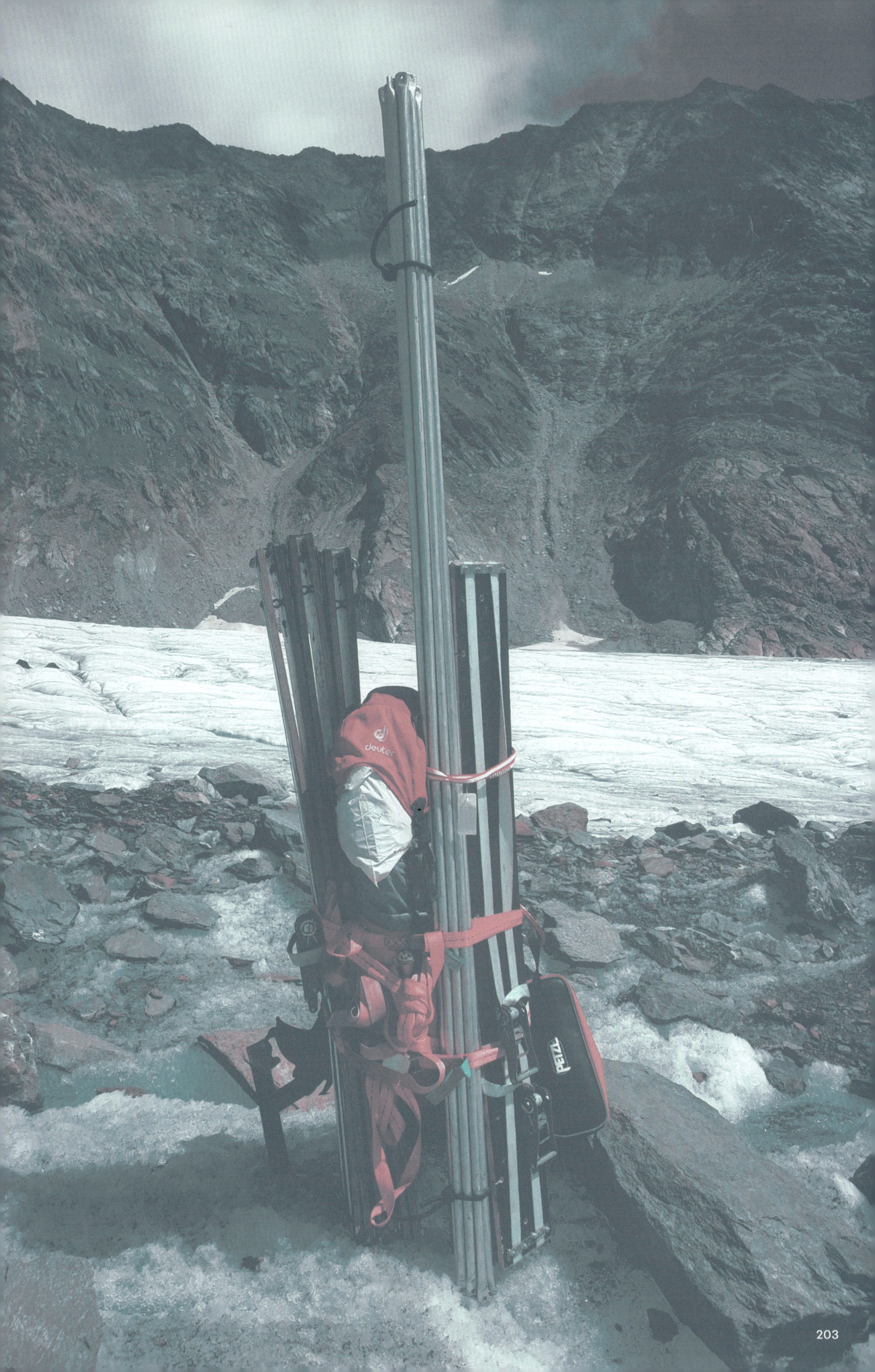

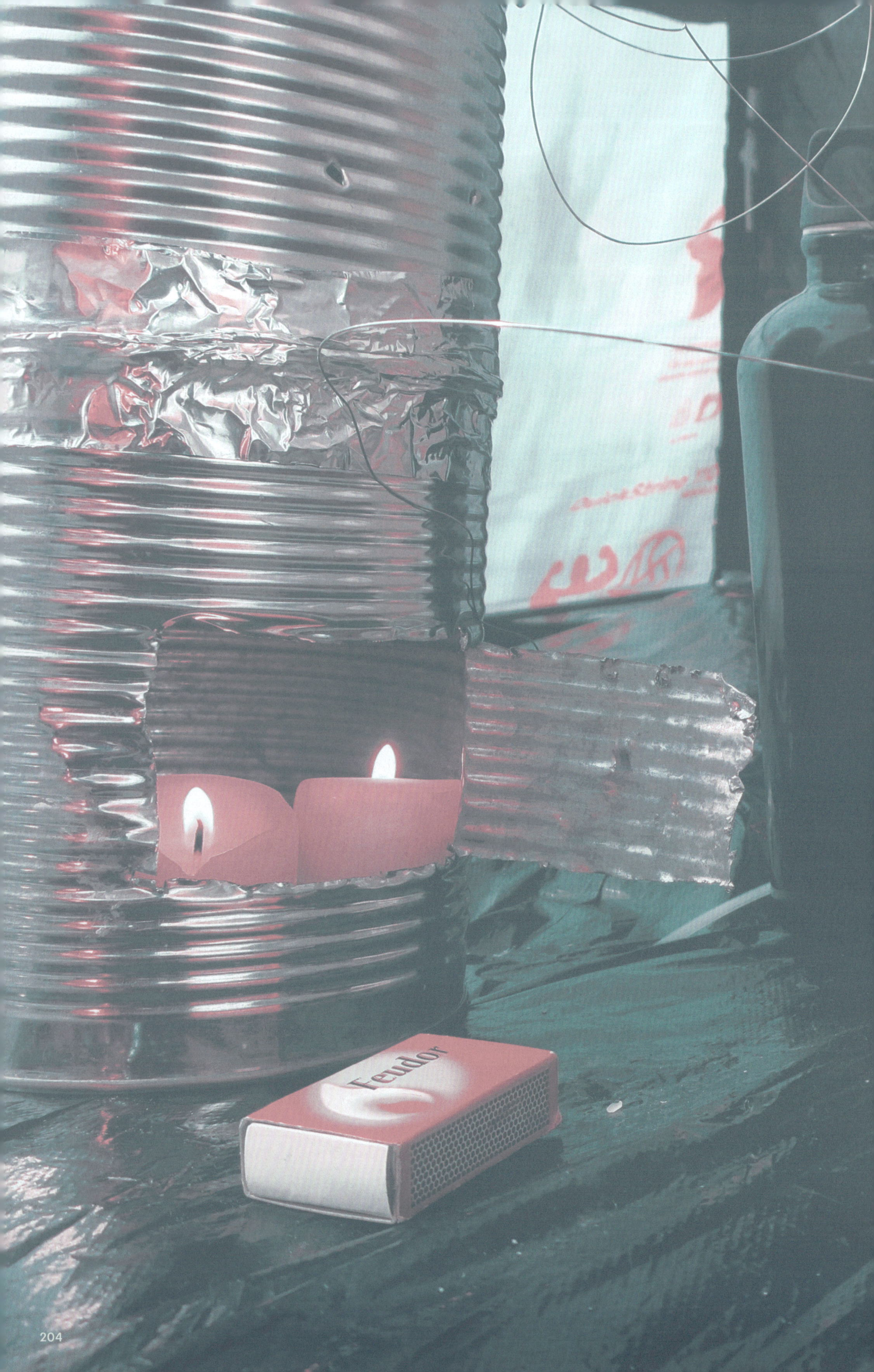

Feudor

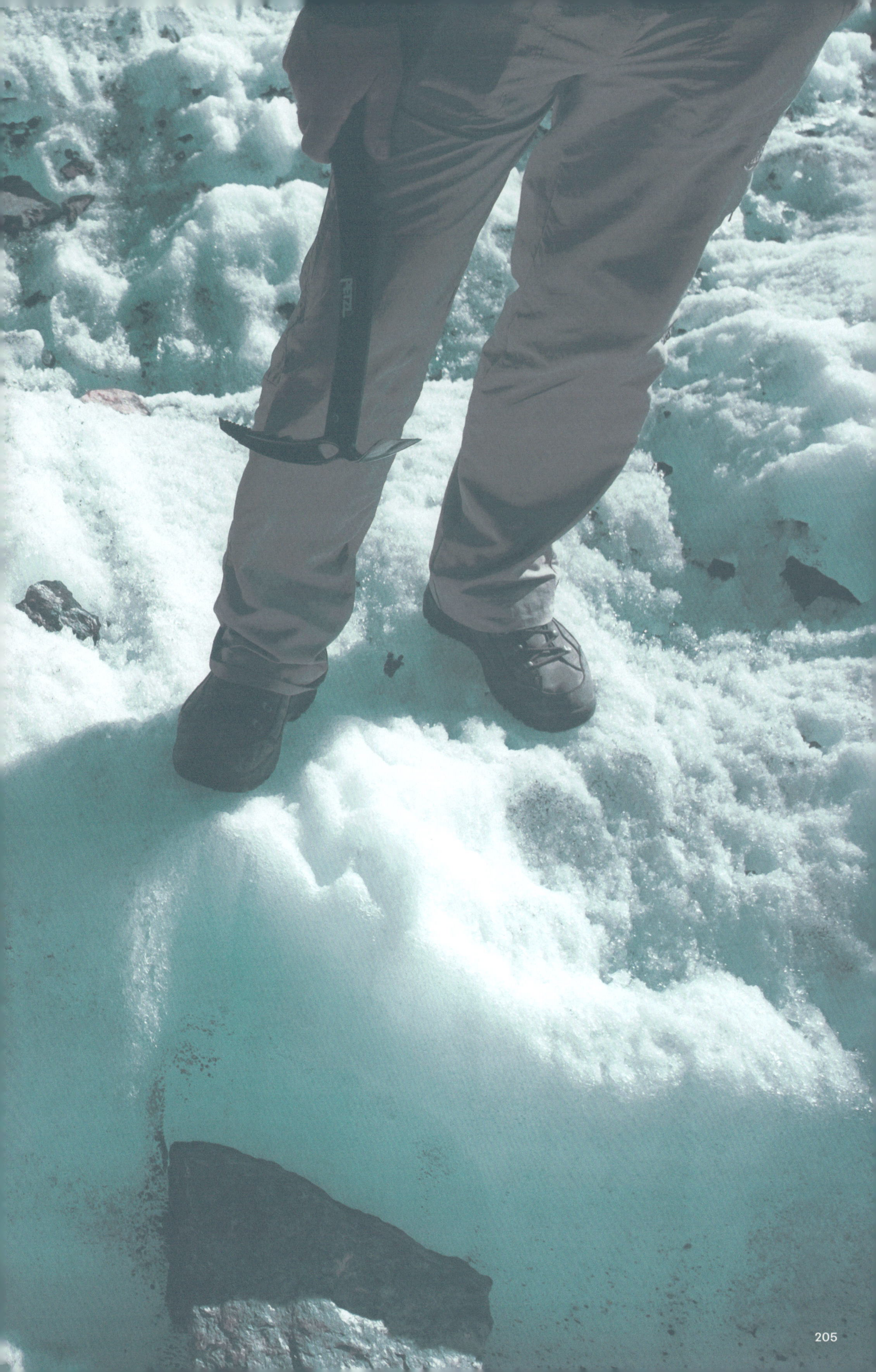

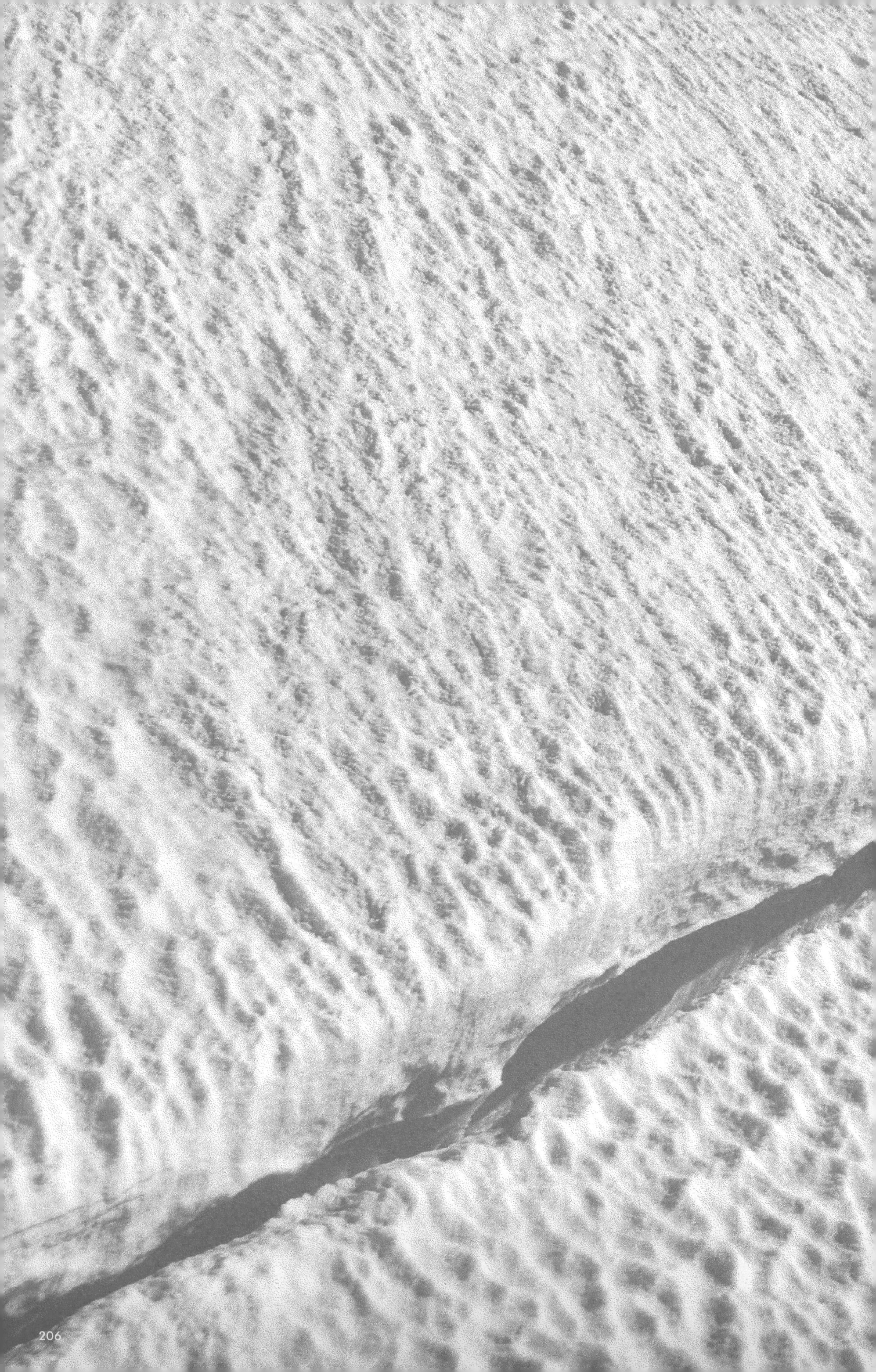

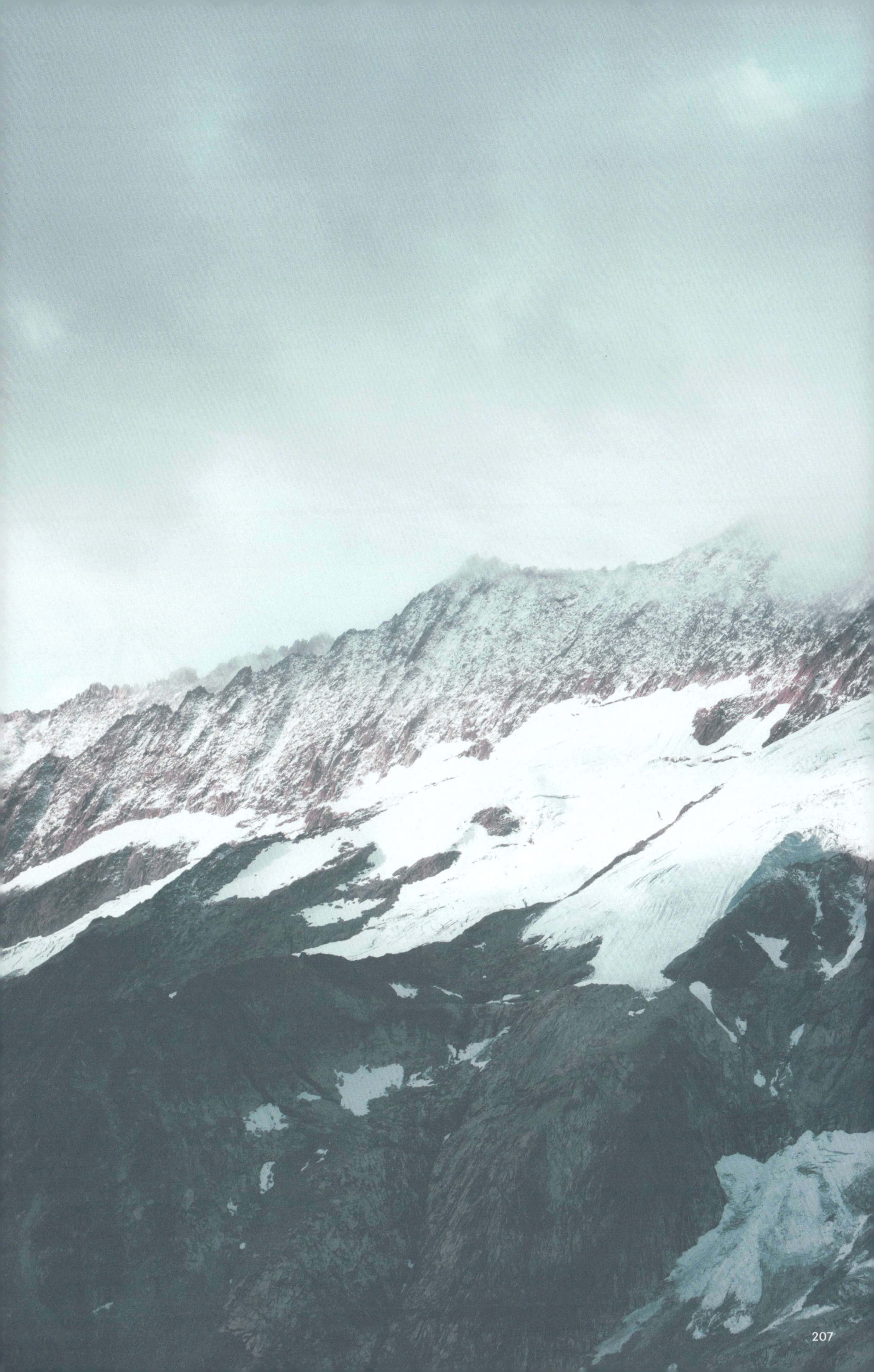

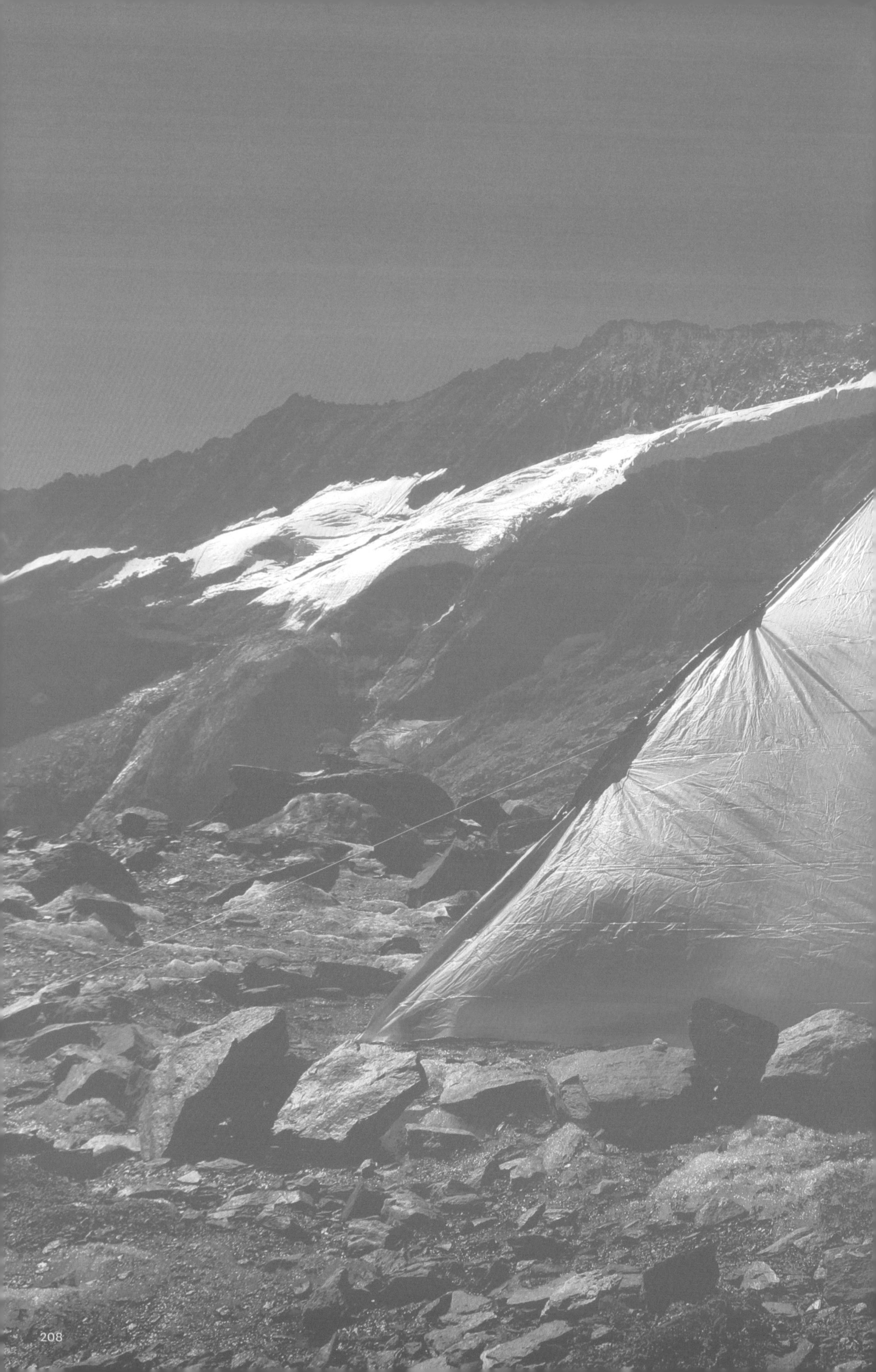

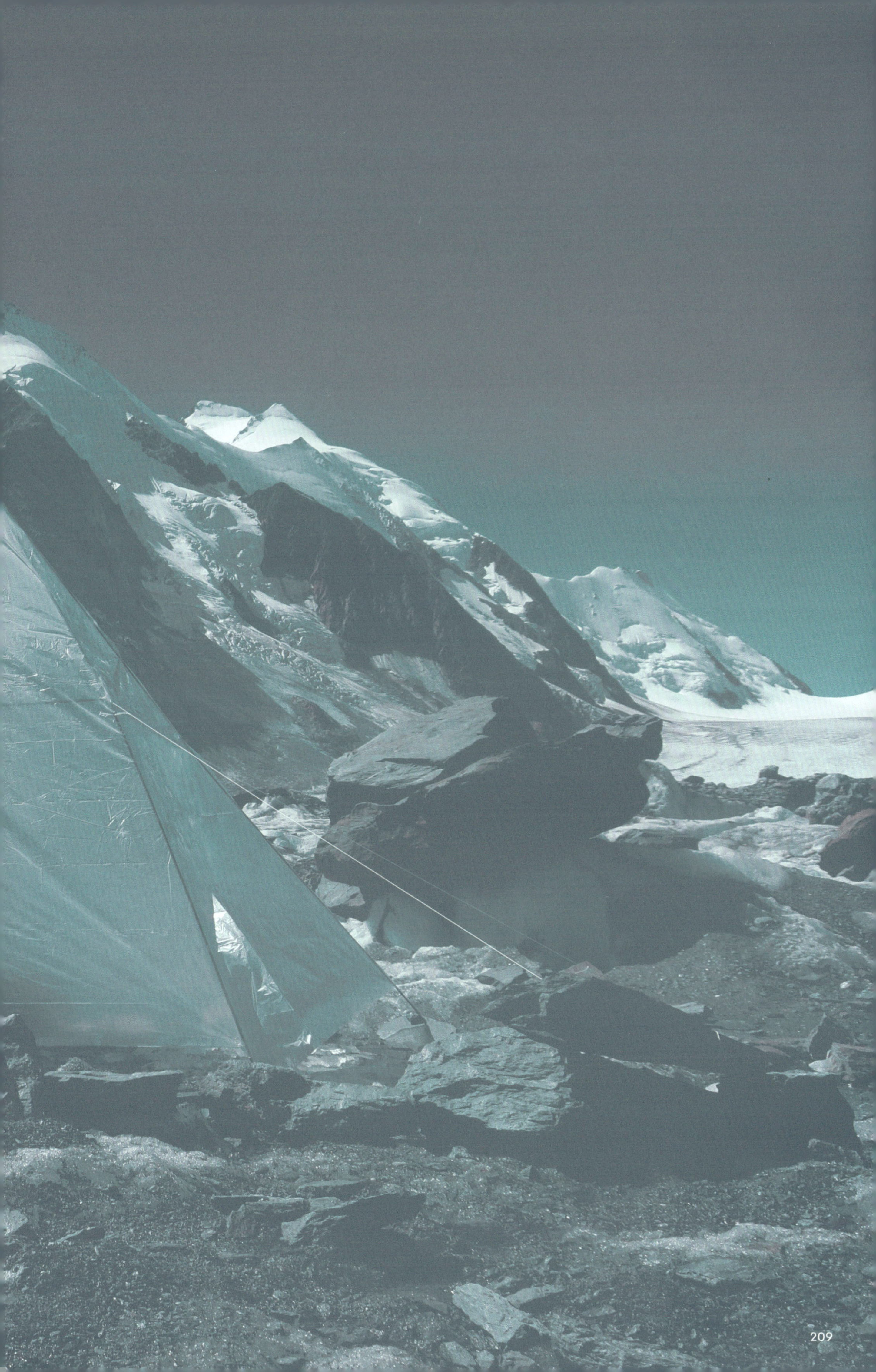

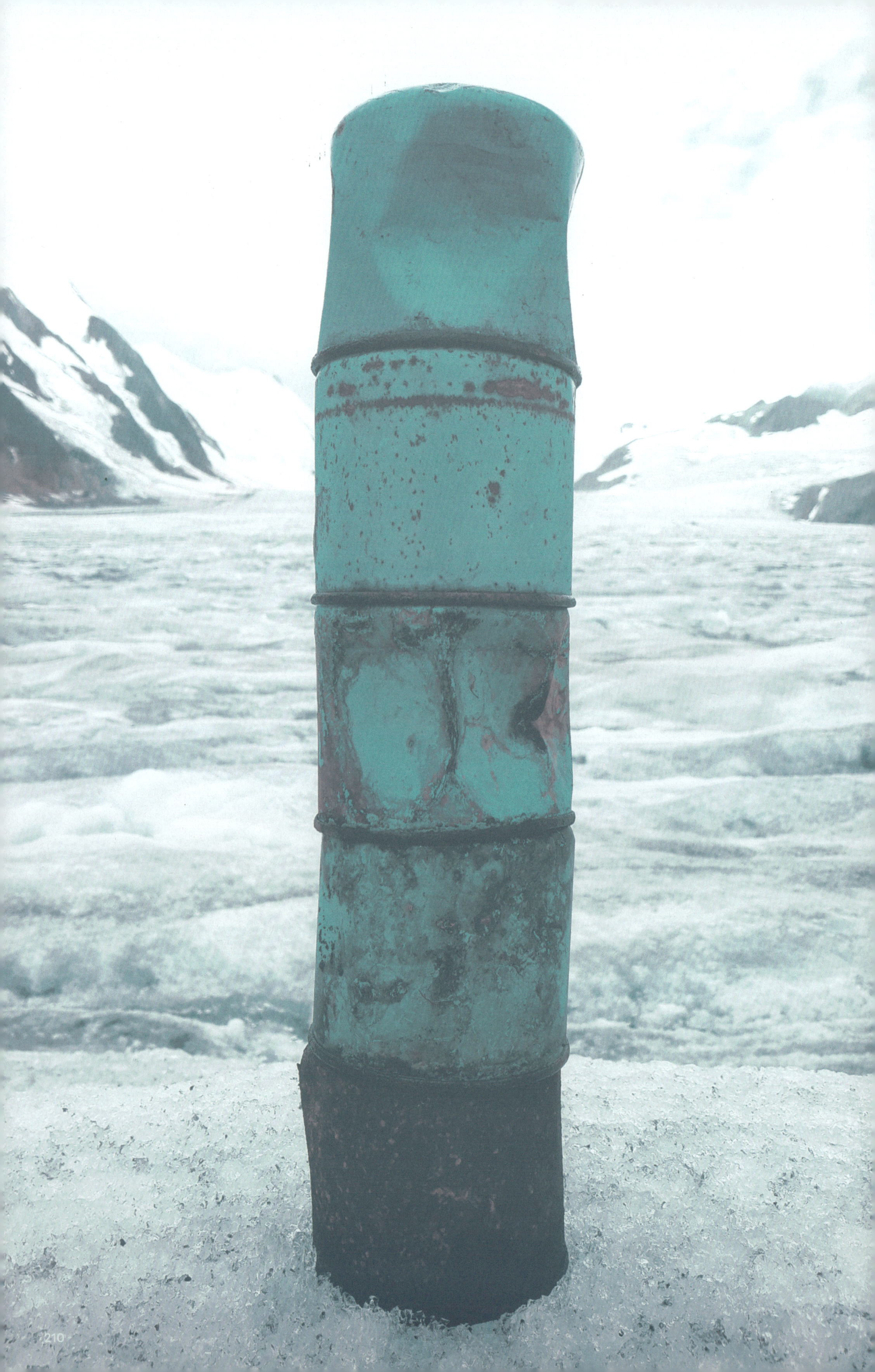

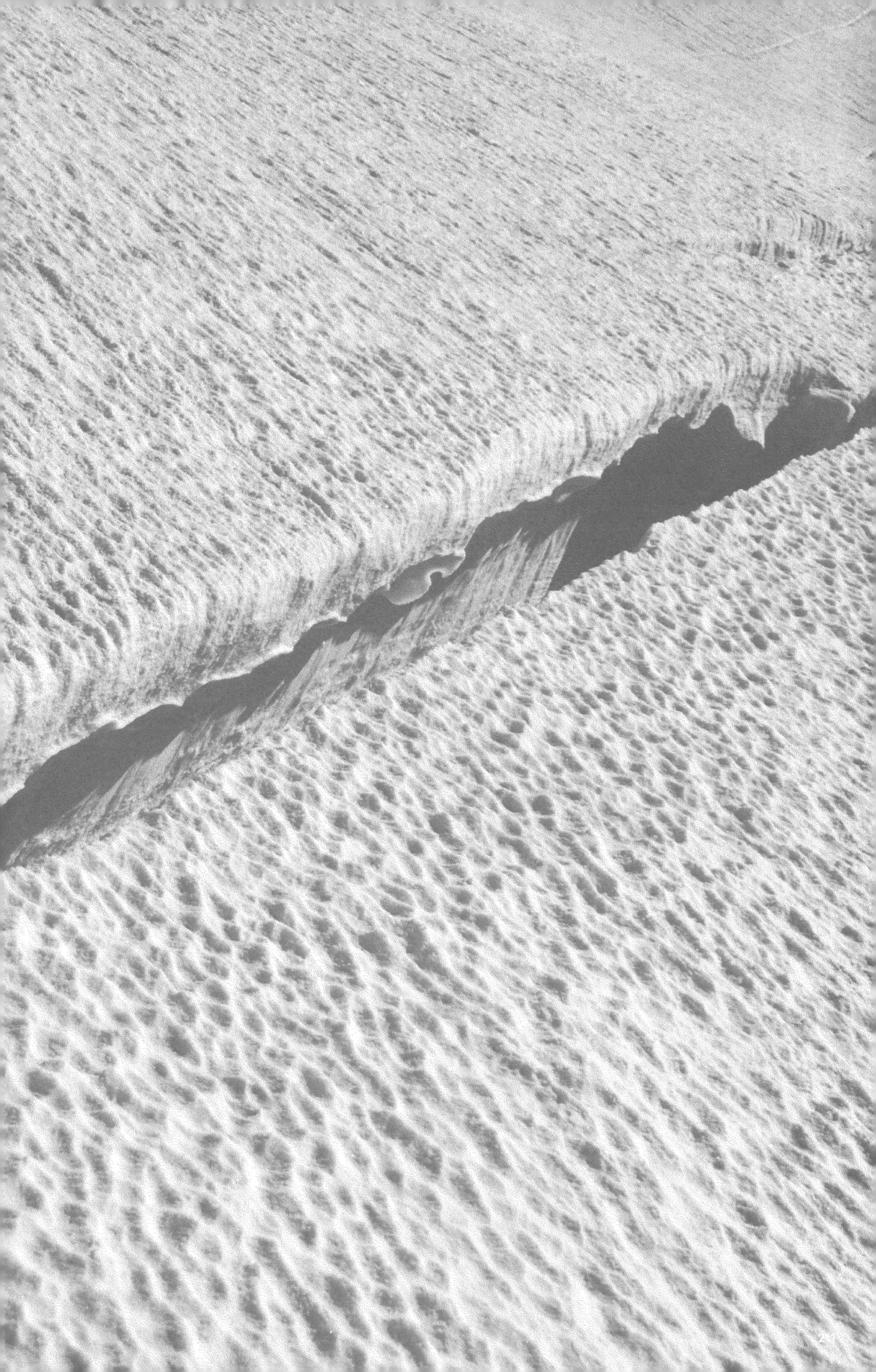

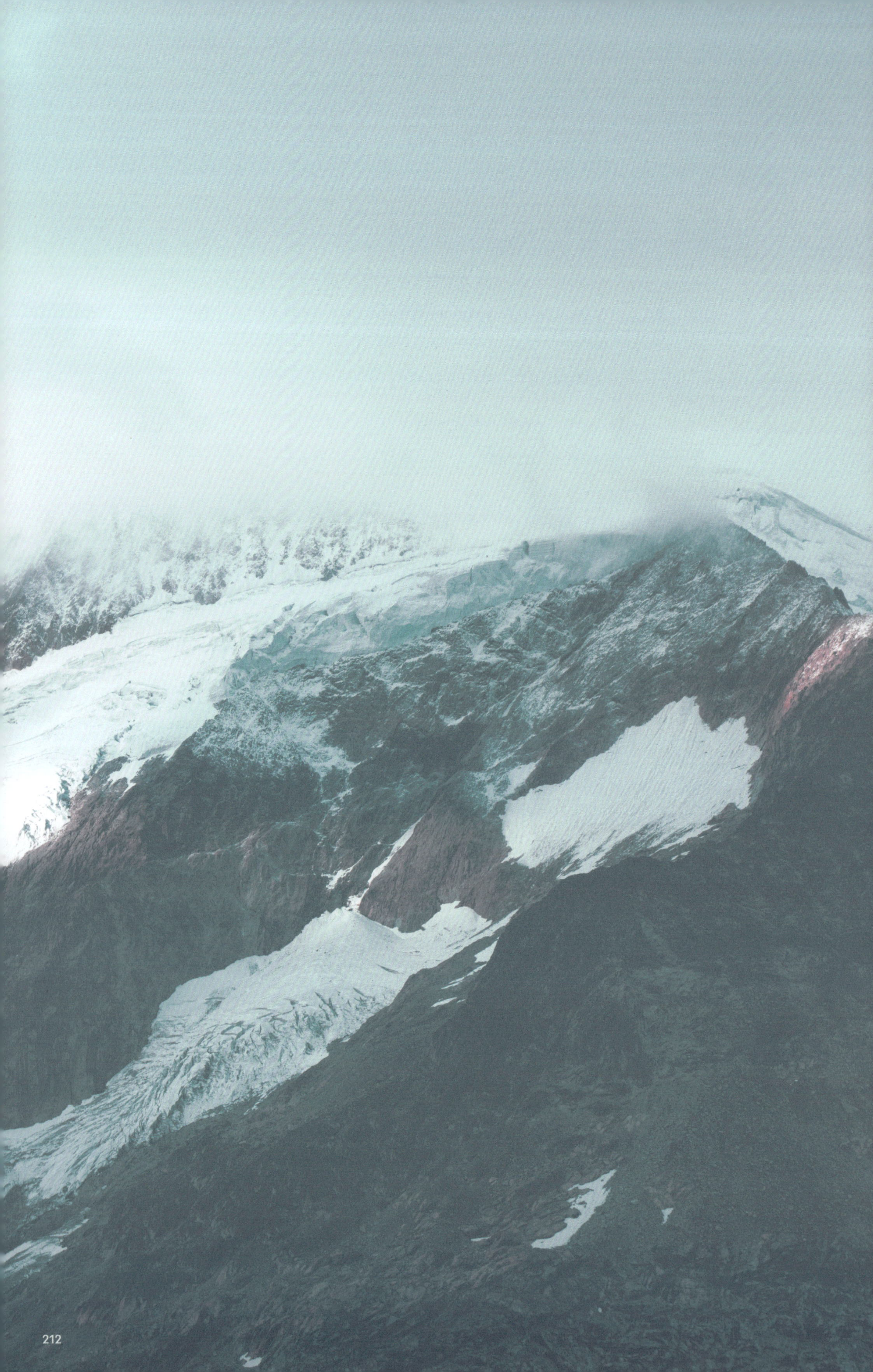

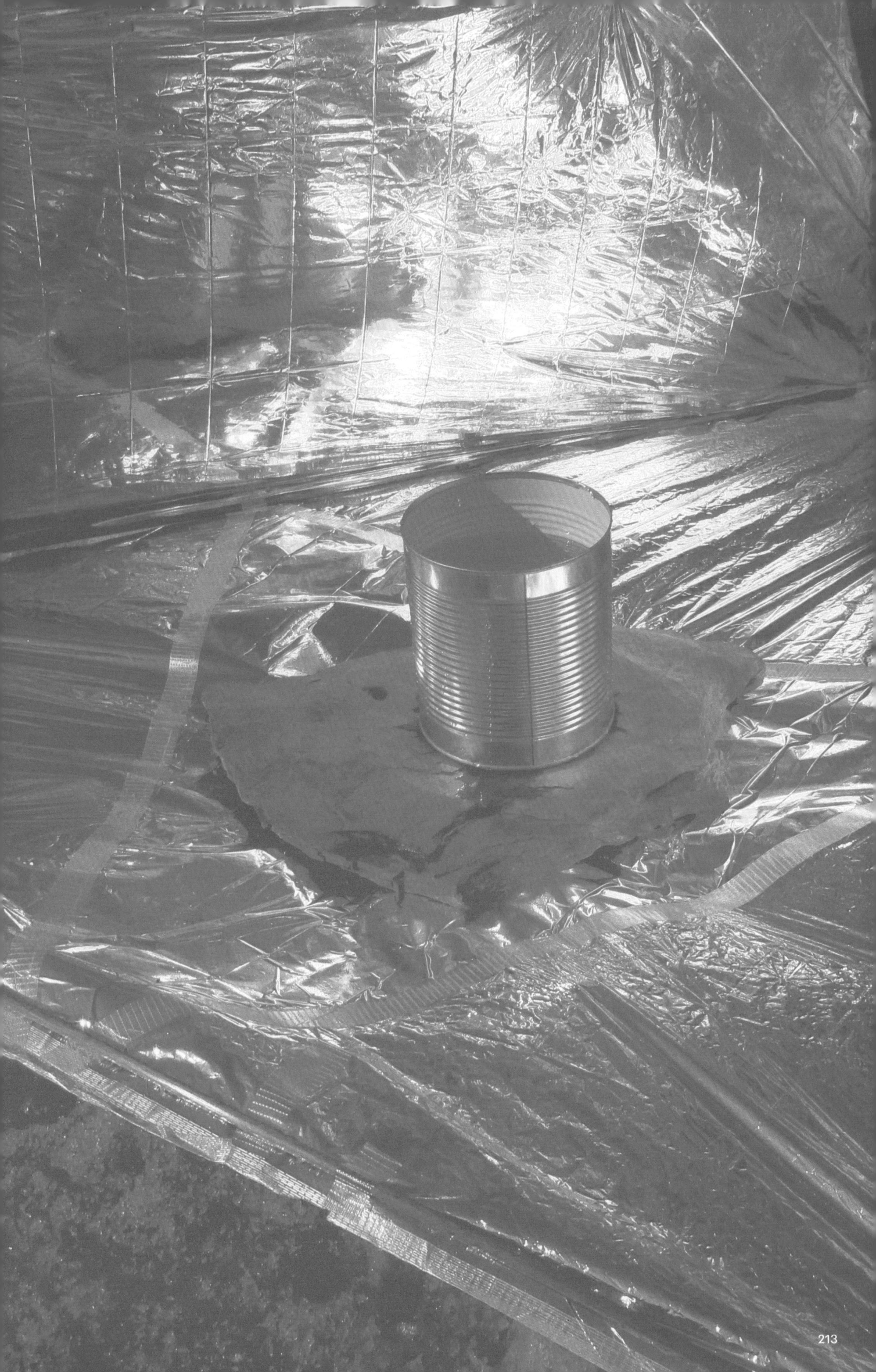

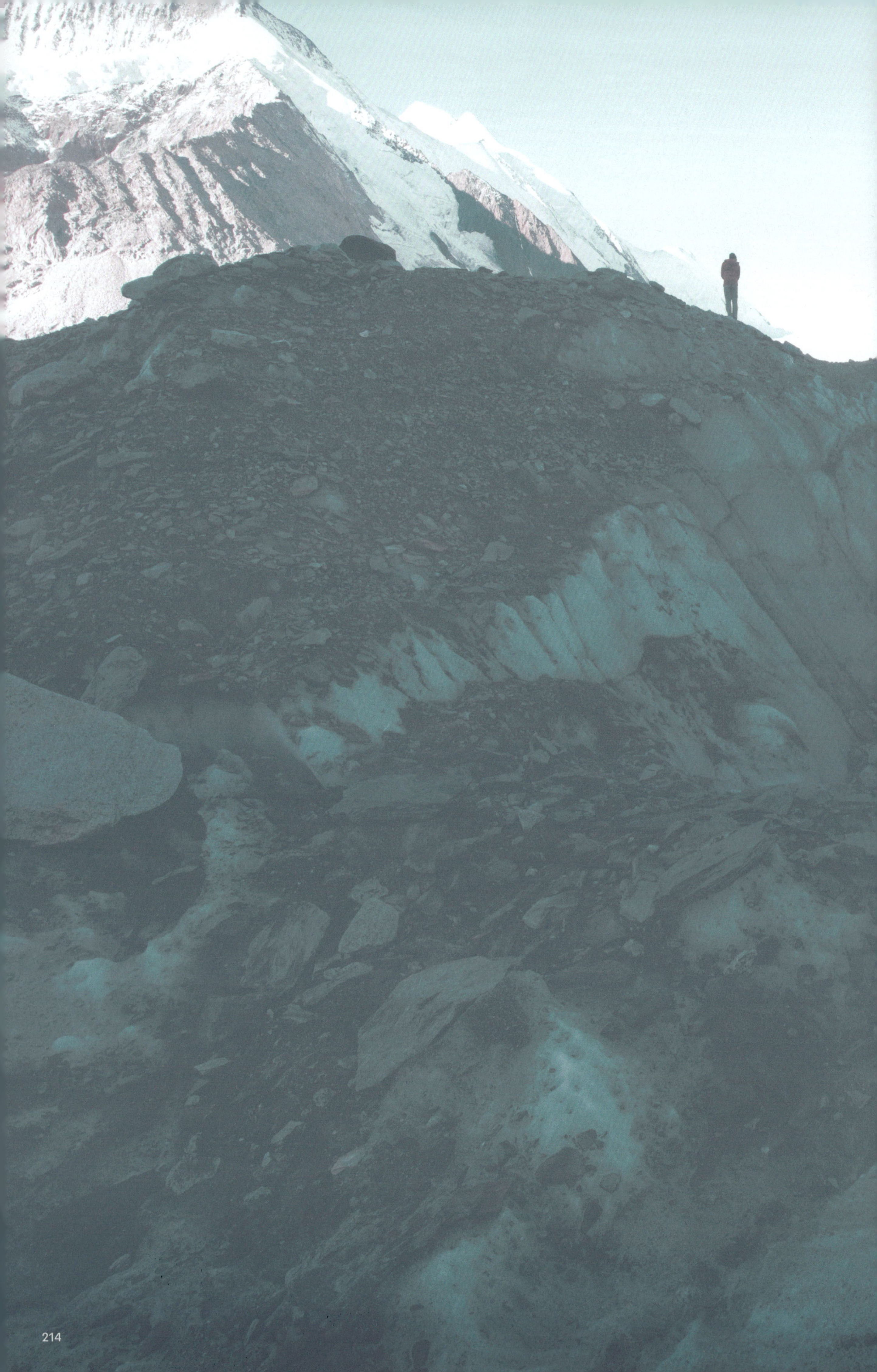

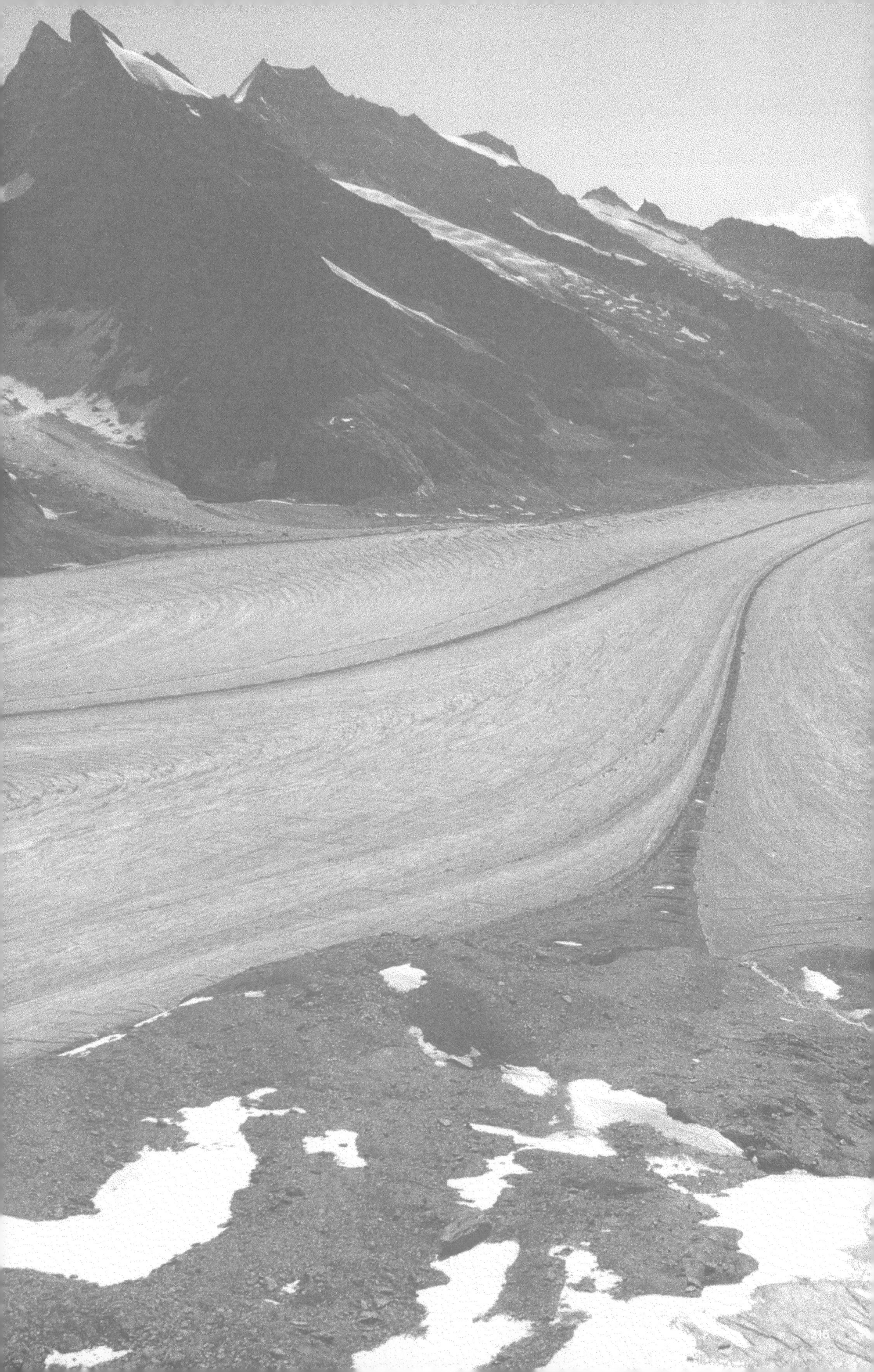

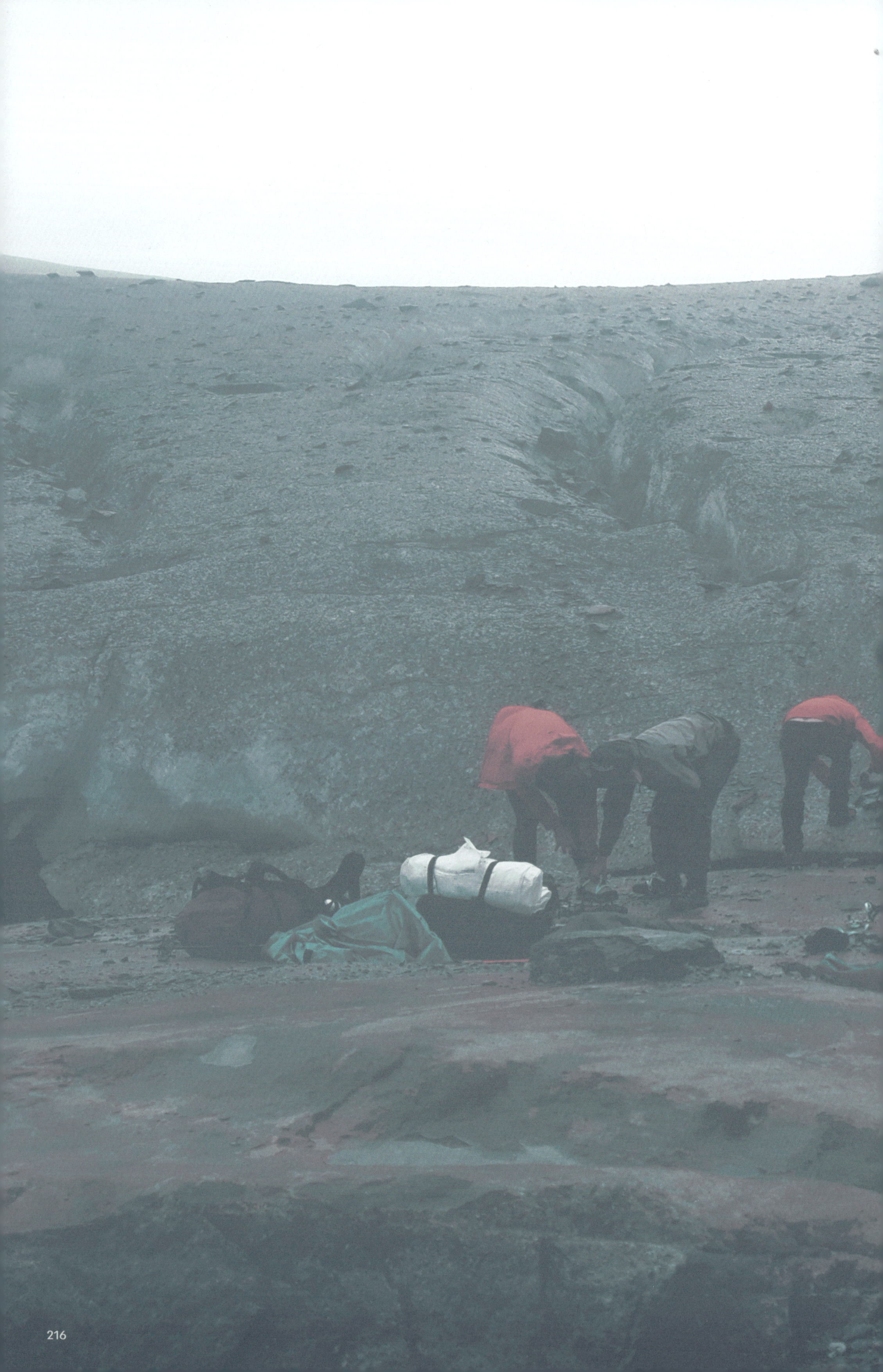

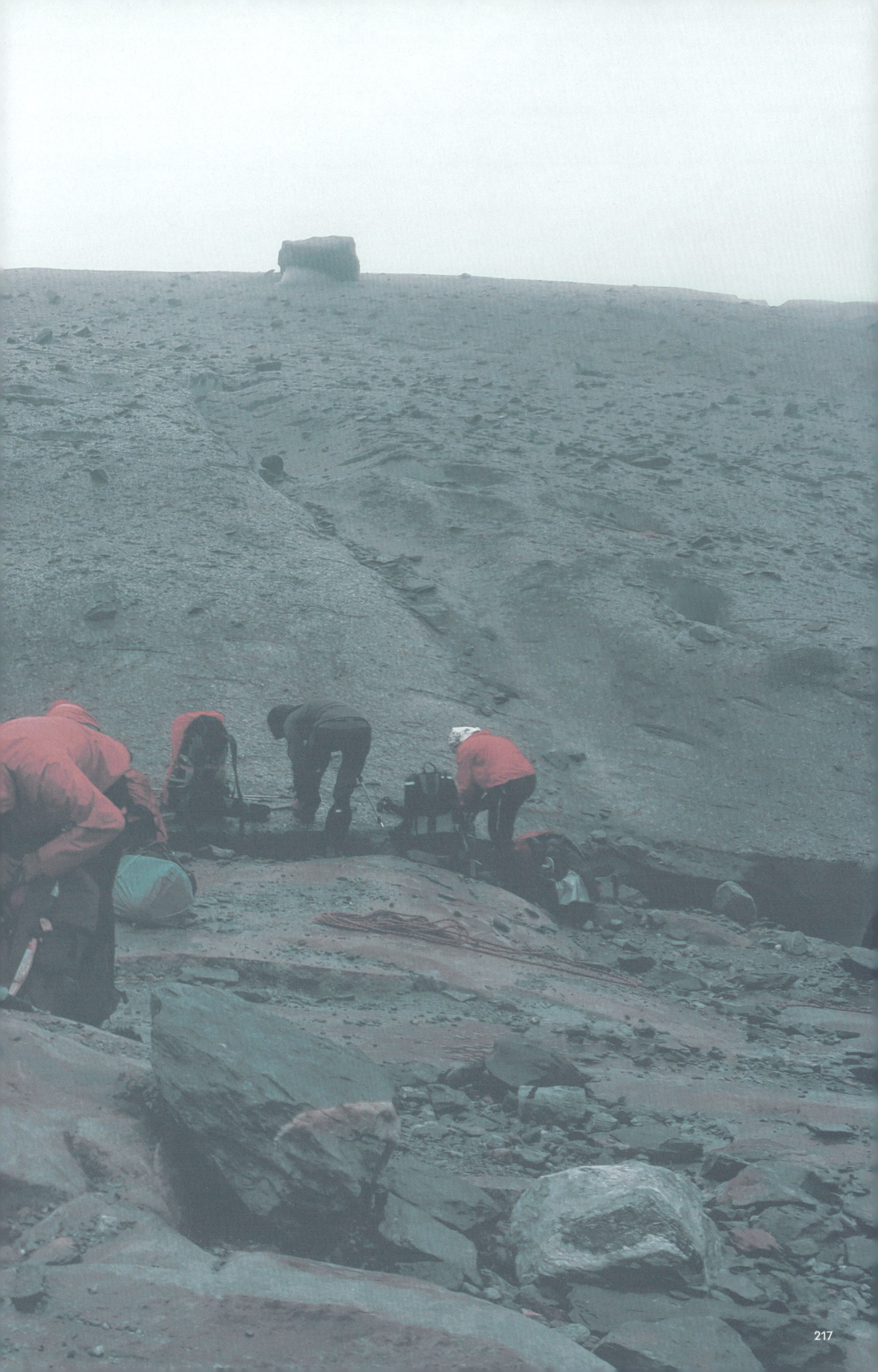

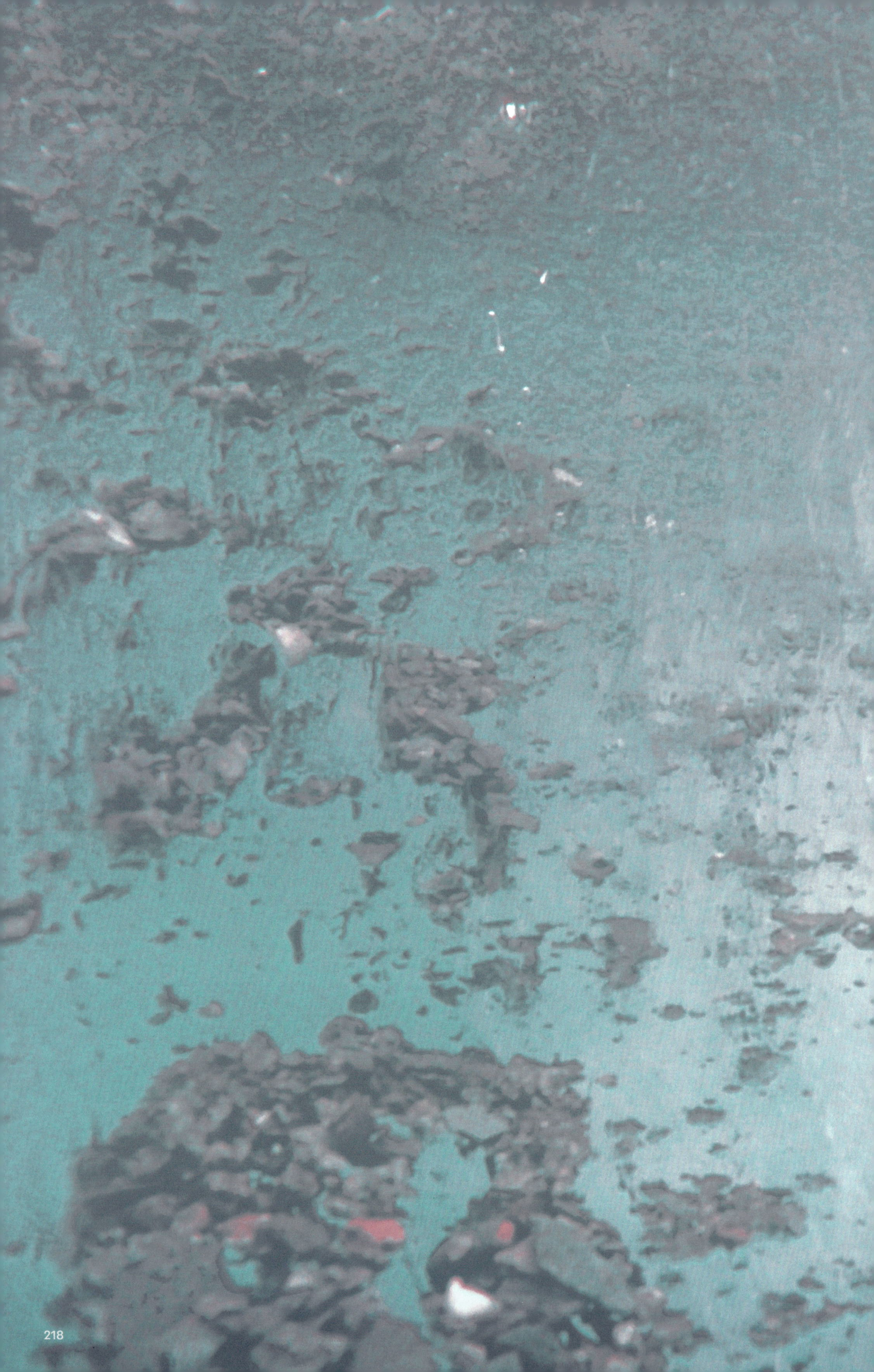

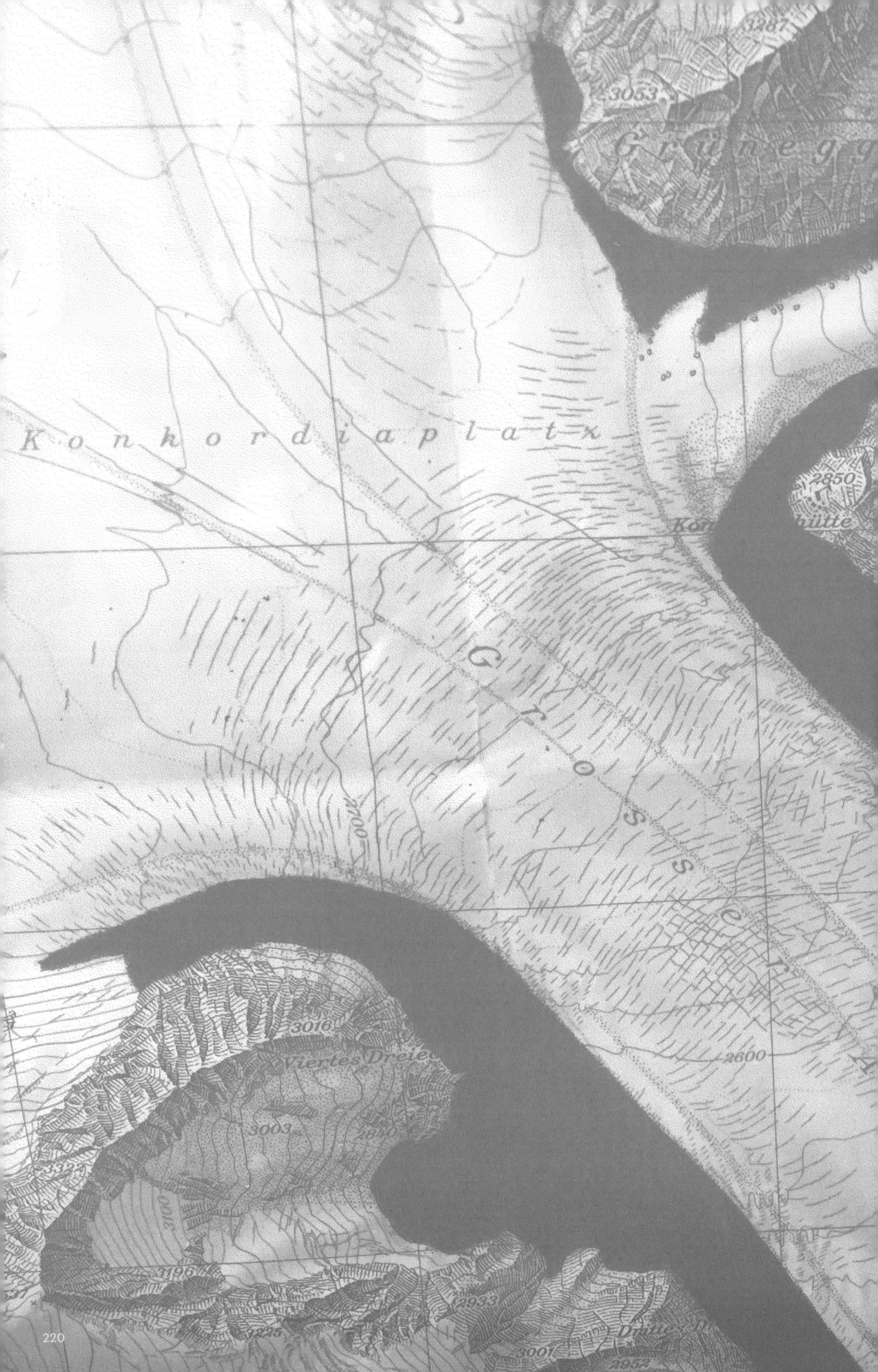

Konkordiaplatz
Grünegg
Konk...hütte
Grosser
Viertes Dreie...
3053
3367
2850
2700
3016
3003
2940
3001
2923
3225
2600

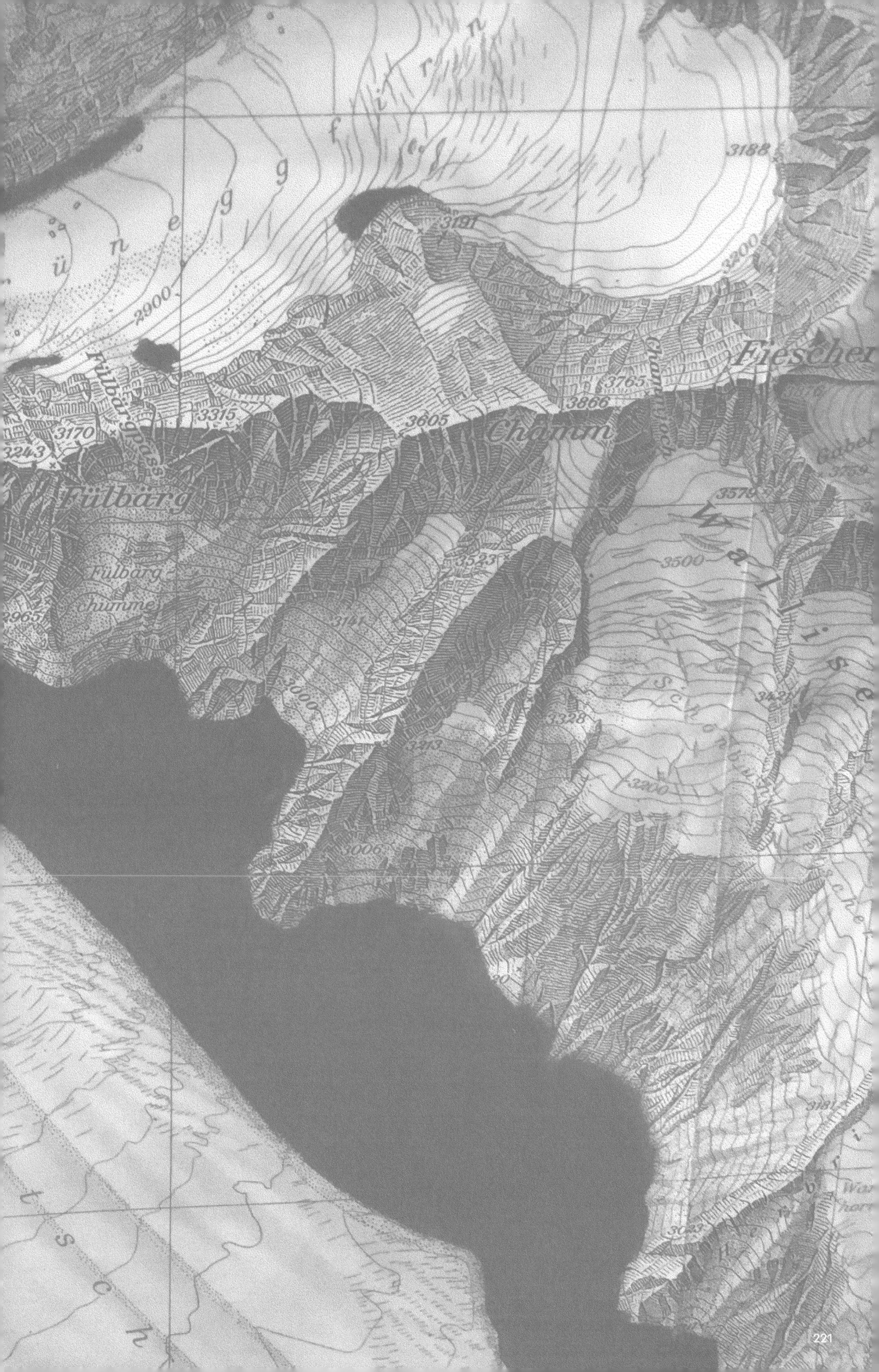
Firn
3188
3191
3200
Freschen
Fülbärgpass
3315
3605
3765
3866
Chamm
3170
3243
Fülbärg
Fülbärg
chumme
2965
3579
3523
3500
3141
3328
3213
3006
3200
221

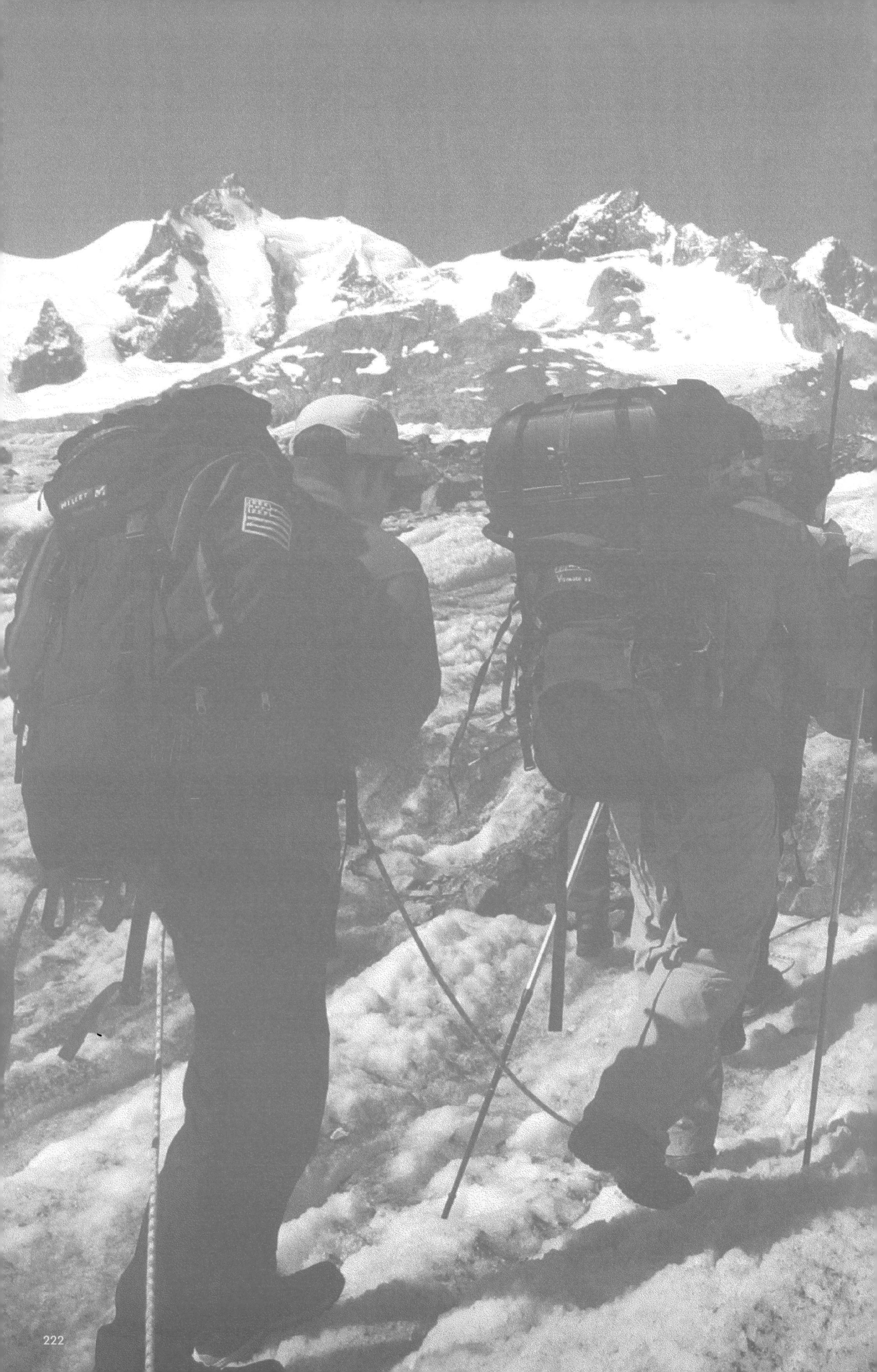

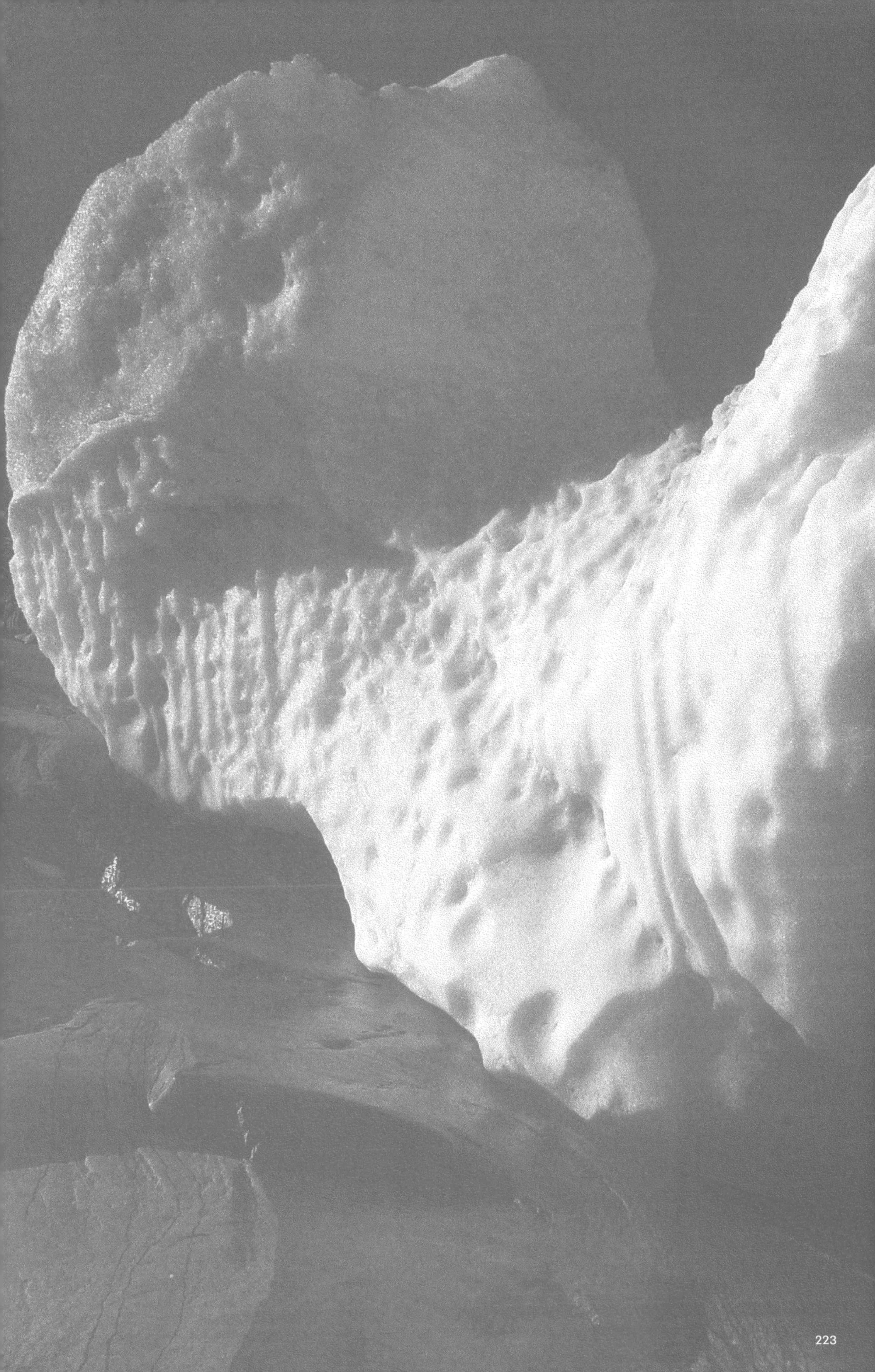

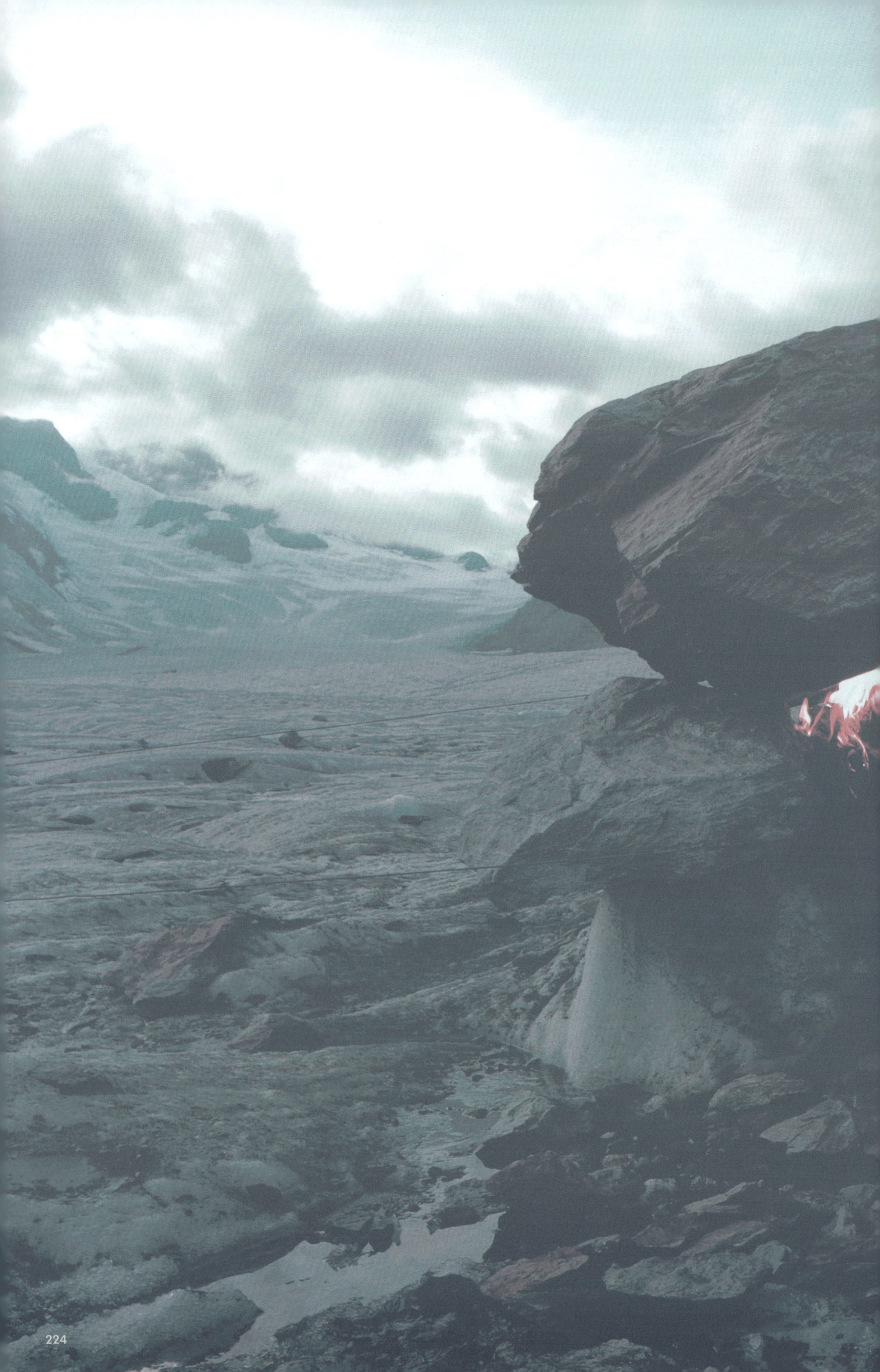

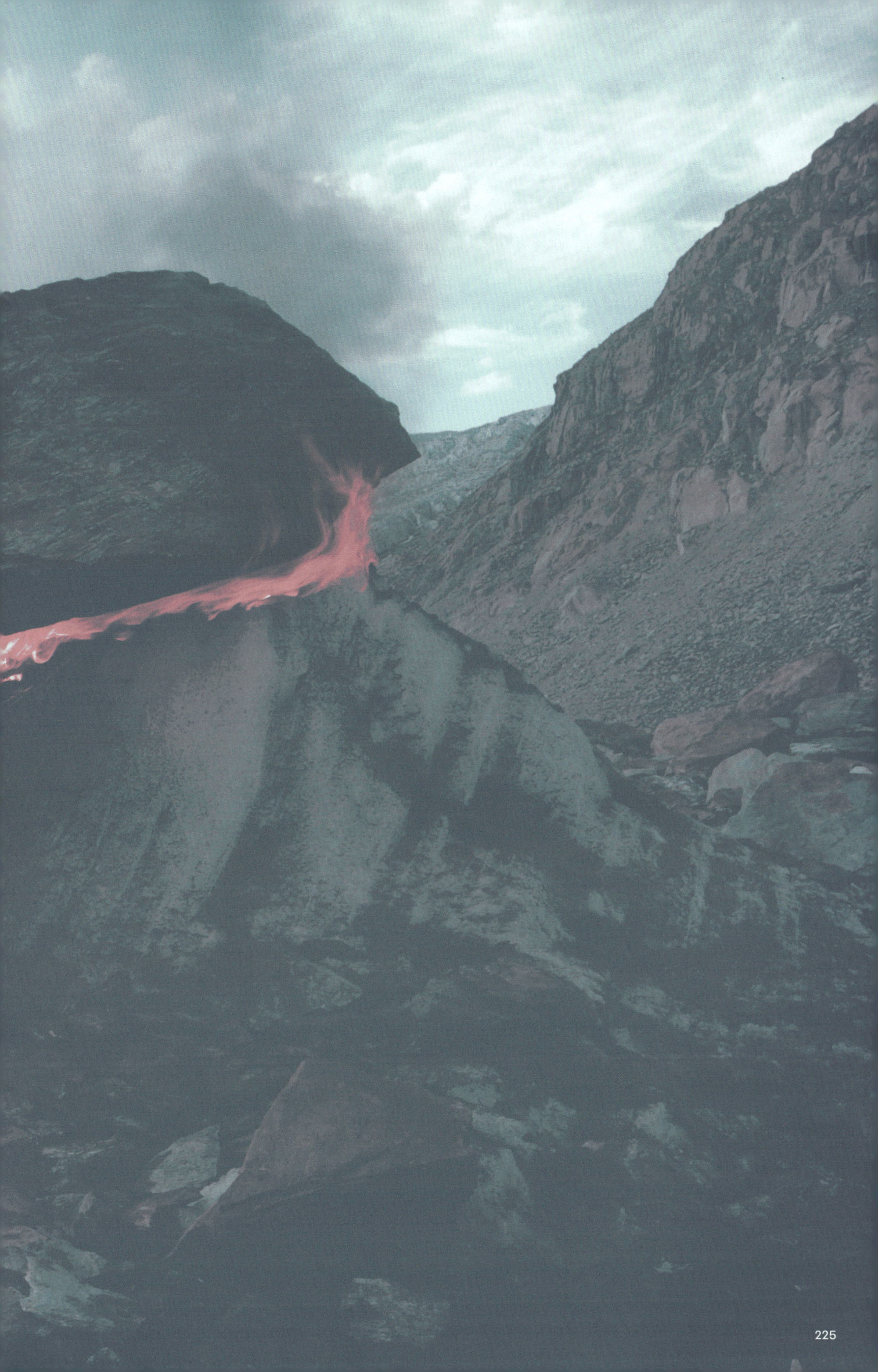

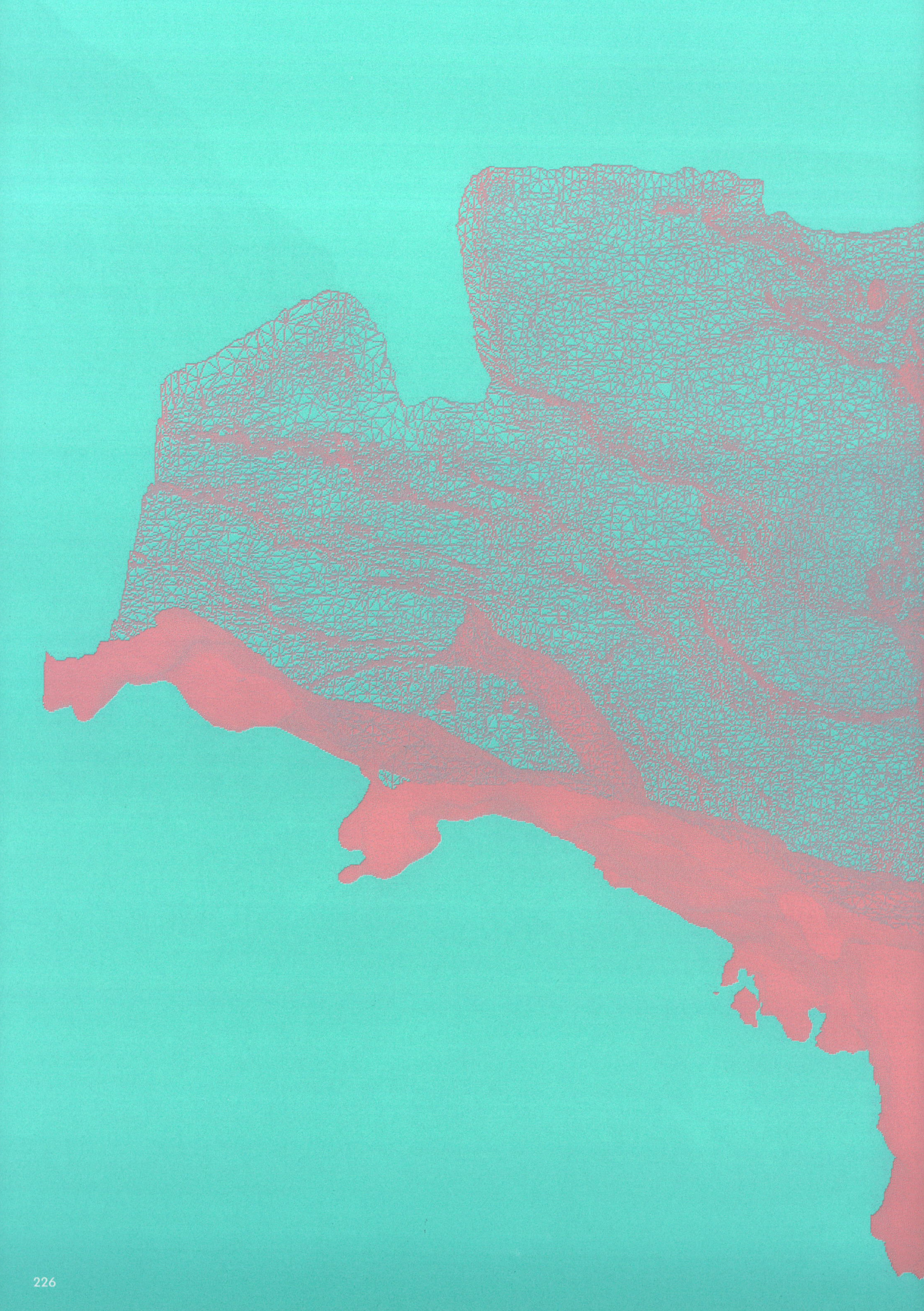

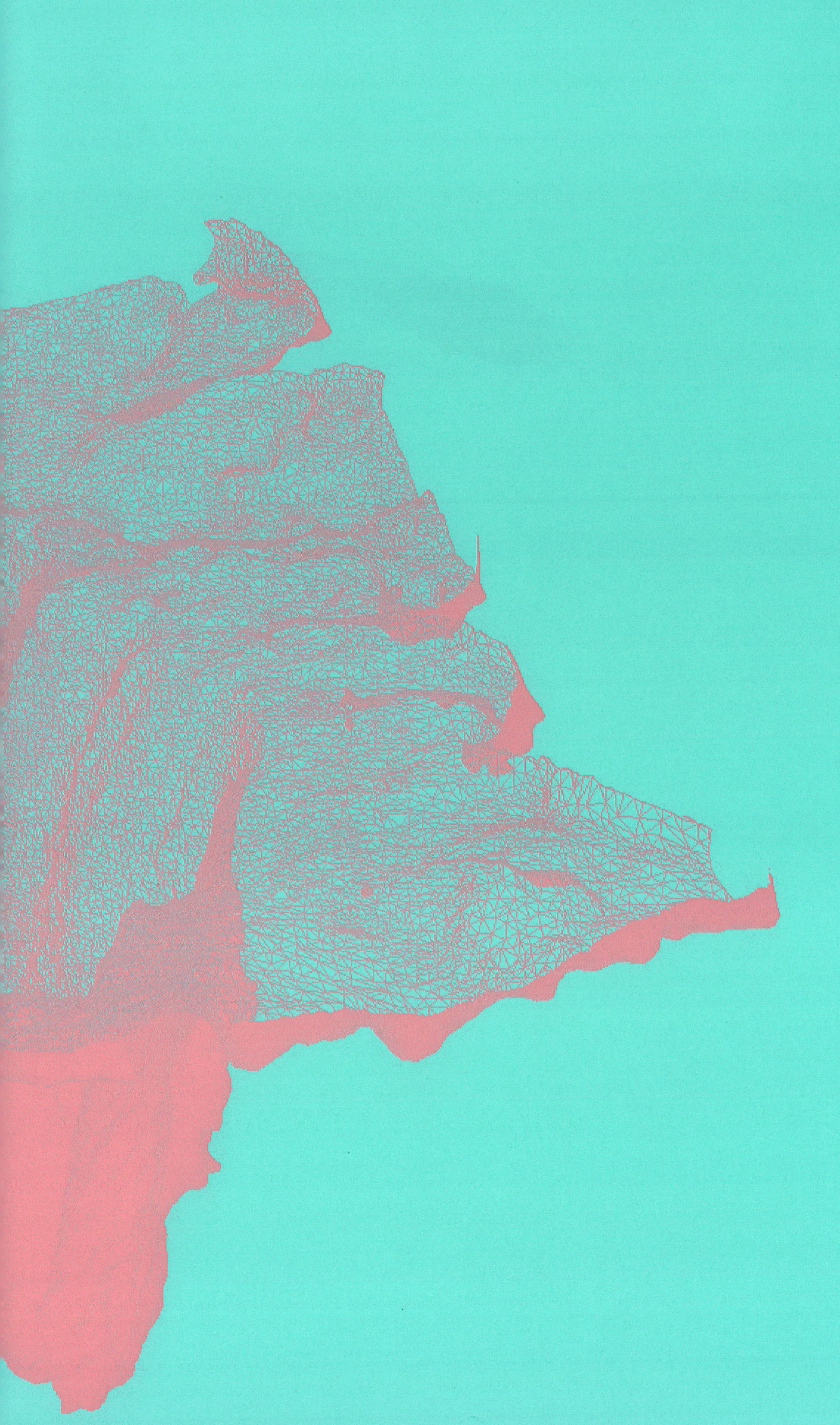

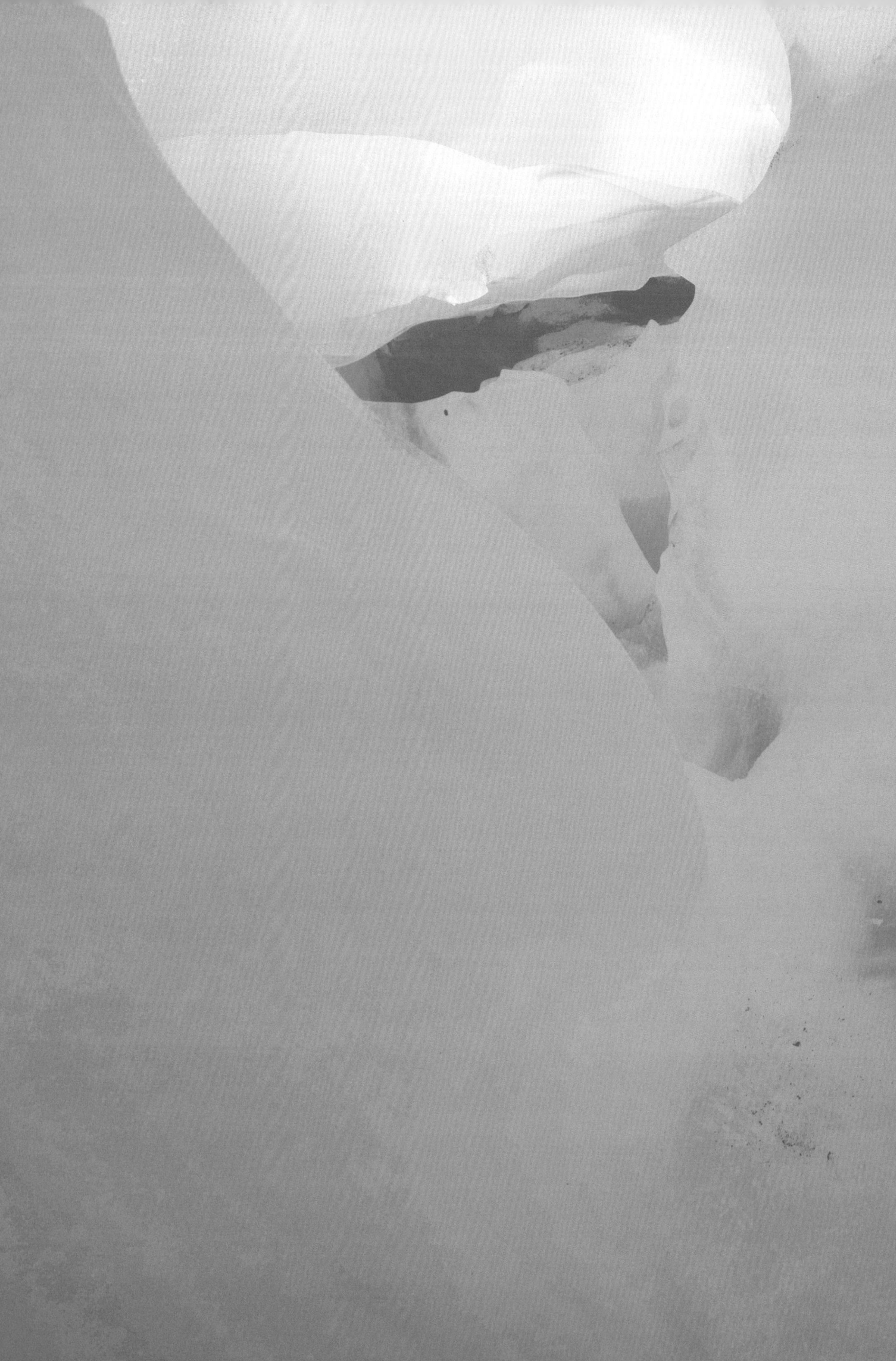

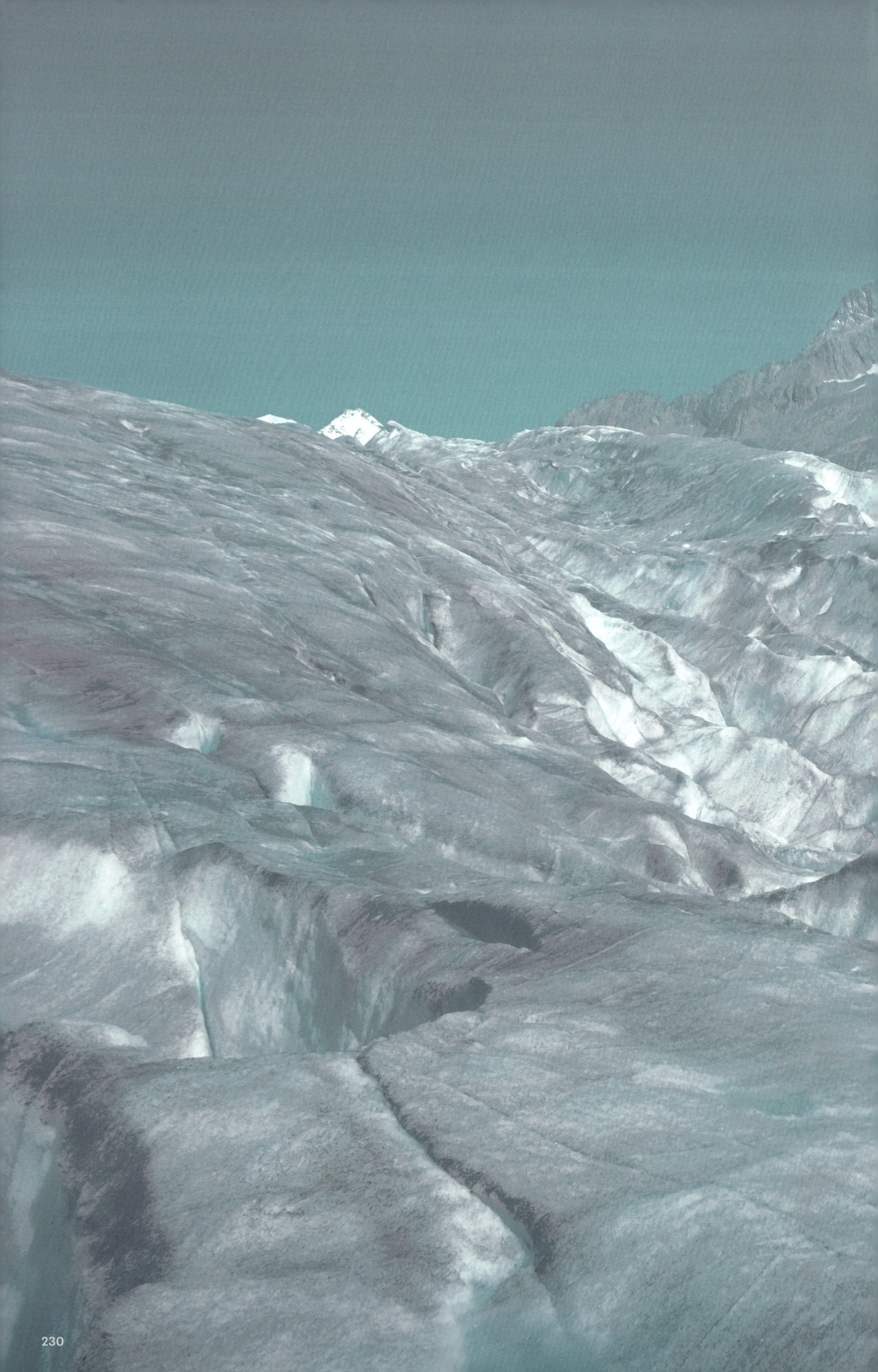

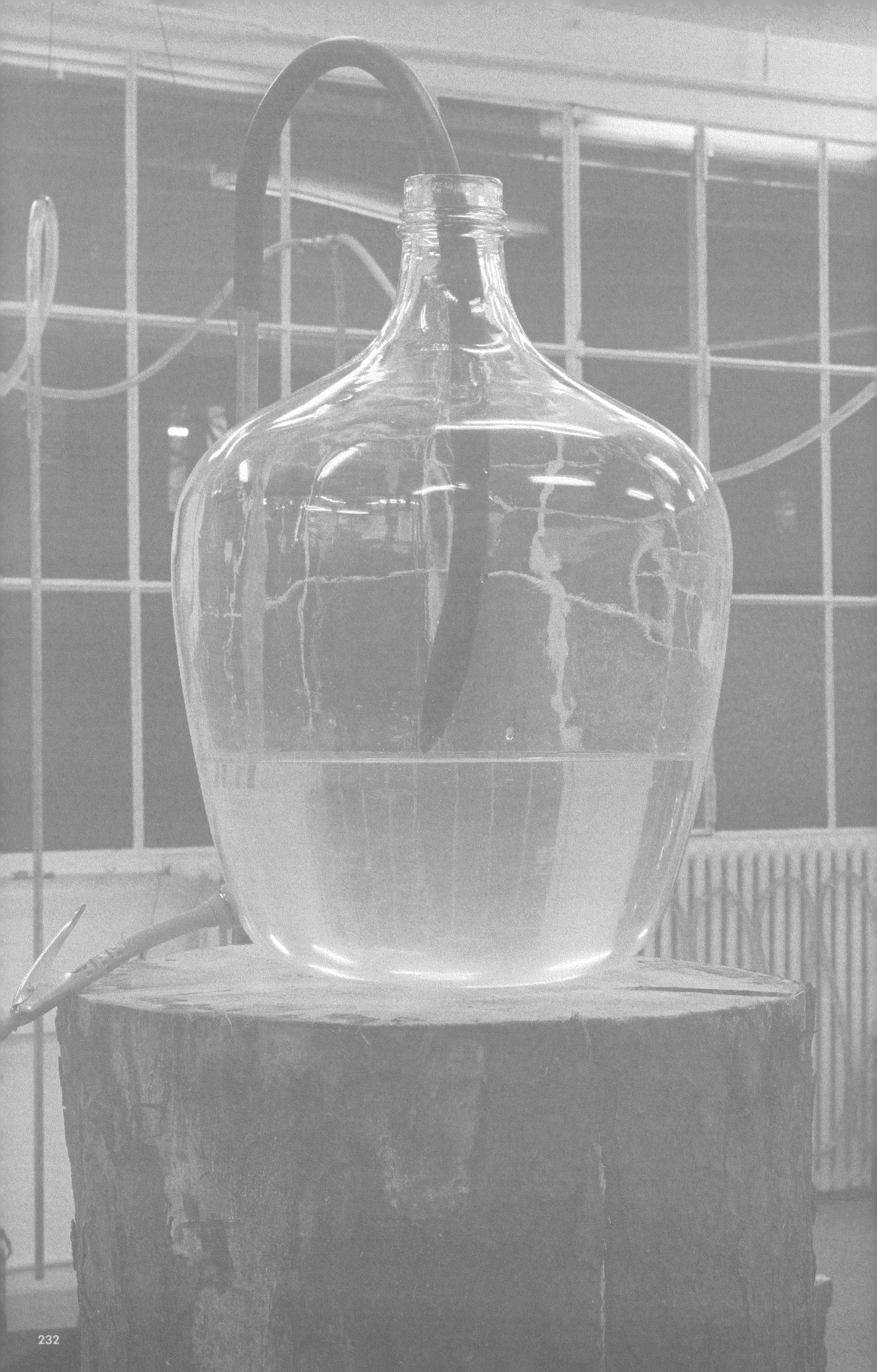

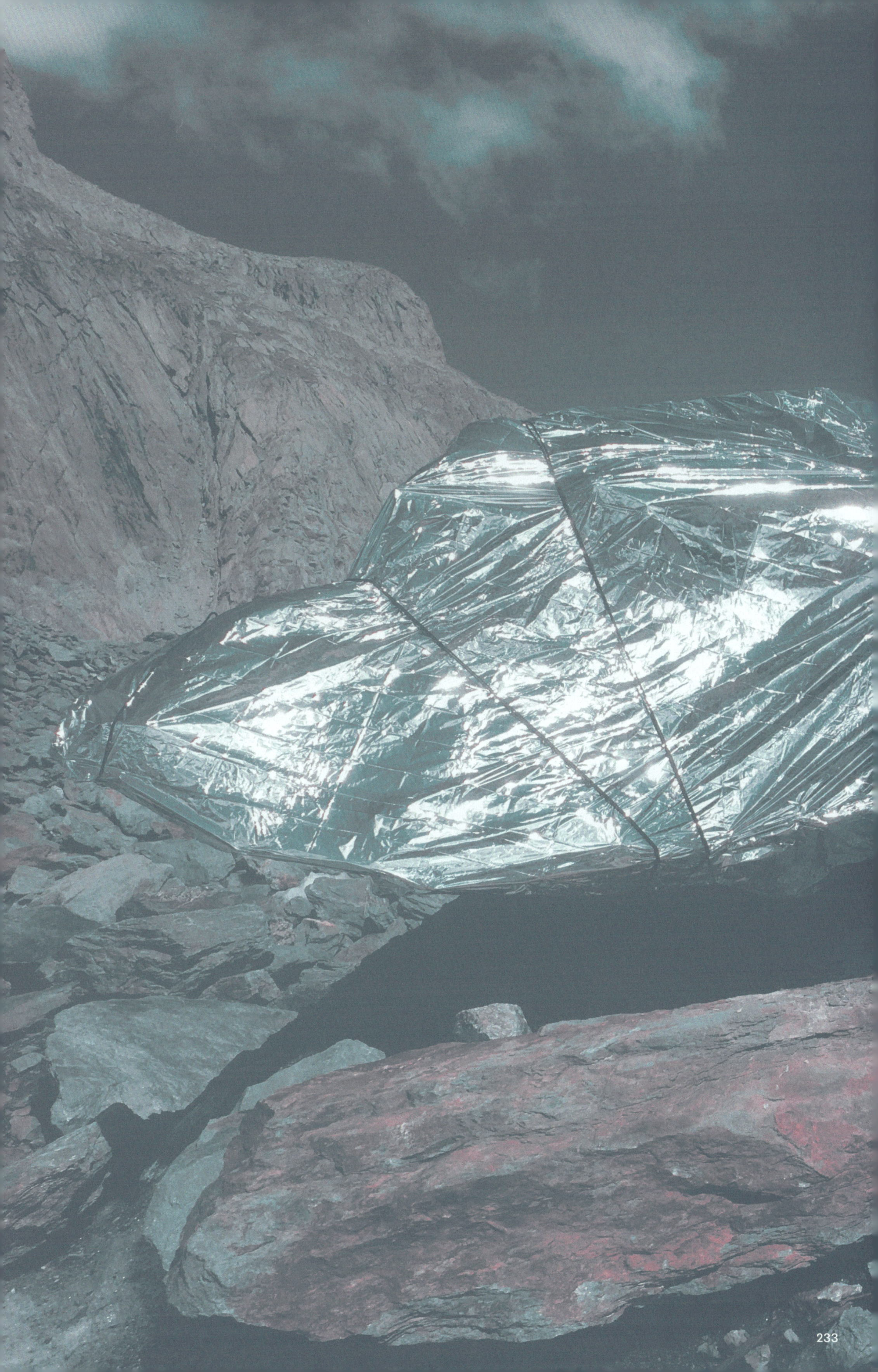

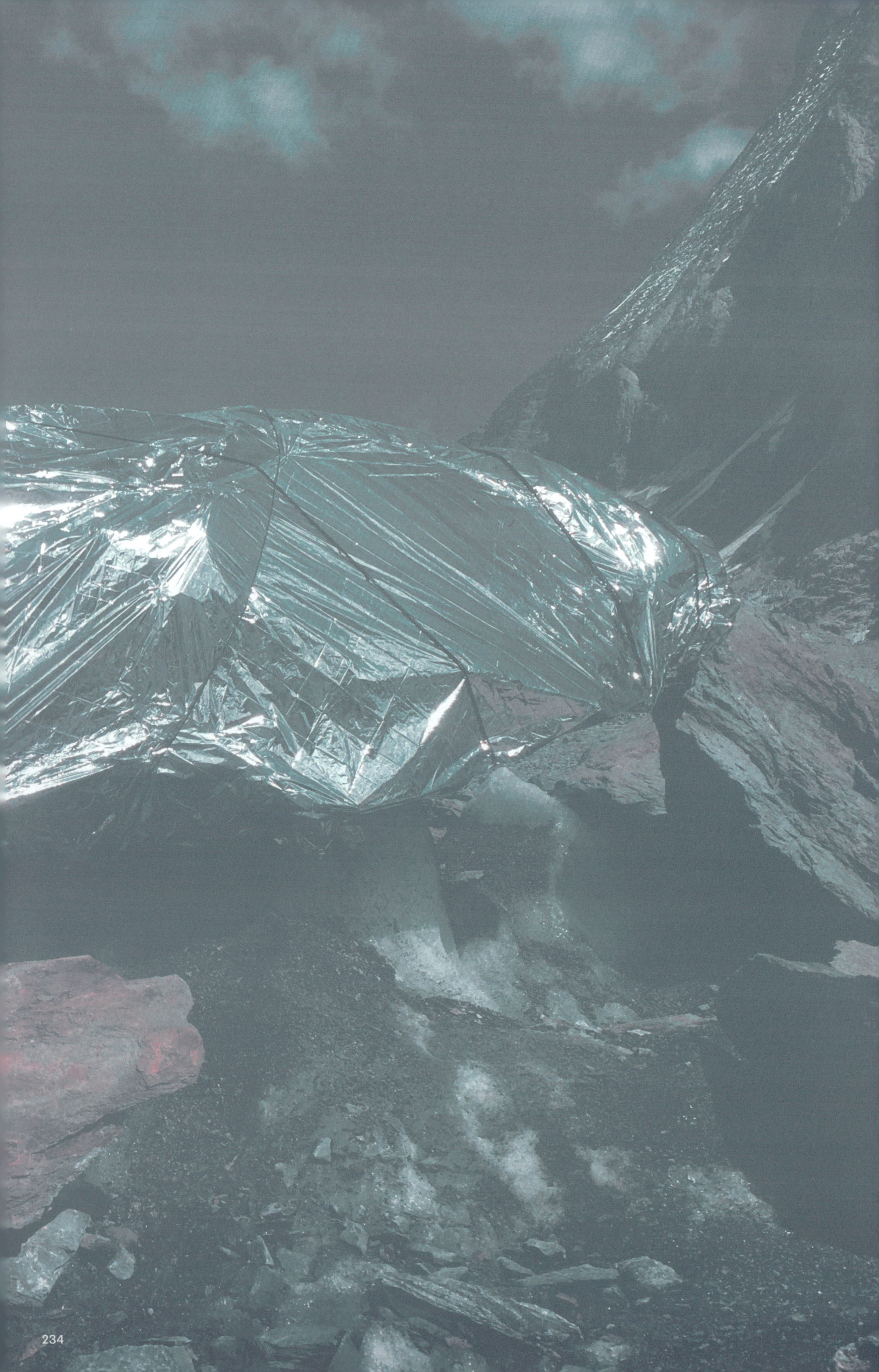

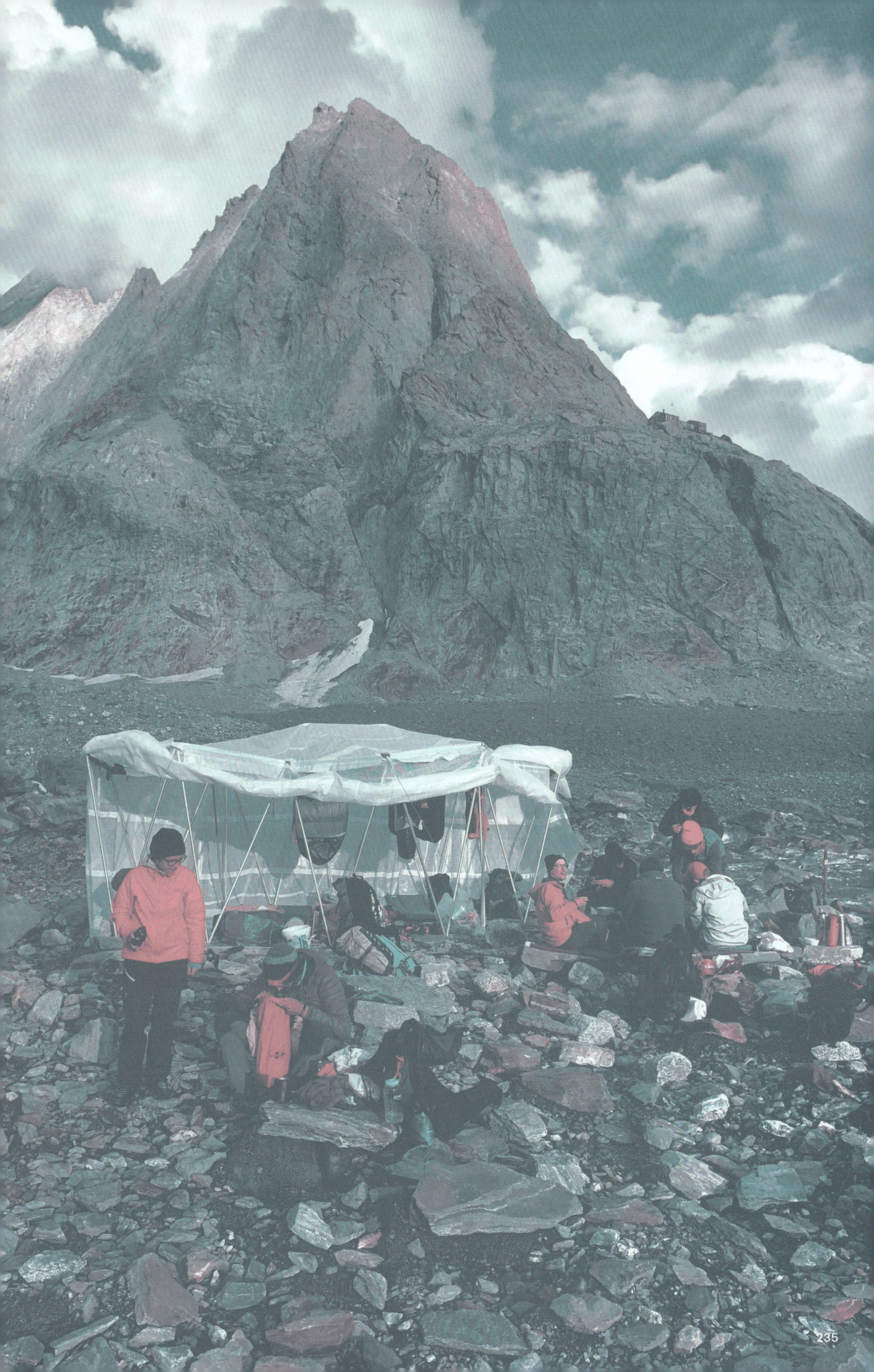

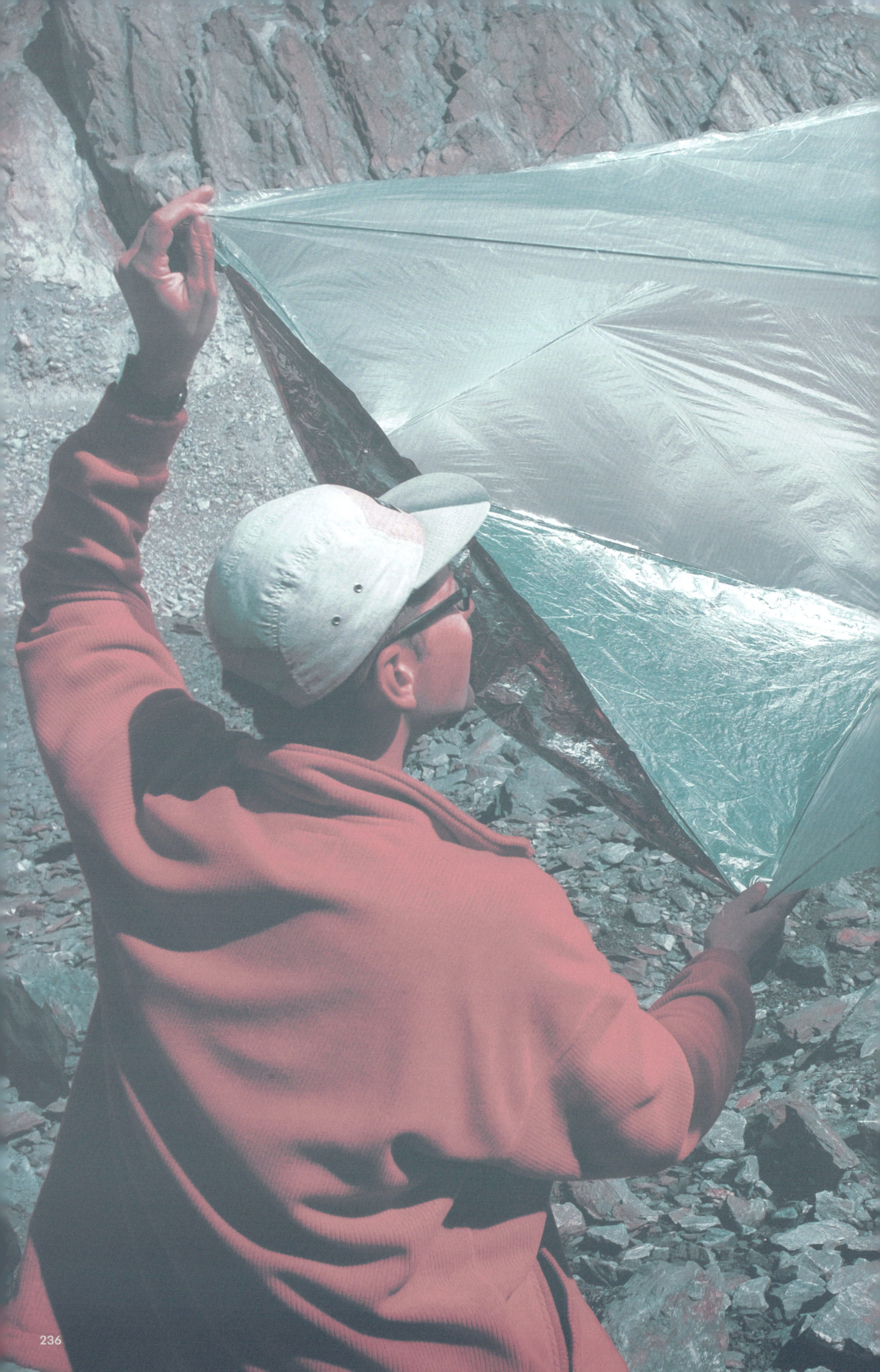

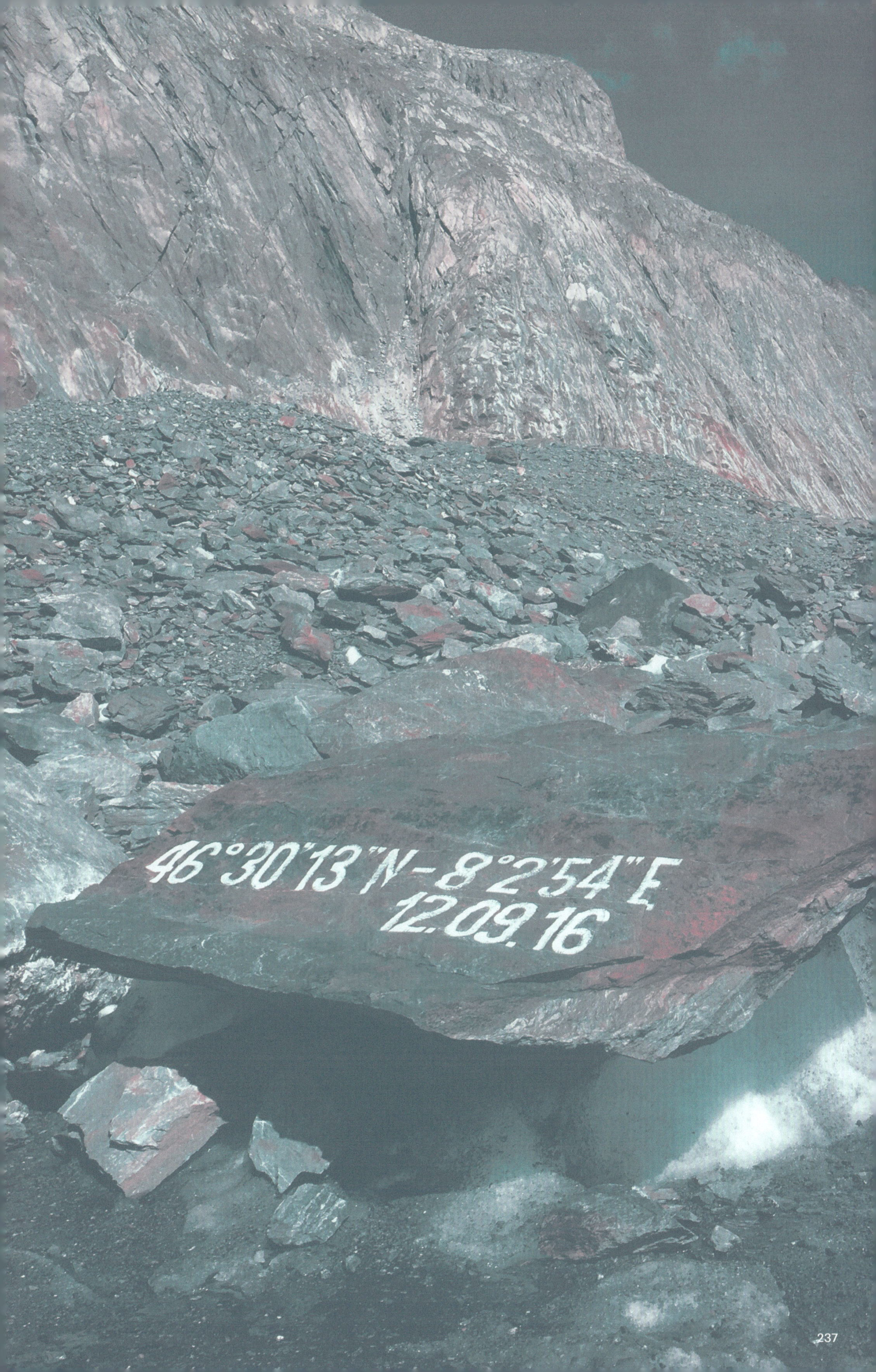

46°30'13"N - 8°2'54"E
12.09.16

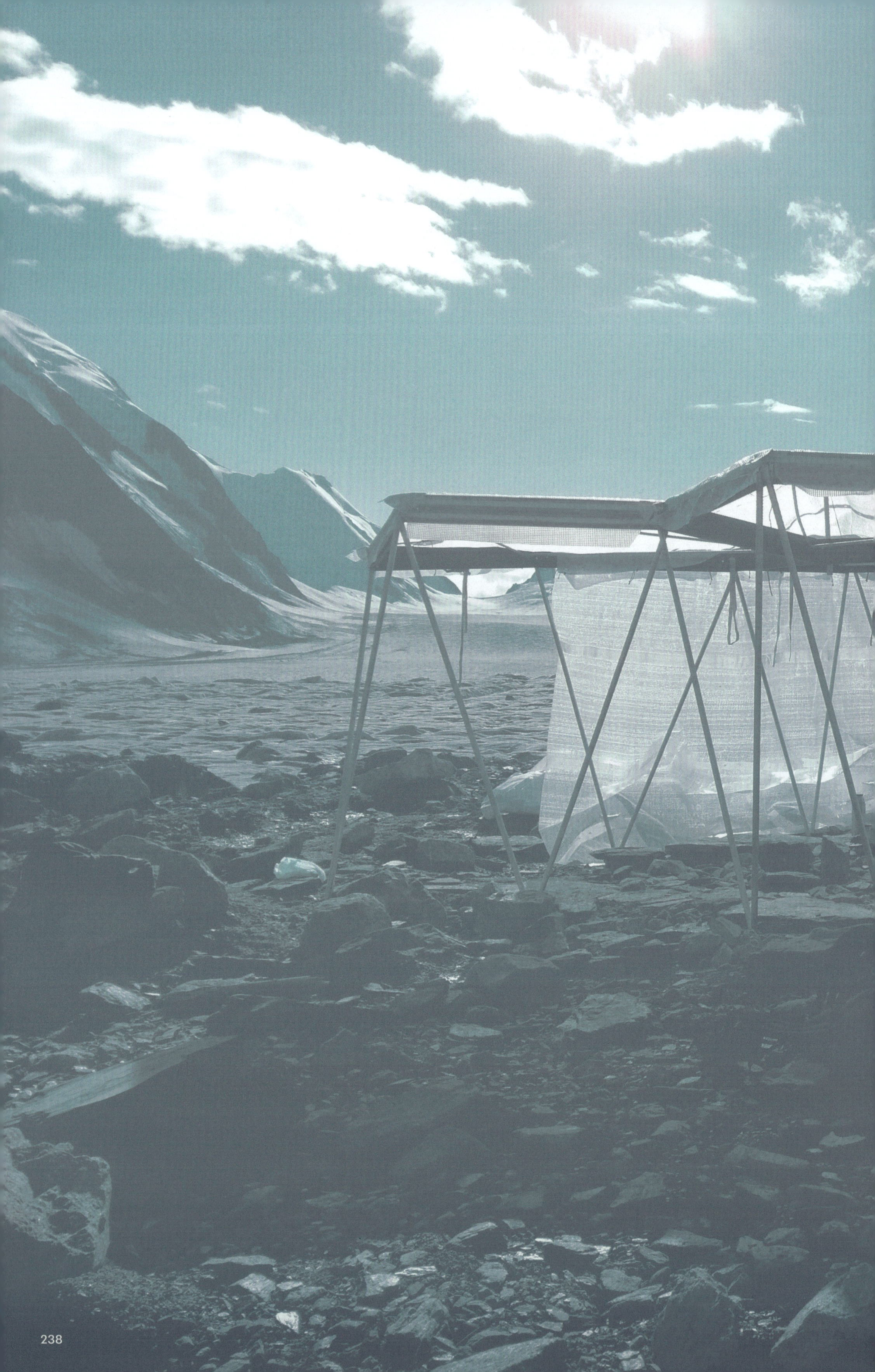

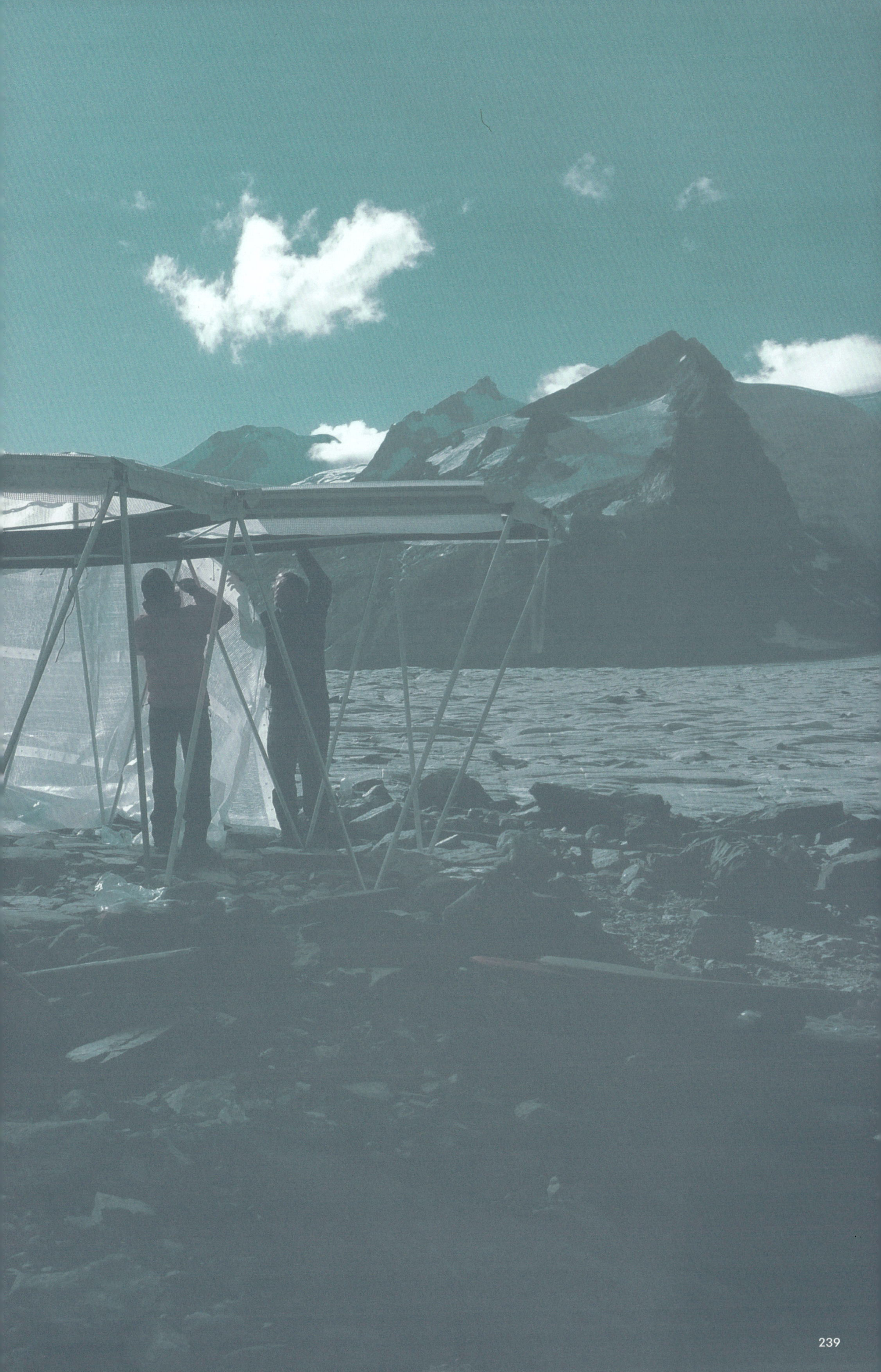

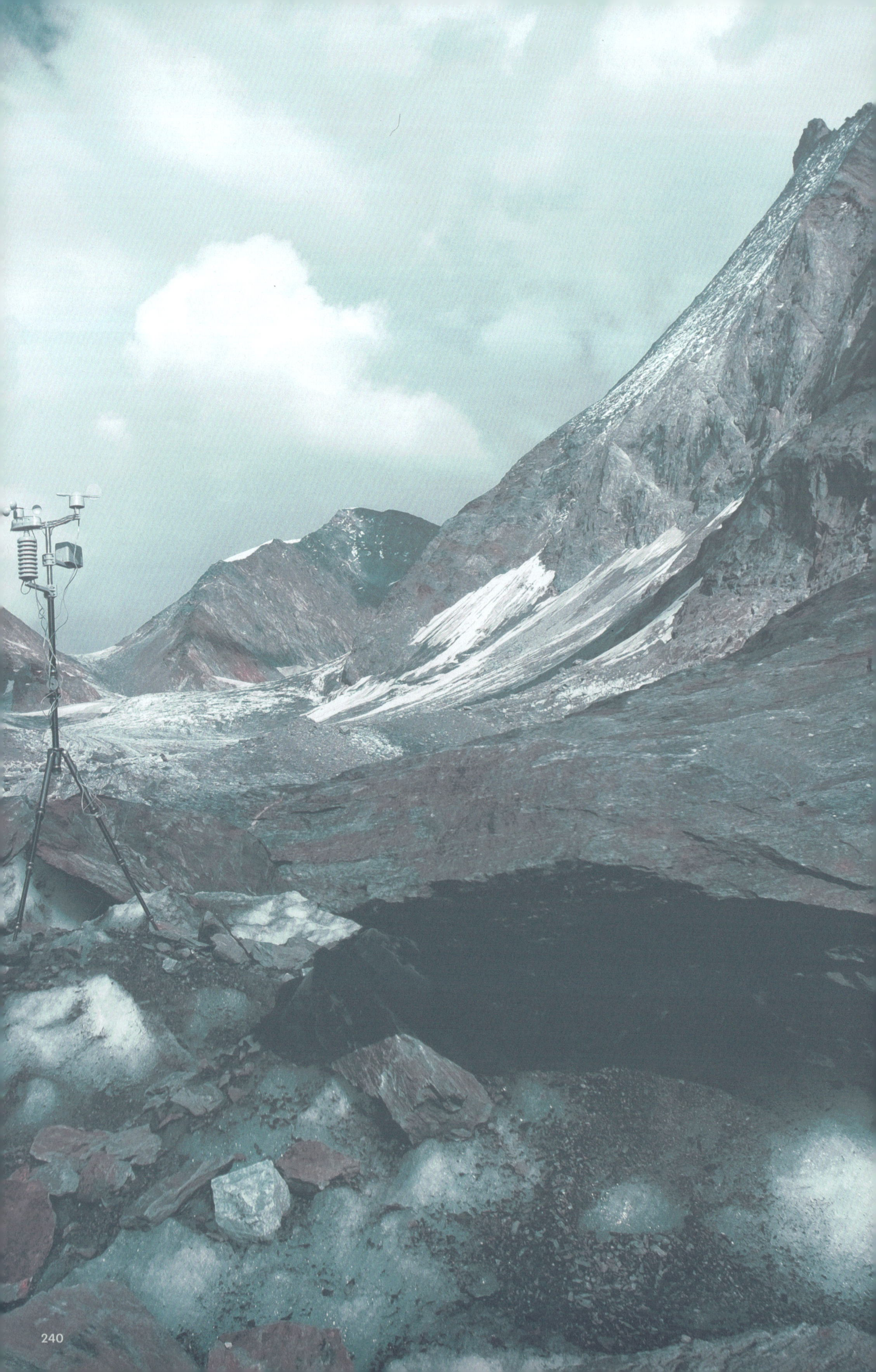

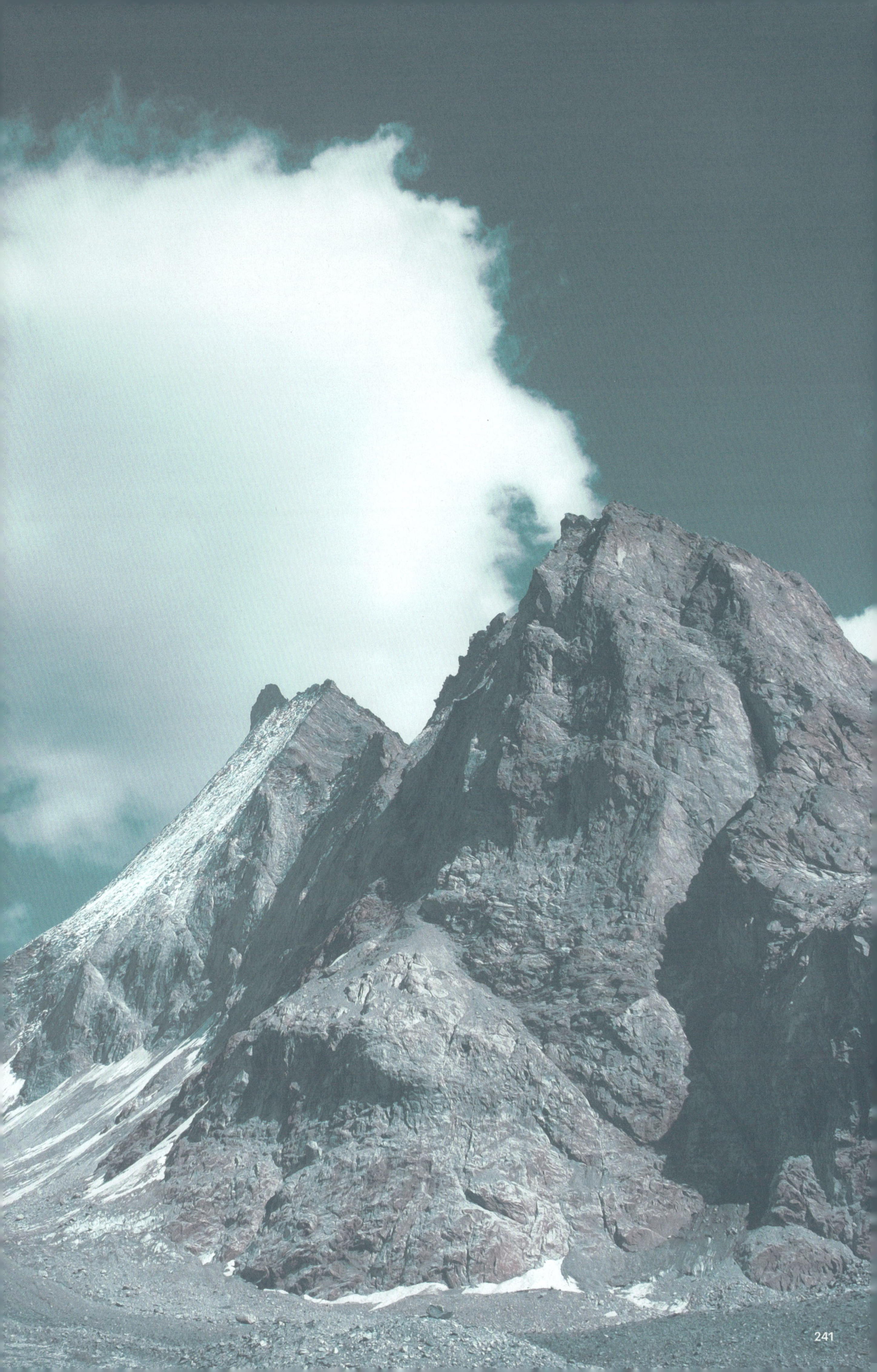

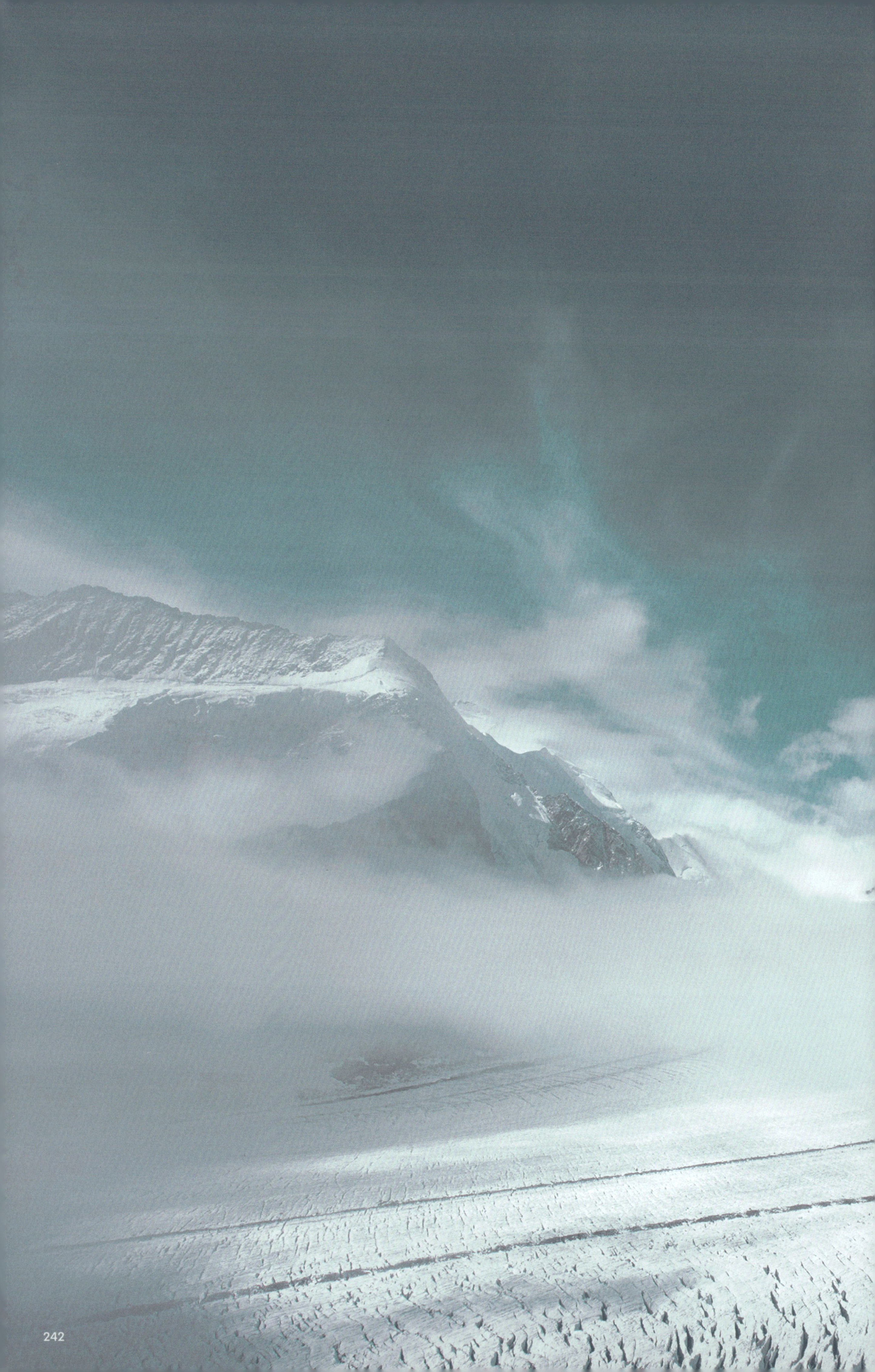

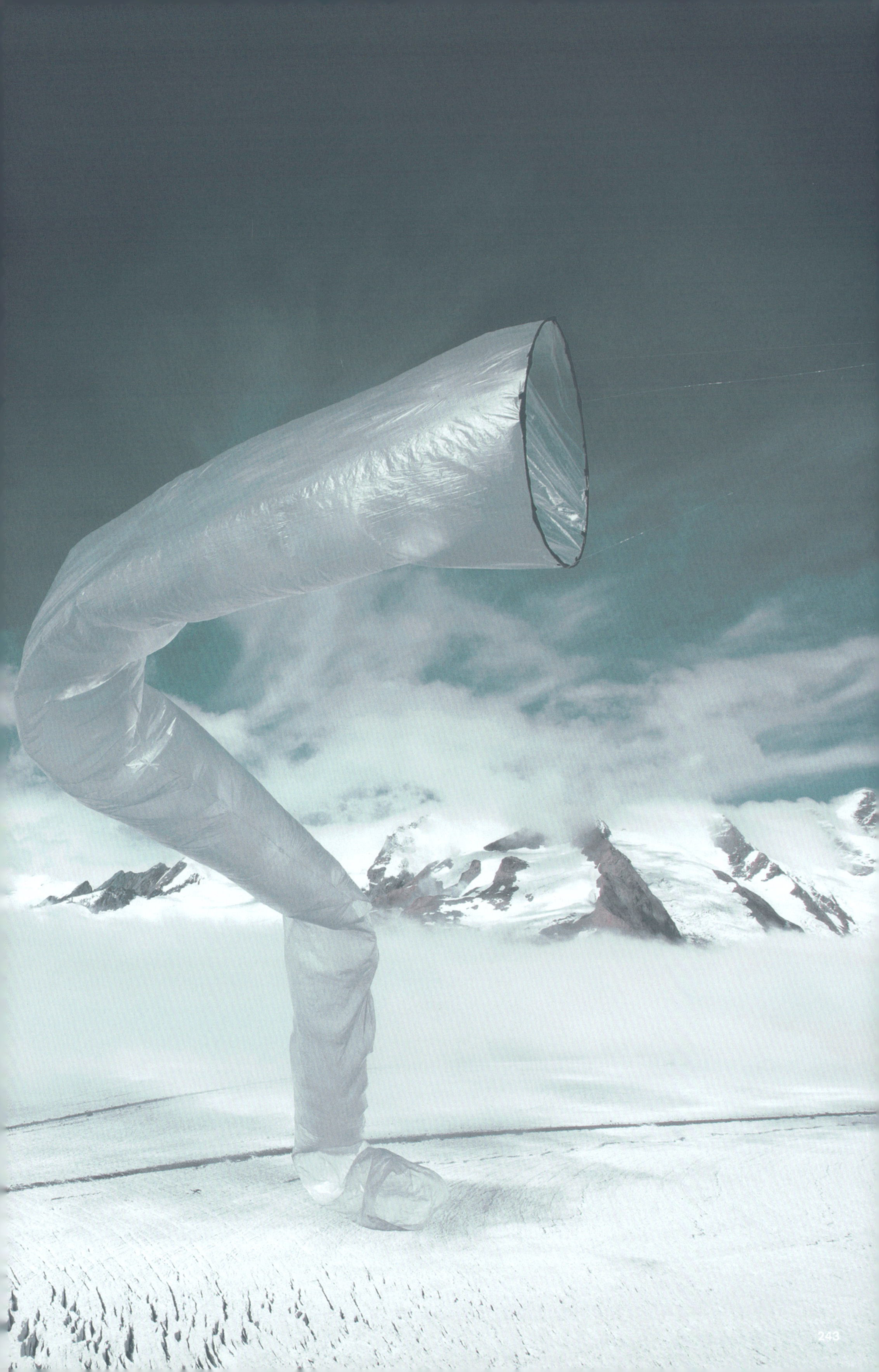

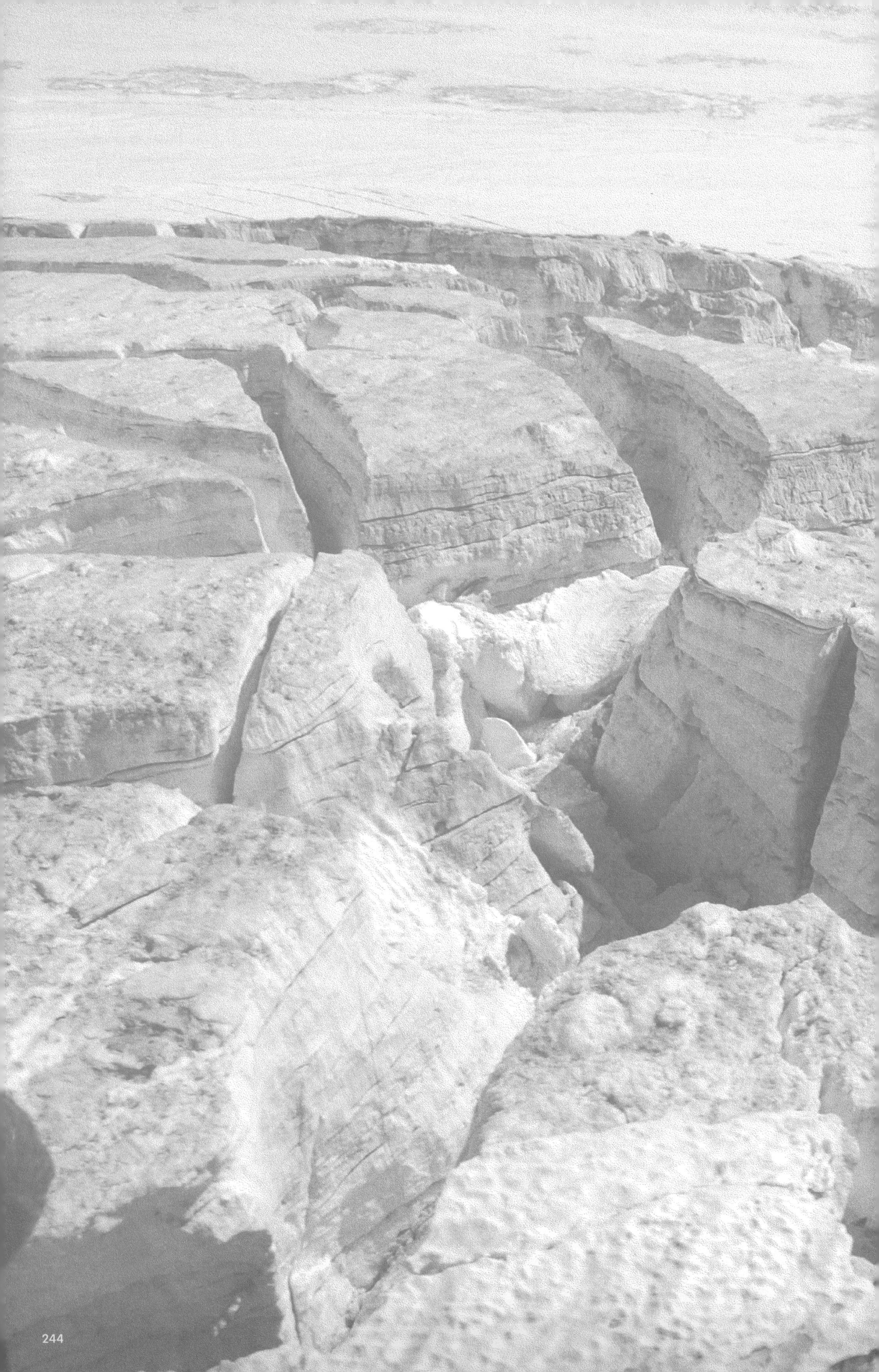

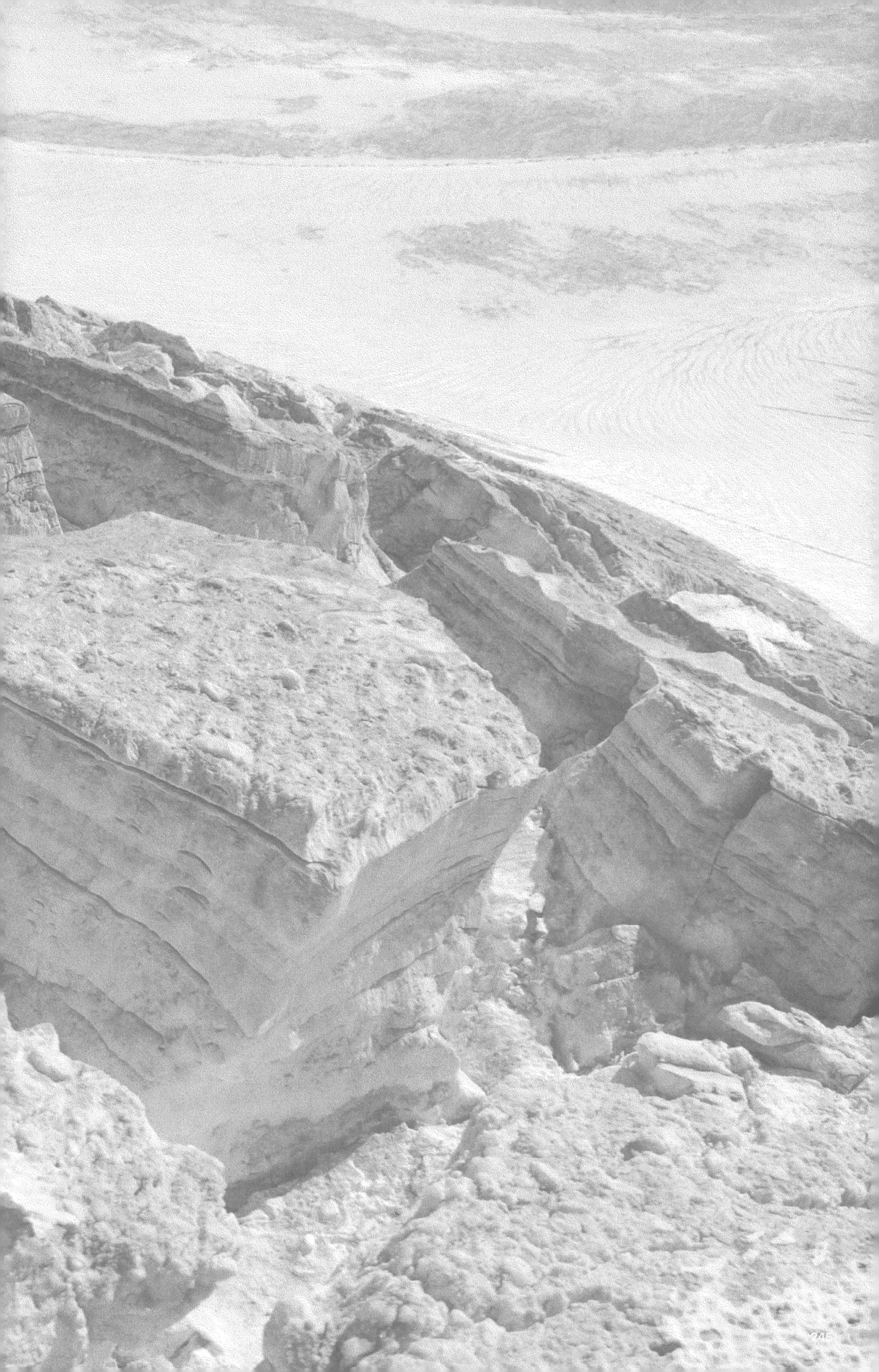

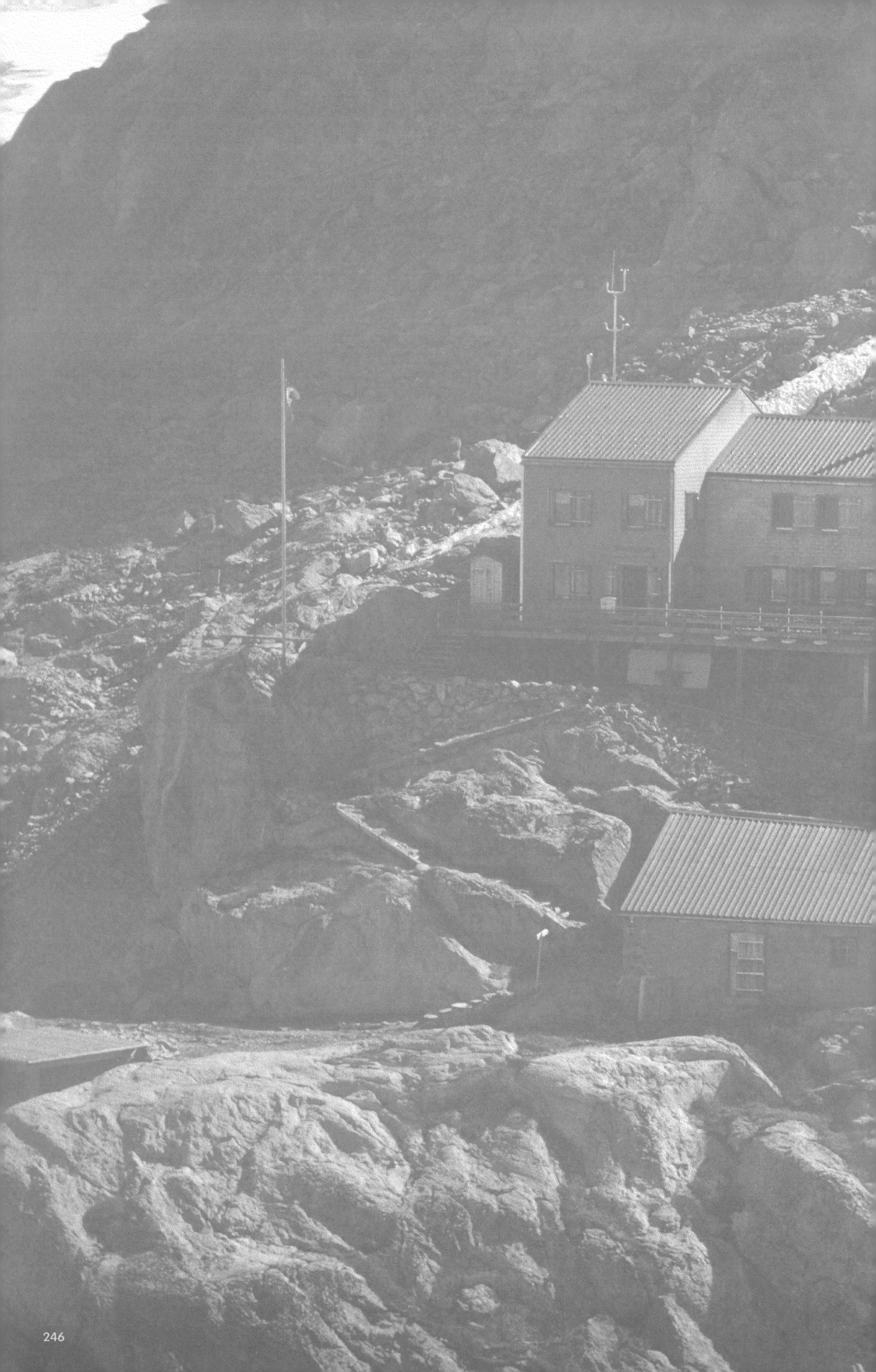

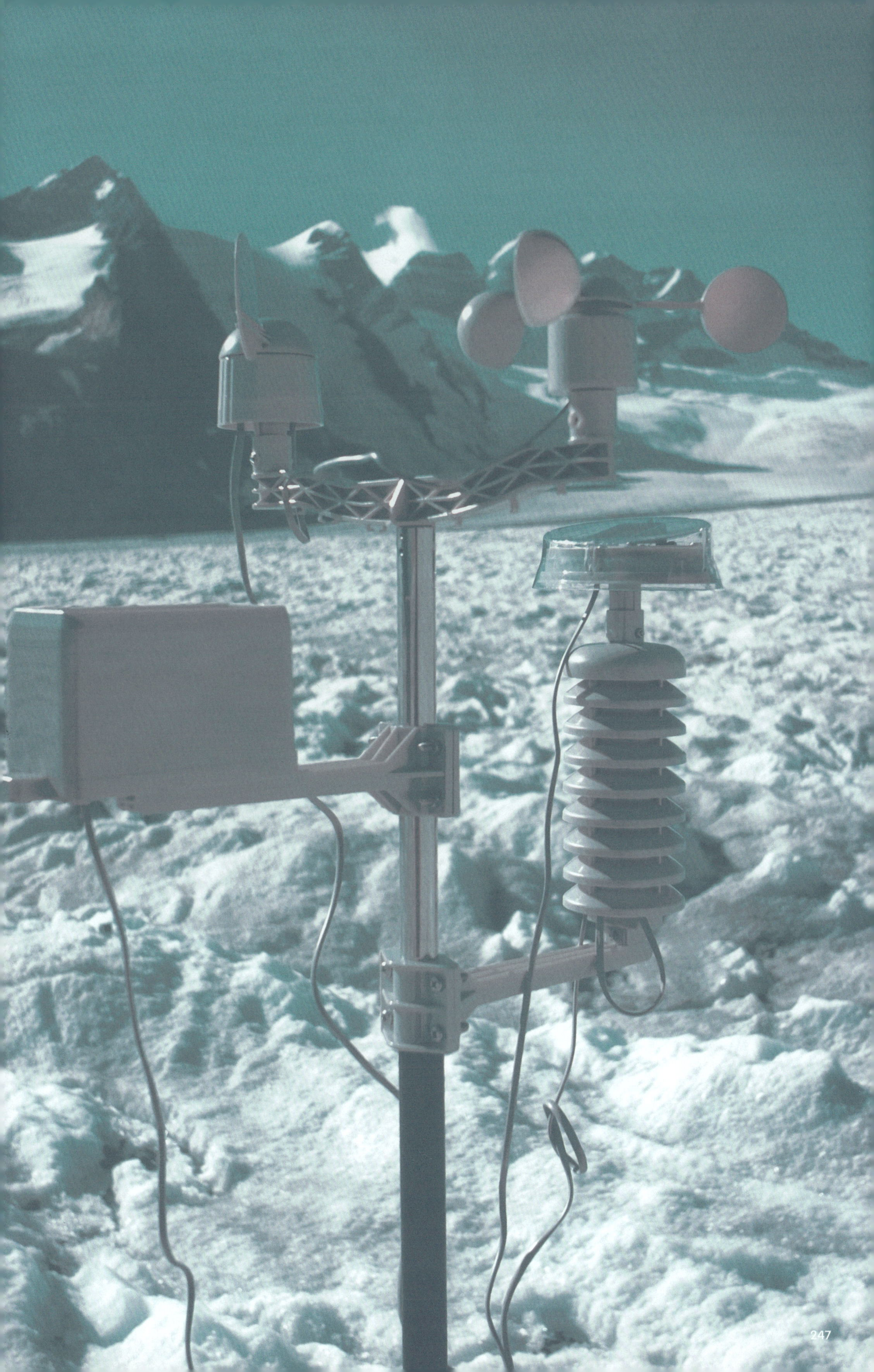

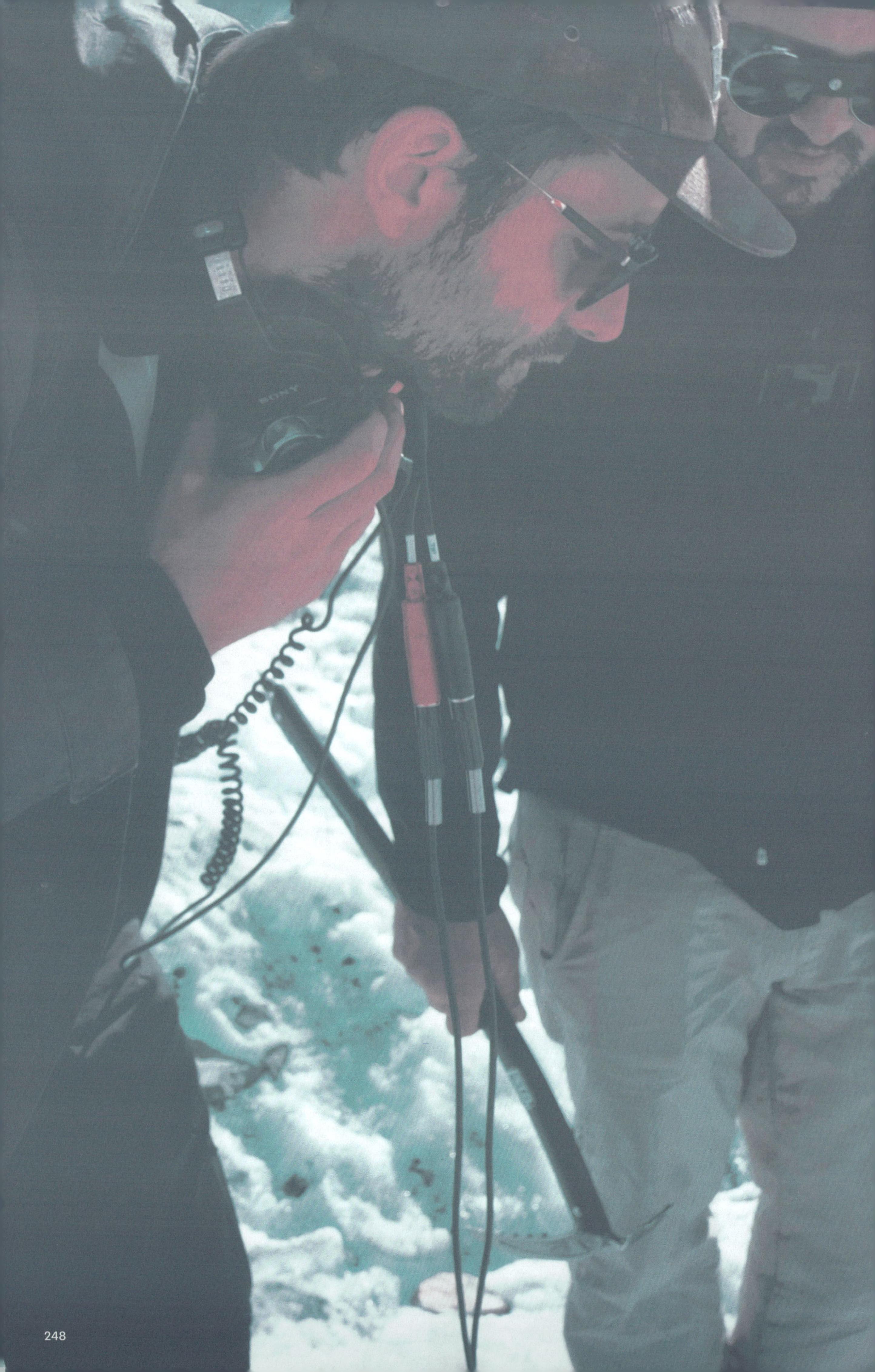

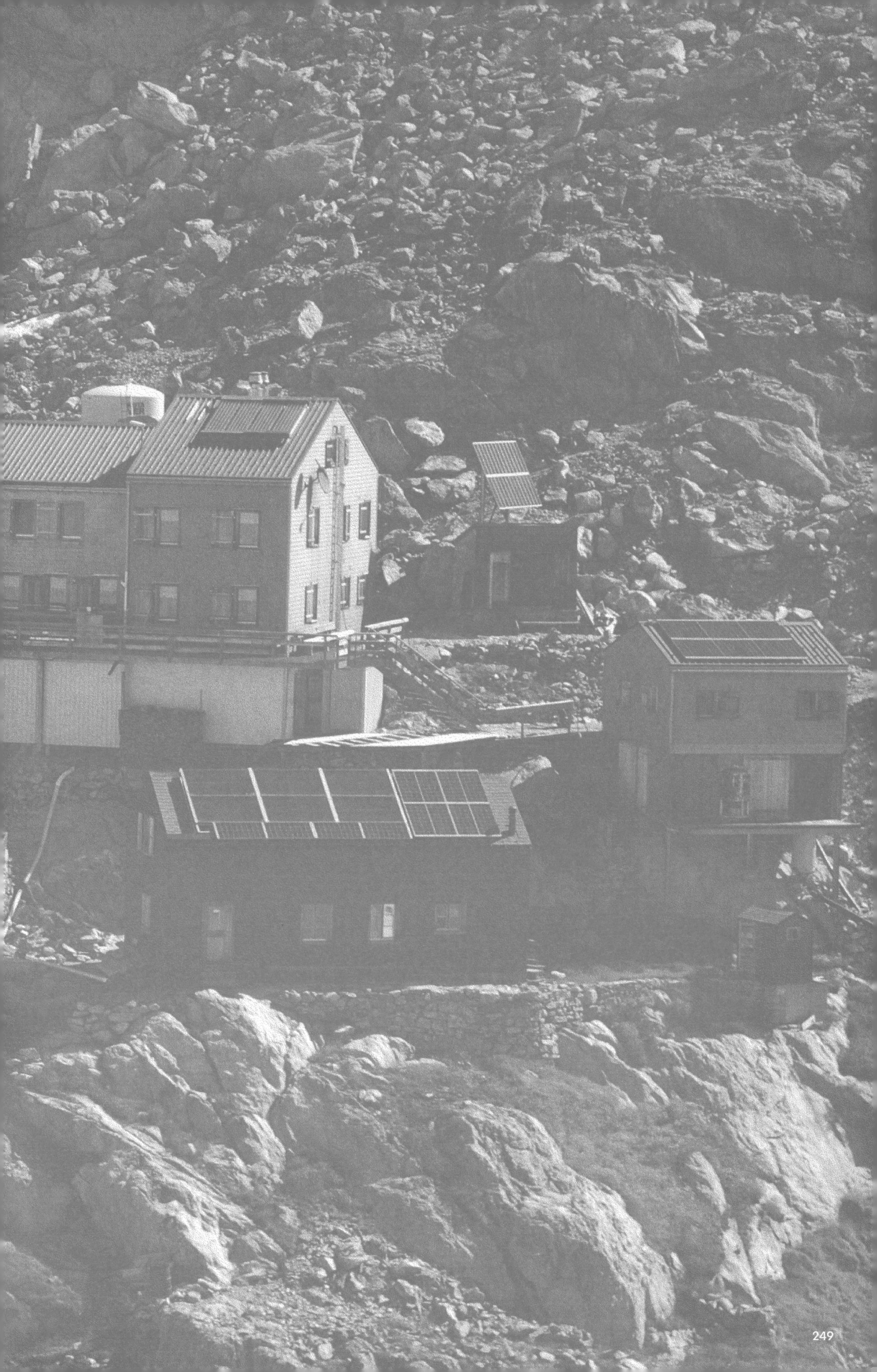

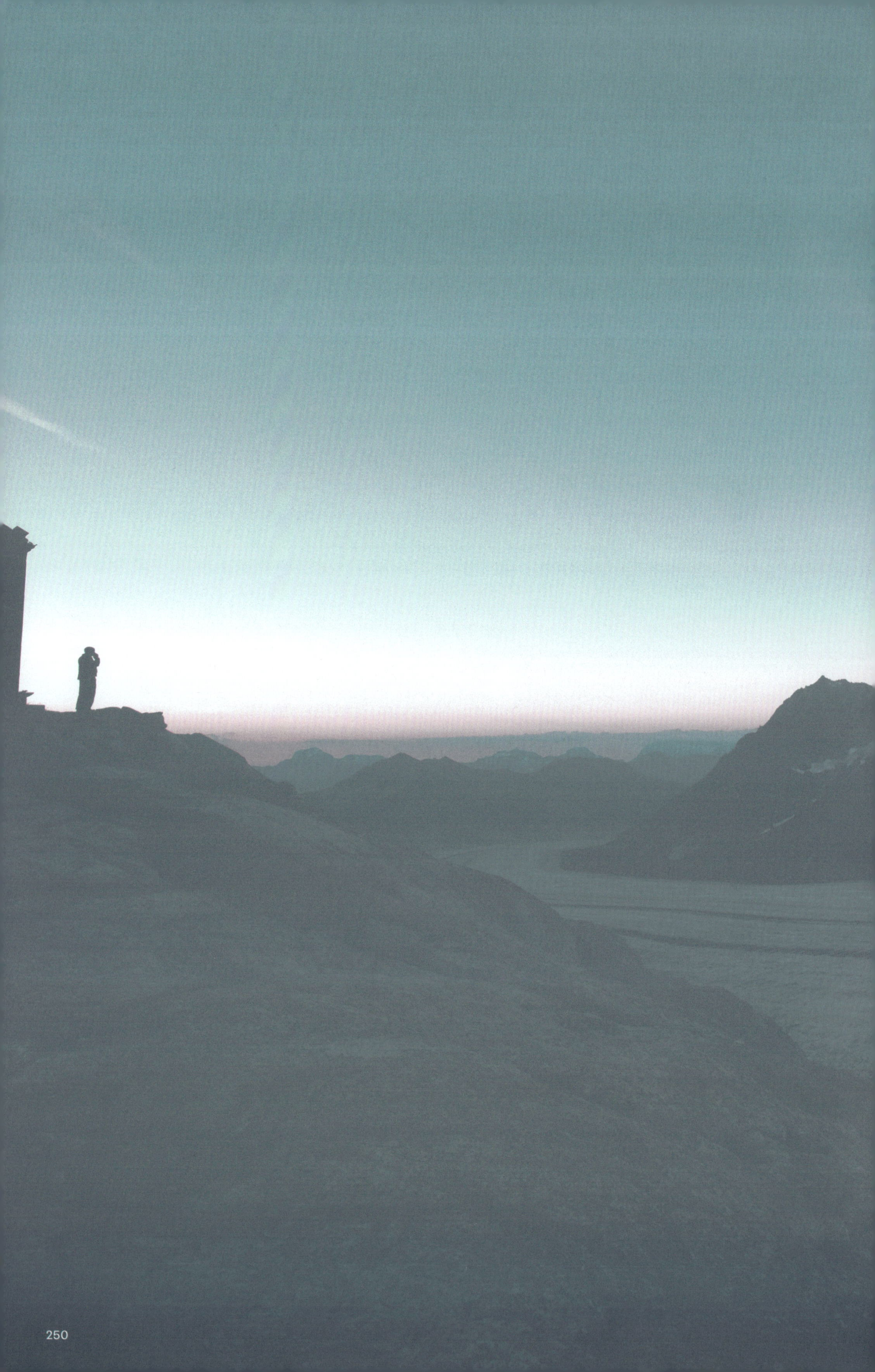

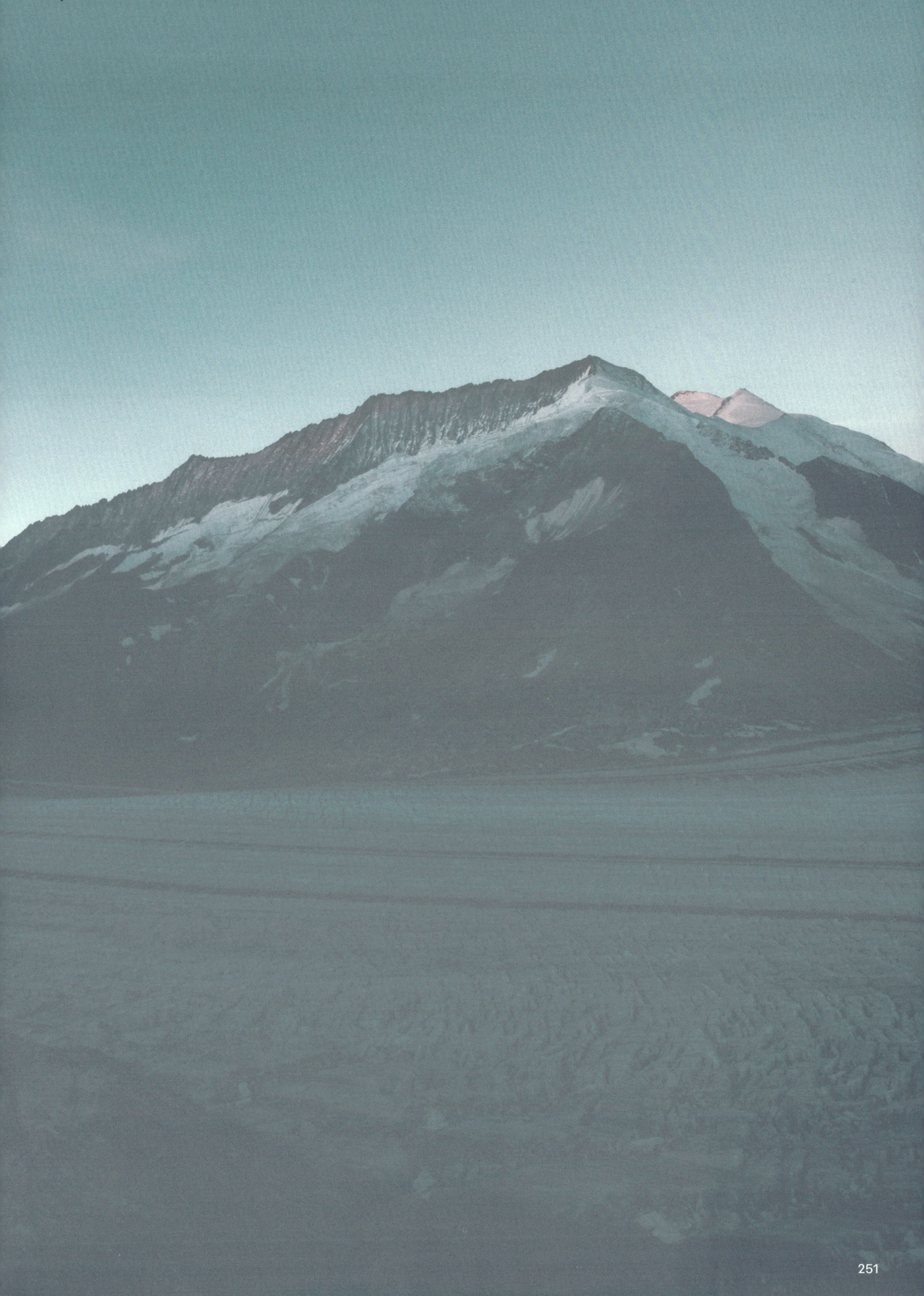

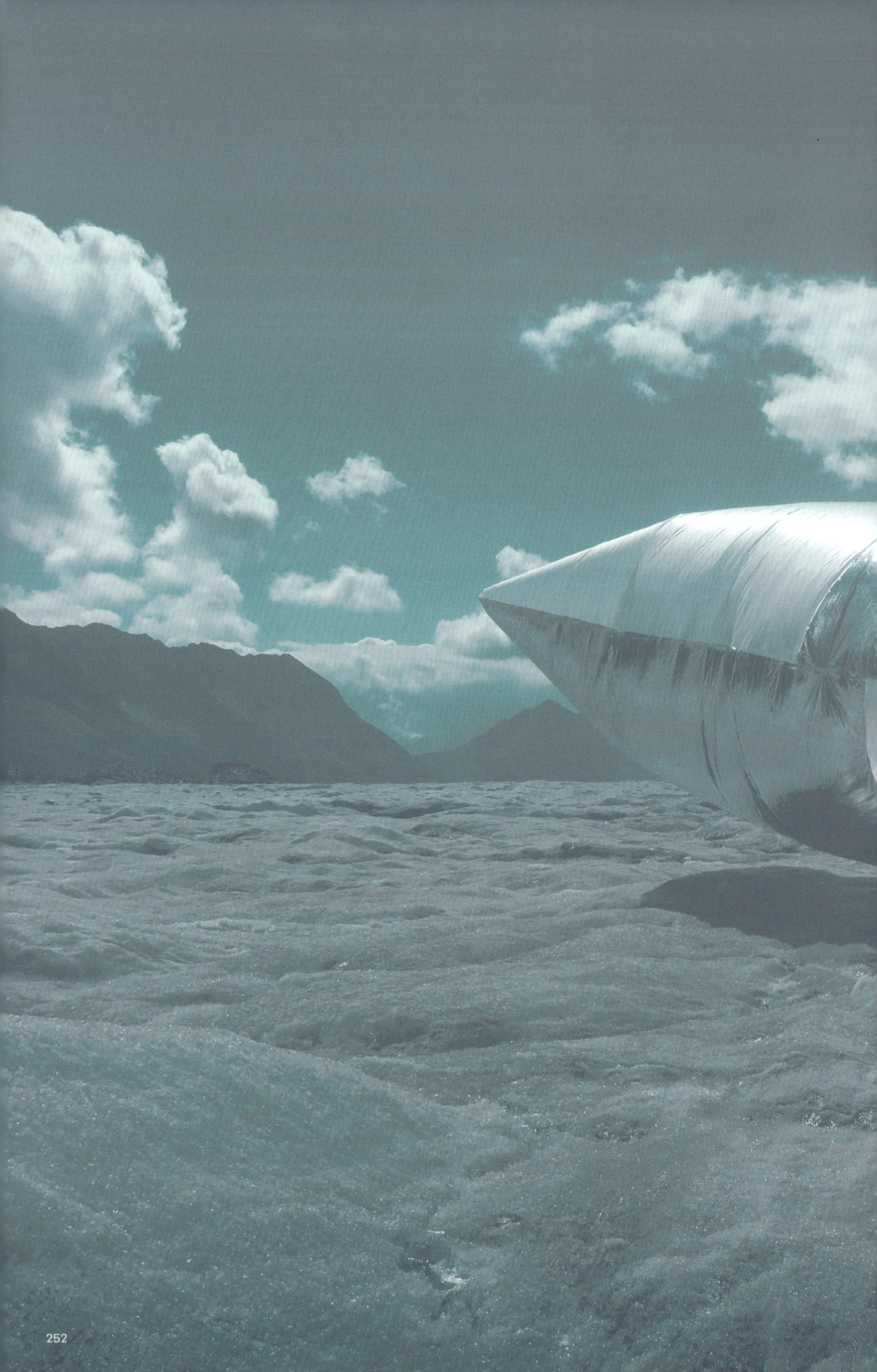

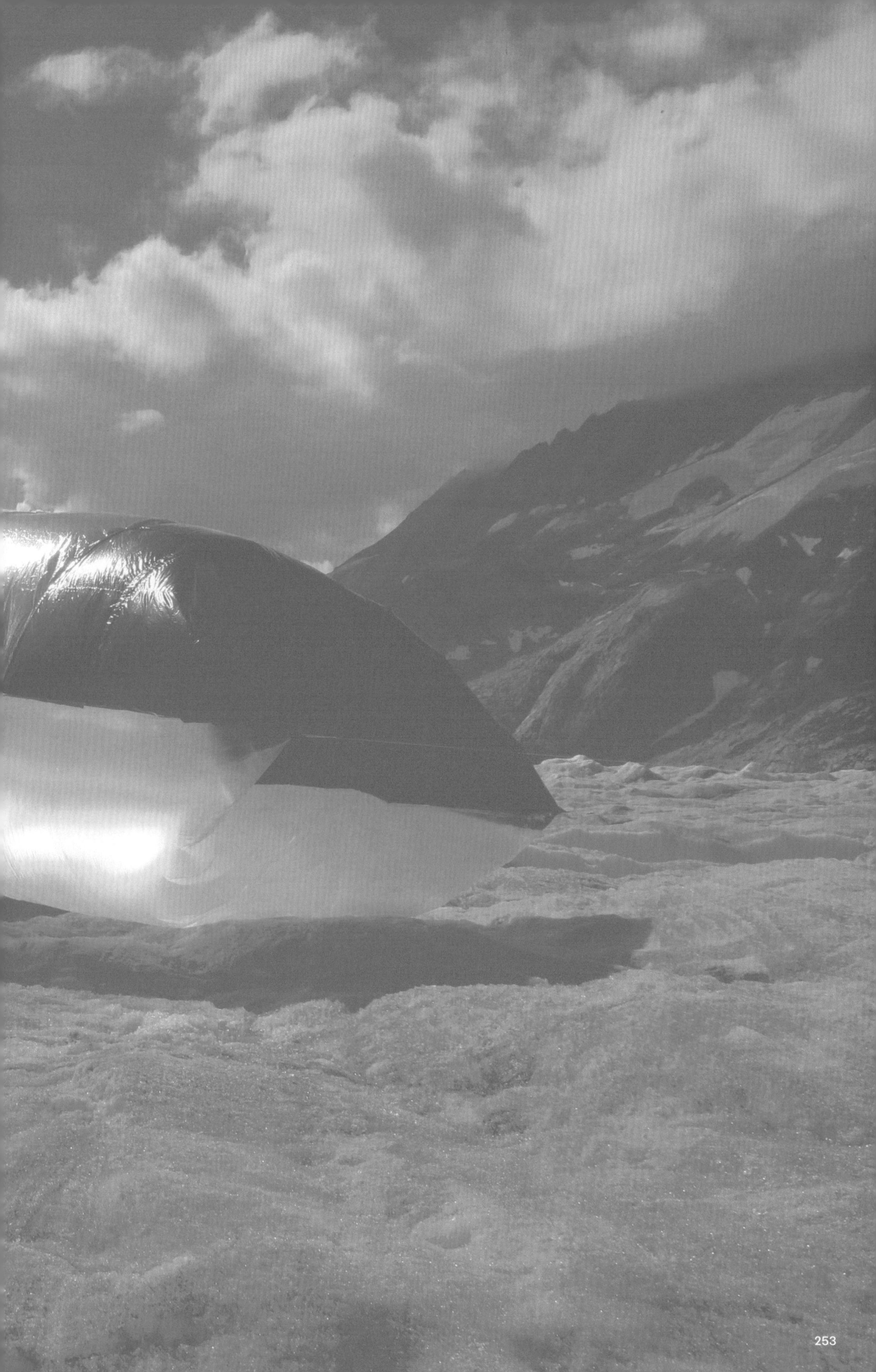

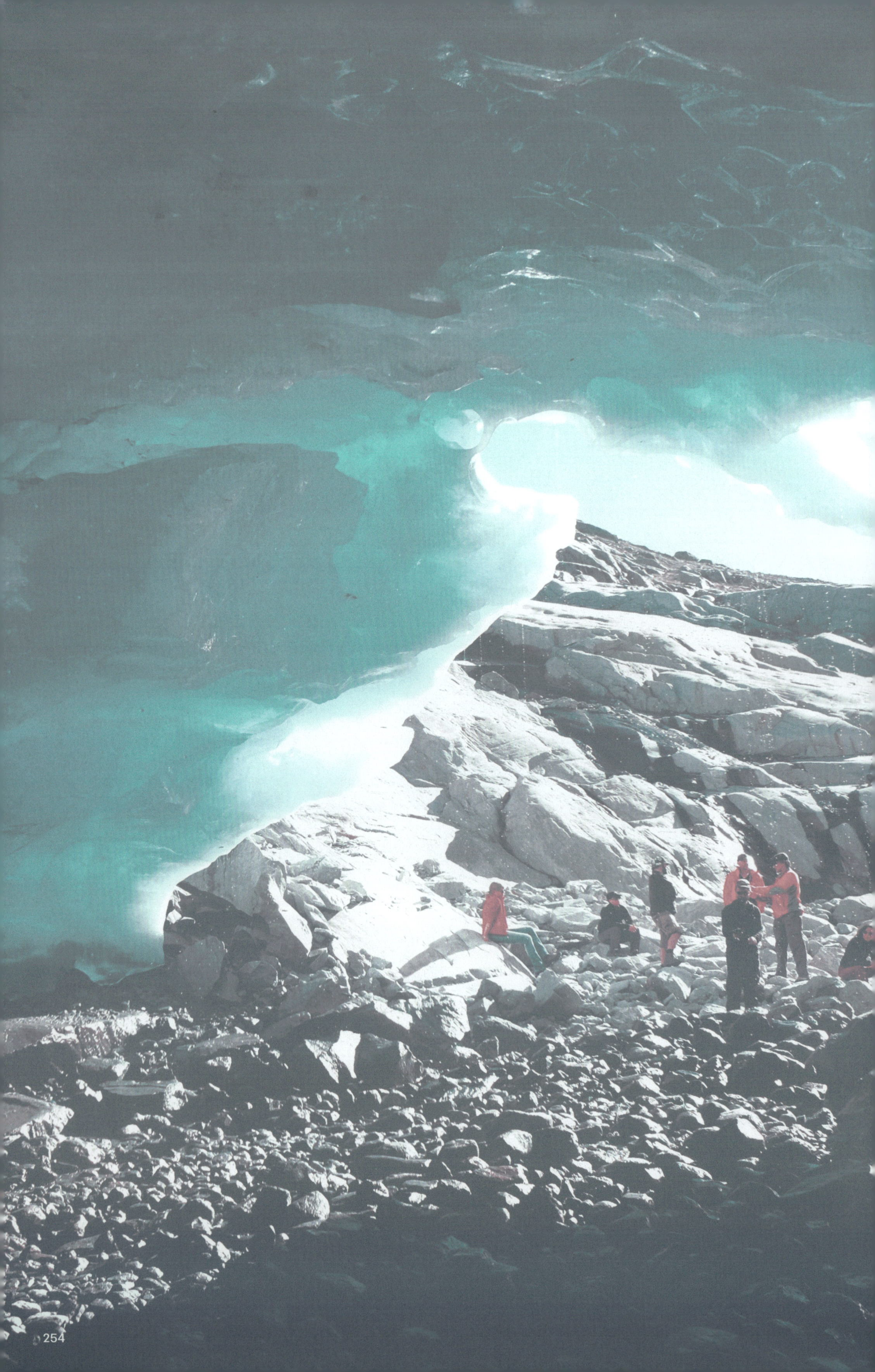

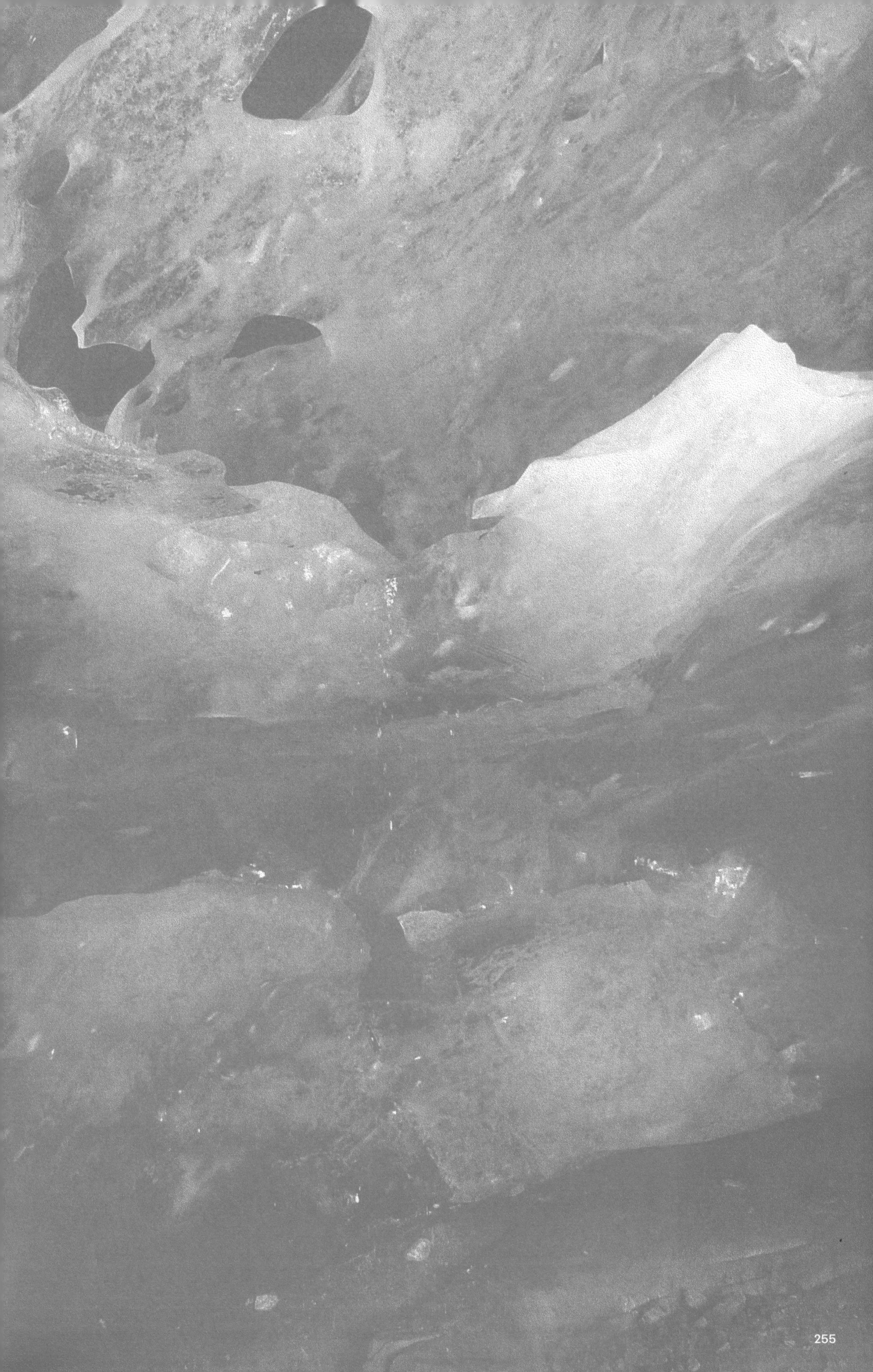

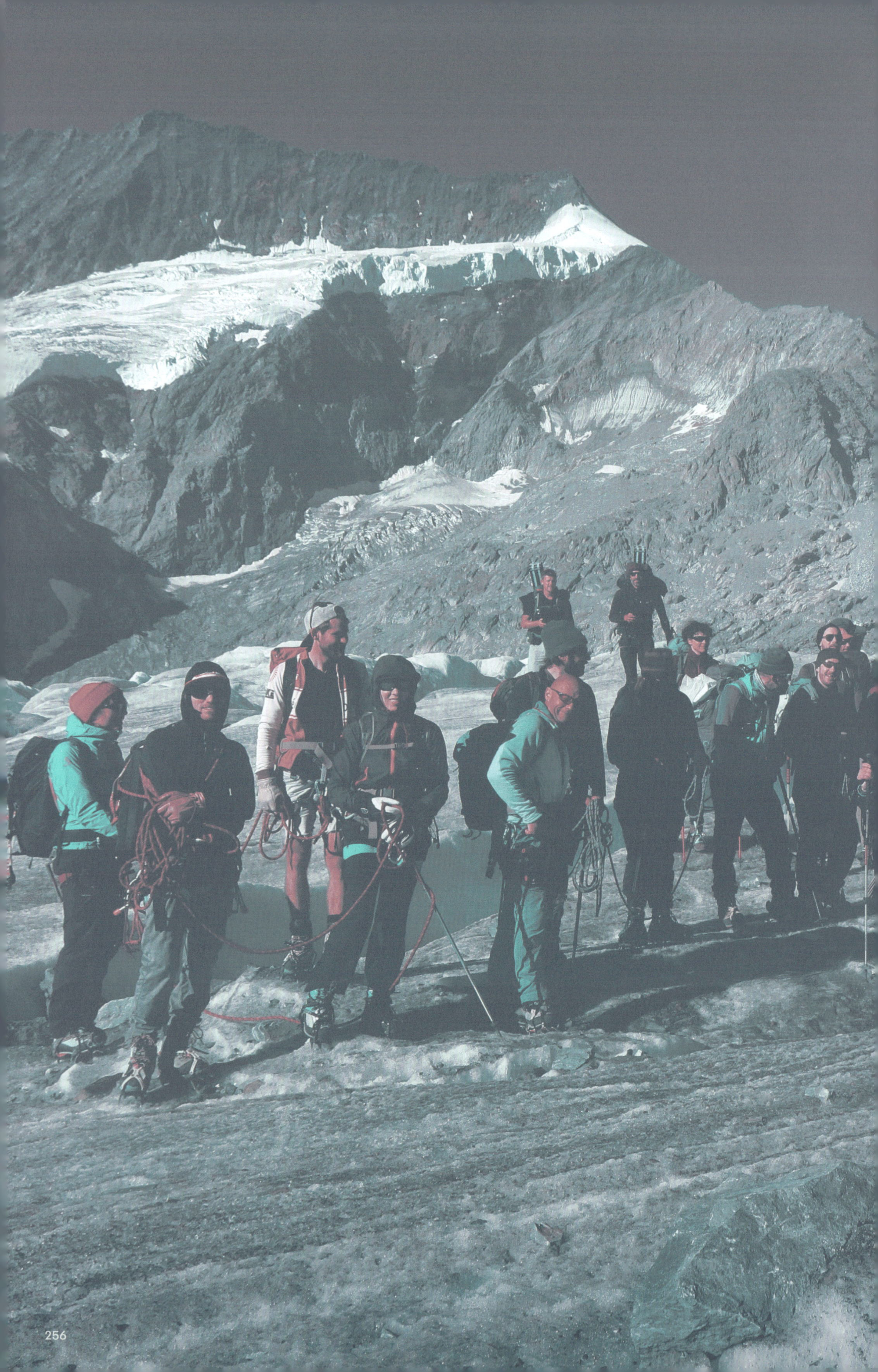

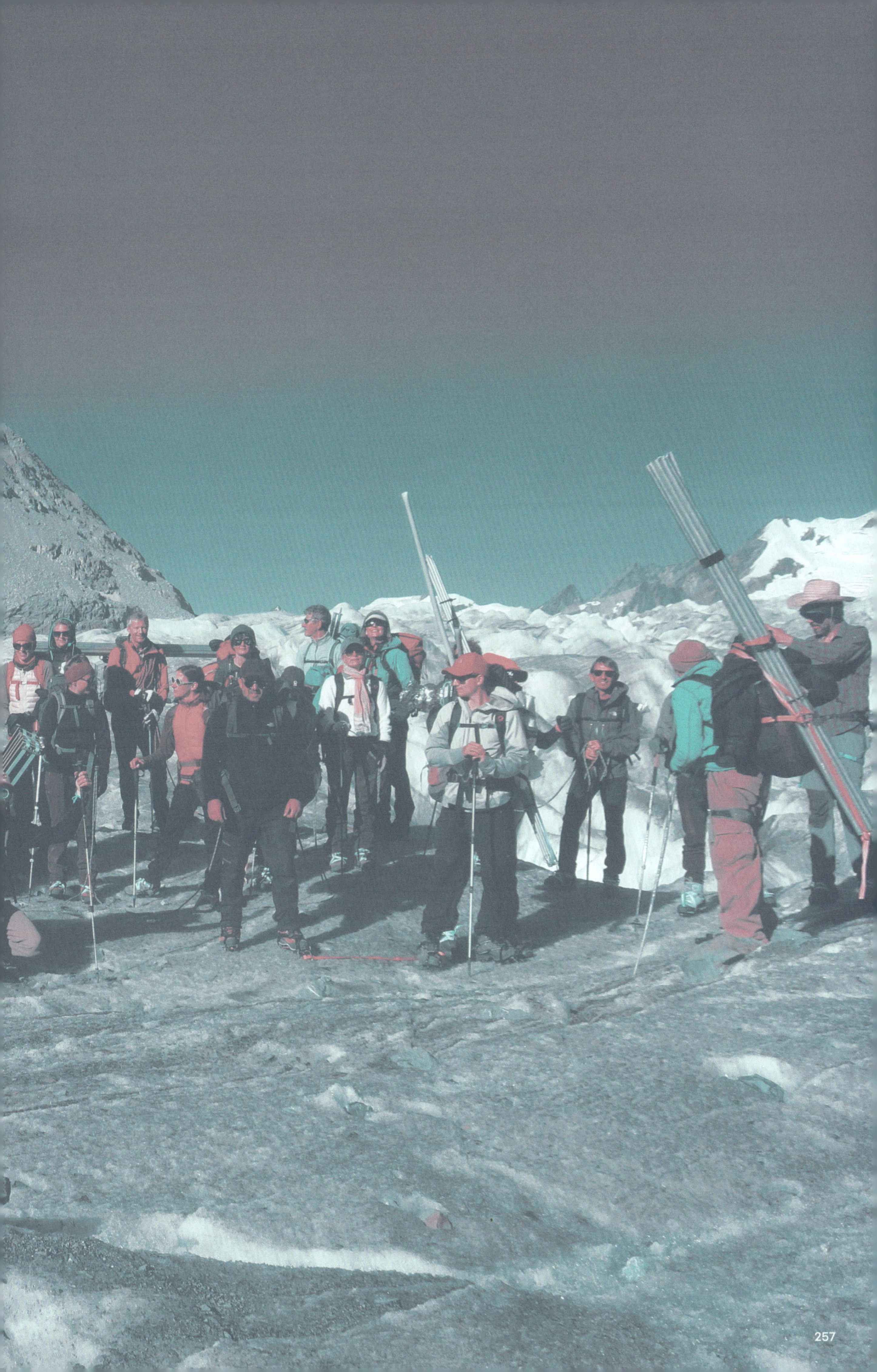

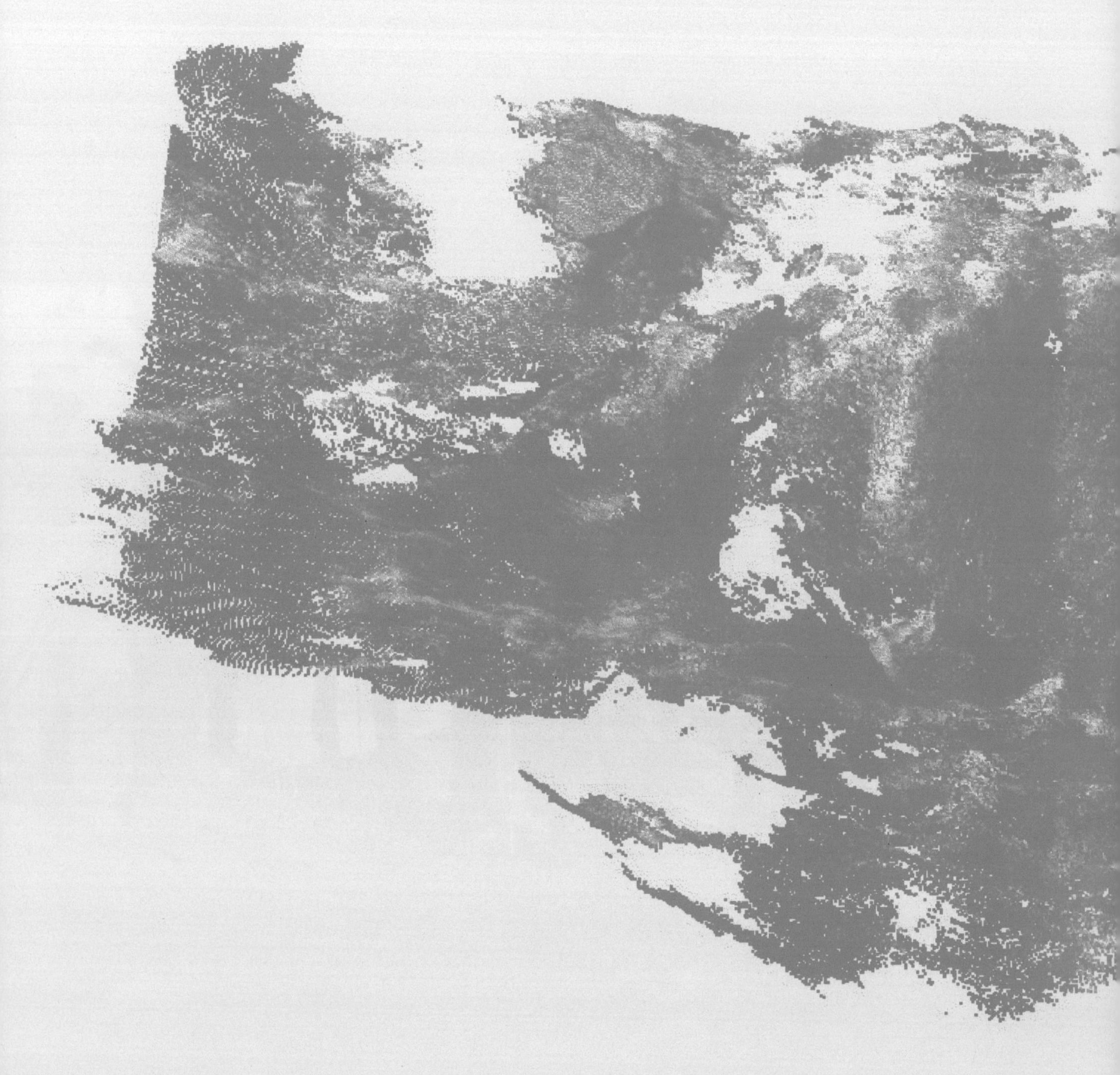

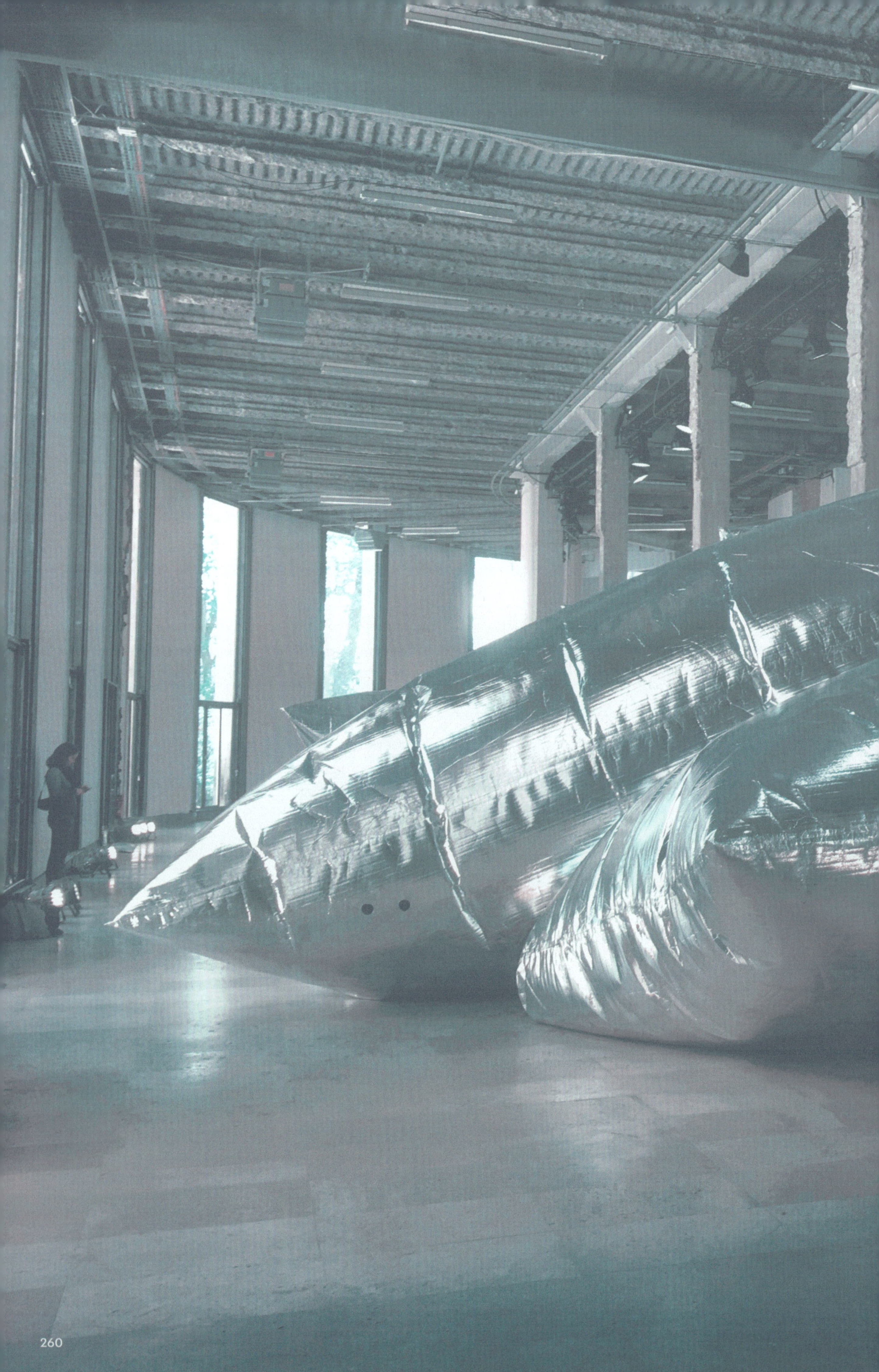

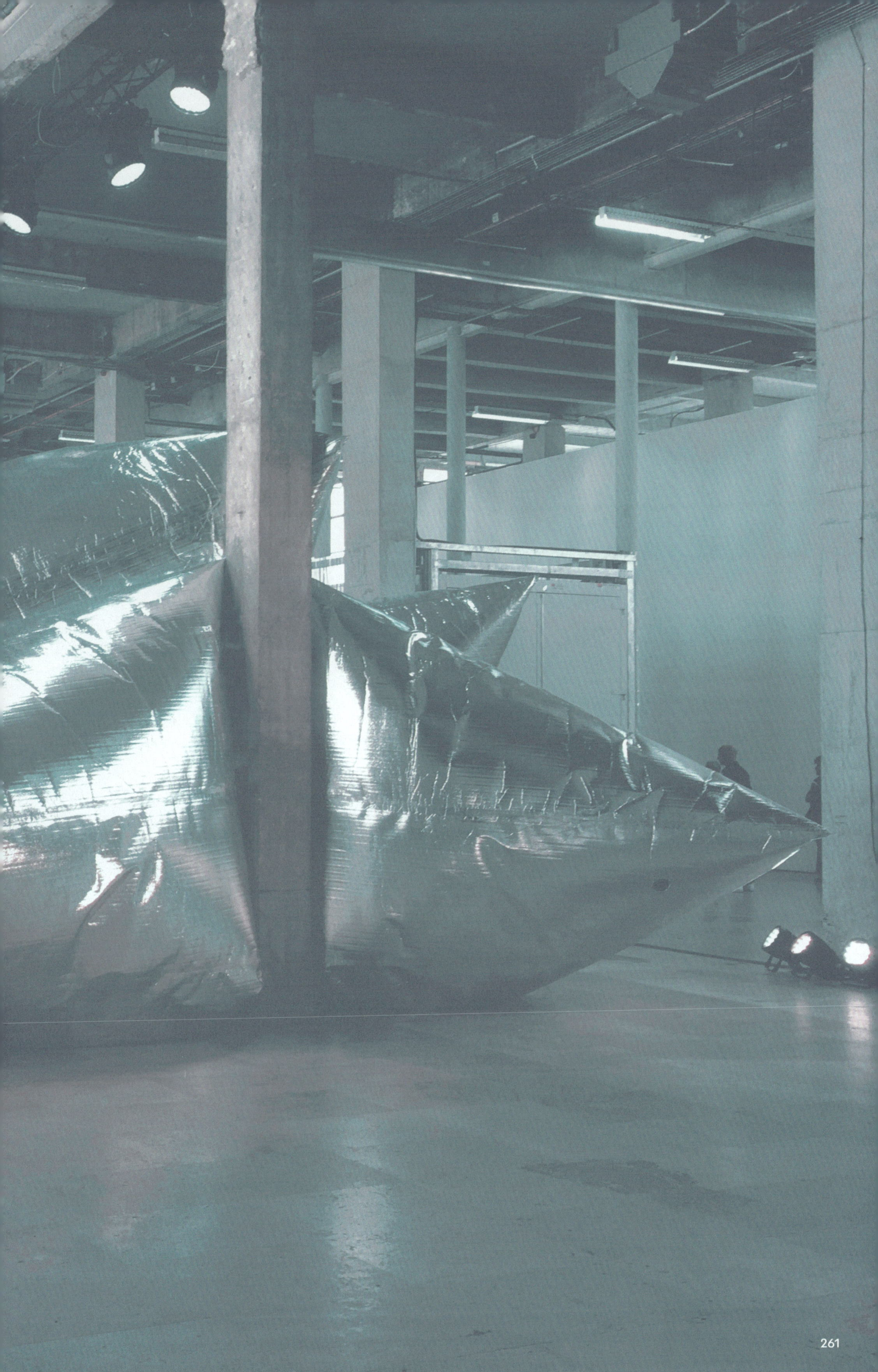

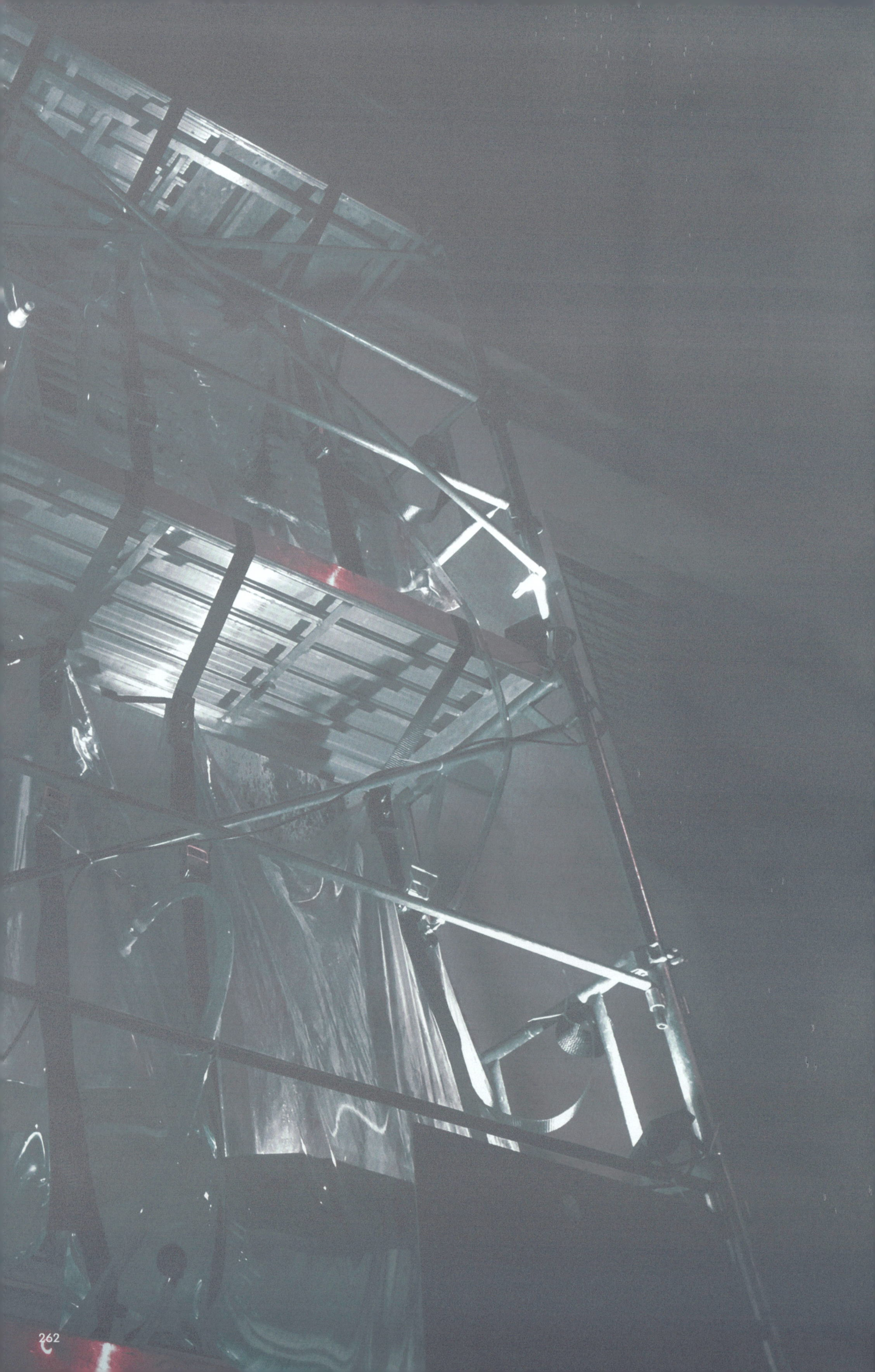

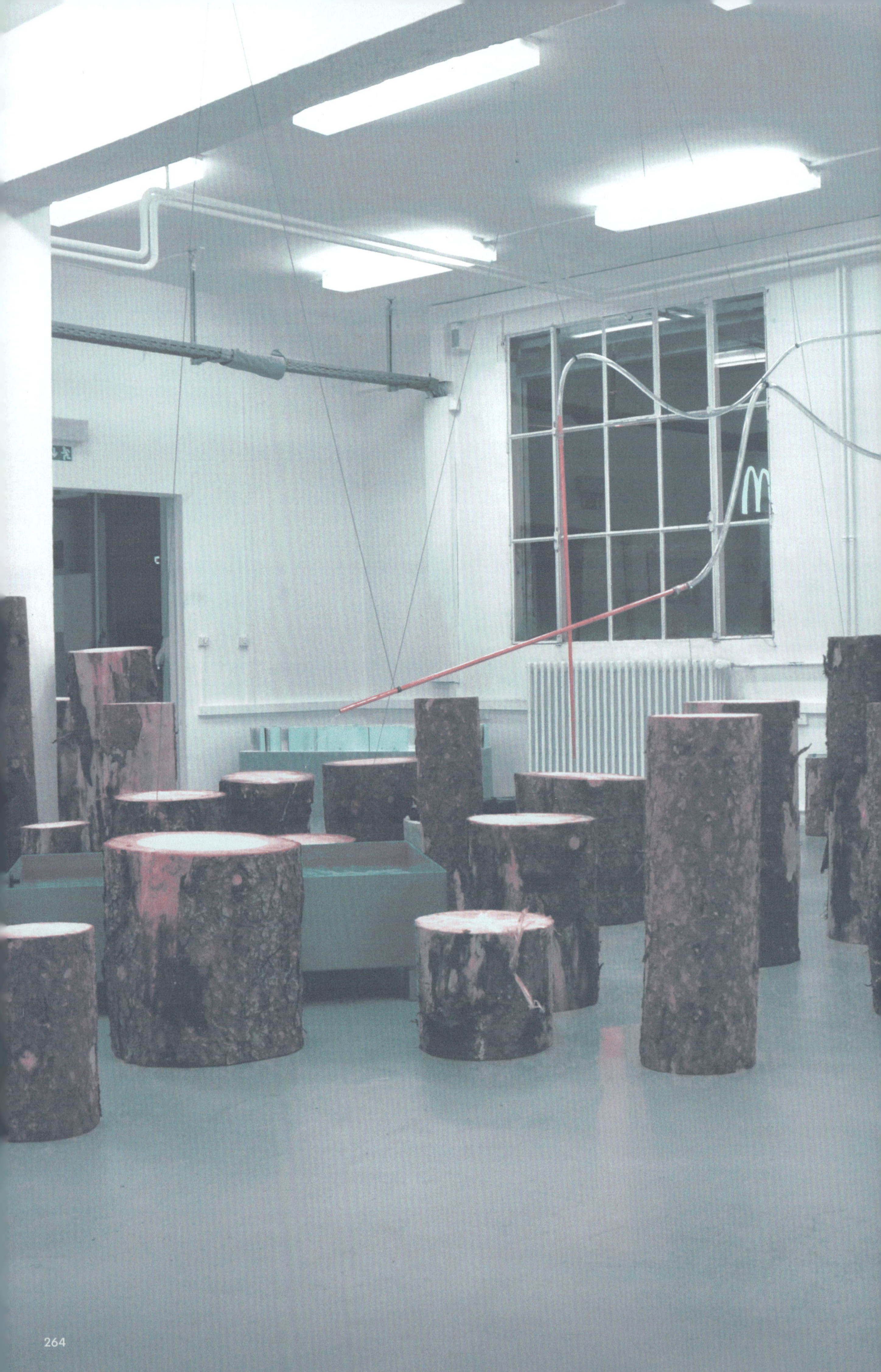

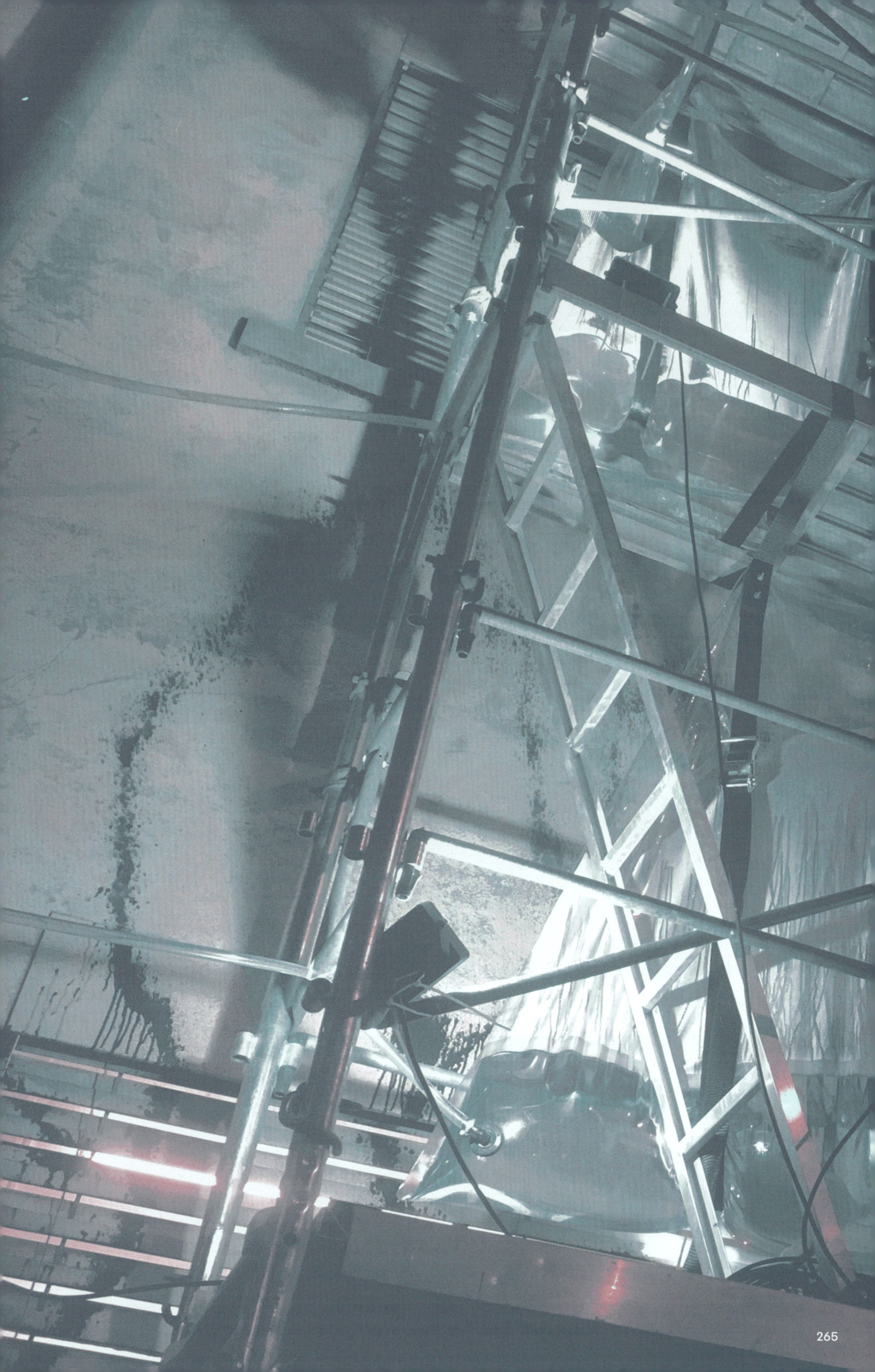

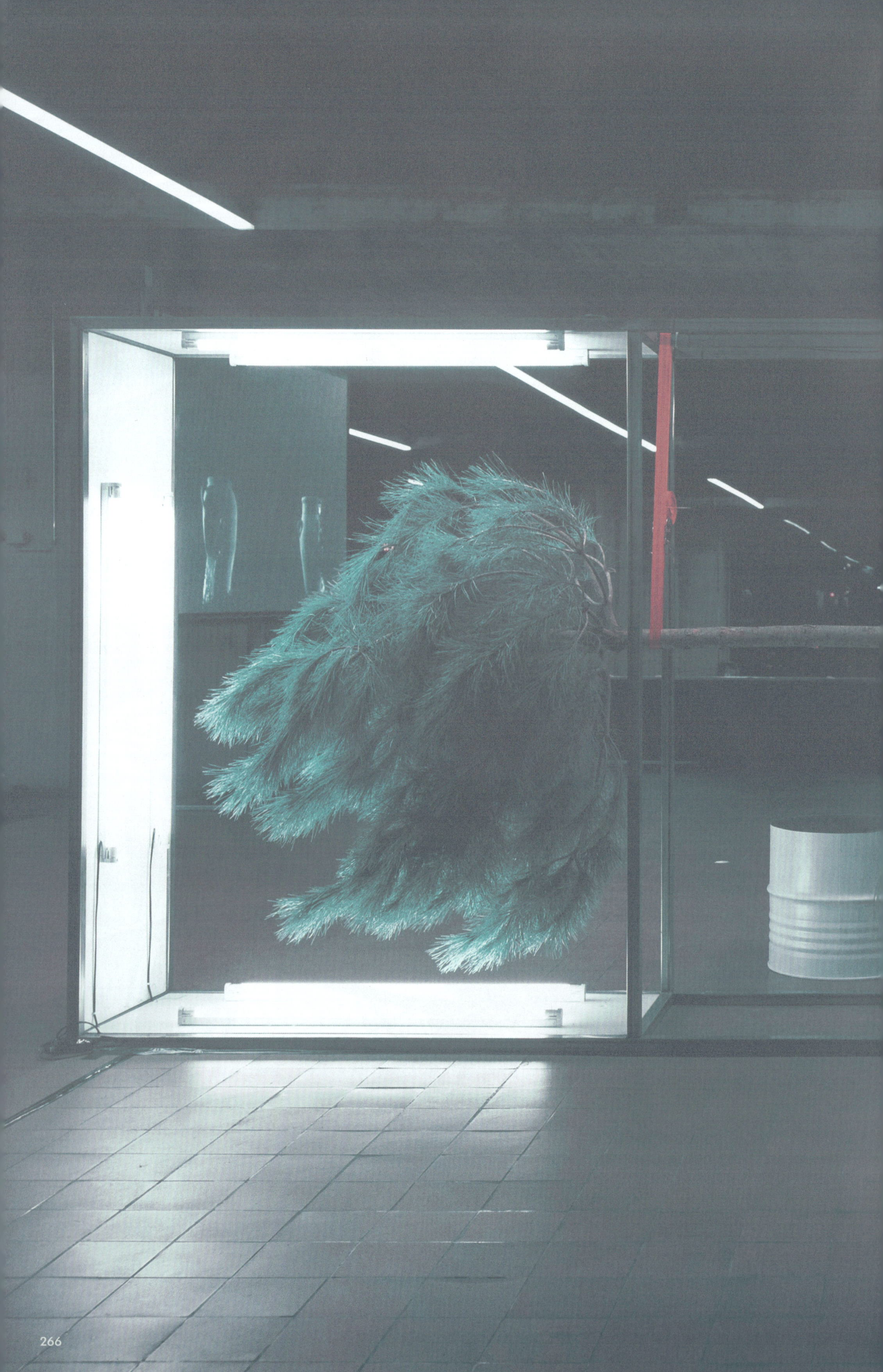

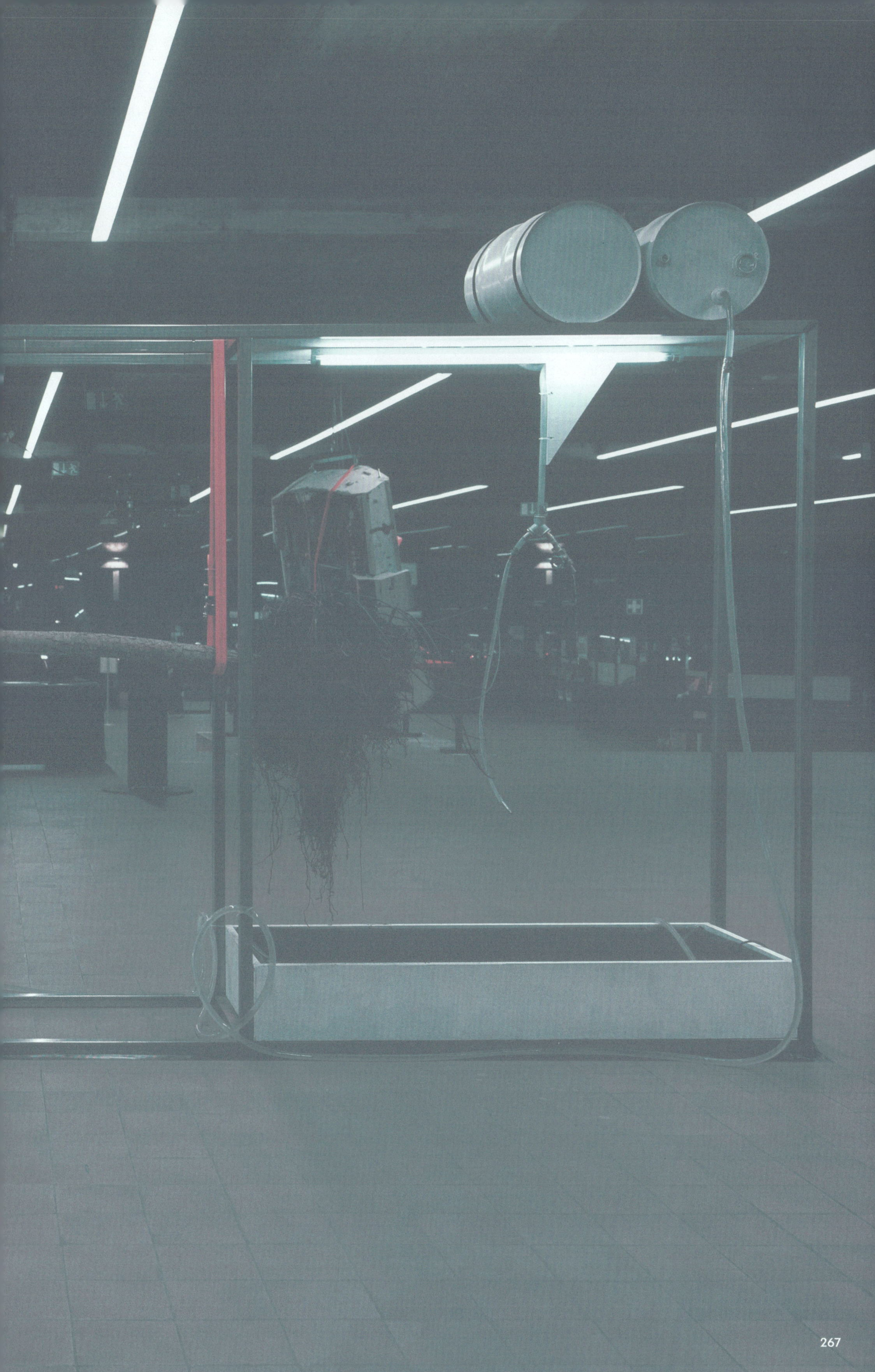

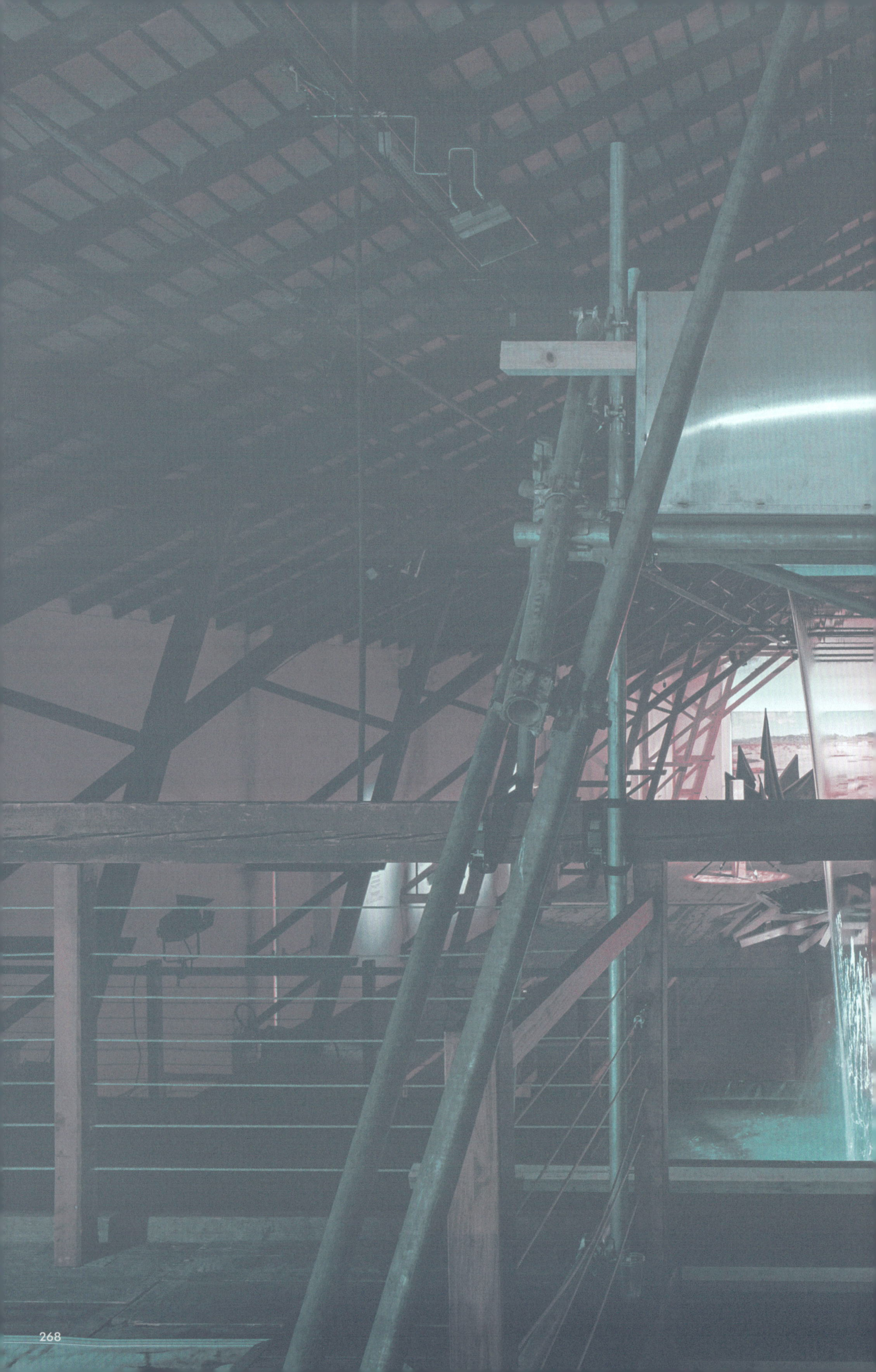

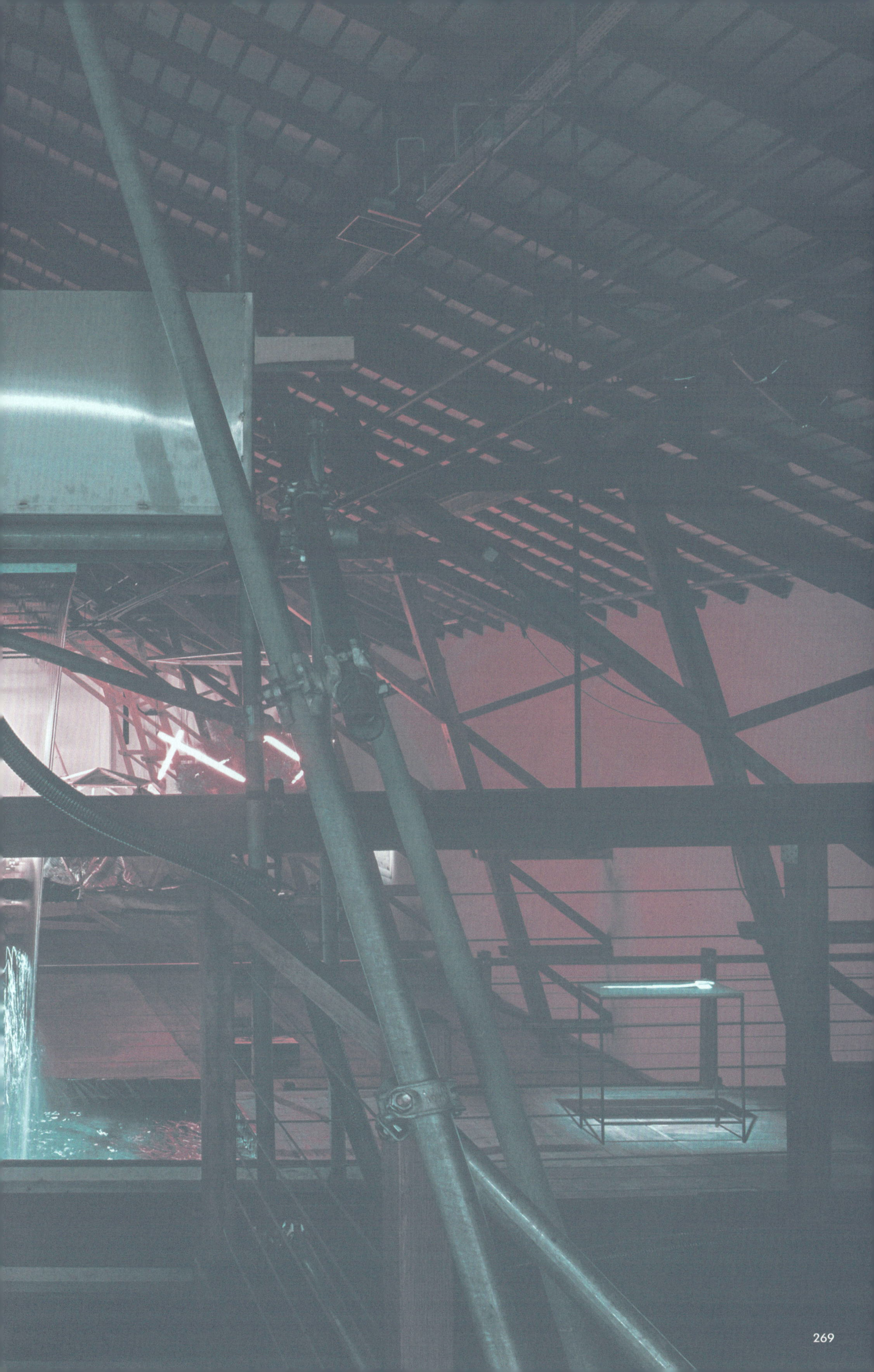

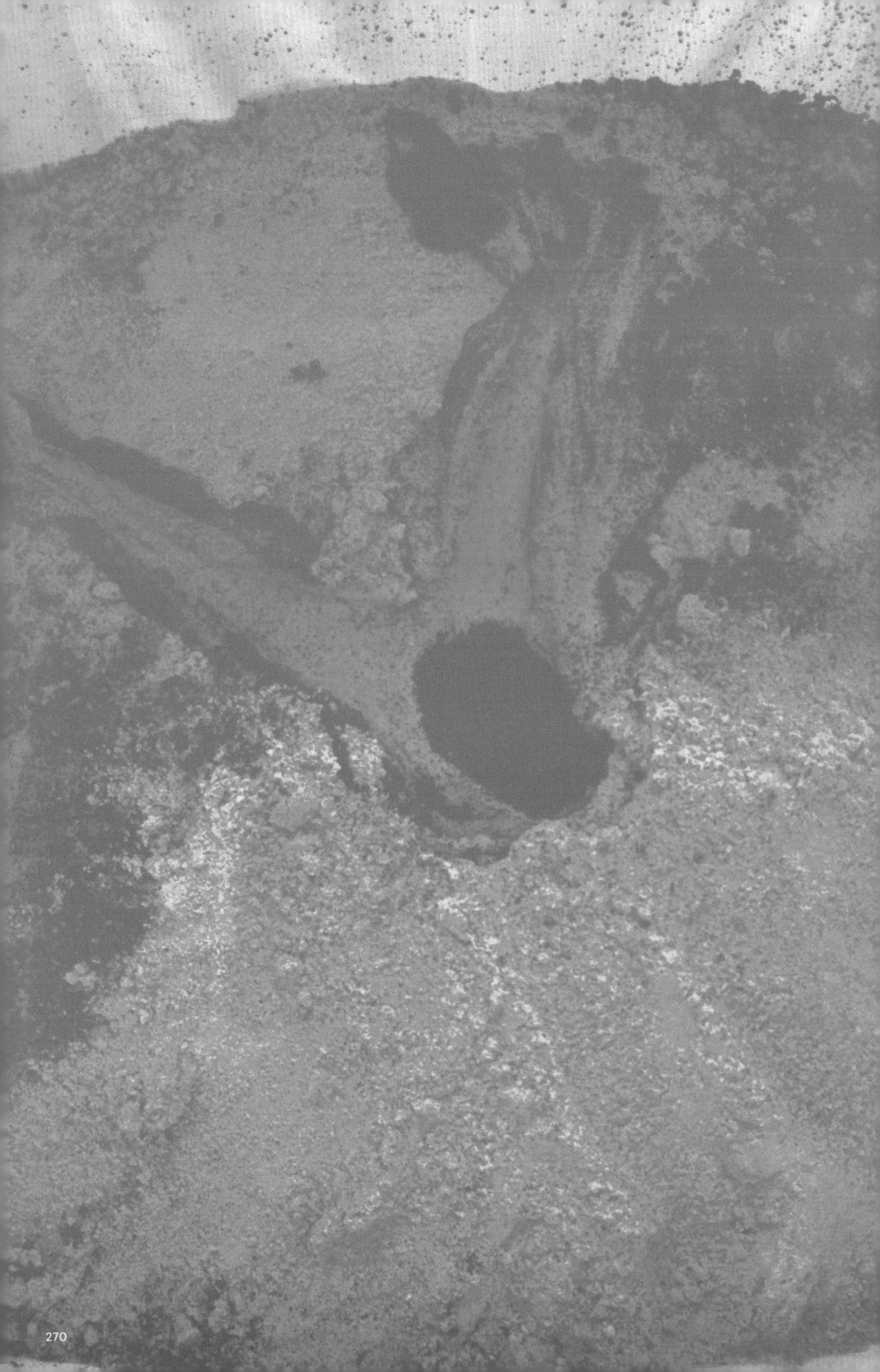

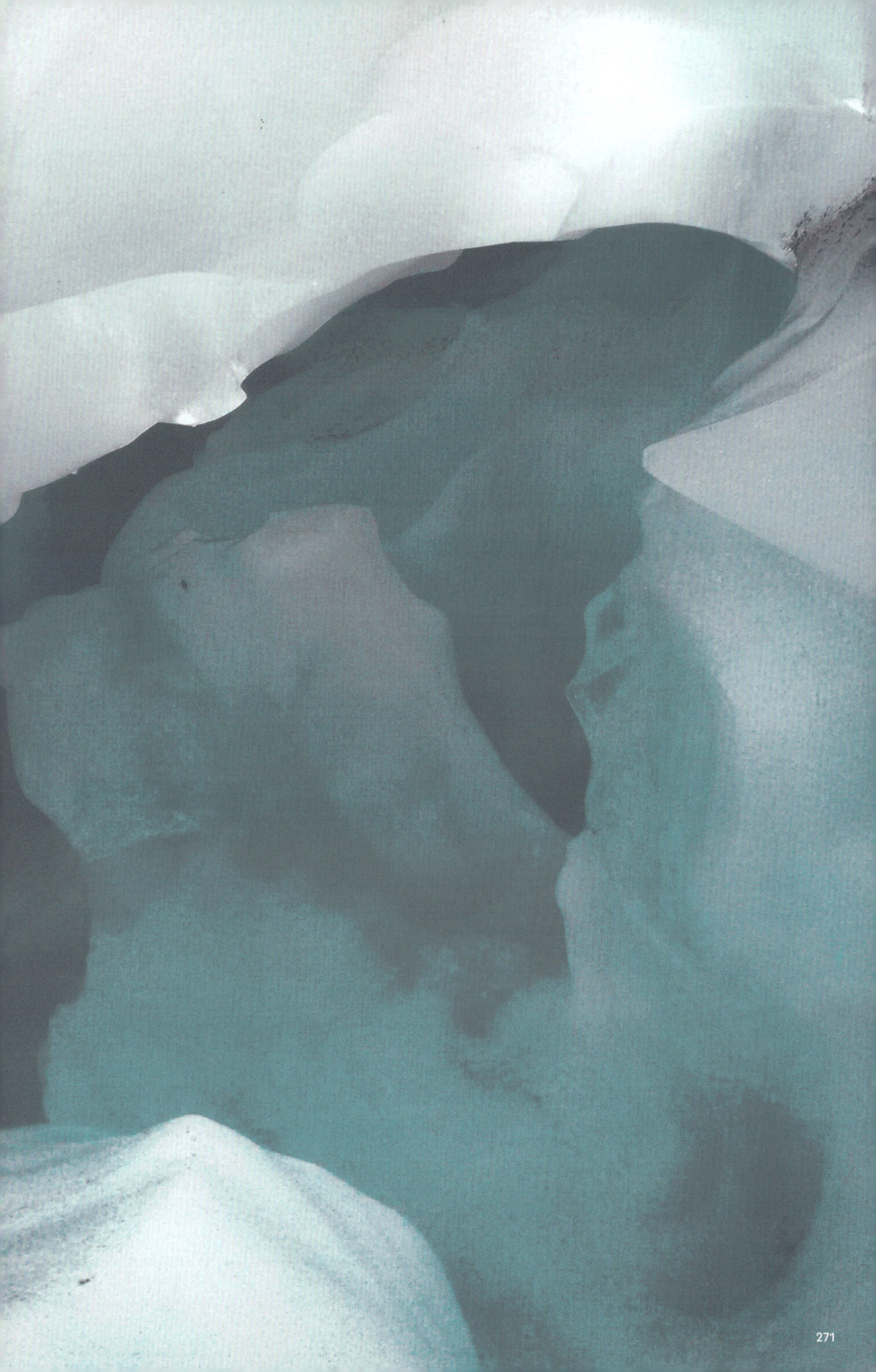

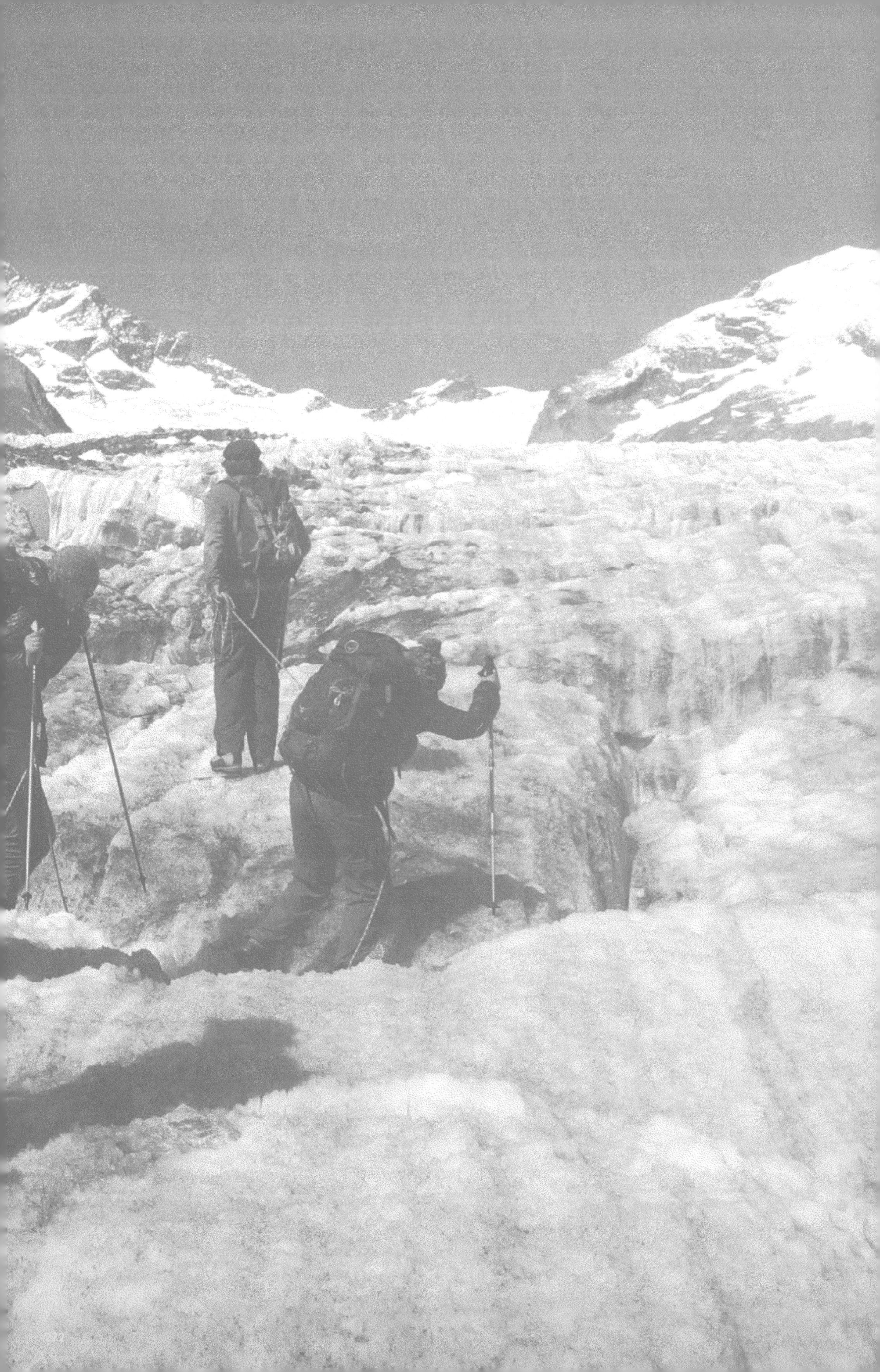

OBSERVATIONS – ASCENSION
The jagged breath
And creaks of the Alps
The cacophony of shifting boulders
One believes the mountain a place of quiet solitude
Yet it is a perfect mechanism
Sounds of melting ice
Stones that fall and shatter
Everything thunders and tumbles in incessant tiny avalanches
The team ascends this colossal rocky mass
Harmonized breaths, the progressive loss of oxygen
Beneath each step and the crunch of crampons
The cold, the wind, the ice
Aletsch, the biggest glacier in the Alps
Cyclopean dimensions of a gentle giant

OBSERVATIONS – ASCENSION
Fragmented shallow breaths
The ascent takes between two and three days
Effort is integral to conquering the mountain
To reaching the glacier
Many movements are required and how many repeated
gestures
These with the legs those with the arms
Sweat and the mist of breath in the icy air
Tracing the mountain's enormous yet delicate form
Finding the right pathways among the crevasses
Some might vanish upon our return, destiny's lore
A body in transition, perpetual motion
The spirit rises with the ascension of this mass
A perpetual quest for warmth in this expanse of ice

OBSERVATIONS – ASCENSION
The effort of the ascent permeates the flesh
Right through to breathless lungs
A mechanical movement that replicates flawlessly
The mountain draws us in as we reach the sky
As we reach Aletsch.
An ascent towards the essential,
The team is only carrying gear
They can manage on their own,
No assistance, it is the mountain against itself
The effort to make the mountain a part of oneself,
Until our lungs are out of breath
As we tread upon the glacier
Just a few more steps
Avoid the crevasses   the avalanches   the landslides
Carry our own gear
Stop. Breath.
The mechanical movement of hiking finally ends. The team
catches its breath,
Together, one by one, we discover the immensity of Aletsch,
the millennial glacier, colossal yet fragile.
Our arrival is a contemplation of an epiphany of ice, a
magnificent panorama. A desolate glacier, the light of
bluebird skies, ice, rocks that crunch, crack and tumble...

The symphony of the mountain's rumble unfolds with an echo.
It is here where MATZA is going to work. Aletsch, amid its
rocky ridges, its icy core, this isolated expanse, Konkordia,
an open stage to the world.

OBSERVATIONS – INSTALLATION
To live on the glacier is to establish a microsociety. Settling
means stopping the movement of the hike. The glacier now
shifts and changes on its own in perpetual and imperceptible
motion. It's a motionless ocean that rumbles.
> Changes in the wind, extraordinary drops in temperature,
> the muted rumble of rocks detaching and falling down the
> mountain slopes. Non-stop avalanches. The sound of water,
> in all its states – water escaping, being imprisoned, being
> released, trickling, living and freezing to death. From the rich
> gurgling of melting to the crunch of frozen ice beneath the
> footsteps of the team.

What a moving experience to stay here! As a base camp, the
team will only have a hut, the Konkordia hut, perched some
four hundred and sixty-seven steps above the glacier. The hut
imparts a sense of vertigo, and the art of relinquishing control
within the context of living in community. It invokes the comfort
of humanity, shields against the vast void, the vast void of
the landscape, and the absence of any living presence. The
glacier, a violent vista, strips down to reveal
the fragility of humans in the face of the mass of ice.

OBSERVATIONS – INSTALLATION
The Konkordia hut is our base, the starting point of
all expeditions.
> Every morning, re-descending the four hundred and sixty-seven
> steep steps, again facing the sting of the cold and the wind,
> the view of the vastness of rock, ice, water, and landscape.

One unsettling impression that gradually develops is that
of confinement. You can't just simply leave the Aletsch Glacier.
It sticks to your skin. MATZA has already faced the desert
sands of Amboy, but Aletsch is a different type of desert,
a desert that is humid, of high altitude and ice, a desert at
the foothills of mountains, that is completely uninhabited,
inhospitable and days away by foot.
> Still we continue on the glacier, but this is no leisurely stroll.
> We move from point A to point B, exploring, constantly moving.
> Each step is placed with careful caution; crevasses, ice,
> the balance of stones, the sensation of nothingness, and vertigo,
> vertigo felt in a territory devoid of human influence.

Living as a community is vital. It is impossible to live without
others. Lead climbers put their trust in their neighbors,
counting on them for the ascent, counting on each other,
mutual support is a means of survival, and a possibility to
thrive, in a place that was never intended for human beings.

OBSERVATIONS – EXPLORATION
The glacier becomes a place of life, and of work, and the ice,
an integral element of its construction; a protean element.
Matter that is both inert and resilient, yet malleable in skillful
hands. An element with a recurring life cycle, transforming

into evasive and transient water, both solid and liquid,
freezing in the night yet flowing for centuries, embodying
a kind of formidable fragility.

Each individual part and face of the glacier is thoroughly
explored. These components are characterized by an inherent
duality, an oxymoron, between the glacier's macroscopic
and microscopic scales. At Aletsch, it is sometimes difficult
to distinguish between far and near vistas. It's as if everything
is interconnected. The mountain beneath the microscope's
lens is an interweaving of stones, of monochromes, and vast.
Dimensions fade, distortions emerge, an Euclidean geometry
within which survival coexists with vertigo. There is something
magnificent and pristine in these lines, which are both familiar
and freshly discovered. A sense of the sacred graces this
landscape, which every morning is never quite the same
nor not entirely different. The glacier moves, fissures, and
disappears, tirelessly.

OBSERVATIONS – EXPLORATION

Today, the expedition team discovered the remnants of
a Piper Cherokee plane that vanished in June, 1968. An
unexpected find. The glacier surrenders objects it has held
hidden for so long. The ice solidifies. It has long-lasting
resilience. A Hibernatus fantasy, a time capsule to revive
Mammoth DNA... What will remain of our civilization a million
years from now?

The glacier ensnares each grain of sand that once took flight
from the Sahara during a gust of the Sirocco. As the veils of
sand settle upon Europe, it is at Aletsch, within the permafrost,
we find the remnants of long-forgotten climatic events.

By drilling into this almost eternal ice, it is possible to interpret
worldwide climatic occurrences, much like reading the age of
a tree by the concentric rings that form on its trunk. The glacier
carries the ancient memory of the world on its shoulders.

The melting of the glaciers is a loss of collective memory,
seemingly akin to an unavoidable form of Alzheimer's.
Humanity is bringing about its own memory loss. A constant
stream of information. The glacier is an essentialization
of perceptions. The glacier places necessity at the heart of
human actions, and the reflection it gives us is not distorted.

OBSERVATIONS – ADAPTATION

Life on the glacier is an analogy of our collective existence
on planet Earth. A vast expanse, so powerful and majestic;
governed by distinct cycles and natural elements that can be
perilous and at times redemptive. Covered in a vital resource,
water, ultimately proves to be far more scarce than it appears.
On Earth, less than one percent of water is drinkable. It's the
same on the glacier, it is undrinkable and yet it is abundant.
How do we responsibly harness this vital resource? How do
we give each person access to this essential element for life?
How can we marry equity and frugality in our approach to
consumption?

The tragedy of shared resources. So many issues to
raise, so many answers to find. The artist is also there to
take the role of pioneer. To uncover or to bring to light

the challenges of our most remote ecosystems. Because
everything is interconnected. If global warming exacerbates
the desertification at Amboy, it will also melt the memory
encased in the Aletsch Glacier, and this water will inevitably
flow to feed a river, a sea, an ocean. Everything is linked.
Nothing is lost, nothing is created. Without a doubt, the study
of a glacier allows us, to better understand other biomes
within the entire global ecosystem.

OBSERVATIONS – TRANSMISSION
Daring to face a glacier requires a willingness to be curious. It's
about anticipating, ignoring the fear of altitude, the otherness,
life far from familiar surroundings. Daring to doubt, to self
question, and learn restraint in order to understand, and to try
alternatives out of necessity.

Life on the glacier serves as a metaphor for human presence
on Earth. It's rewarding to witness that at Aletsch – three teams
that follow one another, taking turns, learning and passing on
knowledge. And three times, the public dared to ascend, dared
to go and see for themselves the ecosystem explored by the
artist-expedition teams.

The highest vernissage in Europe, a visit that has to be earned.
Three days of hiking, experiencing the mountain in order to
understand the glacier, the light, the constant sounds of
rocks, water and wind. To see with their own eyes after having
experienced the exertion of the hike, the dedication of setting
up, and the struggle for survival. Up to forty people made that
ascent.

Organizing community life, with an ever-growing number
of people, communal living, spending nights, sharing the
hut, the exhibition, the sharing of the glacier. If an exhibition
is the culmination of the artistic process, the challenge of
communal living, however, never stops,

What changed upon redescending the glacier together,
is that all the explorers, artists, public, spectators, climbers,
and guides became a community. A unification that was
forged by the glacier.

Séverin Guelpa

OBSERVATIONS – ASCENSION
La respiration saccadée
Et les grincements des Alpes
Le boucan des bardas en mouvement
On croirait que la montagne est une solitude quiète
Elle est une mécanique parfaite
Les bruits de la glace qui fond
Les pierres qui glissent et se brisent
Tout tonne et tombe dans des avalanches minuscules
et perpétuelles
L'équipe fait l'ascension de ce corps rocheux énorme
Bruits de respirations synchrones, manque progressif
d'oxygène
Sous les pas et le crissement des crampons le paysage
se soulève lourdement
Le froid le vent la glace
Aletsch plus grand glacier des Alpes
Les dimensions cyclopéennes d'un titan délicat

OBSERVATIONS – ASCENSION
Respirations hachées souffle court
L'ascension dure entre deux et trois jours
L'effort fait partie de l'apprivoisement de la montagne
Pour atteindre le glacier
Il faut tant et tant de mouvements et combien de gestes
répétés
Ceux des jambes ceux des bras
Les sueurs la buée des respirations dans le froid
Longer le corps de la montagne énorme et délicat
Prendre les bonnes veines parmi les crevasses
Certaines auront peut-être disparu au retour
Corps en transition mouvement perpétuel
L'élévation de l'esprit par l'ascension de cette masse
Perpétuelle quête de chaleur dans cette immensité de glace

OBSERVATIONS – ASCENSION
L'effort de l'ascension pénètre la chair
Jusqu'aux poumons essoufflés
La mécanique du mouvement se reproduit parfaitement
La montagne nous aspire à mesure que l'on s'approche du ciel
À mesure que l'on s'approche d'Aletsch
Ascension vers l'essentiel
L'équipe ne transporte que le matériel
Qu'elle peut elle-même porter
Pas d'assistance c'est la montagne contre soi
Par l'effort faire entrer la montagne en soi
Jusqu'à nos poumons essoufflés
À mesure que l'on foule le glacier
Encore quelques pas
Éviter les crevasses   les avalanches   les effondrements
Transporter son propre matériel
Stop. Respiration.
Le mouvement mécanique de la marche qui enfin s'arrête.
L'équipe reprend son souffle.
Tou·te·s ensemble, un·e par un·e, nous découvrons l'immensité
d'Aletsch, glacier millénaire, gigantesque et vulnérable.

L'arrivée est la contemplation d'une épiphanie de glace, panorama somptueux. Glacier désertique, la lumière bleue du ciel immaculé, du gel, et les roches qui crissent, craquent, éboulent... La symphonie qu'est le grondement de la montagne se déploie avec écho.

> C'est ici que MATZA va travailler. Aletsch, entre ses côtes rocheuses, son ventre de glace, cette esplanade isolée, Konkordia, une scène ouverte sur le monde entier.

OBSERVATIONS – INSTALLATION

S'installer sur le glacier et y vivre, c'est la mise en place d'une microsociété. S'installer c'est mettre un terme au mouvement de la marche. C'est le glacier qui se meut seul désormais, mouvement perpétuel et presque invisible. C'est un océan immobile qui gronde là.

> Les changements du vent, les chutes extraordinaires de température, le grondement sourd des roches qui se détachent et chutent le long des pans montagneux. Éboulement perpétuel. Le bruit de l'eau, sous toutes ses formes, de l'eau qui fuit, s'emprisonne, se libère, ruisselle, vit et meurt de froid. Des glouglouttements gras de la fonte jusqu'au dernier souffle crissant du gel sous les pas de l'équipe.

Qu'il est émouvant de s'installer ici ! Pour camp de base, l'équipe n'aura qu'une cabane, la cabane Konkordia, hissée quelque quatre cent soixante-sept marches au-dessus du plateau du glacier. La cabane apprend le vertige, le lâcher-prise dans une vie en communauté. Elle remémore le confort de l'humanité, protège de ce grand vide, ce grand vide du paysage, cette absence énorme de présence vivante. Le glacier, panorama violent, mise à nu obligatoire, la fragilité de l'être humain face à la glace de ce continent.

OBSERVATIONS – INSTALLATION

La cabane Konkordia est la base, le point de départ de toute exploration.

> Chaque matin, redescendre les quatre cent soixante-sept marches de vertige, reprendre au visage la claque du froid, du vent, dans les yeux l'immensité de roche, de glace, d'eau, de vide.

Une impression qui se développe progressivement est celle, angoissante, du cloisonnement. On ne quitte pas comme ça le glacier d'Aletsch. Il colle à la peau. MATZA avait déjà affronté le désert de sable, celui d'Amboy, mais Aletsch est un désert différent, un désert humide, désert d'altitude et de glace, désert en contrefort des montagnes, complètement inhabité, inhospitalier, et à plusieurs jours de marche.

> On avance toujours sur un glacier, mais on ne se promène jamais. On se rend d'un point A à un point B, on explore, toujours en mouvement. On se méfie de chacun de nos pas, les crevasses, le gel, l'équilibre des pierres, l'expérience du vide, et le vertige, le vertige de l'expérience d'un territoire sans trace humaine.

La vie en communauté est une nécessité absolue. Il est impossible de vivre sans les autres. Les premier·ère·s de cordée, faire confiance à son·sa voisin·e, compter sur

elle·lui pour l'ascension, compter sur soi, l'entraide comme
moyen de survivre, comme possibilité de s'épanouir ici, dans
ce lieu qui n'a jamais été taillé par et pour l'être humain.

OBSERVATIONS – EXPLORATION

Le glacier devient un lieu de vie, un lieu de travail, et la
glace, un élément à part entière de la construction, élément
protéiforme. Matière à la fois inerte et robuste, mais
sculptable, transformable grâce aux savoir-faire. Élément
au cycle inlassable, redevenant eau fuyante, insaisissable,
à la fois solide et liquide, gel de la nuit et eau centenaire,
une sorte de fragilité imposante.

> Chaque matière, chaque élément du glacier est traversé,
> tenu intrinsèquement par cette dualité, cet oxymore entre
> l'échelle macroscopique et microscopique. À Aletsch, il est
> parfois difficile de distinguer une prise de vue lointaine d'un
> zoom puissant. Comme si tout était lié. La montagne sous
> la lame d'un microscope, enchevêtrement de pierres, de
> monochromes, de vides étourdissants. Perte de dimensions,
> distorsion, une géométrie euclidienne dans laquelle on
> survit avec le vertige. Il y a quelque chose de grandiose et
> d'immaculé dans ces lignes que l'on reconnaît et que l'on
> découvre sans cesse. Un sentiment de sacré dans ce paysage
> qui chaque matin n'est ni tout à fait le même ni tout à fait
> un autre. Le glacier bouge, craque, s'efface, inlassablement.

OBSERVATIONS – EXPLORATION

Aujourd'hui, l'équipe d'exploration a retrouvé les restes d'un
avion Piper Cherokee disparu en juin 1968. Résurrection
inopinée. Le glacier nous rend des objets que longtemps il
a conservés. La glace fige. Elle plonge dans une durabilité
supérieure. Fantasme d'Hibernatus, de capsule temporelle
ou d'ADN de mammouth à réanimer... Que restera-t-il de
notre civilisation dans un million d'années ?

> Le glacier emprisonne chaque grain de sable qui s'est envolé
> un jour du Sahara lors d'un coup de sirocco. Les voiles
> de sables se déposant sur l'Europe, c'est à Aletsch, dans
> le permafrost, que l'on retrouve trace de ces évènements
> climatiques oubliés de la mémoire humaine.

En carottant cette glace presque éternelle, il est possible de
lire les évènements climatiques mondiaux, comme on lirait
l'âge d'un arbre au nombre de stries qui forment son tronc.
Le glacier porte la mémoire antédiluvienne du monde sur
ses épaules.

> La fonte des glaces, c'est une perte de mémoire collective,
> une sorte d'Alzheimer faussement inéluctable. L'humanité
> provoque sa propre perte de mémoire. Flux d'informations
> perpétuel. Le glacier est une essentialisation des perceptions.
> Le glacier place la nécessité au cœur des actions humaines,
> et le reflet qu'il nous renvoie n'est pas déformant.

OBSERVATIONS – ADAPTATION

La vie sur le glacier est une analogie de notre vie en
commun sur la planète Terre. Étendue immense, si puissante,
grandiose, rythmée de cycles clairs, d'éléments naturels
dangereux, d'autres parfois salvateurs. Étendue recouverte

d'une ressource vitale, l'eau, qui s'avère finalement
beaucoup plus rare qu'elle n'y paraît. Sur Terre, moins
d'un pour cent de l'eau est potable. Sur le glacier, le
constat est le même, l'eau ne se boit pas alors qu'elle
est pourtant omniprésente. Comment exploiter avec
justesse cette denrée vitale ? Comment offrir à chacun
un accès à cette ressource nécessaire à l'existence ?
Comment unir égalité et sobriété dans notre rapport à
la consommation ?

     Tragédie des biens communs. Tant de problématiques à
soulever, tant de réponses à trouver. L'artiste est aussi là
pour prendre à bras-le-corps ce rôle d'explorateur·trice.
Découvrir pour mettre en lumière les enjeux des écosystèmes
les plus reculés. Parce que tout est lié. Si le réchauffement
climatique augmente la désertification à Amboy, il fait aussi
fondre la mémoire du glacier d'Aletsch et cette eau viendra
forcément alimenter une rivière, une mer, un océan. Tout est lié.
Rien ne se perd, rien ne se crée. Et étudier un glacier permettra
sans doute à l'avenir de mieux comprendre les autres biomes
qui constituent l'écosystème mondial.

OBSERVATIONS – TRANSMISSION

Oser s'attaquer au glacier, c'est faire l'effort de la curiosité.
C'est anticiper, c'est ne pas craindre l'altitude, l'altérité, la vie
loin de ses repères, c'est oser douter, se remettre en question
et apprendre à se contraindre pour comprendre, à essayer des
alternatives par nécessité.

     La vie sur le glacier est une analogie de la présence humaine
sur Terre. Et il est beau de voir qu'à Aletsch trois équipes
se sont succédé, relayées, apprenant chaque fois,
transmettant les connaissances glanées successivement.
Et trois fois, le public a osé l'ascension, a osé aller voir
par lui-même l'écosystème interrogé par ces équipes
d'artistes-explorateur·trice·s.

Vernissage au plus haut de l'Europe, une visite qui doit se
mériter. Trois jours à marcher, éprouver la montagne pour
comprendre le glacier, la lumière, les bruits incessants des
roches, de l'eau et du vent. Voir de ses propres yeux après avoir
ressenti l'effort de la marche, l'effort de l'installation, l'effort
de la survie. Jusqu'à quarante personnes montées tout là-haut.

     Organiser la vie en commun, un public toujours plus nombreux,
la vie en commun, passer les nuits, partager la cabane,
l'exposition, partager le glacier. Si l'exposition est l'achèvement
de la démarche artistique, le défi du vivre en commun, lui,
ne s'arrête jamais.

Ce qui a changé quand on redescend du glacier tou·te·s
ensemble, c'est que d'explorateur·trice·s, artistes, public,
spectateur·trice·s, grimpeur·euse·s, guides, nous sommes
devenu·e·s une communauté. L'unification s'est faite par
le glacier.

Séverin Guelpa

The artist as a mediator

EN

Marc Frochaux

What if nature itself produced art, instead of being considered the artists' subject? The idea is not so far-fetched. Do you remember the Natural Contract? It was in 1990, already thirty years ago. French author Michel Serres proposed to consider "Nature" as a full legal entity. The idea caught on. On March 15th 2017, New Zealand's Whanganui River, sacred to the Maori, was granted personhood status by the government[1]. In practical terms, this allows for legal action to be taken against polluters directly in the name of this new legal entity. Dozens of Maori attended and applauded the vote on the legislation by "celebrating the event with songs," says the article in *Le Monde*. The Maori say, "I am the river, the river is me." So who sang?

In February 2021, the Magpie River, in Quebec this time, received the same status. The river is an important part of the traditional territory of the Innu of Ekuanitshit. "The river where the water passes between square rocky cliffs" is its Innu name, and it is the blood that runs everyday through Rita Mestokosho's veins, according to another article in *Le Monde*. If the Innu poet truly identifies with the suffering of the river, then who is the author of these verses?

That same year, environmental activists created a Zone to Defend (ZAD – "Zone à défendre") on the Mormont hill in the Canton de Vaud, Switzerland (an extraction zone for a cement and concrete factory). The Zadists danced, sang and even made small clay figurines. But as the activists say: "We are not defending nature, we are nature," then who produced these works? One gives legal rights to an area, to a territory, and it can now also claim an artistic expression.

In 2016 MATZA began its residency on the Aletsch glacier, this thousand-year-old dying tongue of ice. Kunìk de Morsier and Séverin Guelpa erected a large windsock that danced energetically, following the direction and power of the anabatic and katabatic winds that blew across the ice tongue. Again, who danced?

What has been accomplished on the legal level can be extended to the artistic level, provided that professional artists are considered as *mediators*. Perhaps this is what MATZA is all about. In the 1990s, such a shift was carried out by Belgian artist and photographer François Hers, but in the social field. Hers proposed that artists put themselves at the service of a community aspiring to produce an artwork, rather than parachuting it in through a traditional commission (purchase, competition). Under a mandate from the Fondation de France, the artist invented a commissioning protocol making the production of art more democratic, more accessible, and better connected to the real needs of communities. When he invented the Protocol of the New Patrons, it was necessary, he wrote, to "accept that the starting point of an artistic creation could be a collective responsibility, not just a private one."[2] By doing so, groups of men and women, a community, an association, a village can commission the work, expressing their wishes, stating their reasons, being fully integrated in the production process. Let us replace here *community* by *nature* and keep following the protocol, but this time let us consider that landscapes, territories, inhabited or not, can become patrons and generate art instead of being its subject matter. It may lead to MATZA, a protocol that is the opposite of sublime aesthetic.

Caspar David Friedrich is the best and most enduring example of the sublime relationship that the Moderns have imposed on the landscape[3], this particular way of facing it, of playing with our fears in front of "nature," in front of what remains untamed, wild, precisely when industrialization and comfort draw us away from it, just as enduringly. "Here is a man who has discovered the tragedy of the landscape," exclaimed French sculptor David d'Angers when he walked in his studio[4]. In reality, when Friedrich paints a solitary man in front of a sea of ice, he is expressing *our* tragedy, not the tragedy of the landscape, which is not much concerned with what is happening to humanity during the 18th century. Not yet.

However, these days, it is above all the survival of environments, biotopes, thousands of species, which are at stake. The concept of Nature is collapsing, as our responsibility in the planet's destruction grows in our conscience. Stengers[5], Descola, Latour, etc., whoever the philosopher may be: everyone agrees that there is a problem with this concept, that nature is not an *object*, that it is not a model in a studio posing in the nude, or a distant landscape, or a stuffed lion that can be drawn in a notebook. Those – those are human things (and are in fact also part of the concept).

What if we reversed this relationship? What if the natural sites, the territories, the landscapes, expressed their own artistic discourse, instead of being the artists' subject matter? Then professional contemporary artists, instead of using Nature as a subject, would take the role of *mediators*, of people who assist projects, by seeking the adequate expression, just like the mediators of the New Patrons

A method allowing to resonate with a territory and its inhabitants, to be penetrated by them, and then to interpret them.

Let us leave for a moment our intellect, our frontal lobe, to evoke this *resonance* that Hartmut Rosa has described in a recent, voluminous work[6]. You know this feeling, it is not expressed with words, it is experienced. We all know it. It is a feeling of *being one* with people, with places, with the world. Search your memories. For my part, the last time I experienced it, it was precisely on this Mormont hill. One evening in March, we visited the zadist camp with a few friends, strictly out of journalistic interest, believing that these scruffy young people shared a very romantic definition of ecology. But we came back with the smell of the campfire on our clothes, the skin of our cheeks tightened by the fresh air and a few visions (these two people, laughing and running naked from their tent towards the jacuzzi made of a few wooden planks). We returned home in silence, unable to put words on this experience, because it was no longer political in strictly intellectual terms, it was political in the actual experience. These people had chosen to spend a few weeks of winter together, in very precarious conditions of comfort, without telephones or mattresses. And they were having a great time. Suddenly their cause was no longer on banners but in their way of life.

No, the matzists are not zadists (such a comparison would be considered a mockery). Their cause is different, they are concerned by artistic production. But they may share with the latter some ideas, a will to connect to the world that necessarily involves a (temporary) renunciation of modern comfort. Séverin Guelpa described this relationship to me in these terms: "The mountain, the cold or, on the contrary, the extreme heat in Amboy, favors, in my opinion, a sharpness of the senses needed to pay real attention to the things that surround us." This is why he likes to refer to Rosa's concept of resonance as a remedy for the accelerationist evil. The matzists do not speak of Zones to Defend, they define "artistic zones," populated or not by humans, of which they are happy to be the translators, the interpreters.

After the MATZA residency on the Aletsch glacier, Laurence Bonvin translated the inversion in question here, in a subtle and radical way, with a work whose title is a program: *Aletsch Negative*. Made from shots taken on site, the video was first projected as an immersive installation (in a triptych) and then as a short film, with a soundtrack composed of rumbling, cracking and clicking sounds, simulating the noises that fill the site. The photographer and director, a native of Valais herself, presents the glacier as a living being. She proposes an innovative way of depicting mountainous regions in sublime aesthetics; no longer as titanic bodies, powerful and dangerous, which must be conquered with ropes, ice axes and flags planted on their summits; no longer in this conquering relation to the wild (dominant views, in plunges and counter-plunges), which thematize in reality the fear of man in front of nature from which he tries to escape, and which, once tamed and civilized by the tourism of excursions, will be represented as miniaturized icons, or emblems, sometimes to wrap chocolate bars. Like a reverse Caspar Friedrich, Laurence Bonvin depicts Aletsch from the inside, and even as a part of herself, of ourselves. The inversion of colors transforms the white snow into a charred skin, the reddish oxidation into an azure coat and the bluish ice into a pinkish flesh, evoking a body, wounded, ripped, decomposing, a suffering, agonizing[7] being. The person who sees this work has the sensation of being swallowed, digested, delivered, by this great dying body.

1 Caroline Taïx, "La Nouvelle-Zélande dote un fleuve d'une personnalité juridique" [archive], on lemonde.fr, march 2017.

2 François Hers, *Lettre à un ami au sujet des Nouveaux commanditaires*, Les presses du réel, 2016, p. 24.

3 See Martin Guinard-Terrin's commentary on the Sublime, in the exhibition catalog *Reset Modernity*, Bruno Latour et al., MIT Press, 2016, p. 189, which the French sociologist proposed to turn around.

4 Joseph Leo Koerner, "Caspar David Friedrich Earth Life Art," in *idem*, p. 69.

5 "So of course, 'nature' is an abstract term, whose meaning is constantly changing, but that meaning is our problem. Not that of the Amazonian Indians, nor of the Chinese for that matter – because, I have learned, it is difficult to translate nature in Chinese. If we want something more concrete, if we want to designate other living beings, we will have to specify who is this 'us' and who are these 'living beings.' We must speak of milieu, of all these milieux imbricated on different scales, which communicate according to various modes." Isabelle Stenger, *Résister au désastre, Dialogue avec Marin Schaffner*, Wildproject, 2019, p. 38.

6 "The quality of a human life depends on its relationship with the world, as long as it allows for resonance. This resonance increases our power to act and, in return, our ability to let ourselves be 'taken,' touched and transformed by the world. This is the exact opposite of the instrumental, reifying and 'silent' relationship to which modern society subjects us." Hartmut Rosa, *Résonance, une sociologie de la relation au monde*, Éditions La Découverte [2018] 2021.

7 See Joël Vacheron's text "Aletsch Negative: un espace dans l'obscur," in Laurence Bonvin et al., *Aletsch Negative*, Les Presses du réel, 2020.

L'artiste en médiateur

FR

Marc Frochaux

Et si la nature produisait elle-même des œuvres d'art, au lieu d'être prise comme sujet des artistes. L'idée n'est pas tellement saugrenue. Vous rappelez-vous *Le contrat naturel*? C'était en 1990, il y a trente ans, déjà. Michel Serres proposait de considérer la «Nature» comme une entité juridique à part entière. L'idée a fait son chemin. Le 15 mars 2017, le Whanganui, fleuve sacré des Maoris en Nouvelle-Zélande, a reçu le statut de personnalité juridique par le Parlement[1]. Concrètement, cela permet de conduire des actions de justice contre des pollueurs directement au nom de cette nouvelle entité juridique. Des dizaines de Maoris ont assisté et applaudi au vote de la législation «en célébrant l'évènement par des chants», dit l'article paru dans *Le Monde*. Or les Maoris disent: «Je suis la rivière et la rivière est moi.» Dès lors, qui a chanté?

En février 2021, la rivière Magpie, cette fois au Canada, a reçu ce statut. La rivière est une partie importante du territoire traditionnel des Innus d'Ekuanitshit. «La rivière où l'eau passe entre des falaises rocheuses carrées» en langue innu, est le sang qui coule chaque jour dans les veines de Rita Mestokosho, selon un autre article du *Monde*. Si la poétesse autochtone s'identifie réellement avec les souffrances de la rivière, alors qui est l'auteur·e de ces vers?

La même année, des militant·e·s écologistes ont créé une «zone à défendre» (ZAD) sur la colline du Mormont dans le Canton de Vaud, en Suisse (une zone d'extraction d'une usine de ciments et de bétons). Les zadistes ont dansé, chanté et même fabriqué de petites figurines d'argile. Or, comme les activistes disent: «Nous ne défendons pas la nature, nous sommes la nature», qui a produit ces œuvres? On donne des droits juridiques à une zone, à un territoire, et voilà qu'elle revendique aussi une expression artistique.

En 2018 MATZA entame sa résidence sur le glacier d'Aletsch, cette langue de glace millénaire, et mourante. Kunìk de Morsier et Séverin Guelpa érigent une grande manche à air qui danse énergiquement, selon l'orientation et la puissance des vents anabatiques et catabatiques qui parcourent la langue de glace. Et donc, qui danse ainsi?

Ce qui a été accompli sur plan juridique peut se poursuivre sur le plan artistique, à condition de considérer les artistes professionnel·le·s comme des médiateur·rice·s. C'est peut-être cela, MATZA. Dans les années 1990, un tel retournement a été effectué par l'artiste et photographe belge François Hers, mais dans le champ social. Hers proposait aux artistes de se mettre au service d'une communauté qui aspire à la production d'une œuvre d'art, plutôt que de parachuter celle-ci en recourant à une commande traditionnelle (achat, concours). Sous mandat de la Fondation de France, l'artiste invente alors un protocole de commande qui doit rendre la production de l'art plus démocratique, plus accessible, mieux reliée aux véritables besoins des communautés. Quand il invente le Protocole des Nouveaux Commanditaires, il fallait, écrit-il, «accepter d'imaginer que le point de départ d'une œuvre puisse ne plus être seulement l'artiste mais la société elle-même[2]». Ainsi, ce sont des groupements d'hommes et de femmes, une association, un village, qui décrit la commande, suscitant, sécrétant l'œuvre. Remplaçons ici le mot «société par nature» et poursuivons ce protocole, mais cette fois en proposant que des paysages, des territoires, habités ou non, soient eux-mêmes les commanditaires, qu'ils génèrent la production artistique au lieu d'en être le sujet. Nous aboutissons peut-être à MATZA, un protocole inverse à l'esthétique sublime.

Caspar David Friedrich incarne le mieux – et durablement – ce rapport sublime que les Modernes ont imposé au paysage[3], cette manière de s'y confronter, de jouer avec nos angoisses face à «la nature», soit ce qui reste d'indompté, de sauvage, au moment même où l'industrialisation et le confort nous détachent d'elle – tout aussi durablement. «Voilà un homme, qui a découvert la tragédie du paysage!», s'écrie le sculpteur français David d'Angers en découvrant son atelier[4]. En réalité, quand Friedrich peint l'homme solitaire devant la mer de glace, c'est bien notre tragédie qu'il exprime, pas celle du paysage, qui n'est pas vraiment concernée par ce qui se trame chez les humains du XVIIIe siècle. Pas encore.

Or ces derniers temps, c'est surtout la survie de milieux, de biotopes, de milliers d'espèces, qui sont en jeu. Aussi le concept de Nature s'effondre, à mesure que notre responsabilité dans la destruction planétaire grandit dans les consciences. Stengers[5], Descola, Latour, etc. qu'importe le ou la philosophe: tout le monde s'accorde à dire qu'il y a un problème avec ce concept, que la nature n'est pas un objet, qu'elle n'est pas ce modèle d'atelier posant nu, ce paysage distant ou ce lion empaillé que l'on reproduit sur un carnet. Ça ce sont des trucs d'humains (qui font d'ailleurs partie de ce concept).

Et si on inversait ce rapport? Et si les sites naturels, les territoires, les paysages, exprimaient leurs propres discours artistiques, au lieu d'être le sujet des artistes? Alors les artistes professionnel·le·s contemporain·ne·s, au lieu de prendre la Nature comme sujet, prendraient le rôle de médiateur·rice·s, des personnes qui l'accompagnent dans son projet, en cherchant l'expression

adéquate, comme les médiateur·rice·s des Nouveaux Commanditaires

MATZA en serait le protocole, le cadre de cette commande. Une méthode permettant d'entrer en résonance avec un territoire et ses occupant·e·s, de se laisser traverser par celles-ci, puis de s'en faire l'interprète.

Quittons un instant je vous prie notre intellect, notre lobe frontal, pour évoquer cette résonance que Hartmut Rosa s'est employée à décrire dans un ouvrage récent, volumineux[6]. Or cette sensation vous est connue, elle n'est pas dans les mots, elle se situe dans le vécu. Nous la connaissons tou·te·s. C'est un sentiment, celui de faire corps, avec des gens, avec des lieux, avec le monde. Cherchez dans vos souvenirs. Pour ma part, la dernière fois que je l'ai ressenti, c'était précisément sur cette colline du Mormont. Un soir de mars, nous avons visité le campement des zadistes avec quelques ami·e·s, par intérêt strictement journalistique, jugeant que ces jeunes gens débraillé·e·s partageaient une définition bien romantique de l'écologie. Mais nous sommes revenu·e·s avec l'odeur du feu de bois sur nos vêtements, les joues tirées par l'air frais et quelques visions (ces deux, hilares, courant nu·e·s de leur tente vers le jacuzzi bricolé avec quelques planches). Nous sommes rentré·e·s silencieux·se·s, incapables de mettre des mots sur cette expérience, car elle n'était plus politique en des termes strictement intellectuels, elle l'était dans le vécu. Ces gens avaient choisi de passer quelques semaines d'hiver ensemble, dans des conditions de confort très précaires, sans téléphone ni matelas. Et iels s'amusaient plutôt bien. Soudain leur cause n'était plus sur les banderoles mais dans leur mode de vie.

Non, les matzistes ne sont pas des zadistes (une telle comparaison prêterait à la raillerie). Leur cause est autre, iels sont concerné·e·s par la production artistique. Mais iels partagent peut-être avec ces dernier·ère·s quelques idées, une volonté de se relier au monde qui passe forcément par un renoncement (temporaire) au confort moderne. Séverin Guelpa m'a décrit en ces termes cette relation : « L'épreuve de la montagne, du froid ou au contraire des chaleurs extrêmes à Amboy, favorise selon moi l'acuité des sens nécessaire pour prêter une réelle attention aux choses qui nous entourent. » Voilà pourquoi il évoque volontiers la pensée de Rosa, qui propose la résonance comme un remède au mal accélérationniste. Les matzistes ne parlent pas de « zone à défendre », iels définissent des « zones artistiques », peuplées ou non d'humains, dont iels se contentent d'être les traducteur·rice·s, les interprètes.

Après la résidence MATZA sur le glacier d'Aletsch, Laurence Bonvin a traduit l'inversion dont il est ici question, d'une manière sensible et radicale, avec une œuvre dont le titre est un programme : Aletsch Negative. Composée à partir de clichés pris sur place, la vidéo a été projetée d'abord sous forme d'installation immersive (en triptyque) puis sous forme de court métrage, avec une bande sonore composée de grondements, de craquements et de plic-plocs, simulant les sons qui animent le lieu. La photographe et réalisatrice, elle-même originaire du Valais, y présente le glacier comme un être vivant. Elle propose ainsi un renouvellement inédit de la manière dont les contrées montagneuses sont dépeintes dans l'esthétique sublime ; non plus comme des corps titanesques, puissants et dangereux, qu'il s'agira de conquérir, à coups de cordées, de piolets et de drapeaux plantés à leurs sommets ; non plus dans ce rapport conquérant au sujet sauvage (vues dominantes, en plongées et contre-plongées), qui thématisent en réalité l'effroi de l'humain face à une nature dont il cherche à s'extraire, et qui, une fois domptées et civilisées par le tourisme d'escapades, seront représentées comme des icônes miniaturisées, ou des emblèmes, parfois pour emballer des tablettes de chocolat. Comme un Caspar Friedrich en négatif, Laurence Bonvin dépeint Aletsch de l'intérieur, et même comme une partie d'elle-même, de nous-même. L'inversion des couleurs transforme la neige blanche en une peau calcinée, l'oxydation rougeâtre en un manteau azur et la glace bleutée en une chair rosée, évoquant un corps, blessé, déchiré, en décomposition, un être souffrant, agonisant[7]. La personne qui reçoit cette œuvre a la sensation d'être engloutie, digérée, accouchée, par ce grand corps mourant.

1   Caroline Taïx, « La Nouvelle-Zélande dote un fleuve d'une personnalité juridique » [archive], sur lemonde.fr, mars 2017.

2   François Hers, *Lettre à un ami au sujet des Nouveaux commanditaires*, Les presses du réel, 2016, p. 24.

3   Voir le commentaire de Martin Guinard-Terrin sur le Sublime, dans le catalogue de l'exposition *Reset*.

4   Joseph Leo Koerner, « Caspar David Friedrich Earth Life Art », in *idem*, p. 69.

5   « Alors bien sûr, 'nature' est un terme abstrait, dont la signification ne cesse de se métamorphoser, mais cette signification est notre problème. Pas celui des Indiens amazoniens, ni d'ailleurs des Chinois – car, ai-je appris, il est difficile de traduire 'nature' en chinois. Si on veut du plus concret, si on veut désigner d'autres vivants, on devra préciser qui est ce nous et qui sont ces vivants. On parlera de milieu, de tous ces milieux imbriqués à différentes échelles, et qui communiquent selon des modes variés. » Isabelle Stenger, *Résister au désastre, Dialogue avec Marin Schaffner*, Wildproject, 2019, p. 38.

6   « La qualité d'une vie humaine dépend du rapport au monde, pour peu qu'il permette une résonance. Celle-ci accroît notre puissance d'agir et, en retour, notre aptitude à nous laisser 'prendre', toucher et transformer par le monde. Soit l'exact inverse d'une relation instrumentale, réifiante et 'muette', à quoi nous soumet la société moderne. » Hartmut Rosa, *Résonance, une sociologie de la relation au monde*, Éditions La Découverte [2018] 2021.

7   Voir le texte de Joël Vacheron « Aletsch Negative : un espace dans l'obscur », dans Laurence Bonvin et al., *Aletsch Negative*, Les Presses du réel, 2020.

Considering every location as a MATZA

EN

Mathilde Chénin

The question of the *location* of art is not new. In the late 1970s, Daniel Buren was already condemning the "devitalizing displacement" that artworks have to undergo in order to be seen and exist in the world, "from the place of their production (the studio space) to the place of their consumption (the exhibition space)"[1]. As a counterpoint to the uprooting effect of the *white cube*, the *off-ground* situation in which the *things of the world* find themselves when they are put on show by the art worlds also evokes the way in which *site-specific* practices, in their early development, turned physical presence (whether of the artwork, the artist or the public) into a strategy for challenging and subverting the art market and its neutralizing power. *Presence in a location* thus played a central, constitutive role in a whole line of gestures and works that, at the time, no one could have imagined being seen anywhere other than where they first appeared[2].

In this respect, Séverin Guelpa's work puts in tension the ambivalent relationship between art and the sites that provide a substrate for its modes of emergence. Describing his practice as contributing, among other things, to "producing the collective"[3], Séverin Guelpa has been inviting other artists, architects and researchers since 2014 to engage with "the capacity of community to federate and invent its own tools of emancipation" within the MATZA – *Art, Land Use and Democracy* project. On each occasion, the circumstantial communities he creates are placed in relation to, in perspective with, and to the test of a singular geographical site with relatively hostile conditions, in which he invites those who join him to settle temporarily.

The confrontation with the site, with the physical space, is therefore essential to MATZA. It is based on a requested strong and committed presence from start to finish from the team who is expected to be "a little seasoned" and able to "survive" in these places[4].

The "strong and physical" confrontation with the territory ultimately becomes, during these stays, the sounding board from which the guest artists develop – and shift – their practice in a form of "physical response" to the location itself

As Séverin Guelpa explained in December 2018, the hostile nature of the site, inducing day-to-day reorganization of movements, practices and bodily states, contributes to shifting the artist's attention to the point of tracing new contours for the kinesthetic and aesthetic experience they have of said site:

"For me, the most beautiful work we created at Amboy is the shower. We installed it against a building, facing the desert. There is no fresh water there, only salt water. Temperatures rise as high as to 45-50°C during the day, and at night it's always 35°C, so you're constantly hot. In these conditions, the moment of sublimation (…) is when you're exhausted and it's finally time for a shower. We were only allowed two to three pots of water each. And that contact of water, no matter how salty, on your skin, naked, facing the desert, is one of the most wonderful sensations I've ever experienced. So it wasn't an artwork as such, it was simply a shower. And what we experienced with it were moments of life, not moments of creation. Yet, the balance between the two is crucial and was produced at Amboy, human and physical experience being as important as artistic experience."[5]

But what happens to this "obstinacy of presence"[6] when, after the experience, comes the question of its "restitution", its "reinterpretation" in an artistic form and for a public in the radical impossibility of undergoing the same foundational experience of sublimation as the "shower in the desert"? After proposing classic "back to the white cube" formats, which did not so much "re-fabricate" artworks that were initially conceived in-situ[7], as much as literally "translate" the experience, as it was lived on site, into the language of the installation, Séverin Guelpa took the more radical step of inviting the public to experience the site for themselves, in order to better appreciate the works that were produced there. This was the case at the end of the *Anticipating the Extreme* session, which took place on the Aletsch glacier in 2017, when the team stayed in the Konkordia hut at an altitude of 2,850 meters. The opening of the exhibition gave the public the opportunity to experience the challenge of walking in high mountains, before seeing the works in the context of their creation.

This proposal shows that the return to the white cube, and more broadly to the exhibition format, does appear to represent a displacement, leading to a form of "loss" that artists need to avoid if they seek to preserve the integrity and force of their experience *within* and *in relation to* a site.

But what happens, more specifically, when the raw

and invisible material of an exhibition is based on life and work experiences, such as in Séverin Guelpa's work?

And what of the inversion of the old utopia that gives emancipatory value to art as soon as it comes closer to life[8], at a time when life in its entirety is being placed in museums, and the artefacts, the uses and the presences that make up the texture of life are being "exhibited" and displayed? One of the approaches chosen by Séverin Guelpa today is to bring the experience gained in the desert or on the glacier back to an environment closer to his everyday life, in an urban area. The question therefore is to determine how the confrontation with the hostility of these remote territories can lead us to rethink the way we approach the urban spaces we live in. In 2019, together with a team of artists, he accepted an invitation live permanently for ten days on a building site initiated by two Geneva housing cooperatives in Meyrin, in order to "make a MATZA"[9]. *Superstructure Meyrin* thus emerges from the daily cohabitation with the workers, the architects and other people involved on the site, and encourages us to consider this site under construction not as the future component of a neighborhood, but as a territory in its own right, in which we need to adapt, to find ways of existing together, while being equipped with other references than those of architecture[10]. In doing so, Séverin Guelpa maps out a new section of his iterative path, a path that seeks to "open up spaces", from his initial action within the Geneva squat movement in the early 2000s, through the desert and the glacier, back again to the collective making of the city.

1   In order to explain what prompted his reflection on the "problem and significance of the place of the artwork," Buren refers to a field trip he went on in Provence at the end of his teenage years, to better understand the influence of geographical location on artworks. The trip led him to visit artists' studios, and then to experience their artworks in exhibitions at dedicated venues. In this text, he describes the powerful hiatus and the sensation of "loss" that he experienced at the time, between what he felt and perceived of the works as they appeared in the studios where they were created, and as they were exhibited on the gallery walls of Paris. This hiatus led him to consider that what he calls the "reality" or "truth" of a work is consubstantially related to the place where it was created. By mixing and simultaneously showing "finished works, works in progress, works forever unfinished, sketches, etc," the studio, in its palimpsestic dimension, allows, according to Buren, "an understanding of the work in progress that the Museum definitively extinguishes in its desire to 'install'" (Daniel Buren, 1991).

2   Miwon Kwon, 2002.

3   Interview with Séverin Guelpa, 20 December 2018.

4   Interview with Séverin Guelpa, *ibid.*

5   Interview with Séverin Guelpa, *ibid.*

6   Miwon Kwon, 2002, pp. 13-14.

7   In this respect, Miwon Kwon highlights the return of "site-specific" works back to the institution during the 1990s, a movement that was previously unthinkable, if not sacrilegious, given that it was made possible to experience these artworks outside of the site and context in which they were produced. This movement allows the public to have, in his words, the "true" aesthetic experience of site-specific artwork copies (Miwon Kwon, 2002, p. 33).

8   Maurice Fréruchet, 2019.

9   Interview with Séverin Guelpa, *ibid.*

10 Interview with Séverin Guelpa, *ibid.*

Penser chaque lieu comme un MATZA

FR

Mathilde Chénin

La question du *lieu de l'art* n'est pas nouvelle. À la fin des années 1970, déjà, Daniel Buren déplorait le « déplacement dévitalisant » que constitue, pour les œuvres plastiques, afin d'être vues et d'exister dans le monde, d'être conduites « depuis le lieu de leur production (l'atelier) vers le lieu de leur consommation (l'exposition)[1] ». La situation *hors-sol* qui est celle des *choses du monde*, dès lors qu'elles se trouvent mises en exposition par les mondes de l'art, évoque également, en contrepoint du déracinement qu'opère le *white cube*, la manière dont les pratiques dites *site specific* ont eu, dans leurs premiers développements, de faire de la présence physique (celle de l'œuvre, celle de l'artiste, celle du public) une stratégie de contestation et de subversion du marché de l'art et de son pouvoir neutralisant. La *présence au lieu* eut ainsi un rôle central et constitutif au sein de toute une filiation de gestes et d'œuvres dont il était alors inimaginable qu'ils puissent se donner à voir ailleurs que là où elles étaient apparues[2].

Le travail de l'artiste Séverin Guelpa met, à cet égard, en tension la relation ambivalente de l'art aux lieux qui offrent un substrat à ses modalités d'apparition. Décrivant sa pratique comme contribuant entre autres à « produire du collectif »[3], Séverin Guelpa invite depuis 2014 d'autres artistes, architectes et chercheurs·euse·s à mettre au travail « la capacité d'une communauté à se fédérer et inventer ses propres outils d'émancipation » au sein du projet MATZA — *Art, Land Use and Democracy*. Les communautés circonstancielles qu'il contribue à créer sont mises chaque fois en regard, en perspective et à l'épreuve d'un site géographique singulier aux caractéristiques relativement hostiles, au sein duquel il propose à celles et ceux qui l'accompagnent de s'implanter temporairement.

La confrontation au site, au lieu physique est donc primordiale dans MATZA. Elle se fait au moyen d'une demande de présence forte et engagée de bout en bout du séjour, et ce par des personnes « un tout petit peu aguerri·e·s » et en capacité de « survivre » en ces lieux[4].

C'est la confrontation « forte et physique » au territoire qui devient *in fine*, lors de ces séjours, la caisse de résonance à partir de laquelle les artistes invité·e·s déploient — et déplacent — leur pratique dans une forme de « réponse physique » au lieu lui-même

La nature hostile du site, notamment, tout comme ce qu'elle induit au quotidien de réagencements des gestes, des usages et des états de corps, contribue, comme en témoigne Séverin Guelpa en décembre 2018, à déplacer l'attention des artistes jusqu'à tracer de nouveaux contours à l'expérience kinesthésique et esthétique qu'iels font du lieu en question :

« Pour moi, la plus belle œuvre que nous avons créée à Amboy, c'est la douche. Nous l'avons installée contre un bâtiment, face au désert. Là-bas, il n'y a pas d'eau claire, seulement de l'eau salée. Les températures montent jusqu'à 45-50° en journée, et la nuit, il fait toujours 35°, donc on a chaud en permanence. Dans ces conditions, le moment de sublimation (...), c'est quand, alors que tu es épuisé, arrive le moment de la douche. Nous n'avions droit qu'à deux ou trois casseroles d'eau chacun·e. Et là, le contact avec l'eau, même salée, sur la peau, nu, face au désert, ce sont les plus belles sensations de toute ma vie. Alors, ce n'était donc pas une œuvre à proprement parler, c'était une douche, tout simplement. Et ce dont on y faisait l'expérience était des moments de vie, pas des moments de création. Et pourtant, c'est cet équilibre entre les deux, qui est déterminant, et qui se produisait à Amboy : que l'expérience humaine et physique soit toujours aussi importante que l'expérience artistique[5]. »

Mais qu'en est-il de cette « obstination de présence[6] » quand, au retour de l'expérience, se pose la question de sa « restitution », de sa « réinterprétation » sous une forme artistique et à l'adresse d'un public se trouvant dans la radicale impossibilité de faire la même expérience fondatrice de sublimation que celle de « la douche dans le désert » ? Après avoir proposé des formes somme toute classiques de « retour au white cube », qui ne tendaient pas tant à « re-fabriquer » des œuvres initialement conçues in-situ[7] qu'à « traduire », à proprement parler, dans le langage propre de l'installation, l'expérience telle qu'elle fut vécue sur place, Séverin Guelpa prit l'initiative plus radicale de convier le public à faire lui-même l'expérience du site, afin de mieux en apprécier les œuvres qui y furent produites. Ce fut le cas notamment au terme de la session *Anticipating the Extreme*, qui s'est déroulée sur le glacier d'Aletsch en 2017, alors que l'équipe résidait dans la cabane Konkordia située à 2850 mètres d'altitude. Le vernissage de l'exposition fut ainsi l'occasion de confronter le public à l'expérience et à l'épreuve de la marche en haute montagne, avant qu'il ne puisse découvrir les œuvres dans le contexte de leur création.

Cette proposition témoigne de ce que le retour au white cube, et plus largement à l'exposition, semble bien constituer un déplacement, qui occasionnerait une forme de « perte », contre laquelle les artistes auraient à se prémunir, s'iels veulent préserver l'intégrité et la force de leur expérience *dans* et *avec* un lieu.

Mais qu'en est-il plus spécifiquement quand ce qui constitue la matière première et visible d'une exposition relève d'expériences de vie et de travail, comme c'est le cas, donc, au sein de la démarche de Séverin Guelpa ?

Et qu'en est-il du renversement de la vieille utopie qui confère une valeur émancipatrice à l'art dès lors que ce dernier se rapproche de la vie[8], quand c'est désormais la vie tout entière qui s'en vient à être mise au musée et que sont « exposés », donnés à voir, les artefacts, les usages et les présences qui font la texture de l'habiter dans le monde ? Une des voies de résolution choisies par Séverin Guelpa est, aujourd'hui, de ramener l'expérience forgée dans le désert, ou sur le glacier, dans des entours plus proches de sa vie de tous les jours, en territoire urbain. La question consiste dès lors à se demander comment ce que produit la confrontation à l'hostilité de ces territoires lointains peut amener à repenser la manière dont nous abordons les espaces urbains que nous côtoyons. En 2019, accompagné par une équipe d'artistes, il répond pour ce faire à la proposition d'investir et de vivre en permanence, pendant une dizaine de jours, sur un chantier de construction initié par deux coopératives genevoises à Meyrin, pour y « faire un MATZA »[9]. *Superstructure Meyrin* émerge ainsi de la cohabitation quotidienne avec les ouvrier·ère·s, les architectes et les autres acteurs·trice·s du chantier et invite à considérer ce lieu en construction, non pas comme la future portion d'un quartier, mais comme un territoire en propre, dans lequel il convient de s'adapter, de trouver des voies d'existence en commun, tout en étant outillé·e·s d'autres références que celles de l'architecture[10]. Séverin Guelpa trace en cela un nouveau pan du chemin itératif qui est le sien, un chemin qui œuvre à « ouvrir des espaces », depuis son geste initial au sein du mouvement squat genevois au début des années 2000, en passant par le désert et le glacier, pour en revenir, à nouveau, à la fabrique collective de la ville.

1 Buren revient, afin d'expliciter ce qui a initié en lui la réflexion sur le « problème et la signification de la place de l'œuvre », sur un voyage d'étude entrepris en Provence à la fin de son adolescence, en vue de mieux comprendre les influences du lieu géographique sur les œuvres. Ce voyage le conduit tour à tour à visiter des ateliers d'artistes, puis à faire l'expérience de leurs œuvres au sein d'expositions dans des lieux consacrés. Il décrit, dans ce texte, le puissant hiatus et la sensation de « perte » dont il fait alors l'expérience, entre ce qu'il a ressenti et perçu des œuvres telles qu'elles se donnaient à voir au sein des ateliers qui les ont vues naître et telles qu'exposées sur des cimaises parisiennes. Hiatus qui le conduit à envisager que ce qu'il nomme indifféremment la « réalité » ou la « vérité » de l'œuvre est liée de manière consubstantielle à son lieu de création. Entremêlant et rendant simultanément visibles « travaux finis, travaux en cours, travaux à jamais inachevés, esquisses, etc. », l'atelier, dans sa dimension palimpseste, autorise selon Buren une « compréhension de l'œuvre en cours que le Musée éteint définitivement dans son désir d'"installer". » (Daniel Buren (1991).

2 Miwon Kwon (2002).

3 Entretien avec Séverin Guelpa, 20 décembre 2018.

4 Entretien avec Séverin Guelpa, *ibid*.

5 Entretien avec Séverin Guelpa, *ibid*.

6 Miwon Kwon (2002), pp. 13-14.

7 Miwon Kwon souligne à cet égard le mouvement de retour à l'institution que connaissent les œuvres « site specific » dans le courant des années 1990, et dont il était jusque-là impensable, voire sacrilège, d'envisager que l'on pourrait en faire l'expérience hors-sol et hors du contexte qui avait vu leur réalisation. Ce mouvement de retour offre au public de faire, selon ses mots, la « véritable » expérience esthétique de copies d'œuvres site-specific (Miwon Kwon (2002), p. 33).

8 Maurice Fréchuret (2019).

9 Entretien avec Séverin Guelpa, *ibid*.

10 Entretien avec Séverin Guelpa, *ibid*.

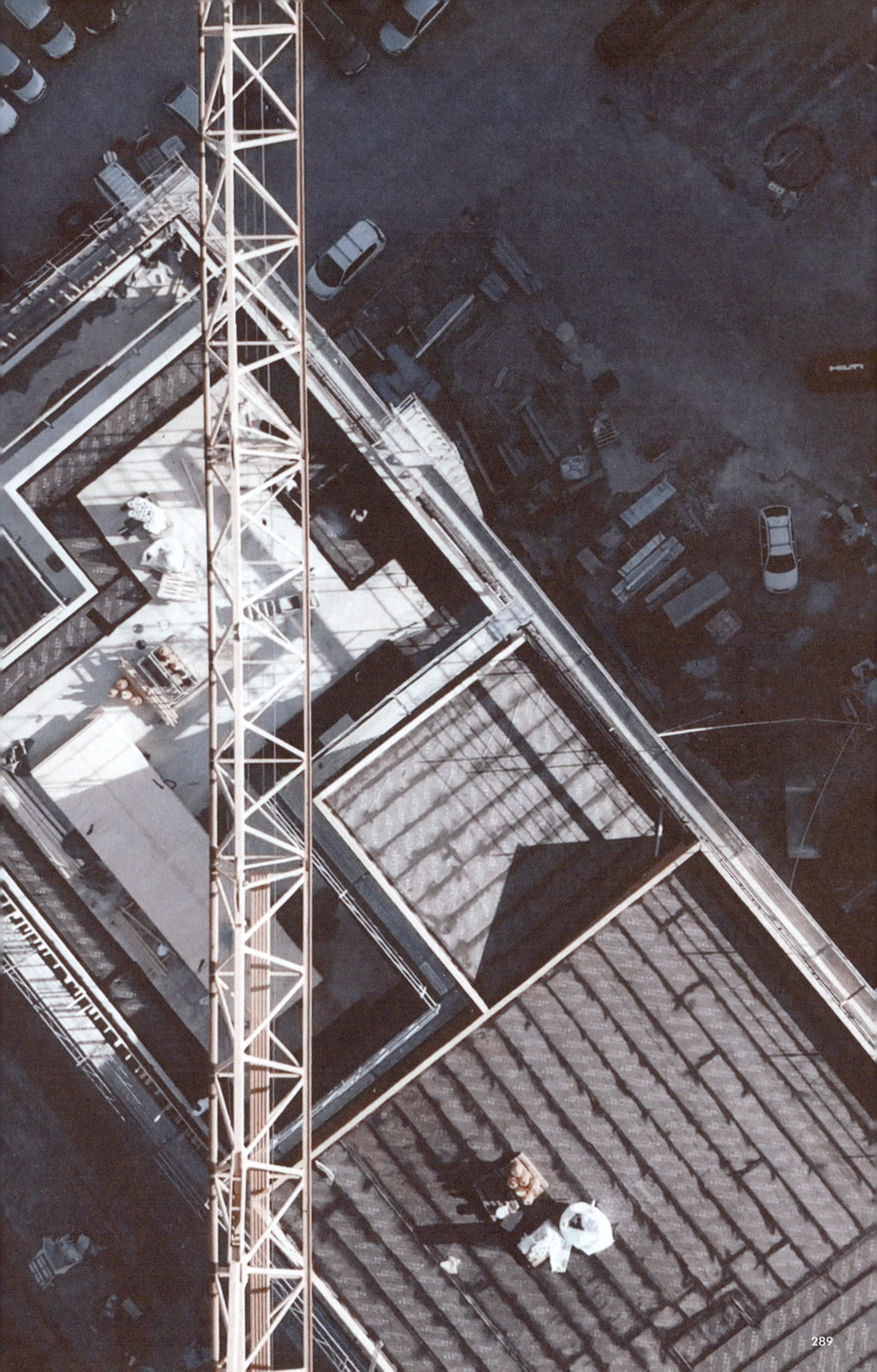

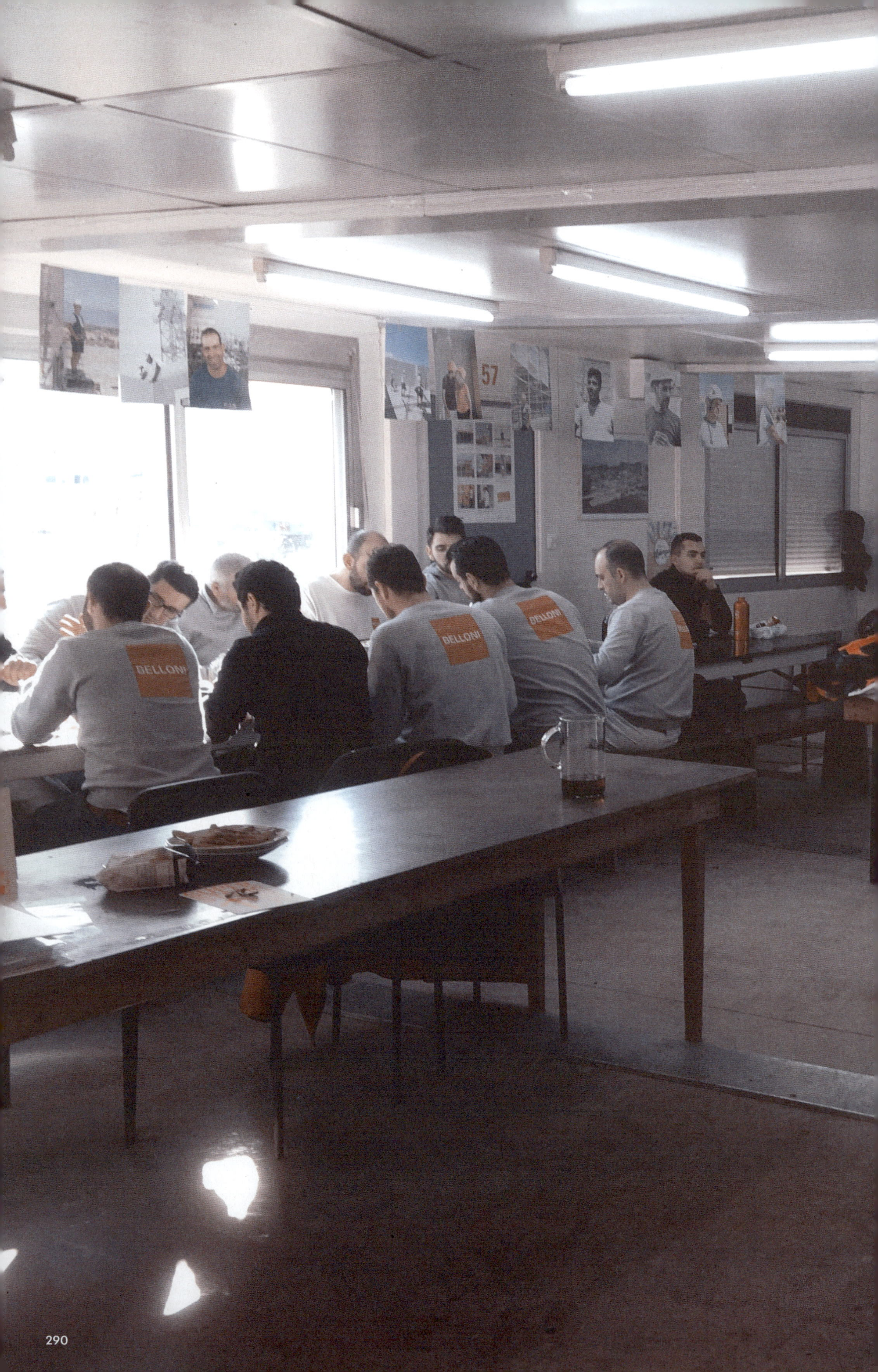

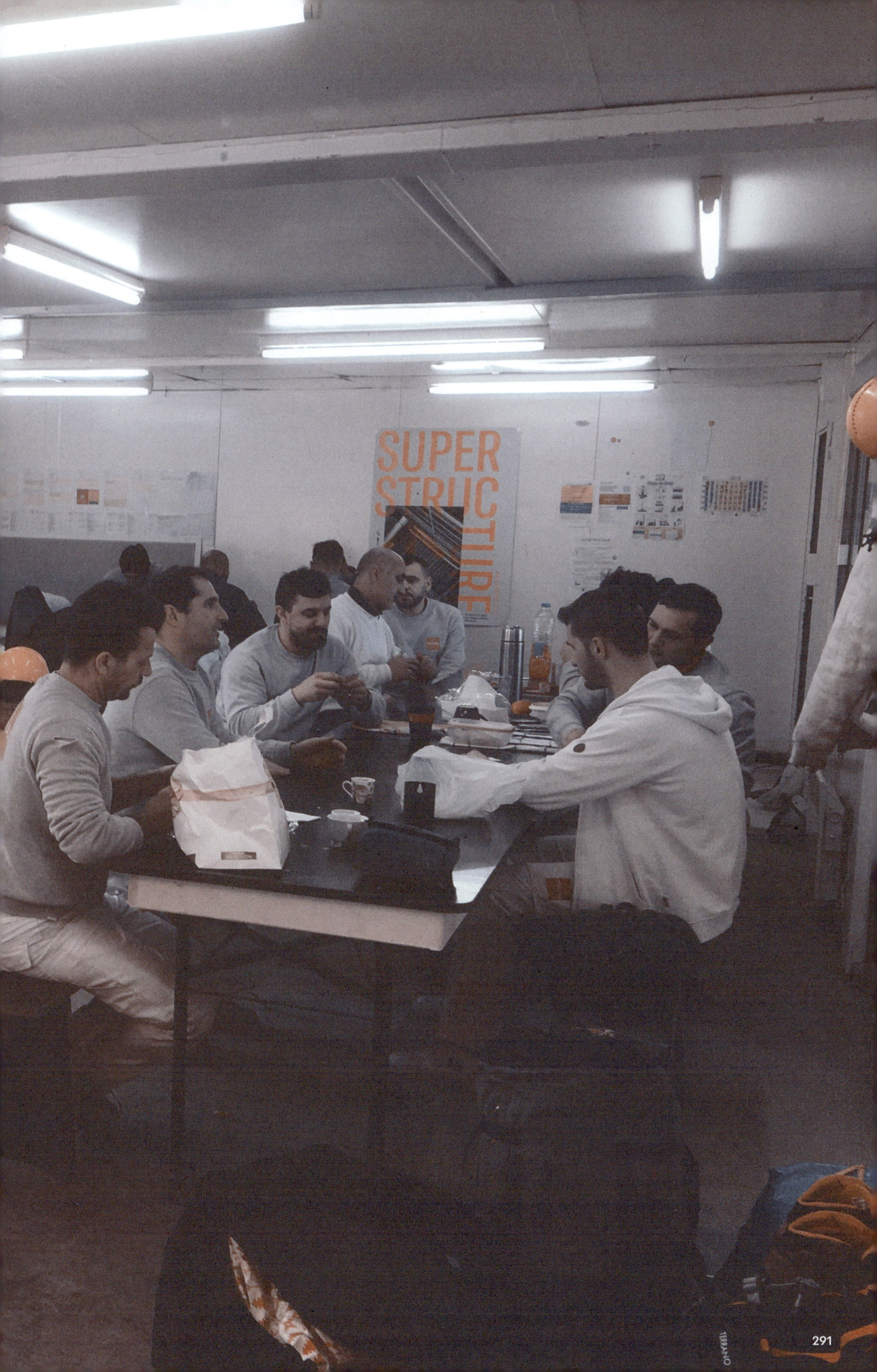

SUPER
STRUC
TURE

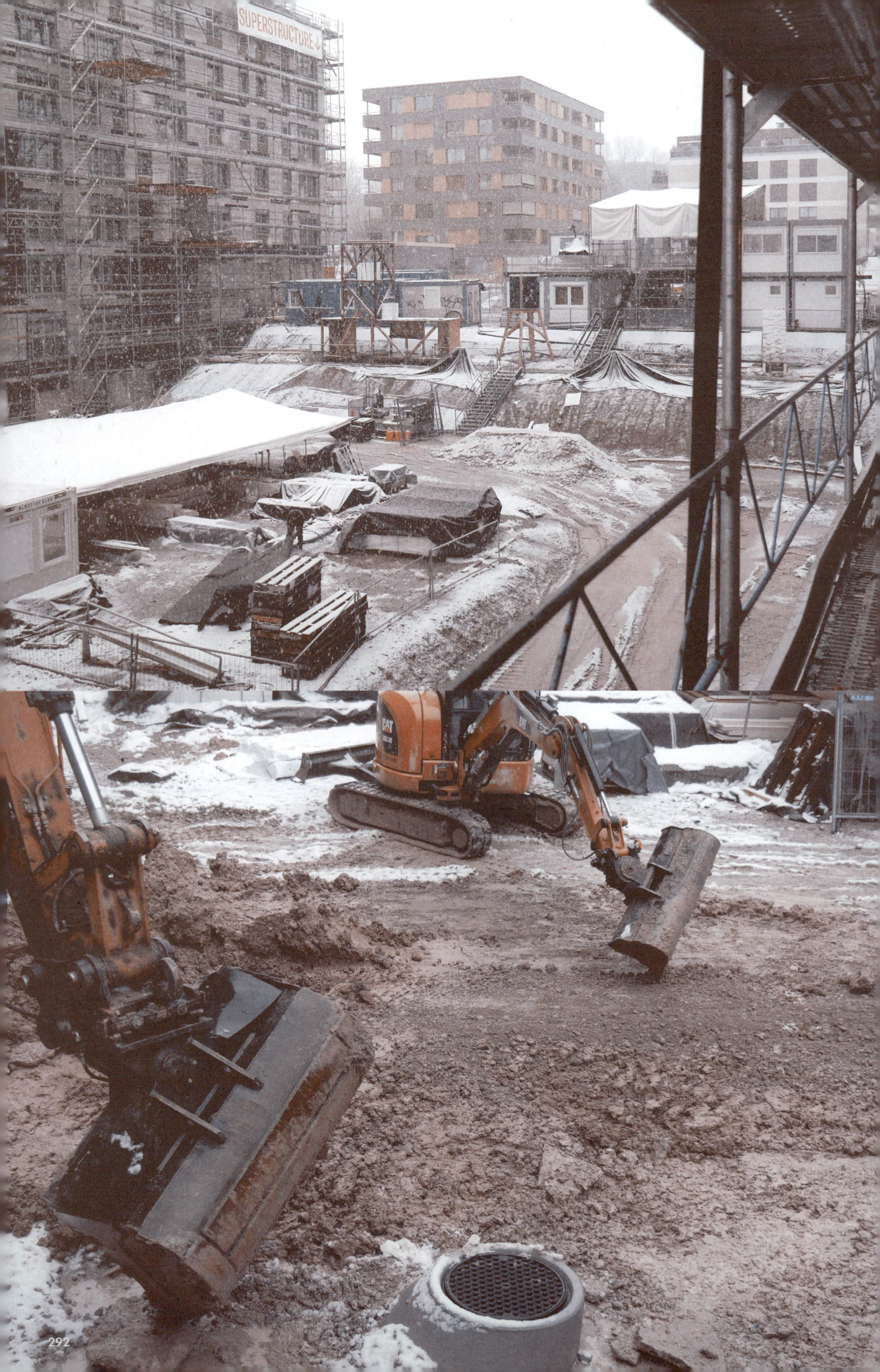
SUPERSTRUCTURE
CAT

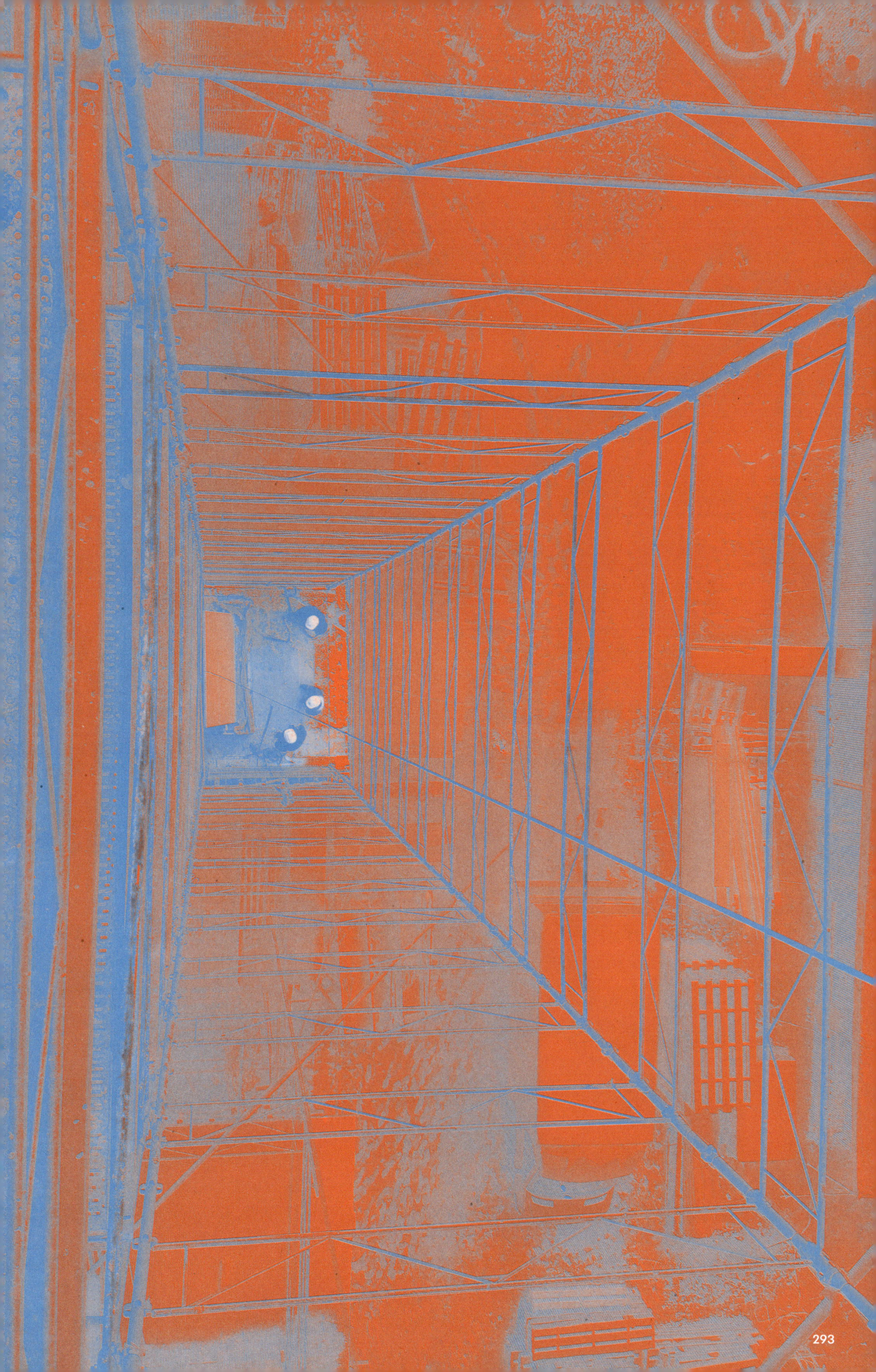

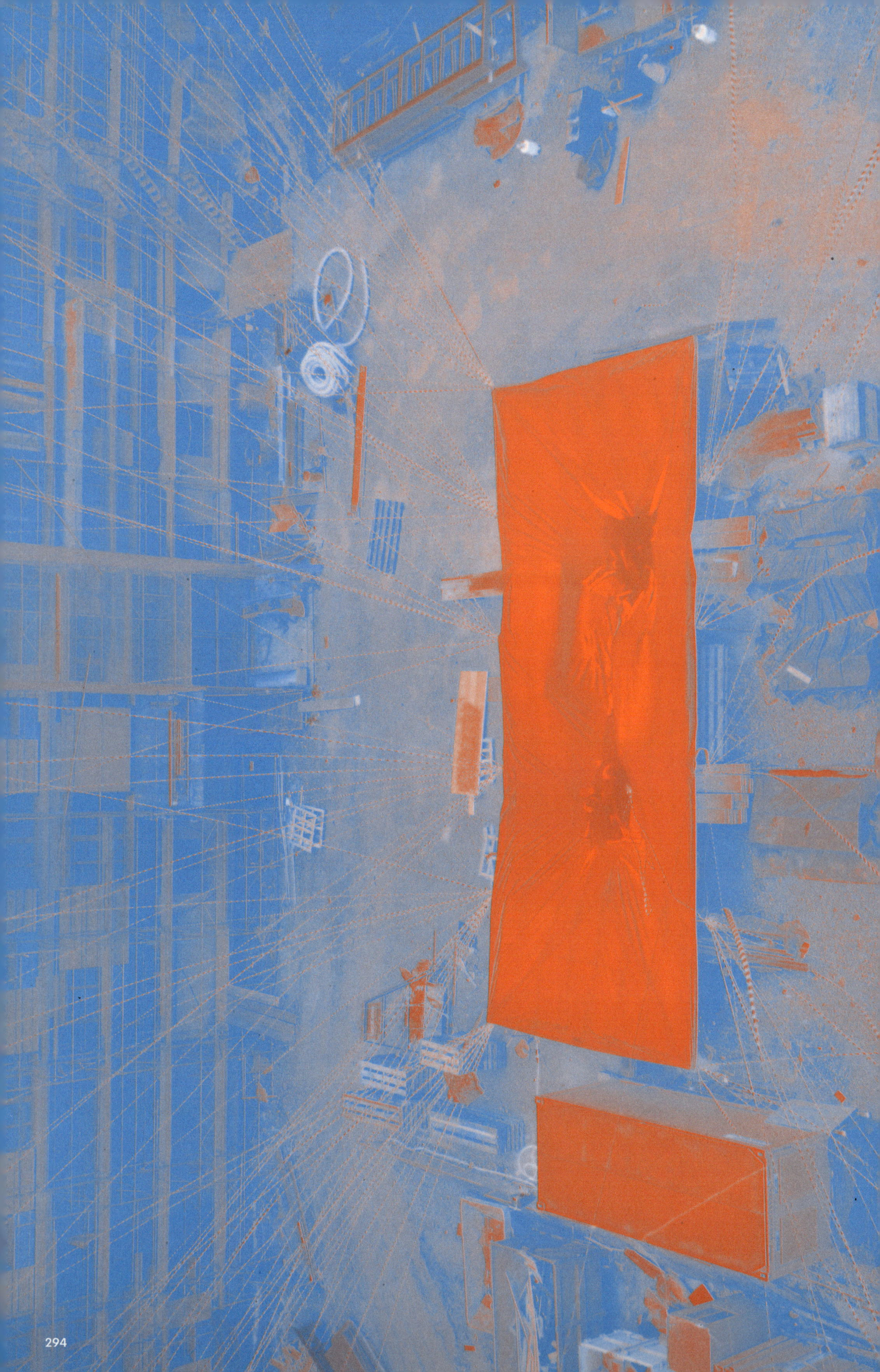

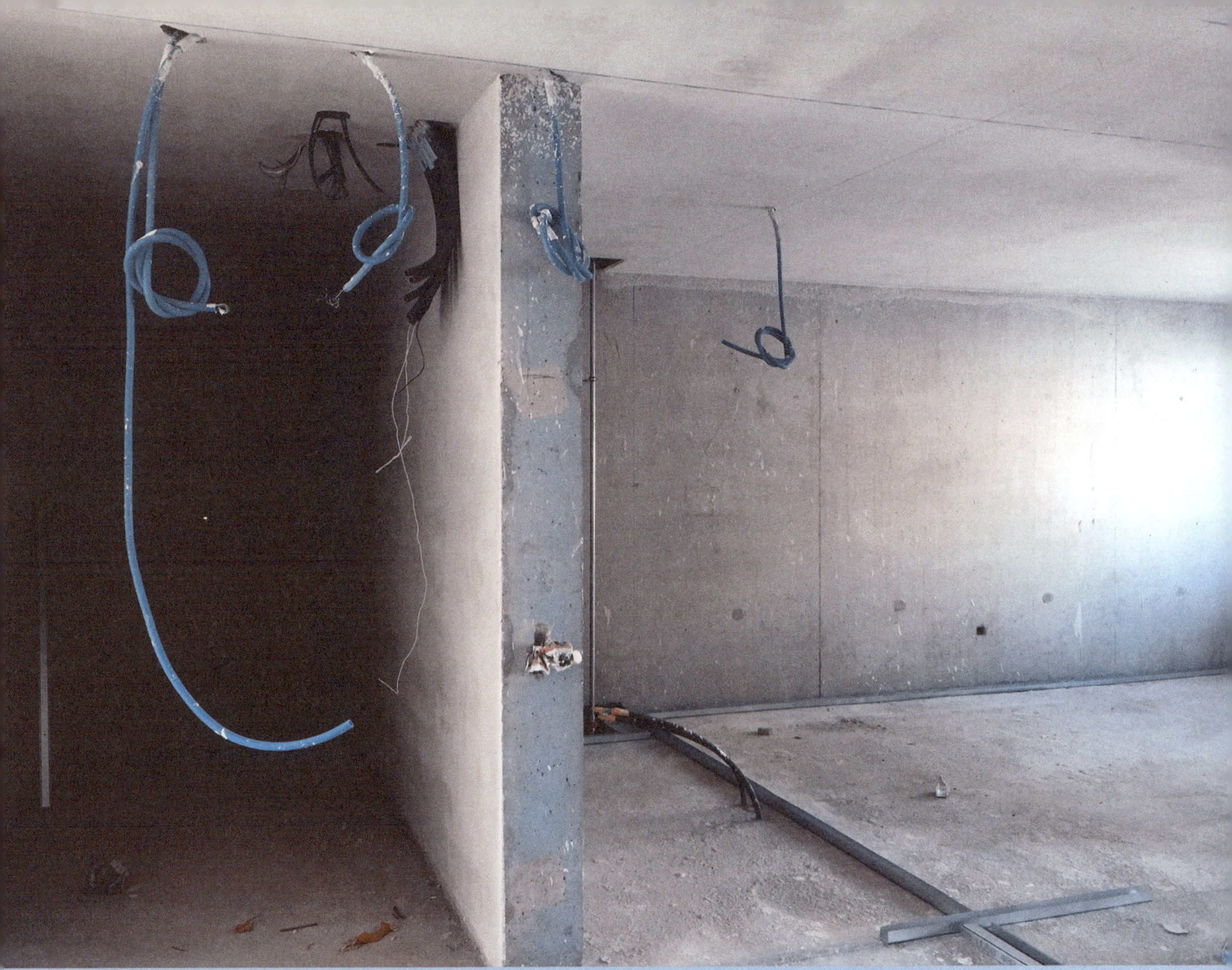

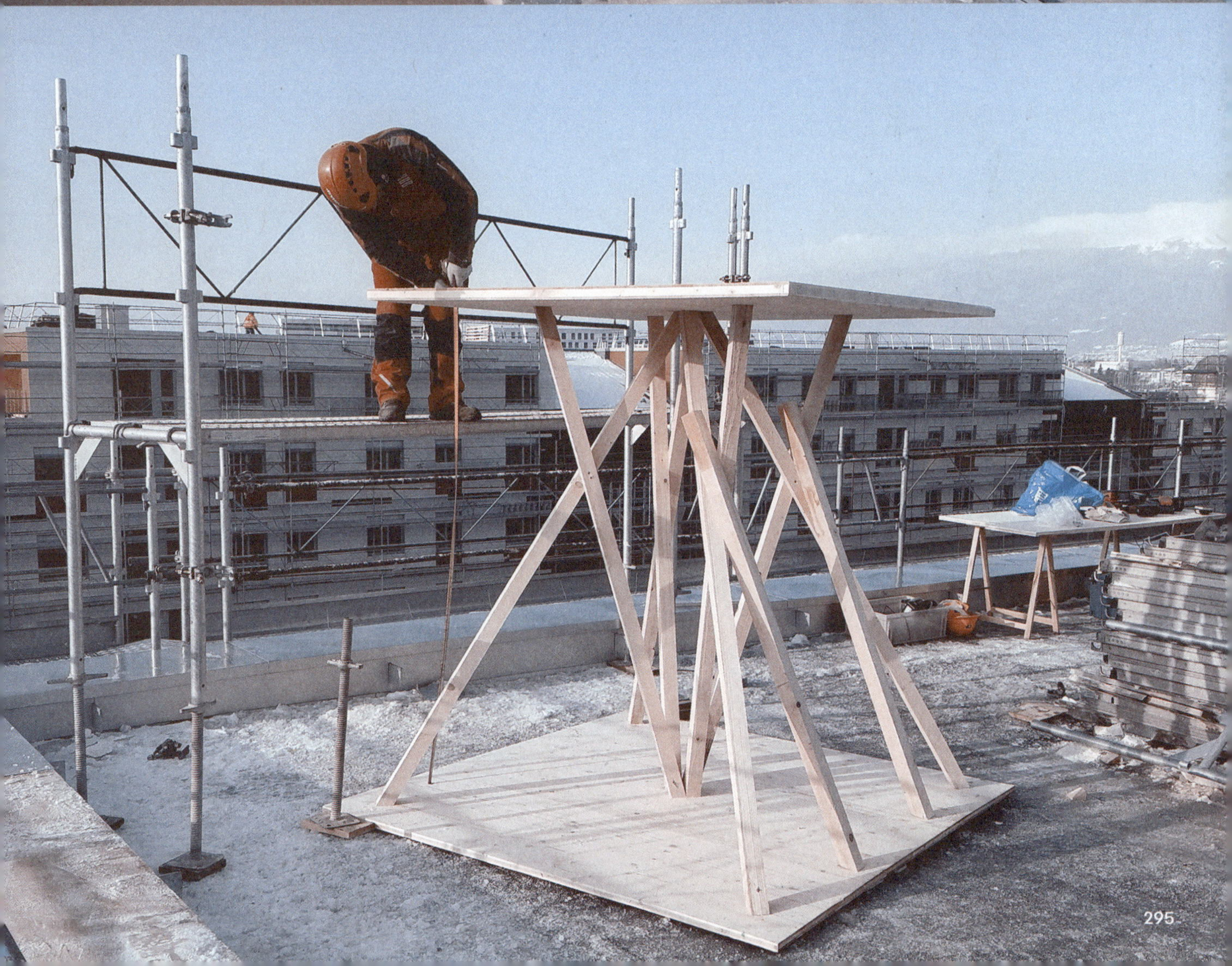

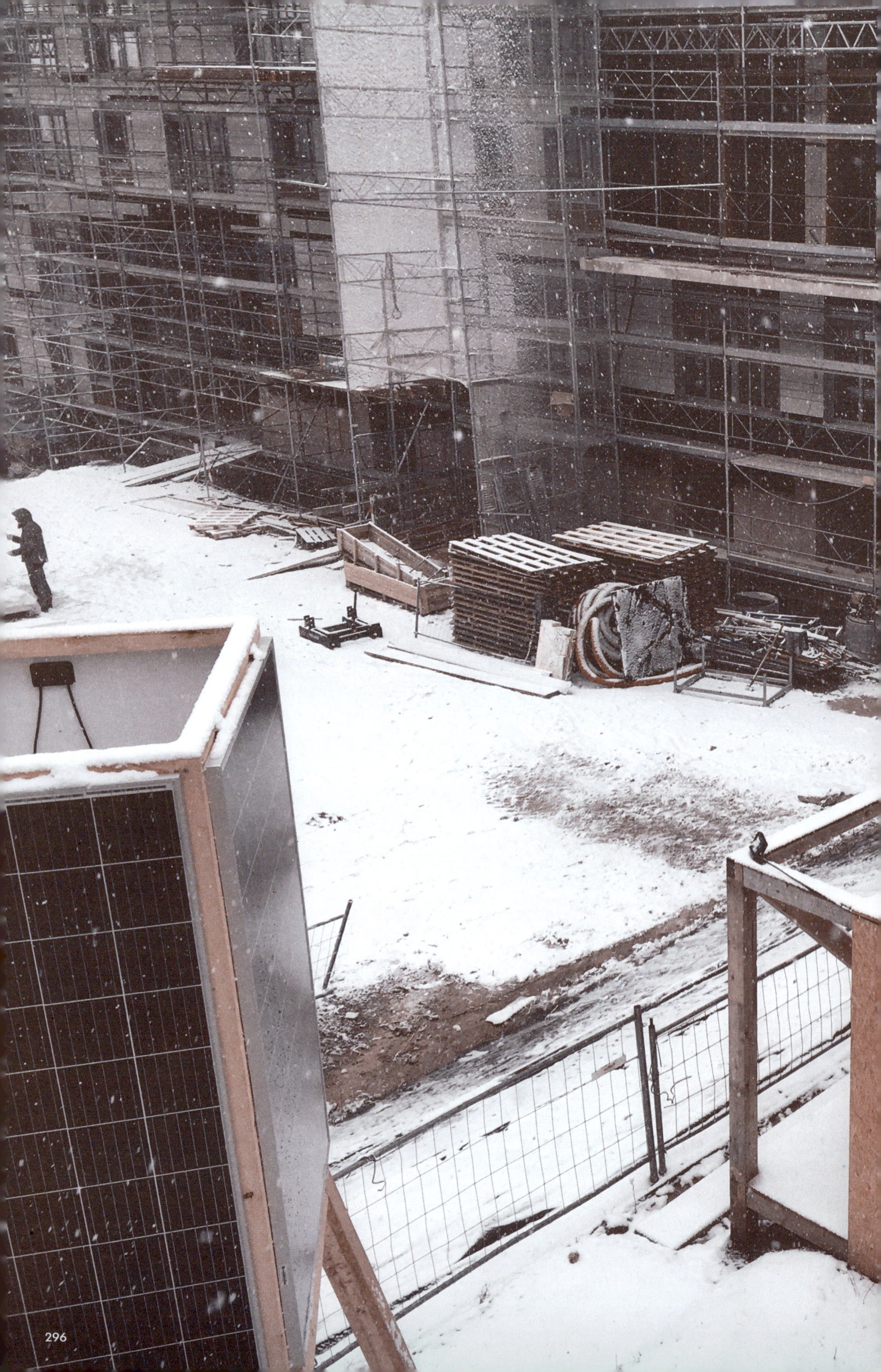

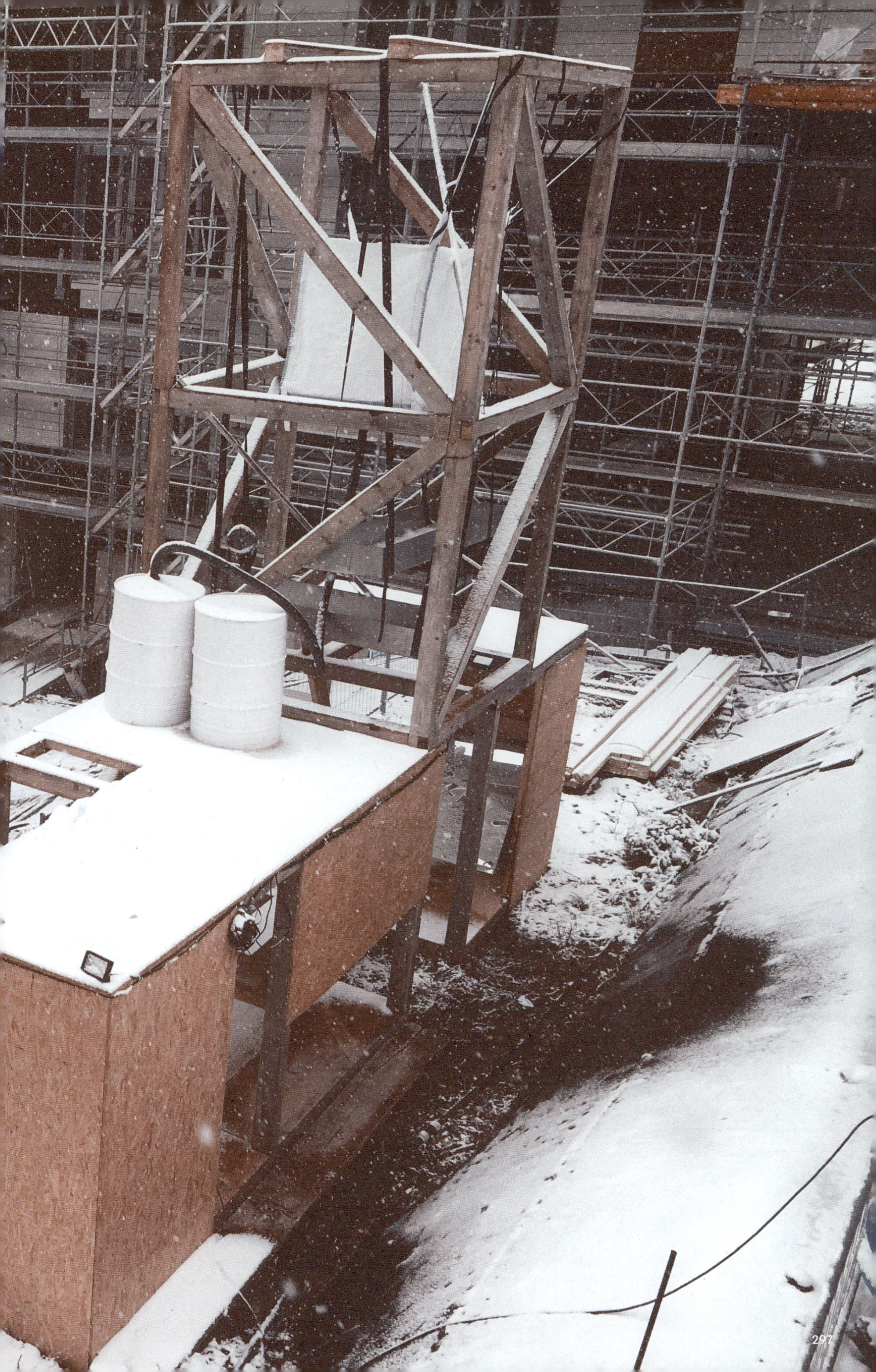

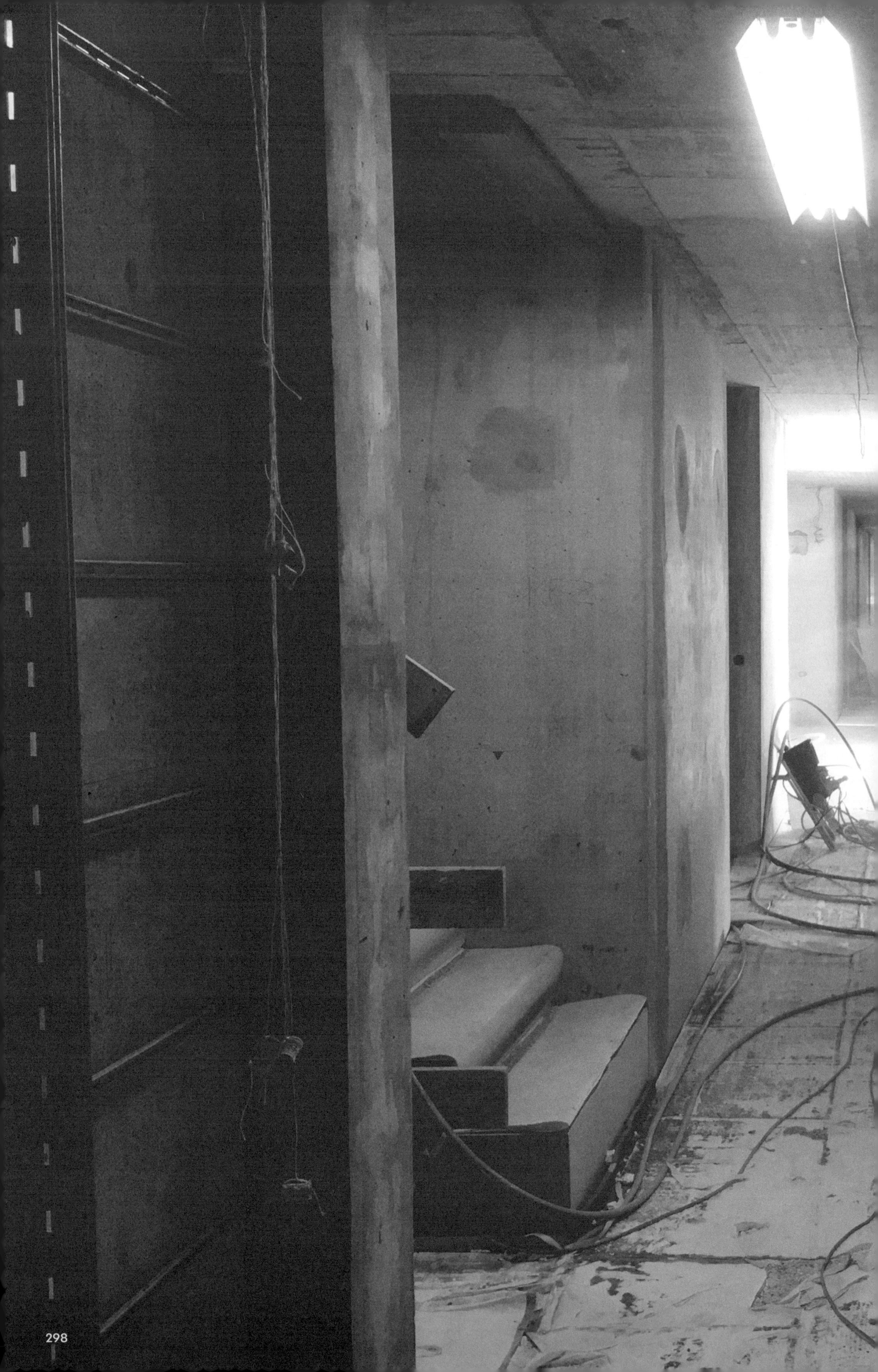

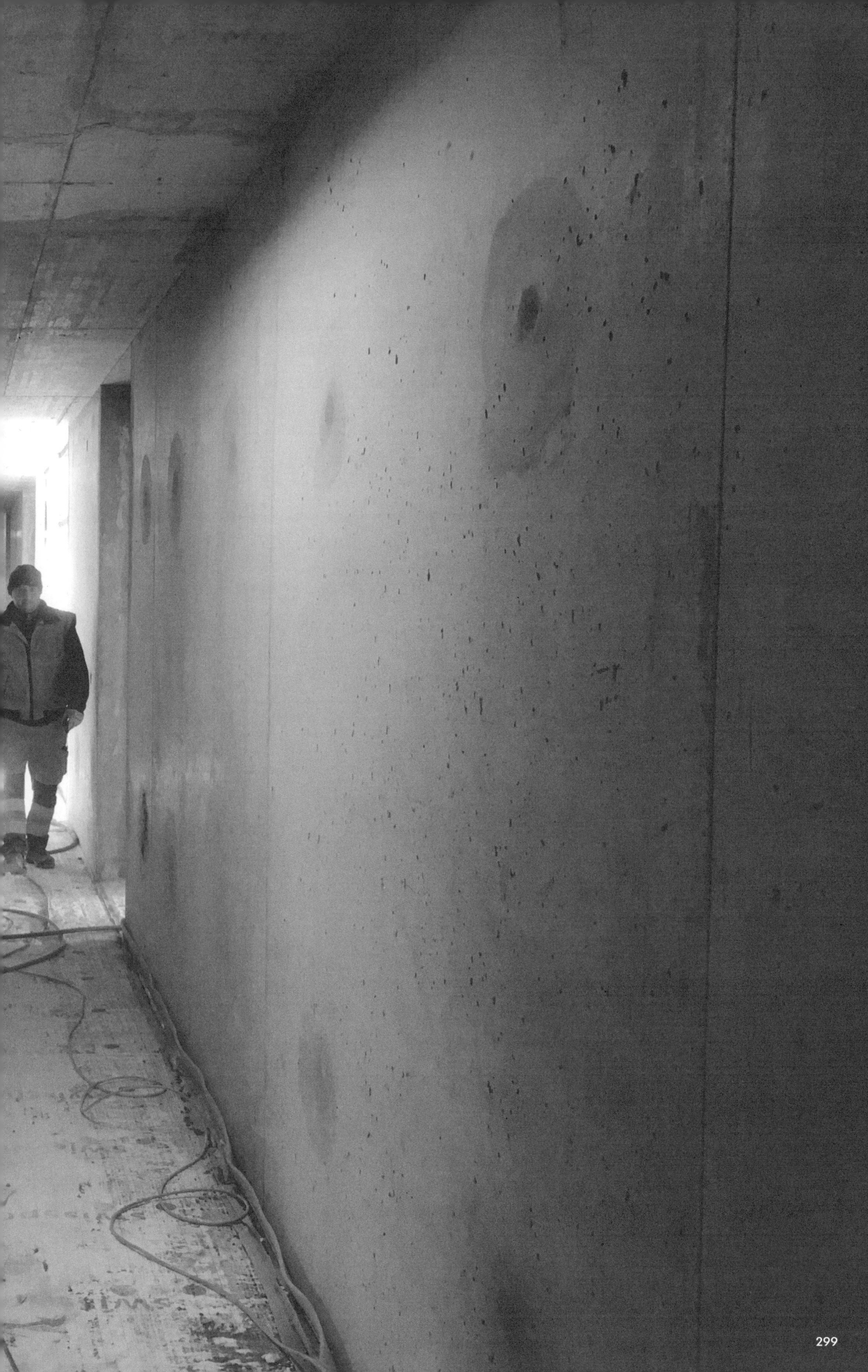

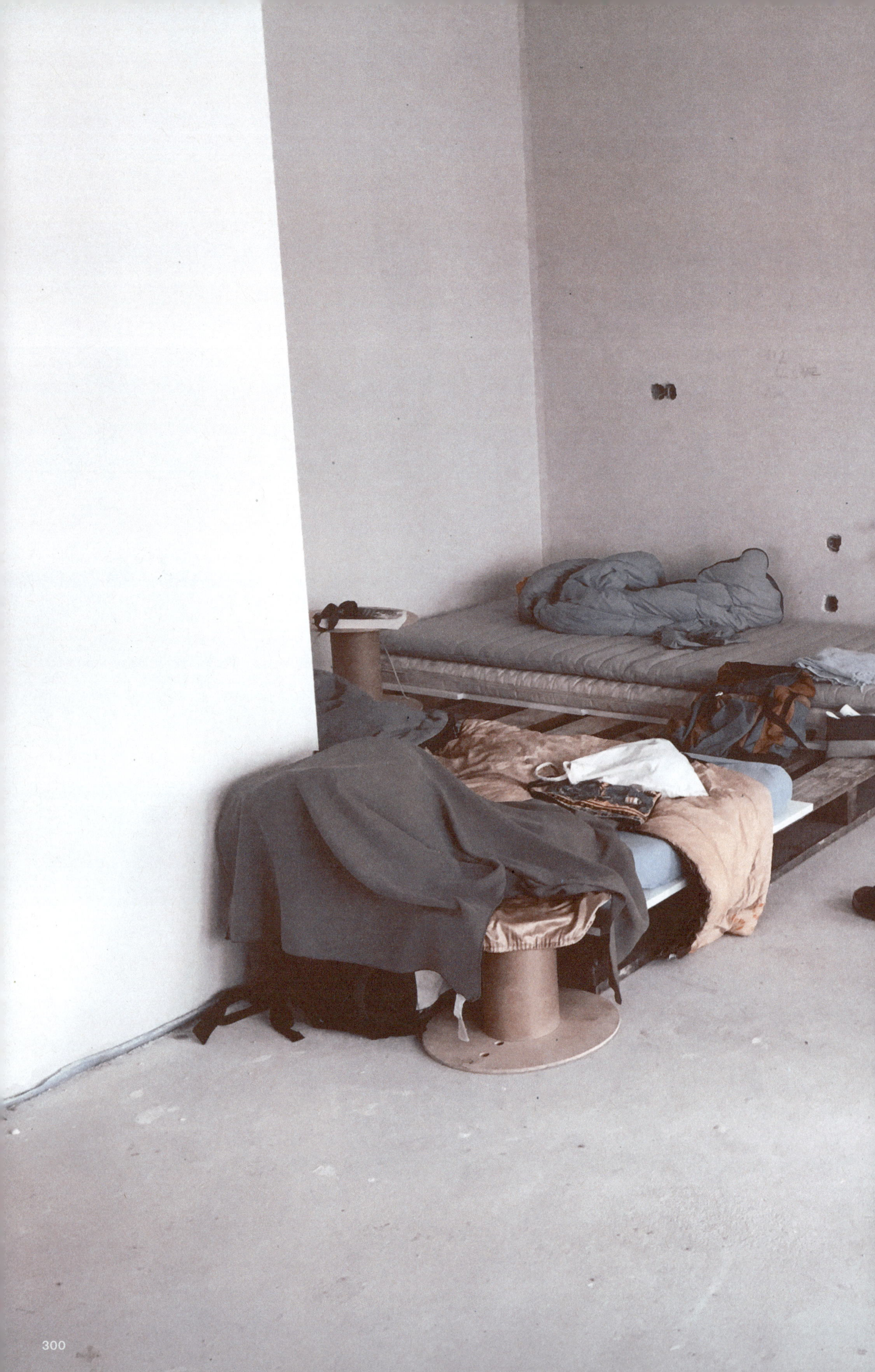

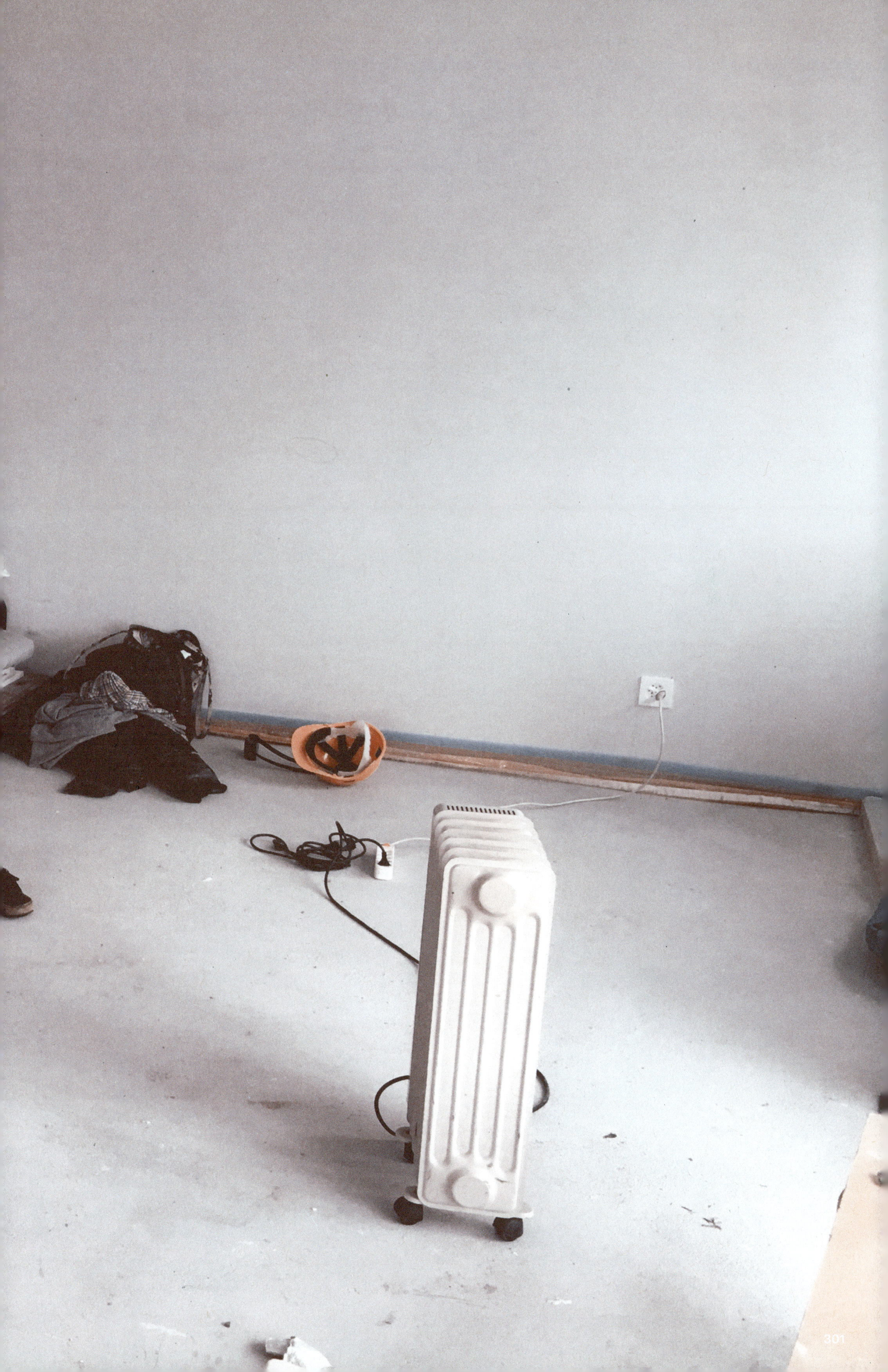

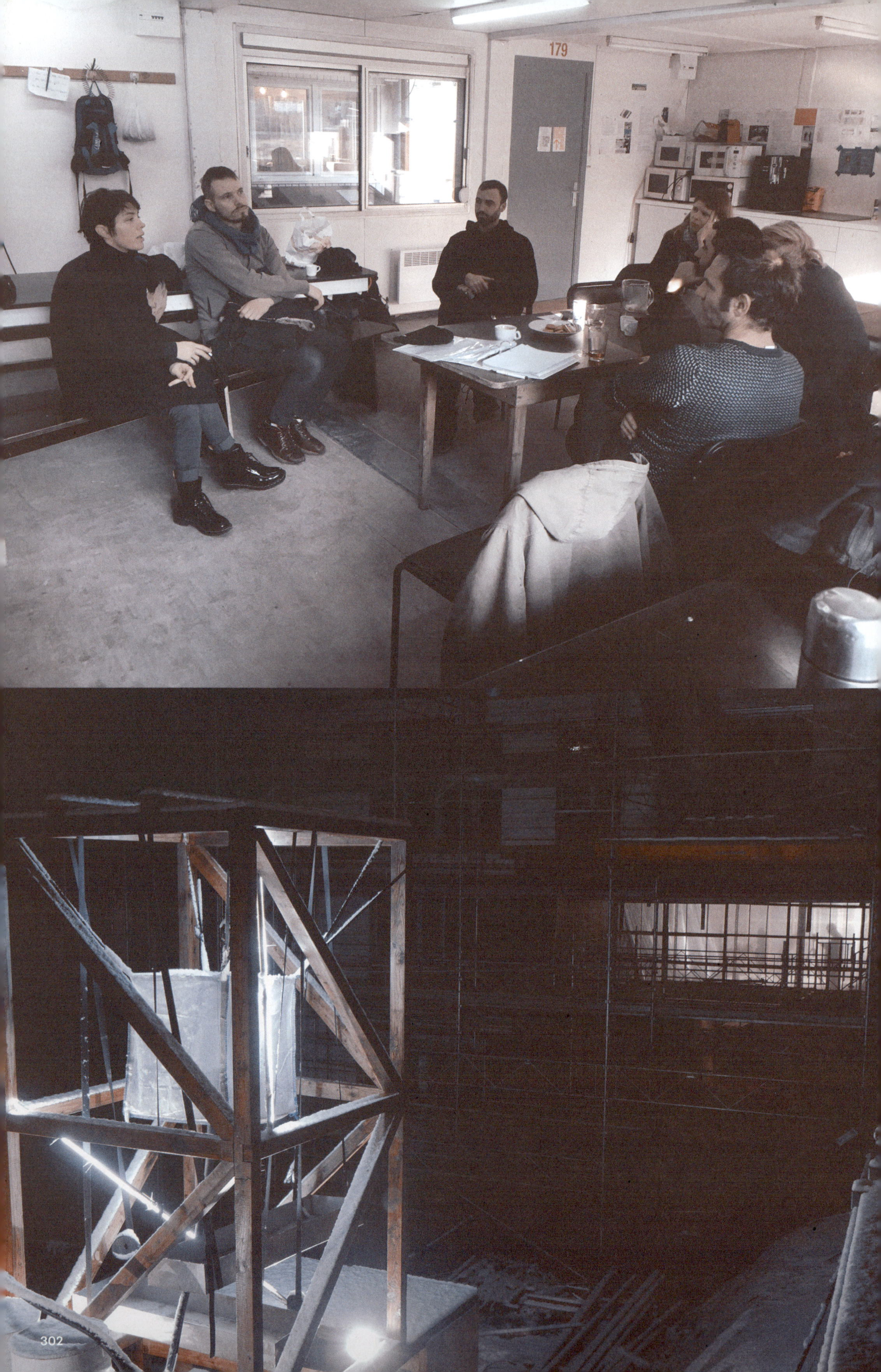

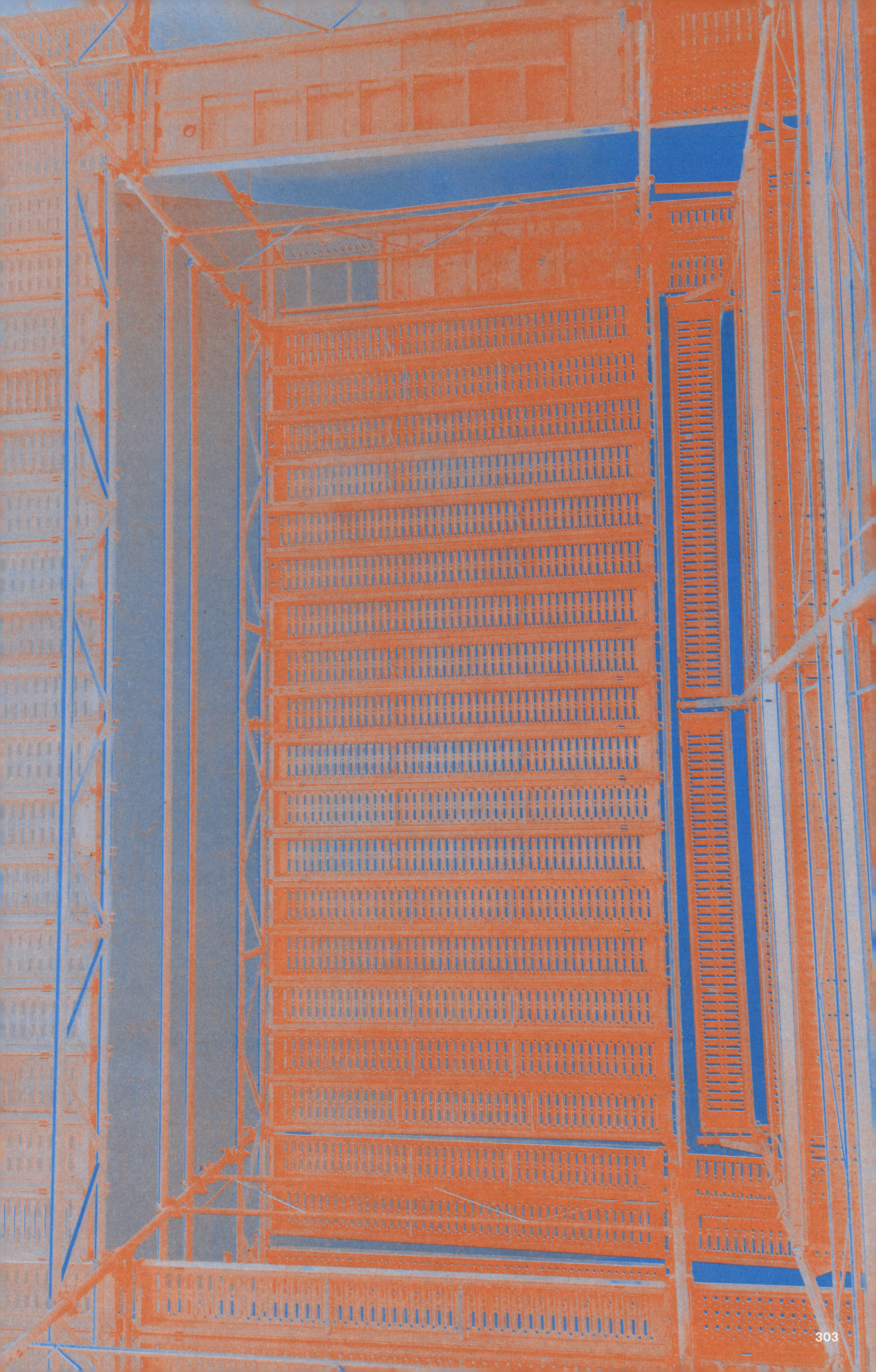

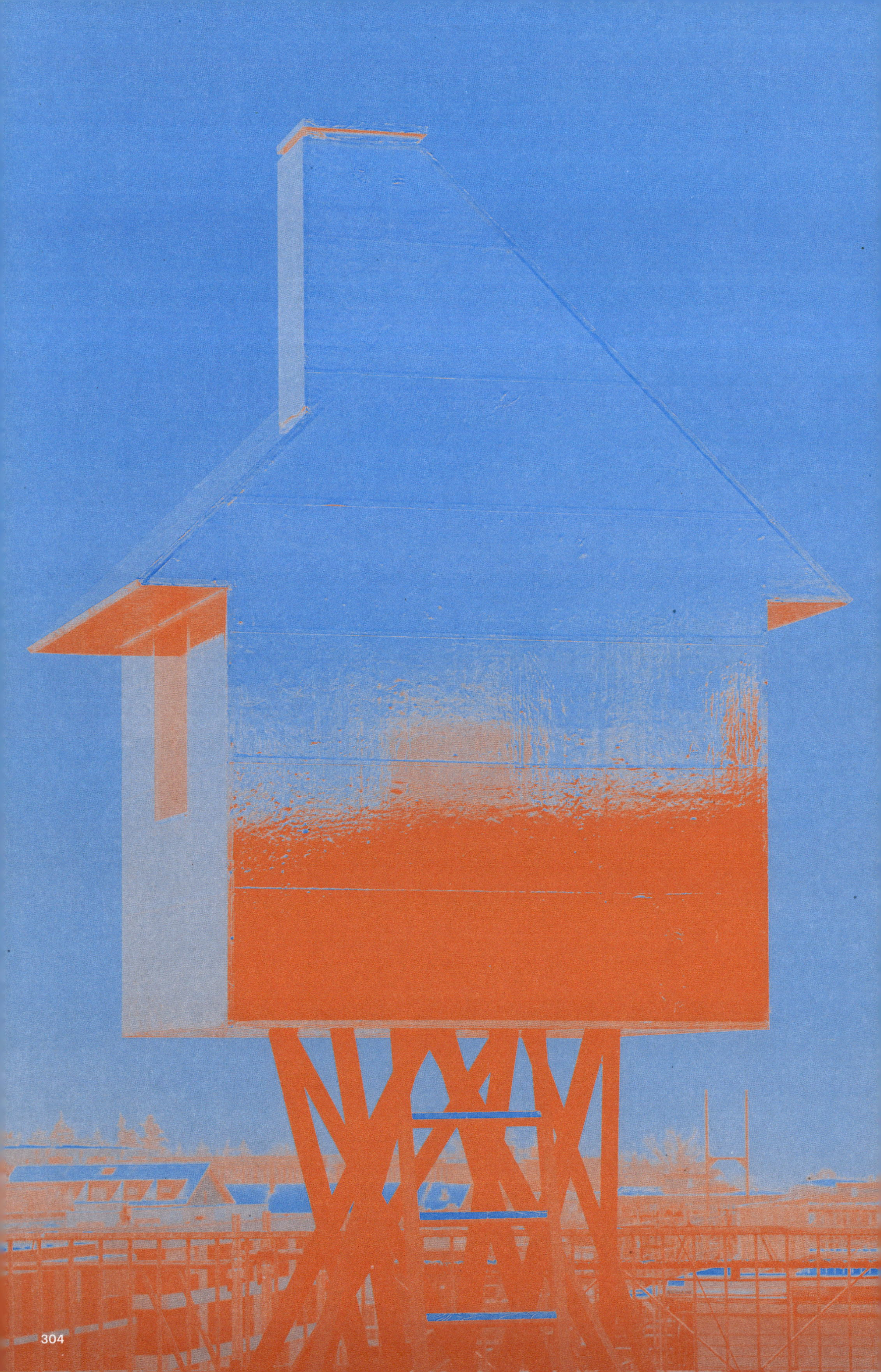

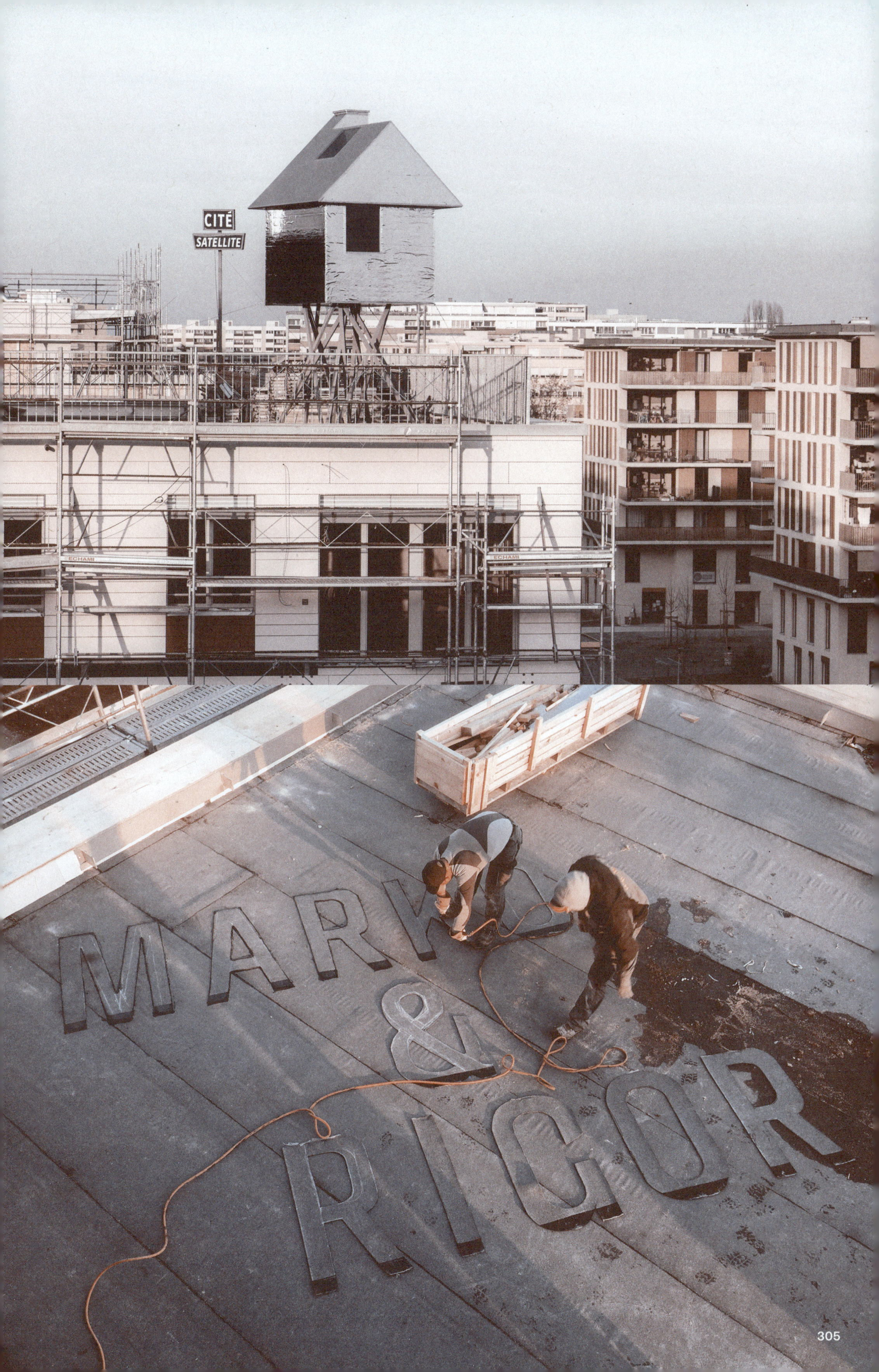

CITÉ
SATELLITE
ECHAMI
ECHAMI
MARK
&
RIGOR

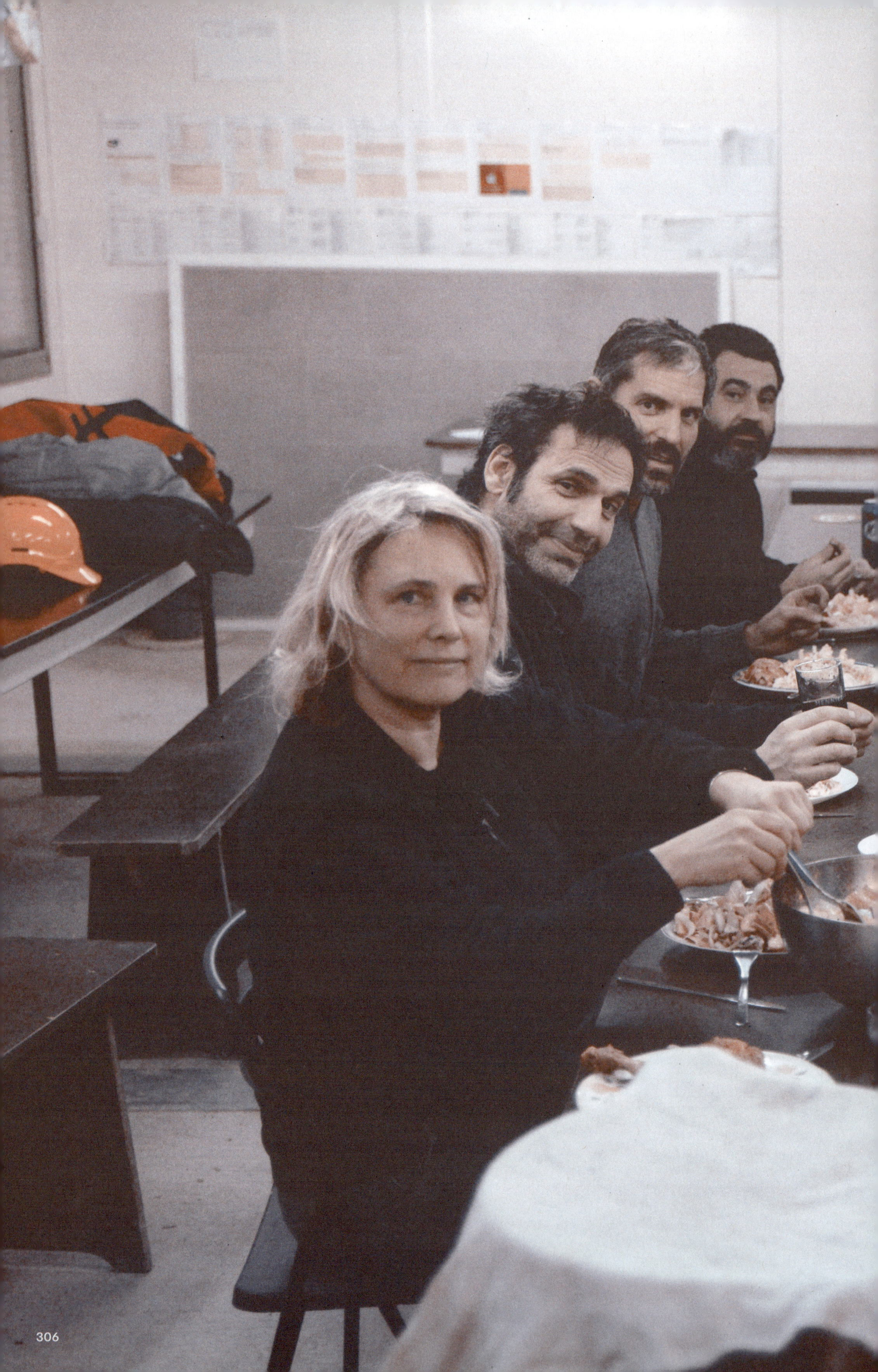

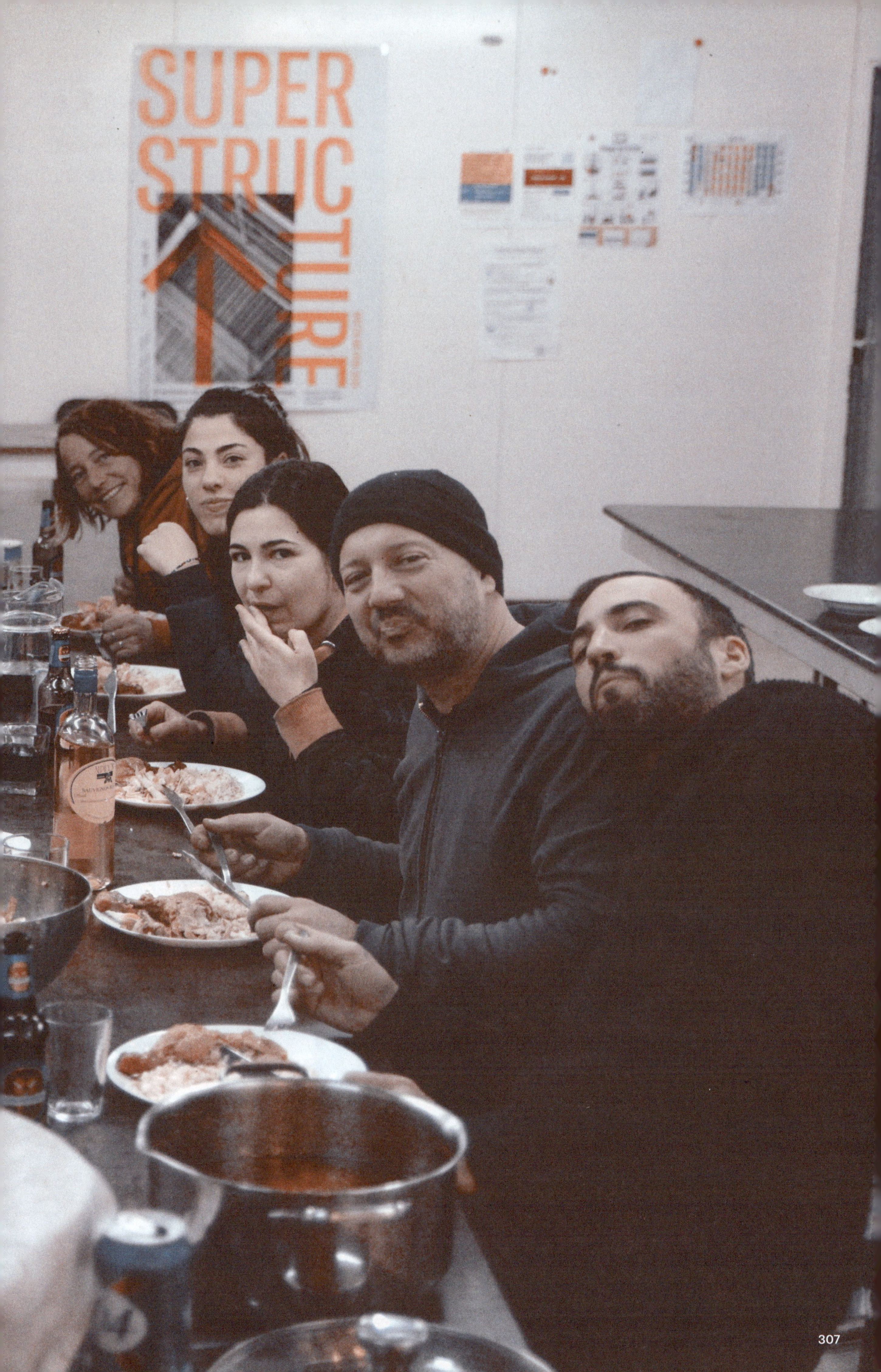

SUPER
STRUC
TURE

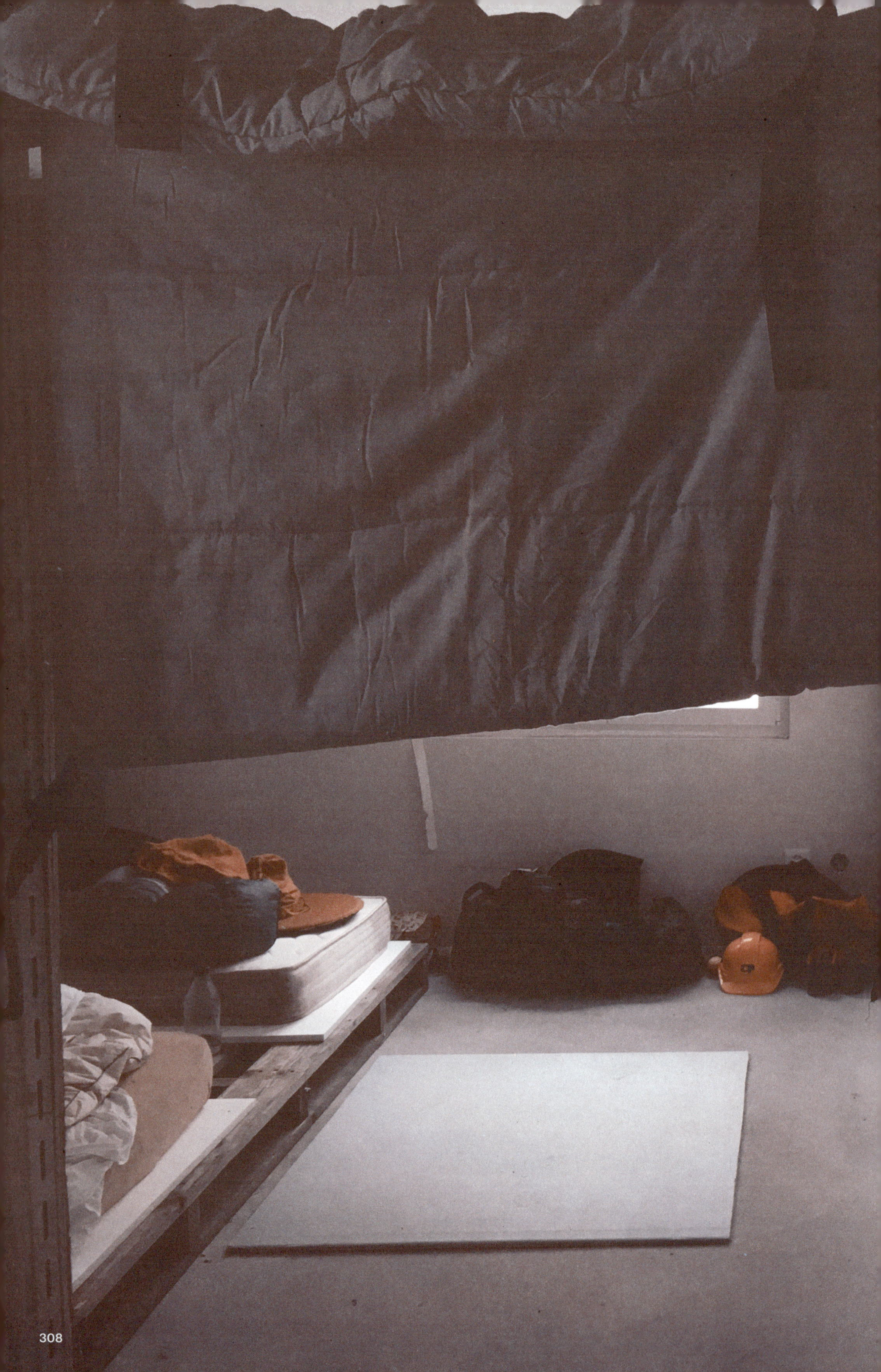

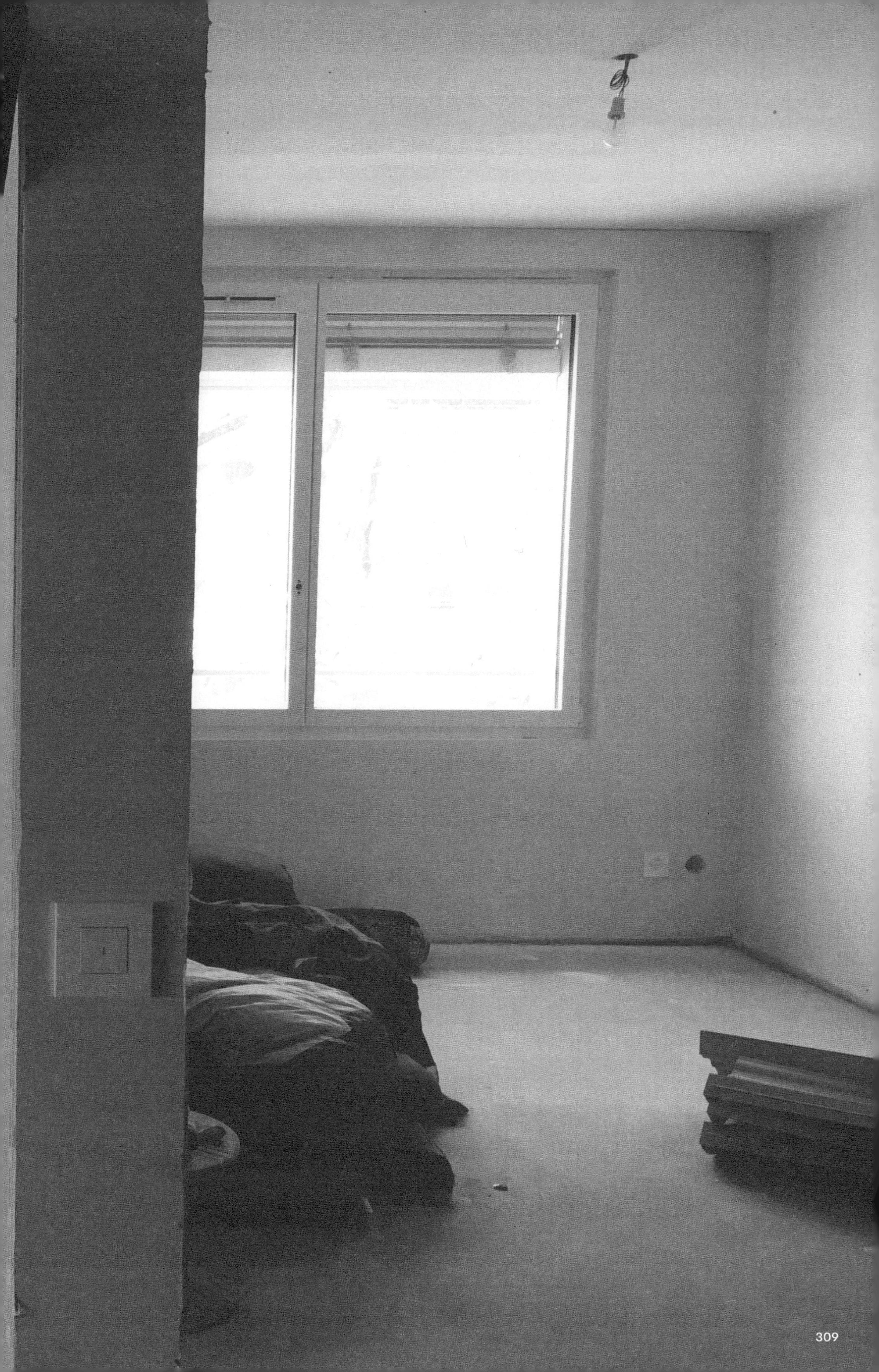

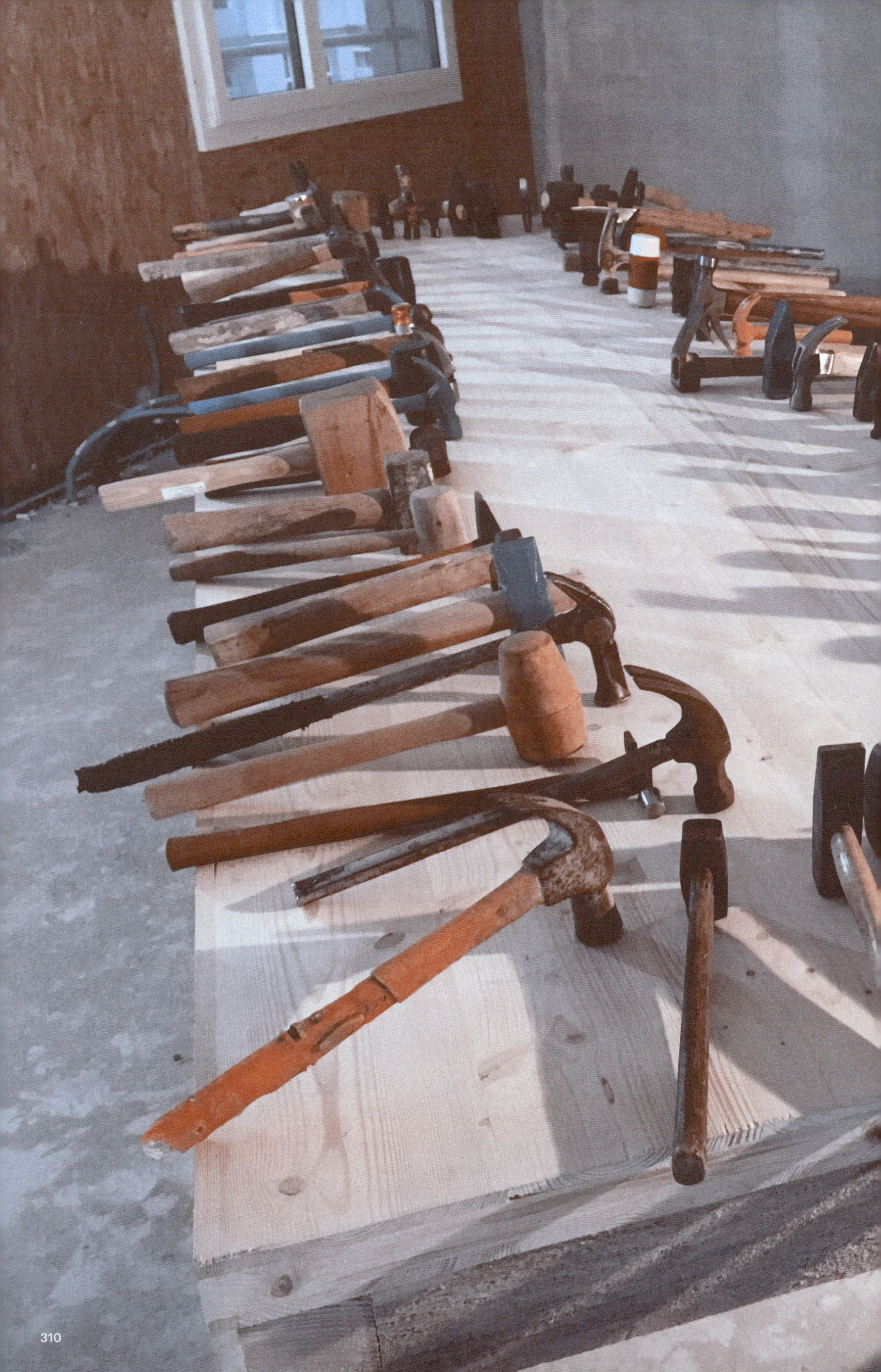

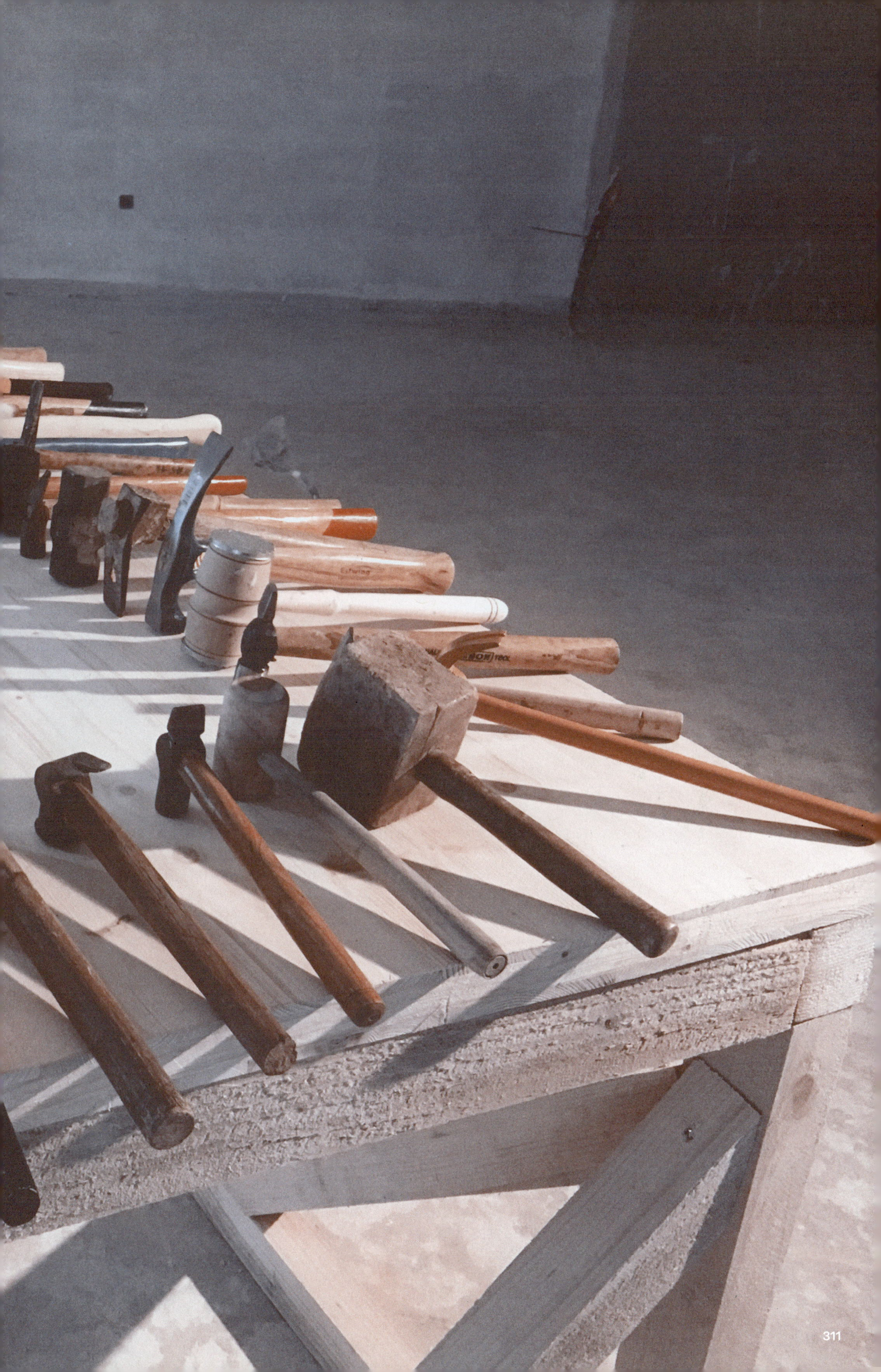

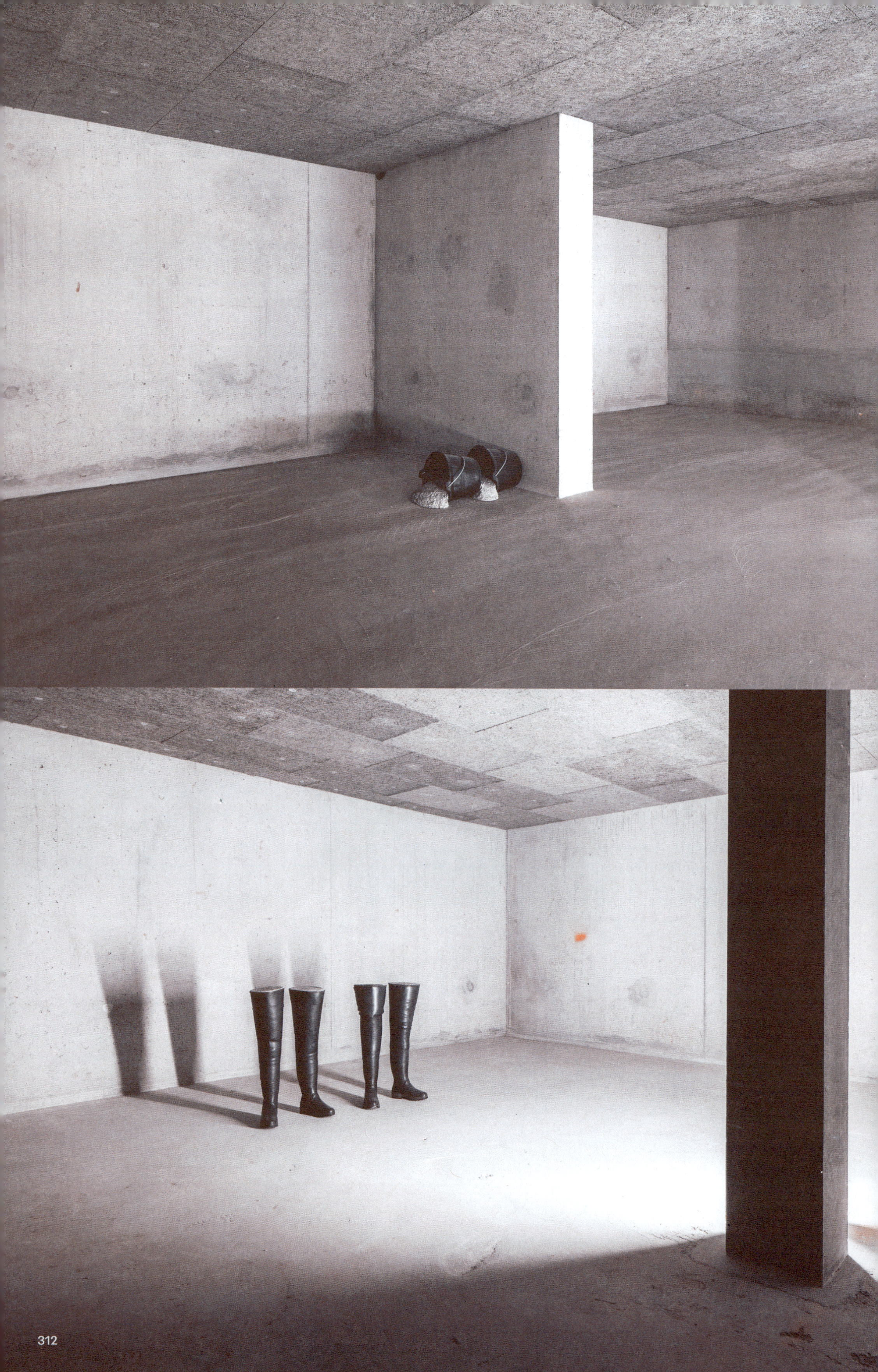

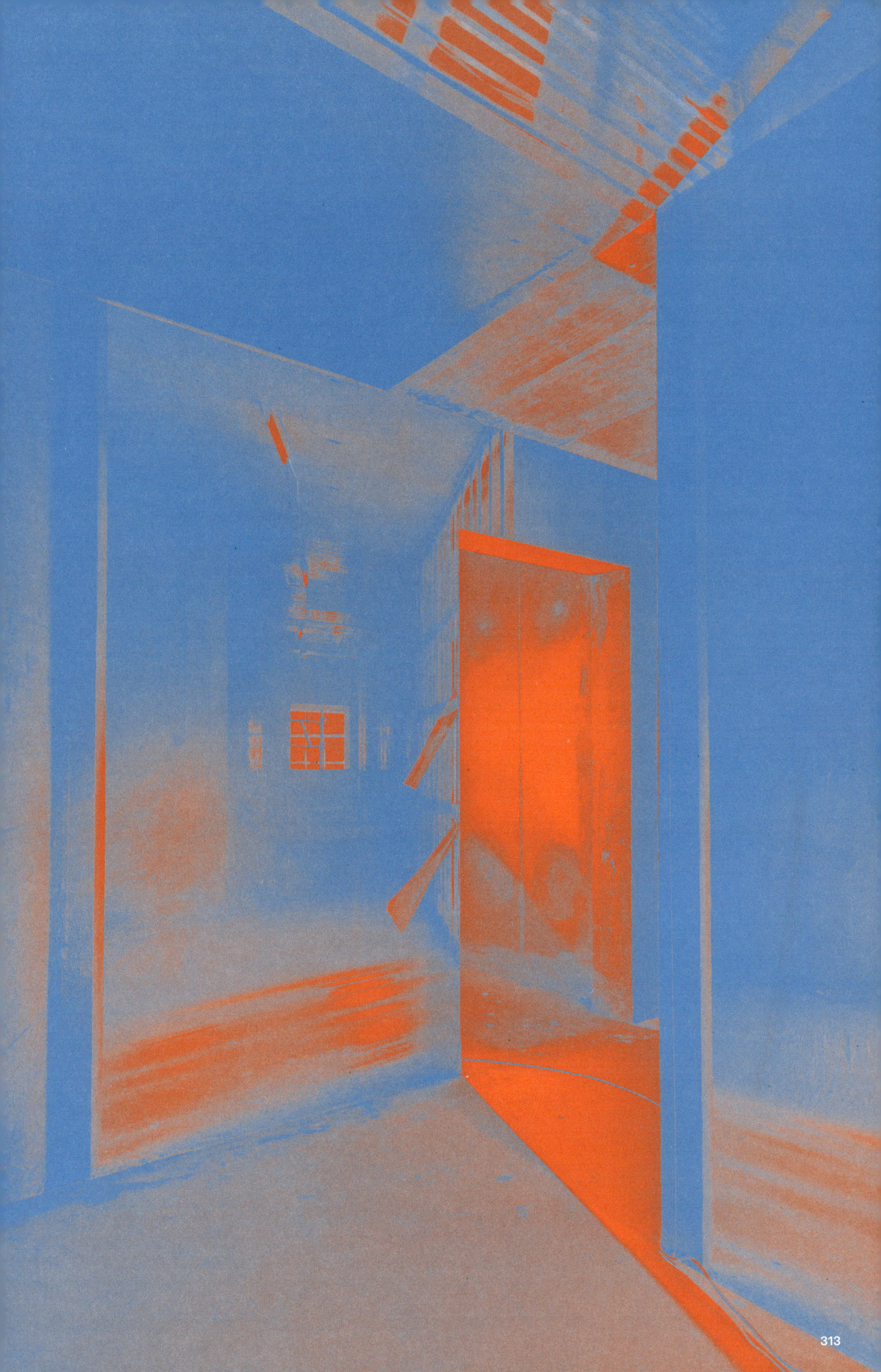

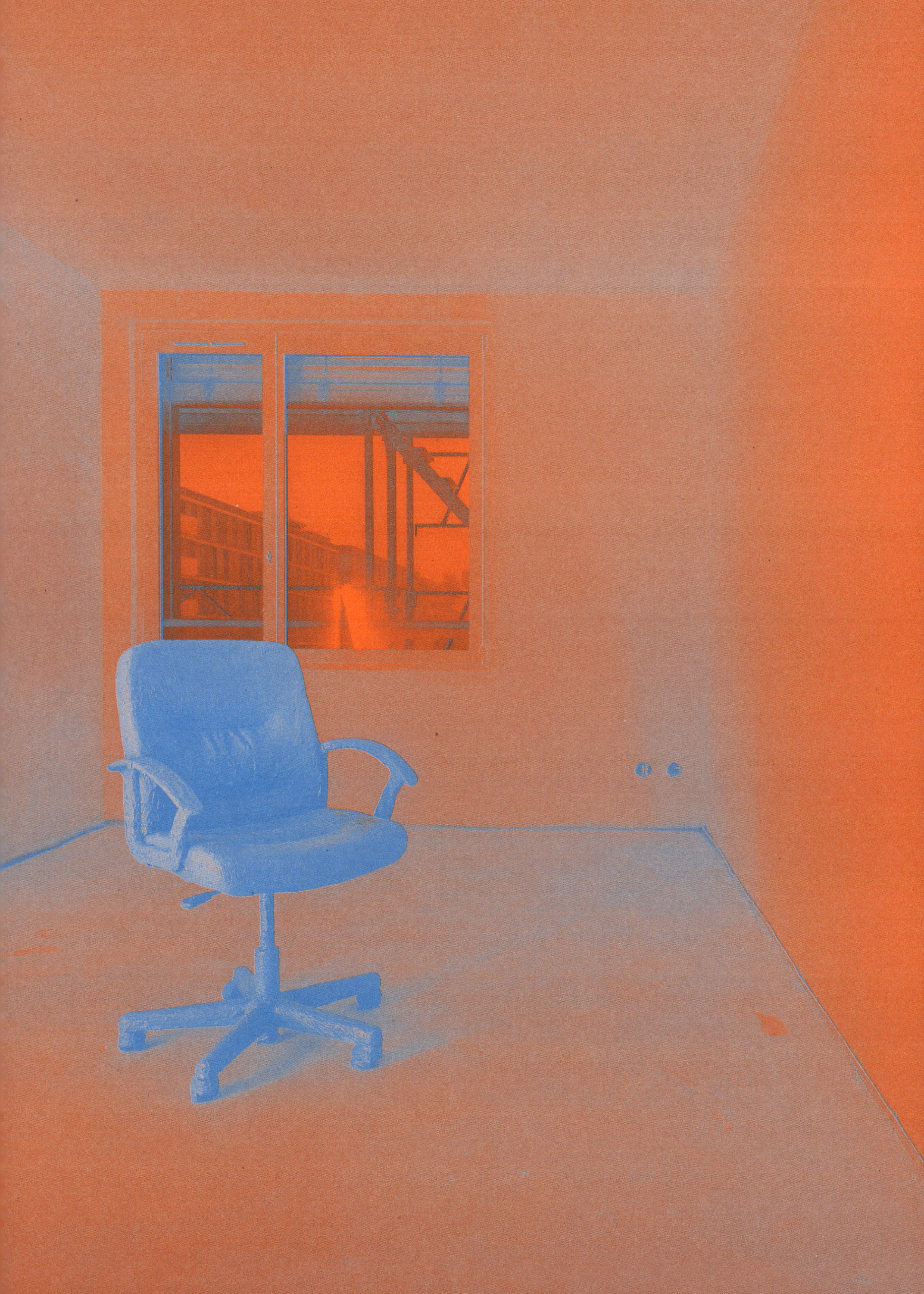

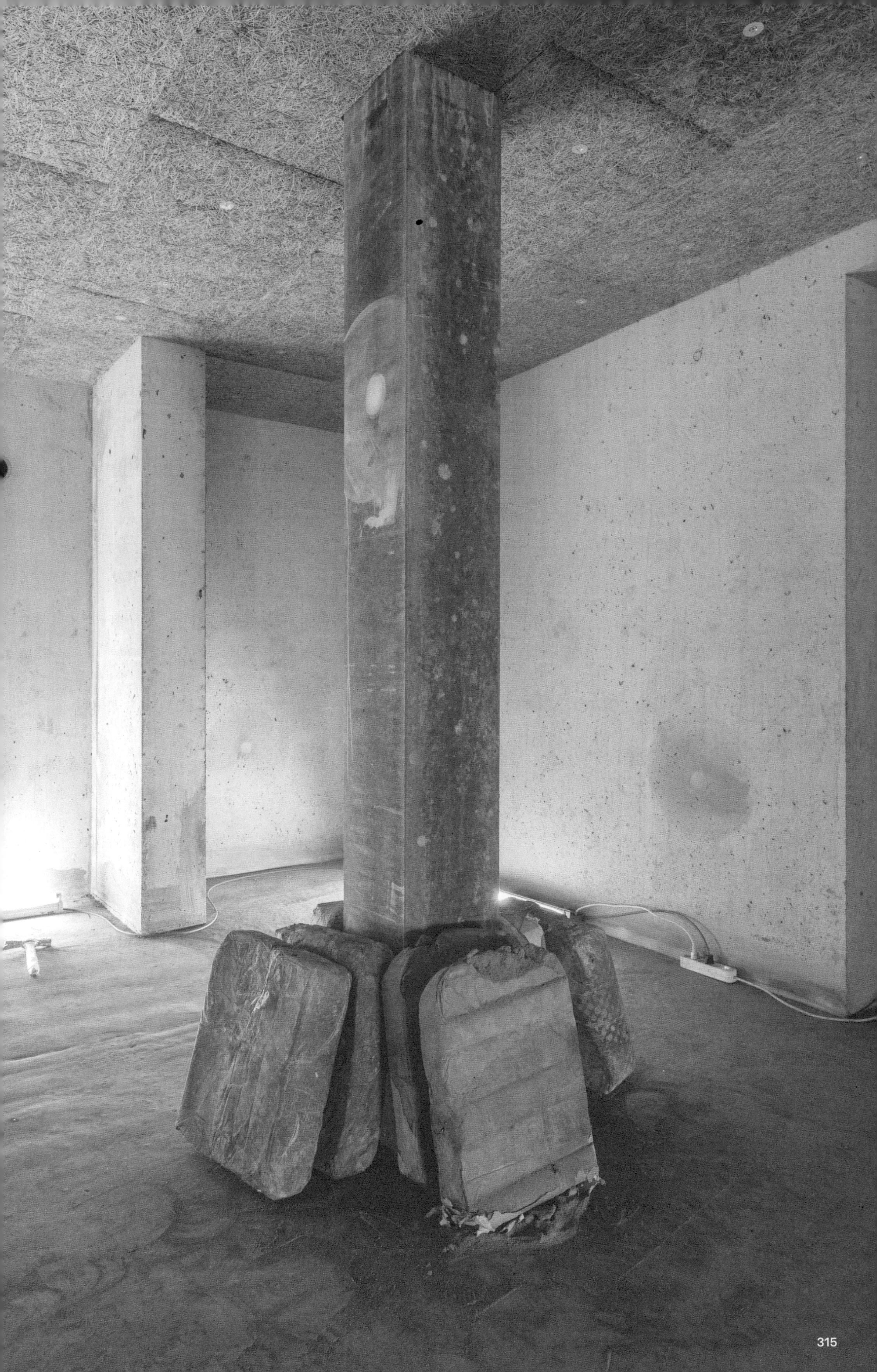

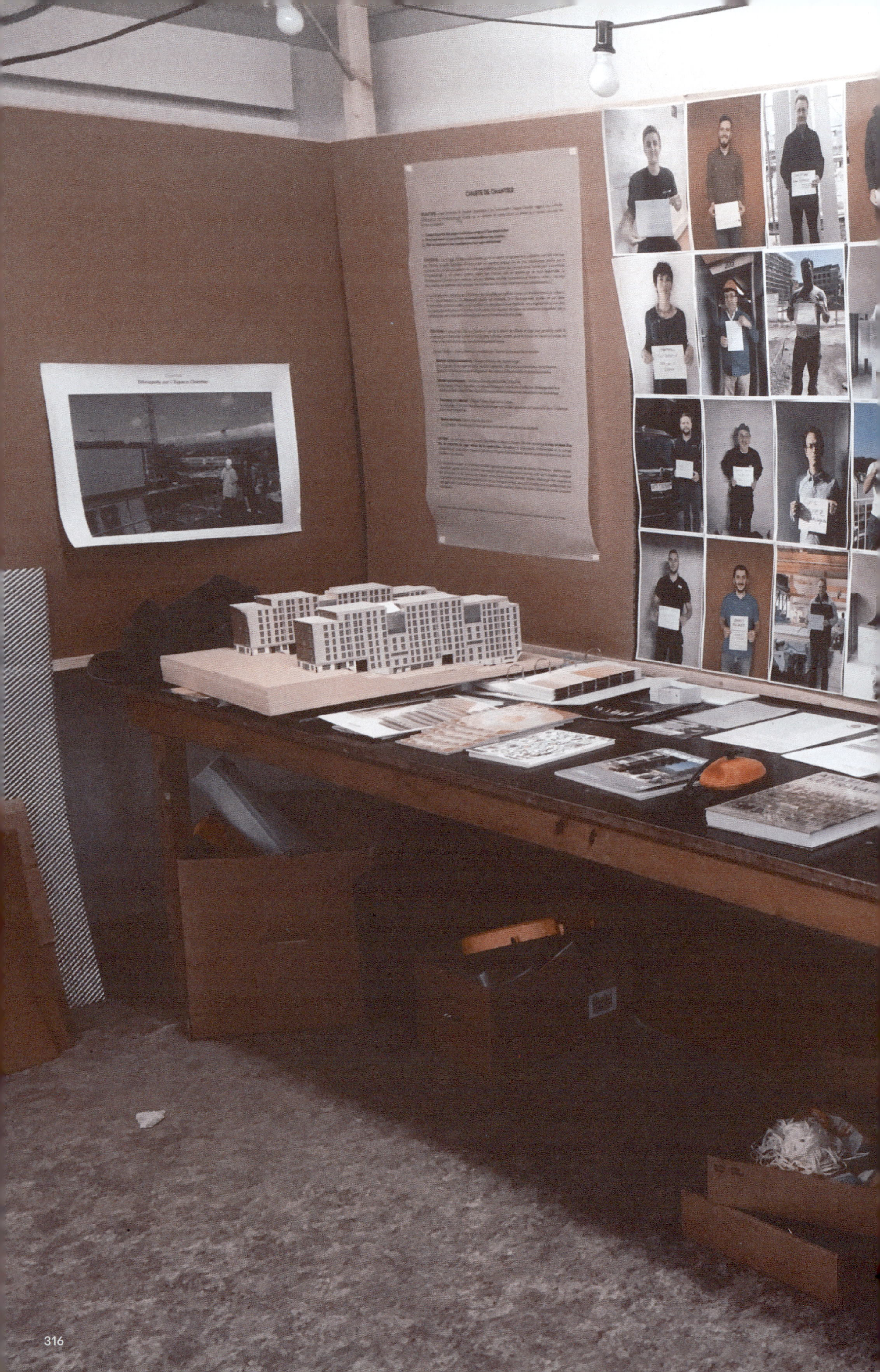

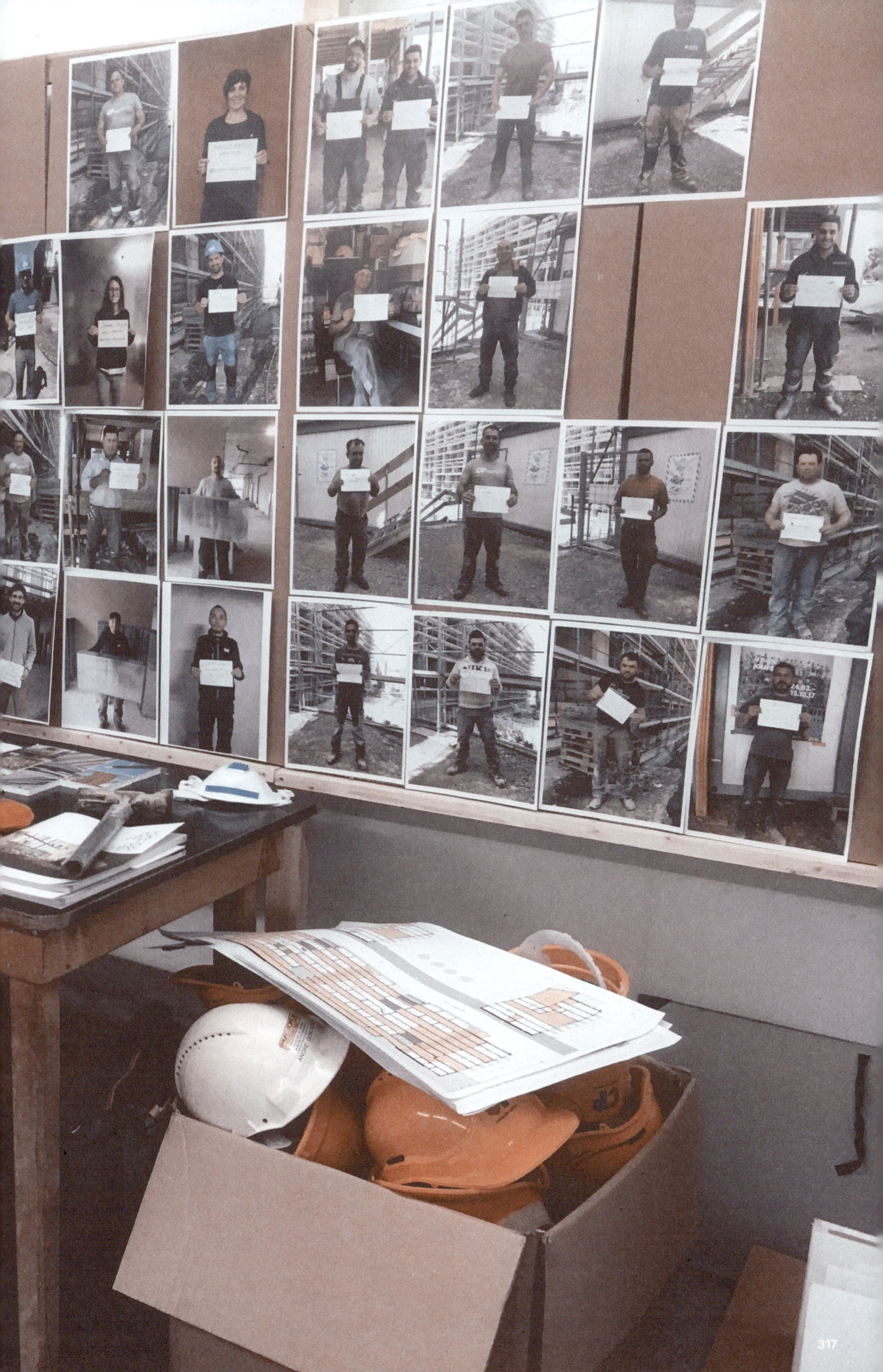

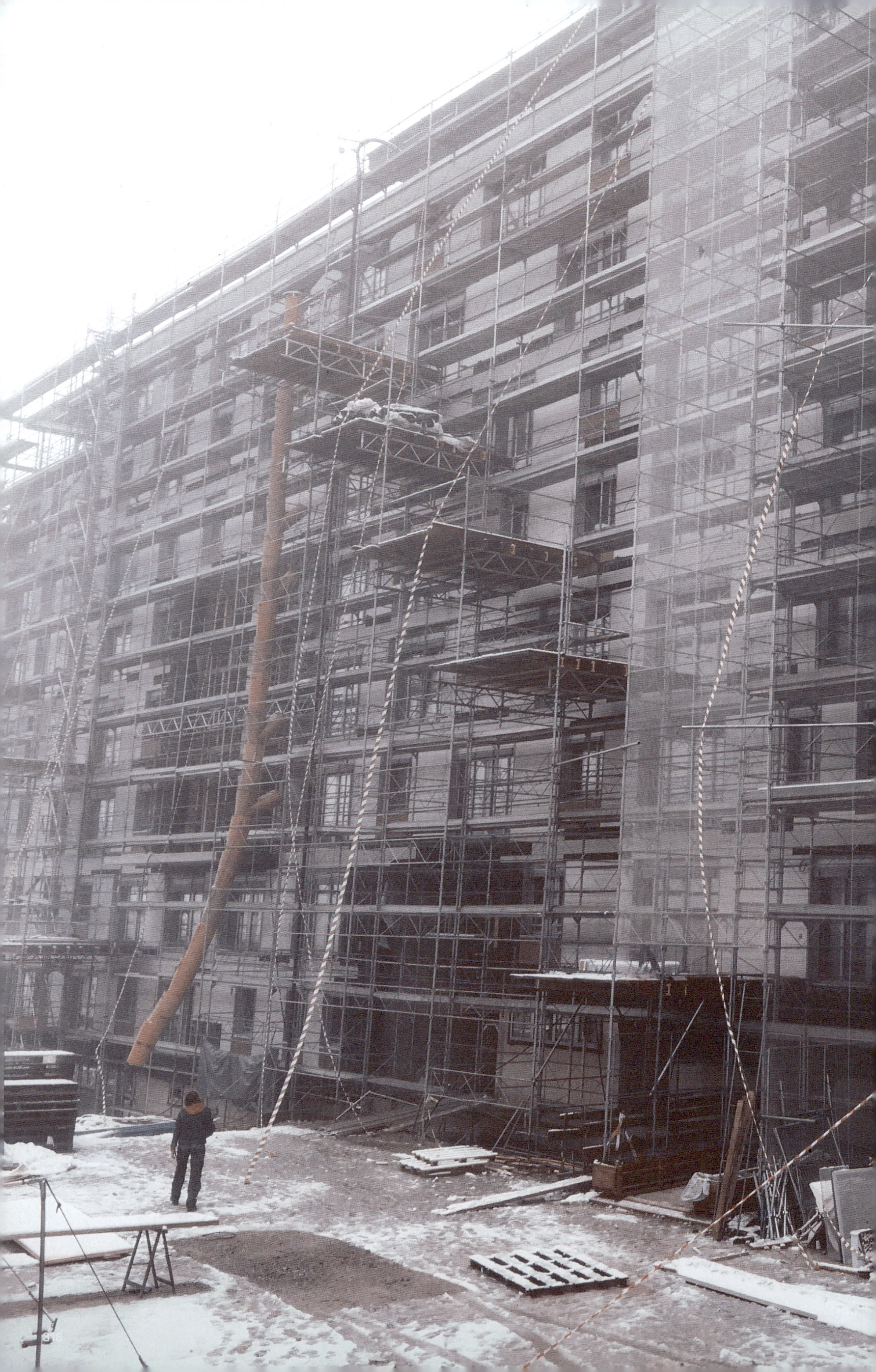

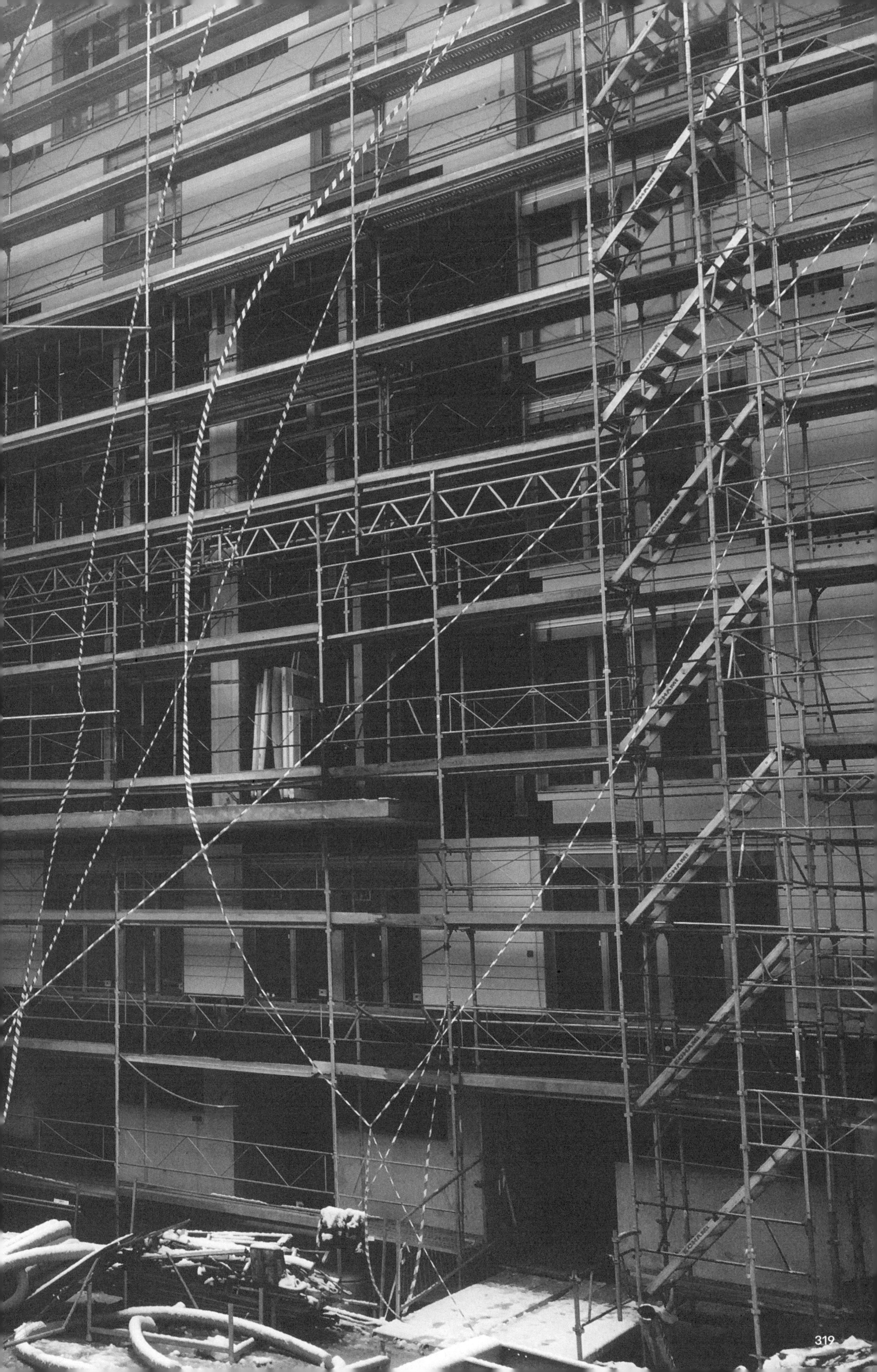

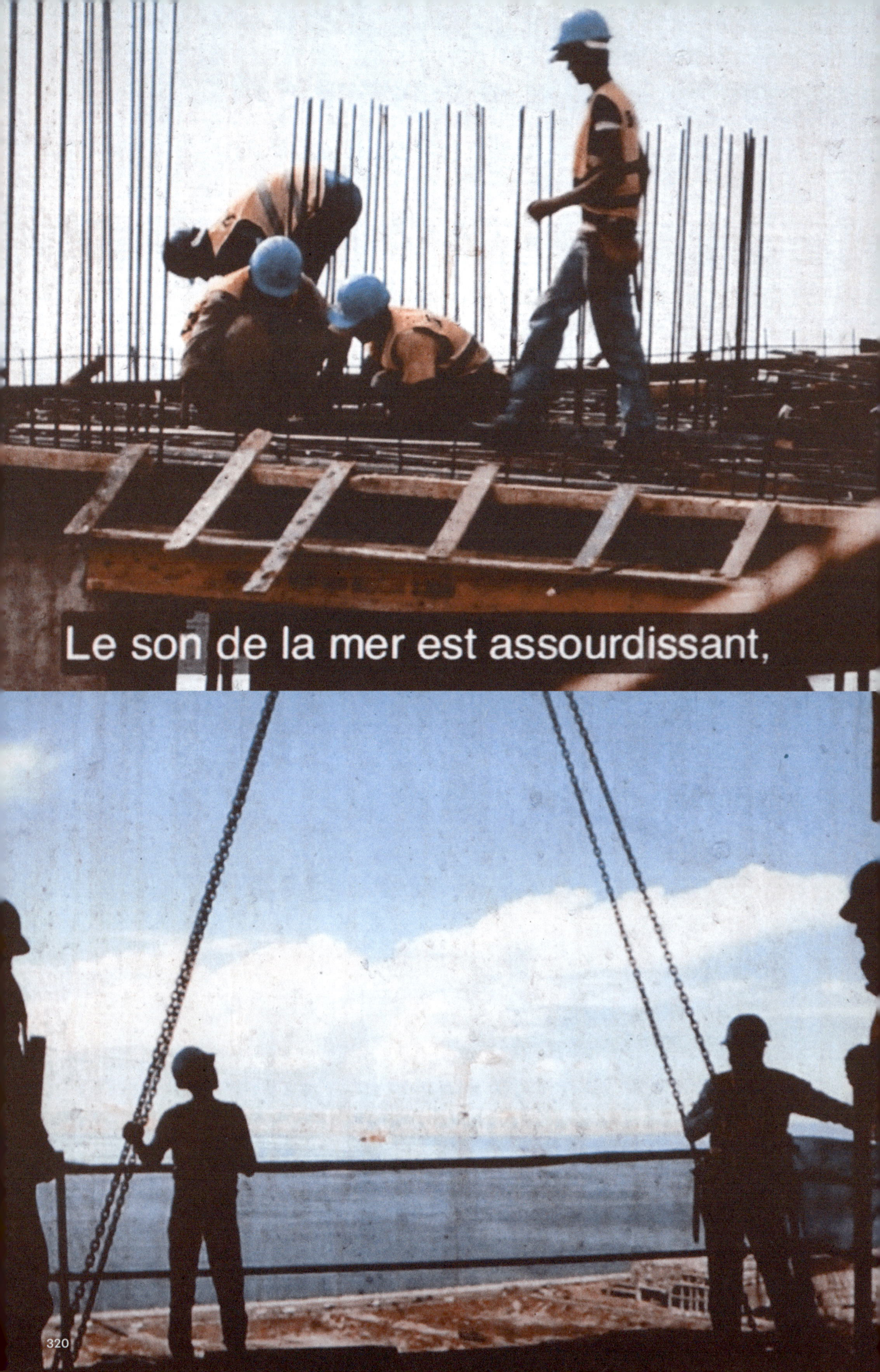
Le son de la mer est assourdissant,

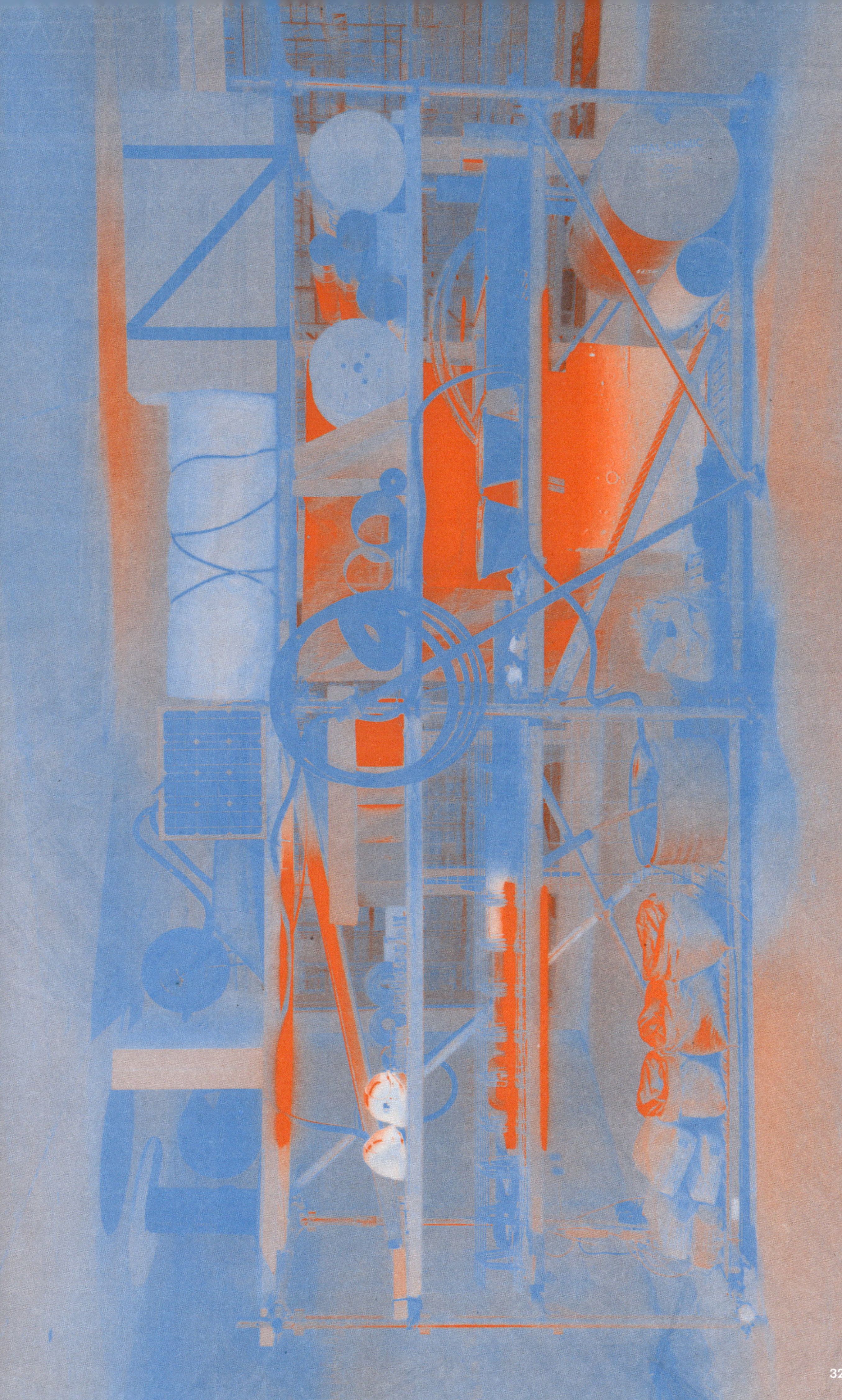

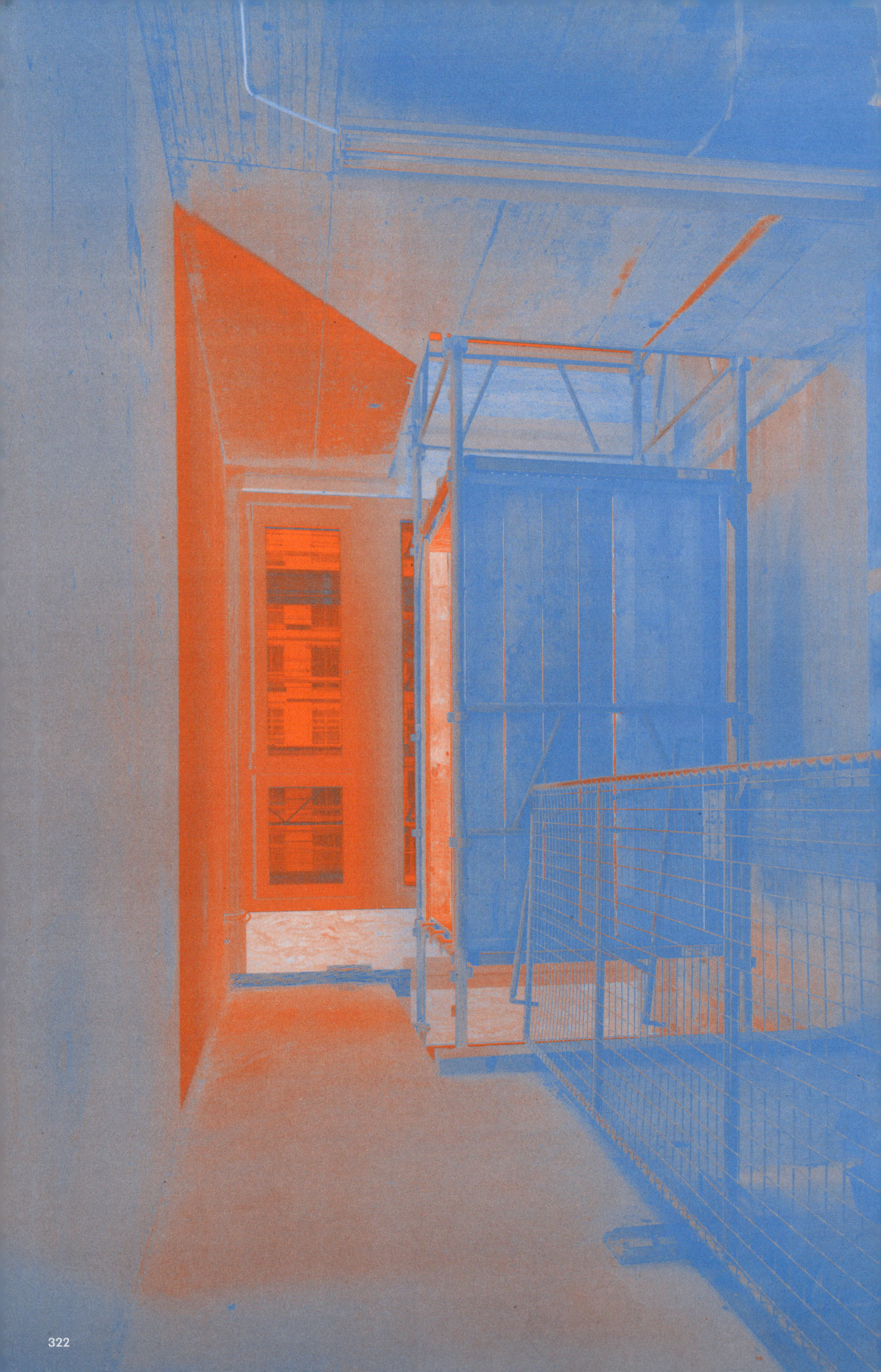

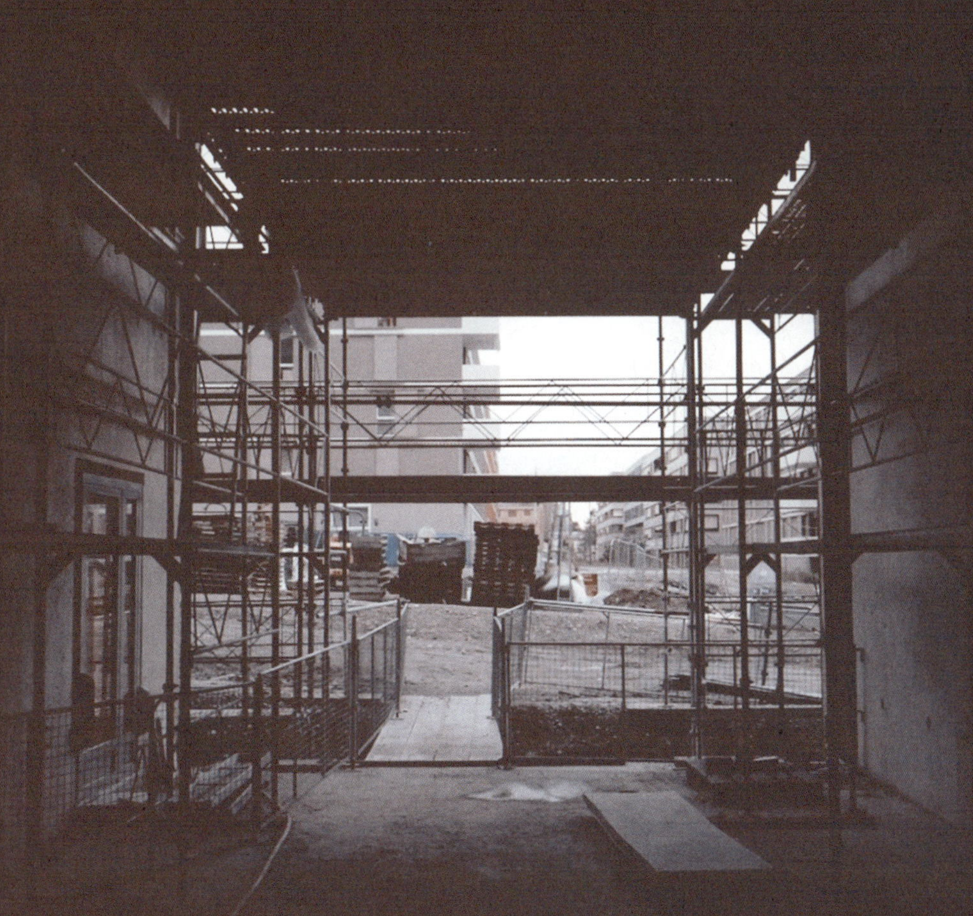

CITÉ
SATELLITE

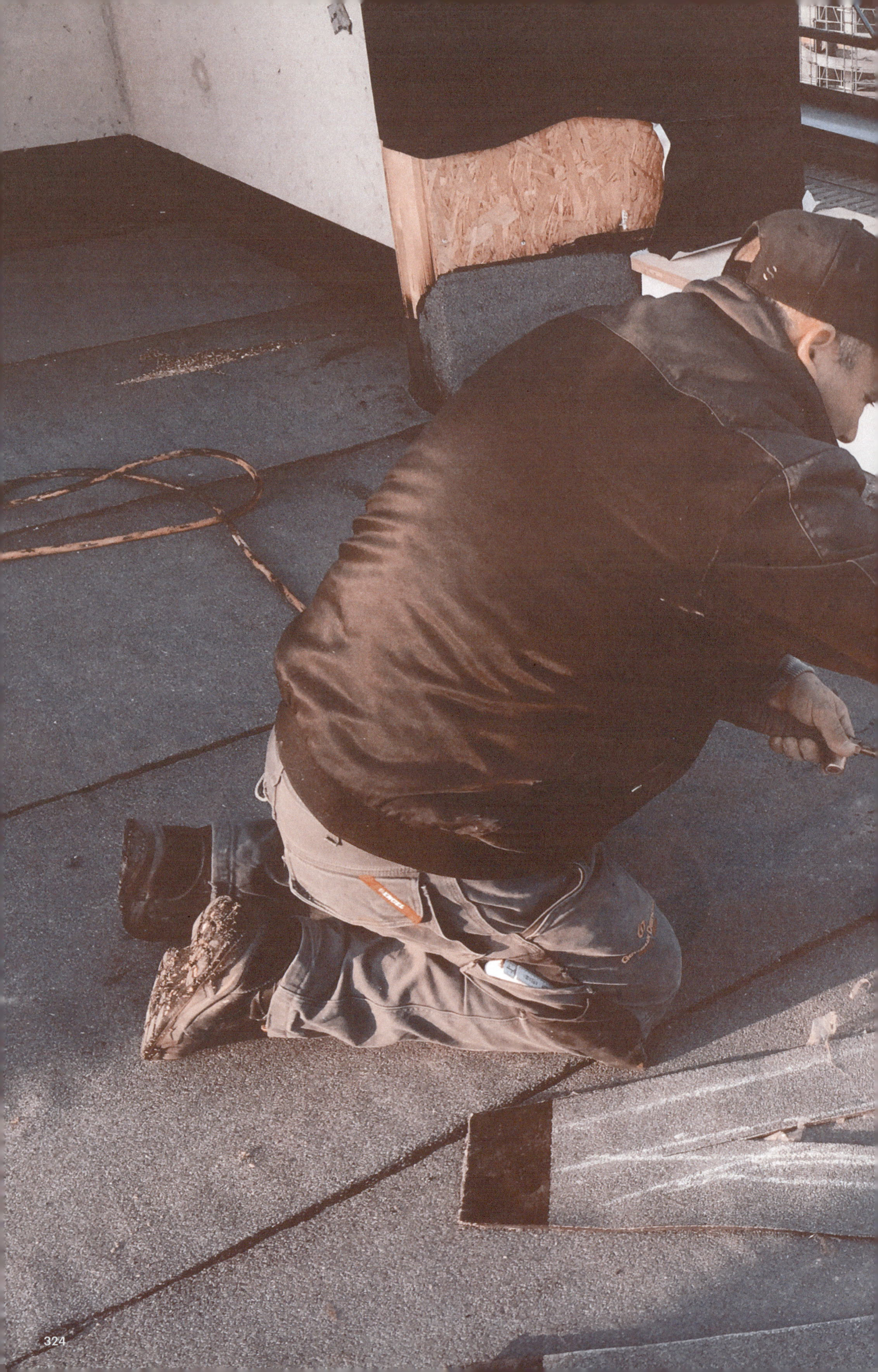

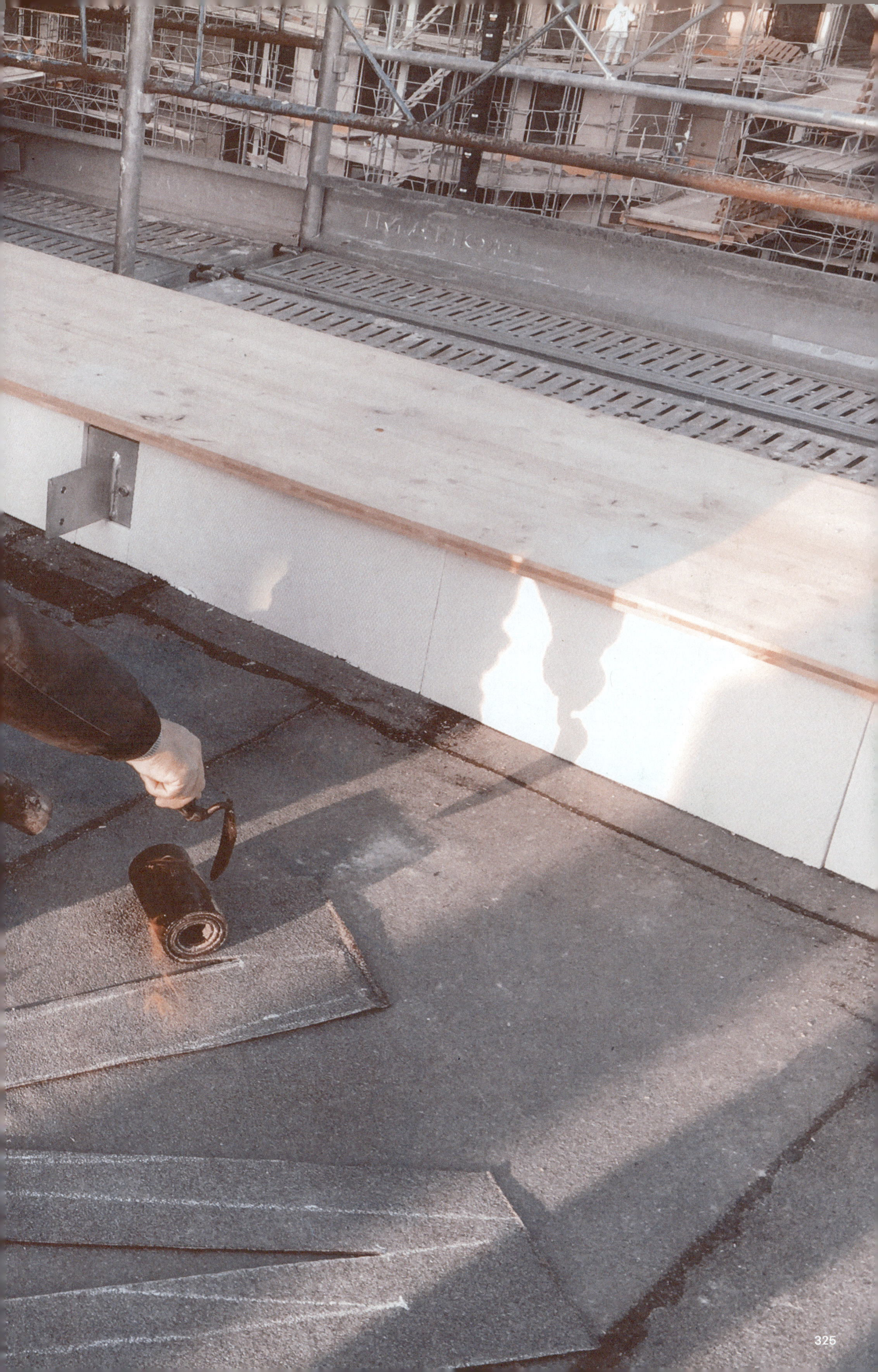

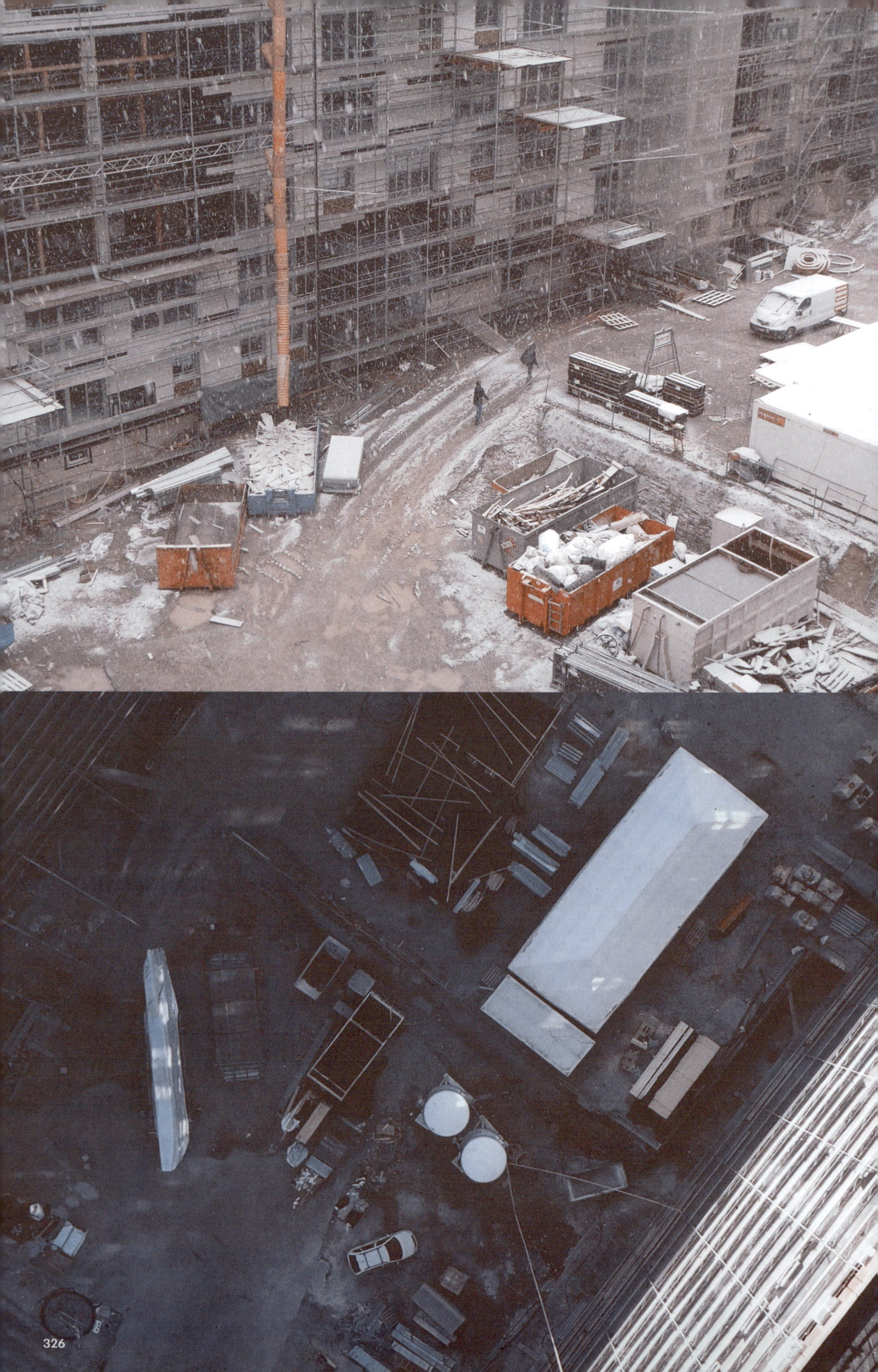

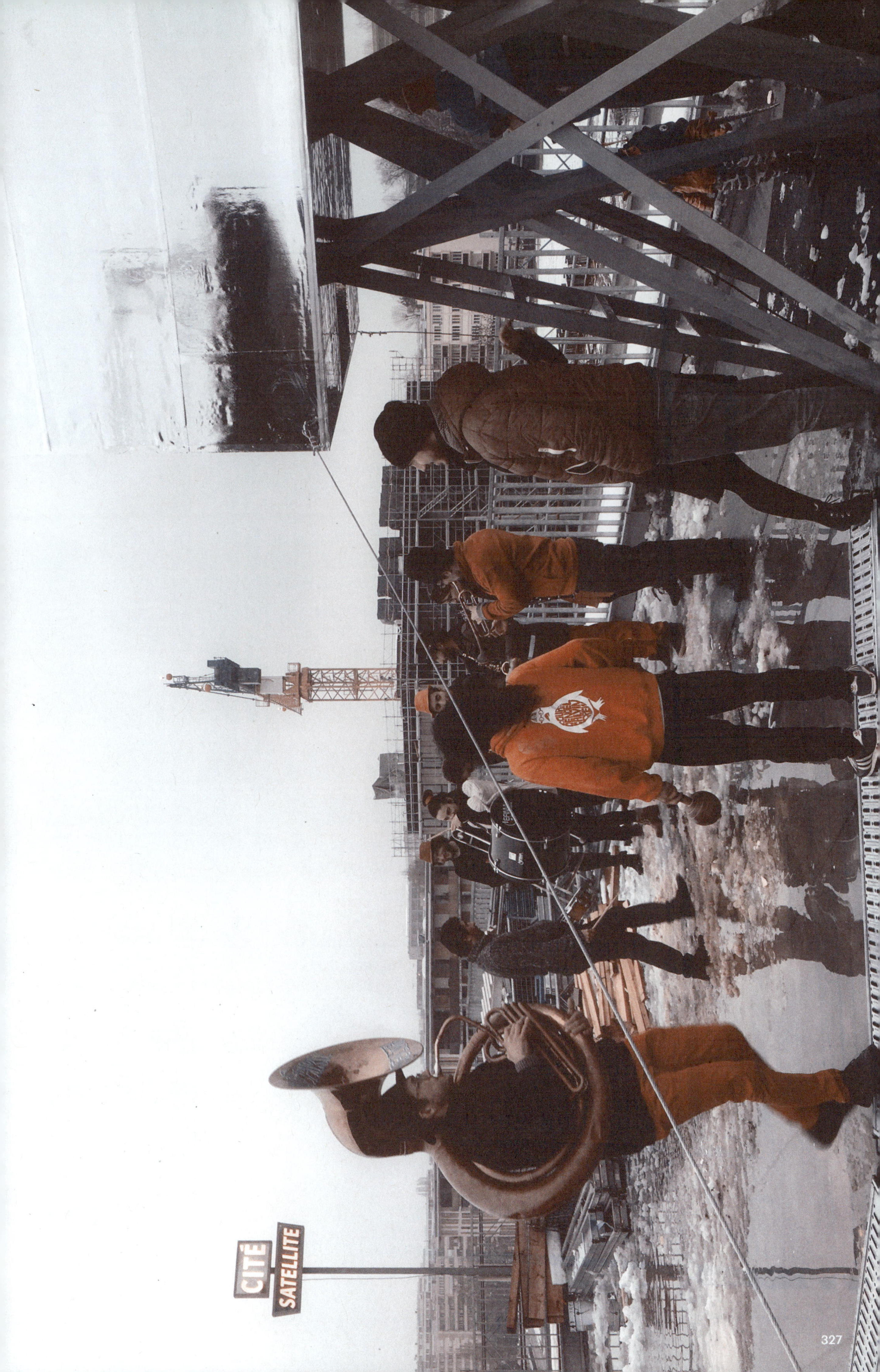

CITÉ
SATELLITE

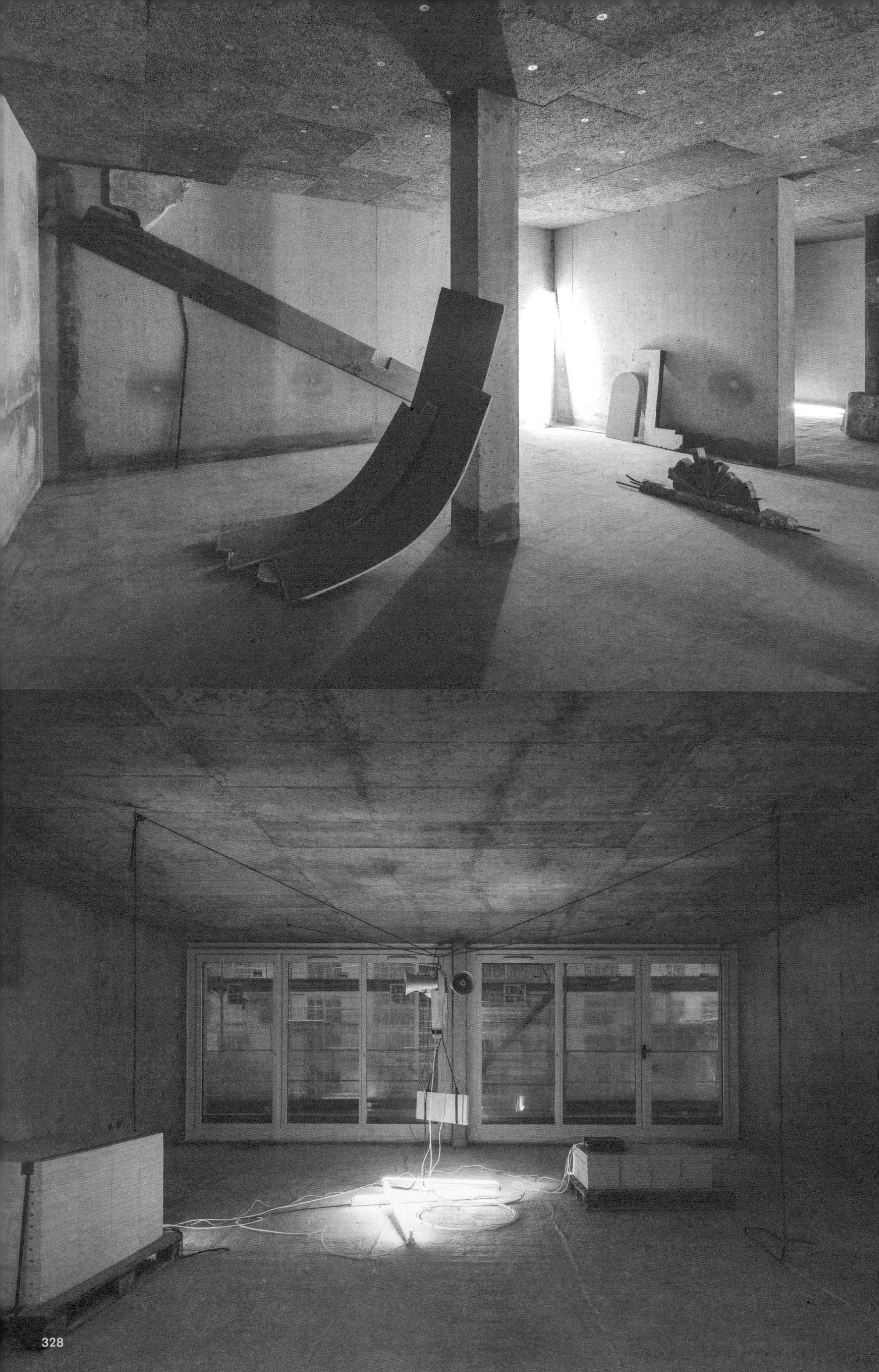

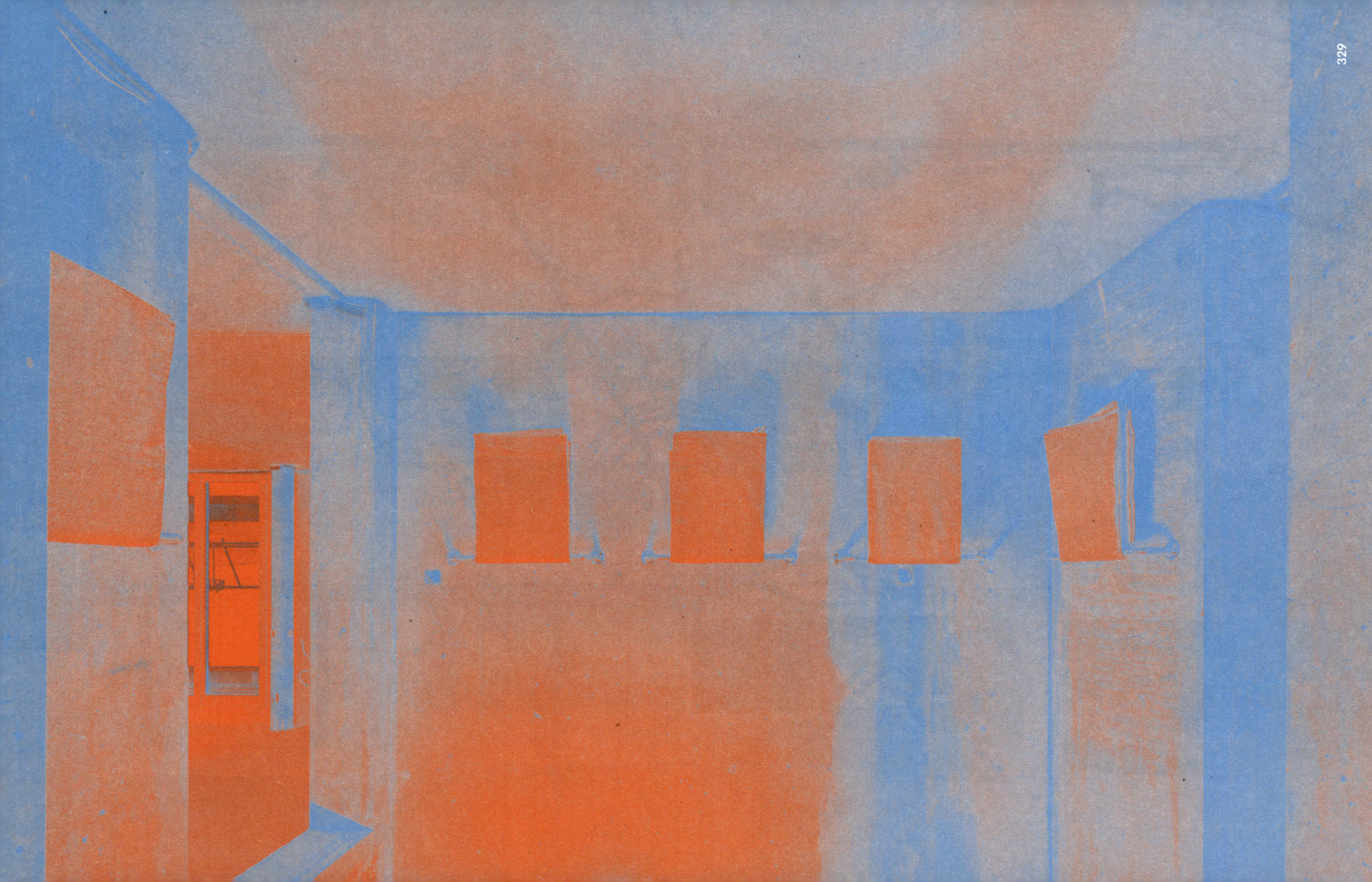

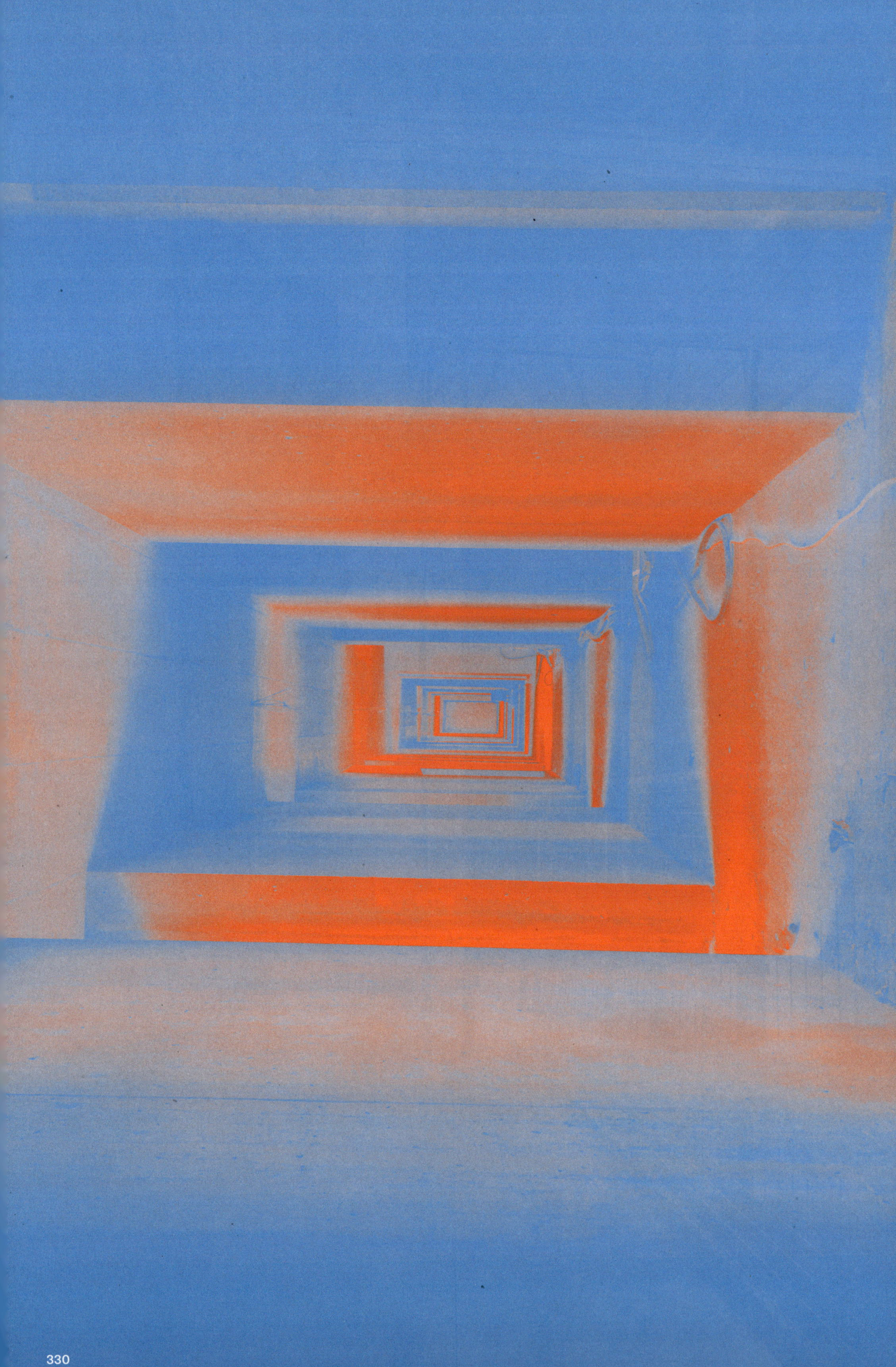

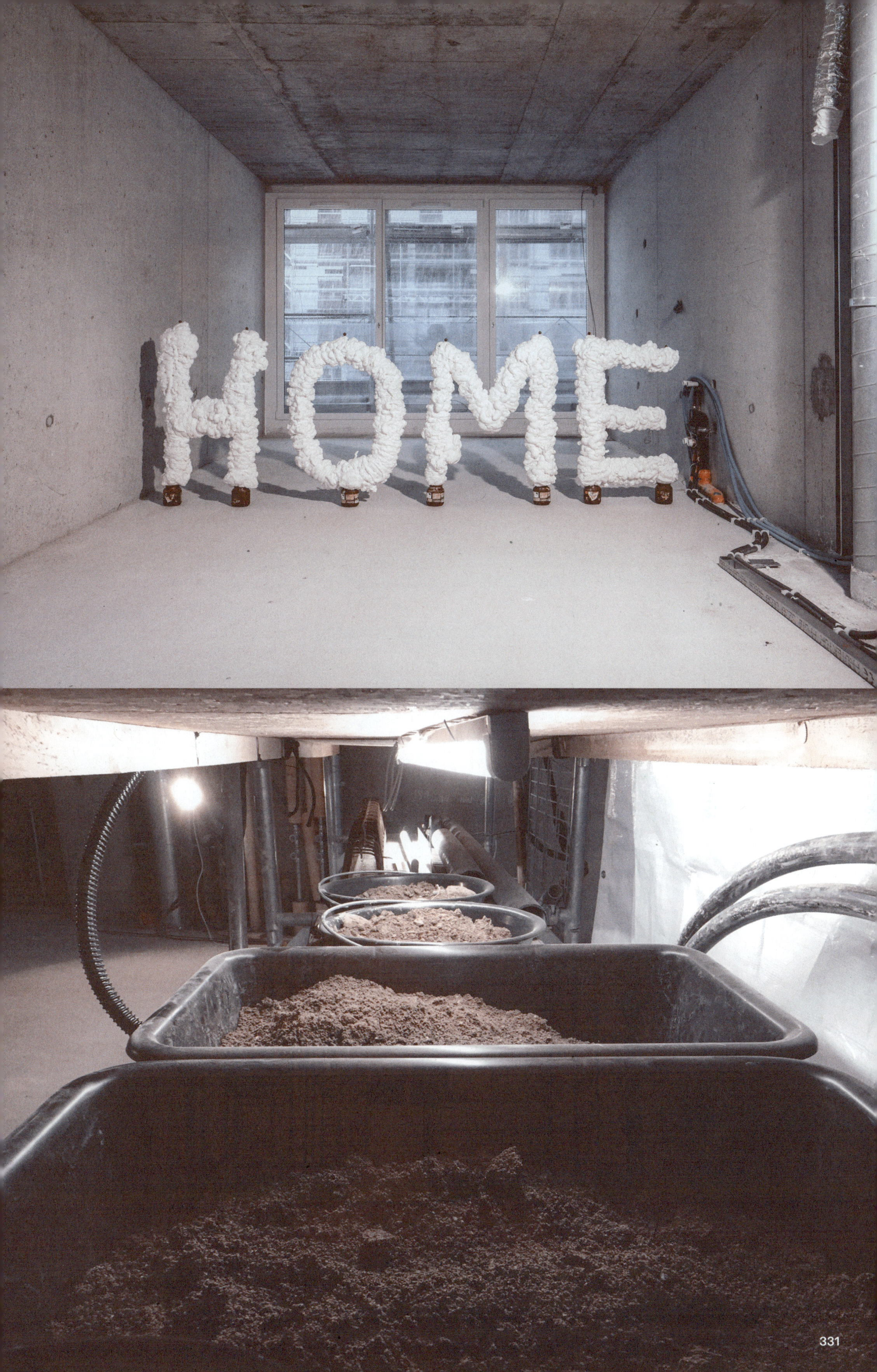

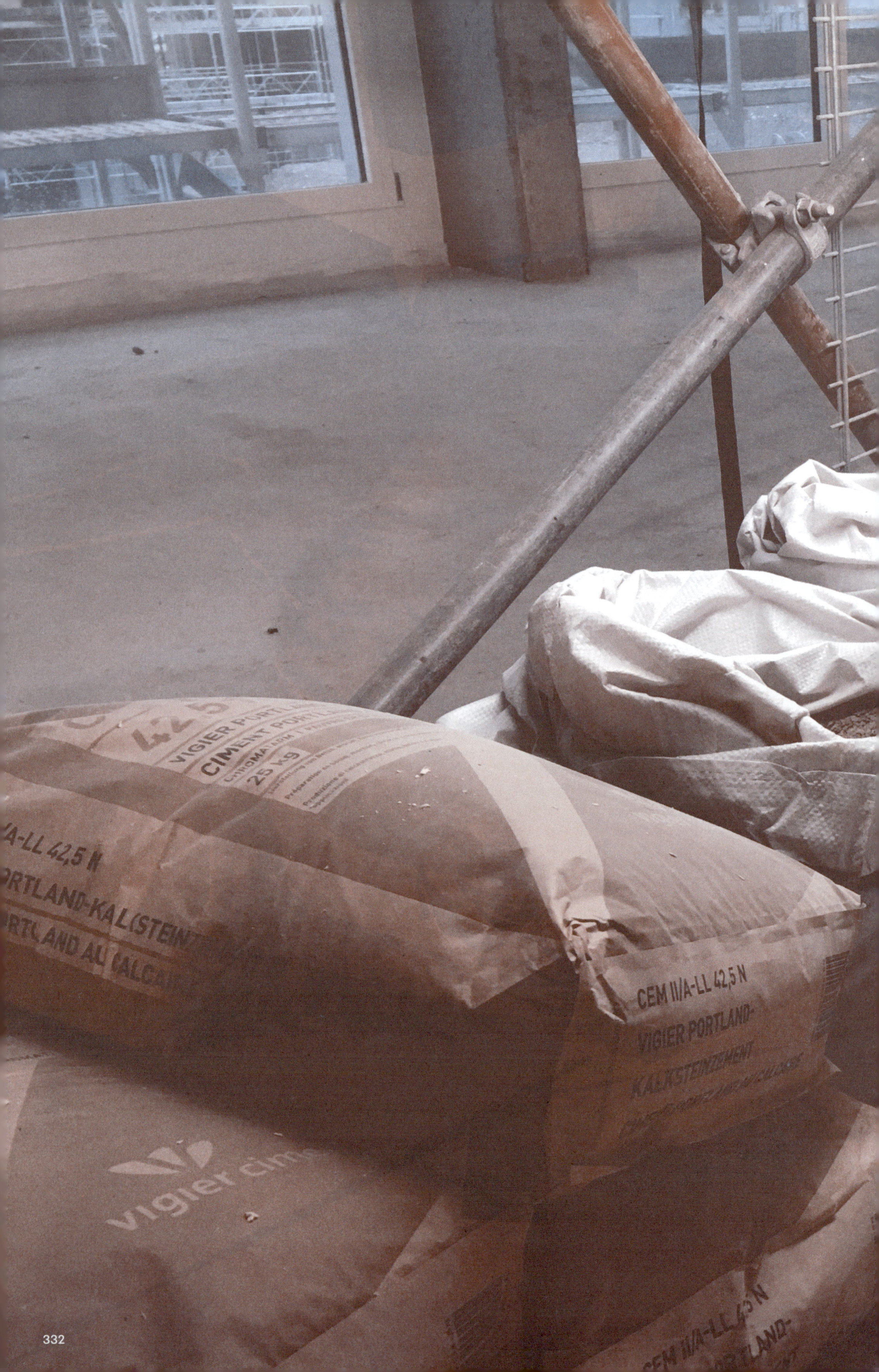
42,5
VIGIER PORTLAND
CIMENT PORTLAND
25 kg
A-LL 42,5 N
PORTLAND-KALKSTEIN
PORTLAND AU CALCAIRE
CEM II/A-LL 42,5 N
VIGIER PORTLAND-
KALKSTEINZEMENT
vigier cim
CEM II/A-LL 42,5 N
PORTLAND-

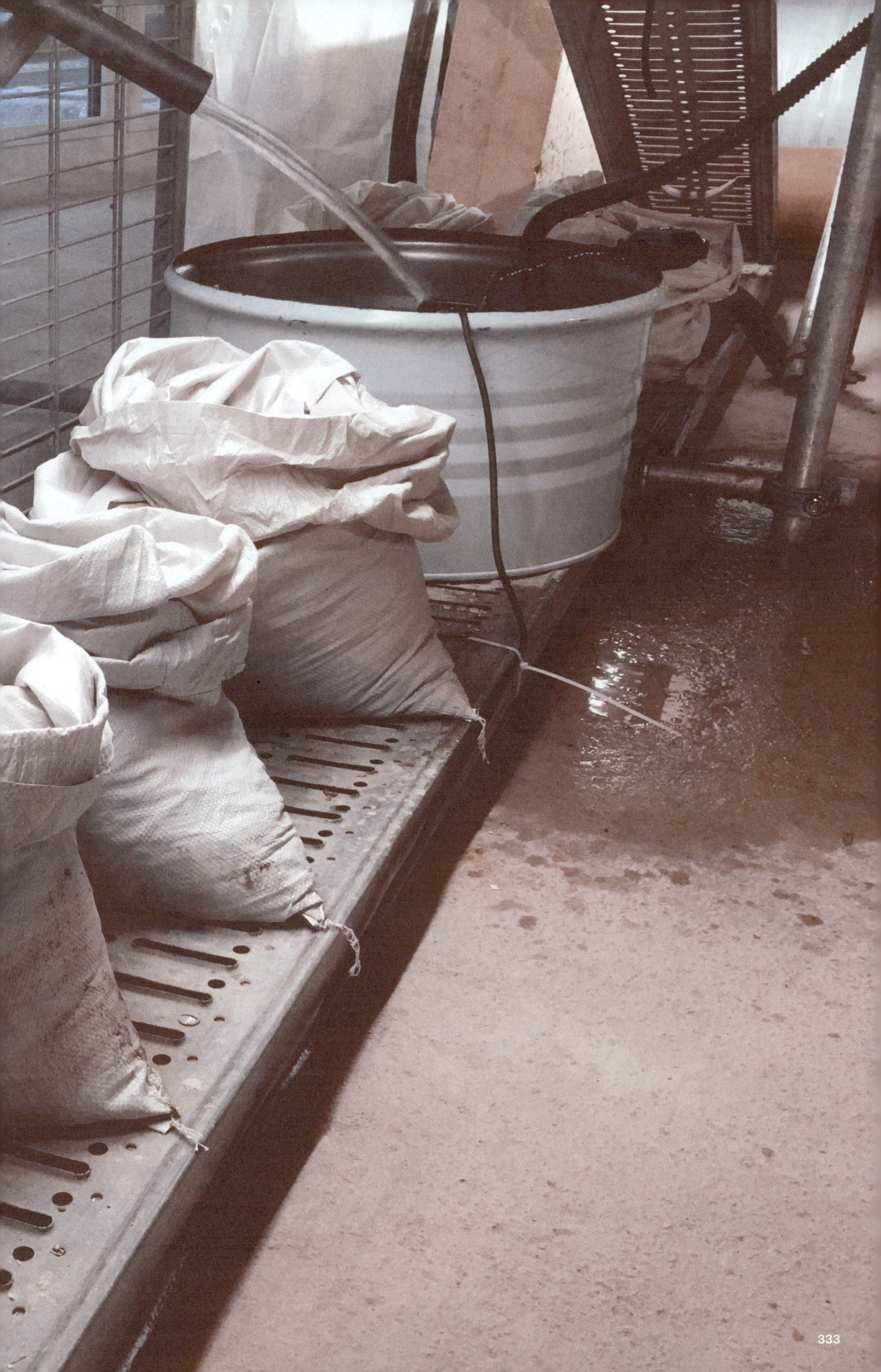

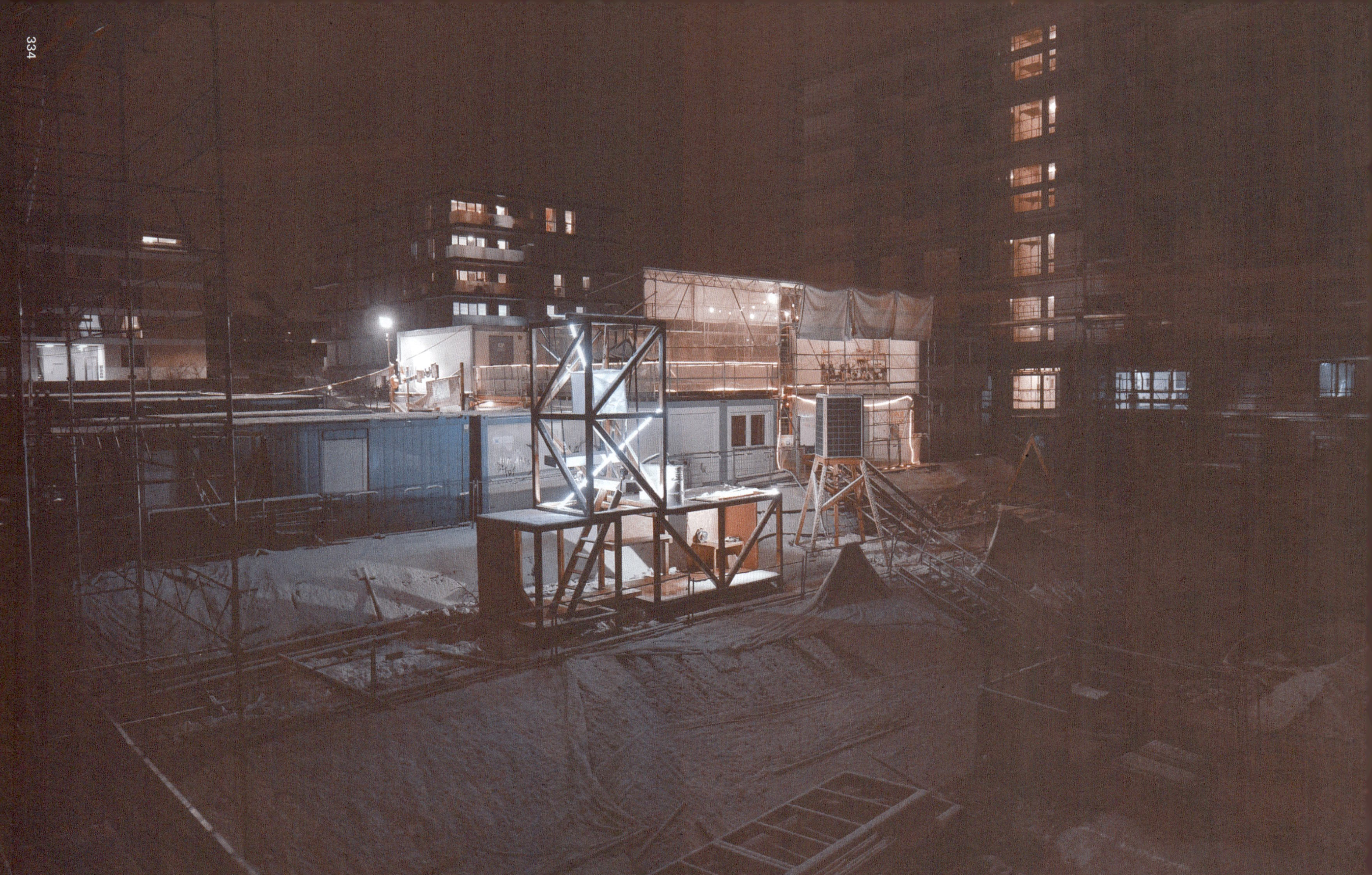

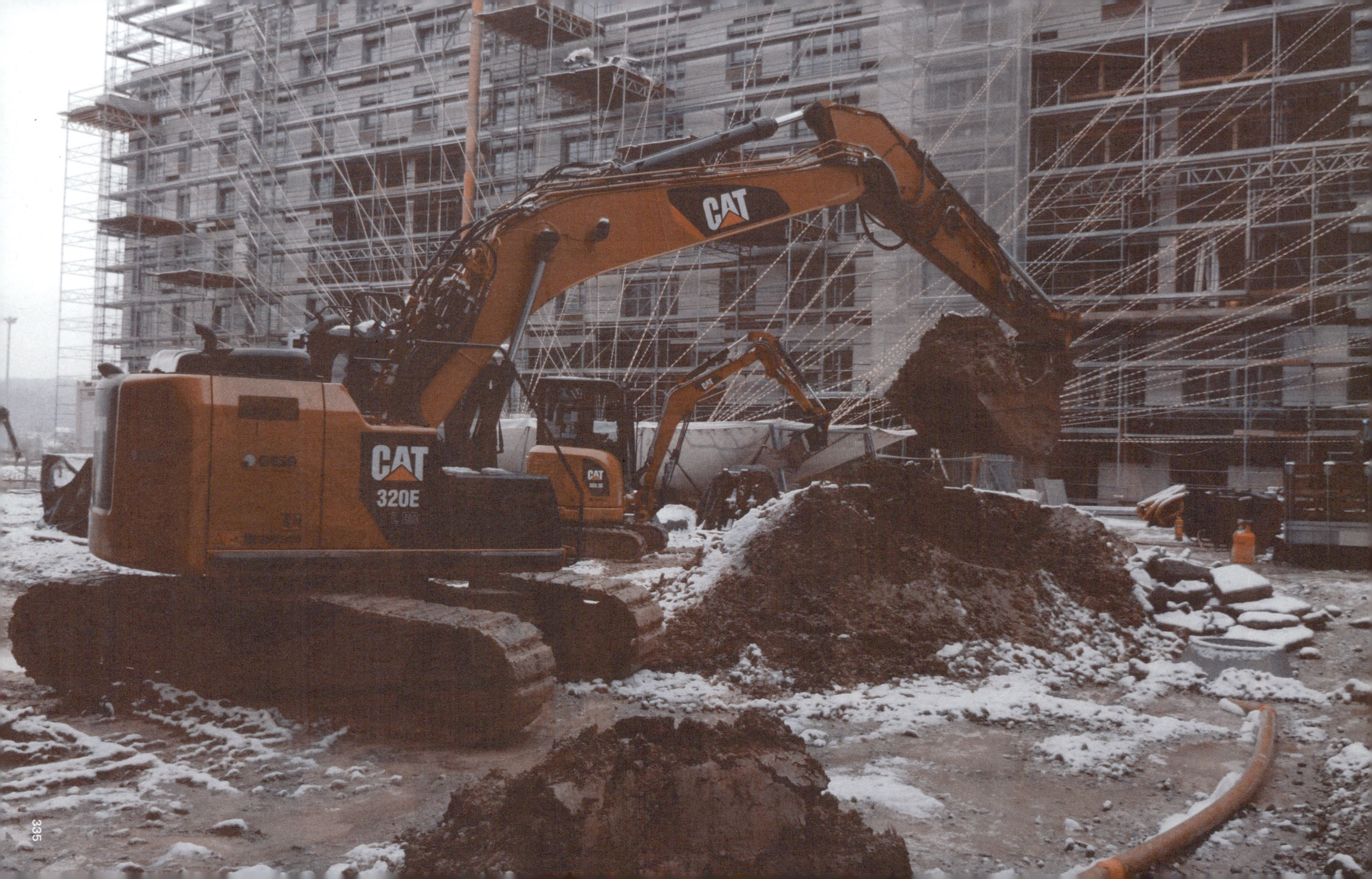

CAT
CAT
320E
CAT
320E

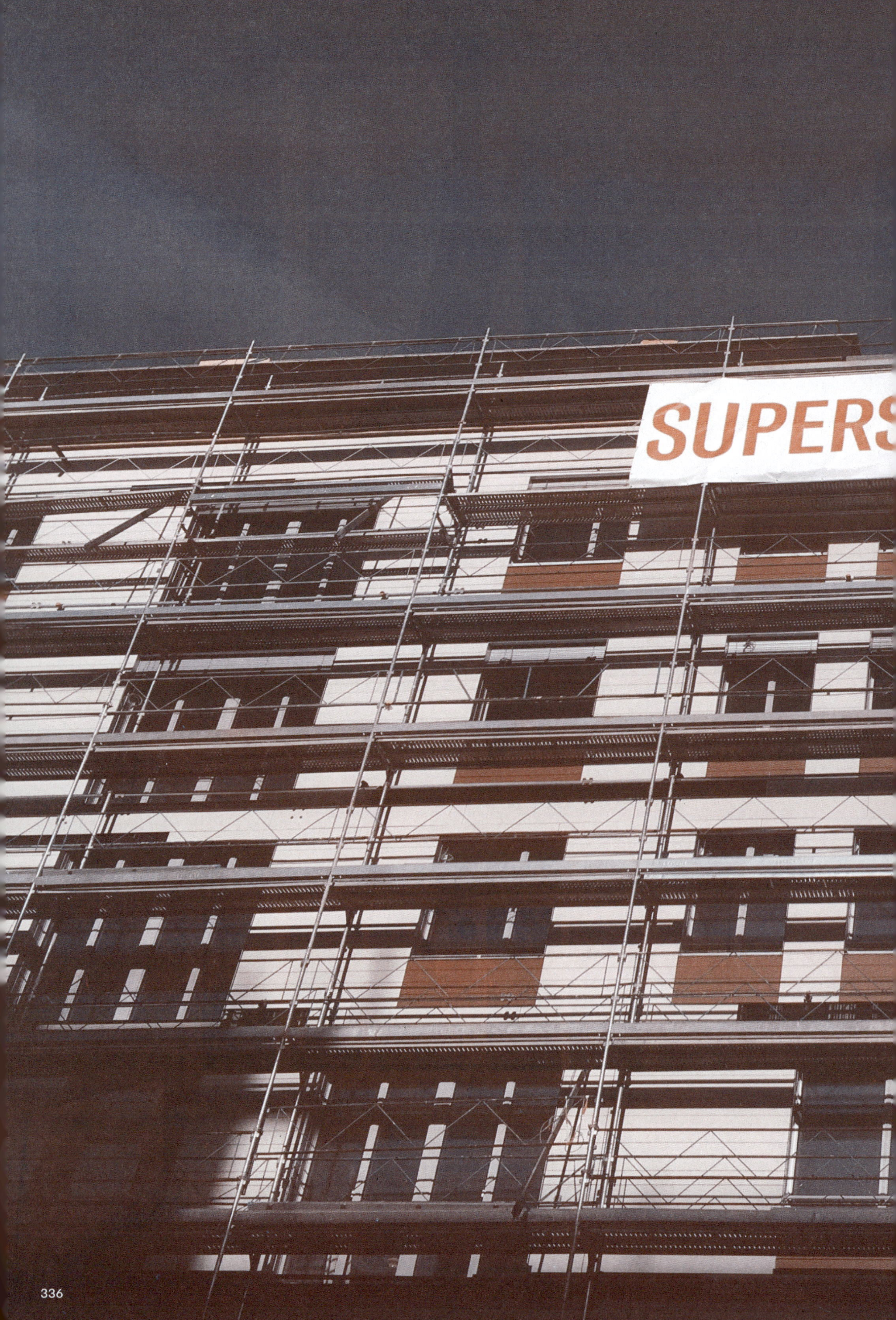
SUPERS

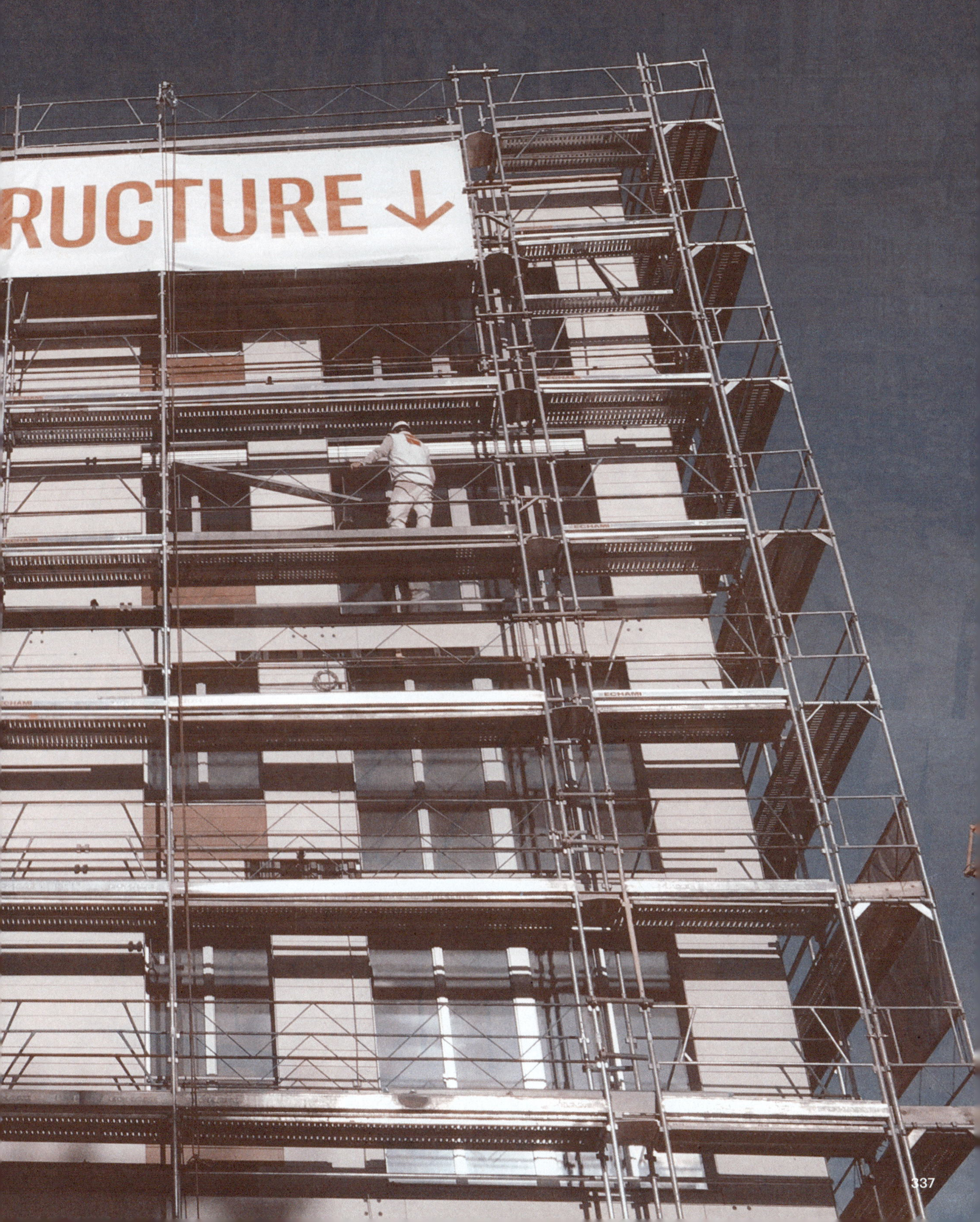
RUCTURE ↓

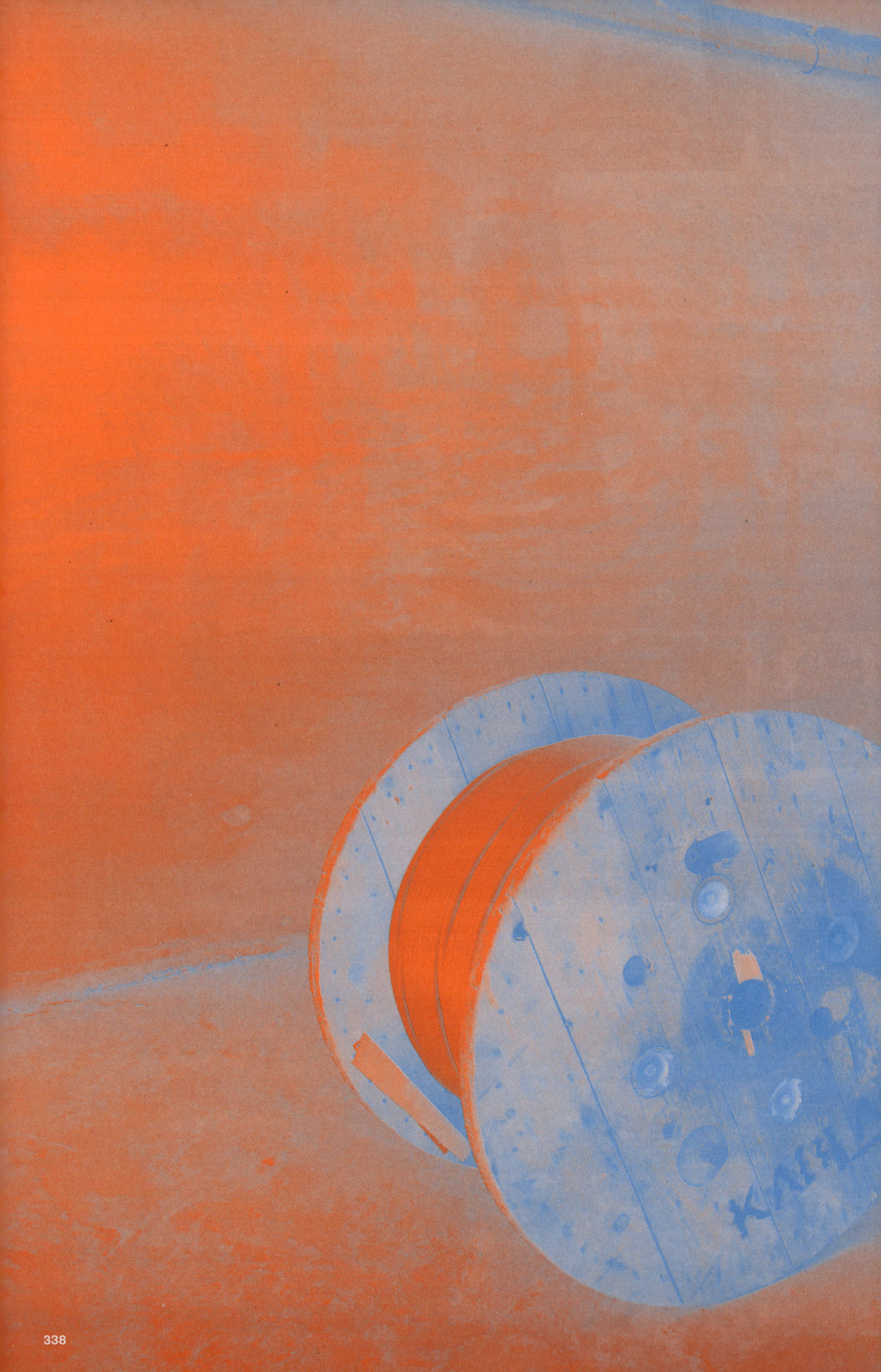

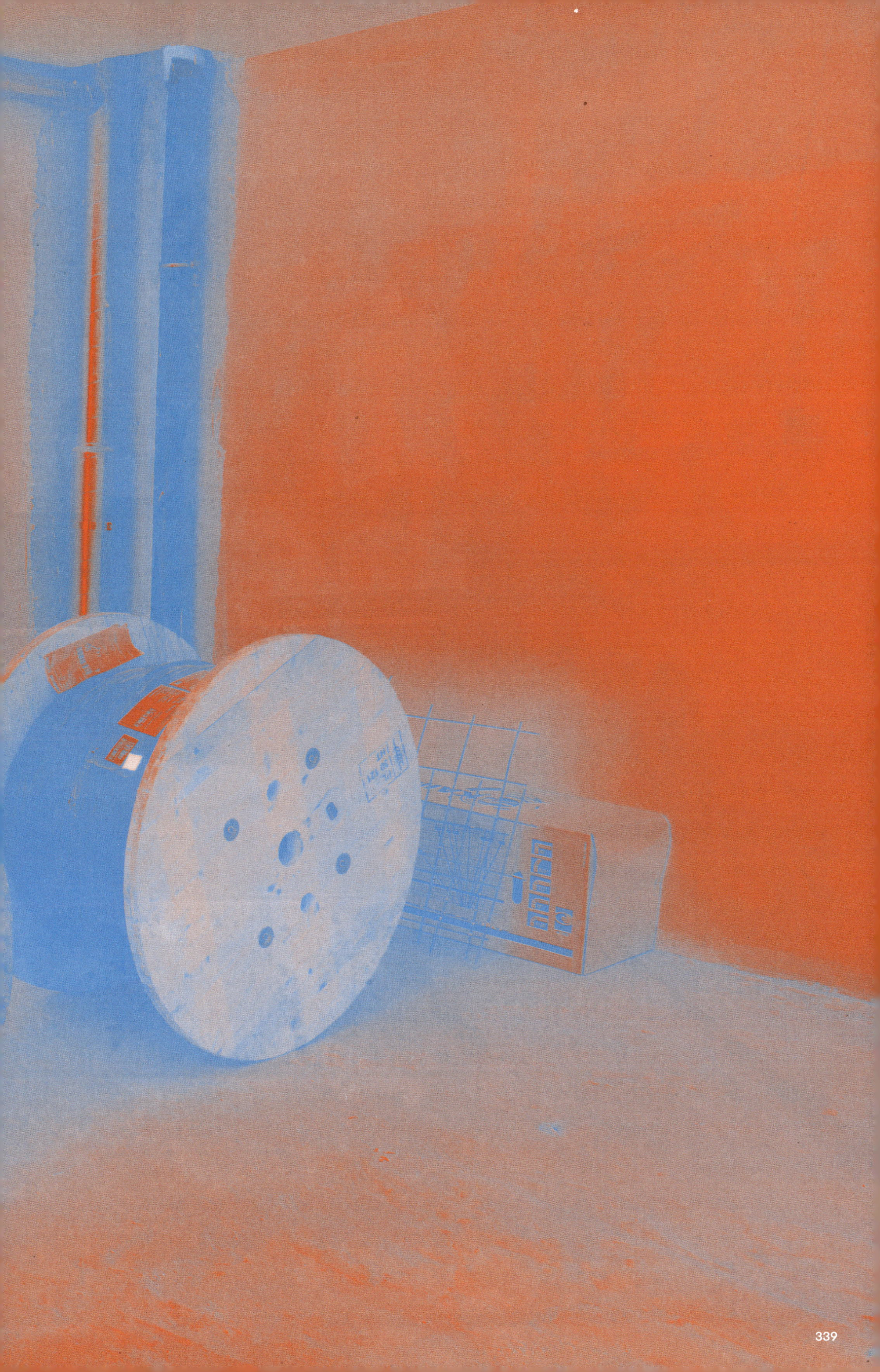

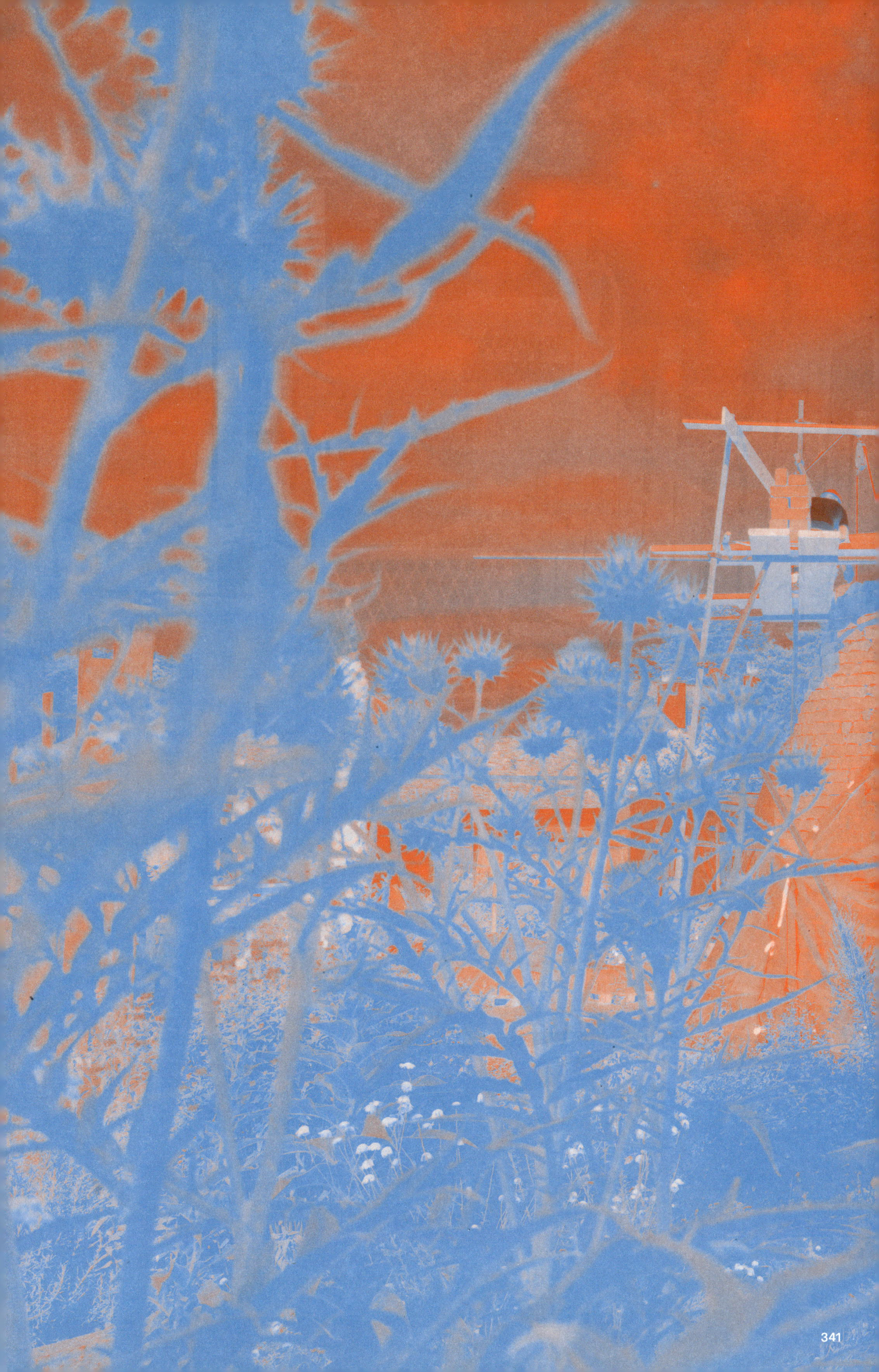

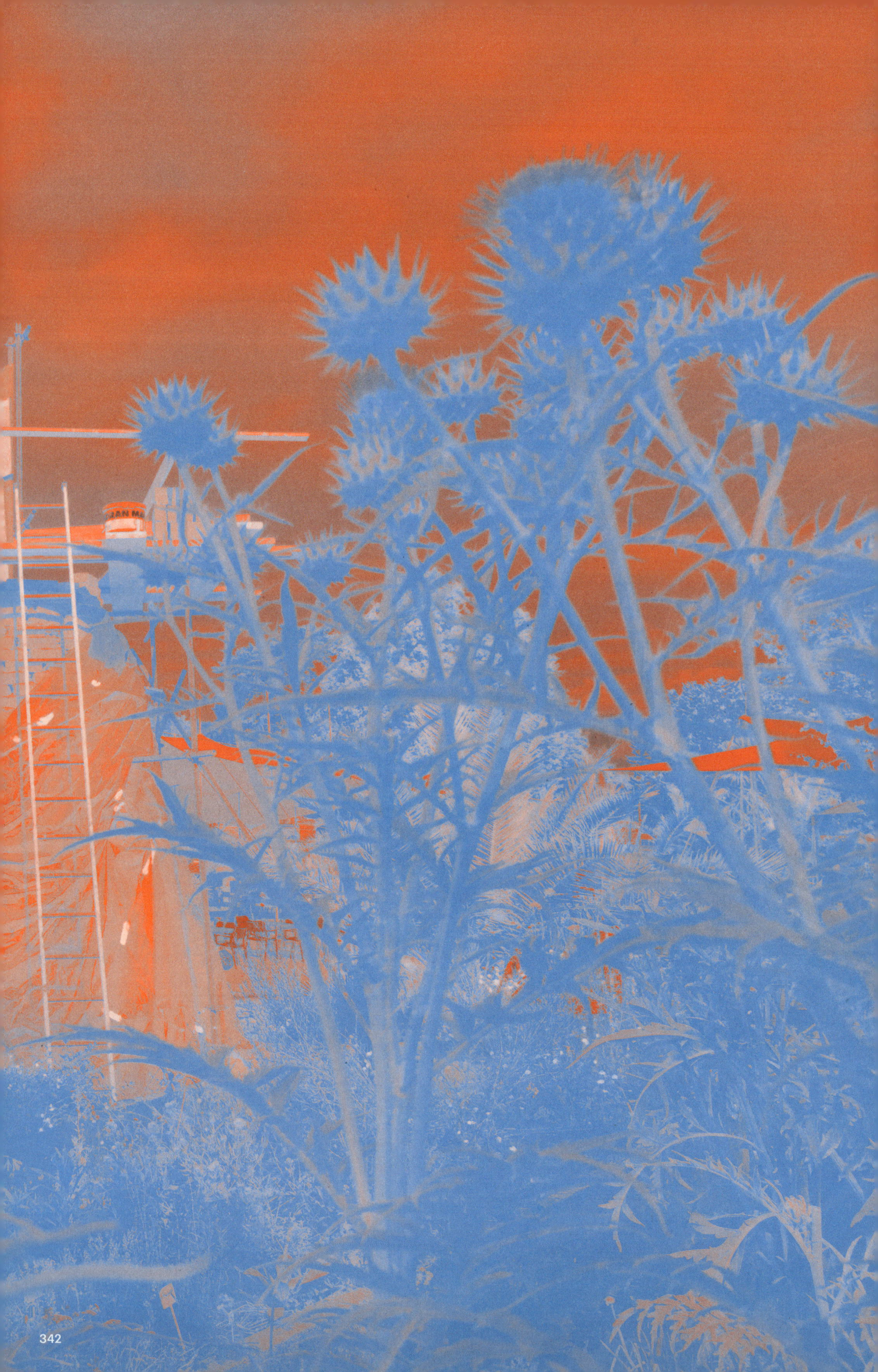

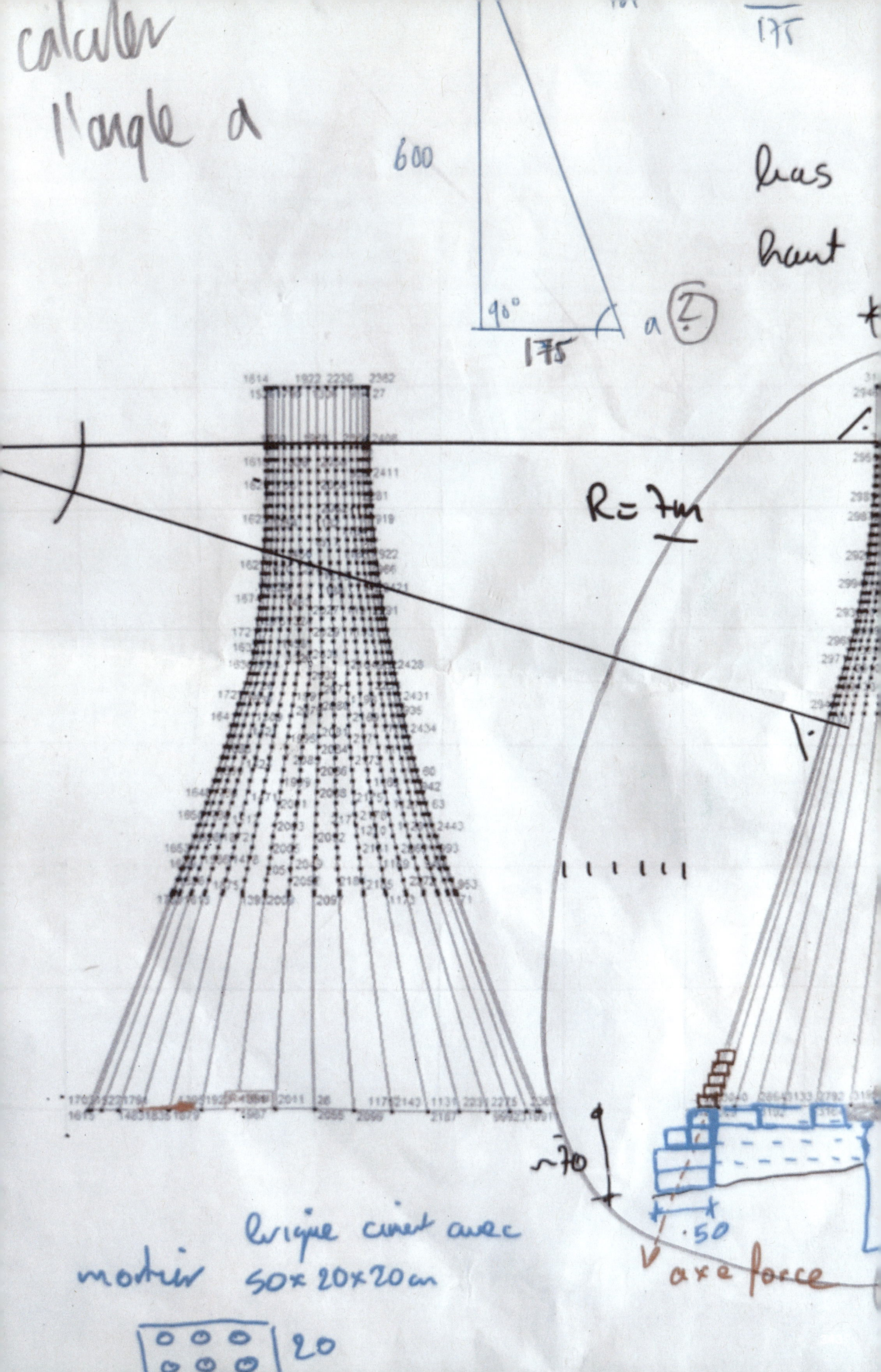

calculer
l'angle α
600
90°
175
α
plus
haut
R = 7m
~70
.50
axe force
brique ciment avec
mortier 50×20×20cm
20

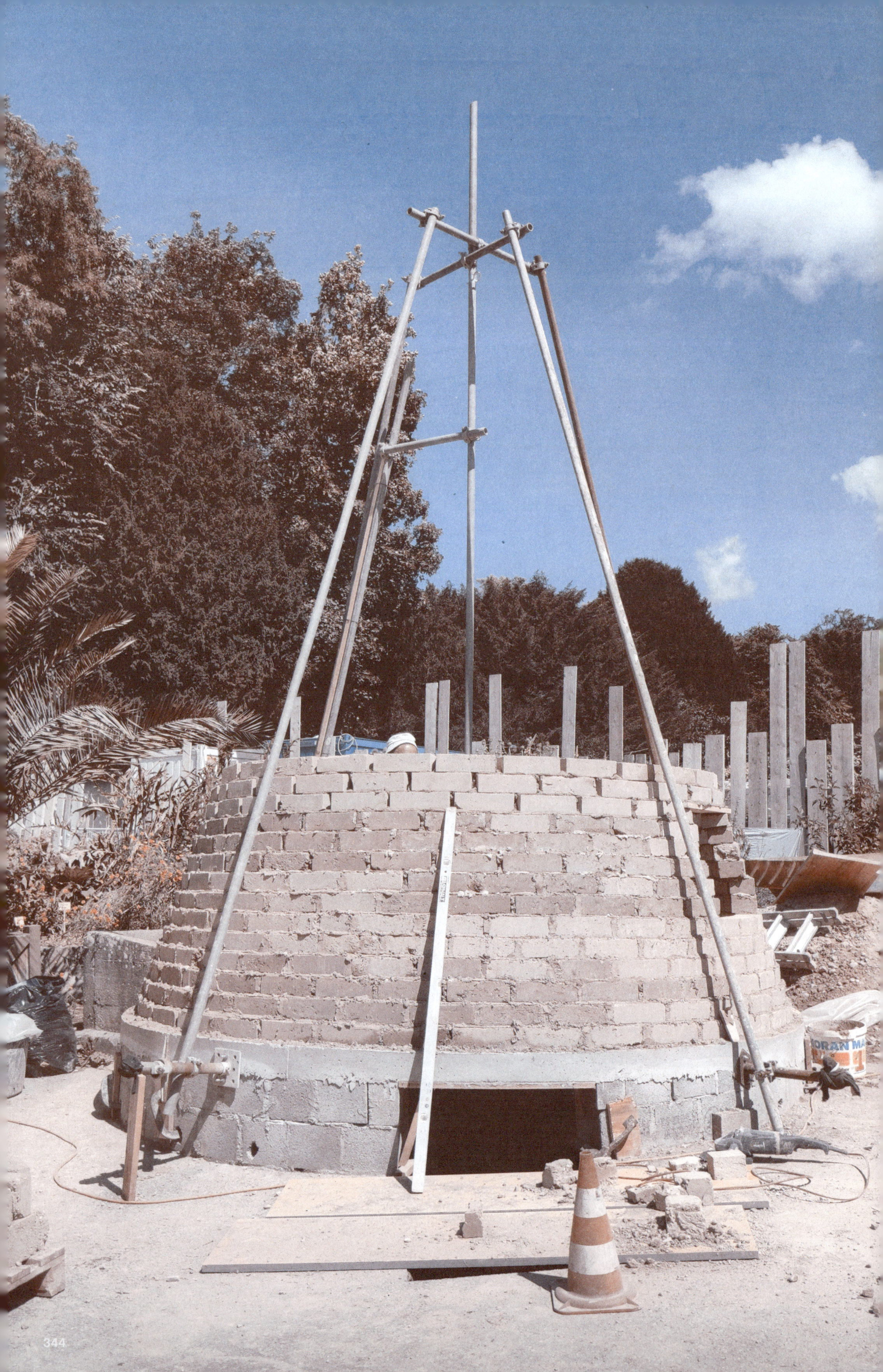

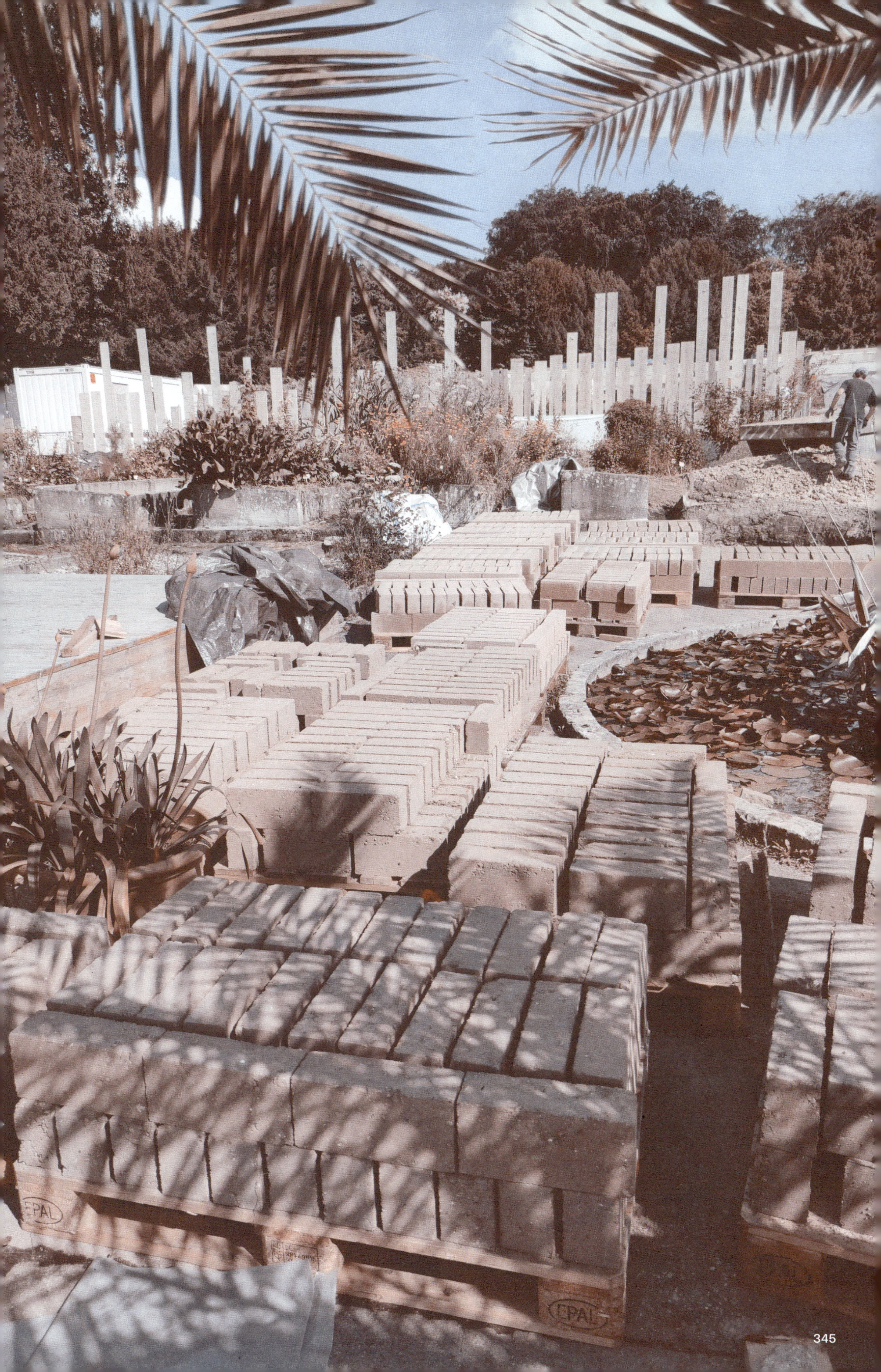

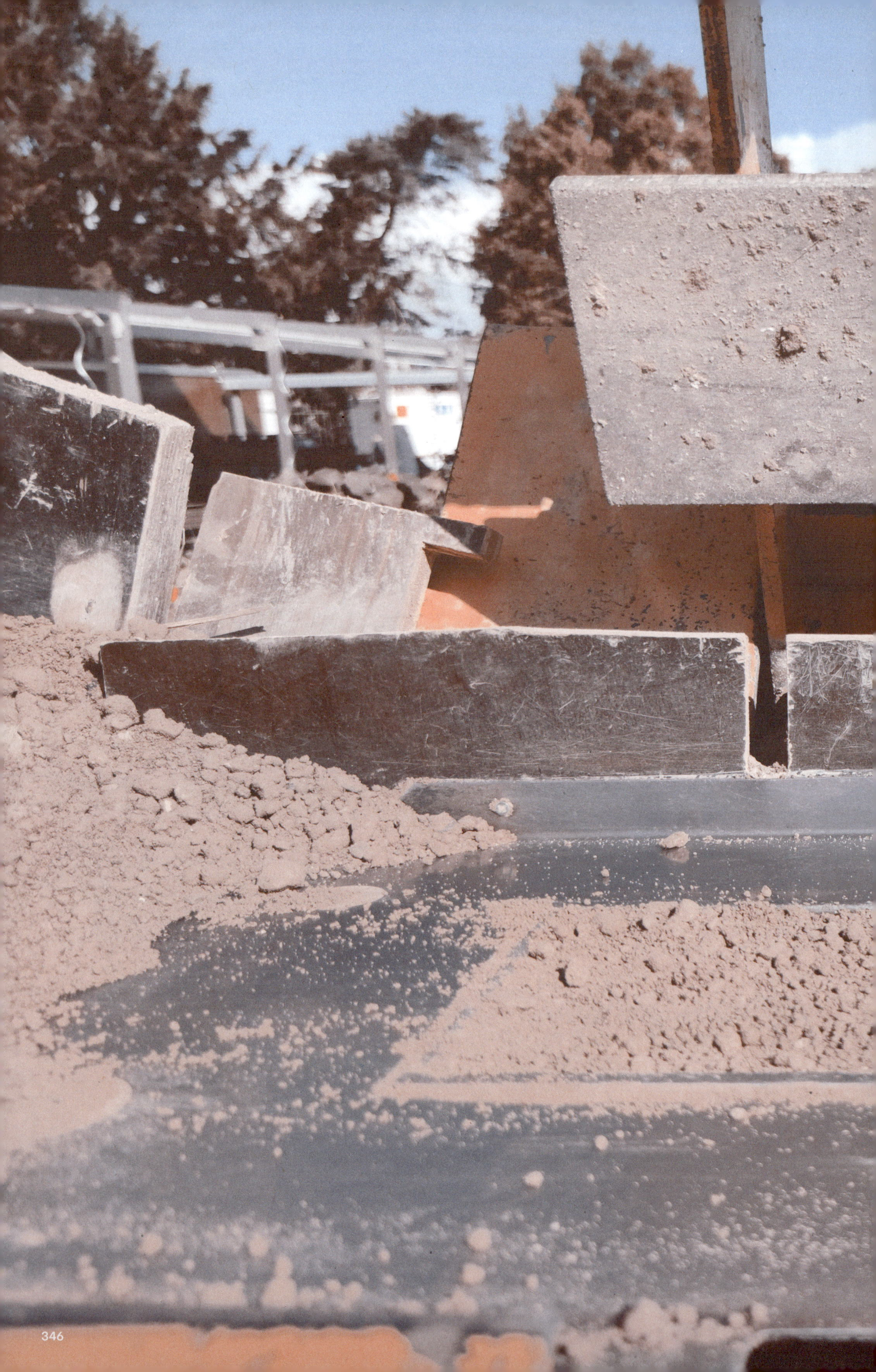

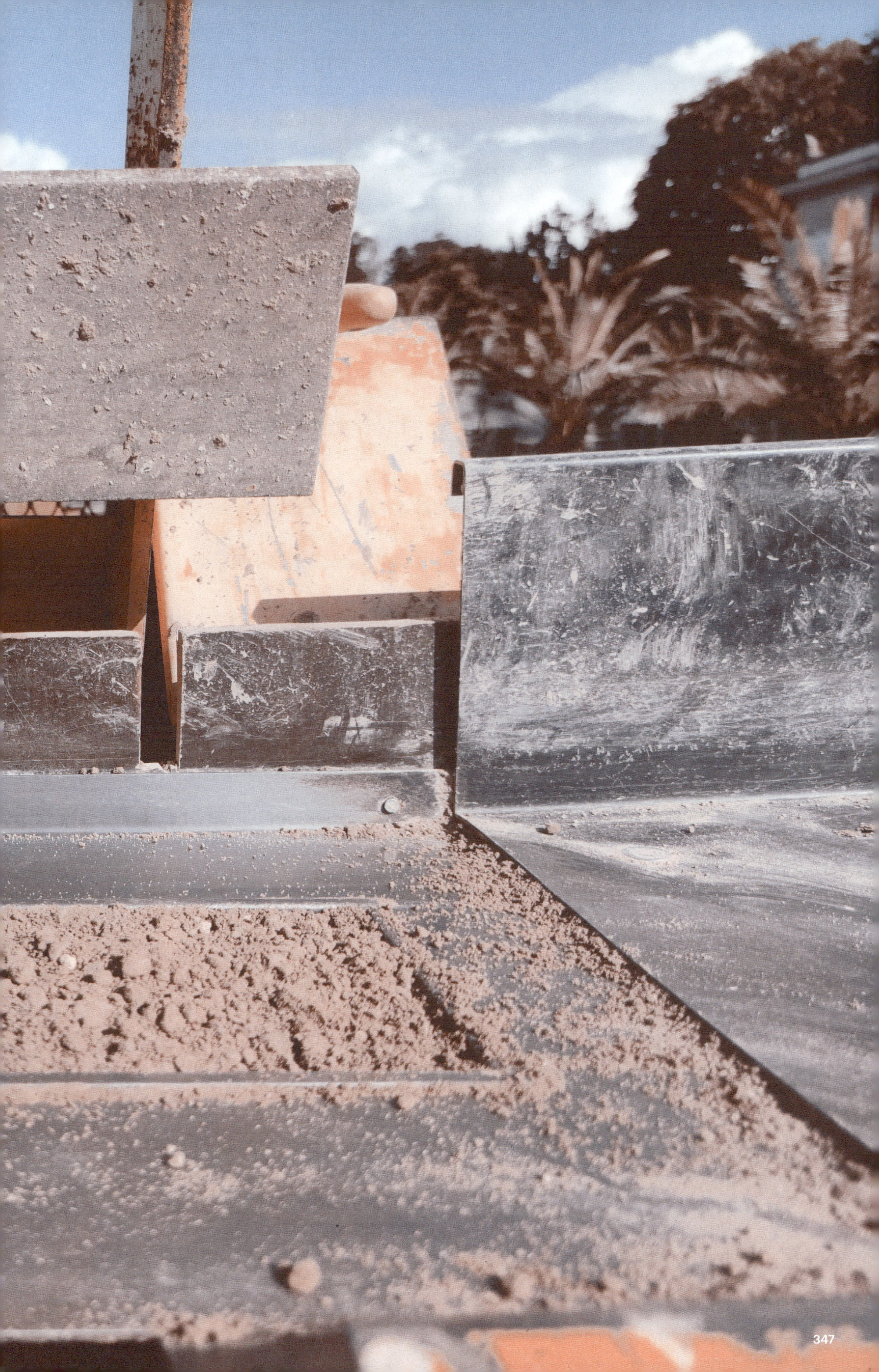

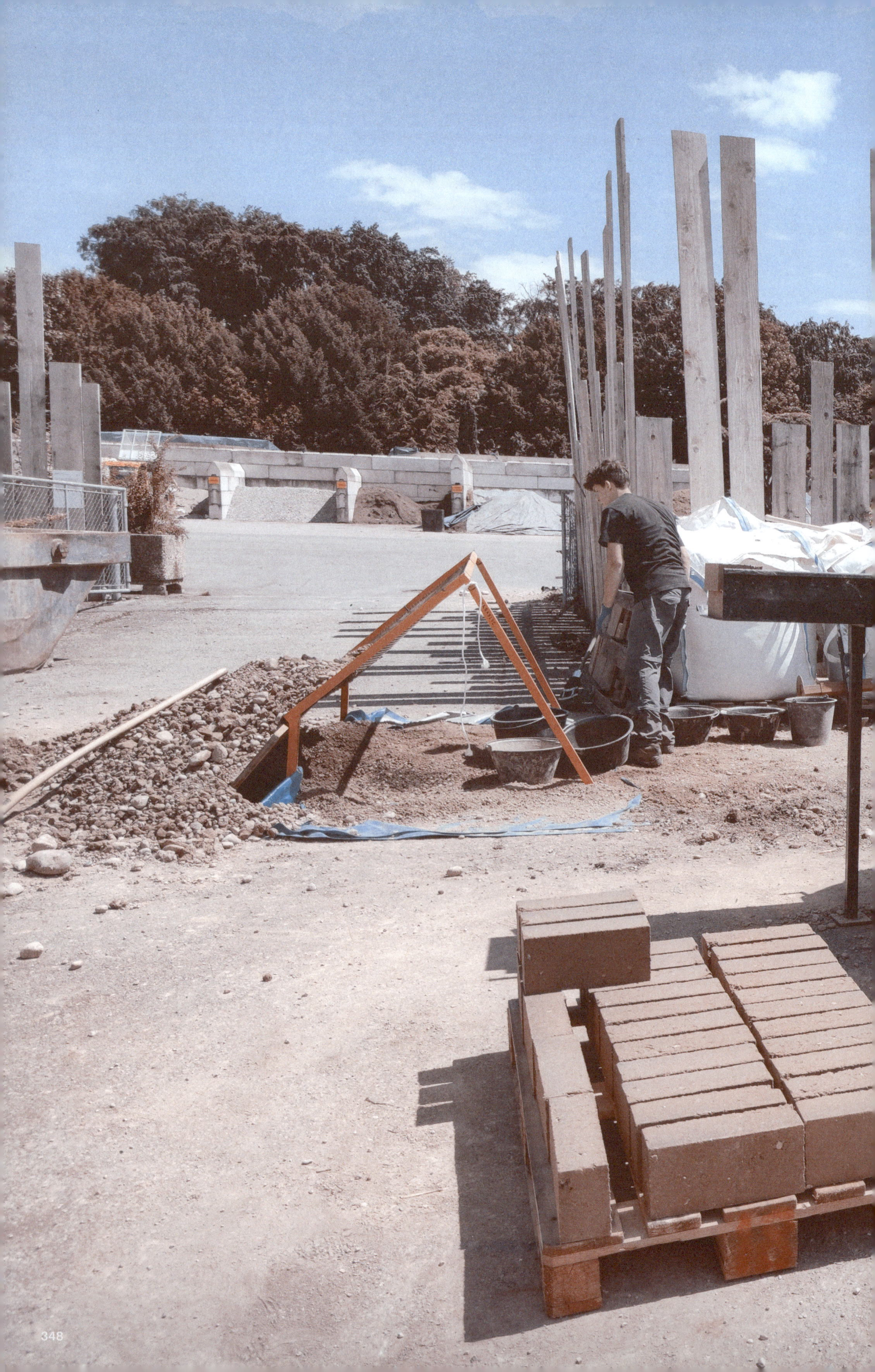

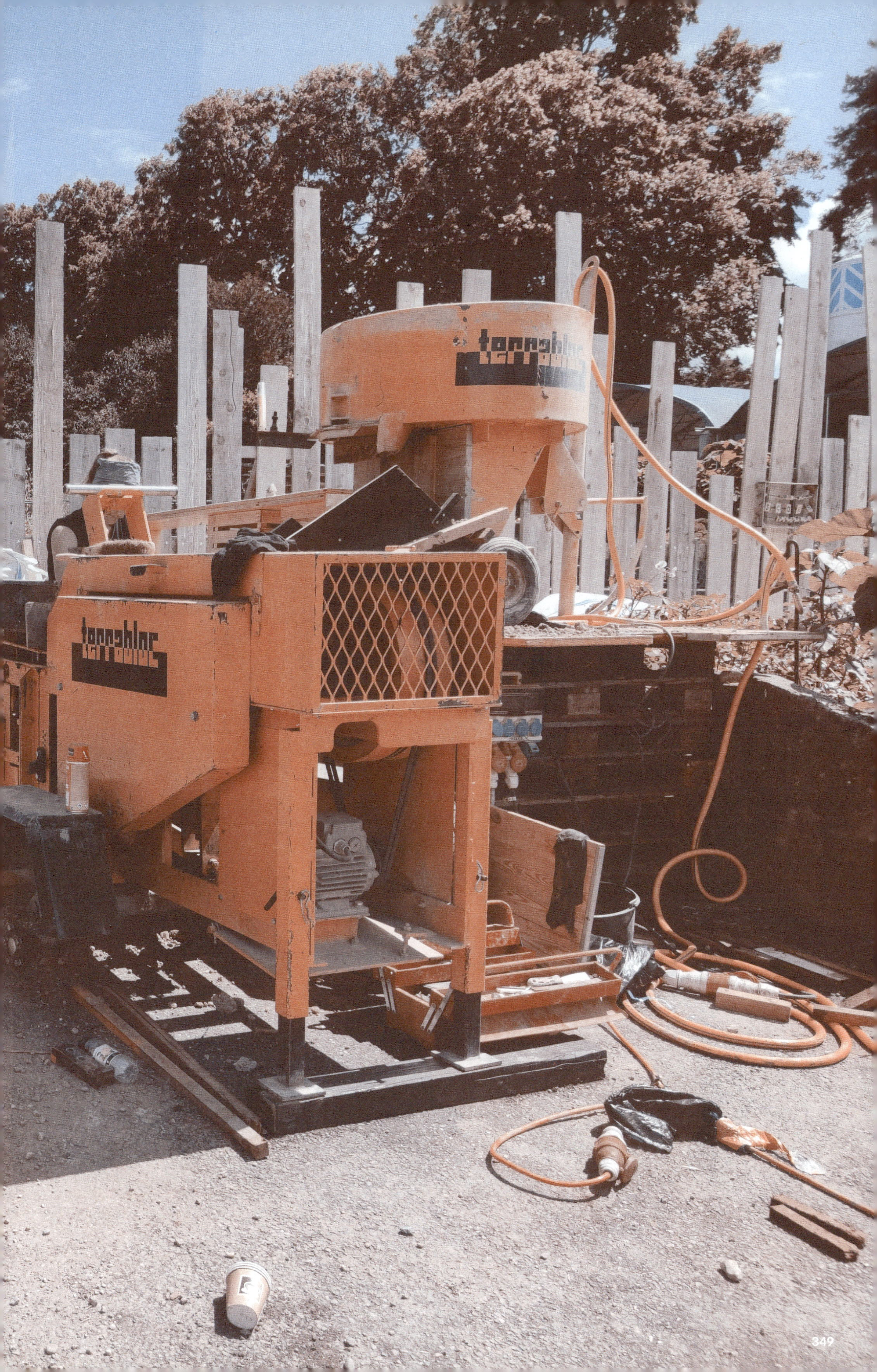

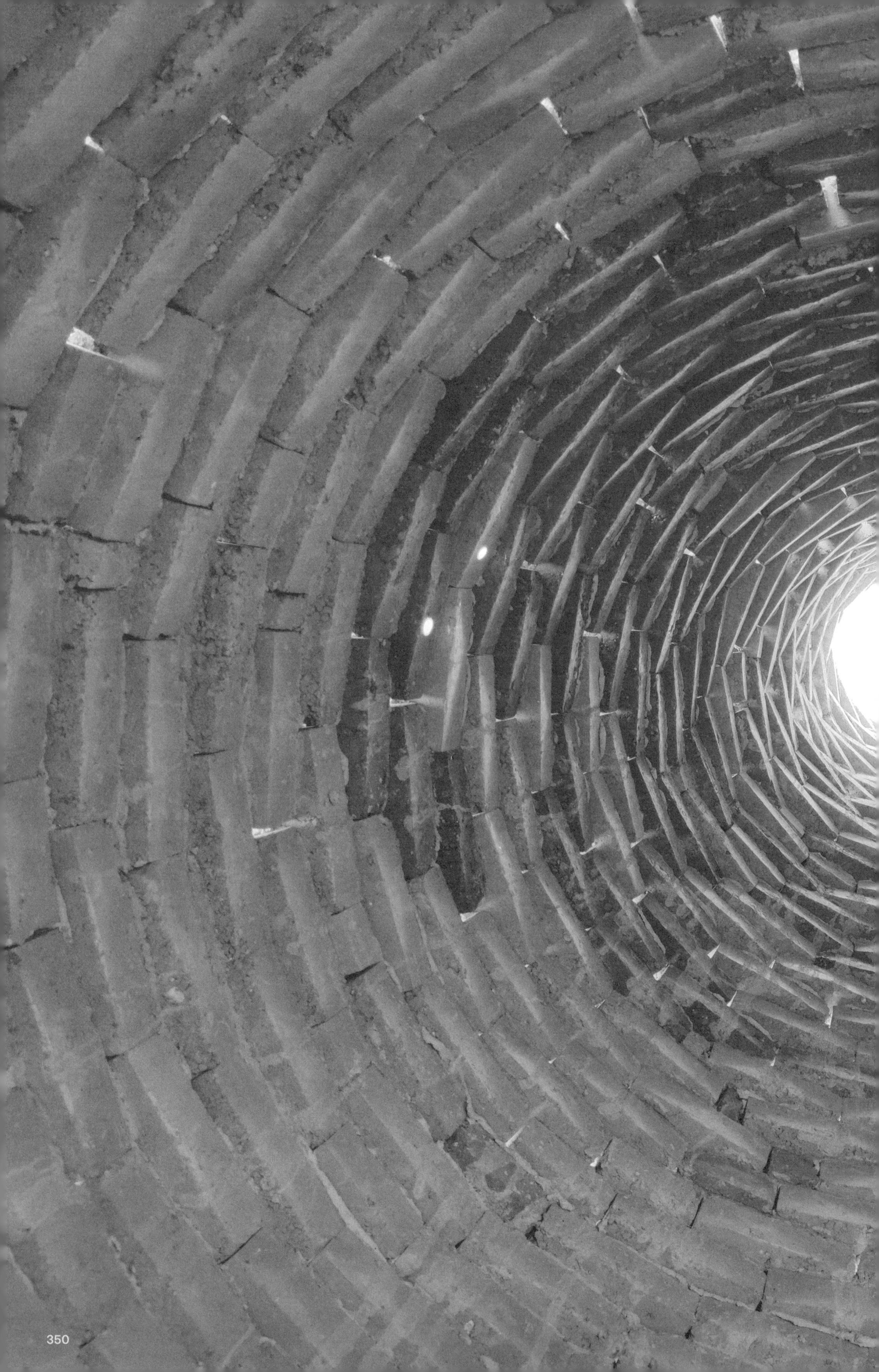

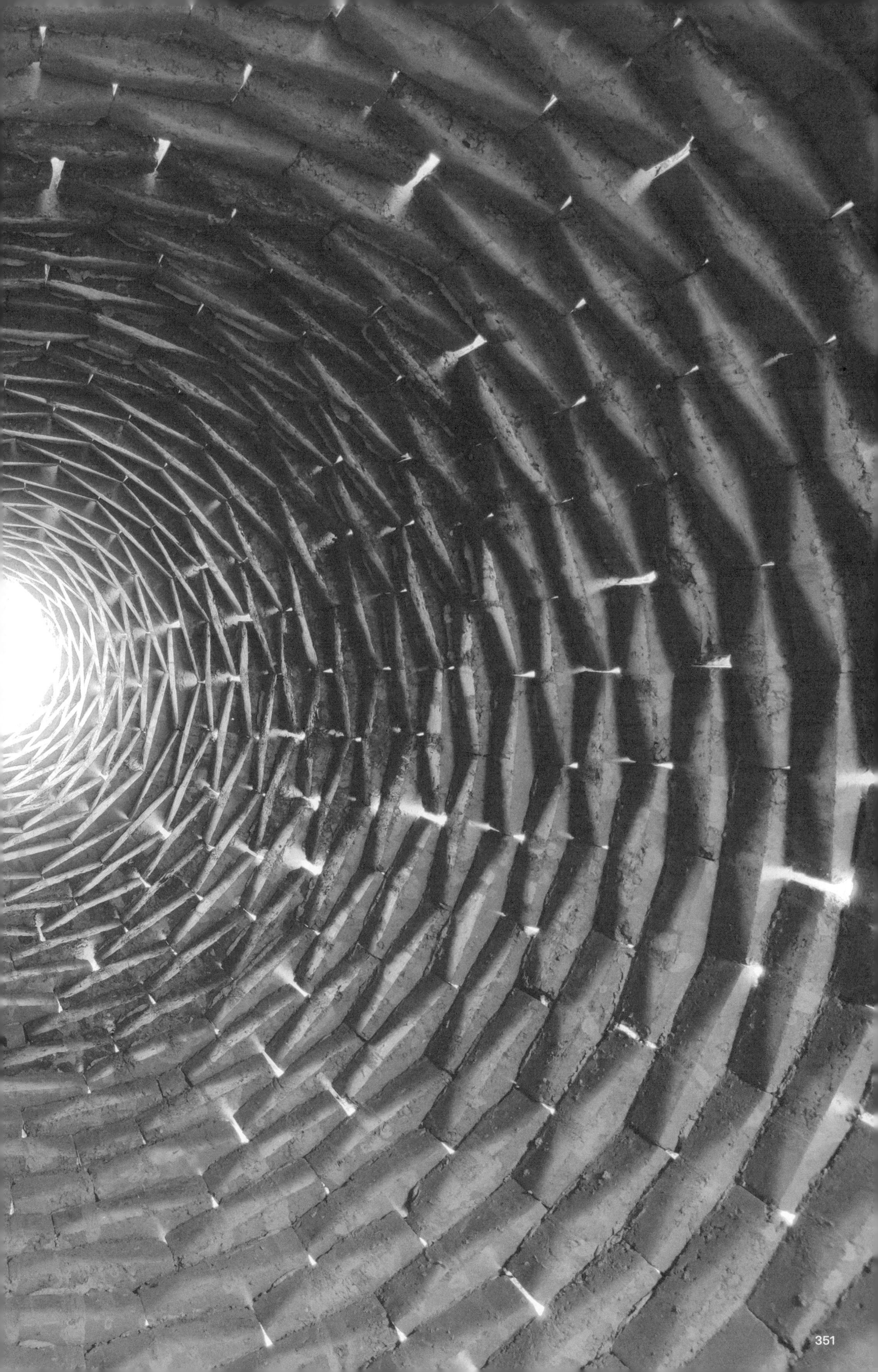

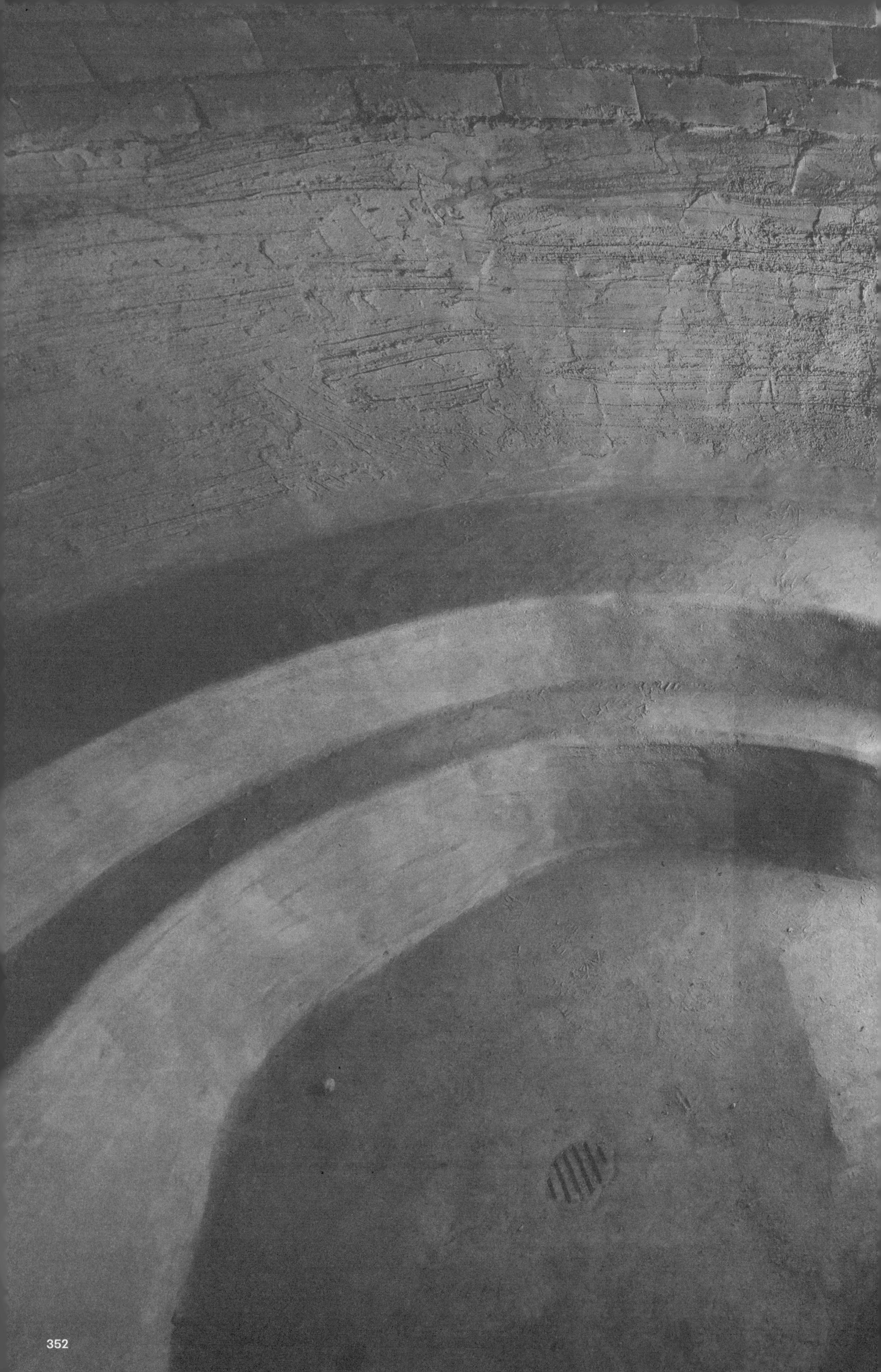

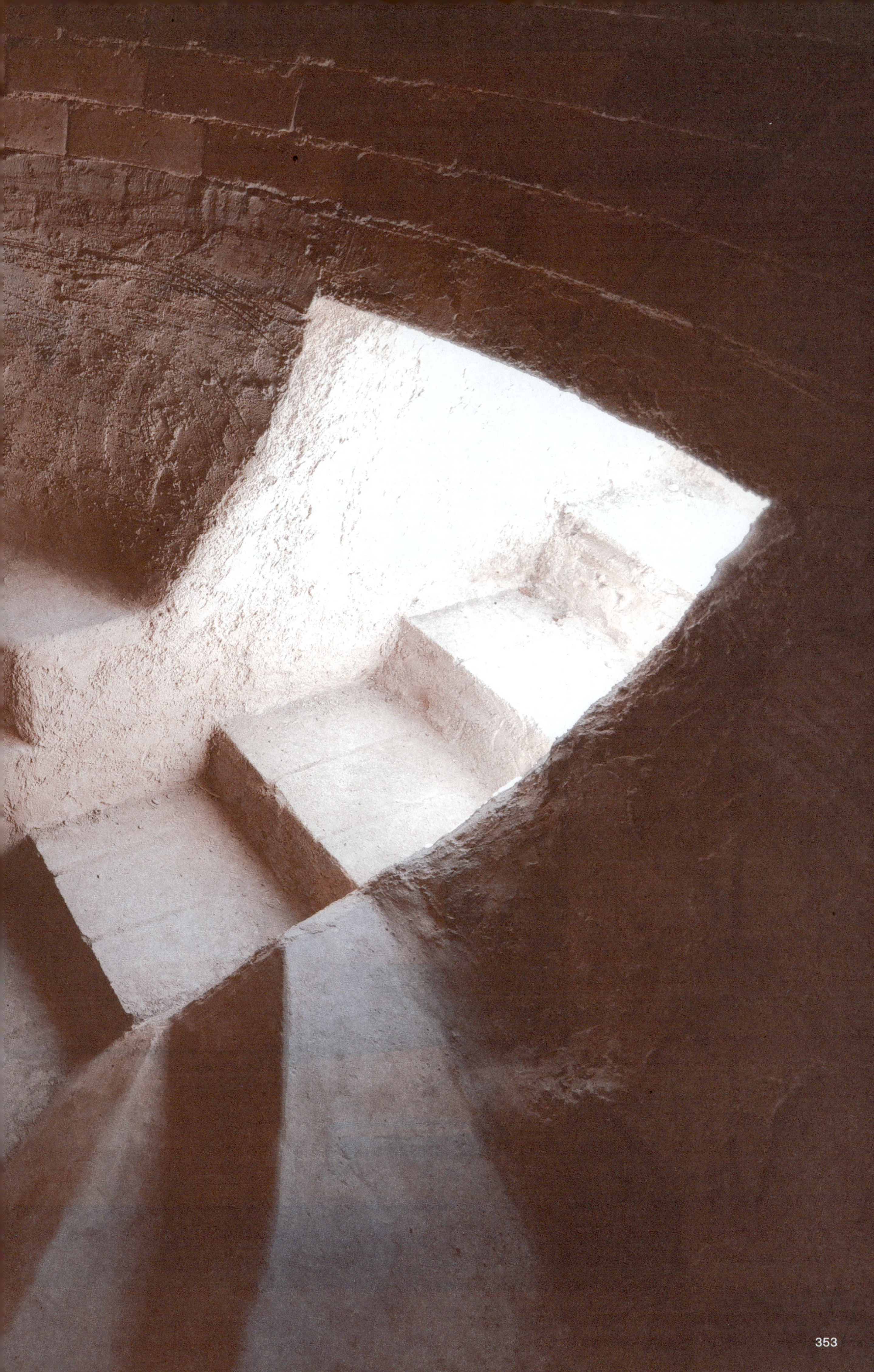

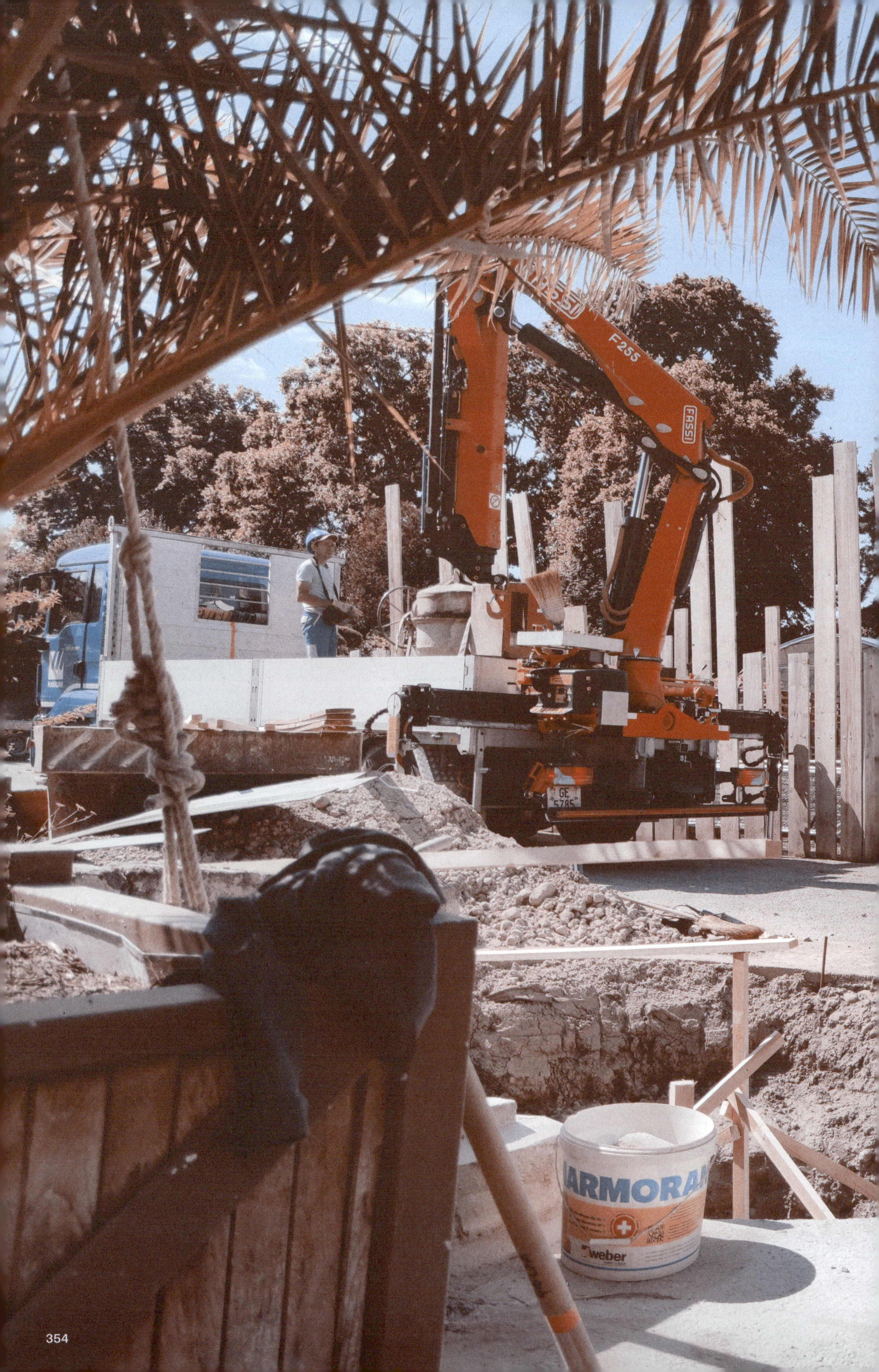

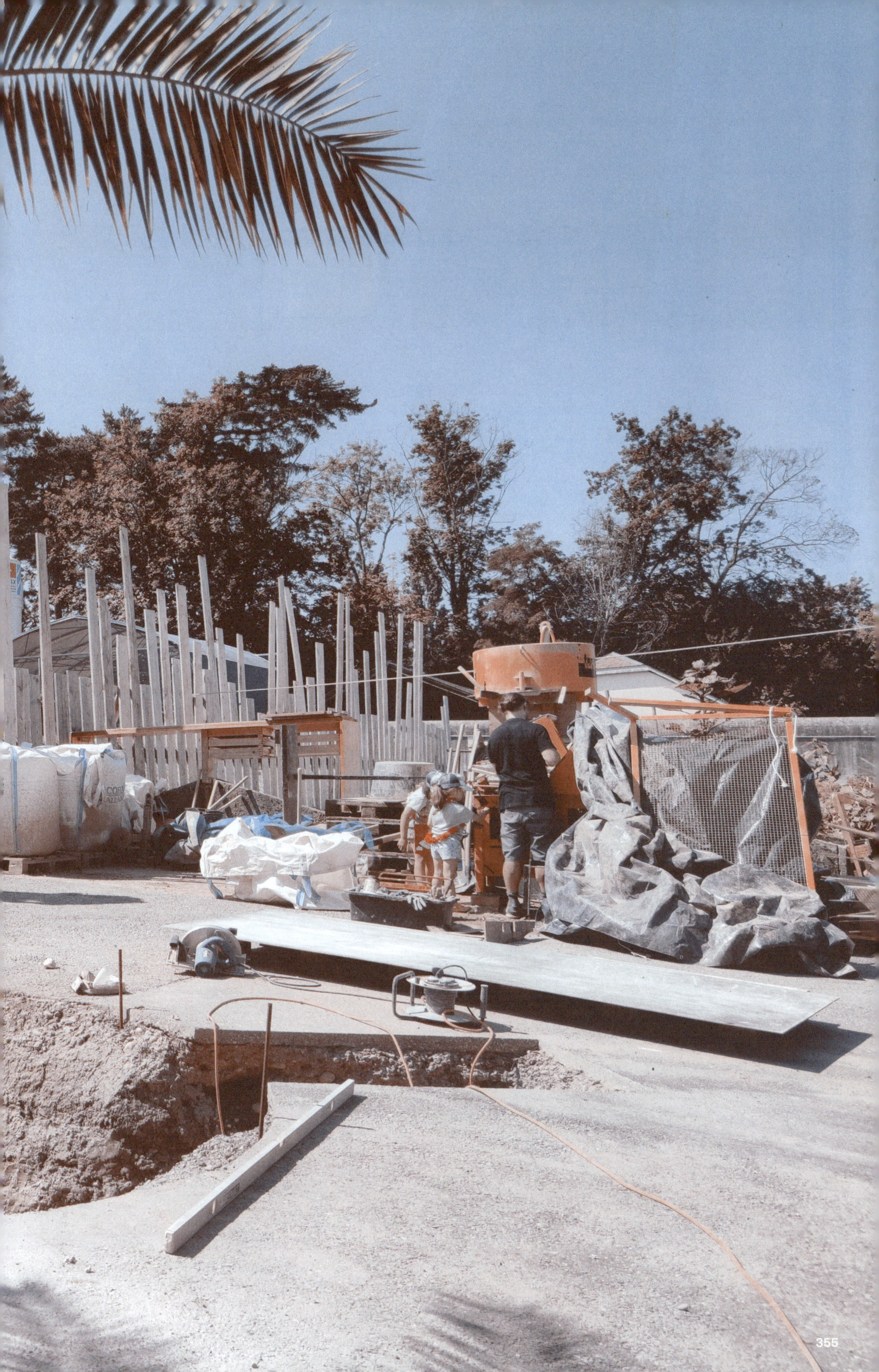

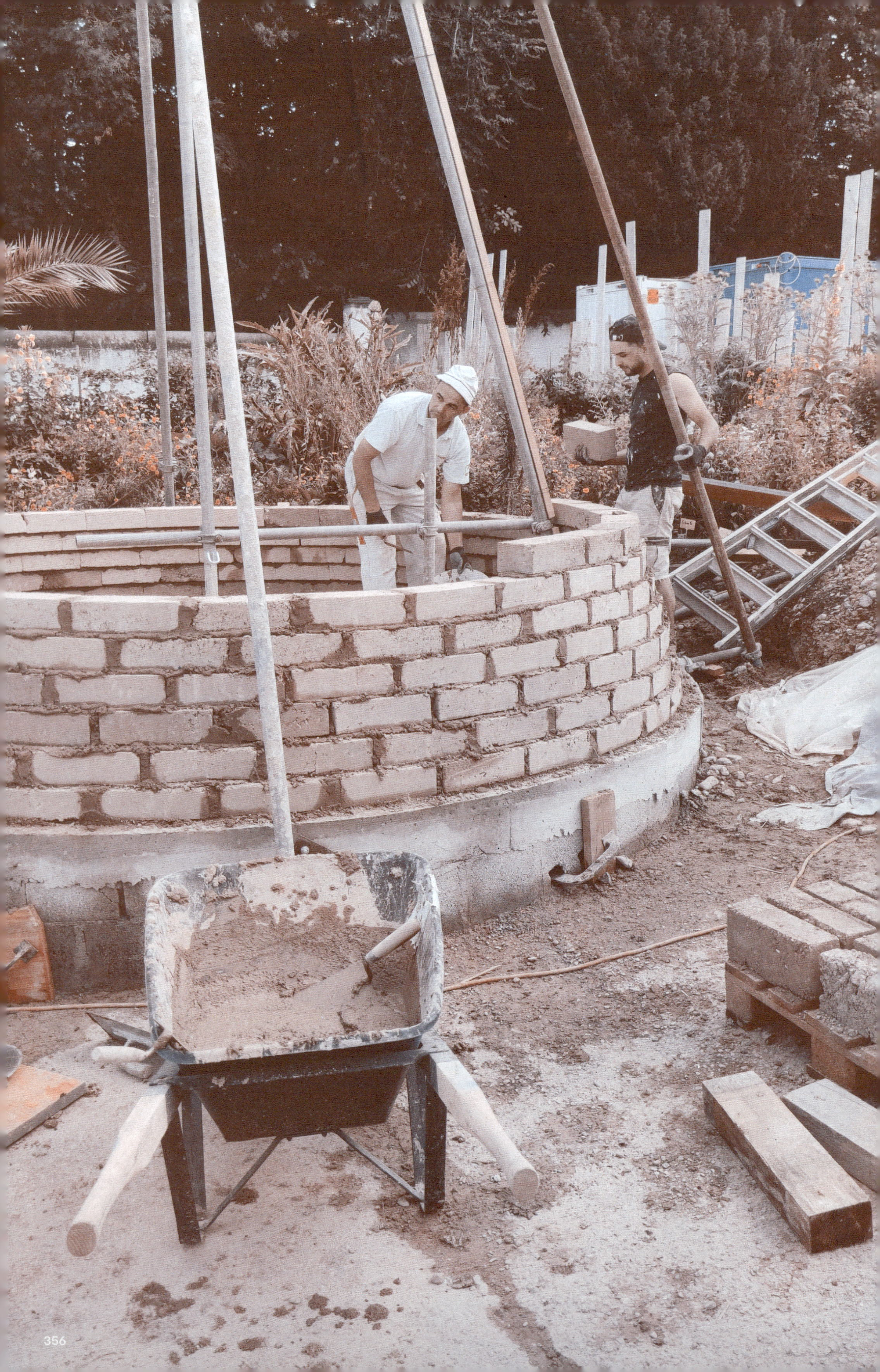

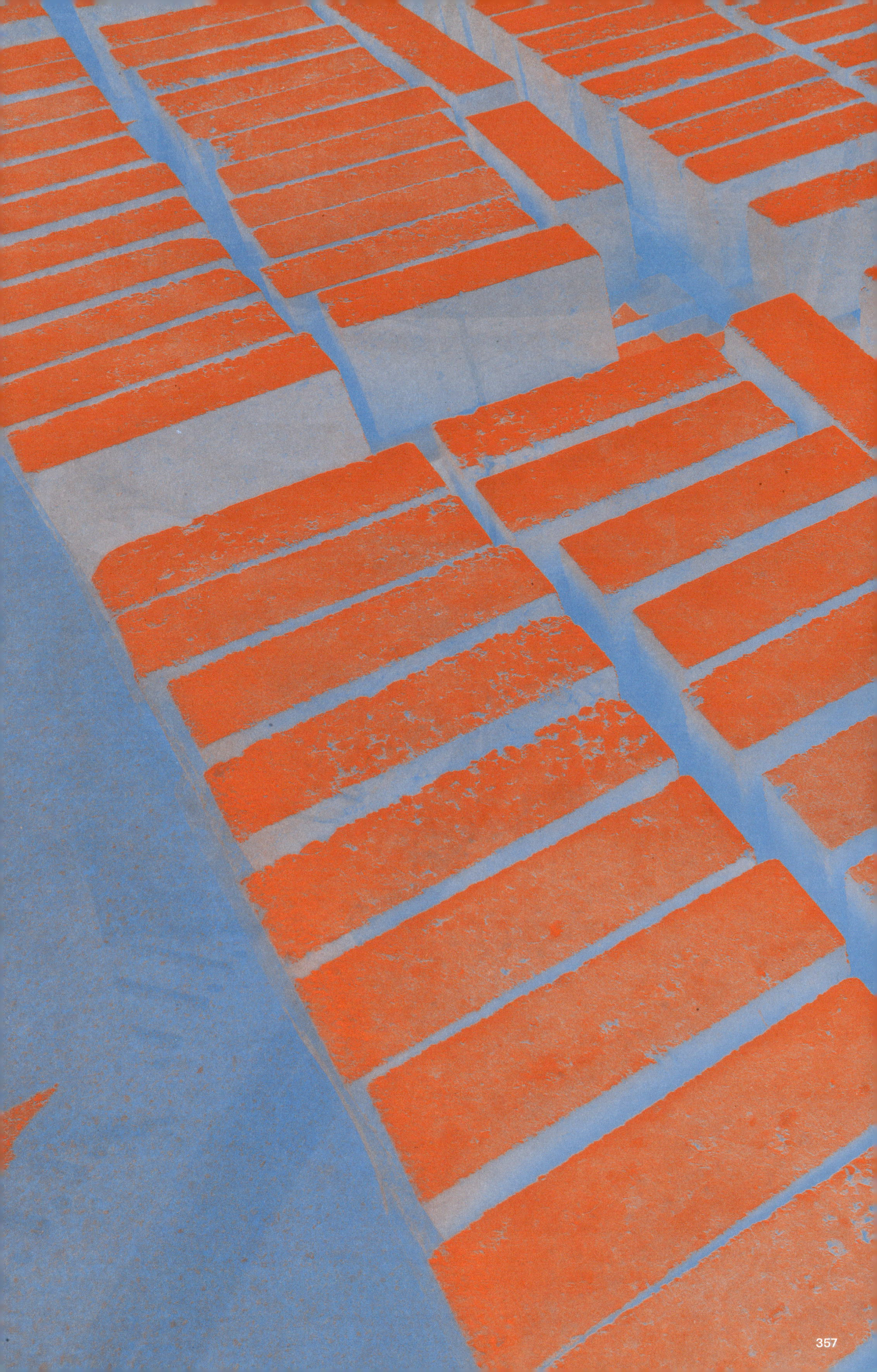

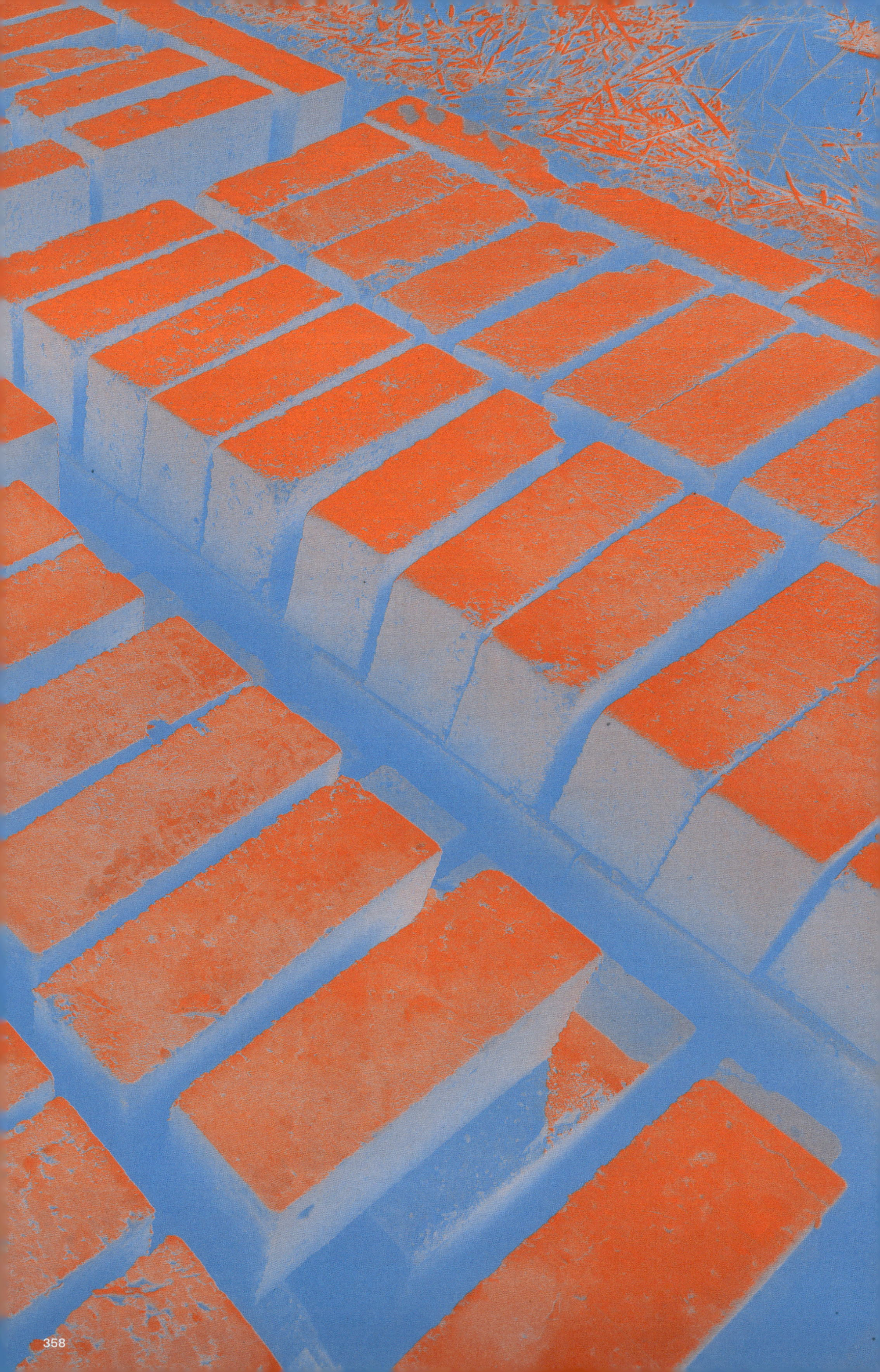

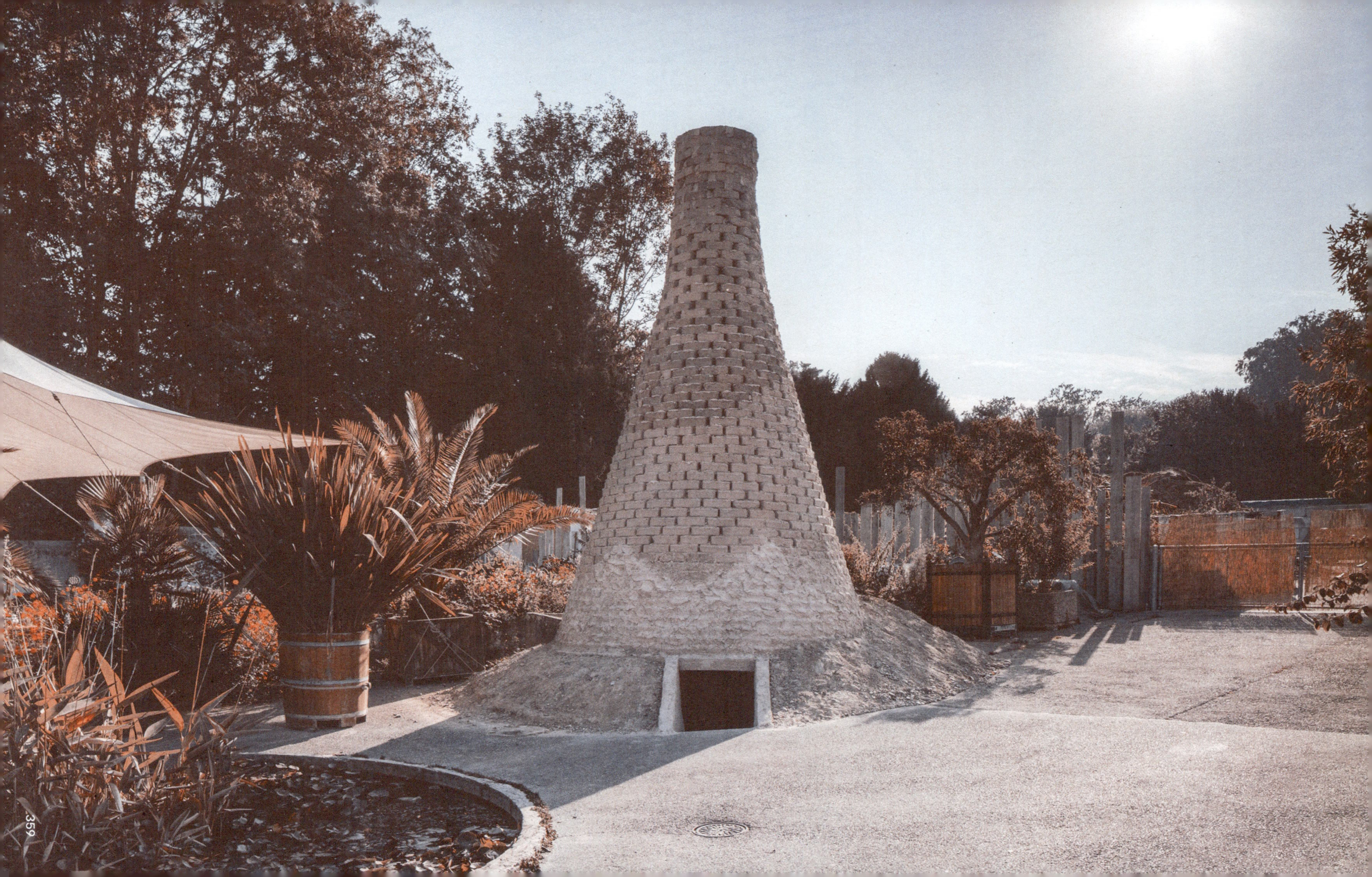

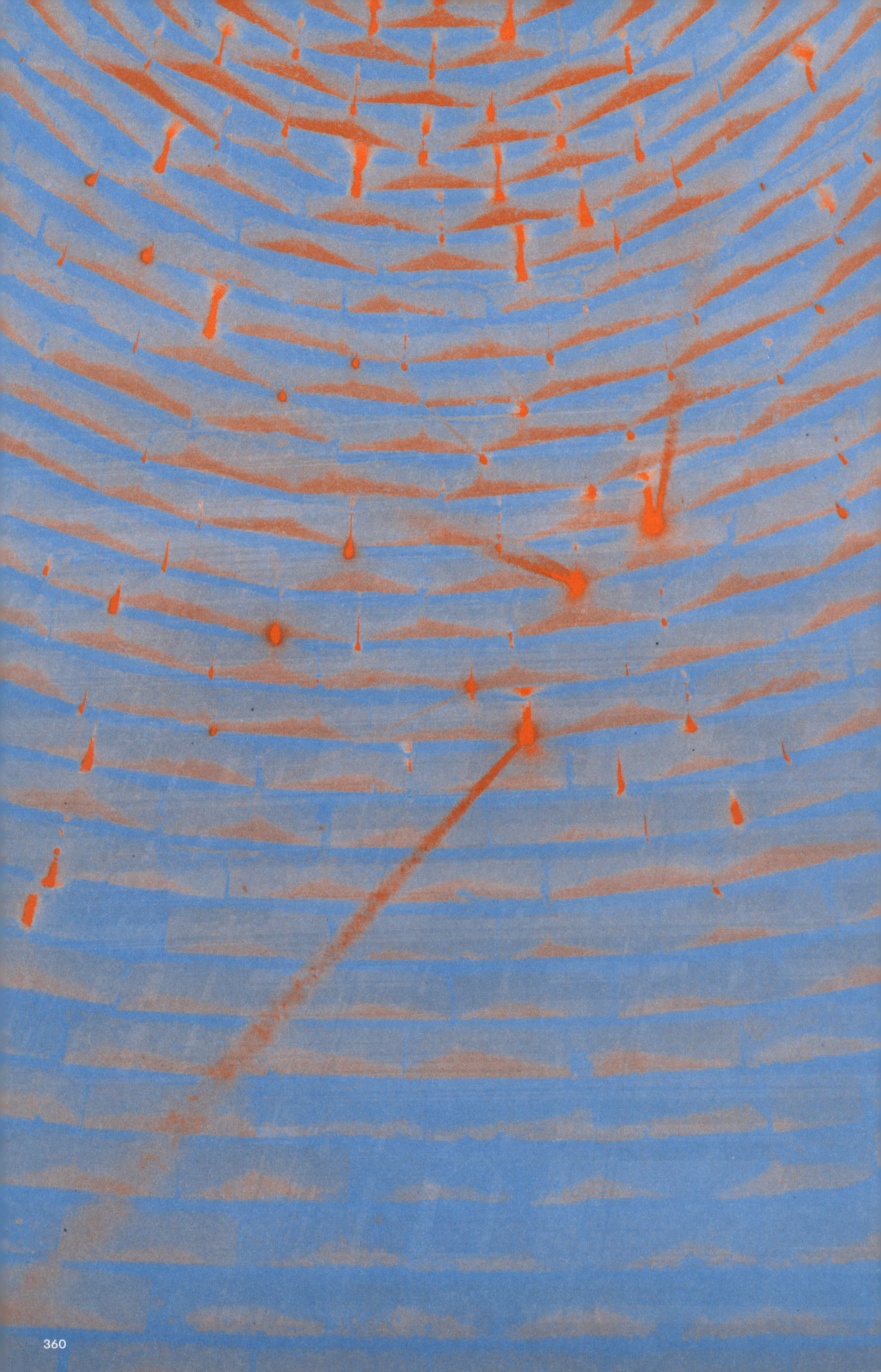

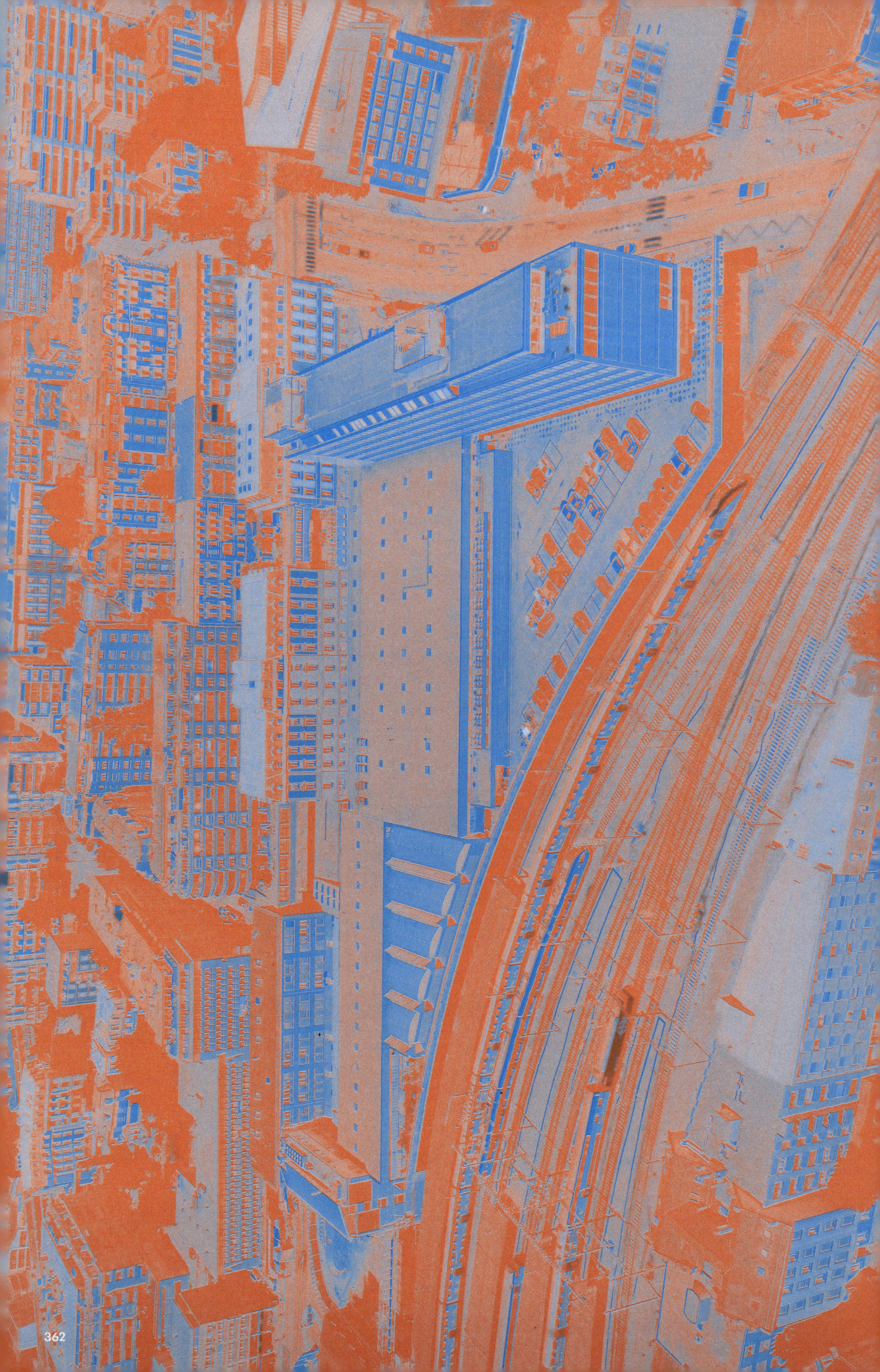

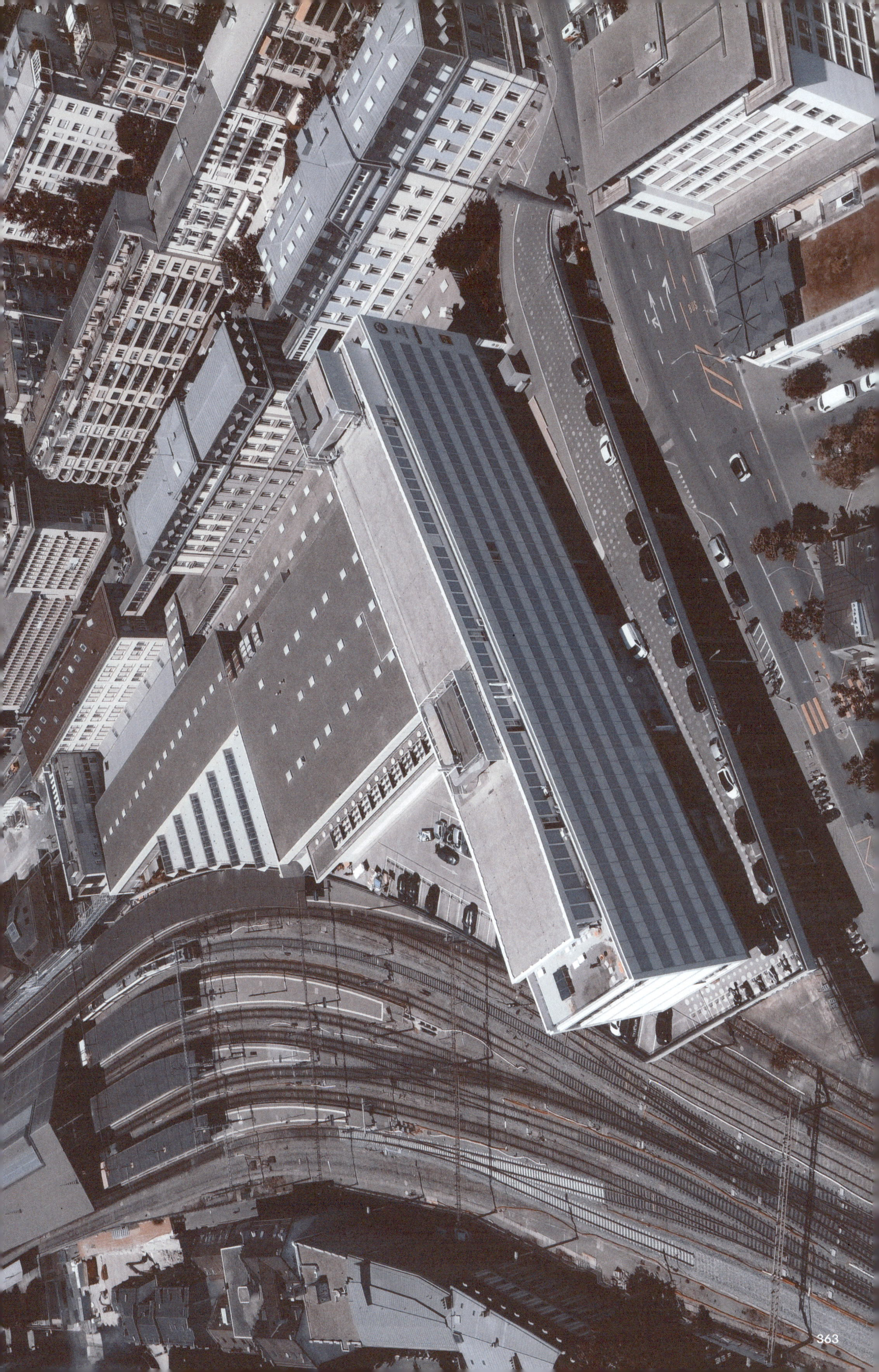

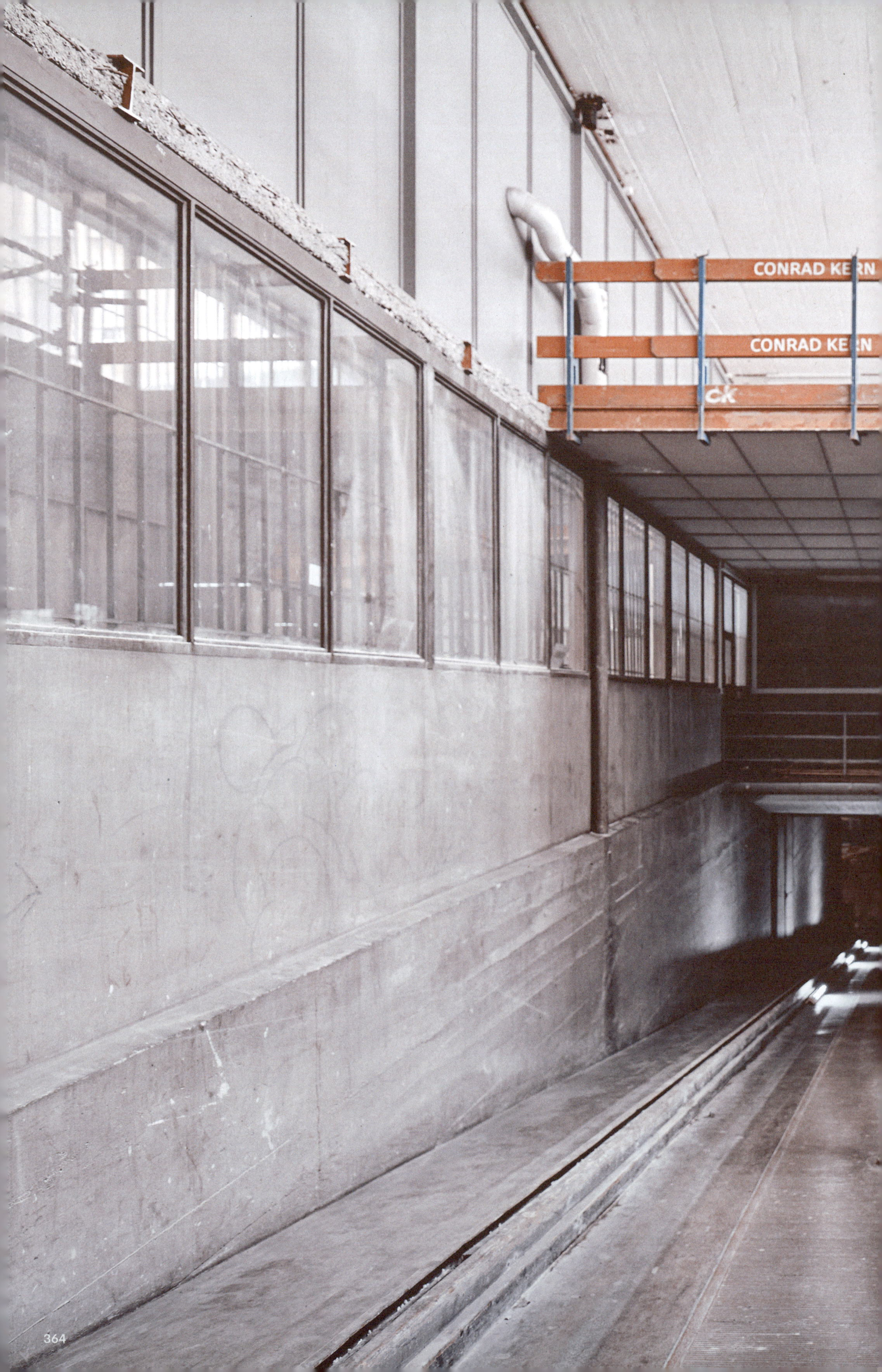

CONRAD KERN
CONRAD KERN
ck

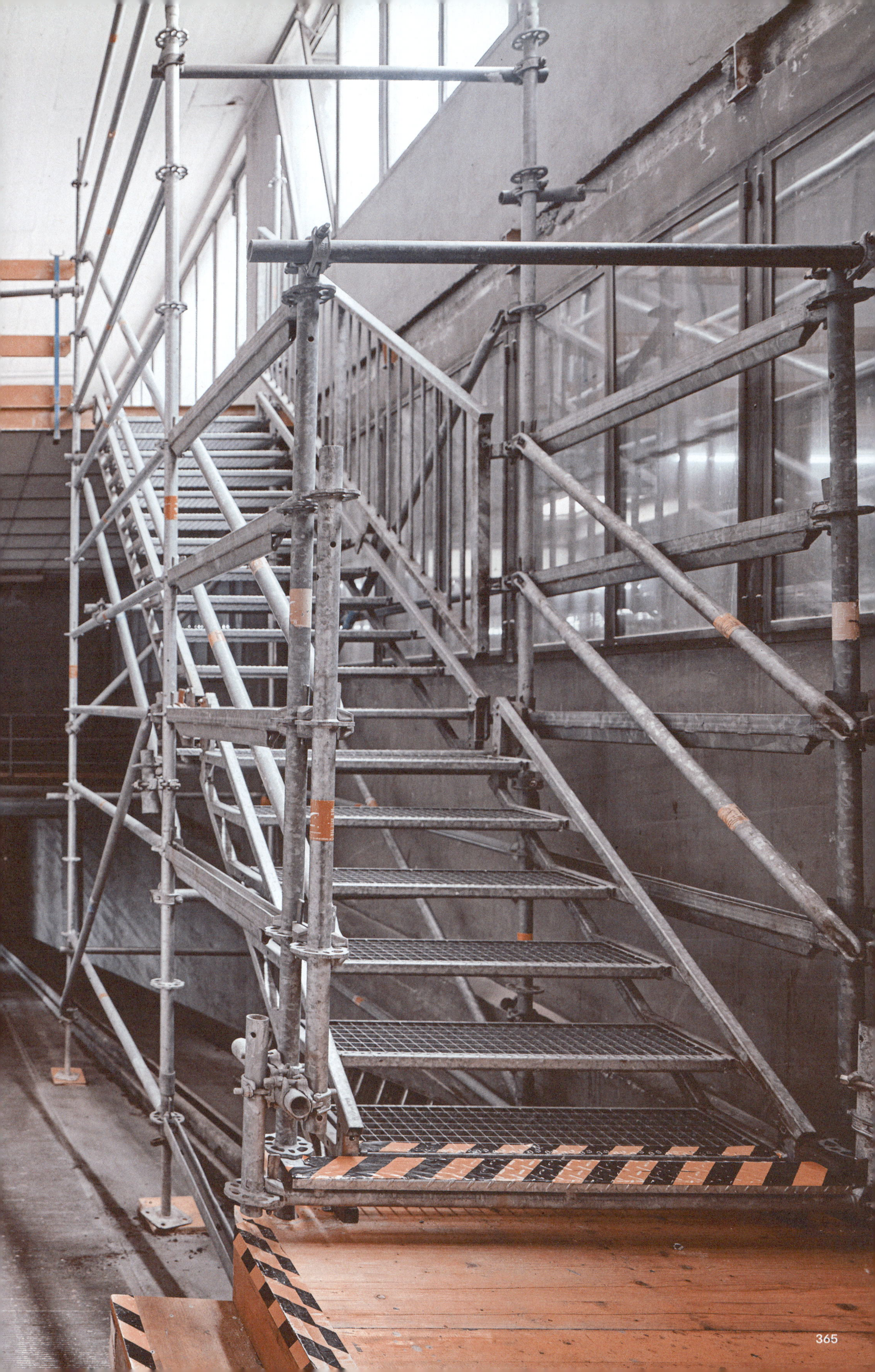

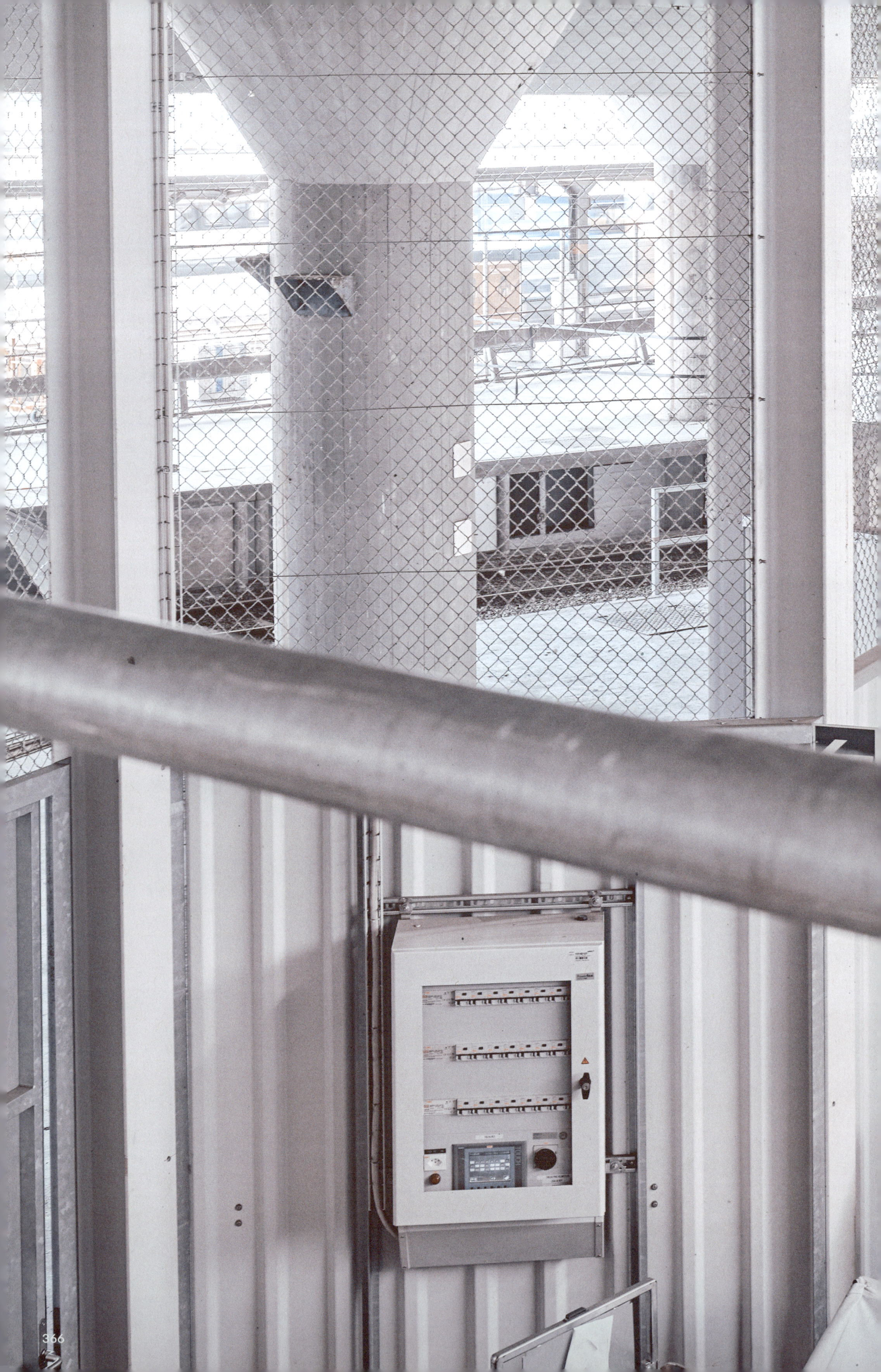

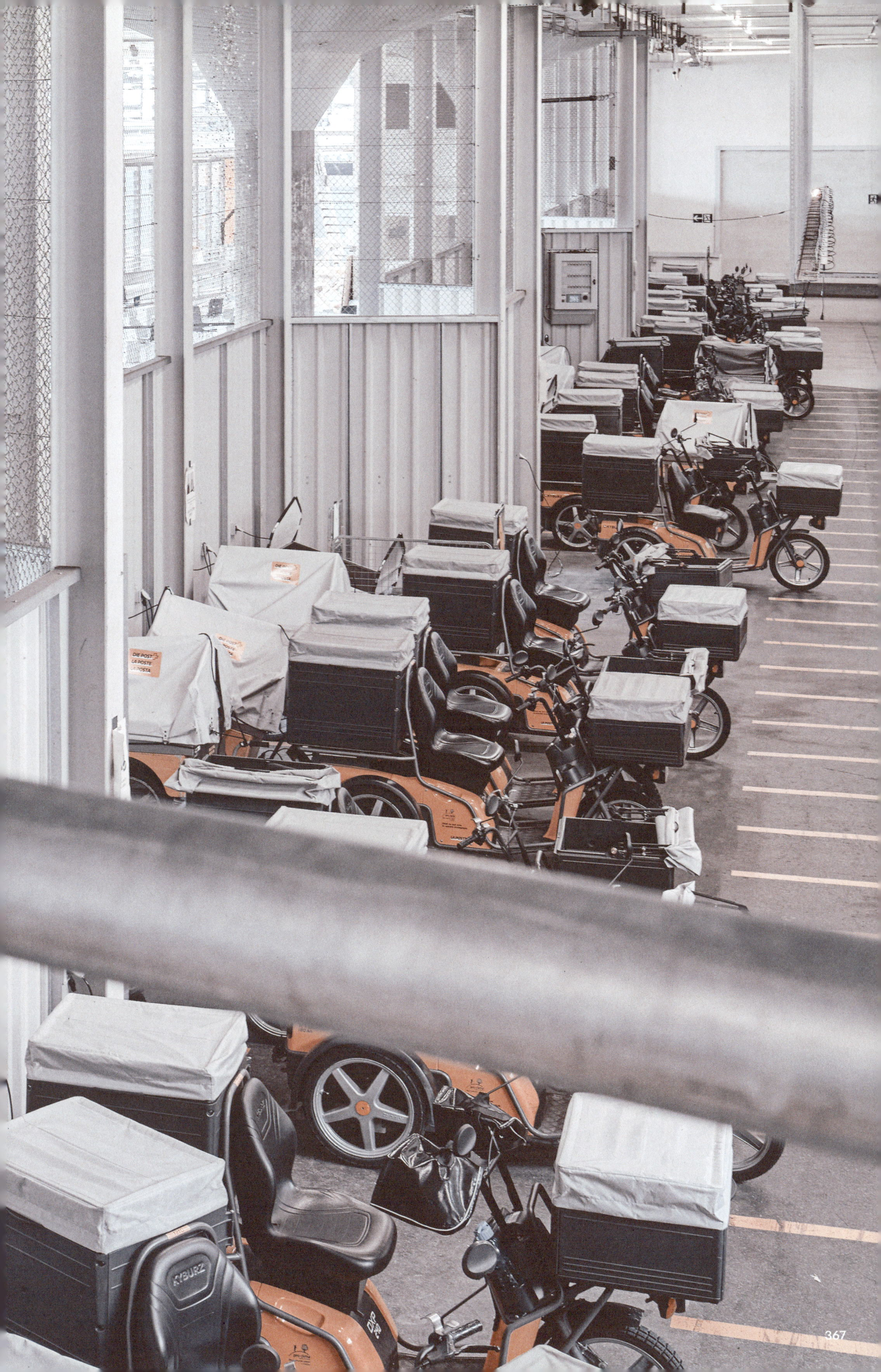

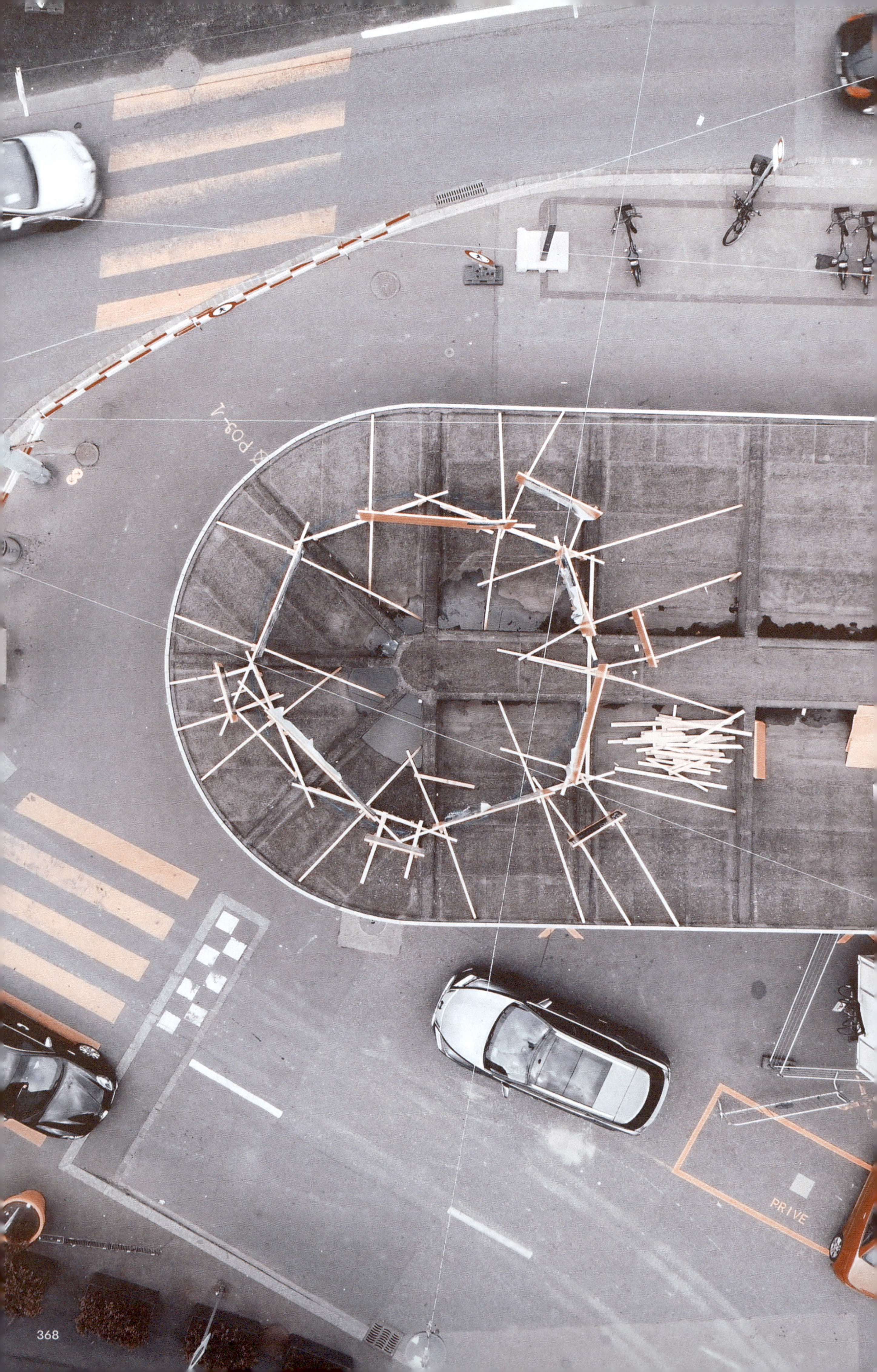

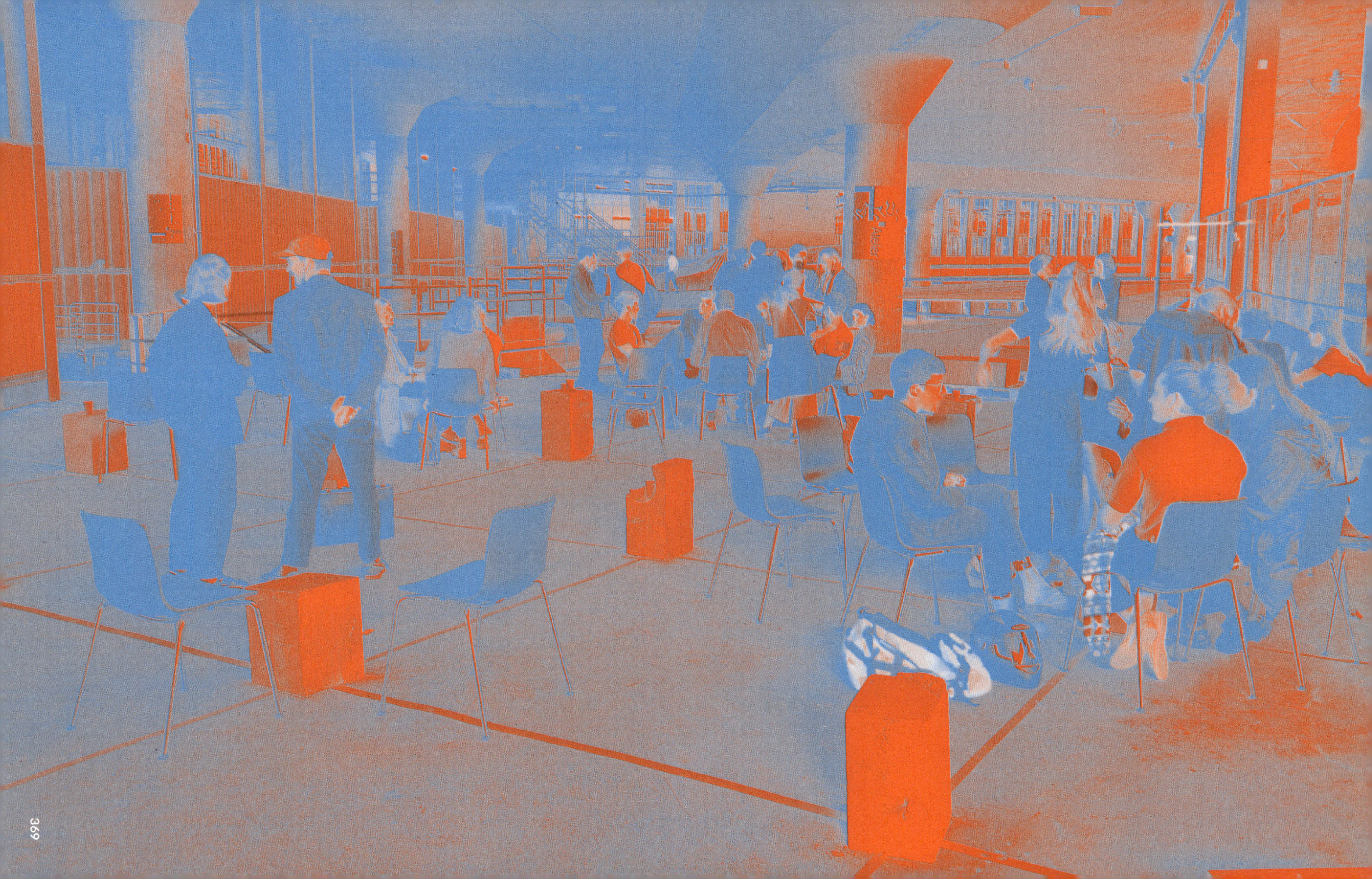
Atelier

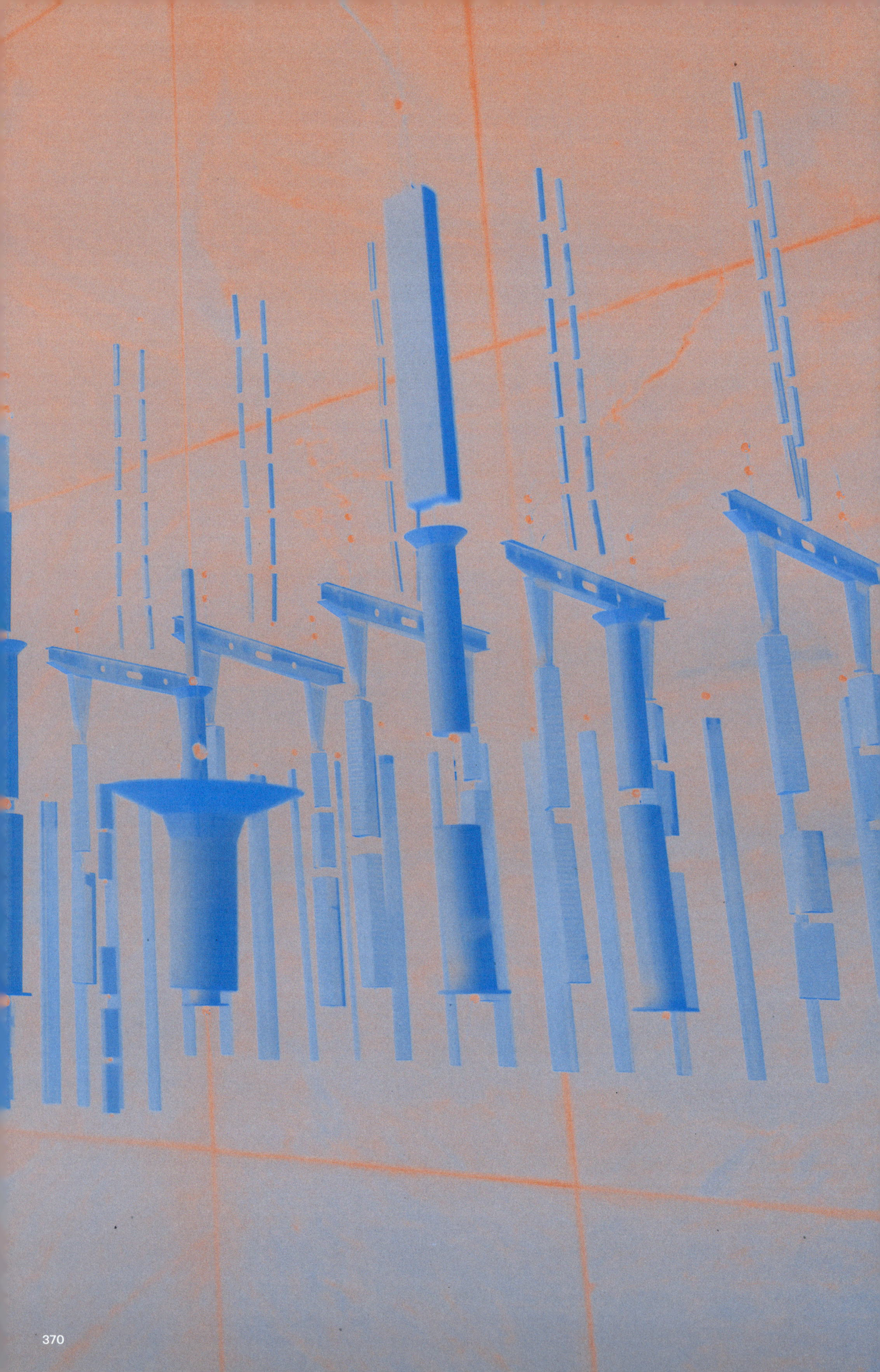

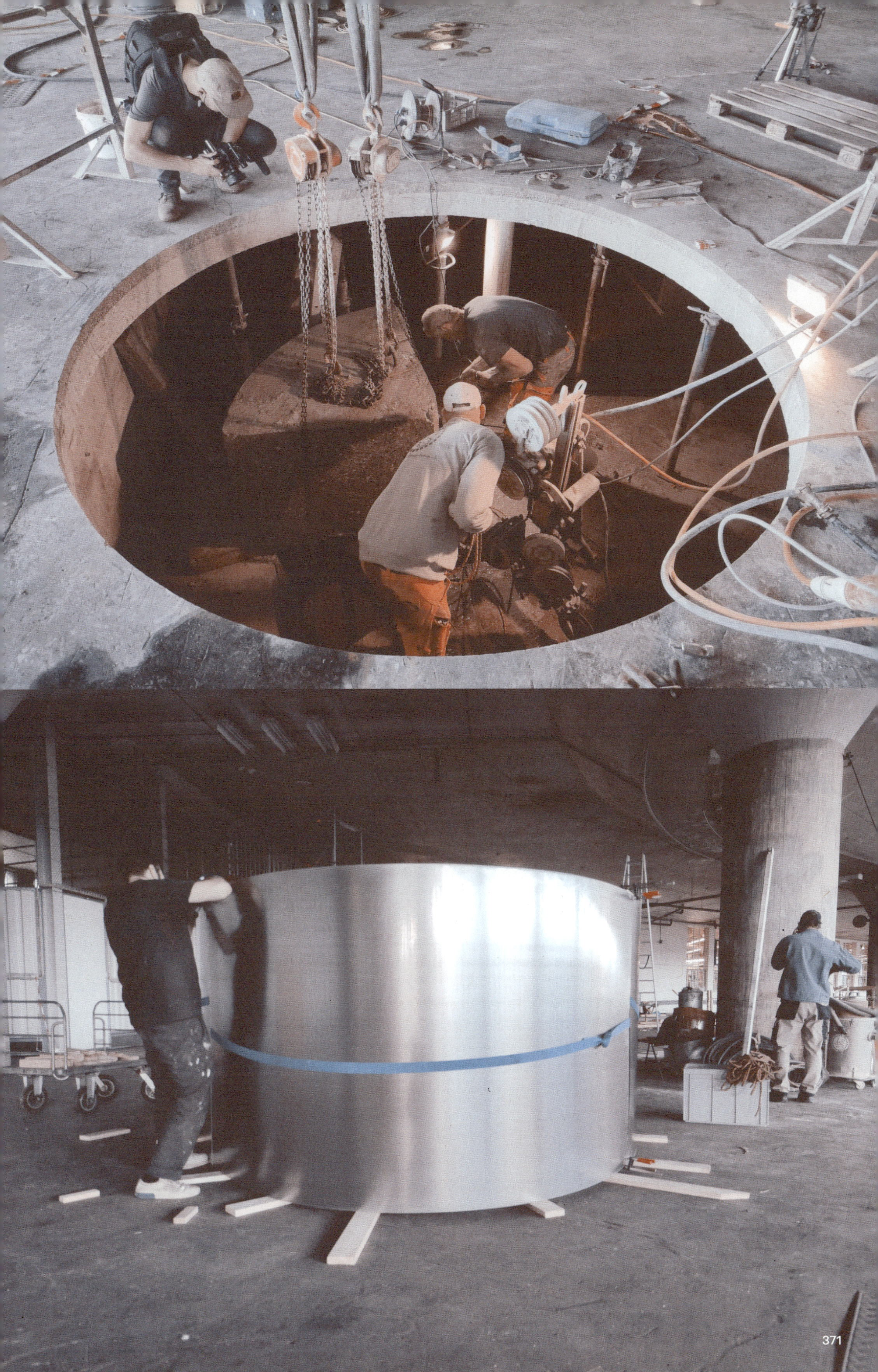

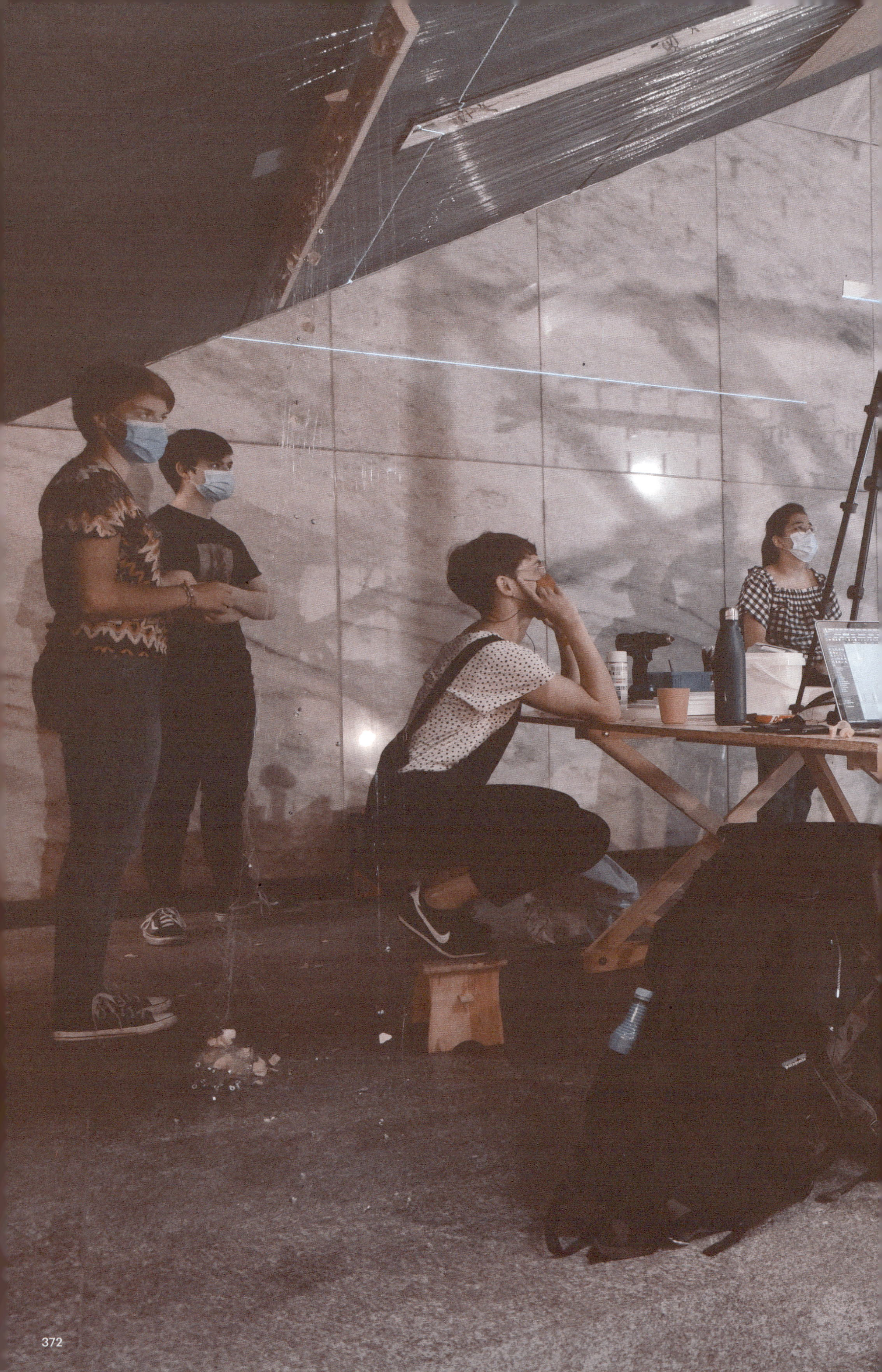

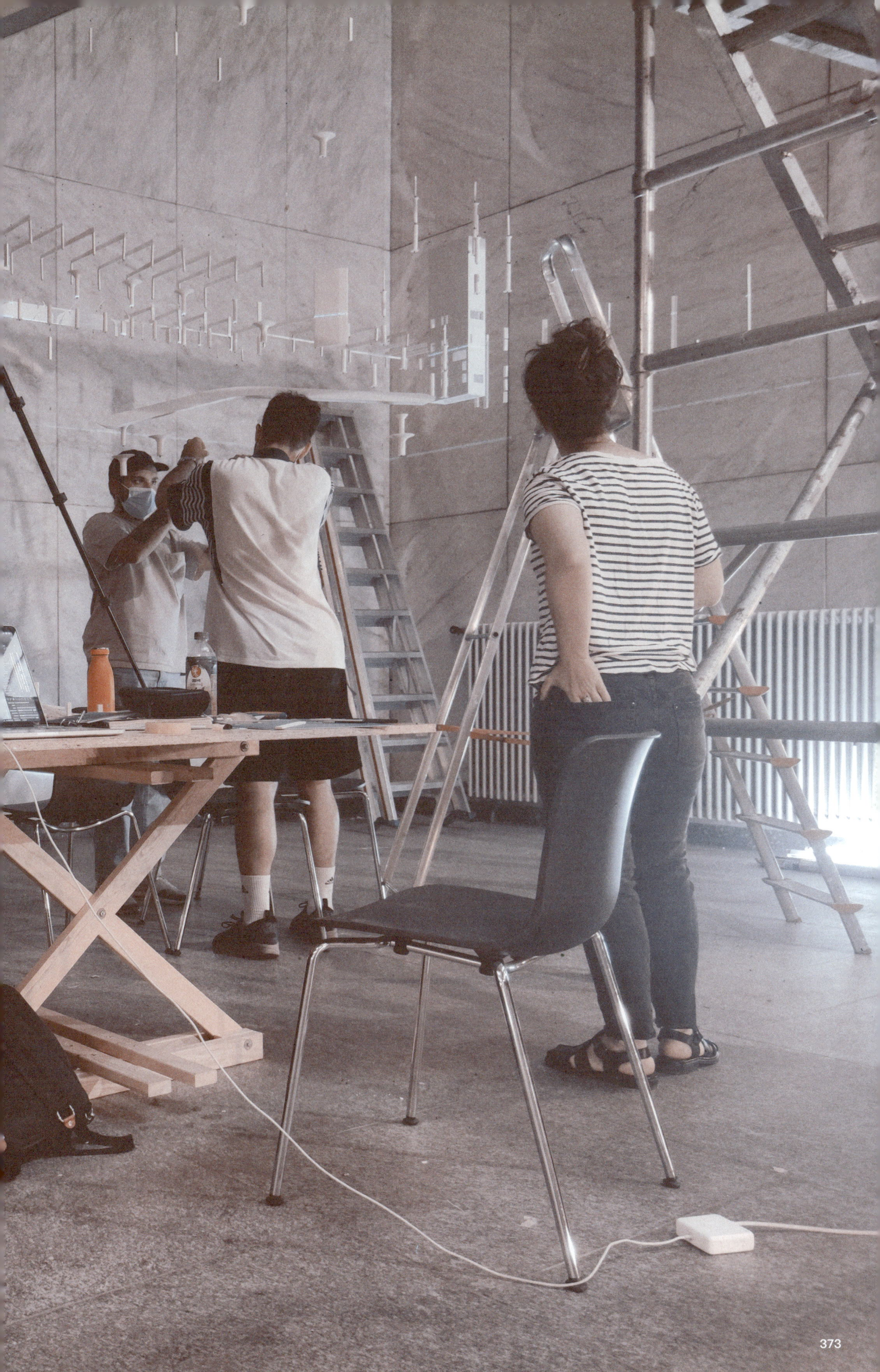

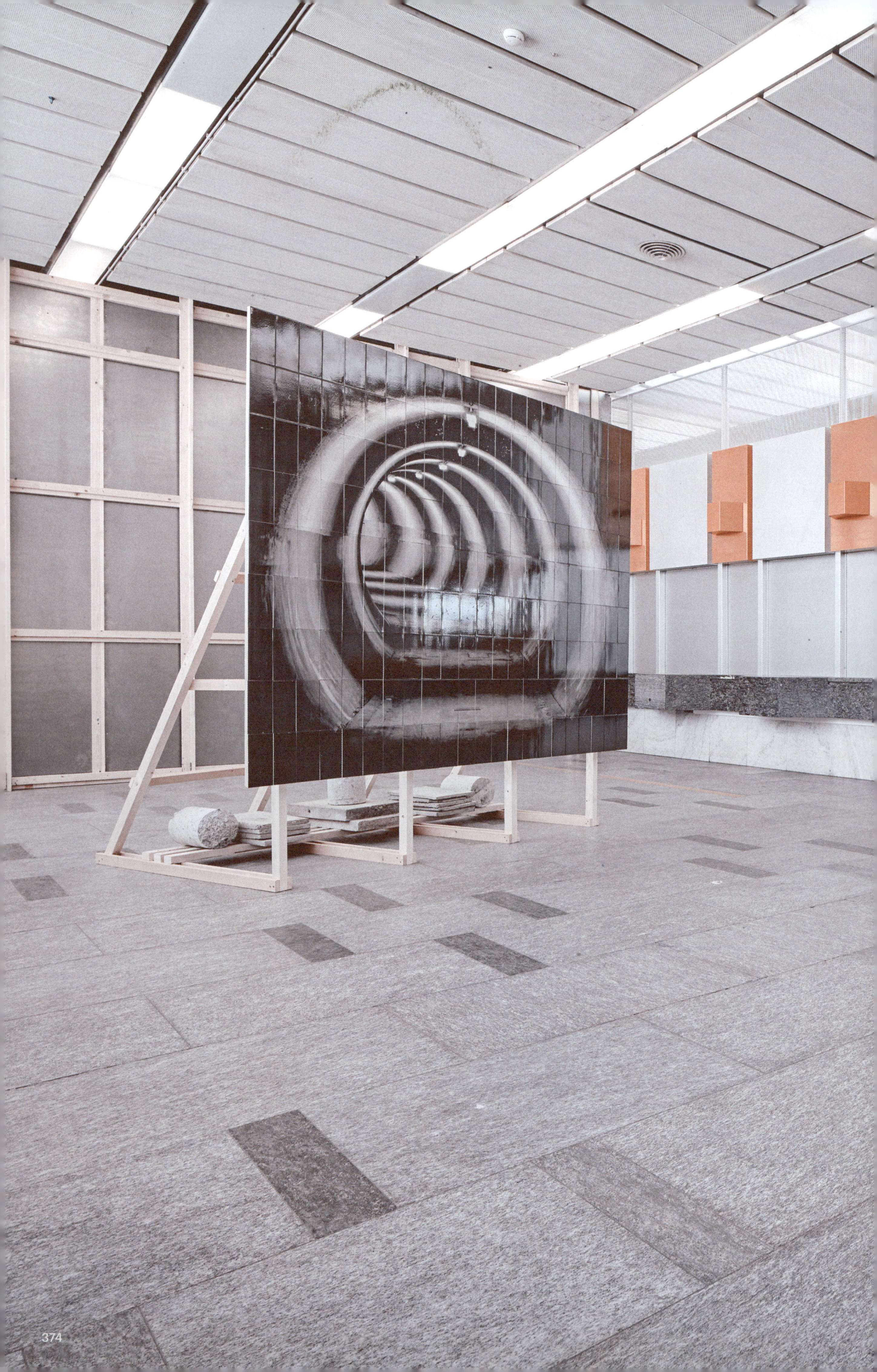

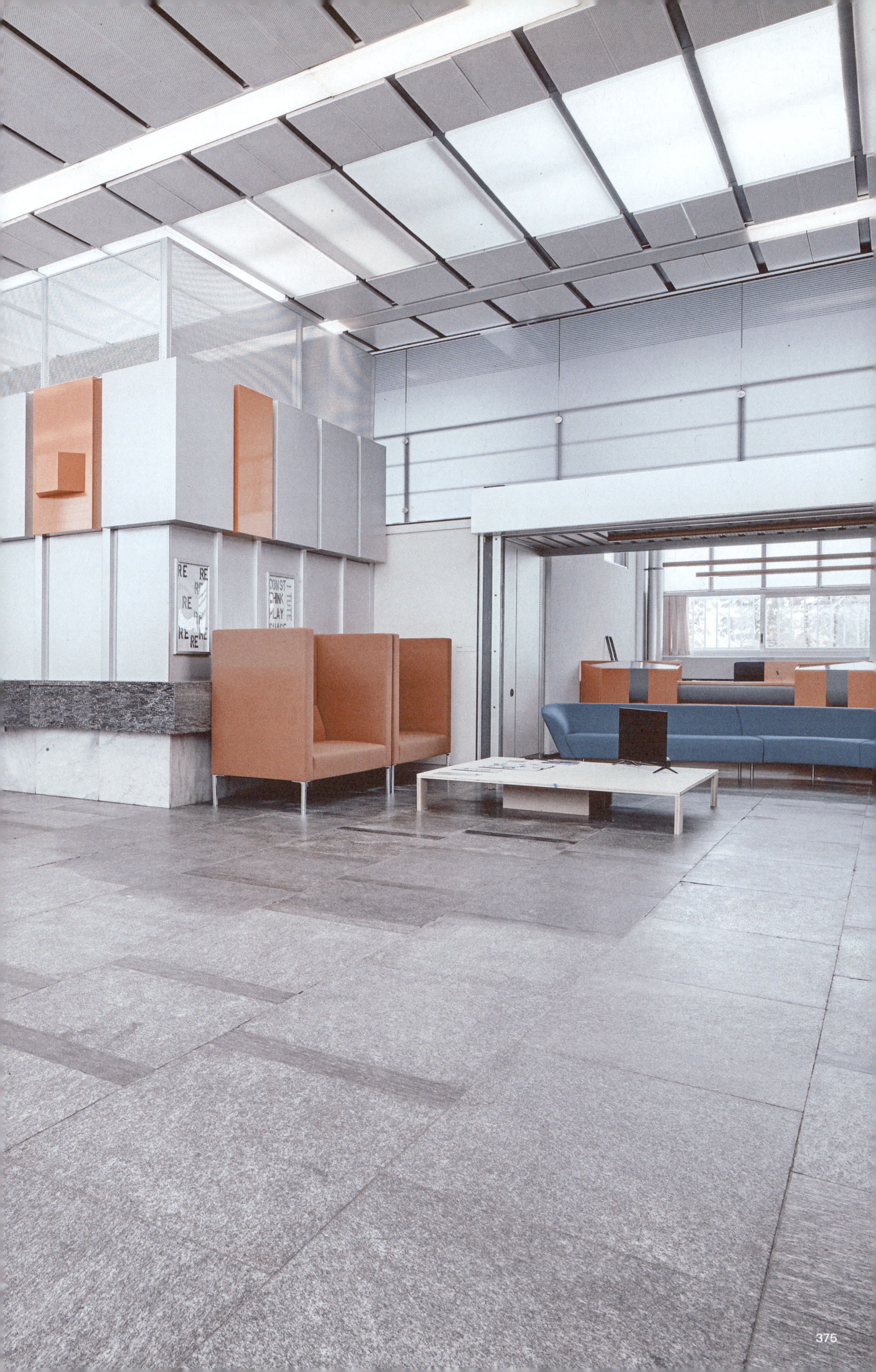

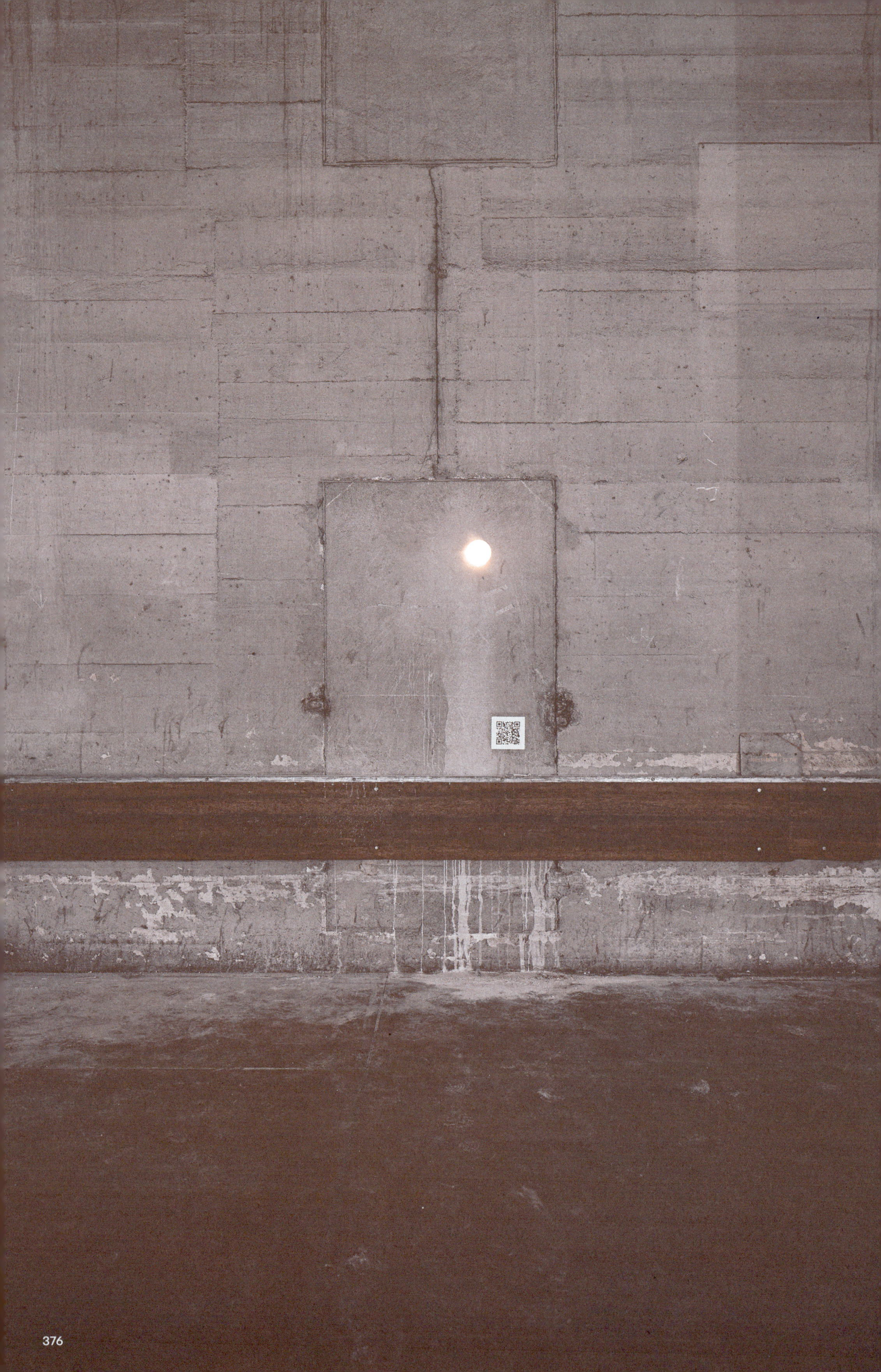

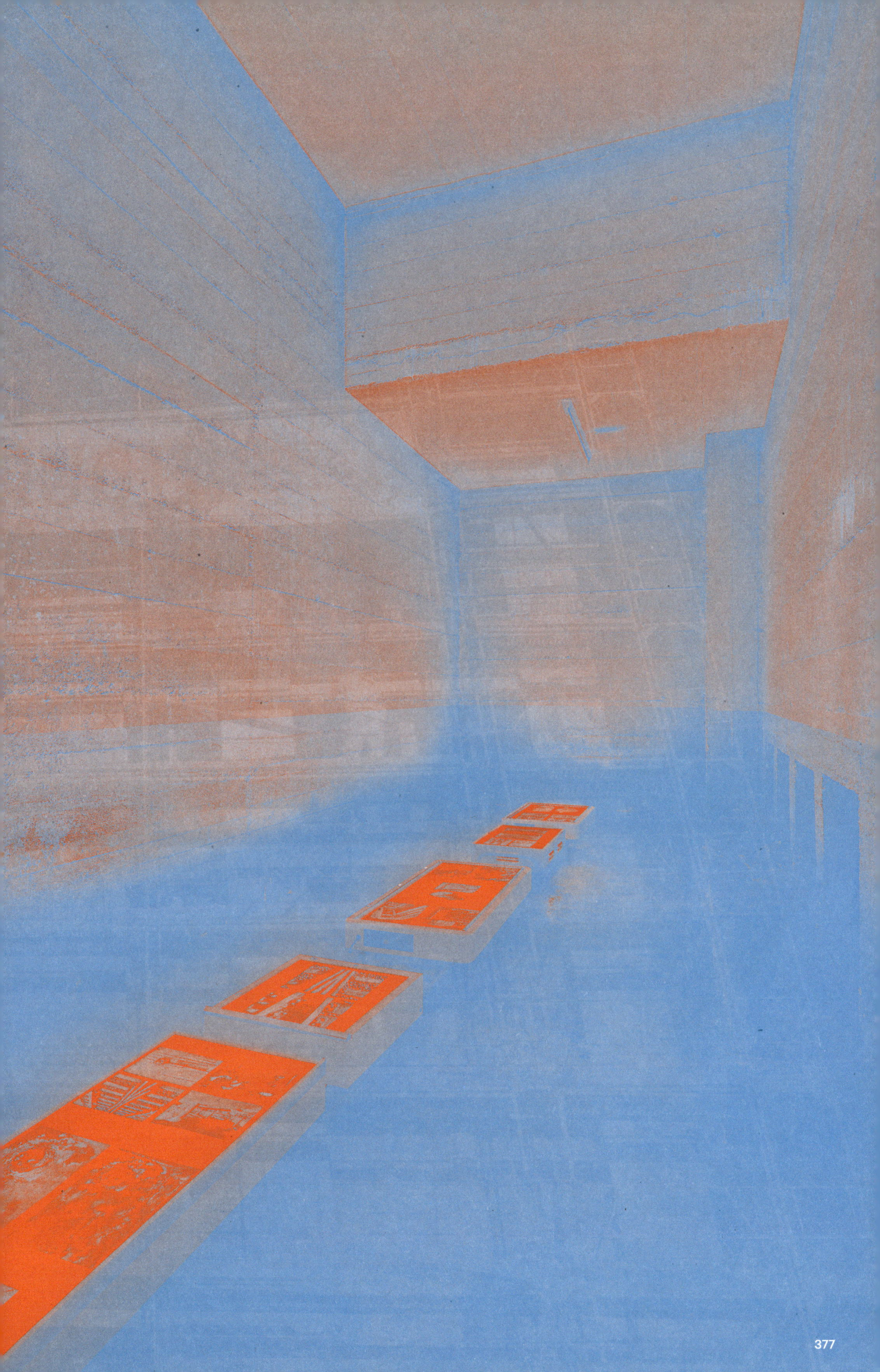

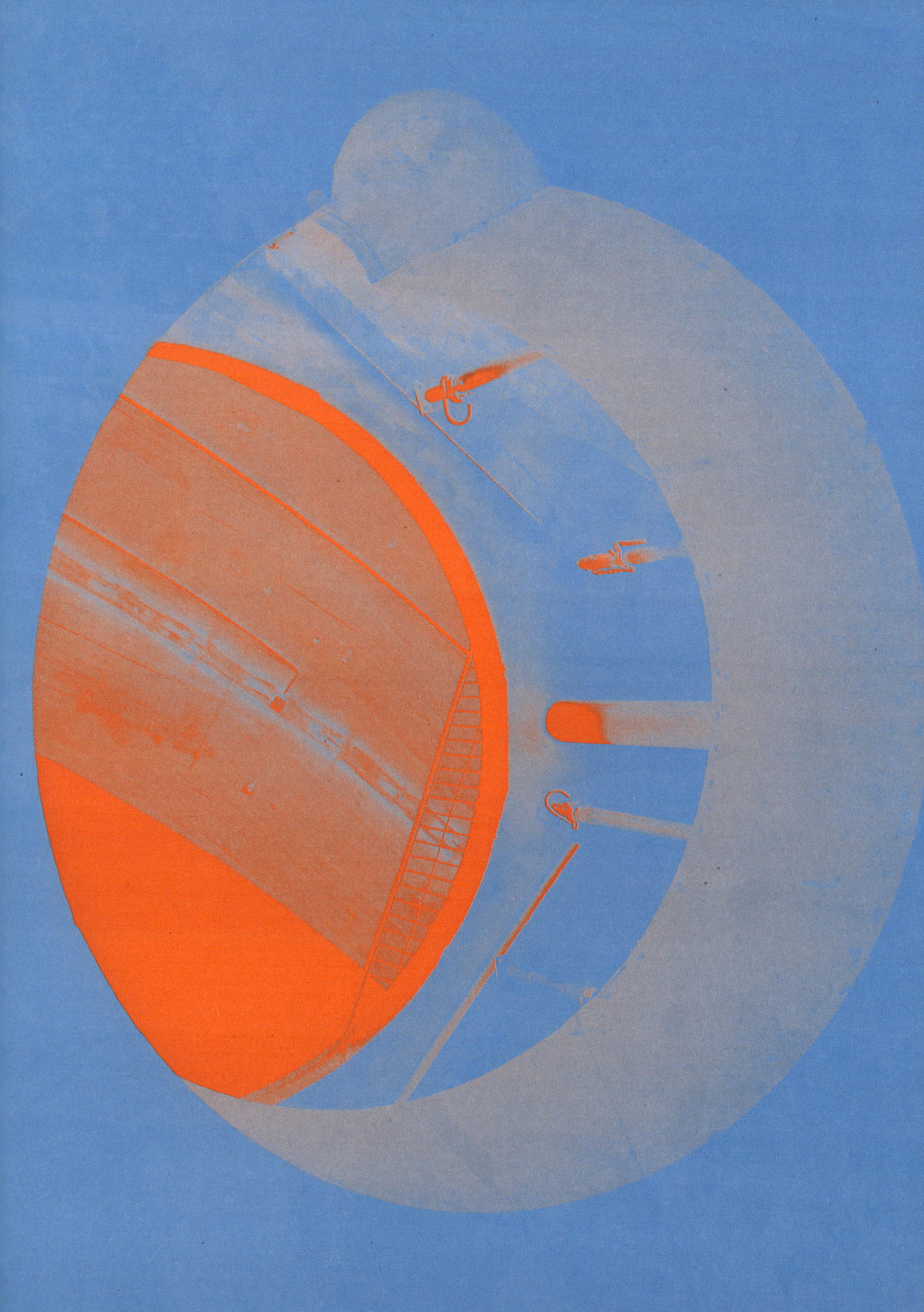

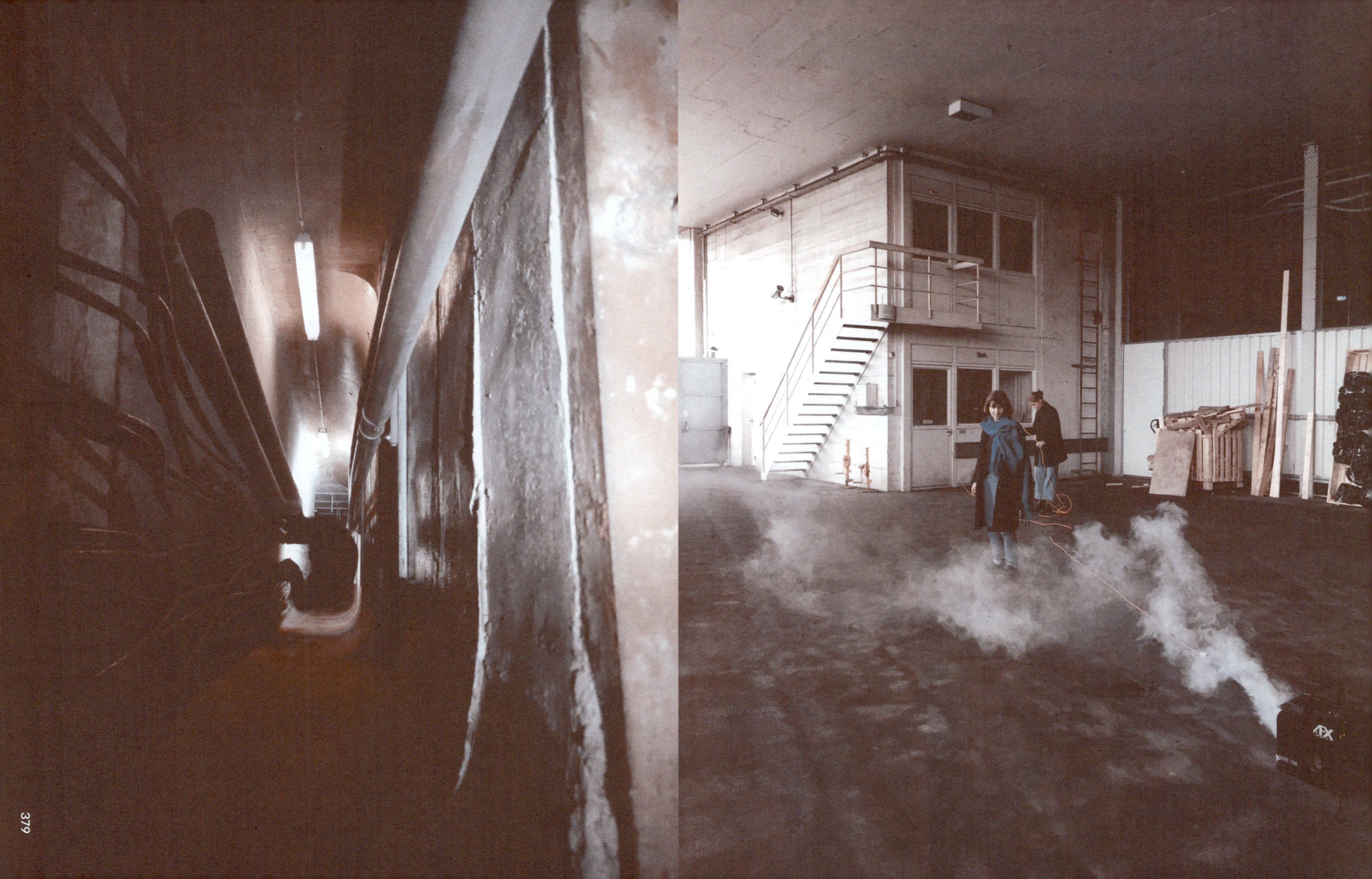

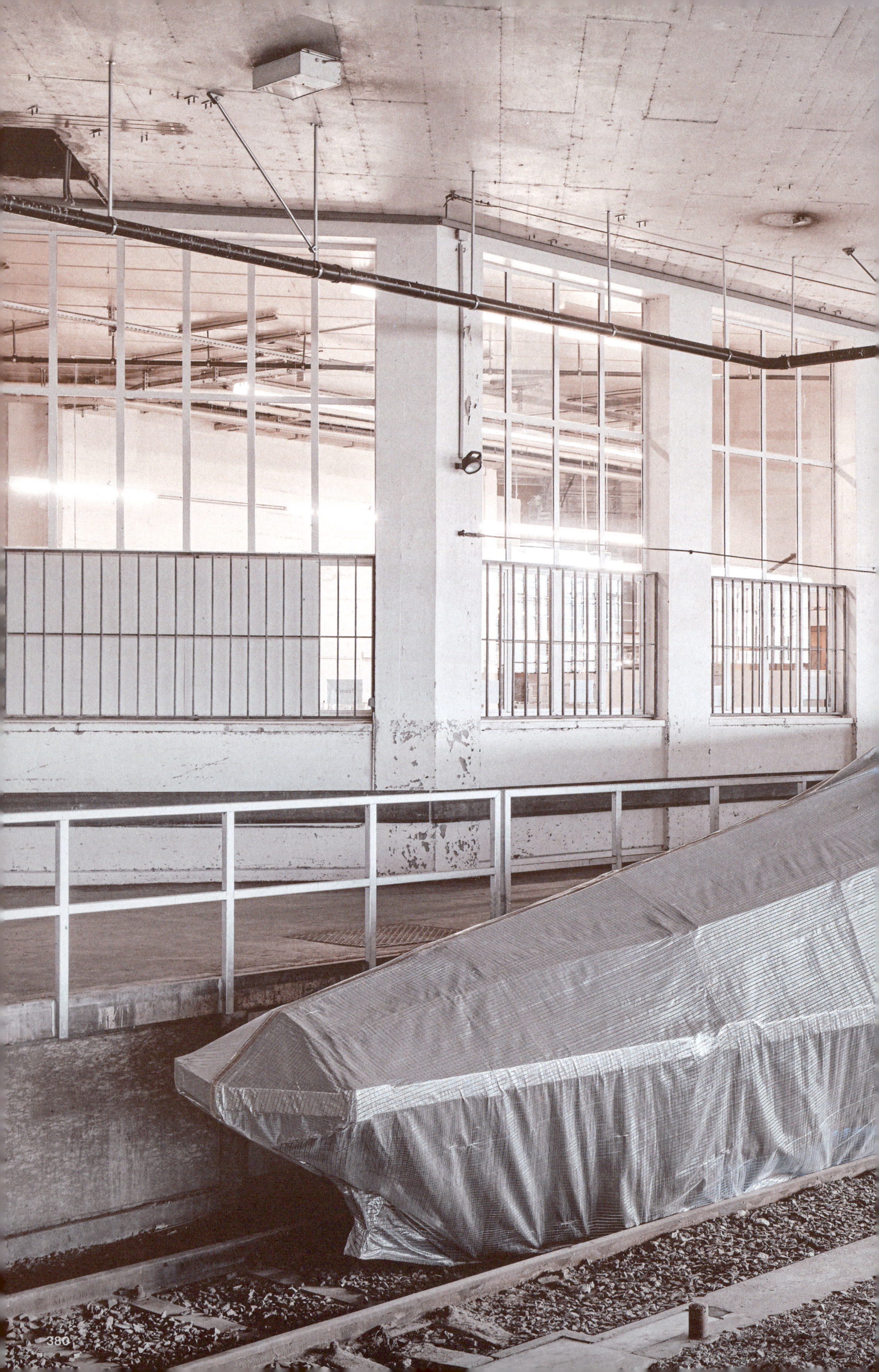

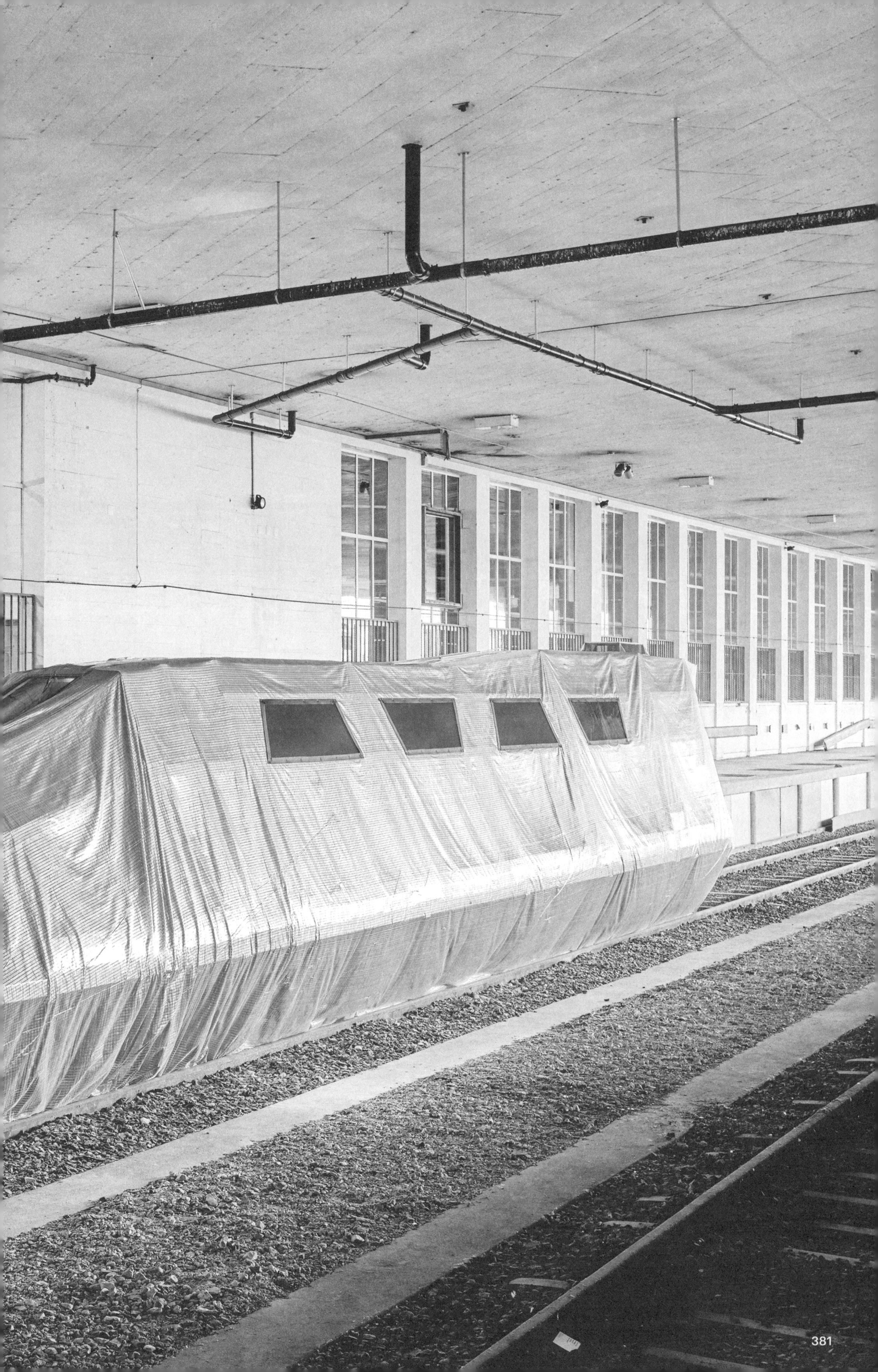

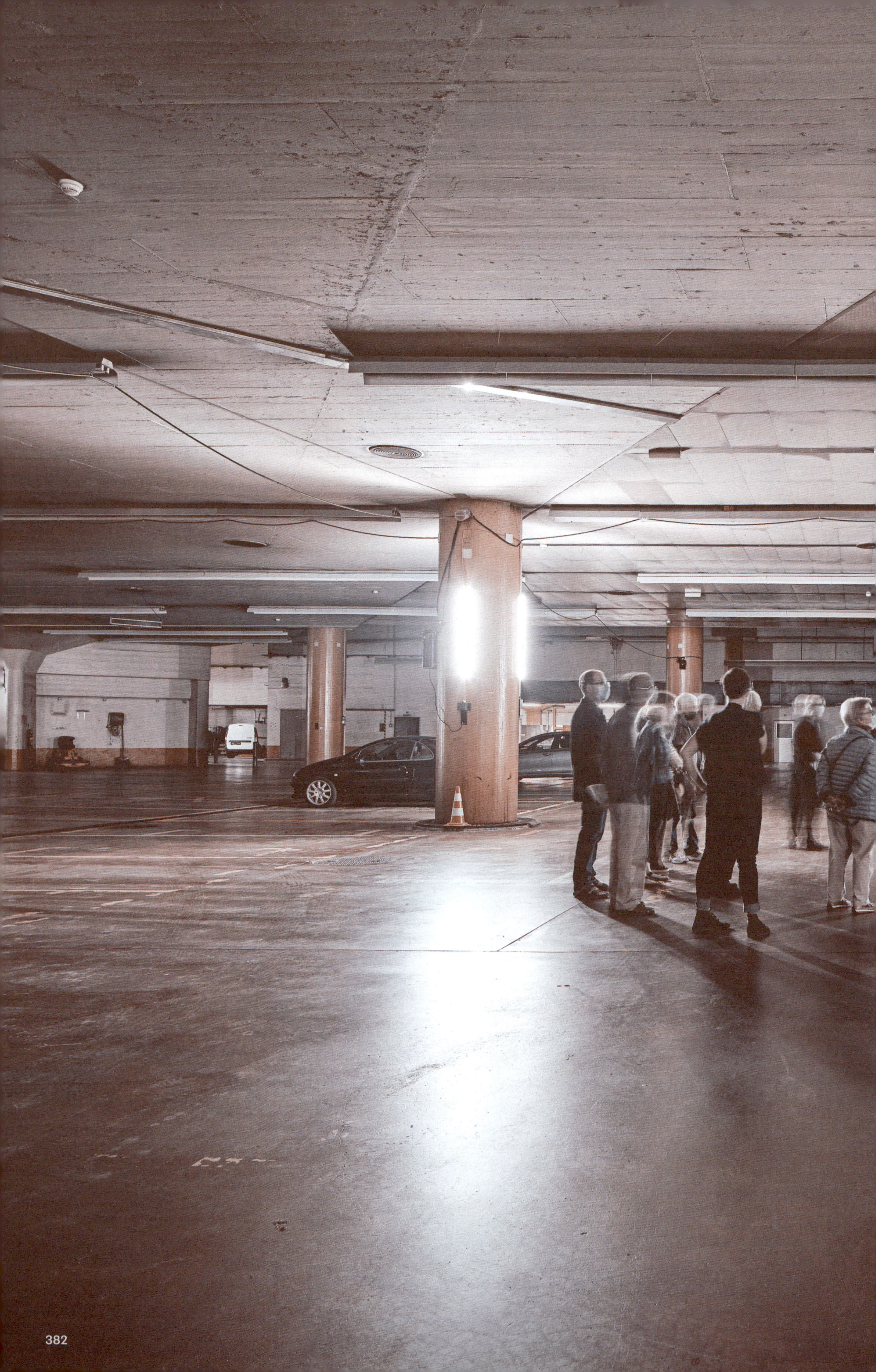

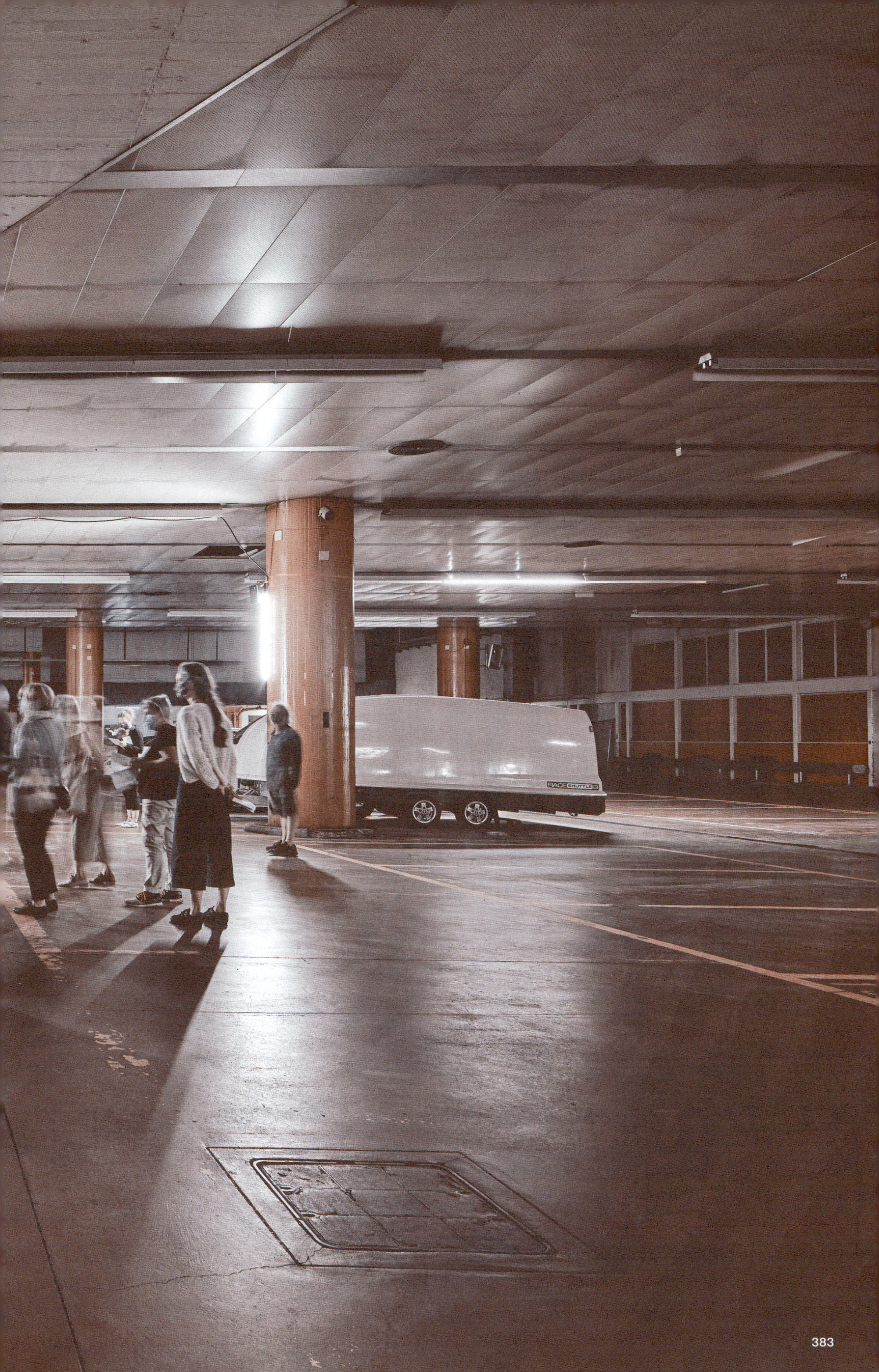

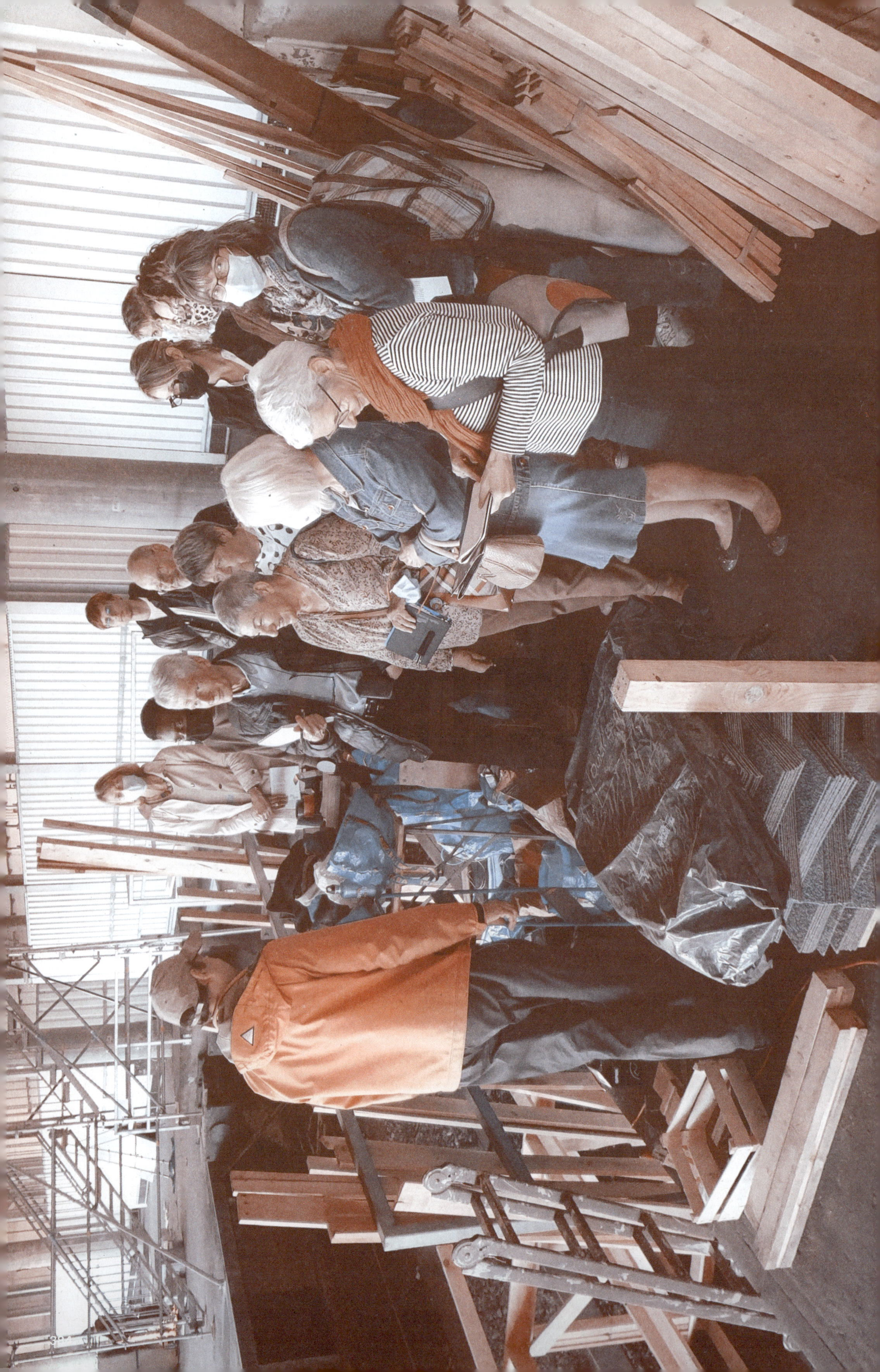

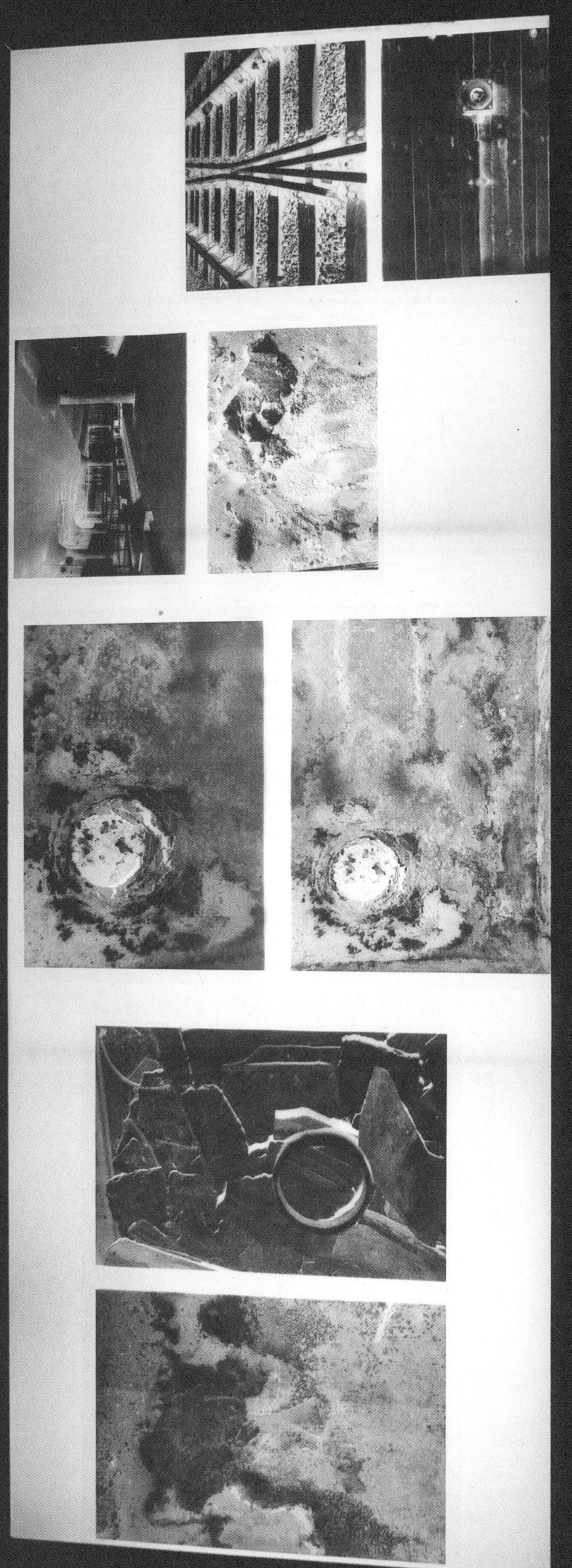

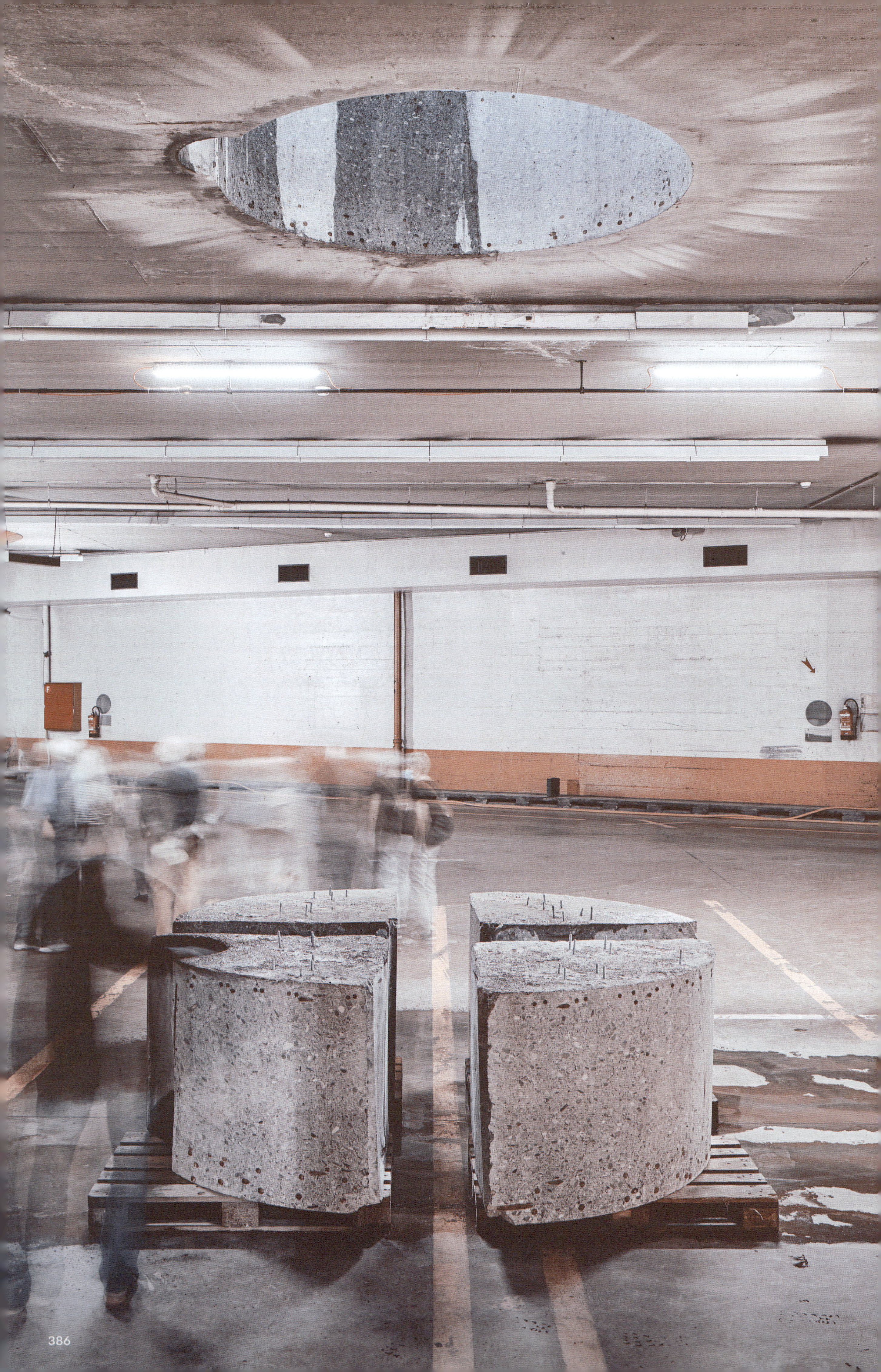

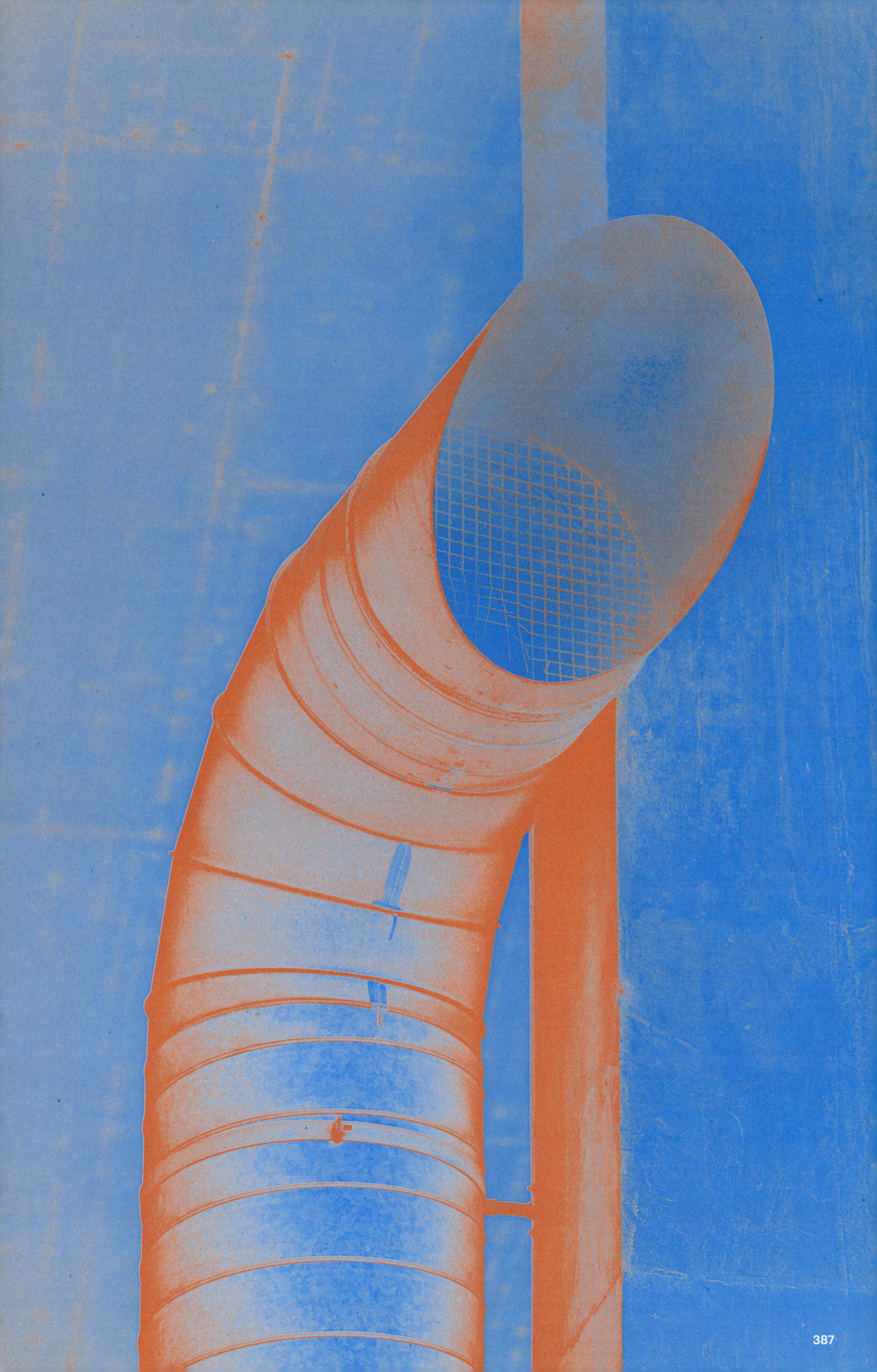

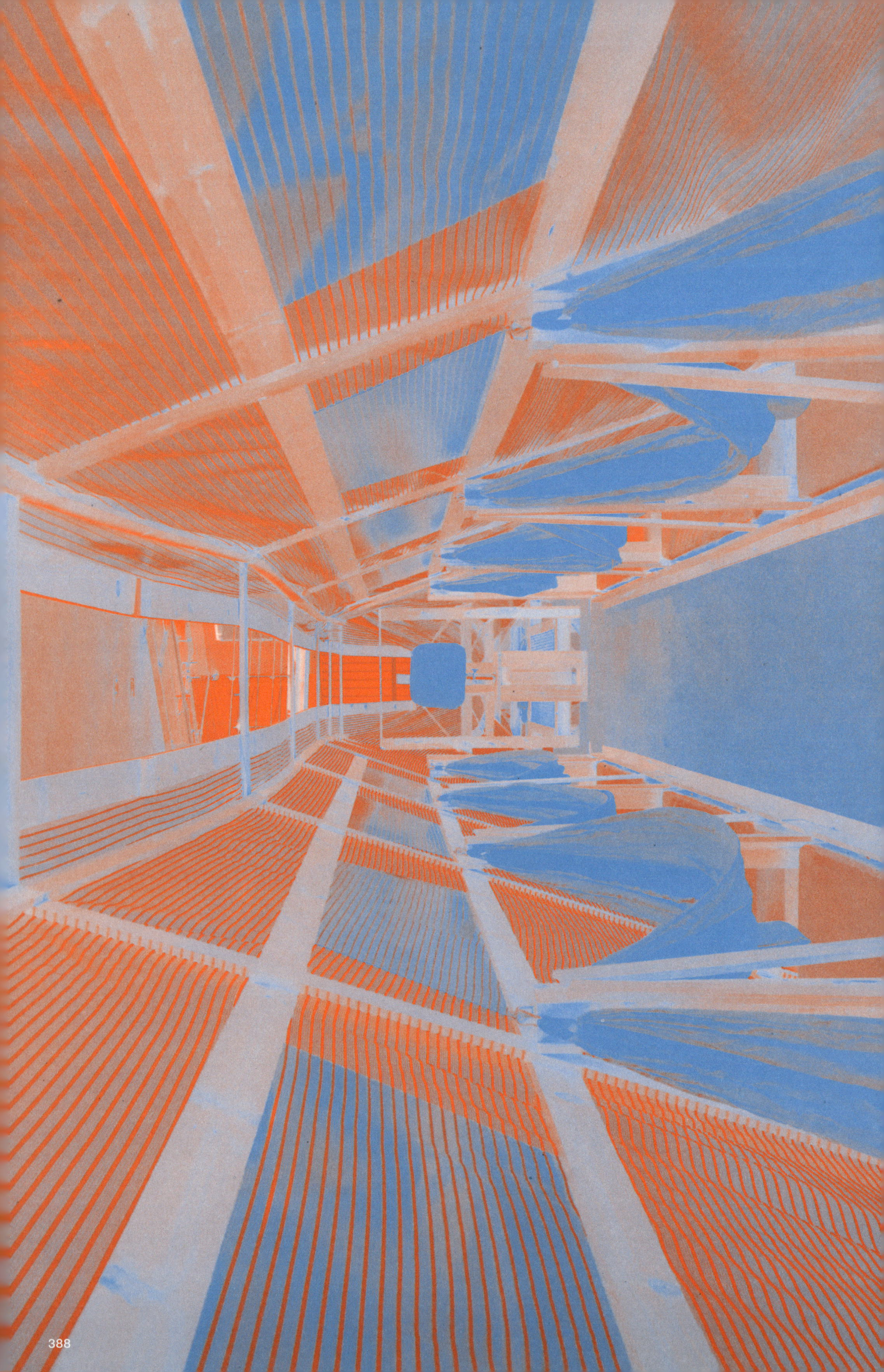

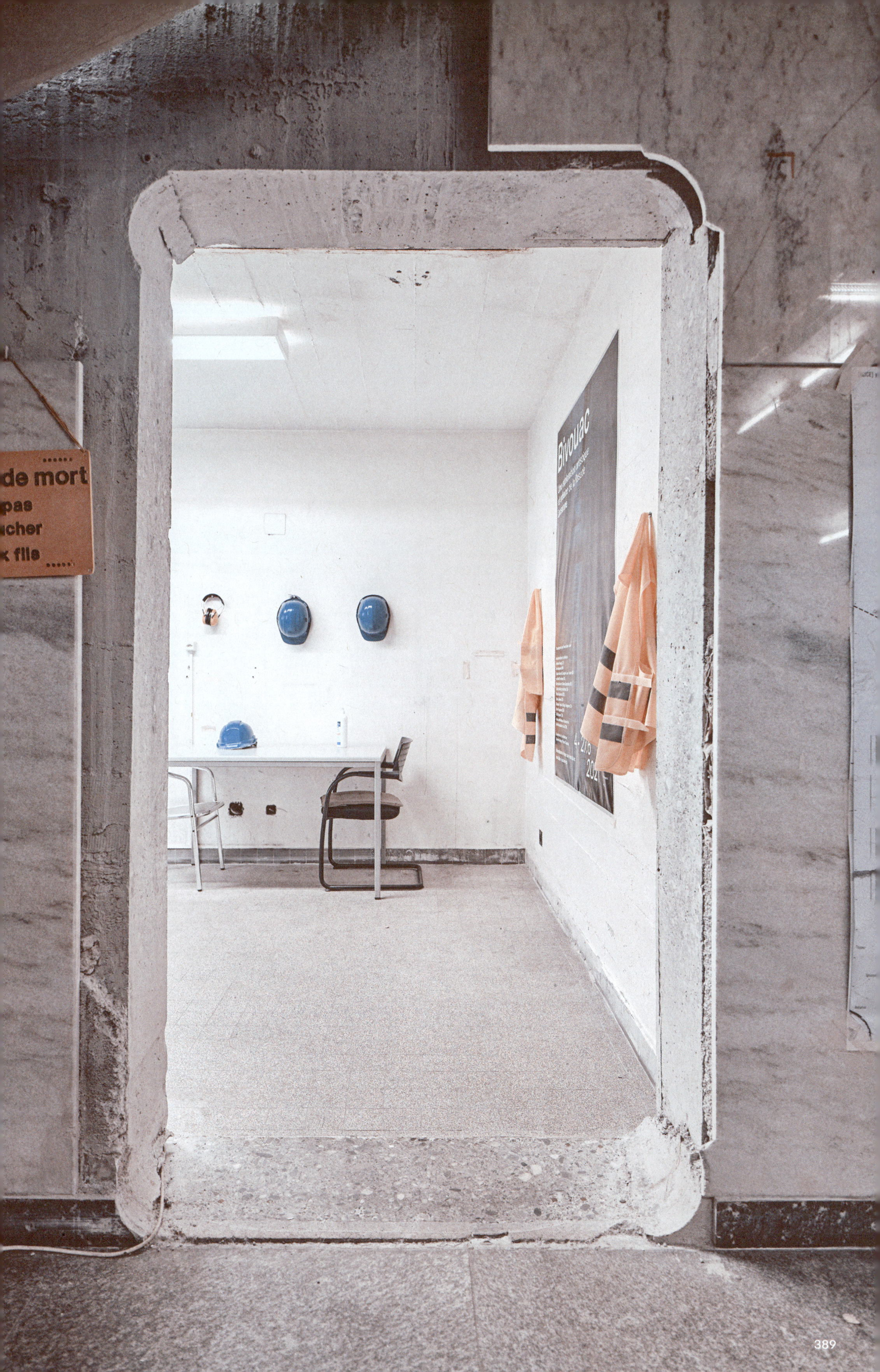

de mort
pas
ucher
k fils
Bivouac

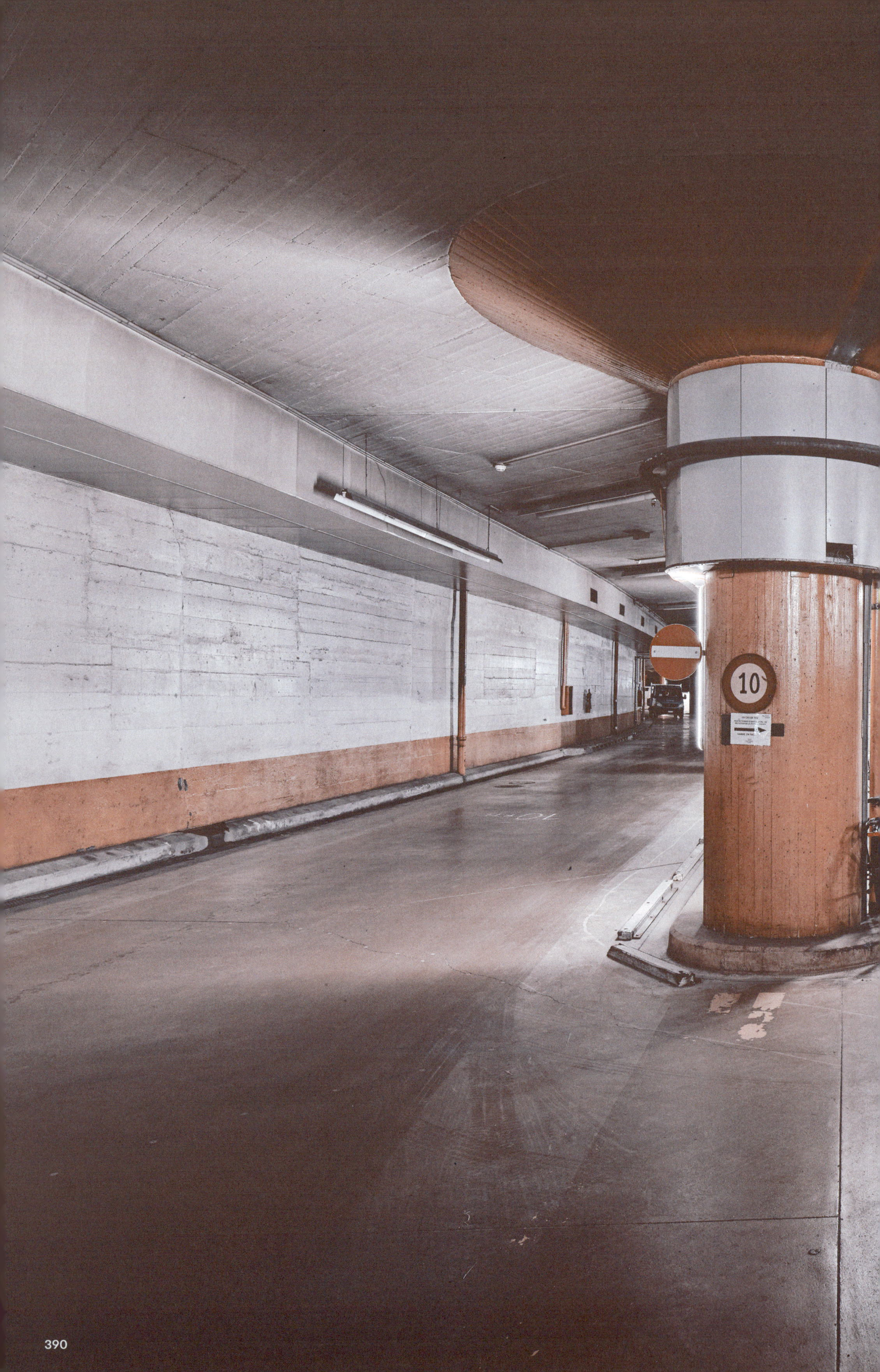

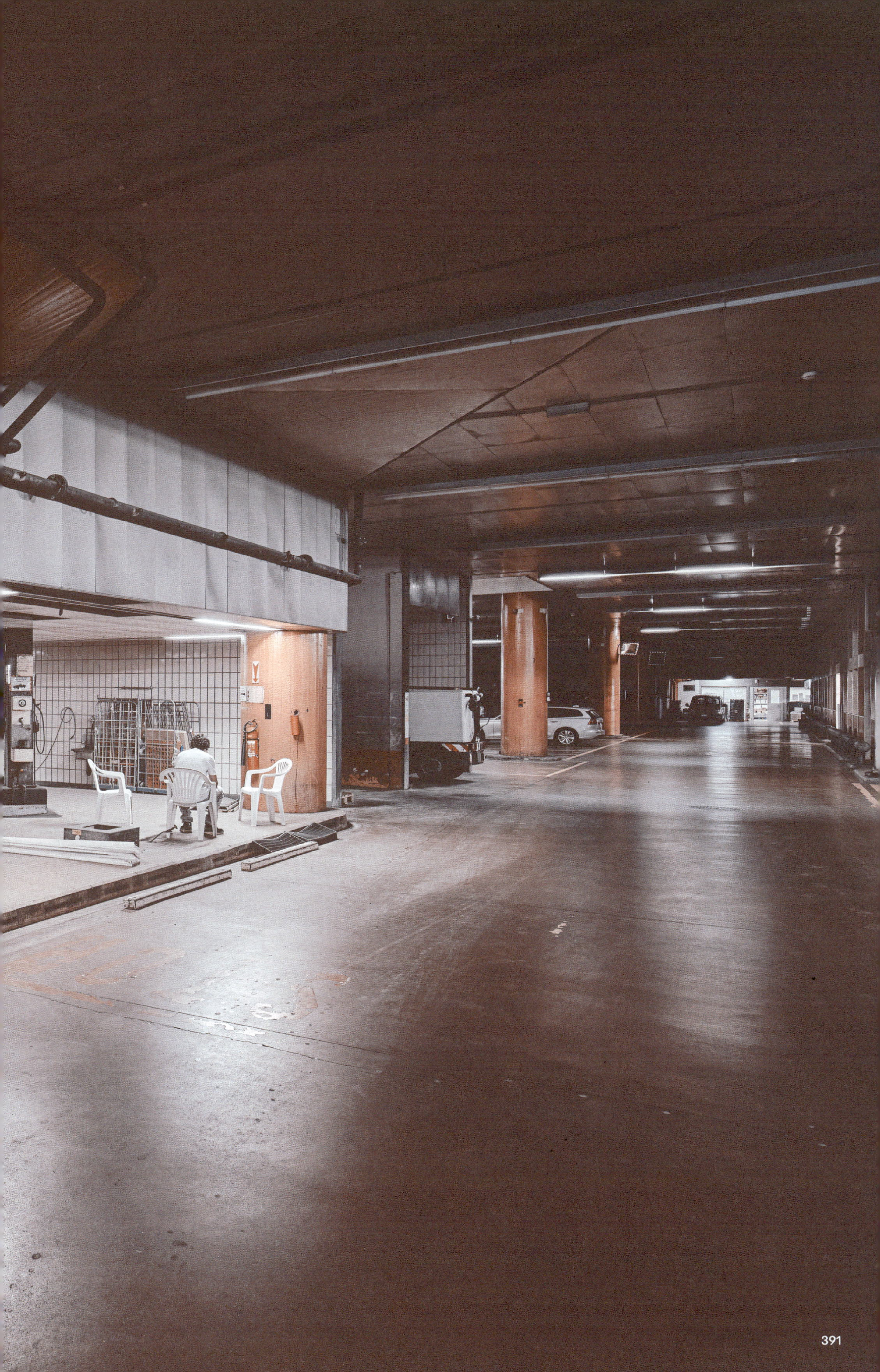

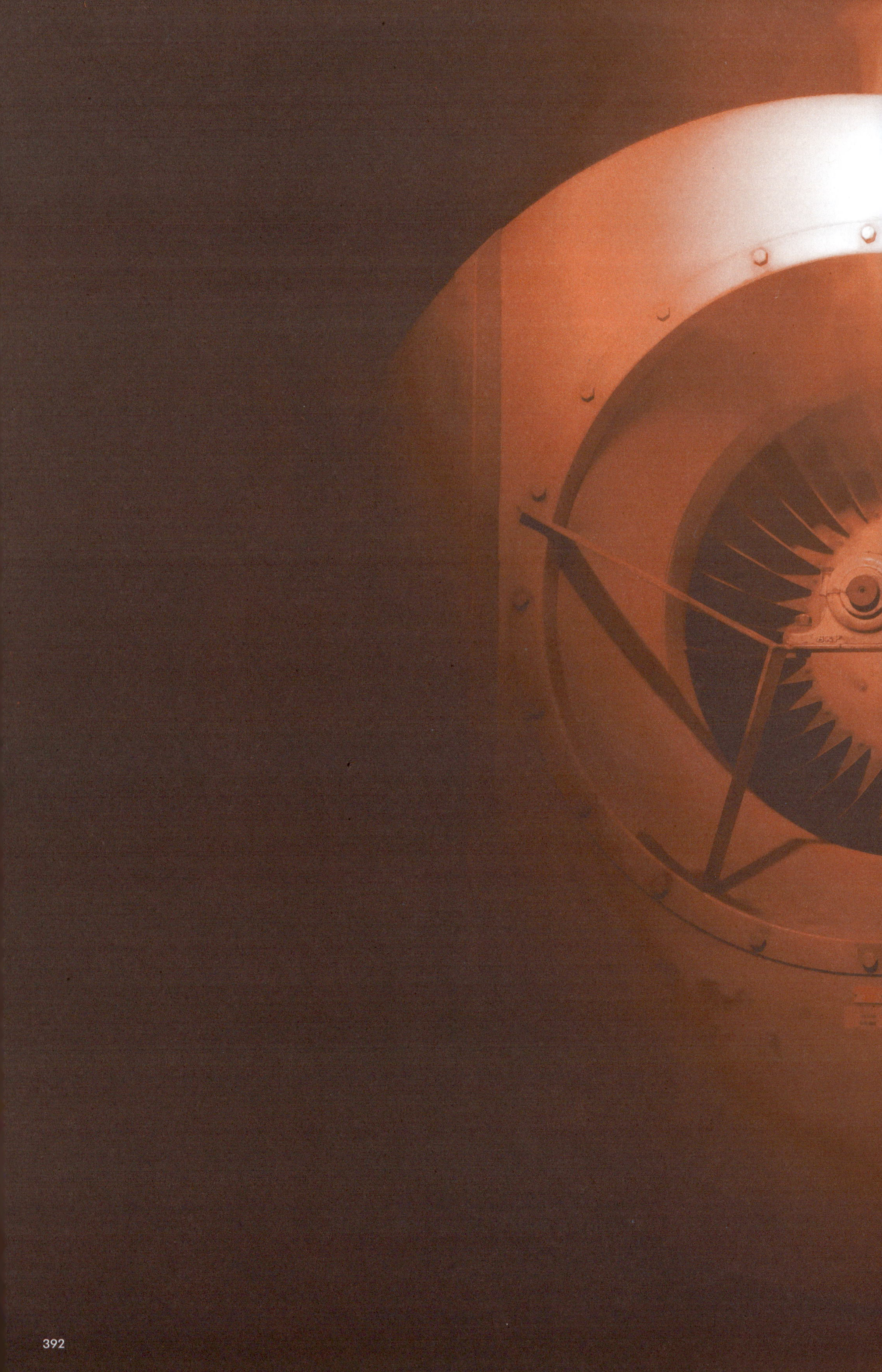

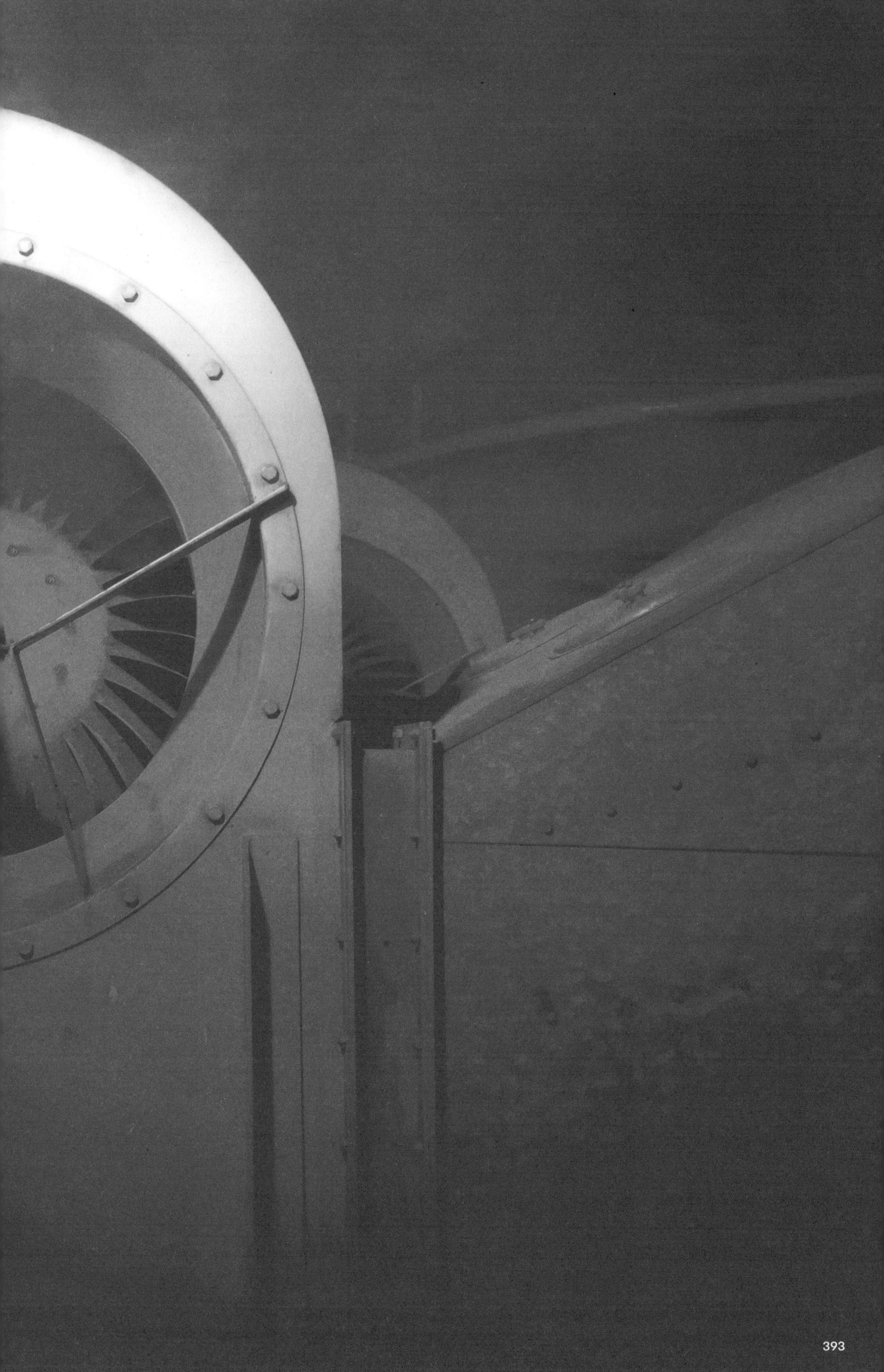

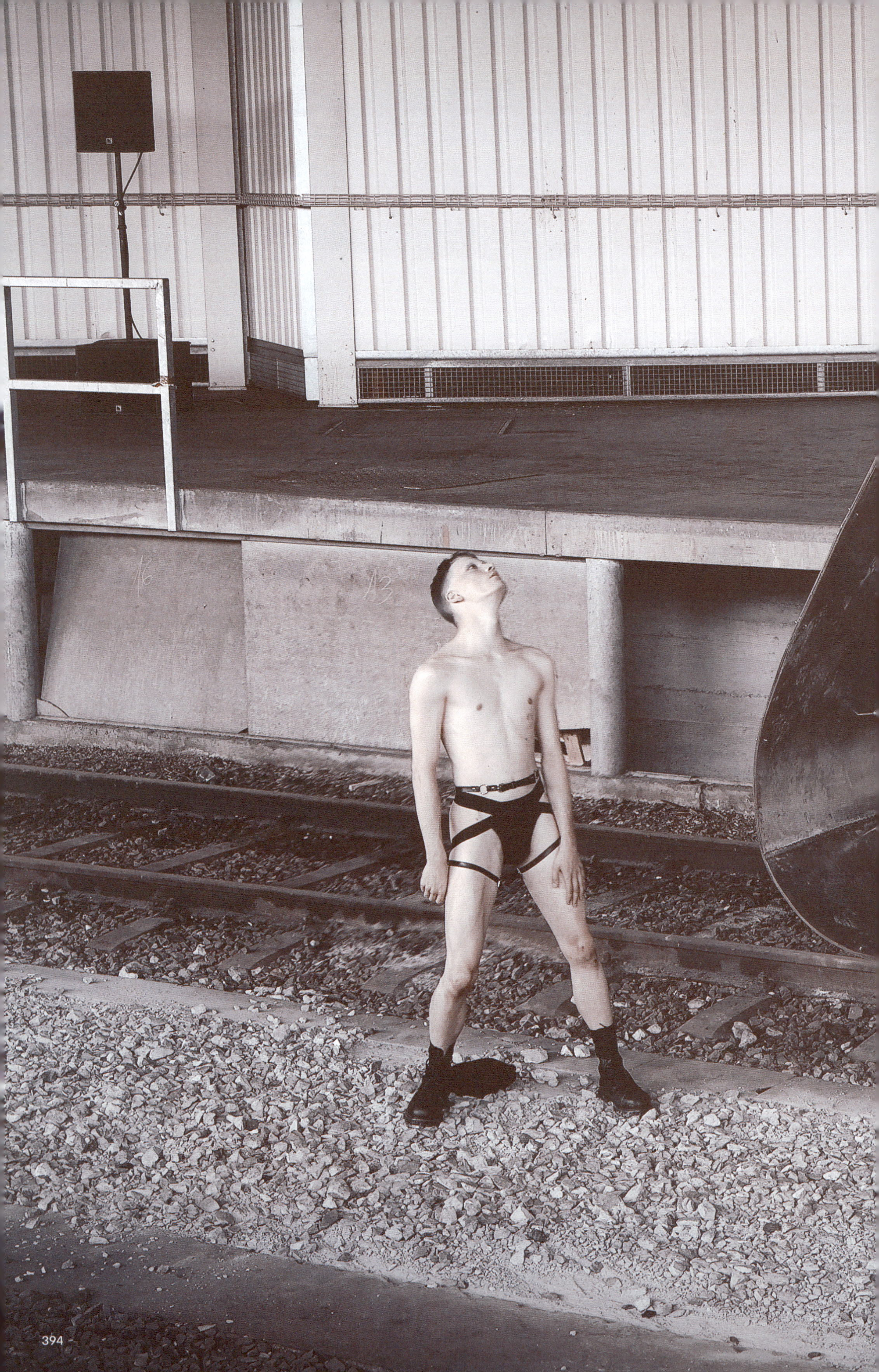

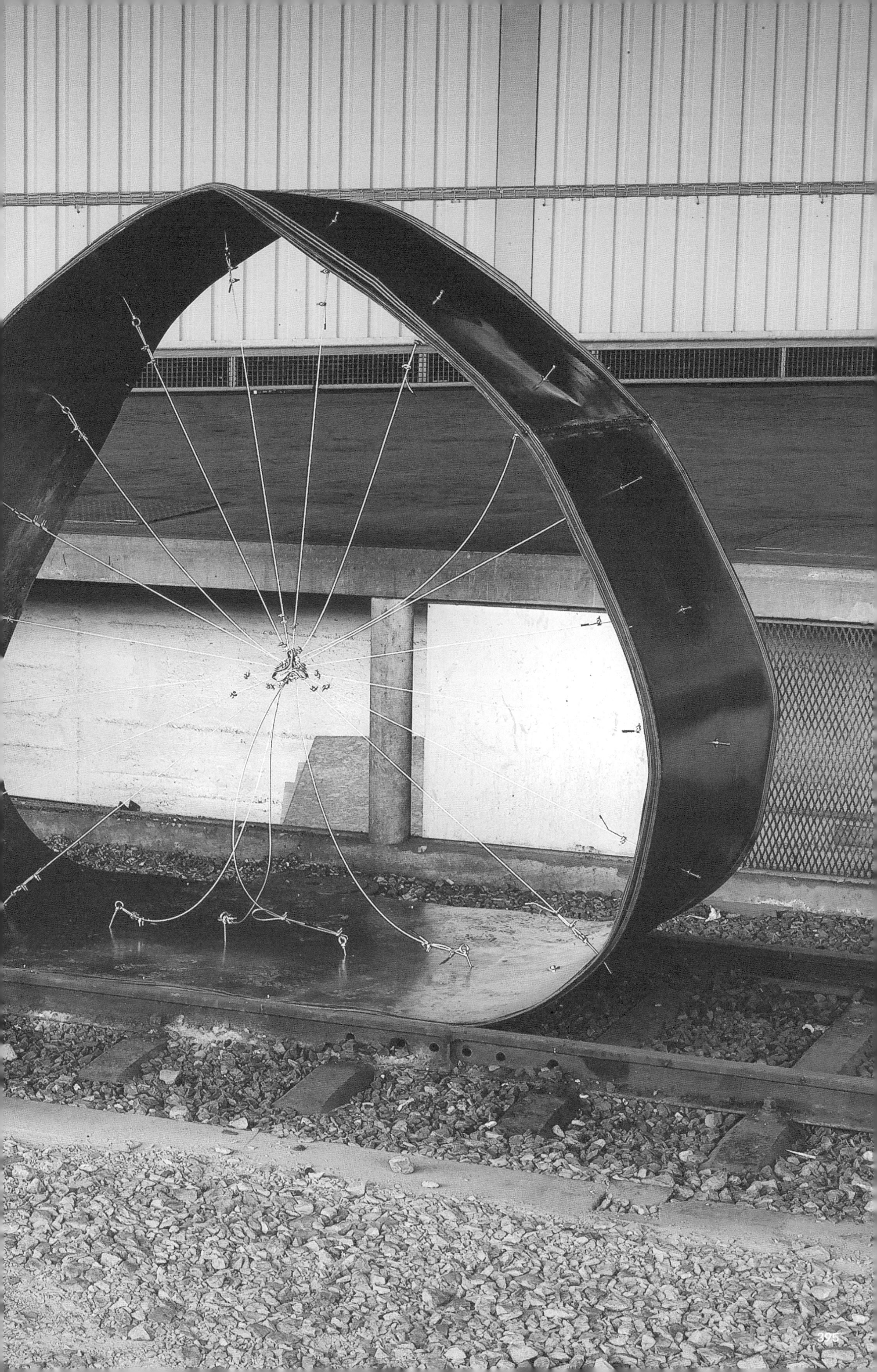

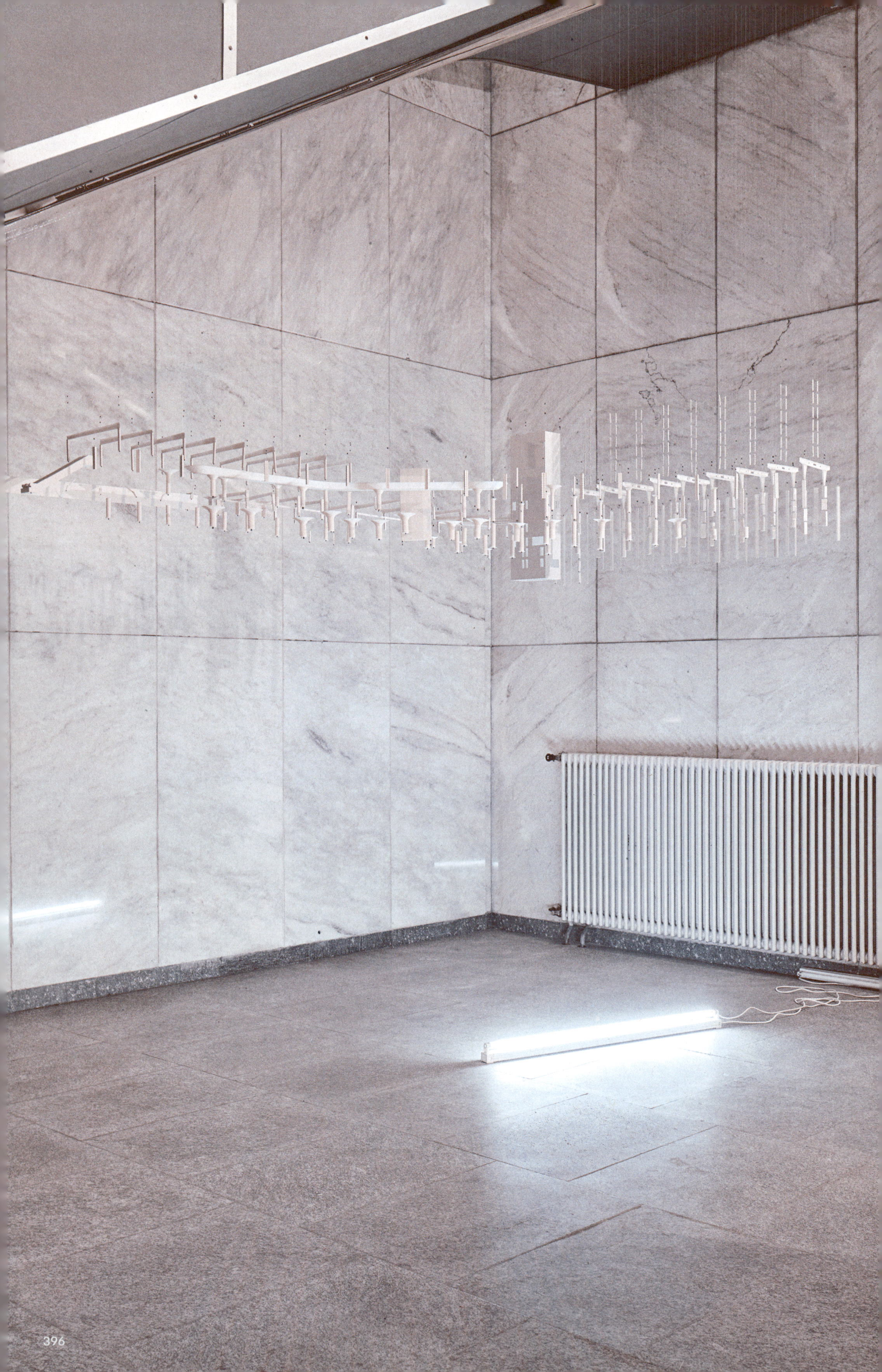

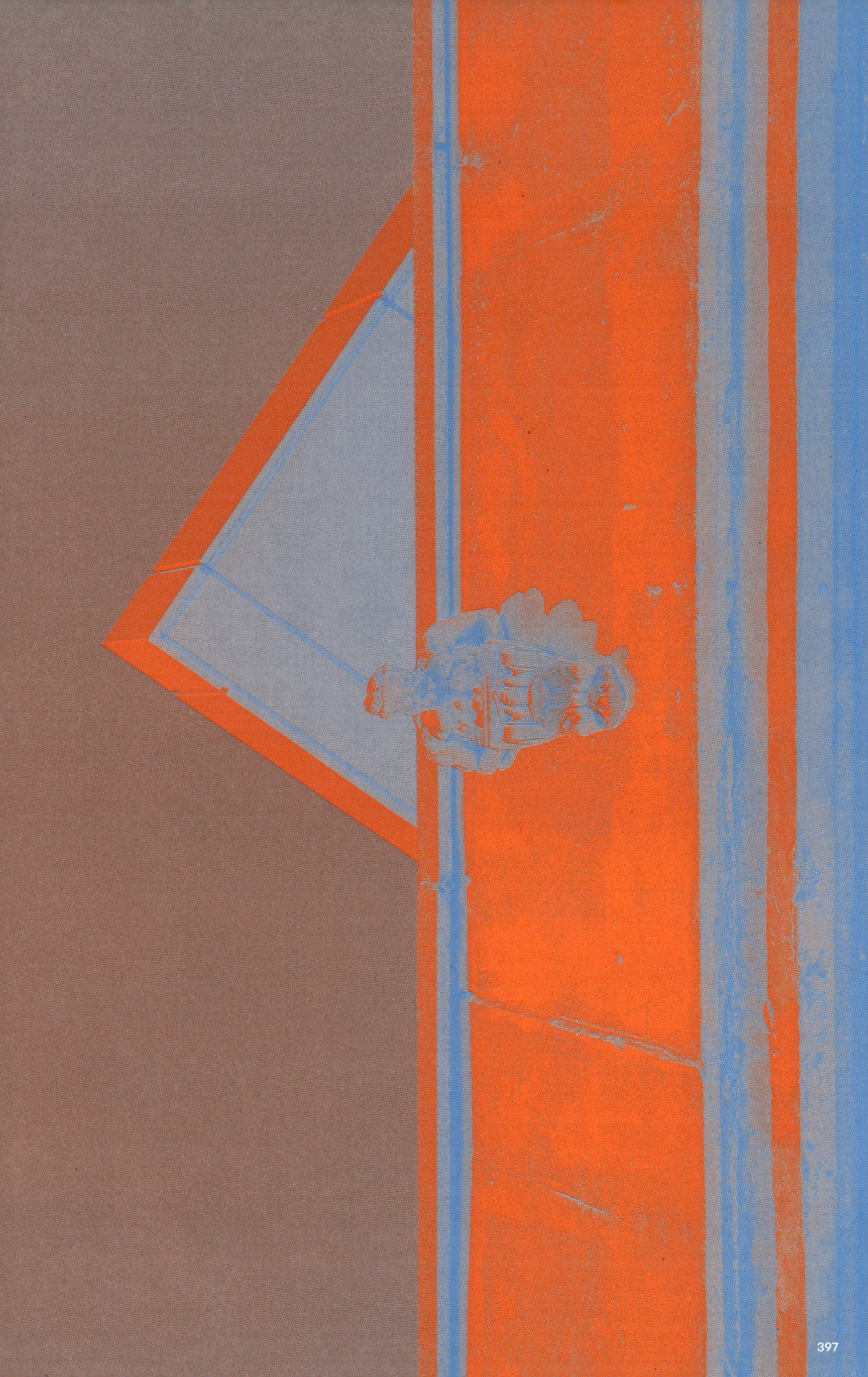

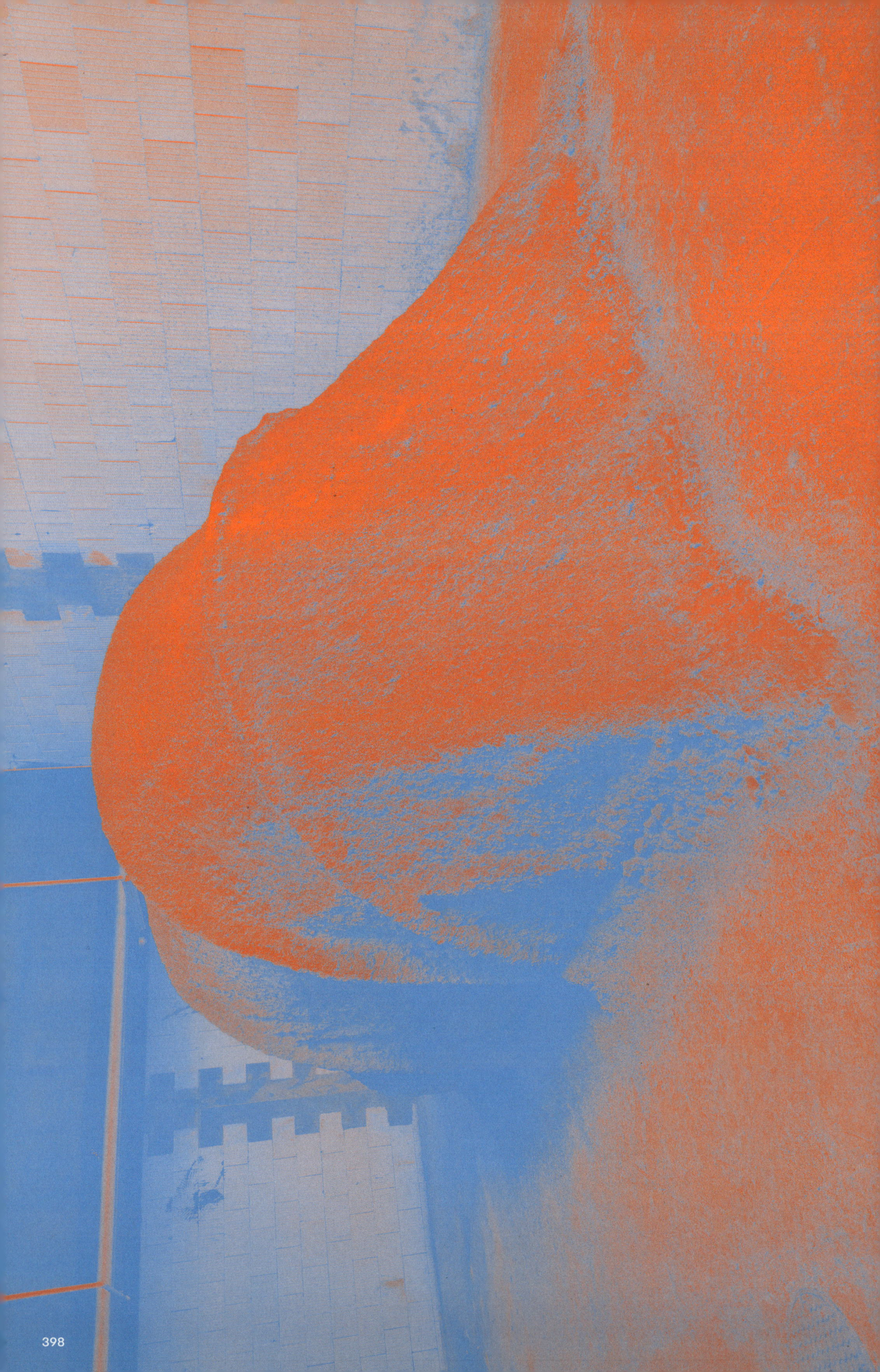

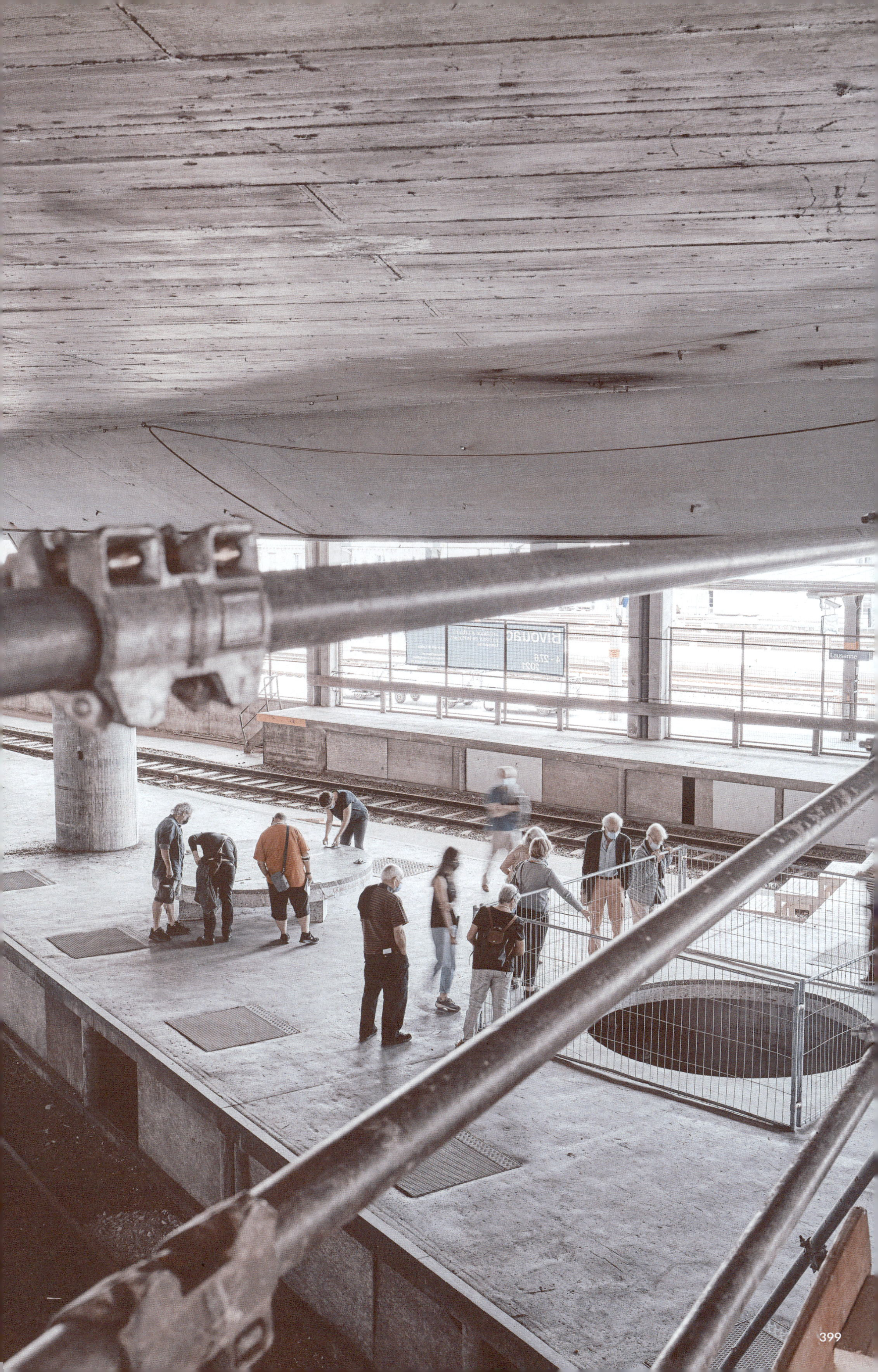

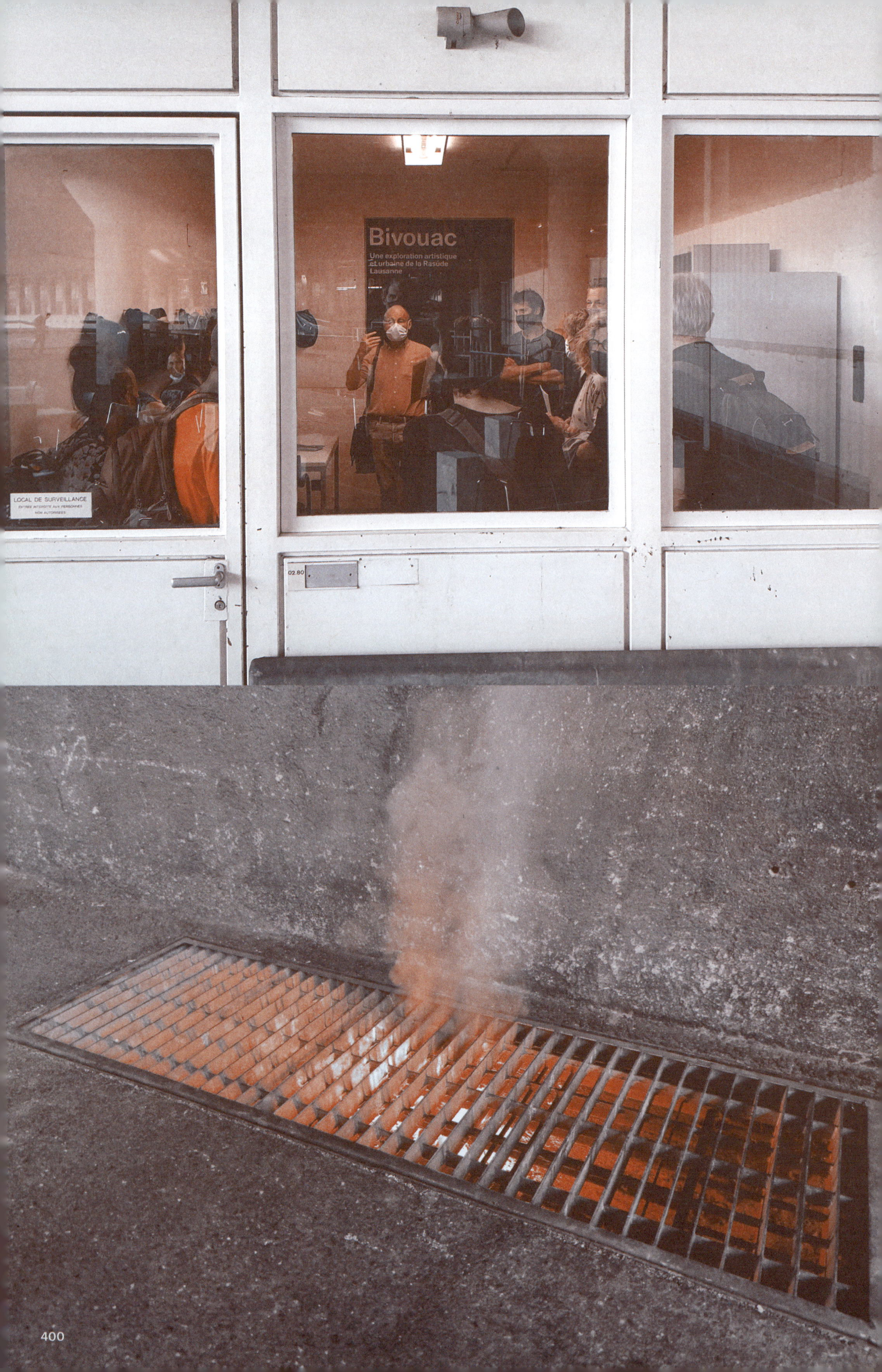
Bivouac
Une exploration artistique
et urbaine de la Rasüde
Lausanne
LOCAL DE SURVEILLANCE
02.80

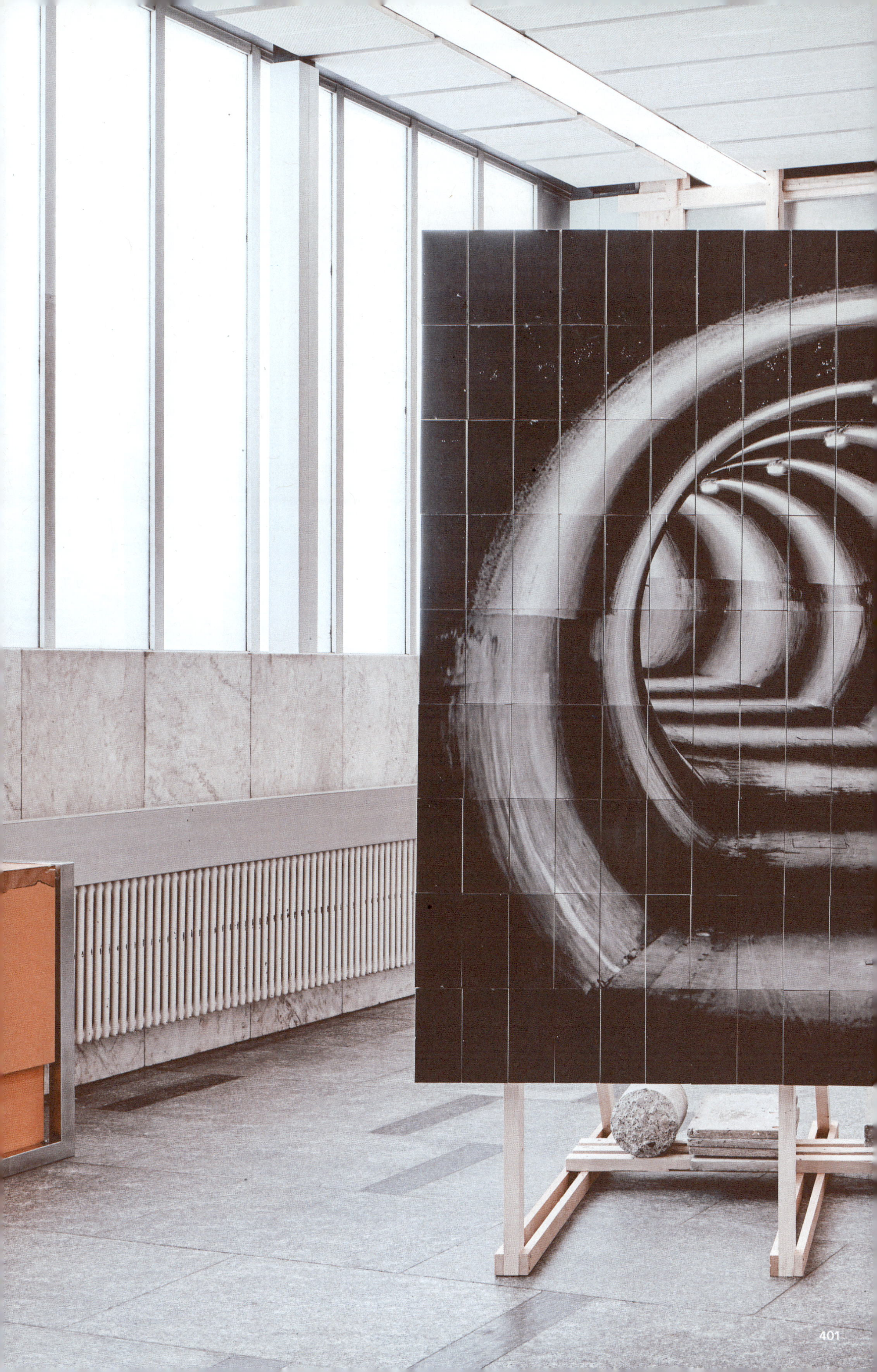

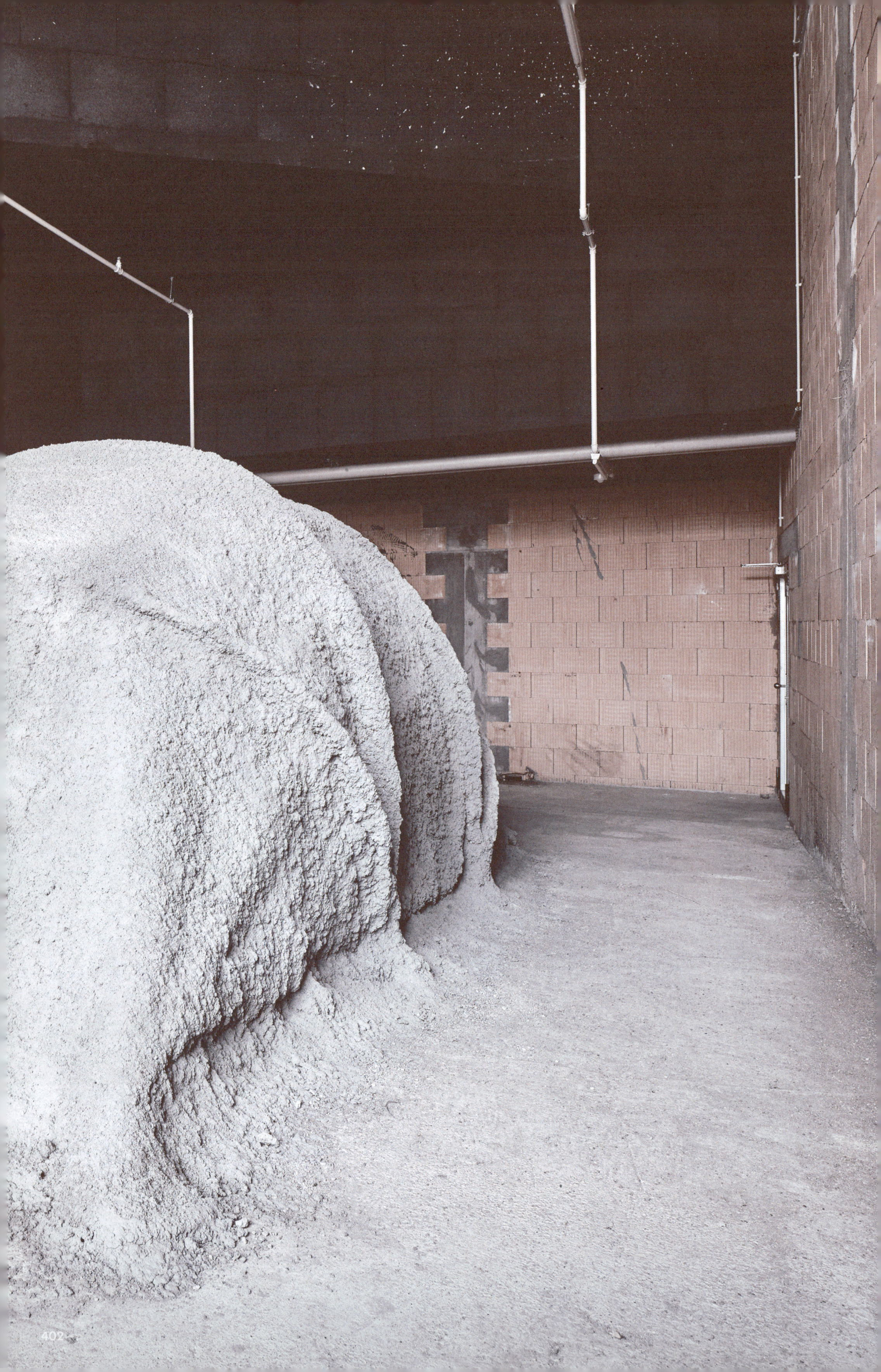

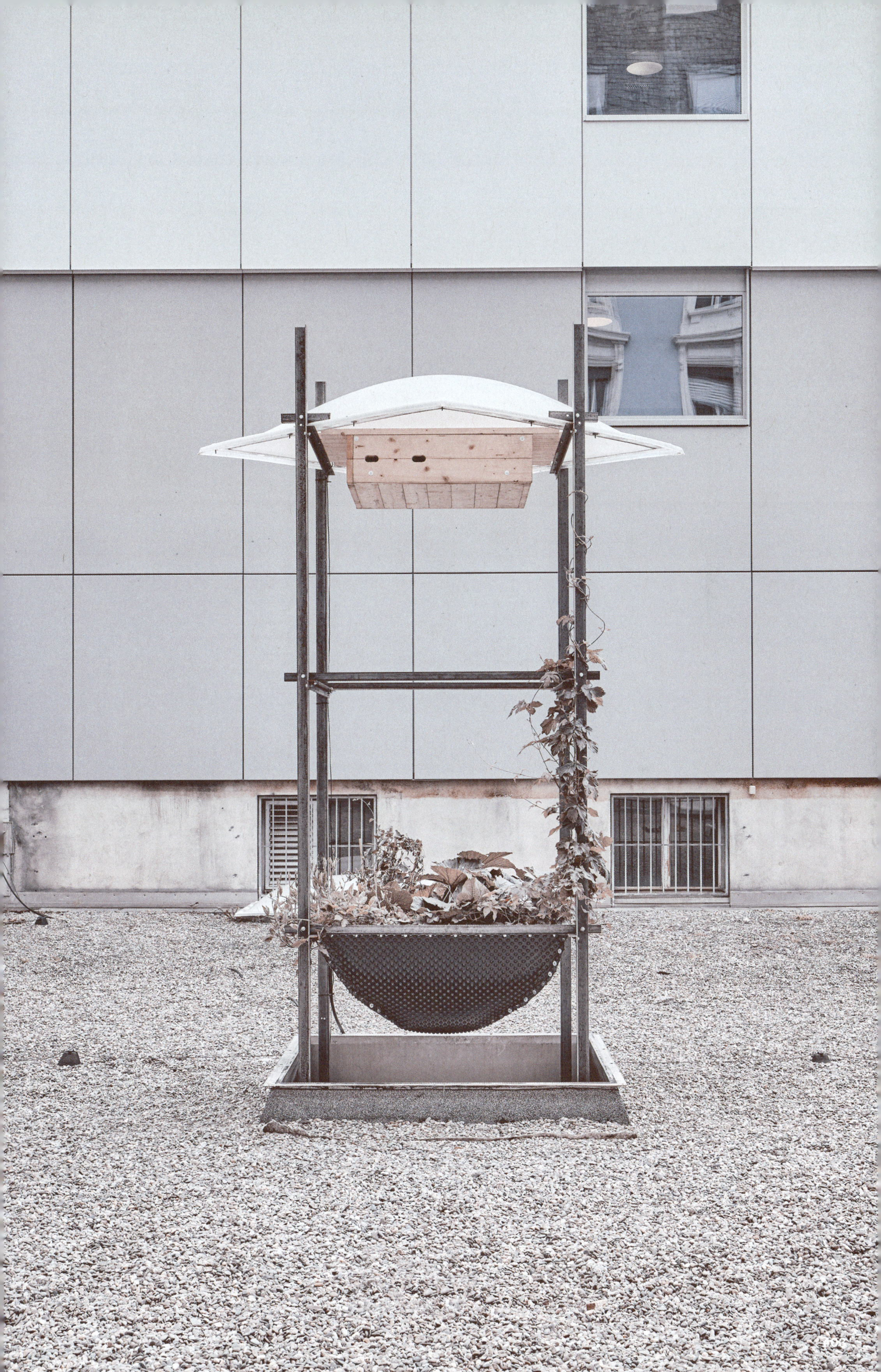

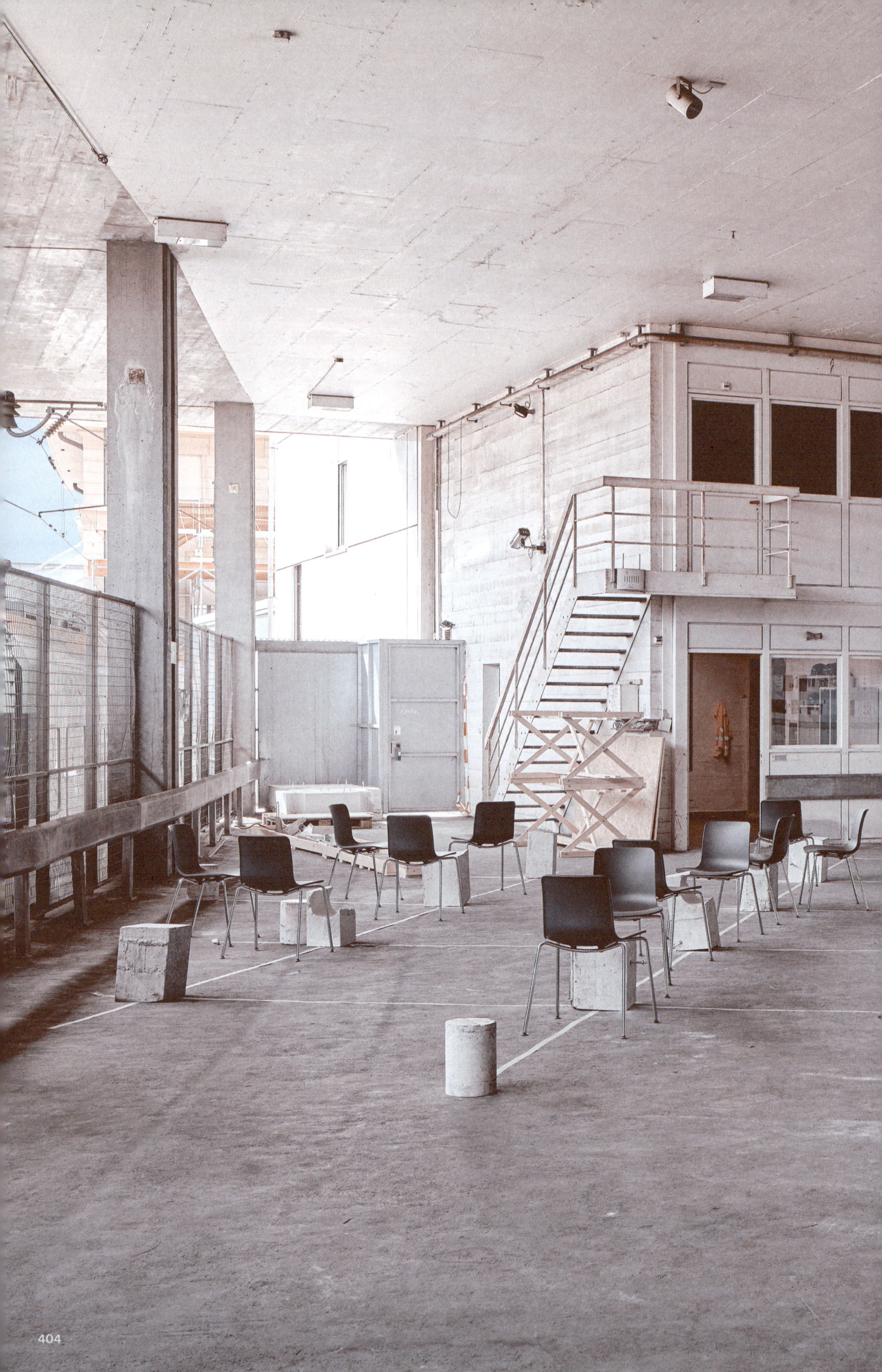

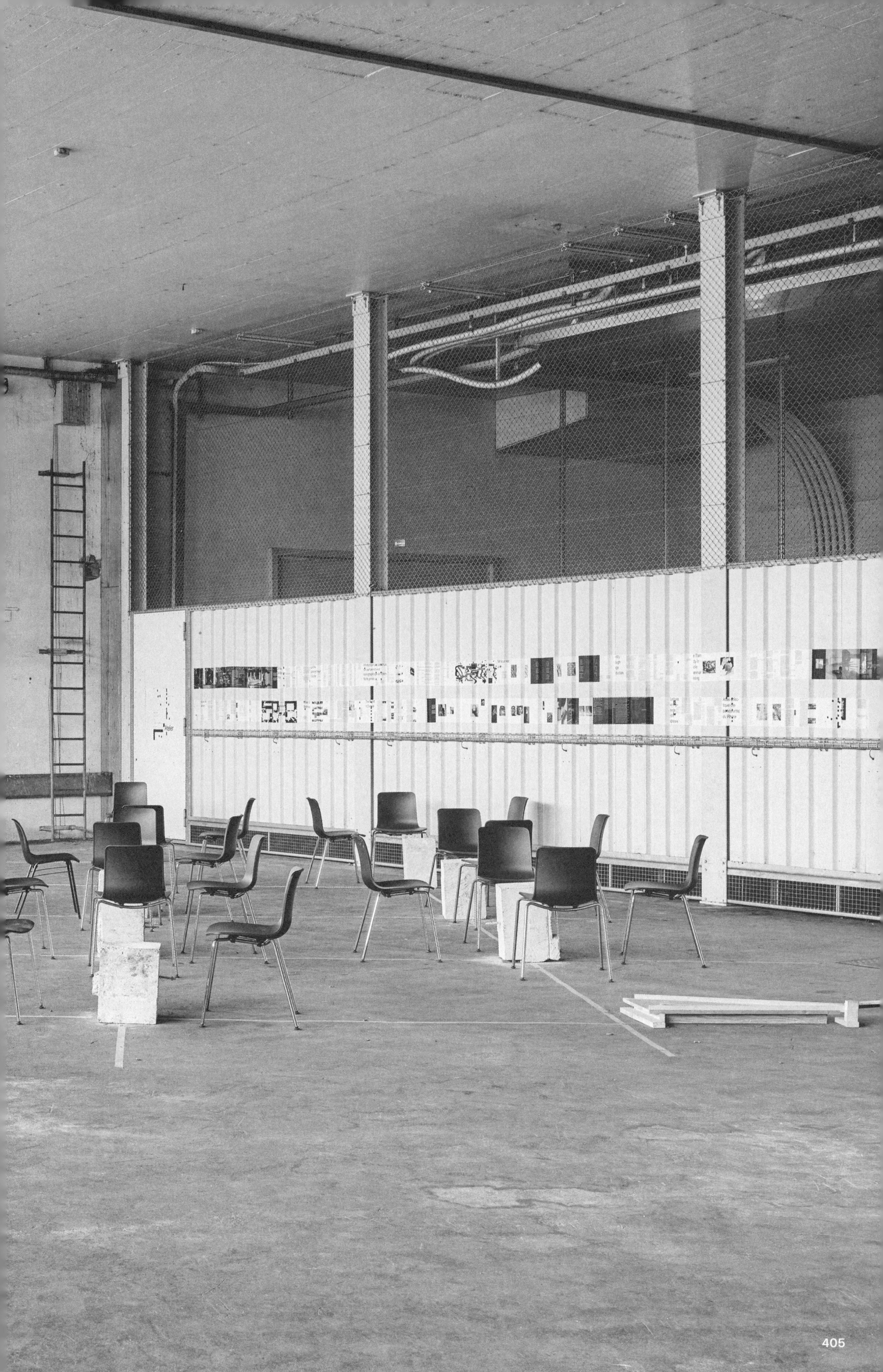

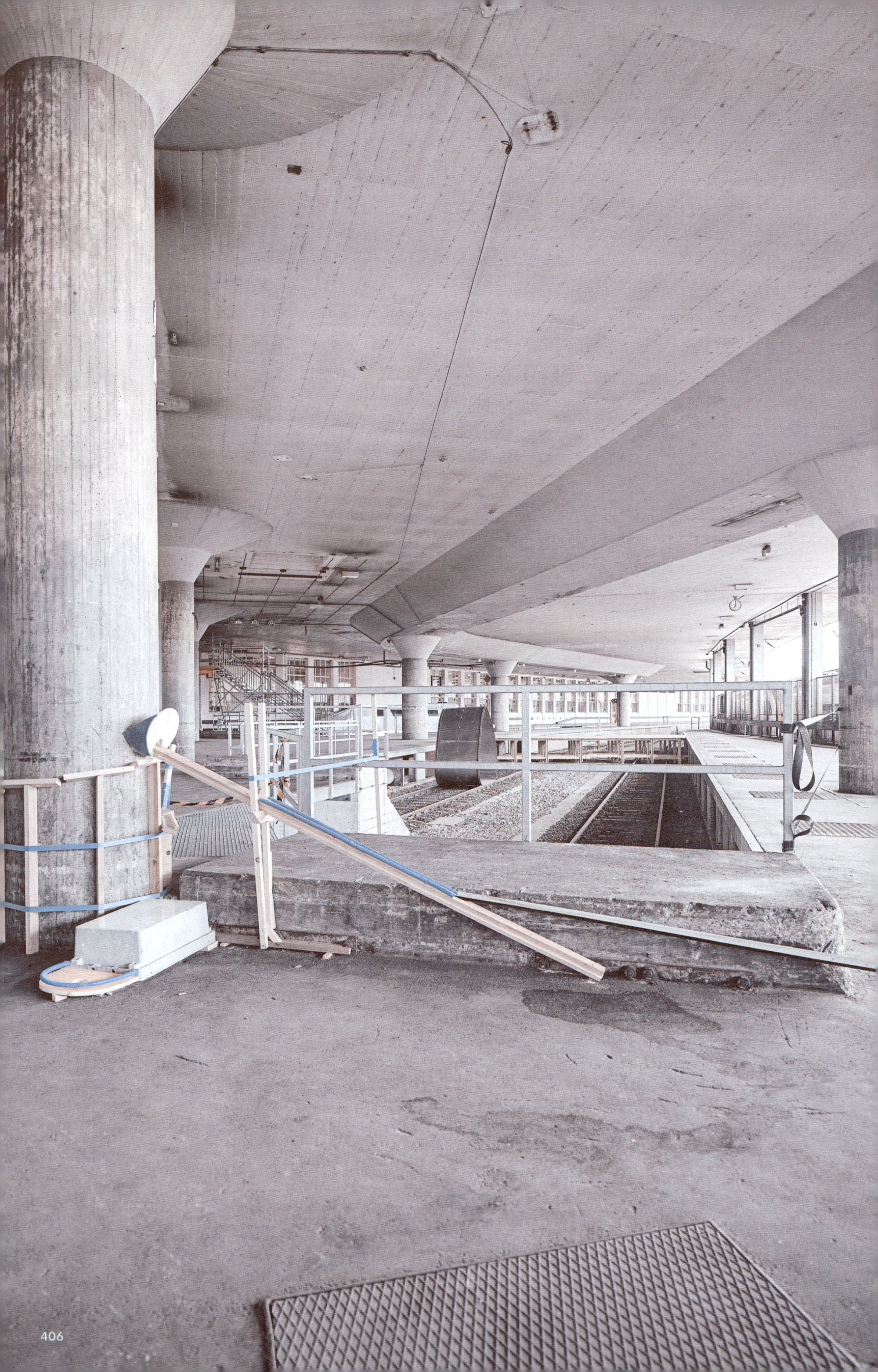

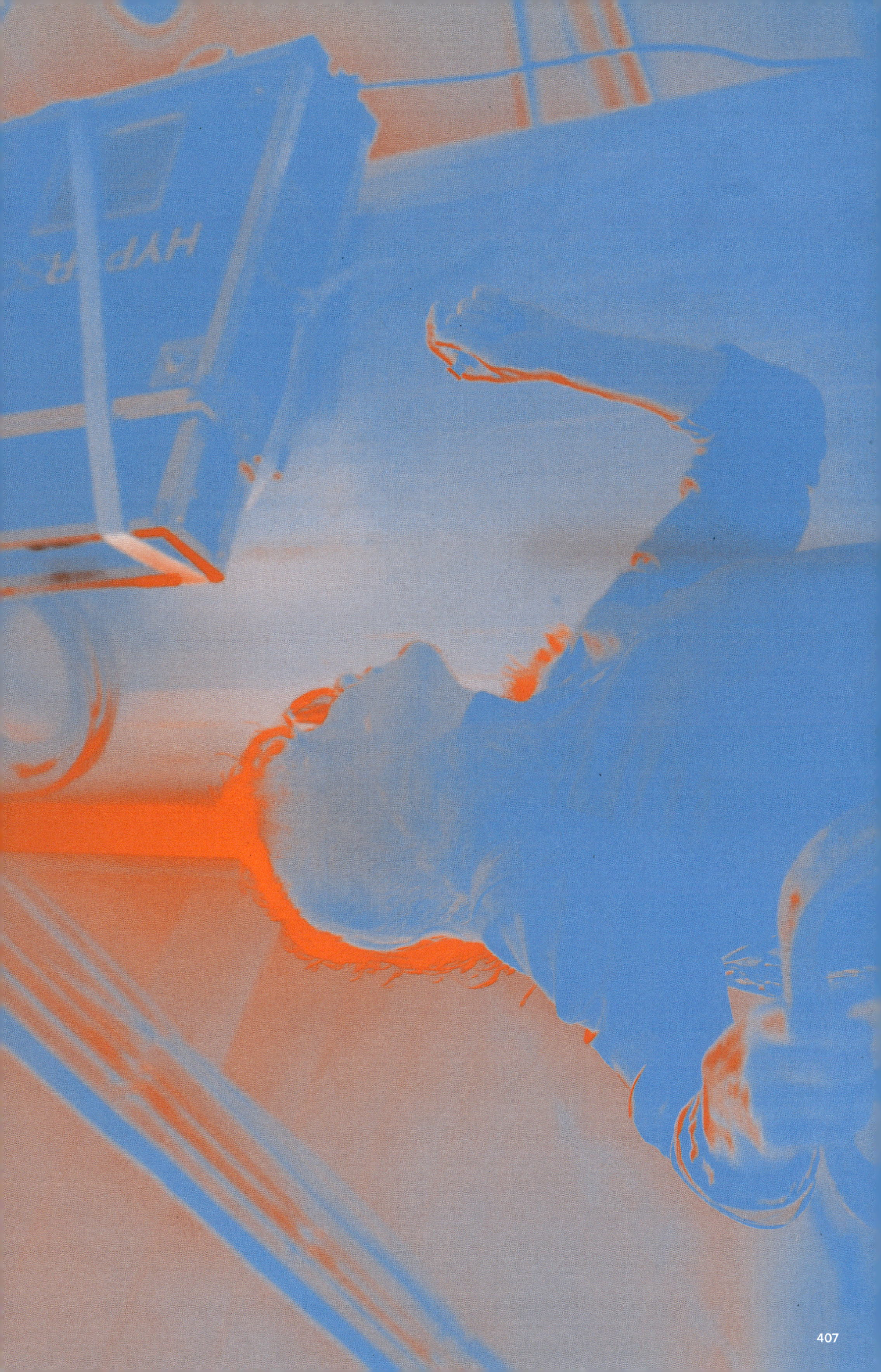
HYP

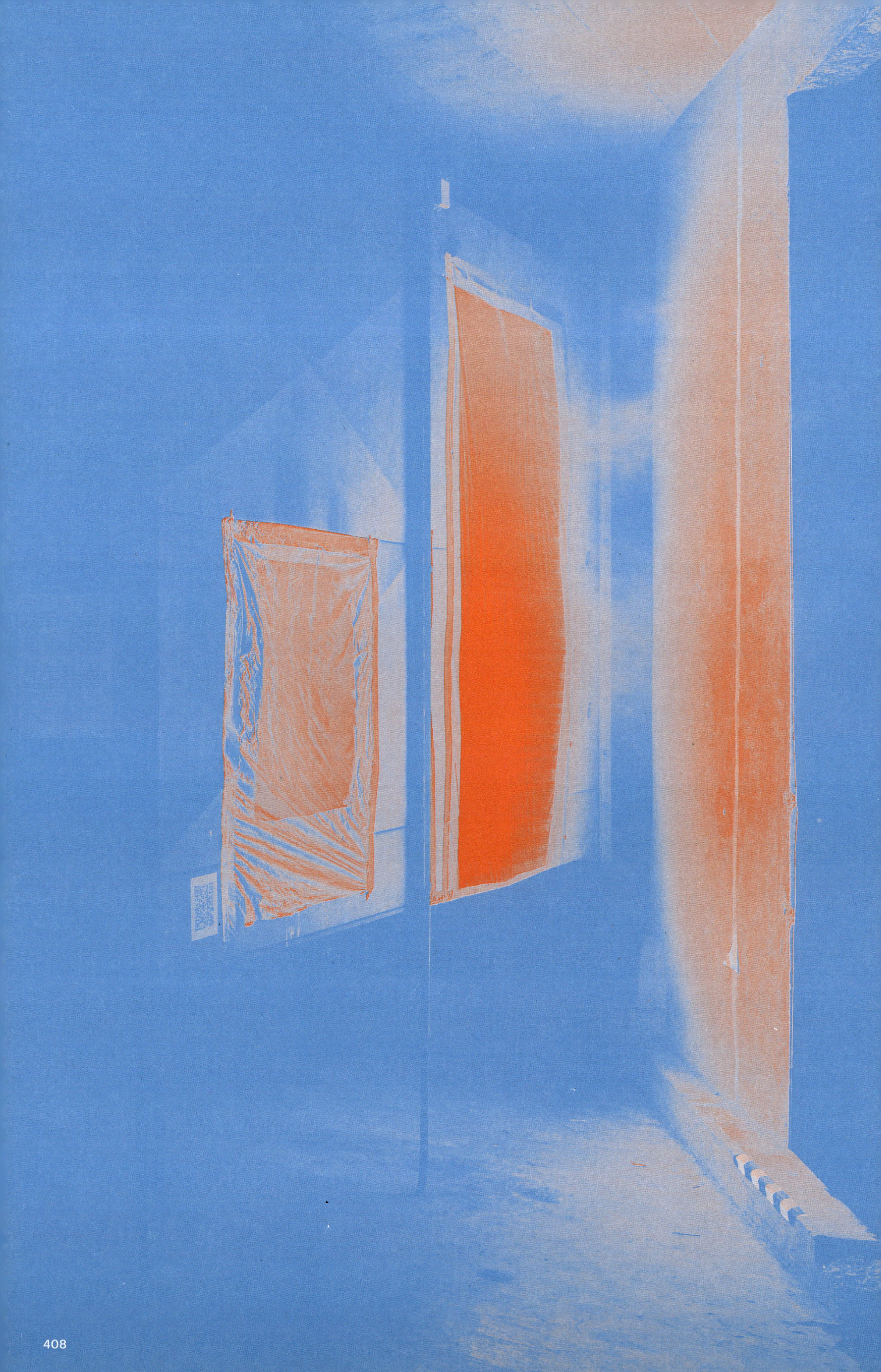

Living in a residential tower, one can feel insignificant in such a behemoth architectural cityscape. The colossal edifice that stretches skyward welcomes us into its lattice of concrete, an imperfect structure wherein which we reside. The appearance of raw concrete, seemingly endless staircases and impersonal living quarters all transform the space into something that has a newfound enchantment and significance when workers are actively engaged with it.

Wake up at 6 AM, under falling snow, the crane operators have already rolled up their sleeves, a ballet of silent mechanical arms, the continuous thud of raw materials hitting the ground, the rise of the entomic structure is gradual, powerful and magnificent. The SUPERSTRUCTURE. Humans resemble ants in these dimensions. In the SUPERSTRUCTURE, there are workers, project managers, and also artists from the MATZA team who have slept on site.

After experiencing the solitude of the desert, and the unity required on the glacier, MATZA sits on the SUPERSTRUCTURE, a construction site, the quintessence of urban development and challenges of communal living. Three quarters of humanity will soon live in cities, the urban sprawl grappling with an ever-increasing number of issues. It's in the cities that we primarily experience concerns arising from such living conditions, today and in the years to come.

The desert surrounding Amboy and the Aletsch glacier provide valuable insights. SUPERSTRUCTURE, which is perched on the top of a residential building construction site, is an opportunity to question how the world currently functions within existing architectural and political frameworks. Working on such a structure leads us to wonder how human beings coexist in shared spaces, in our day and age.

Inhabit is a powerful word, which is often synonymous with living. Inhabit, is to dwell in a place, to reside with other human beings in an environment. The verb inhabit delves into the concept of communal living, it questions the immediate natural environment it occupies, and of the harmony between a human being and their surroundings. Multifaceted questions.
And the metal arms of the cranes maneuver in the morning light, the site is a building in the making, a building with potential, SUPERSTRUCTURE, the brawny arms of the workers maneuver in the morning light.

Perched on the SUPERSTRUCTURE, artists and workers mingle. Living as a community, also involves benefiting from different activities and complementary expertise. There is an exchange between proficiencies, between each other. SUPERSTRUCTURE is built upon the accumulation of skills that progressively overlap. Each worker has their area of expertise. Each minute of their work contributes to the collective effort of the building, and each aspect of the project is handed over to the next trade. The untrained eye only judges what it sees, it cannot fathom the stages of work that is progressively integrated into what will become the final SUPERSTRUCTURE.

Who thinks of the construction workers who have insulated, electrified, sanded, or painted our apartments? Who knows the names of those who poured the concrete of the SUPERSTRUCTURES within which we live?

There is an obvious rapport between an artist and a construction worker, the relation to a medium, the adherence to a particular technique, the ability to act upon their environment, the possibility for transformation.

The construction worker has a skill that is a driving force. Skills that are a reflection of an entire era. Mastery of such techniques dates from the earliest civilizations. The Stone Age, the Bronze Age, the Iron Age…

Skills evolve with their time, economic circumstances, societys' needs, innovations in other fields… In the infinite process of creative destruction, some skills are lost in time. Knowledge is passed down when it is considered useful, a natural selection of skills that aids survival. In construction, the race for productivity and profitability impoverishes skill, because nothing is cheaper than concrete. Yet, an artist, who has a simple freedom due to economic constraints of production, can offer construction alternatives, and as such, revalorises skills that are otherwise obsolete.

At the heart of the experience of constructing the work *La Termitière*, was the revival of knowledge that was at risk of disappearing. The artist was inspired by the termite mounds in the Amazon rainforest; soil structures remarkable for their resemblance to miniature models of human metropolises. The termite mound serves as a parable to convey the idea of an ideal urbanization. Each individual is able to fulfill a social role, concurrent to adapting to their surrounding environment, the constraints of the terrain, the biome within which it exists — one that spans rivers and is nestled between vines. The artwork aimed to adopt the same form; the synergetic relationship with the environment, to question the relationship between human societies and the built environment, of which a good number of cities demonstrate their limits through issues such as integration, gentrification or urban sprawl.

La Termitière questions the relationship between the natural space and human construction, primarily by the choice of using bricks of raw compressed earth for its construction. Opting for a raw material that renders the work ephemeral allows for a true return to the earth over time, bestowing it as architecture without an impact on its environment. The bricks are testimony to erudite tradition, beckoning to rediscover craftsmanship obscured by the unassailable dominion of concrete. The artistry with bricks proffers a divergent ethos in construction: where if concrete's allure lies in it being an easy resolve-all solution, perhaps considering reinvesting in outdated artisanship, that regard the environment, not as a constraint, but as a non-negotiable parameter to adapt to, and from which to glean wisdom, would give us a proximity to SUPERSTRUCTURES more seamlessly interwoven within the environment they inhabit.

La Termitière also embodies the positive interactions that can come from architecture that is in harmony with its environment. In fact, the earth brick construction which rises more than six meters high, had the added advantage of maintaining an ambient temperature in its hearth, even in the middle of the full Summer sun. After having seen the air conditioners in the Amboy desert, this natural cooling system, born by simply understanding and adapting to the environment, opens up possibilities for alternate ways for human life. It is more about drawing inspiration from nature in order to evolve, rather than attempting to force the evolution of nature by introducing man-made inventions that are adapted for alternate realities.

Further, the SUPERSTRUCTURES within which populations will continue to inhabit, must integrate this connection with the environment, thereby fostering healthy growth. Having returned from the Amboy desert with an understanding of the need to think of our place as humankind as being a part of a larger whole; the ecosystem, and having descended from the Aletsch glacier, understanding that communal life can be a potent lever for humanity's capacity to adapt, SUPERSTRUCTURE becomes the juncture of those insights, an emerging realm with endless possibilities.

This place serves as a sacred threshold where nature's realm and human presence entwine. It is from this unspoken, oft-ignored interplay that a sanctified space is created. No longer building in spite of the environment, but with it, adapting to its foundational characteristics such as the diverse biomes, humanity could transcend from its role of destruction and dominion to that of reciprocal exchange and respect. Within this intentional pursuit of a purposeful and mindful synergy, perhaps, brick by brick, we might build cities such as this during the course of this millennium.

Architecture and art possess this power. It is now imperative for humanity to collectively possess the will. And here lies one of the most significant contemporary challenges facing our democracies.

Séverin Guelpa

À occuper le chantier d'un immeuble résidentiel, on se sent
petit, tant ce monstre d'architecture se rapproche d'une ville
debout. Toute cette structure titanesque qui se déploie vers
le ciel nous accueille dans son armature de béton, carapace
imparfaite dans laquelle on bivouaque. L'aspect brut du
béton, les escaliers identiques qui n'en finissent pas et les
pièces de vie désincarnées prennent étonnamment une
tournure magique lorsque la structure s'active, lorsque les
travailleur·euse·s s'en mêlent…

    Réveil à six heures du matin, sous la neige tombante, les
grutier·ère·s ont déjà relevé leurs manches, bal silencieux
de bras mécaniques, chocs incessants de matières brutes
au sol, l'éveil de la structure entomique est lent, puissant,
superbe. La SUPERSTRUCTURE. Les humains ont l'air de
fourmis dans ces dimensions. Dans la SUPERSTRUCTURE,
il y a les ouvrier·ère·s, les maître·sse·s d'œuvre, il y a aussi
les artistes de l'équipe de MATZA qui ont dormi sur place.

Après l'expérience de la solitude du désert, de la
nécessaire cohésion sur le glacier, MATZA se perche
sur la SUPERSTRUCTURE, chantier immobilier, quintessence
de l'aménagement urbain et des problématiques du vivre
ensemble. Les villes accueilleront bientôt les trois quarts de
l'humanité, l'aire urbaine croît et brasse un nombre d'enjeux
exponentiel. C'est en ville que se nouent principalement les
problématiques qui concernent la vie en commun, que ce soit
aujourd'hui, ou dans les années à venir.

    Le désert d'Amboy et le glacier d'Aletsch ont été riches
d'enseignements. SUPERSTRUCTURE, qui se tient sur un
bâtiment résidentiel en construction, est l'opportunité de
questionner le fonctionnement actuel du monde dans son
ancrage architectural et dans sa politique urbaine. Travailler
sur un tel immeuble revient à se demander comment les
êtres humains cohabitent en un même lieu à notre époque.

« Habiter » est un mot puissant, parfois même synonyme de
vivre. Habiter, c'est vivre dans un lieu, habiter, c'est installer
des êtres humains dans un environnement. Le verbe « habiter »
pose la question de la vie en communauté, il pose la question
de l'espace naturel qu'il occupe, de l'adéquation entre l'être
humain et son environnement. Questions multilatérales. Et
les bras de métal des grues s'activent dans le matin naissant,
le chantier est un immeuble en devenir, un immeuble en
puissance, SUPERSTRUCTURE, les bras de chair des ouvriers
s'activent dans le matin naissant.

Perchés sur la SUPERSTRUCTURE, artistes et ouvrier·ère·s
se mélangent. Vivre en commun, c'est aussi mettre à profit
les activités différentes, les savoir-faire complémentaires.
Relation d'échange entre les compétences, entre les gens.
La SUPERSTRUCTURE s'érige par la succession de savoir-
faire qui se recouvrent progressivement les uns les autres.
Chaque ouvrier·ère a son domaine d'expertise. Chaque
minute de son travail est mise en commun au profit du bâtiment,
chaque œuvre est placée à disposition de l'expert suivant.
L'œil profane ne juge de l'architecture que ce qu'il voit, l'œil
profane ne devine pas les couches de travail lentement
assimilé au sein de la SUPERSTRUCTURE finale, toutes ces

couches qui font qu'elle se tient debout telle quelle. Qui considère les ouvrier·ère·s qui ont isolé, électrifié, poncé ou peint nos appartements ? Qui connaît le nom de celles et ceux qui ont coulé le béton des SUPERSTRUCTURES dans lesquelles nous habitons ?

Il y a une relation évidente entre l'artiste et l'ouvrier·ère, dans le rapport à la matière, dans le goût de la technique, dans la capacité à agir sur son environnement, cette possibilité de le transformer. L'ouvrier·ère possède un savoir-faire qui est un moteur d'action. Les savoir-faire sont le reflet d'une époque. C'est par la maîtrise de techniques que l'on date les premiers âges de la civilisation. L'âge de pierre, de bronze, de fer... Les techniques évoluent avec leur époque, avec les conjonctures économiques, les besoins de la société, les innovations dans les autres domaines... Dans ce processus infini de destruction créatrice, certaines techniques s'oublient avec le temps. Les savoir-faire se transmettent quand ils sont utiles, sélection naturelle des techniques facilitant la survie. Dans le bâtiment, la course à la productivité, à la rentabilité, appauvrit les savoir-faire, car rien n'est moins cher que le béton. Pourtant, l'artiste, par la liberté qu'iel entretient avec les contraintes économiques de production, peut se permettre de proposer des alternatives de construction et ainsi de revaloriser des savoir-faire désuets.

La réhabilitation d'un savoir-faire en voie de perdition est au cœur de la réalisation et de l'expérience de la construction de l'œuvre *La Termitière*. Elle a été inspirée par les termitières d'Amazonie, constructions en terre étonnantes de par leur ressemblance avec des maquettes miniatures de métropoles humaines. *La termitière* est une parabole d'une urbanisation idéale. Elle permet à chaque individu de remplir efficacement son rôle social, tout en s'adaptant à l'environnement dans lequel elle se trouve, aux contraintes du terrain, du biome dans lequel elle se situe, allant jusqu'à surplomber des rivières, nichée entre deux lianes. L'œuvre d'art entend reprendre cette forme, ce rapport synergique à l'environnement, pour interroger le rapport au bâti des sociétés humaines, dont bon nombre de villes ont prouvé les limites par des problèmes d'intégration, de gentrification ou d'étalement urbain.

La Termitière questionne ce rapport espace naturel / construction humaine, d'abord par le choix de briques de terre pour sa fabrication. Prendre le parti d'une matière brute, qui rend l'œuvre éphémère, permettant un véritable retour à la terre par l'épreuve du temps, lui confère une architecture sans empreinte sur l'environnement. Les briques de terre sont également le moyen de renouer avec un savoir-faire traditionnel que l'hégémonie absolue du béton a rendu plus rare. Cette technique autour des briques en terre témoigne d'un autre rapport à la construction : si le tout béton est la solution de facilité, peut-être que réinvestir des savoir-faire antérieurs, qui devaient prendre en compte l'environnement non pas comme un donné modifiable, mais comme une contrainte à laquelle s'adapter, de laquelle apprendre à tirer profit, permettrait de se rapprocher de SUPERSTRUCTURES davantage connectées à l'espace naturel qu'elles occupent.

La Termitière incarne d'ailleurs aussi les interactions positives qui peuvent découler d'une architecture mise en relation avec son environnement. En effet, la construction en briques de terre s'élevant à plus de six mètres de haut a l'avantage de maintenir en son sein une température constante et fraîche même en été en plein soleil. Après avoir vu les climatiseurs dans le désert à Amboy, ce système de refroidissement naturel, par la simple adaptation à un environnement que l'on s'est efforcé de connaître, permet d'envisager d'autres modes de vie pour l'être humain. Il s'agit de s'inspirer de la nature pour évoluer, plutôt que de penser faire évoluer la nature en y plaçant des inventions humaines adaptées à d'autres réalités.

Aussi, les SUPERSTRUCTURES dans lesquelles les populations vont continuer de vivre devront intégrer ce rapport à l'environnement pour se développer sainement. Après être revenu du désert d'Amboy en comprenant qu'il fallait penser la place de l'être humain comme faisant partie d'un tout plus grand que lui – l'écosystème –, et après être redescendu du glacier d'Aletsch en sachant que la vie en communauté était un puissant levier pour l'être humain dans sa capacité d'adaptation, SUPERSTRUCTURE est le moment de concrétiser ces enseignements en un lieu en devenir, en un espace où tout est encore possible.

Le lieu est une interface fondatrice dans la relation entre un espace naturel et la présence de l'être humain. C'est de cette interaction tacite et trop longtemps ignorée que naît un lieu. En ne bâtissant plus contre un environnement, mais avec lui, en s'adaptant aux caractéristiques primordiales des différents biomes, l'être humain pourrait ne plus être au monde dans un rapport de destruction et de coercition, mais dans une dynamique d'échange et de respect. C'est dans cette recherche volontaire d'une synergie efficace et consciente que peut-être, brique par brique, nous pourrons élever les villes qui verront le jour au cours de ce millénaire.

L'architecture et l'art ont cette puissance. Il faut maintenant que les êtres humains en aient collectivement la volonté. Voici l'un des grands défis contemporains de nos démocraties.

Séverin Guelpa

Bivouac town

Simon Lamunière

Just outside Lausanne station is La Rasude, a strikingly run-down group of buildings. Once a major logistics center, it still houses the mail sorting office and various administrative activities. Partly out of use, with a number of abandoned offices, the site is quite spectacular. The maze-like spaces, spread over more than eight floors and numerous basements, feature titanic pillars, ramps, industrial bay windows, unloading docks, an electrical command center, fallout bunkers, and even car parks with a gasoline pump. The natural scenography of the buildings is impressive and gives rise to a thousand ideas. As we explore these evocative sites, how can we not hope and imagine multiple and innovative uses for them?

This semi-industrial wasteland is all the more striking given that its counterpart, on the other side of the station, is under construction with brand new buildings: the new Musée cantonal des Beaux-Arts de Lausanne (MCBA), the Musée cantonal de design et d'arts appliqués contemporains (mudac) and the Musée Photo Elysée. On the one hand, the completion of a long-awaited museum hub with established institutions; on the other, an uncertain future, to say the least.

This is the context Séverin Guelpa and Pierre Cauderay chose to explore, or rather invited others to explore. At the request of the property owner, the artist and architect took the opportunity to work with this existing, complex structure to create a vision of the city of tomorrow. The idea was to transform this terrain into a laboratory for observation and interaction, by inviting other participants to intervene on site.

Equipped with maps and flashlights, the first visits feel like a kind of archeology of the present. Spaces and paths are tricky, sometimes obstructed, but still accessible via other passages. A perfect place to film a dystopian movie, play a paintball game, go urbexing or fantasize about being a bank robber. An ideal place to get a sense of what a city is, with its permanent palimpsestic nature, its residues, its uncontrollability and the necessity of dealing with it.

This is Séverin Guelpa's recurring approach: to pick a relevant site and an original structure to work from, in order to draw out, through practice, an experience of the place and its potentialities

To achieve this, Guelpa surrounds himself with other artists, architects and creators, so that together, through in situ interventions, they can contribute a particular vision of the place, the world and its mechanisms. The experience is intended to be nourishing and meaningful, with a strong emphasis here at La Rasude on interaction with users, the public, residents, travelers, as well as politicians and local community associations.

Séverin Guelpa likes working with others and creating artworks and events.

His practice is both individual and collective. For him, it's as much about bringing people together around a shared experience as it is about producing mind-opening projects

His first actions, back in 2010, already marked the orientation of his practice: he roots his work in the place where he finds himself and the spaces through which he passes. He has already done this on many occasions, in Amboy, Aletsch, Kerkennah and Meyrin. Each time, he collaborates with others to occupy a particular site or structure, taking a sharp look at the urban context and associating economic, ecological and social value with existing materials and resources.

When Guelpa and Cauderay launched their project at la Rasude, they envisioned the site as a living, socially responsible and participatory space, spread over several phases, during four years, focusing first on the question of the occupation of the site, then on its environment, its existing biotope and resources, and finally on the needs of everyday life. But complicated relations with the landowner and, above all, the Covid-19 health crisis put a brake on the project. The laboratory spirit, with its artistic residencies and participatory projects involving residents, users and creators, was not put into practice. In the end, the project only reached its first phase, in 2021: the occupation of the land and its *Bivouac* title.

Guelpa and Cauderay coordinated the project and organized a call for artists from all horizons to come and propose in situ interventions. They wanted to create a connection, and they welcomed, in addition to the invited artists, interventions by EPFL's ALICE laboratory which created new paths and changed the way people navigated the site. Projects were selected on the basis of their relevance, their relation to the site and the evocations they generated. The majority of the site's spaces were used and the artistic interventions had to be navigated with guides both for sanitary reasons and because of the complexity of the architecture. There were numerous discoveries and as with any project of this kind, the artworks and interventions fascinated as much as the site itself. The competition was strong between the artworks and what could be experienced and explored on site.

However, what was originally intended to be a place for visitors, users and authors to meet and interact, had to function more like a simple exhibition, due to restrictive measures and gathering limitations. Although the context in 2021, with its series of lockdowns, provided an opportunity to reflect on new ways of living, and offered the hope for new possibilities of experiencing the world in a more responsible way, the living laboratory could not really take place. *Bivouac* therefore appears more as a sum of well-thought-out individual interventions, than as a collective experience. The initial project was intended to become part of the site's transformation process, with the hope of a forward-looking social impact, but it had to stop at its first stage.

Nevertheless, there remain some very interesting interventions, such as Andreas Kressig's "Loco", an unlikely shinkansen on train tracks, or Tarik Hayward's "archifossil", a gigantic cement cocoon. These are just some of the works that have been carefully thought out and prepared on site.

If artists know how to seize opportunities like these to contribute to the global reflection proposed by Séverin Guelpa, it is through the exchange of ideas that this reflection takes shape. Collective experience gives him the energy that in turn drives his own. He creates with people and materials, and lives in the production of meaning. What we learn most from him is how essential the exchange of energies is. This transfer feeds both his work methods and the statements he makes here about cities, territories and the way we live in them.

La ville bivouac

FR

Simon Lamunière

En sortant de la gare de Lausanne se trouve La Rasude, un groupe de bâtiments qui frappe par son état de délabrement. Cet ensemble immobilier qui a fonctionné comme centre logistique important abrite encore le tri postal et différentes activités administratives. En partie hors d'usage, avec des locaux désaffectés par endroits, le cadre est saisissant. Les espaces dédaliques, répartis sur plus de huit étages et de nombreux sous-sols, laissent voir des piliers titanesques, des passerelles, des baies vitrées industrielles, des quais de déchargement ferroviaire, un centre de commandement électrique, des abris antiatomiques, et même des parkings avec une pompe à essence. La scénographie naturelle du bâti est impressionnante et fait bourgeonner mille idées possibles. En parcourant ces lieux évocateurs, comment ne pas espérer et ne pas imaginer une réappropriation par des usages multiples et originaux?

Cette semi-friche industrielle est d'autant plus frappante, que son pendant, de l'autre côté de la gare, est en chantier pour accueillir de tout nouveaux bâtiments: le nouveau Musée cantonal des Beaux-Arts de Lausanne (MCBA), le Musée cantonal de design et d'arts appliqués contemporains (mudac) et le Musée Photo Elysée. D'un côté l'achèvement d'un pôle muséal tant attendu avec des structures établies, de l'autre un avenir pour le moins incertain.

C'est ce contexte que Séverin Guelpa et Pierre Cauderay ont choisi d'investir ou plutôt de faire investir. Sollicités par le propriétaire immobilier, l'artiste et l'architecte ont saisi l'occasion de travailler avec cette structure existante et complexe pour penser la ville de demain. L'idée étant de s'approprier ce terrain de jeux pour en faire un laboratoire d'observation et d'interactions en invitant d'autres participant·e·s à intervenir dans le site.

Muni·e·s de plans et de lampes de poche, les premières visites s'apparentent à de l'archéologie du présent. Les espaces et les chemins sont compliqués, parfois barrés, mais tout de même accessibles par d'autres passages. Un endroit parfait pour filmer une dystopie, jouer au paint-ball, faire de l'urbex ou s'imaginer cambrioleur·euse de banque. Un endroit idéal pour ressentir ce qu'est une ville, son état de palimpseste permanent avec ses résidus, son incontrôlabilité et la nécessité de composer avec.

On retrouve ainsi l'état d'esprit récurrent chez Séverin Guelpa : choisir un site pertinent et une structure originale à partir de laquelle travailler pour en retirer, par la pratique,

une expérience du lieu et de ses potentialités

Pour ce faire, Guelpa s'entoure d'autres artistes, architectes et créateur·rice·s pour que toutes et tous contribuent, par leurs interventions in-situ, à offrir une vision particulière sur le lieu, le monde et son fonctionnement. L'expérience se veut nourrissante et productive de sens, avec ici, à La Rasude, une interaction forte avec les usager·ère·s, le public, les riverain·e·s, les voyageur·euse·s, mais aussi le monde politique et les associations d'habitant·e·s.

Séverin Guelpa aime travailler avec les autres et créer des œuvres et des événements.

Sa pratique est à la fois individuelle et collective. Il s'agit autant pour lui de réunir des personnes autour d'une expérience à partager que de produire des projets qui ouvrent les esprits

Ses premières actions, dès 2010, caractérisent déjà l'orientation de sa pratique : il ancre son travail au lieu dans lequel il se trouve et aux espaces qu'il traverse. Il l'a déjà fait de nombreuses fois, à Amboy, à Aletsch, à Kerkennah, à Meyrin. Chaque fois il investit avec d'autres un lieu ou une structure et porte un regard affûté sur le contexte urbanistique en associant la valeur économique, écologique et sociale aux matériaux et ressources existantes.

Lorsque Guelpa et Cauderay se lancent dans le projet à La Rasude, ils se projettent dans le site pour en faire un lieu vivant, participatif et responsable, qui se déroulerait en plusieurs phases, durant quatre ans et aborderait tour à tour la question du campement et de l'occupation du territoire, puis la question du cadre, du biotope existant et de ses ressources et enfin le rapport aux besoins de vie. Mais les relations compliquées avec le propriétaire et surtout la crise sanitaire du Covid-19 viennent mettre des bâtons dans les roues du projet. L'esprit de laboratoire, avec ses résidences d'artistes, ses projets participatifs impliquant habitant·e·s, usager·e·s et créateur·ice·s, ne pourra se faire. Finalement, le projet n'aura lieu que dans sa première phase, en 2021: celle de l'occupation du territoire et de son titre *Bivouac*.

C'est ainsi que Guelpa et Cauderay coordonnent le projet et organisent un concours pour que des créateur·ice·s de tous horizons viennent proposer des interventions qu'ils veulent vivantes et in situ. Ils veulent créer du lien et gèrent, en plus des artistes du concours, des interventions du laboratoire ALICE de l'EPFL afin de créer des passages et modifier le cheminement dans le lieu. Les projets sont sélectionnés en fonction de leur pertinence, de leur lien au site et des évocations qu'ils engendrent. La plupart des lieux sont investis et l'ensemble des interventions se visitera accompagné par des guides autant pour des mesures sanitaires qu'à cause de la complexité du lieu. Les découvertes sont nombreuses et, comme dans tout projet de ce genre, ce sont autant les œuvres et les interventions qui fascinent que le lieu lui-même. La compétition est forte entre ce que peuvent faire les intervenant·e·s et ce qui se vit et se parcourt.

Mais, ce qui se voulait au départ un lieu de rencontre et d'interactions entre visiteur·se·s, usager·e·s et auteur·e·s, a dû fonctionner plus comme une simple exposition à cause des mesures de contraintes et des limitations de rassemblement. Même si le contexte en 2021, avec une suite de confinements, était propice à réfléchir à de nouveaux modes d'habiter et portait l'espoir de nouvelles possibilités de vivre le monde de manière plus responsable, le laboratoire vivant n'a pas vraiment pu avoir lieu. *Bivouac* apparaît alors plus comme une somme d'interventions individuelles bien pensées, que comme une expérience collective. Le projet initial devait s'immiscer dans le processus de transformation du site, avec l'espoir d'un impact social prospectif, il a dû s'arrêter sur son premier regard.

Il n'en demeure pas moins de très belles interventions comme la «Loco», sorte de shinkansen improbable sur les rails de train d'Andreas Kressig, ou l'«archifossile», cocon gigantesque en ciment de Tarik Hayward. Des œuvres parmi d'autres mûrement pensées et préparées sur place.

Si les artistes savent se saisir d'opportunités comme celles-ci pour contribuer à la réflexion globale proposée par Séverin Guelpa, c'est par l'échange d'idées qu'elle prend corps. L'expérience collective lui donne l'énergie qui anime la sienne. Il crée avec les gens et les matériaux, il vit dans la production de sens. Ce que l'on retiendra surtout chez lui, c'est à quel point l'échange d'énergies est essentiel. Ce transfert nourrit autant sa manière de travailler que les propos qu'il engage ici présentement, sur les villes, le territoire et la manière de l'habiter.

The construction site as a place and challenge for art

EN

Olivier Kaeser

Superstructure is first and foremost a working residency on a construction site involving artists and architects who cohabit and sometimes interact with the skilled labourers present. Different activities coexist, and the people involved pass on complementary *savoir-faire* to one another, forming a kind of ephemeral community acting *in situ*. The experience is a performance, not so much in the artistic sense of the term as in its "physical" aspect. The particular conditions – like limited time, the cold, snow, a building's imposing dimensions, the possibilities and constraints of a given context – provoke an acceleration of thought processes and decision-making. After a fortnight of camping out there, a weekend-long exhibition is designed on site for the future residents of the buildings, local residents, and the greater public, so that they can discover the given artistic projects and architectural context that inspired them. An event like this is likely to leave a lasting impression on the memories and imaginations of those who will live in and around these buildings.

One might also imagine that each participant's experience will influence their practice well beyond the time spent on site, precisely because their habitual work methods will have also been transformed

Public art linked to a building is generally referred to as "art integrated into architecture" – or *Kunst am Bau* in German-speaking Switzerland. In most cases, these artistic creations are permanent and accessible to the public. With *Superstructure*, MATZA explores a different mode: art in a building site or "*Kunst im Bau*." *Bivouac* offers yet another distinct experience: it is an exhibition within a space *in transition* – one that is temporarily without a planned future, with an entrenched history as a former postal sorting centre that awaits a decision as to its future. In both cases, the presence of art is ephemeral. The restrictions of scheduling, safety, and public access are all counterbalanced by its rare qualities. For example, many materials taken from the site, or from the building's past activities, were able to be recycled or upcycled in artistic endeavours, and the buildings themselves generated certain *in situ* creations. The "local distribution circuit" between raw materials, production, and final presentation, worked very well. Another example is the cohabitation of artists, architects and other skilled labourers on the same site and at the same time, sharing skills, synergizing techniques, tools, and know-how. Here, ecology and economy are bridged in a spirit of community and solidarity.

The specificity of these two projects is inherent in their locations. *Superstructure* is a construction site for two apartment blocks, while *Bivouac* is an empty building in transition. A building site – i.e., "a place where work is being carried out", like an empty building awaiting its future – is closed to the public. This is the main reason why the history of art exhibitions on building sites has tended to be poor[1]. Let us take two examples. First, *Manoeuvres*, a public commission by the canton of Geneva by Delphine Reist, who worked with visual artist Laurent Faulon[2] and filmmaker Demis Herenger to orchestrate a series of creations involving several artists during the construction of Collège Sismondi in Geneva between 2007 and 2013. A film documents the project, which remains its only permanent trace. Another example is the 2013 *Visite d'une excavation en cours* ("Visit of an ongoing excavation") carried out by Spanish artist Lara Almacegui in Ivry-sur-Seine as part of her exhibition *Ivry souterrain* ("Ungerground Ivry") at the Le Crédac art centre. These artist-guided tours enabled the public to observe the city's geological bedrock and hidden infrastructure by walking below ground level during the grading works – i.e., before construction began. An artist's book collected data on the city's subsoil.

I would like to compare *Superstructure* and *Bivouac* to three other artistic experiments for their convergence with questions developed by MATZA. First of all, an historic work by American artist Robert Smithson (1938-1973): *Hotel Palenque* (1969-1972), a projection of 31 slides accompanied by the audio recording of a lecture given by the artist at the University of Utah in 1972. *Hotel Palenque* is the gripping observation of this hotel building in Mexico's Yucatan region. The artist saw the site as "de-architecturalized", the building as "a ruin in reverse" that was "in the process of simultaneous decay and renovation"[3]. This work is a good example of Smithson's "theoretical approach regarding the effects of entropy on the cultural landscape"[4]. The impermanent state of a site, of a project, or of life, also calls to mind the quote by Swiss sculptor Jean Tinguely (1925-1991) that "le définitif, c'est le provisoire" – i.e., "the definitive is the provisional"[5].

Let's move on to a living art experience: *Société en chantier* ("Society as a construction site" – 2020)[6] by Stefan Kaegi / Rimini Protokoll, a European collective active mainly in what is often called "documentary theatre". Their project took the form of a stroll through a building site complete with scenography, articulated through different workshops, each of which were led by an expert in relevant fields, like law, masonry, urbanism, private entrepreneurship, finance, and entomology. The societal mechanisms of today's major construction sites and the interplay of power between the forces involved, were explored and explained in realistic settings, allowing visitors to immerse themselves in very realistic situations.

Finally, let's consider the quinquennial exhibition of *Documenta 15* (Kassel, 2022), organized by the Indonesian collective ruangruppa. This edition considerably overturned the most established mechanisms of contemporary art. Coordinated for the first time by a non-Western artistic director[7], it developed a new DNA for this kind of international show. The notion of a collective – one made up of artists but also of other professions – was central, and ruangruppa defines its own teamwork as "based on a holistic social, spatial and personal practice strongly linked to Indonesian culture, in which notions of friendship, solidarity, sustainability, and community are paramount."[8] These values permeated the entire concept of the exhibition, based on the Indonesian principle of *lumbung*: a communal space where a harvest is shared. In this respect, it is worth noting that *a lumbung*, like a *mazze*[9], which inspired the name MATZA, express a rallying cry to a common cause. A visit to *Documenta 15* was less about discovering a selection of works arranged according to a classic curatorial concept than a journey that considered actions that were artistic, cultural, social, political, based on solidarity and the environment, and developed all over the planet.

To me, Robert Smithson's reflections, Stefan Kaegi's / Rimini Protokoll's strategies, and ruangruppa's values, all seem to have significant echoes in MATZA's projects – and, in particular, in *Superstructure* and *Bivouac*. Though these two initiatives have not produced "finished" works that can be collected, they have fostered working, sharing, and experimentation processes that take on their full meaning when experienced, and whose documentation[10], enlightenments, and analyses appearing in a publication also contribute to synthesizing and circulating the issues at stake.

1 The two locations in question are different from empty, disused buildings that are transformed into temporary art spaces, which have a rich history.

2 Delphine Reist and Laurent Faulon were part of *Superstructure* in Meyrin.

3 Terms used in the artist's commentary.

4 Expression used by Nancy Spector in her description of the work available at guggenheim.org/artwork/5321.

5 Expression frequently used by Jean Tinguely, which was taken up by Museum Tinguely in Basel as the title of the museum's collection between 2021 and early 2023. It's also worth noting that Tinguely, Smithson, and MATZA have completed landmark projects in extreme locations in western USA: *Study for End of the World N°2* (1962) by Tinguely at Jean Dry Lake in the Nevada desert; Smithson's *Spiral Jetty* (1970) at Rozel Point on the shores of Salt Lake in Utah; *Amboy* (2014, 2015, 2016) by MATZA in California's Mojave Desert.

6 *Société en chantier* was produced by Théâtre de Vidy and presented at Palais de Beaulieu in Lausanne (2020) before touring Europe from 2021.

7 With the exception of the 2002 edition, helmed by the American-Nigerian Okwui Enwezor, who was mainly based in the United States.

8 *The Documenta Fifteen Handbook*, glossary, rear flap, Hatje Cantz Verlag, 2022.

9 The true ancestor of popular petitions, a *mazze* is a tree trunk that was ripped out and moved from village to village in Switzerland's Haut-Valais from the late 15th century, in order to rally locals around a common cause. Once convinced, they would then drive a nail in the trunk as a sign of adhesion. Taken from the site matza.net/histoire.

10 The films *Superstructure* and *Bivouac*, directed by Michel Hartwell, provide enlightening documentation on each project.

Le chantier comme lieu et enjeu de l'art

FR

Olivier Kaeser

Superstructure est d'abord une résidence de travail dans un chantier, impliquant des artistes et des architectes, qui cohabitent et parfois interagissent avec les corps de métier présents sur place. Différentes activités cohabitent et les personnes impliquées se transmettent des savoir-faire complémentaires, formant une sorte de communauté éphémère agissant *in situ*. L'expérience relève de la performance, moins dans le sens artistique du terme que dans son aspect quasi «physique». Les conditions particulières comme le temps court, le froid, la neige, les dimensions imposantes du bâtiment, les possibilités et les contraintes du contexte provoquent en effet une accélération des réflexions et des prises de décision. Après quinze jours de campement et de création sur place, une exposition d'un week-end permet aux futurs habitant·e·s des immeubles, aux résident·e·s de la commune et à un public plus large de découvrir aussi bien les propositions artistiques que le contexte architectural qui les a inspiré·e·s. Il est probable que cet événement marquera durablement la mémoire et l'imaginaire des personnes qui vivront dans et autour de ces bâtiments.

On peut aussi imaginer que l'expérience vécue par chaque participant·e influencera sa pratique bien au-delà du temps passé sur le chantier, justement parce que les mécanismes habituels du travail ont été transformés

L'art public lié à un bâtiment est généralement qualifié d'art intégré à l'architecture ou *Kunst am Bau* en Suisse alémanique. La plupart du temps, ces interventions artistiques sont pérennes et accessibles au public. Avec *Superstructure*, MATZA explore un mode différent, il s'agit plutôt d'art dans le chantier ou *«Kunst im Bau»*. *Bivouac* propose une expérience encore distincte: une exposition dans un lieu en transition, temporairement sans programme, marqué par son histoire d'ancien centre du tri postal et en attente de décisions quant à son avenir. Dans les deux cas, la présence de l'art est éphémère. Les contraintes de planning, de sécurité ou d'accès public très encadré sont avantageusement contrebalancées par des atouts rares. Par exemple, de

nombreux matériaux issus du chantier ou des activités passées du bâtiment ont pu être recyclées ou upcyclées dans les interventions artistiques, et les bâtiments eux-mêmes ont généré certaines propositions *in situ*. Le «circuit court» entre les matières premières, la production et la présentation a bien fonctionné. Autre exemple, la cohabitation d'artistes, d'architectes et d'autres corps de métier sur un même site et une même période permet des partages de compétences, des mutualisations d'outils, de techniques et de savoir-faire. Écologie et économie se rejoignent dans un esprit de communauté et de solidarité.

La spécificité de ces deux projets est inhérente à leurs lieux d'implantation. Le chantier de deux immeubles d'habitation pour *Superstructure*, un bâtiment vide en transition pour *Bivouac*. Un chantier, «lieu où l'on procède à des travaux», tout comme un bâtiment vide en attente de son avenir, sont des lieux fermés au public. C'est la raison principale pour laquelle l'histoire des expositions d'art dans des chantiers est pauvre[1]. Citons deux exemples. D'une part *Manoeuvres*, une commande publique adressée par le Canton de Genève à Delphine Reist, qui a travaillé avec le plasticien Laurent Faulon[2] et le cinéaste Demis Herenger pour orchestrer une série d'interventions impliquant plusieurs artistes pendant la construction du collège Sismondi à Genève, entre 2007 et 2013. Un film documente le projet, il en représente le seul élément pérenne. Un autre exemple est *Visite d'une excavation en cours*, réalisée par l'artiste espagnole Lara Almacegui à Ivry-sur-Seine en 2013, dans le cadre de son exposition *Ivry souterrain* au centre d'art le Crédac. Ces visites guidées par l'artiste ont permis au public d'observer le socle géologique et l'infrastructure cachée de la ville, en déambulant en dessous du niveau du sol durant les travaux de terrassement, donc avant le début de la construction. Un livre d'artiste collecte des données sur les sous-sols de la ville.

J'aimerais mettre en résonnance *Superstructure* et *Bivouac* avec trois autres expériences artistiques, pour leur convergence avec les enjeux développés par MATZA. Tout d'abord, abordons une œuvre historique de l'artiste étasunien Robert Smithson (1938-1973): *Hotel Palenque* (1969-1972), une projection de 31 diapositives accompagnée de l'enregistrement sonore d'une conférence donnée par l'artiste à l'Université de l'Utah en 1972. *Hotel Palenque* est une saisissante observation du bâtiment de cet hôtel situé dans le Yucatan au Mexique. L'artiste considère le site comme «désarchitecturalisé», le bâtiment lui apparaît comme une «ruine à l'envers», «en cours de cycle de dégradation et de rénovation simultanées[3]». Cette œuvre offre un bon exemple de «l'approche théorique de Smithson concernant les effets de l'entropie sur le paysage culturel[4]».

L'état impermanent d'un site, d'un projet ou de la vie, rappelle aussi le phrase du sculpteur suisse Jean Tinguely (1925-1991), « le définitif, c'est le provisoire [5] ».

Passons ensuite à une expérience d'art vivant : *Société en chantier* [6] (2020) de Stefan Kaegi / Rimini Protokoll, collectif européen actif essentiellement dans ce qu'on qualifie de théâtre documentaire. Leur proposition prend la forme d'une déambulation dans un chantier scénographié, articulée en différents ateliers dont chacun est piloté par un·e expert·e dans les domaines concernés tels que le droit, la maçonnerie, l'urbanisme, l'entreprenariat privé, la finance ou l'entomologie. Les mécanismes sociétaux des grands chantiers contemporains et les jeux de pouvoirs entre les forces impliquées sont ainsi décortiqués et expliqués dans des décors réalistes qui permettent de s'immerger dans des situations qui semblent réelles.

Enfin, considérons une exposition quinquennale, la *Documenta 15* (Cassel, 2022), orchestrée par le collectif indonésien ruangrupa. Cette édition bouscule considérablement les mécanismes les plus établis de l'art contemporain. Conçue pour la première fois par une direction artistique extra-occidentale [7], elle développe un ADN inédit pour ce genre d'exposition internationale. La notion de collectif – d'artistes mais aussi d'autres professions – est centrale, et ruangrupa définit son propre travail en équipe comme « basé sur une pratique sociale, spatiale et personnelle holistique fortement liée à la culture indonésienne, dans laquelle les notions d'amitié, de solidarité, de durabilité et de communauté sont primordiales [8] ». Ces valeurs irradient sur l'ensemble du concept de l'exposition qui repose sur le principe indonésien du *lumbung*, espace communautaire de partage des récoltes. A ce propos, on peut relever que le *lumbung*, comme la *mazze* [9] qui a inspiré le nom MATZA, expriment tous les deux un ralliement à une cause commune. La visite de *Documenta 15* relève moins de la découverte d'une sélection d'œuvres agencées selon un concept curatorial classique que d'un parcours qui rend compte d'actions artistiques, culturelles, sociales, politiques, solidaires, environnementales, qui sont développées aux quatre coins du monde.

Les réflexions de Robert Smithson, les stratégies de Stefan Kaegi / Rimini Protokoll, les valeurs de ruangrupa me paraissent trouver des échos significatifs dans les projets MATZA, et notamment dans *Superstructure* et *Bivouac*. Ces deux initiatives n'ont pas produit d'œuvres « finies » que l'on peut collectionner, mais ont favorisé des processus de travail, de partage, d'expérimentation qui prennent tout leur sens quand elles sont vécues, et dont la documentation [10], les éclairages et les mises en perspective dans un ouvrage contribuent aussi à en synthétiser et à en colporter les enjeux.

1 Les deux lieux en question se distinguent des bâtiments vides désaffectés et transformés temporairement ou plus durablement en espaces d'art temporaires, dont l'histoire est riche.

2 Delphine Reist et Laurent Faulon ont fait partie de *Superstructure* à Meyrin.

3 Termes utilisés dans le commentaire de l'artiste.

4 Expression utilisée par Nancy Spector dans sa description de l'oeuvre disponible sur le site guggenheim.org/artwork/5321.

5 Expression fréquemment utilisée par Jean Tinguely, qui a été reprise par le Musée Tinguely à Bâle comme titre de la présentation de la collection du musée entre 2021 et début 2023. Par ailleurs, on peut observer que Tinguely, Smithson et MATZA ont réalisé des projets marquants dans des sites extrêmes situés dans l'ouest des Etats-Unis : *Study for the end of the World Nº2* (1962) par Tinguely à Jean Dry Lake dans le désert du Nevada ; *Spiral Jetty* (1970) par Smithson à Rozel Point au bord du Lac salé en Utah ; *Amboy* (2014, 2015, 2016) par MATZA dans le désert de Mojave en Californie.

6 *Société en chantier* a été produite par le Théâtre de Vidy, présentée au Palais de Beaulieu à Lausanne en 2020, avant de tourner en Europe dès 2021.

7 Excepté l'édition de 2002, dirigée par l'étasuno-nigérian Okwui Enwezor, qui était principalement basé aux Etats-Unis.

8 *Documenta Fifteen Handbook*, glossaire, rabat arrière, Hatje Cantz Verlag, 2022.

9 Véritable ancêtre de la pétition populaire, la mazze est un tronc d'arbre que l'on arrachait et déplaçait de village en village dans le Haut-Valais dès la fin du XVe siècle afin de mobiliser les habitants autour d'une cause commune. Une fois convaincus, ces derniers plantaient alors un clou dans le tronc en signe de ralliement. Extrait du site matza.net/histoire.

10 Par ailleurs, les films *Superstructure* et *Bivouac* réalisés par Michel Hartwell apportent une documentation éclairante sur chacun des projets.

Rumbling Waters
Some thoughts on the art
 of Séverin Guelpa

Dorothea Strauss

If you think about Séverin Guelpa's various projects and his stance as an artist, then you also, by necessity, ponder the basic meaning of art in our world. How much value do we attach to art? What influence does it have in our lives?

I have seen time and again people's tendency to pigeonhole art in a nice-to-have/not-need-to-have way. So many of us experience art only in museums, galleries and other "artsy" places. Artists are seldom called on to take part in discussions about political, economic, environmental or other great subjects involving the direction of society. We don't think art capable of affecting anything beyond the pigeonhole to which we have assigned it. Yet art can do much to help us create effective concepts for dealing with the challenges of the future, such as climate change. And this brings me to Séverin Guelpa's work.

In his MATZA series he has applied himself to extremely distressing processes under way across the globe: melting glaciers, drought, contaminated soil and so on. I write "distressing processes", however what is truly distressing is our ongoing failure to be sufficiently upset by them, upset enough to do something about them. But that is another story.

Guelpa wants to do something, and this is made clear by the title MATZA. The term (from the Italian "mazza" meaning bat or club)[1] was used in the Swiss region of Valais in the 1600s and 1700s to denote a symbolic, club-like object used in uprisings. Guelpa's wife, Anja Wyden Guelpa, comes from Valais and not only gave her husband the idea of using MATZA as a title but helped him with much of the series.

Interestingly, the MATZA spirit is by no means dead in modern Valais. It lives on in a tradition of civil disobedience and protest against unpopular decisions. And what Guelpa wants to do here is raise awareness of flagrant environmental devastation.

The MATZA projects, carried out in radically different parts of the world, are therefore based on networking and the participation Guelpa makes possible across professional boundaries. Their aim is to place the

long-term consequences of our collective actions at the centre of things

Throughout this series Guelpa has therefore brought together a wide range of figures from the realms of art, research and practical action. The focus is not only on the devastation itself but also on thorough research, dialogue, growing awareness, and the concern that nothing is really changing. Guelpa is fascinated by the energizing effect of the dynamic complexity involved. In other words, he does not want reality to be flattened in order to achieve a wrongheaded simplification.[2]

This is an artistically courageous approach, for — when all is said and done — Guelpa's work cannot be exhibited merely in museums and art galleries. And what it has to say cannot be crammed into a twitter post. It is no simple matter to enable people to see and experience the work's relevance. For that work has meanings, contains emotions felt by the people immediately affected by the events — all this does not fit neatly into the corner of some gallery. What we see is not an artwork in the classic sense. Rather, we become part of a complex, artistic process — if we allow ourselves to. Then there is the multiple nature of those creating this art. While Guelpa has always been the initiator of MATZA projects, there is a consciously shared responsibility for each work, a joint acquisition of knowledge, an exchange of experience.

Hence the question: Is Guelpa an artist or an activist for sustainability? In the MATZA projects he is certainly both. And that is exactly what makes this art so exciting, for it requires finely tuned moderation between various points of view in the enquiry under way.

The projects demand transformation, and this goes hand in hand with the transformative potential arising when art connects with things beyond the institutions of art

George Steinmann once said that art amounts to a vigilant eye on society. For the past four decades, Steinmann has stressed the shared responsibility of artists concerning climate change: "A paradigm change leading to a society prepared for the future is not possible without the knowledge that only art can give us."[3]

For the artist Séverin Guelpa, art is a form of knowledge that should, in all circumstances, have a place in forums taking decisions about the future. Art in a vacuum holds no interest for Guelpa. Rather, he understands art as an environment in which new modes of action and other possibilities may be explored. His projects definitely do something — they take the pulse of time; they render urgency visible; they bring people together; they are a source of utility; they have no fear of multidimensionality; they are provocative, they drive us out of our comfort zone; they seize mistakes and transform them into means of progress; they question conventions; they provide an example of the fun that can be had by trying out new things.

Many artists of the 20th and 21st centuries come to mind whose works challenged convention and confronted the problems of society. I am thinking of the symbolic power of Picasso's *Guernica*, the socially critical posters of Barbara Kruger, the sculptures fashioned from rubble by the Lebanese artist Hayat Nazer, and a younger generation of Swiss artists such as Monica Ursina Jäger, Julian Charrière and Ester Vonplon, who like George Steinmann take a deep interest in climate change and sustainability. They all address explosive themes such as the consumer society, environmental awareness, war and the structures of power.
In almost a decade of work on the MATZA series, Guelpa has gone a step further: he has accepted the need to share his creative force with others as well, so that this force gains independence from him, so that it spreads beyond him.

Guelpa, therefore, has developed a complex approach to his work. What does the future hold? Will there be further MATZA projects? Without a doubt, for he is far too engaged to stop, far too intrigued by the positive energy invested in, and emerging from, his cooperation with others. His focus in recent months has nevertheless shifted somewhat. From the start MATZA was based on environmental concerns involving a host of different disciplines. Guelpa has viewed himself as go-between. Now he is changing his role as artist once again and is fixing his attention more closely on what happens if his work does not consist of the dynamic, participatory process itself, but rather becomes a strong reflection of his line of inquiry and his research.

This is illustrated by Guelpa's video *Rumbling Waters* dealing with the growing water shortage. It has a 10-minute slow-motion sequence in which the viewer watches three impressive amphoras being shot at. Slowly the amphoras fly apart and water bursts forth. Sometimes the light angle makes it look like blood. *Rumbling Water*s is an atmospherically magical and ambiguous work. The combination of the violence, the beauty of the clay vessels and the gushing water — moving with a near-unbearable lethargy — provides food for thought. This is not Guelpa wagging his finger at us. Rather, his work seems to ask how much time remains for us to take action against the destruction of our environment.

Sustainability, the resources available to us and our behaviour toward nature will remain a prominent feature of Guelpa's work. Even if a work like *Rumbling Waters* can make an excellent display in a conventional exhibition, part of its transformative power will inevitably dissipate unless it is placed in context. That is, when there is no setting to contextualize the work's urgency, the art languishes in a utopian Garden of Eden and nothing comes of it. And here we see the emergence of a realm of action important for the communication concepts of cultural institutions and companies with culture-related activity. This is important because it can be tied in with new dimensions only if it results in an ability to take action and the will to take action. What is revealed is a dilemma existing for any artistic approach that involves the future of our world. If the work is participatory in nature, if it is difficult to properly experience as a free-standing object in a gallery, then there is always the risk it will die an artistic death despite its beauty. Séverin Guelpa knows this, and will in future create new and innovative forms that provide a place for both the work itself and the responsive setting which it needs. MATZA will thus remain present as a structure designed to generate knowledge and at the same time the experience gathered will flow more strongly back into the art itself. Guelpa's aim is to achieve something tangible. He knows this is a balancing act, and he intends to pursue it.

1 The *Historisches Lexikon der Schweiz* provides an interesting description of this custom: https://hls-dhs-dss.ch/de/articles/016548/2009-11-24.

2 One thinker interested in art and sustainibility is Dr Sacha Kagan. A decade ago he wrote: "We must resist the temptation to simplify, to follow a holistic course and iron reality flat in order to capture an overall view, to reconcile irreconcilable opposites." I agree.

3 George Steinmann in the catalogue made for the exhibition *Future Now*, held from 30 October to 11 December 2021 at Bern's Stadtgalerie; p. 205.

Rumbling Waters

Réflexions sur la pratique artistique de Séverin Guelpa

FR

Dorothea Strauss

S'intéresser aux projets de Séverin Guelpa et à sa démarche artistique, c'est aussi réfléchir à l'importance fondamentale que revêt l'art dans notre monde. Quelle valeur accordons-nous à l'art? Quel poids lui donne-t-on dans nos vies?

Je constate encore et toujours que la plupart des gens classent volontiers l'art dans des catégories: un «nice to have», mais pas un «must». Pour beaucoup, s'intéresser à l'art signifie découvrir des courants artistiques dans des musées, des galeries ou d'autres lieux courants. Mais lorsqu'il s'agit d'examiner les grandes questions traitant de l'évolution de la société, lorsqu'on aborde des thèmes politiques, écologiques, voire économiques, il est plutôt rare que des artistes soient invité·e·s à se joindre au débat. En effet, on n'imagine pas que l'art permette d'avoir un impact plus important que sa simple nature artistique. Pourtant, il peut nous donner de précieuses impulsions pour développer des concepts viables face aux défis futurs tels que le changement climatique, ce qui m'amène directement à l'œuvre de Séverin Guelpa.

Dans ses projets MATZA, cet artiste habitant Genève se consacre entièrement à des processus écologiques extrêmement douloureux dans le monde entier: la fonte des glaciers, la pénurie d'eau, la pollution des sols… J'écris «douloureux», mais ce qui est vraiment douloureux, c'est que tous ces processus dramatiques ne semblent pas encore nous faire assez mal pour que nous changions toutes et tous quelque chose. Mais cela est une autre histoire.

Guelpa, lui, veut apporter un changement réel. Et il le fait déjà clairement savoir avec le nom du projet MATZA. Dérivant de l'italien «mazza» (la massue, la masse d'arme)[1], le terme «mazze» existait déjà en Valais aux XVe et XVIe s. La mazze était un objet symbolique utilisé lors de soulèvements et de révoltes. L'épouse de Guelpa, Anja Wyden Guelpa – elle-même originaire du Valais –, connaît bien cette ancienne coutume. C'est elle qui a inspiré le titre à son mari et participé en outre à de nombreux projets MATZA.

Ce qui est fascinant, c'est que le mouvement de la mazze perdure aujourd'hui encore en Valais. Il s'agit en fin de compte de désobéissance civile, de révoltes contre des décisions que l'on ne partage pas. Au sens figuré, c'est aussi ce que recherche Séverin Guelpa avec ses projets MATZA: attirer l'attention sur des thèmes écologiques qui échappent à tout contrôle. Tous ses projets ont donc eu lieu dans le monde entier dans des endroits très différents et ils sont conçus pour fonctionner en réseau.

Guelpa crée ainsi des sortes de «caisses de résonnance» transdisciplinaires et participatives qui se focalisent sur les conséquences à long terme de nos actions collectives

Dans tous ses projets, Guelpa réunit différentes actrices et acteurs de l'art, de la recherche et de la pratique qui vont traiter non seulement de choses concrètes et tangibles, mais aussi de recherches intensives, de discussions, du processus, de la peur que rien ne change jamais, de l'échange. Séverin Guelpa est en effet fasciné par le fait que cette complexité dynamique va en accentuer les effets. En d'autres termes: il ne veut pas lisser la réalité au profit d'une simplification mal comprise.[2]

Une telle démarche artistique est courageuse. En fin de compte, ses travaux ne peuvent pas être simplement présentés dans des musées ou des galeries d'art – et leur message ne tient pas non plus dans un post sur Twitter. Il est en effet compliqué de rendre la pertinence des projets visible et perceptible pour d'autres. Il n'est pas facile non plus de transporter ailleurs la signification ou les émotions que ses travaux ont suscité pour les gens sur place ou pour celles et ceux qui sont directement impliqué·e·s. Nous ne voyons justement pas une œuvre au sens classique du terme: nous devenons partie intégrante d'un processus artistique complexe – si nous l'acceptons.

À cela s'ajoute la multiplicité des auteurs: même si Guelpa a toujours été l'initiateur des projets MATZA jusqu'à présent, ceux-ci se fondent de manière délibérée sur une responsabilité partagée. Il s'agit en effet de générer un savoir et d'échanger des expériences de manière communautaire.

Séverin Guelpa est-il un artiste ou plutôt un activiste du développement durable? Les deux, si l'on considère ses projets MATZA. Et c'est précisément ce qui rend sa démarche artistique si passionnante, car elle requiert une modération sensible entre différentes perspectives sur une même problématique.

L'ambition transformatrice de ses projets va donc de pair avec le potentiel de transformation qui naît lorsque l'art crée des connexions en dehors des institutions artistiques

L'artiste George Steinmann a dit un jour que l'art était un acte de vigilance sociale. Depuis près de quatre décennies, il s'intéresse à la part de responsabilité que portent les créateur·rice·s d'art dans le changement climatique: «Un changement de paradigme vers une société durable n'est pas possible sans cette forme de savoir qu'est l'art[3].»

Pour Séverin Guelpa, il faut que l'art soit une forme de savoir participant par tous les moyens à la prise de décisions concernant les questions d'avenir. L'art en tant qu'enclave ne l'intéresse pas. Il considère l'art comme une caisse de résonance permettant d'atteindre de nouvelles possibilités, de nouvelles actions. Ses projets ont un impact: ils prennent le pouls de notre époque. Ils rendent les urgences visibles. Ils rassemblent les gens. Ils satisfont des besoins. Ils n'ont pas peur de l'aspect multidimensionnel. Ils provoquent et secouent (le mot-clé est «sortir de sa zone de confort!»). Ils mettent à profit les erreurs et les intègrent de manière productive. Ils remettent en question les conventions. Ils nous démontrent que la nouveauté peut aussi procurer du plaisir.

Viennent alors à l'esprit les noms de nombreuses artistes des XXᵉ et XXIᵉ s. dont les œuvres bousculent les conventions et dénoncent les problèmes de société. Je pense ainsi à la force symbolique du *Guernica* de Picasso ou aux affiches de Barbara Kruger critiquant la société, à l'artiste libanaise Hayat Nazer transformant des débris en sculptures, ou encore à une jeune génération d'artistes suisses comme Monica Ursina Jäger, Julian Charrière et Ester Vonplon, qui, tout comme George Steinmann, traitent de la durabilité et du changement climatique. Les œuvres de toutes et tous ces artistes tournent autour de thèmes brûlants comme la consommation, la conscience environnementale, la guerre ou les structures du pouvoir.

Avec sa série de projets MATZA, qui dure maintenant depuis presque dix ans, Guelpa est même allé encore plus loin. Il s'est accommodé du fait que sa force artistique soit répartie sur de nombreuses têtes, qu'elle gagne en indépendance par rapport à lui, qu'elle se disperse.

Comment un artiste d'une telle complexité va-t-il continuer à travailler à l'avenir? De nouveaux projets MATZA vont-ils se développer? MATZA ne sera probablement jamais terminé, car Guelpa s'intéresse beaucoup trop à l'énergie positive qui naît de la collaboration. Néanmoins, il a quelque peu changé d'orientation ces derniers mois. Le point de départ de MATZA a toujours été la synergie entre les disciplines en relation avec une problématique écologique. Guelpa se considérait plutôt comme un médiateur Aujourd'hui, il modifie à nouveau son rôle d'artiste. Il se concentre davantage sur la question de savoir ce qui se passe lorsque son œuvre n'est pas un processus dynamique et participatif en soi, mais plutôt le réceptacle métaphorique de ses recherches et de ses questionnements.

Son travail vidéo *Rumbling Waters* (Le grondement des eaux), dans lequel Guelpa se penche sur la diminution de nos ressources en eau, illustre bien ce propos. Pendant près de dix minutes, on voit au ralenti quelqu'un·e tirer sur trois amphores impressionnantes. Très lentement, elles se brisent et l'eau s'en écoule, mais selon la lumière, on dirait presque du sang. *Rumbling Waters* est une œuvre à l'atmosphère magique et ambivalente. Le lien entre l'acte de violence, la beauté des amphores, l'eau qui coule – tout cela dans une lenteur presque insupportable – laissent songeur. Cependant Séverin Guelpa ne veut pas nous rappeler à l'ordre, mais plutôt nous poser la question suivante: combien de temps nous reste-t-il pour réagir face à la destruction de l'environnement?

La durabilité, notre rapport à la nature et à nos ressources à l'échelle mondiale… tous ces thèmes continueront d'être au cœur de l'œuvre de Guelpa. Et même si une œuvre comme *Rumbling Waters* peut parfaitement être présentée dans un espace d'exposition classique, elle perdra malgré tout une partie de son potentiel de transformation tant qu'elle ne sera pas contextualisée de manière ciblée. En d'autres termes, si l'urgence de telles œuvres n'est pas présentée, l'art restera dans un jardin d'Eden utopique et il ne se passera rien. Pour les concepts de médiation des institutions culturelles ou des entreprises liées à la culture, il s'agit là d'un champ d'action important et pertinent pour l'avenir. Important car l'interconnexion ne pourra atteindre de nouvelles dimensions que si la volonté et la capacité d'agir en découlent. On constate ici le dilemme des démarches artistiques traitant des questions d'avenir de manière ciblée: bien que les œuvres suscitent une forte participation, elles sont difficiles à expérimenter et à expliquer. En revanche, si elles sont présentées dans des salles d'exposition, elles risquent fort de mourir en beauté. Séverin Guelpa en est conscient. C'est pourquoi il souhaite développer à l'avenir des formes nouvelles et innovantes qui offrent une tribune tant à l'œuvre qu'à sa caisse de résonance participative. MATZA restera ainsi présent en tant que modèle intellectuel et structurel visant à créer du savoir, tandis que les expériences engrangées seront davantage intégrées dans les œuvres elles-mêmes. L'ambition de Guelpa est d'avoir un impact concret en tant qu'artiste. Il sait qu'il marche sur une corde raide, mais il veut continuer à le faire à l'avenir.

1   Dans le *Dictionnaire historique de la Suisse DHS*, on trouve des informations intéressantes sur cette coutume: https://hls-dhs-dss.ch/de/articles/016548/2009-11-24.

2   Cf. Sacha Kagan, *Auf dem Weg zu einem globalen (Umwelt-)Bewusstsein. Über transformative Kunst und eine geistige Kultur der Nachhaltigkeit* [Vers une conscience (environnementale) globale. Sur l'art transformatif et une culture intellectuelle de la durabilité], paru en 2012 dans la série de publications Ökologie (vol. 20) de la Fondation Heinrich Böll, p. 27: «Mais nous devons également résister aux tentations de lisser la réalité d'une manière holistique et de la simplifier pour tendre vers le grand tout et la réconciliation des contraires». Je partage cette revendication.

3   George Steinmann dans le catalogue de l'exposition *Future Now*, du 30 octobre au 11 décembre 2021, Stadtgalerie Berne, p. 205.

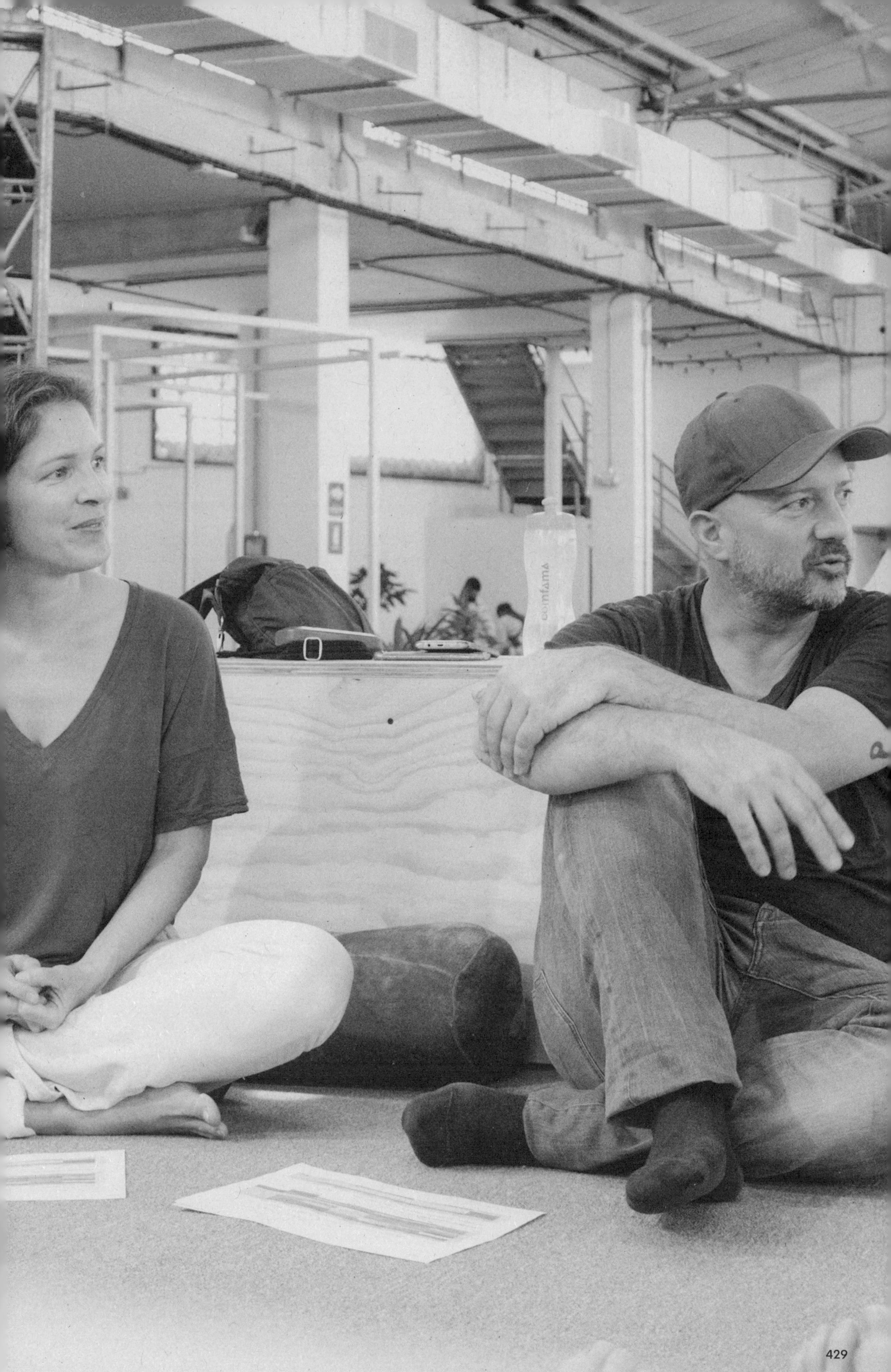

MATZA – 10 years of field research, experimentation, and collective art investigation

EN

Taking the form of three- to four-week immersions as well as exhibitions, MATZA is an artistic manifesto founded in 2014 by Swiss artist Séverin Guelpa. It is based on the conviction that artists play a decisive role in understanding and analyzing the complex environmental, social, and political issues facing the world today. In its artistic projects, MATZA gives pride of place to scientists and experts in the field, as well as to the people who live in the regions it explores. The forms of collective intelligence that emerge from exchanges between artistic sensibility, academic knowledge and know-how learned through contact with the field are the foundations of the artist's project, to which is added a passion for exploring little-known, often extreme or still threatened territories.

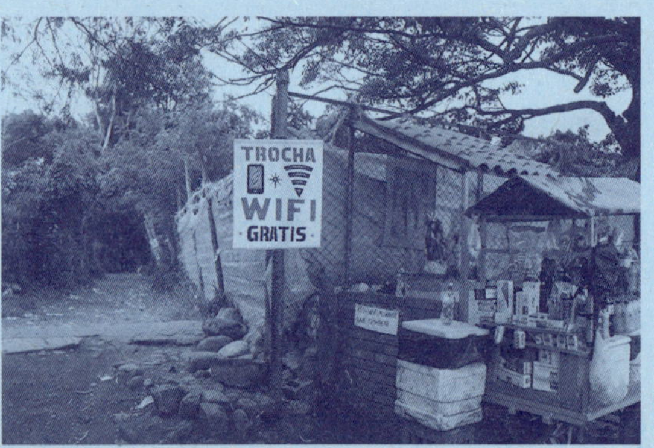

MATZA Edgelands, Cúcuta, 2022

Through MATZA, Séverin Guelpa initiates artistic projects, both collective and individual, that revolve around investigations of the territory, with a particular interest in the capacity of communities living there to develop forms of vernacular intelligence in close contact with the demanding territories on which they often depend. Learning from these situations is, in essence, the spirit of MATZA. Since 2014, nine sites around the world have been invested that have brought together communities of artists and scientists to work on environmental issues such as drought, melting glaciers or the depletion of the sea's resources. To date, MATZA has worked in the Mojave Desert in the USA from 2014 to 2017 (MATZA Amboy), on the Aletsch glacier in Switzerland from 2016 to 2018 (MATZA Aletsch), on the Kerkennah islands in Tunisia in 2017 (MATZA Kerkennah), as well as on two Swiss sites under construction or conversion, the first in Meyrin in 2019 (*Superstructure*) and the other in Lausanne in 2021 (*Bivouac*). Several exhibitions have also accompanied the project over the years. Since 2022, in association with the Edgelands Institute, MATZA has been looking at the new forms taken by the social contract between inhabitants in urban contexts strongly marked

by issues of security, digitalization and surveillance.

By confronting extreme and often difficult regions, MATZA seeks, through collective experimentation and the physical effort involved in each stage, to rethink our relationship with nature, with others and, more broadly, with the world around us.

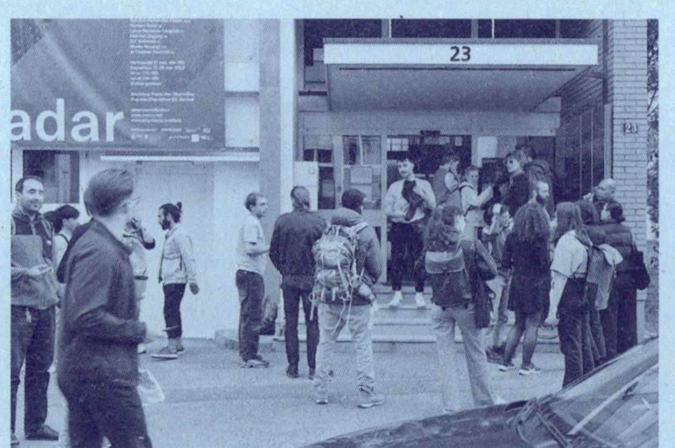

MATZA Edgelands, Genève, 2023

The matze, a tool for democracy before its time

The name MATZA comes from the matze, a tree trunk that was torn up and moved from village to village in the Upper Valais (Switzerland) as early as the end of the 15th century, in order to mobilize the inhabitants around a common cause. Once convinced, they would then drive a nail into the trunk as a sign of rallying. Echoing this tradition, a primitive form of direct democracy and popular petition, MATZA reflects the urgency of the radical changes awaiting our society and the exploration of new ways of living together.

MATZA 2014-2023

In July 2014, Séverin Guelpa and his wife Anja Wyden Guelpa were traveling through the American West. Halfway between the Mojave Reservation and Joshua Tree National Park, along Route 66, they came across the village of Amboy. It was the realization of a project that had been simmering in the artist's mind for several months. The idea was to set up expeditions that would bring together artists and scientists to explore two exceptional ecosystems: the desert in California and the glacier in the Swiss Alps, Anja's native region where the couple spend much of their rare free time. Amboy is owned by Albert Okura, known as "chicken man," a Japanese-American based in San Bernardino who made his fortune in roast chicken and is an unconditional lover of Route 66. Albert Okura was intrigued by the artist's intentions, and made it a condition of the site's availability that Séverin would first spend two weeks there on his own, in order to fully appreciate what it means to live in the remoteness of Amboy.

Séverin Guelpa returns to Amboy the same year, in the middle of winter. Here he creates a first series of installations in the motel's bungalows, a project entitled *Golden Smile, Salty Tears* (2-16.12.2014). In August 2015, the first collective stage of the project takes place, entitled *Dryland Motel Lobby Lab* (24.8-20.9.2015). Swiss artists Ariane Arlotti, Séverin Guelpa, Jérôme Massard, Marie Velardi and architects Guillaume de Morsier, Valentin Kunik and urban planner Matthias Solenthaler take part of it.

The third stage of MATZA Amboy takes place from 16.6 to 7.7.2016. Entitled *Undergrounds*, it includes the participation of artists Maxime Bondu, Séverin Guelpa, Katharina Hohmann, Delphine Renault, filmmaker Frédéric Choffat, architects Leopold Banchini and Daniel Zamarbide (Bureau A) and urban planner and geographer Thierry Maeder. The five inhabitants of Amboy are involved in the experiment, and local artists are invited to share their experience. As in previous years, an on-site exhibition follows the residency.

In November 2016, the *Undergrounds* exhibition takes place in Geneva, Switzerland (Bâtiment 76), bringing together a significant number of the artists and architects who participated in previous editions of MATZA. The exhibition includes the participation of Ariane Arlotti, Léopold Banchini and Daniel Zamarbide (Bureau A), Maxime Bondu, Frédéric Choffat, Laurence Favre, Katharina Hohmann, Séverin Guelpa, Valentin Kunik, Thierry Maeder, Jérôme Massard, Guillaume de Morsier, Emmanuel Mottu, Laurence Piaget, Delphine Renault and Marie Velardi.

From May 13 to June 10, 2017, the *Dryland* 2023 project is being organized in Amboy in collaboration with the University of Arizona at Phoenix (ASU), Professor Marco Janssen and artist Adriene Jenik. 8 art and anthropology students are taking part in the experiment (see text by Mr. Janssen).

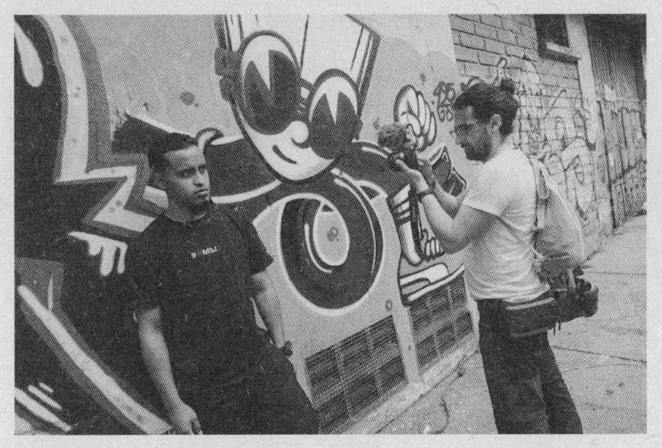

MATZA Edgelands, Medellin, 2023

After this last collective stage in Amboy, Séverin Guelpa turned his attention more directly to the situation on the Navajo and Hopi American Indian reservations (*Forgotten Land*, 2017), then to the community of Fort Mojave, which will be the subject of a film shot by the artist in 2022. In 2019, as a continuation of the work undertaken in Amboy, Séverin Guelpa is invited in residence by curator Bernard Leibov and Boxo House in Joshua Tree, where he participates in the Joshua Treenial. He regularly returns to the region to work. In 2021, he was invited to take up a month-long residency in Los Angeles at the Building Bridges Art Exchange (BBAX) gallery, a stay that culminated in the exhibition *Nature of Providence* at the same gallery from 5.9 to 30.10.2021. Since then, he has regularly spent time in the region with his wife Anja, a part of the world from which he builds bridges to South America and its deserts, including the Atacama Desert in Chile, from 2019 onwards.

In parallel with the American experience, MATZA is launching the first stage of its mirror project in Aletsch, on the largest glacier in the Swiss Alps in September 2016 (5-18.09). Also entitled *Undergrounds*, the expedition includes Swiss artists Emmanuel Mottu, Laurence Piaget, Marie Velardi and Laurence Favre, as well as architects Valentin Kunik and Guillaume de Morsier, alongside Séverin Guelpa. A large part of the group took part in the first stage of MATZA Amboy in 2015, thus living the imagined mirror experience. This first expedition will be followed in 2017 by *Anticipating the Extreme* (28.8-10.9) with artists Maxime Bondu, Gaël Grivet, Séverin Guelpa, Jane C. Mi, Mick Lorusso, Delphine Renault, Laurent Tixador, Alexia Turlin and Sabine Zaalene. Once again, mountain guide Philipp Zehnder, accompanied by François Perraudin and Stefan Jossen, guided the participants up the glacier to the Konkordia hut (2850 m), the project's place of residence, as well as the public, who came each time to take part in the vernissages on site. The recipe on the glacier is based on the same ingredients as in the desert. A remote site preceded by a two- to three-day climb. Rudimentary working and living conditions, based on what you can carry in your rucksack, and two weeks' dormitory accommodation in a high-altitude hut, a place where you're usually just passing through. Unlike Amboy, where you can always escape by road, there's something even more restrictive about the mountains: the challenge of sharing space, and therefore promiscuity.

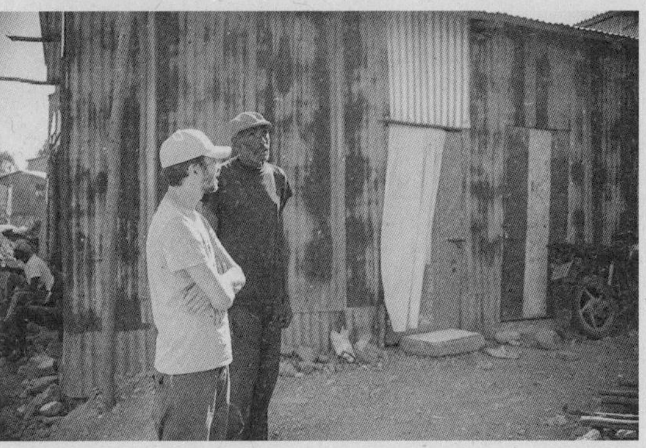

MATZA Edgelands, Nairobi, 2023

In 2017, Séverin Guelpa was invited to exhibit at the Ferme Asile art center in Sion (CH). He decides to present *Radical Biotope*, a large-scale installation that diverts water from a nearby river into the exhibition space. At the same time, he invited a number of artists who had participated in MATZA Aletsch to present a work based on their experience on the glacier.

It was also in 2017 (27.3-15.4) that Séverin Guelpa organized a MATZA stopover on the Kerkennah Islands in southern Tunisia (MATZA Kerkennah 2017). The project lasts three weeks, two of which are spent on the islands working alongside fishermen, mainly around the issues of overfishing at sea. The participating artists, Maxime Bondu, Tom Boegart, Moufida Fedhila, Séverin Guelpa, Mouna Karray, Wissem El Abed, Nathalie Rodach, Sabine Zaalene and architect Karim Ben Amor, from Tunisia, France, Belgium and Switzerland, then exhibit the results of their work at the Musée national du Bardo in Tunis from April 15 to May 7 of the same year.

In 2018, the third and final stage of MATZA Aletsch runs from August 27 to September 9. It includes artists Laurence Bonvin, les Frères Chapuisat, Maëlle Cornut, Séverin Guelpa, Maxime Lamarche, Sandrine Pelletier, Eric Philippoz, Valentina Pini and architects Pierre Cauderay and Louis Méjean.

In 2018, Séverin Guelpa decided to repatriate the MATZA experience and apply it to closer, more urban territories. At the end of the year, this led to an invitation from the owners and architects of an impressive cooperative construction project in the municipality of

Meyrin (CH). The architects from Belmann (Belmann architectes), together with the client cooperatives Codha and Voisinages, are developing a space on the building site for sharing and exchanging experiences between the various players involved in the building process, as well as with future residents: the Espace chantier. Séverin Guelpa is invited to take over the site and create installations in collaboration with the companies present. MATZA's practice also echoes this spirit, so alongside his interventions he proposes to set up a new team in January 2019. He brings together artists Vincent Bertholet, Harold Bouvard, Laurent Faulon, Laurence Favre, Séverine Hubard and Delphine Reist, as well as architects Pierre Cauderay and Leopold Banchini. A residency on the site is organized in the middle of winter, followed by two exceptional days when the site will be open to the public on February 2 and 3, 2019, during which works, installations and performances will be presented.

In 2020, Séverin Guelpa was invited to work at the Théâtre de l'Orangerie in Geneva (CH). Returning from a trip to the Brazilian Amazon, he built a 6 m high termite mound in the theater's grounds, inspired by a recently discovered site in the Amazon rainforest consisting of thousands of termite mounds. To this end, he called on the skills of architects Kunik de Morsier and companies Jundt Ingénieurs civils Sa, Maulini Sa and Terrabloc Sarl, who lent him a hand in the spirit of the MATZA projects undertaken to date.

The previous year, MATZA was also invited to develop a new project in Lausanne (CH), on the Rasude site in the heart of the city. In collaboration with architect Pierre Cauderay, a guest at previous editions of MATZA, Séverin Guelpa developed the LABOR project, intended to accompany the planned construction site over a four-year period. *Bivouac* is the first stage of an artistic project that will be punctuated by the various phases of the current building site, with exhibitions following on from the discovery of the site (*Bivouac*), the "structural work", the "finishing work" and the final installation in the new premises. However, the ambition of the project, the complexity of the site and the health crisis forced the project to be postponed, with the first stage, *Bivouac*, finally takes place in June 2021 (4-27.6).

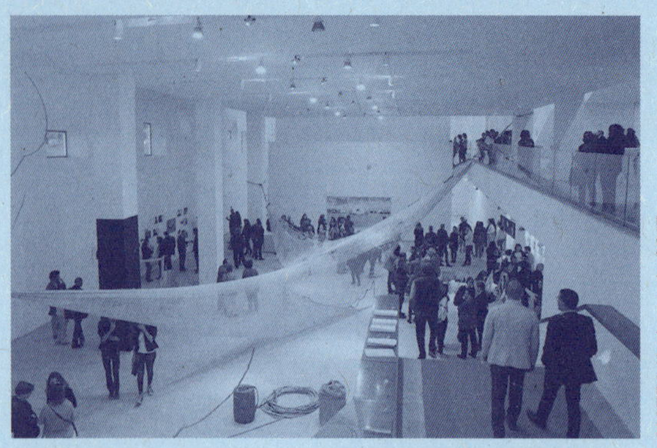

MATZA Kerkennah, 2017

This time, the *Bivouac* exhibition is based on an international call for projects involving some one hundred and fifty artists and architects from around the world. A jury selected twelve projects, which would then be developed on site according to the constraints and specificities of the Rasude site. The selected artists are Andreas Kressig, Anu Pennanen, Elise Indovino and Céleste Gangolphe, Nicolas Delaroche, Sabine Zaalene, Simon Deppierraz and Tarik Hayward. Guest architects are Bastian Marzoli & Gregoire Guex-Crosier, La Clique collective, Gailing Rickling architectes, Sébastien Tripod and Diego Sologuren.

That same year, MATZA was approached by the Edgelands Institute, founded by former ICRC director Yves Daccord. Over a four-year period, the institute plans to immerse itself in the complexity of major urban centers around the world, exploring how digitization and growing security issues affect the conditions for living together. The social contract, as the common rules necessary for the functioning of a democratic society, is at the heart of this approach, which aims to bring together artists and scientists. A new page opens for MATZA, with seven stages planned between 2022 and 2025. An ambitious project, this time jointly led by the artist and his wife Anja Wyden Guelpa, which will involve a wide network of collaborations around the world.

In 2022, MATZA Edgelands' first city is Medellin, Colombia (*Common Grounds*, 18.2-20.3) with artists Sara Arango, Felipe Castelblanco, Alejandro Duque, Ogutu Muraya, Onyis Martin, Sandrine Pelletier, Margarita Pineda, Valentina Pini, Julie Semoroz, Angelica Teuta and Tatyana Zambrano.

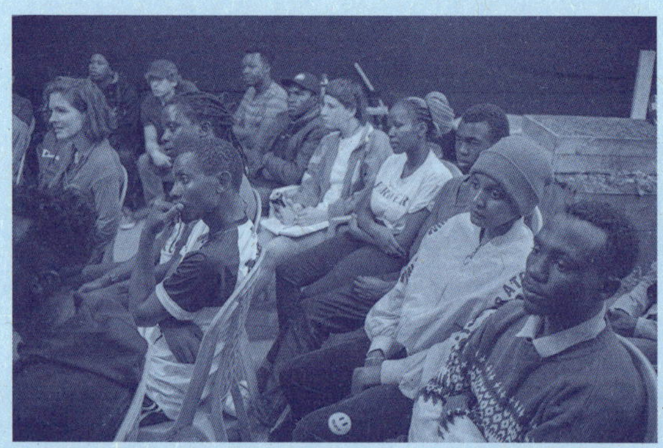

MATZA Edgelands, Nairobi, 2023

This is followed by Cúcuta, a Colombian city on the border with Venezuela (*Blurred Lines*, 22-31.7.2022) with artists Yann Gross, Syowia Kyambi, Ronald Pizzoferrato, Adrian Preciado, Santiago Vélez and architect Vanessa Lacaille. In 2023, MATZA Edgelands takes up residence in the Mukuru slum in Nairobi (KEN) with the *Digital Informalities* project (23.1-26.2), then in Geneva, Switzerland. Artists Shabu Mwangi, Joan Otieno, Flurina Rothenberger, Ngugi Waweru, Nabalayo, Wanjiru Ngure, Ronald Pizzoferrato and architect Mounir Ayoub will take part in the Kenyan edition, followed by Maxime Bondu, Sabrina Fernandez Casas, Myriam Dalal, Lorca Devanne-Langlais, Félicien Goguet, Zulkifle Mahmod, Shabu Mwangi and Thomas Dworzak from the Magnum agency, who will be in Geneva for *Under The Radar* (27.4-28.5.2023).

The project is due to continue with the cities of Chicago, Singapore and Beirut. All of these forthcoming stages attest to the public's and the scientific world's growing interest in art, artists and their approaches to the challenges posed by the world we live in today.

In parallel with MATZA, Séverin Guelpa exhibits his individual work, which focuses on the resonance of territorial issues, both in Switzerland and abroad. Following in the footsteps of MATZA, he is particularly interested in deserts, mining areas and seismic zones in the USA and South America, from which he draws inspiration to address fundamental questions about the relationship between humans and their environment. This book reviews some of his exhibitions, including *Nature Of Providence* (BBAX, Santa Monica, 2021) and *Subsidence Of Growth* (Kunsthalle Arbon, 2021).

MATZA – 10 ans de recherche sur le terrain, d'expérimentation et d'investigation artistique collective

FR

Prenant la forme d'immersions de trois à quatre semaines ainsi que d'expositions, MATZA est un manifeste artistique fondé en 2014 par l'artiste suisse Séverin Guelpa. Il repose sur la conviction que les artistes jouent un rôle déterminant dans la compréhension et l'analyse des enjeux complexes que pose le monde aujourd'hui, qu'ils soient environnementaux, sociaux ou encore politiques. Dans ses projets artistiques, MATZA accorde une place importante aux scientifiques, aux expert·e·s de terrain mais aussi aux habitant·e·s qui vivent dans les régions explorées. Les formes d'intelligence collective, qui naissent des échanges entre la sensibilité artistique, le savoir académique et les savoir-faire appris au contact du terrain sont les fondements du projet de l'artiste, à quoi s'ajoute une passion pour l'exploration de territoires méconnus, souvent extrêmes ou encore menacés.

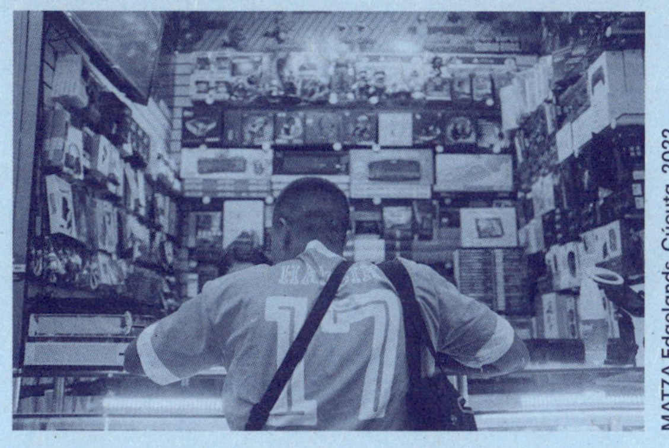

MATZA Edgelands, Cúcuta, 2022

A travers MATZA, Séverin Guelpa initie des projets artistiques, collectifs ou individuels, qui s'articulent autour d'investigations du territoire en s'intéressant particulièrement à la capacité des communautés qui y vivent à développer des formes d'intelligence vernaculaire au contact étroit avec les territoires exigeants dont elles dépendent souvent. Apprendre de ces situations, c'est en substance l'esprit de MATZA. Depuis 2014, neuf sites à travers le monde ont été investis qui ont réuni des communautés d'artistes et de scientifiques pour travailler sur des questions environnementales comme la sécheresse, la fonte des glaciers ou l'appauvrissement des ressources de la mer. A ce jour, MATZA est intervenu dans le désert de Mojave aux Etats-unis de 2014 à 2017 (MATZA Amboy), sur le glacier d'Aletsch en Suisse de 2016 à 2018 (MATZA Aletsch), sur les îles de Kerkennah en Tunisie en 2017 (MATZA Kerkennah), ainsi que sur deux sites suisses en construction ou en transformation, le premier à Meyrin en 2019 (*Superstructure*) et l'autre à Lausanne en 2021 (*Bivouac*). Plusieurs expositions ont également accompagné le projet tout

au long de ces années. Depuis 2022, en association avec le Edgelands Institute, MATZA s'intéresse aux formes nouvelles que prend le contrat social entre habitant·e·s dans des contextes urbains fortement marqués par des questions de sécurité, de digitalisation et de surveillance.

En se confrontant à des régions extrêmes et souvent difficiles, MATZA cherche par l'expérimentation collective et l'effort physique qu'implique chacune des étapes à repenser notre relation à la nature, aux autres et plus largement au monde qui nous entoure.

La matze, un outil de démocratie avant l'heure

Le nom MATZA vient de la matze, tronc d'arbre que l'on arrachait et déplaçait de village en village dans le Haut-Valais (Suisse) dès la fin du XVe siècle afin de mobiliser les habitant·e·s autour d'une cause commune. Une fois convaincu·e·s, ces dernier·ère·s plantaient alors un clou dans le tronc en signe de ralliement. En écho à cette tradition, forme primitive de la démocratie directe et de la pétition populaire, MATZA s'inscrit dans l'urgence des changements radicaux qui attendent notre société et l'exploration de nouvelles manières de vivre ensemble.

MATZA 2014-2023

En juillet 2014, Séverin Guelpa et sa femme Anja Wyden Guelpa parcourent l'Ouest américain. A mi-chemin entre la réserve de Mojave et le parc national de Joshua tree, empruntant la route 66, ils tombent sur le village d'Amboy. C'est la concrétisation d'un projet qui murit dans la tête de l'artiste depuis plusieurs mois. Monter des expéditions qui réuniraient artistes et scientifiques autour de deux écosystèmes exceptionnels : le désert, en Californie, et le glacier, dans les Alpes suisses, région dont Anja est originaire et où le couple passe une bonne partie de son rare temps libre. Amboy est la propriété de Albert Okura, appelé «chicken man», un américano-japonais établi à San Bernardino qui a fait fortune dans le poulet rôti et est un amoureux inconditionnel de la route 66. Albert Okura se dit intrigué par les intentions de l'artiste et conditionne la mise à disposition ponctuelle du site au fait que Séverin y passe d'abord seul deux semaines afin de réaliser pleinement ce qu'implique la vie reculée à Amboy.

Séverin Guelpa revient à Amboy la même année, en plein hiver. Il y crée une première série d'installations dans les bungalows du motel, projet intitulé *Golden Smile, Salty Tears* (2-16.12.2014). En août 2015, la première étape collective du projet a lieu, intitulée *Dryland Motel Lobby Lab* (24.8-20.9.2015). Y participent les artistes suisses Ariane Arlotti, Séverin Guelpa, Jérôme Massard, Marie Velardi ainsi que les architectes Guillaume de Morsier, Valentin Kunik et l'urbaniste Matthias Solenthaler.

La troisième étape de MATZA Amboy a lieu du 16.6 au 7.7.2016. Intitulée *Undergrounds*, elle comprend la participation des artistes Maxime Bondu, Séverin Guelpa, Katharina Hohmann, Delphine Renault, du réalisateur Frédéric Choffat, des architectes Leopold Banchini et Daniel Zamarbide (Bureau A) ainsi que de l'urbaniste et géographe Thierry Maeder. Les cinq habitants d'Amboy sont impliqués dans l'expérience et des artistes de la région sont invités à partager leur expérience. Comme lors des années précédentes, une exposition sur place suit la résidence.

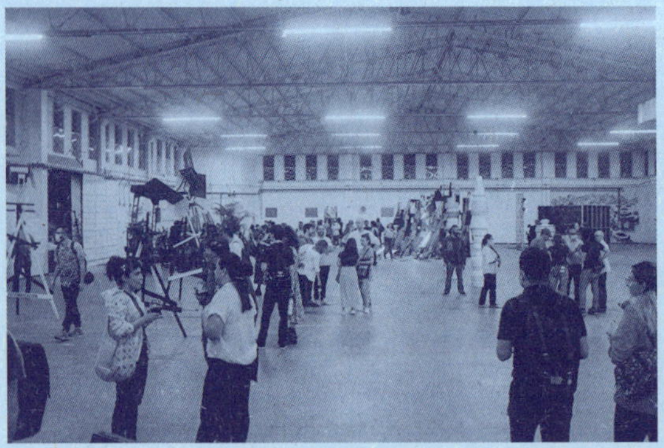

MATZA Edgelands, Medellín, 2023

En novembre 2016 a lieu à Genève en Suisse (Bâtiment 76) l'exposition *Undergrounds* qui réunit une partie importante des artistes et des architectes ayant participé aux éditions préalables de MATZA. L'exposition comprend la participation de Ariane Arlotti, Léopold Banchini et Daniel Zamarbide (Bureau A), Maxime Bondu, Frédéric Choffat, Laurence Favre, Katharina Hohmann, Séverin Guelpa, Valentin Kunik, Thierry Maeder, Jérôme Massard, Guillaume de Morsier, Emmanuel Mottu, Laurence Piaget, Delphine Renault et Marie Velardi.

Du 13 mai au 10 juin 2017, le projet *Dryland* 2023 est organisé à Amboy en collaboration avec l'Université d'Arizona à Phoenix (ASU), le professeur Marco Janssen et l'artiste Adriene Jenik. Huit étudiantes en art et en anthropologie participent à l'expérience (voir texte de M. Janssen).

Après cette dernière étape collective à Amboy, Séverin Guelpa s'intéresse plus directement à la situation dans les réserves amérindiennes Navajo et Hopis (*Forgotten Land*, 2017) puis à la communauté de Fort Mojave, qui fera l'objet d'un film tourné par l'artiste en 2022. En 2019, dans la continuité du travail entrepris à Amboy, Séverin Guelpa est invité en résidence par le curateur Bernard Leibov et la Boxo House à Joshua Tree où il participe à la Joshua Treenial. Il retourne régulièrement dans la région pour y travailler. En 2021, il est invité en résidence à Los Angeles durant un mois par la galerie Building Bridges Art Exchange (BBAX), séjour de travail qui aboutit à l'exposition *Nature of Providence* dans la même galerie du 5.9 au 30.10.2021. Il passe depuis régulièrement du temps dans la région en compagnie de sa femme Anja, région du monde à partir de laquelle il construit dès 2019 des ponts avec l'Amérique du Sud et ses déserts, dont notamment le désert d'Atacama au Chili.

Parallèlement à l'expérience américaine, MATZA lance la première étape de son projet miroir à Aletsch, sur le plus grand glacier des Alpes suisses en septembre 2016 (5-18.09). Également intitulée *Undergrounds*, l'expédition comprend aux côtés de Séverin Guelpa les artistes suisses Emmanuel Mottu, Laurence Piaget, Marie Velardi et Laurence Favre ainsi que les architectes Valentin Kunik et Guillaume de Morsier. La grande

partie du groupe était de la première étape de MATZA Amboy en 2015, vivant de la sorte l'expérience miroir imaginée. A cette première expédition suivra en 2017 *Anticipating the Extreme* (28.8-10.9) avec les artistes Maxime Bondu, Gaël Grivet, Séverin Guelpa, Jane C. Mi, Mick Lorusso, Delphine Renault, Laurent Tixador, Alexia Turlin et Sabine Zaalene. C'est à nouveau le guide de haute montagne Philipp Zehnder, accompagné de François Perraudin et Stefan Jossen qui guide les participant·e·s lors de la montée sur le glacier jusqu'à la cabane Konkordia (2850 m), lieu de résidence du projet, ainsi que le public venu chaque fois participer aux vernissages sur place. La recette sur le glacier repose sur les mêmes ingrédients que dans le désert. Un site éloigné précédé de deux à trois jours d'ascension. Des conditions de travail et de résidence rudimentaires, conditionnées à ce que l'on est capable d'emmener dans son sac, et deux semaines de cohabitation en dortoir dans une cabane d'altitude, lieu où l'on ne fait d'habitude que passer. A la différence d'Amboy dont la route permet toujours de s'échapper, la montagne a quelque chose de plus contraignant encore, le défi de l'espace à partager et donc de la promiscuité.

En 2017, Séverin Guelpa est invité à exposer au centre d'art de la Ferme Asile à Sion (CH). Il décide d'y présenter *Radical Biotope*, une installation de grande envergure qui détourne l'eau d'une rivière avoisinante pour l'amener dans l'espace d'exposition. Il invite parallèlement plusieurs artistes ayant participé à MATZA Aletsch à y présenter une œuvre réalisée à partir de l'expérience menée sur le glacier.

C'est également en 2017 (27.3-15.4) que Séverin Guelpa organise une étape de MATZA sur les îles Kerkennah dans le sud de la Tunisie (MATZA Kerkennah 2017). Le projet dure trois semaines dont deux sont passées sur les îles à travailler aux côtés de pêcheurs, principalement autour des enjeux de la surpêche en mer. Les artistes participants, Maxime Bondu, Tom Boegart, Moufida Fedhila, Séverin Guelpa, Mouna Karray, Wissem El Abed, Nathalie Rodach, Sabine Zaalene et l'architecte Karim Ben Amor, en provenance de Tunisie, de France, de Belgique et de Suisse, exposent ensuite le résultat de leur travail au Musée national du Bardo à Tunis du 15 avril au 7 mai de la même année.

En 2018, la troisième et ultime étape de MATZA Aletsch est organisée du 27 août au 9 septembre. Elle comprend les artistes Laurence Bonvin, les frères Chapuisat, Maëlle Cornut, Séverin Guelpa, Maxime Lamarche, Sandrine Pelletier, Eric Philippoz, Valentina Pini et les architectes Pierre Cauderay et Louis Méjean.

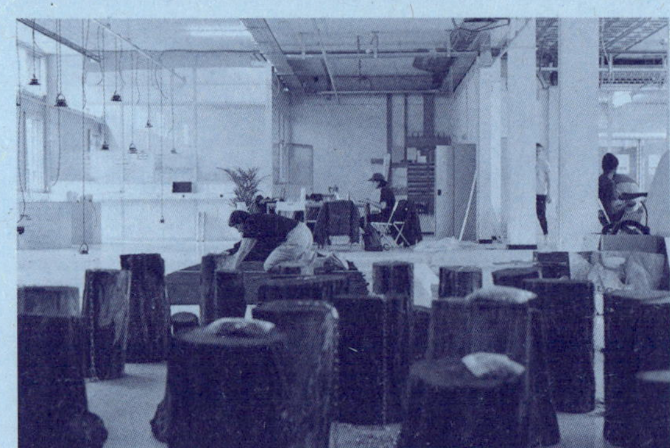

MATZA Edgelands, Genève, 2023

C'est en 2018 que Séverin Guelpa décide de rapatrier l'expérience MATZA pour l'appliquer à des territoires plus proches et plus urbains. Cela se concrétise à la fin de l'année par une invitation adressée par les maîtres et maîtresses d'ouvrages et les architectes d'un imposant projet de construction coopératif dans la commune de Meyrin (CH). Les architectes de Belmann (Belmann architectes), avec les coopératives mandantes Codha et Voisinages, développent sur le site du chantier un espace de partage et d'échange d'expériences entre les différents acteurs et actrices du bâtiment mais aussi avec les futurs habitant·e·s: l'Espace chantier. Séverin Guelpa est invité à investir le chantier et à y réaliser des installations en collaboration avec les entreprises présentes. La pratique de MATZA faisant également écho à cet esprit, il propose à côté de ses interventions de monter une nouvelle équipe en janvier 2019. Il y rassemble les artistes Vincent Bertholet, Harold Bouvard, Laurent Faulon, Laurence Favre, Séverine Hubard et Delphine Reist ainsi que les deux architectes Pierre Cauderay et Leopold Banchini. Une résidence à même le chantier est organisée en plein hiver et sera suivie par deux journées exceptionnelles d'ouverture du site au public les 2 et 3 février 2019 durant lesquels œuvres, installations et performances seront présentées.

En 2020, Séverin Guelpa est invité par le Théâtre de l'Orangerie à Genève (CH) pour y intervenir. Revenant d'un voyage dans l'Amazonie brésilienne, il construit dans le parc du théâtre une termitière haute de 6 m, inspirée d'un site récemment découvert dans la forêt amazonienne constitué de milliers de termitières. Il mobilise pour cela les compétences des architectes Kunik de Morsier et des entreprises Jundt Ingénieurs civils Sa, Maulini Sa et Terrabloc Sarl qui lui prêtent main forte, dans l'esprit des projets MATZA entrepris jusque-là.

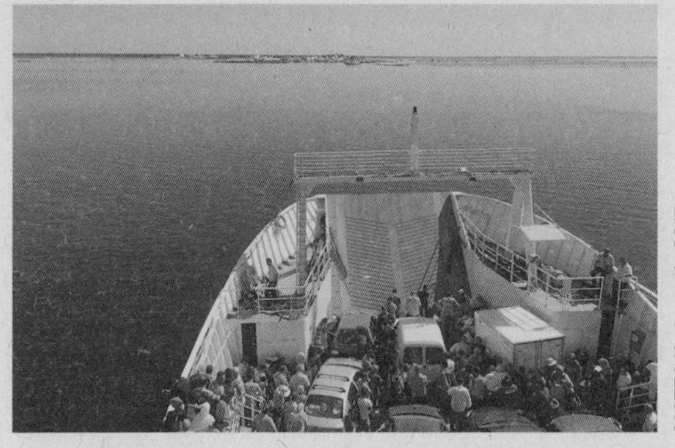

MATZA Kerkennah, 2017

L'année précédente, MATZA est également invitée à développer un nouveau projet à Lausanne (CH) sur le site en transformation de la Rasude en plein cœur de la ville. En collaboration avec l'architecte Pierre Cauderay invité lors d'éditions précédentes de MATZA, Séverin Guelpa y développe le projet *Labor* supposé accompagner sur quatre ans le chantier qui y est prévu. *Bivouac* est la première étape d'un chantier artistique qui va être rythmé par les différentes phases du chantier en cours, prévoyant de faire succéder à la découverte du site (*Bivouac*), des expositions couplées aux étapes de ''gros oeuvre'', de ''second œuvre'' puis d'installation définitive dans les nouveaux lieux construits. L'ambition du projet, la complexité du chantier et la crise sanitaire obligent néanmoins le report du projet dont la première étape, *Bivouac*, se réalise finalement en juin 2021 (4-27.6).

L'exposition *Bivouac* repose cette fois-ci sur un appel à projet international auquel participent environ cent cinquante artistes et architectes à travers le monde. Douze intentions de projet sont retenues par un jury et amenées à être développées dans un deuxième temps sur place selon les contraintes et les spécificités du site de la Rasude. Les artistes sélectionné·e·s sont Andreas Kressig, Anu Pennanen, Elise Indovino et Céleste Gangolphe, Nicolas Delaroche, Sabine Zaalene, Simon Deppierraz et Tarik Hayward. Les architectes invité·e·s sont Bastian Marzoli & Gregoire Guex-Crosier, le collectif La Clique, Gailing Rickling architectes, Sébastien Tripod et Diego Sologuren.

La même année, MATZA est approchée par le Edgelands Institute, fondé par l'ancien directeur du CICR, Yves Daccord. L'institut prévoit sur quatre ans de se plonger dans la complexité des grands centres urbains à travers le monde pour y explorer la manière dont la numérisation et les enjeux croissants de sécurité affectent les conditions d'un vivre ensemble. Le contrat social, en tant que règles communes nécessaires au fonctionnement d'une société démocratique, est au centre de cette démarche qui entend réunir artistes et scientifiques. C'est une nouvelle page qui s'ouvre pour MATZA avec sept étapes prévues entre 2022 et 2025. Un projet ambitieux, porté cette fois-ci conjointement par l'artiste et sa femme Anja Wyden Guelpa, qui va impliquer un large réseau de collaborations à travers le monde.

En 2022, la première ville investie par MATZA Edgelands est Medellín en Colombie (*Common Grounds*, 18.2-20.3) avec les artistes Sara Arango, Felipe Castelblanco, Alejandro Duque, Ogutu Muraya, Onyis Martin, Sandrine Pelletier, Margarita Pineda, Valentina Pini, Julie Semoroz, Angelica Teuta et Tatyana Zambrano.

Suit Cúcuta, ville colombienne située sur la frontière avec le Vénézuela (*Blurred Lines*, 22-31.7.2022) avec les artistes Yann Gross, Syowia Kyambi, Ronald Pizzoferrato, Adrian Preciado, Santiago Vélez et l'architecte Vanessa Lacaille. En 2023, MATZA Edgelands prend ses quartiers dans le bidonville de Mukuru à Nairobi (KEN) avec le projet *Digital Informalities* (23.1-26.2) puis à Genève, en Suisse. Ce sont respectivement les artistes Shabu Mwangi, Joan Otieno, Flurina Rothenberger, Ngugi Waweru, Nabalayo, Wanjiru Ngure, Ronald Pizzoferrato et l'architecte Mounir Ayoub qui participeront à l'édition au Kenya puis les artistes Maxime Bondu, Sabrina Fernandez Casas, Myriam Dalal, Lorca Devanne-Langlais, Félicien Goguet, Zulkifle Mahmod, Shabu Mwangi et Thomas Dworzak de l'agence Magnum qui seront présents à Genève pour *Under the Radar* (27.4-28.5.2023).

Le projet devrait ensuite se poursuivre avec les villes de Chicago, Singapour et Beyrouth. Autant d'étapes à venir qui ne font qu'attester l'intérêt croissant du public et du monde scientifique pour l'art, les artistes et leurs approches face aux enjeux que pose aujourd'hui le monde dans lequel nous vivons.

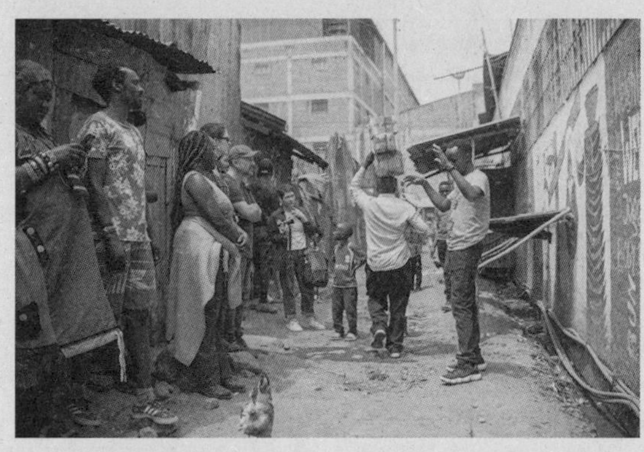

MATZA Edgelands, Nairobi, 2023

En parallèle de MATZA, Séverin Guelpa expose son travail individuel qui s'attèle à faire entrer en résonance des enjeux de territoire, en Suisse comme à l'étranger. Dans la droite ligne de MATZA, il s'intéresse tout particulièrement aux déserts, aux régions d'extraction minière ou aux zones sismiques, aux Etats-Unis comme en Amérique du Sud, dont il s'inspire pour aborder les questions fondamentales de relations entre les humains et leur environnement. Ce livre revient sur certaines de ses expositions, dont *Nature of Providence* (BBAX, Santa Monica, 2021) ou encore *Subsidence of Growth* (Kunsthalle Arbon, 2021).

Séverin Guelpa

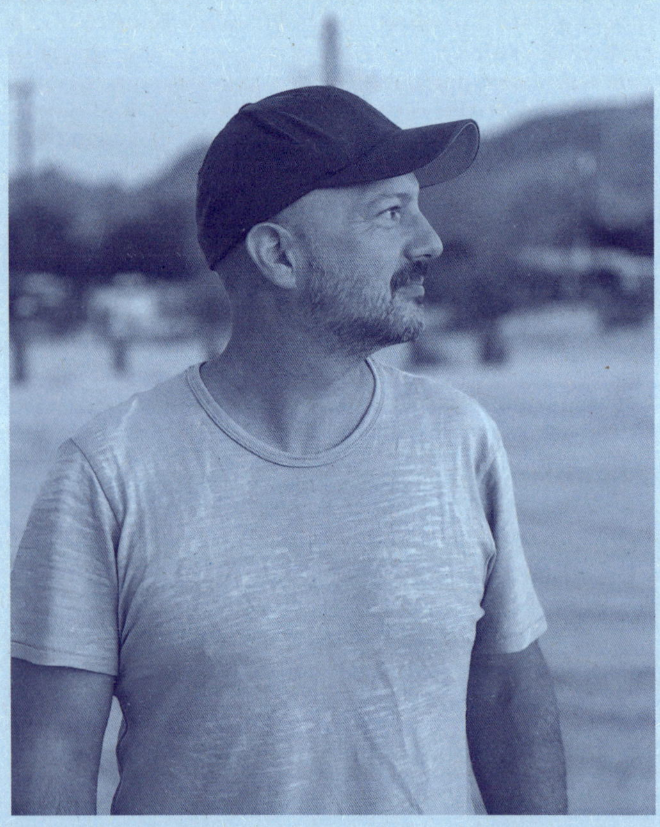

Séverin Guelpa is an artist and curator. He lives and works between Geneva, California and the deserts (1974).

Inspired by the regions of the world he explores, Séverin Guelpa's work addresses questions of identity, culture, time and emancipation. His architectures, like his sculptures, videos and photographs, combine raw materials, construction elements and salvaged materials, which he assembles, weighs and tensions to speak of our relationship with the world and its resources. He generally draws his inspiration and work from marginal sites, most often in desert regions, looking to the singularity of these places and the knowledge of the people who live there for the main thrust of his work.

With MATZA, which he founded in 2014 and of which he is curator, Séverin Guelpa invests in parallel across the world, extreme territories or emblematic urban areas in which he brings together artists, experts and architects. The experience of the regions explored then feeds into work on our ability to adapt and the forms of collective intelligence that emerge in these territories.

After graduating in Political Science from the University of Geneva, Séverin Guelpa obtained a Master's degree in Visual Arts from HEAD – Geneva (CH). He regularly collaborates, teaches and lectures at art schools and universities in Switzerland and abroad.

Séverin Guelpa est artiste et curateur. Il vit et travaille entre Genève, la Californie et les déserts (1974).

S'inspirant des régions du monde qu'il explore, le travail de Séverin Guelpa aborde des questions d'identité, de culture, de temps, ou encore d'émancipation. Ses architectures, comme ses sculptures, vidéos et photographies, associent matières premières, éléments de construction ou matériaux de récupération qu'il assemble, pèse ou met en tension pour parler de notre rapport au monde et à ses ressources. Il s'inspire et travaille généralement à partir de sites à la marge, le plus souvent au sein de régions désertiques, en cherchant dans la singularité de ces lieux et les savoirs des gens qui y vivent les lignes de force de son travail.

Avec MATZA, qu'il fonde en 2014 et dont il est curateur, Séverin Guelpa investit parallèlement à travers le monde, territoires extrêmes ou zones urbaines emblématiques dans lesquels il réunit artistes, experts et architectes. L'expérience des régions explorées nourrit alors un travail sur notre capacité d'adaptation et les formes d'intelligence collective qui naissent dans ces territoires.

Après une licence en sciences politiques à l'Université de Genève, Séverin Guelpa obtient un master en arts visuels à la Haute école d'art et de design Genève (CH). Il collabore, enseigne et intervient régulièrement au sein d'écoles d'art ou d'université en Suisse et à l'étranger.

Matza films

Matza Aletsch
A film by Laurence Favre, this film traces the first edition of MATZA Aletsch on the Aletsch glacier in the Swiss Alps. (18'), 2017, French (with English subtitles)

Superstructure
A film by Michael Hartwell about Séverin Guelpa's MATZA project in Meyrin, (11') 2019, French (with English subtitles)

Bivouac
A film by Michael Hartwell (20') for the exhibition of the same name, September 2021, French (with English subtitles)

Colombia
A film by Juans Escobar on MATZA EDGELANDS in the cities of Medellín and Cúcuta, Colombia, (13'), 2022, English

Matza Publications

Drylands Motel Lobby Lab
Catalog (English and French versions), 2016

Undergrounds
Catalog (French, English), 2017

Energy as a Vehicle – Séverin Guelpa
Edition Aparté, Monography by S. Lamunière (French, German, English), 2018

MATZA Edgelands Medellín
Catalog (French, Spanish, English), 2022

MATZA Edgelands Cúcuta
Catalog (French, Spanish, English), 2023

MATZA Edgelands Nairobi
Catalog (French, English), 2023

MATZA Edgelands Genève
Catalog (French, English), 2023

Séverin Guelpa exhibitions
Solo exhibitions / Expositions personnelles

2023   *Tremblement*, Centre d'art Les Halles, Porrentruy

2022   *Ecouter gronder le monde*, Université de Genève (Suisse), 15-27.11.2022

2021   *Nature of Providence*, Building Bridges Gallery, Santa Monica (USA), 4.9-5.10.2021

     Subsidence of Growth, Kunsthalle Arbon (CH), 2-31.10.2021

2020   *La termitière*, Théâtre de l'Orangerie, Geneva (CH), 8.7-23.9.2020

2019   *Matter for Dissidence*, Kunstraum Walcheturm, Zürich (CH), 8.2-3.3.2019

     Duplex Zeppelin, Meyrin (CH), 2.7.2019

     Broken, Le Salon Vert Gallery, Carouge (CH), 15-25.9.2019

2017   *Radical Biotope*, Ferme Asile, Sion (CH), 29.9-15.12.2017

     The Sun Bowl and the Circle, Amboy (USA), 8.2017

2016   *Matières premières*, Halle Nord, Geneva (CH)

2015   *Dryland Motel Lobby Lab*, Amboy (USA)

     The Black Act, Project Space MAXXX, Sierre (CH)

     Kayenta, Halle Nord, Capsule 2, Geneva, (CH)

2014   *Stones of Subsistence*, Le Salon Vert Gallery, Carouge (CH)

     Golden Smile Salty Tears, Amboy (USA)

2013   *A Corn's Story*, performance, Beijing (China)

2011   *Friendship Holiday Hotel*, Café CULT, Geneva

     Performa, UNI MAIL University building, Geneva

     Challenge the Day, Stargazer Gallery, Geneva

     Gloriosus, Ex-Machina Gallery, Geneva

Group shows / Expositions collectives

2023   *Marges de manœuvres*, Manoir de Martigny

     Vivement demain, Bex & Arts, triennale d'art, Bex

     Transformations, Musée F. Gertsch, Burgdorf

2022   Los Angeles Art Show, 12-16.1.2022

     FMAC, exposition des acquisitions 2021, Geneva, 21.12.2022-21.2.2023

     Cidade Floresta, Museo de Manana, Rio de Janeiro (Brasil), 4-12.6.2022

     Appetizers 2022, Leuk Schloss, Leuk (Switzerland), 7-26.5.2022

2021   *Ephémère et durable*, Au bord de l'Aire, Geneva (CH)

     Resistencia y poder, Centex, Valparaiso (CHL), 19.6-20.7.2021

     Magallanes y las geografías de lo (des)conocido, Parque Cultural Valparaiso (CHL)

     Magallanes y las geografías de lo (des)conocido, Suizspacio, Santiago (CHL)

     Resistencia y poder, Museo Regional de Magallanes, Punta Arenas (CHL), 2-22.11.2021

     Low Tech, Forum Meyrin (CH), 25.9-24.12.2021

     Appetizers, Leuk Schloss, Leuk (CH), 25.5-15.6.2021

2020   *Avant demain*, Château de Pentes, Geneva (CH), 4.9-13.12.2020

     Tremblement – Partie #1 (CH), 24-27.9.2020

     Bone festival, Bern (CH), 10-17.8.2020

2019   *Superstructure*, Meyrin (CH), 2-3.2.2019

     Get a Nerve, Geneva (CH), 28.1-3.2.2019)

     Paradise Parallax, Joshua Tree Treeniale, Joshua Tree (USA), 2-16.4.2019

     Le Büro, Laurence Bernard Gallery, Geneva

     Spielact festival, Geneva (CH), 1-11.6.2019

Heart Geneva, Geneva (CH), 19.6-31.8.2019

Les dilettantes Gallery, Sion (CH), 18.6.2019

Baleapop festival, St-Jean de Luz (FR), 12-18.8.2019

Point de vue, La Poudrière, Bayonne (FR)

2018 Art Genève, Stand Aparté, Geneva (CH)

Mass in Motion, Matza, Aletsch glacier (CH)
27.8-9.9.2018

Galerie des Multiples, Paris (FR), 13-30.9.2018

Utopies Visuelles, Sousse (TUN), 4-25.7.2018

JBAM#2018, Meyrin (CH), 16.6-15.9.2018

Union TMF, Halle Nord, Geneva (CH), 7-22.6.2018

Managing New Displacements from Geography,
Atacama desert (CHL), 10-20.7.2018

De retour du glacier, MATZA Aletsch,
Ferme Asile, Sion (CH)

2017 *Commun*, Matza Kerkennah, Bardo national museum,
Tunis (TUN), 14.4-7.5. 2017

Do Disturb, Palais de Tokyo, Paris (FR),
21-23.4. 2017

Jaoui Festival, Tunis (TUN), 10-20.5.2017

Night of the Living Scarecrows, Geneva (CH), 9.9.2017

Triennale du Valais, Martigny (CH), 26.8-15.12.2017

2016 *Staring Axis*, 4th Biennale of Land Art (Mongolia)

Undergrounds, MATZA, Amboy 2016 (USA)

Undergrounds, Bâtiment 76, Genève (CH)

Undergrounds, MATZA, Aletsch glacier 2016 (CH)

Twisting Crash, Romantso Art space, Athens (GR)

2015 *Dryland Motel Lobby Lab*, MATZA Amboy, (USA)

2014 *Un regard sur la ville*, Bulle, Musée gruérien (CH)

Agora, 4e Biennale d'Athènes (GR)

2013 *C'est moi qui choisis*, LIVH (Live in your head)
Geneva (CH)

Cultural Clash, Leipzig (Alle), Strasbourg (FR),
Geneva (CH)

The Fawn, the Ford, the Roses And the Stretching Tree,
Le voyage à Nantes, Nantes (FR)

Lancy 2012, Lancy (CH)

Bureau de pratiques réversibles,
Espace temporaire, Geneva (CH)

Studio3003, International exhibition
of young artists, Xi'An (China)

2012 *Rathania's*, Musée Rath, Geneva (CH)

X-Corpus, Ex-Machina Gallery, Geneva (CH)

2011 *Jungkunst*, Winthertur (CH)

Manifesto, Toulouse (FR)

Exhibitions and projects curation / Commissariat de projets et d'expositions

2023 *Digital Informalities*, MATZA Edgelands, Nairobi
(Kenya), 23.1.-14.2.2023)

2022 *Blurred Lines*, MATZA Edgelands, Cúcuta (Colombia),
31.1-20.3.2022

Common Grounds; MATZA Edgelands, Medellín
(Colombia), 22-31.7.2022

2021 *Bivouac* (Labor – Matza), Lausanne (CH), 4-27.6.2021

2019 *Superstructure*, MATZA Meyrin (CH) 2019

2018 *Mass in Motion*, MATZA Aletsch (CH) 27.8-9.9.2018

2017 *Forgotten Land*, Navajo reservation (USA)

Commun MATZA Kerkennah, Iles de Kerkennah (TUN)

Anticipating the Extreme, MATZA Aletsch (CH)

BIG, Biennale des Espaces d'Art Indépendants de
Genève, Geneva (CH)

2016 *Undergrounds*, Bâtiment 76, Geneva (CH)

Undergrounds, MATZA Amboy (USA)

Twisting Crash, Espace Romantso, Athènes (GR)

Undergrounds, MATZA Aletsch (CH)

2015 *Steelenge*, BIG, Biennale des Espaces d'Art
Indépendants de Genève, Geneva (CH)

Twisting Crash, Le Commun, Geneva (CH)

Dryland Motel Lobby Lab, MATZA, Halle Nord,
Genève (CH)

2009 *Silkscreen Workshop*, Agent double, Geneva (CH)

2009 *Off Spaces*, Espaces temporaires – laboratoire d'art
et d'actions collectives, Geneva (CH)

Awards and residencies / Prix et résidences

2020 Swiss art award (finalist)

2018 Prix Picker Aparté 2017-2018

2016 Prix Artpro pour projet expérimental,
Canton du Valais

2013 Prix *Coup de cœur* des amis de la Fondation AHEAD,
Genève

2021 Building Bridges residency, Los Angeles (USA),
14.8-10.9.2021

2020 Cab Residency, Punta Arenas, Patagonie (CHL),
18.1-5.2.2020

2019 Hearings, site specific intervenetion,
Manaus (BR), 6-12.10.2019

Boxo Residency, Joshua tree (USA), 20.3-12.4.2019

Acquisitions

Fonds municipal d'art contemporain de la Ville de Genève

Fonds municipal d'art contemporain de la Ville de Meyrin

Fonds cantonal d'art contemporain du Canton de Genève

Fonds d'art contemporain de La Mobilière

Mandates, lectures and teachings /
Mandats, conferences
et enseignements

2021   *Uncover* Aletsch 2021 (CH), workshop

      Uncover Zermatt (CH), workshop

2020   EDHEA, Ecole d'art et de design de Sierre (CH),
-22   associate research artist

2020   EDHEA, Ecole d'art et de design de Sierre (CH),
      invited artist

      Uncover Aletsch 2020 (CH), workshop

2018   *Energy as a Vehicle*, CCS, Centre culturel suisse,
      lecture, 18.3.2018

      Energy as a Vehicle, Centre d'art contemporain,
      cinéma Dynamo, Geneva, conference, 16.10.2018

      Energy as a Vehicle, Kunstraum Walcheturm, Zürich,
      conference 27.9.2018

      Snow City, Sandberg Institute,
      Lac de Lioson (CH), workshop

2017   *Drylab 2023*, Phoenix University, Amboy (USA),
      workshop,

      Making Things Common, UCLA Summer Institute,
      Los Angeles (USA), conference

      UCLA, Art&Sci Center, Los Angeles (USA), conference

      Along Ecological Lines, EDHEA, Valais (CH), workshop

      Le manifeste du commun, EDHEA, Valais (CH),
      workshop

      Conduite forcée, Sion (CH), workshop, EPFL – HEAD

      EPFL, Ecole polytechnique fédérale de Lausanne,
      chargé de cours 2016-17

      CCC, Conseil consultatif de la culture,
      Geneva (member 2016-2019)

2016   *L'eau, source du territoire*, Sion (CH), workshop,
      EPFL – HEAD

2013   FPLCE, Fondation pour la promotion de la culture
      émergente, Geneva (member 2013-2016)

2011   *Zabriskie Point*, espace d'art indépendant,
      Geneva (CH), co-curation until 2015

2010   Le Vélodrome, centre autogéré d'artistes,
      Geneva (CH), president until 2012

Biographies

Sara Arango Franco COL

Lives and works in Medellin (COL), 1986
Vit et travaille à Medellín (COL), 1986

Sara Arango is a data scientist and research associate at the Marron Institute. She is an activist for urban sustainability in Medellin and has worked as a researcher at EAFI University, Purdue University and the University of Chile. She holds a Master's degree in Urban Informatics and a Bachelor's degree in Mathematical Engineering.

Sara Arango est une scientifique spécialiste des données et chercheuse associée à l'Institut Marron. Elle milite en faveur de la durabilité urbaine à Medellin et a travaillé comme chercheuse à l'université EAFI, à l'Université Purdue et à l'Université du Chili. Elle est titulaire d'une maîtrise en informatique urbaine et d'une licence en ingénierie mathématique.

Participation: MATZA Edgelands Medellín 2022

Ariane Arlotti CH

The artistic research work carried out by Ariane Arlotti has its roots in photography and video. Her initial interest in portraiture and auto-portraiture led her to explore the human body to the very limits of abstraction, culminating in *Le Corps Politique* (2008) which consisted of unchecked images of political men and women. Her latest project, *Destination Checkpoints* (2013-2015), took her around Europe interviewing people on themes of security aesthetics and bringing them together, via a mobile video installation, with tools of repression and security and control apparatus currently in operation in the West Bank.

Le travail de recherche artistique mené par Ariane Arlotti trouve ses racines dans la photographie et la vidéo. Son intérêt initial pour le portrait et l'auto-portrait l'a amenée à explorer le corps humain jusqu'aux limites de l'abstraction, pour aboutir à la réalisation de *Le Corps Politique* (2008) qui consiste en des images non contrôlées d'hommes et de femmes politiques. Son dernier projet, *Destination Checkpoints* (2013-2015), l'a conduite à travers l'Europe en interviewant des personnes sur des thèmes d'esthétique sécuritaire et en les mettant face à face, via une installation vidéo mobile, avec les outils de répression et les appareils de sécurité et de contrôle actuellement en vigueur en Cisjordanie.

Participation: MATZA Amboy 2015, *Undergrounds* 2016

Mounir Ayoub TUN/CH

Mounir Ayoub is a Tunisian architect, journalist and architecture critic. He founded the Laboratoire d'architecture (LA) that works on architectural and landscape projects, territorial studies, as well as editorial and curatorial projects throughout Europe, the Arab world and the Indian Ocean region. In 2021, they were the curators of the Swiss Pavilion at the 17th Venice Architecture Biennale. He is also a regular contributor to several architectural magazines.

Mounir Ayoub est un architecte, journaliste et critique d'architecture tunisien. Il a fondé le Laboratoire d'architecture (LA) qui se concentre sur des projets d'architecture et de paysage, des études territoriales, ainsi que des projets éditoriaux et curatoriaux à travers l'Europe, le monde arabe et la région de l'océan Indien. En 2021, il a été cocommissaire du Pavillon suisse de la 17e Biennale d'architecture de Venise. Mounir contribue régulièrement à plusieurs magazines d'architecture.

Participation: MATZA Edgelands Nairobi 2023

Léopold Banchini CH et Daniel Zamarbide CH (BUREAU A)

Founded by architects Leopold Banchini and Daniel Zamarbide, BUREAU A is a multidisciplinary platform that aims to blur the boundaries of research and projects taking on architecturally related subjects, whatever their nature and status. BUREAU A is profoundly rooted in architectural culture and history, which for them is a vast field of exploration related to the construction and installation of environments for specific purposes. The bureau's activities extend to include a wide range of programmes ranging from architecture and landscape design to scenography, installations, and self-constructed initiatives.

Créé par les architectes Léopold Banchini et Daniel Zamarbide, BUREAU A était une plate-forme pluridisciplinaire visant à effacer les frontières de la recherche et de l'élaboration de projets liées à l'architecture, quel que soit leur nature ou leur statut. BUREAU A était profondément enraciné dans la culture et l'histoire de l'architecture, entendue comme un vaste champ d'exploration lié à la construction et l'installation d'environnements spécifiques. Le bureau étendit ses activités à une grande diversité de projets allant de l'architecture et du paysagisme à la scénographie, l'installation ou encore l'autoconstruction.

Participation: MATZA Amboy 2016, *Undergrounds* 2016, *Superstructure* 2019 (Léopold Banchini)

Karim Ben Amor TUN

Karim Ben Amor is an architect in Tunis and founder of Atelier 13. Karim Ben Amor's passion for the sea and shipbuilding has nurtured his fascination for materials that put him in a place where the manipulation of texture and shapes allows him to gain an understanding of space and its articulations. To him, the combination of technological and theoretical intelligence can produce highly contemporary products.

Karim Ben Amor est architecte à Tunis et a fondé le bureau Atelier 13. De sa passion pour la mer et la construction navale, Karim Ben Amor a gardé une fascination pour la matière. La manipulation de la texture et des formes le fait accéder à une compréhension de l'espace et de ses articulations. Pour lui, le mélange des intelligences technologiques et théoriques peut donner des produits fortement contemporains.

Participation: MATZA Kerkennah 2017

Vincent Bertholet CH

Lives and works in Geneva (CH)
Vit et travaille à Genève (CH)

Vincent Bertholet is a double bass player and composer. He is the founder of L'Orchestre tout puissant Marcel Duchamp, a very active group made up, as of today, of twelve musicians. Between 2006 and 2022, the Orchestra released five albums and played more than 400 concerts throughout Europe. In addition, Vincent co-founded in 2013 the duo Hyperculte with the Genevan musician and composer Simone Aubert. Together they played more than 250 concerts on four continents. In 2006, he also founded Face Z, a music festival.

Vincent Bertholet est contrebassiste et compositeur. Il est fondateur de L'Orchestre tout puissant Marcel Duchamp, groupe très actif composé aujourd'hui de douze musicien·nes. Entre 2006 et 2022, l'Orchestre sort cinq albums et joue plus de 400 concerts à travers l'Europe. De plus, Vincent cofonde en 2013 le duo Hyperculte avec la musicienne et compositrice genevoise Simone Aubert. Ils jouent ensemble alors plus de 250 concerts sur quatre continents. En 2006, il fonde également Face Z, un festival de musique.

Participation: *Superstructure* 2019

Tom Bogaert BEL

In another life, Tom Bogaert was a lawyer with Amnesty International and the UN. In 2004, he left the world of international law and moved to New York to work as a visual artist. From there on, he regularly exhibited in Europe, the United States and the Middle East. Since 2012, Tom Bogaert has been living and working in Geneva, where he concentrates on artistic projects in the Middle East.

Dans une autre vie, Tom Bogaert était juriste au sein d'Amnesty International et de l'ONU. En 2004, il a quitté le monde du droit international et s'est installé en tant qu'artiste visuel à New York. L'artiste expose régulièrement en Europe, aux États-Unis et au Moyen-Orient. Depuis 2012, Tom Bogaert vit et travaille à Genève, où il se concentre sur des projets artistiques au Moyen-Orient.

Participation: MATZA Kerkennah 2017

Maxime Bondu FR

Maxime Bondu, born in 1985, lives and works in Gaillard, near Geneva. After beginning his studies in Art History and Archeology at the University of Marne la Vallée in France, he graduated from the Fine Art school of Brest in 2009. His works focus on the notion of information, speculation and similarities, and contains a collaborative and a curatorial aspect. He co-founded Monstrare, and since 2012 has been a leader of the Monstrare Camp, a community experiment into a cave site of 30,000 m² in Dampierre-sur-Loire in France. Since 2015, he has been developing Bermuda, a mutualized studio project at the French-Swiss border. Maxime Bondu is represented by the Jérôme Poggi Gallery.

Maxime Bondu, né en 1985, vit et travaille à Gaillard (FR), près de Genève. Après des études en histoire de l'art et archéologie à l'Université de Marne-la-Vallée (FR), il est diplômé en 2009 de l'École supérieure d'art de Brest. Son travail, porté par les notions d'information, de spéculation et de probabilité s'accompagne d'une dimension collaborative et curatoriale. Cofondateur de Monstrare, il mène depuis 2012 le Monstrare Camp, une expérience communautaire au sein d'un domaine troglodytique de 30 000 m² à Dampierre-sur-Loire (FR). Depuis 2015 il développe Bermuda, un site d'ateliers d'artistes mutualisés à la frontière franco-suisse. Maxime Bondu est représenté par la Galerie Jérôme Poggi à Paris.

Participation: MATZA Amboy 2016, *Undergrounds* 2016, MATZA Kerkennah 2017, MATZA Aletsch 2017, *Radical Biotope* 2017, MATZA Edgelands Genève 2023

Laurence Bonvin CH

Lives and works between Switzerland and Lisboa
Vit et travaille entre la Suisse et Lisbonne

Laurence Bonvin is a Swiss photographer and filmmaker. She is known for a multidisciplinary approach to lens-based image making, often combining photography and video installation to explore themes of transformations in natural, urban and social environments. Her work has been exhibited internationally. Bonvin has realized five short and medium length films which were selected by important film festivals (Berlin, Annecy, Montreal, Hong Kong) and showcased in exhibitions. Bonvin has throughout her career received several prizes including two Swiss Art Awards, the Vordemberge-Gildewart Prize, The Manuel Ortiz Film Prize, the Swiss Camera Prize at the Winterthur Short Film Week and the Best Swiss Film at Fantoche FF in Baden.

Laurence Bonvin est une photographe et cinéaste suisse. Elle est connue pour son approche pluridisciplinaire de la création d'images à partir d'un objectif, combinant souvent la photographie et l'installation vidéo pour explorer les thèmes des transformations dans les environnements naturels, urbains et sociaux. Son travail a été exposé dans le monde entier. Bonvin a réalisé cinq courts et moyens métrages qui ont été sélectionnés par d'importants festivals de cinéma (Berlin, Annecy, Montréal, Hong Kong) et ont fait l'objet d'expositions. Tout au long de sa carrière, Bonvin a reçu plusieurs prix, dont deux prix suisses d'art, le prix Vordemberge-Gildewart, le prix du film Manuel Ortiz, le prix suisse de la caméra à la Winterthur Short Film Week et le prix du meilleur film suisse au Fantoche FF de Baden.

Participation: MATZA Aletsch 2018

Harold Bouvard CH

Lives and works in Geneva (CH)
Vit et travaille à Genève (CH)

Craftsman and visual artist, Harold Bouvard graduated from HEAD – Geneva in 2016 (CH). He then opened and directed Le Grand Atelier, a do-it-yourself public association, and later became a visual arts teacher. Passionate about furniture, painting and sculpture, he works with various materials such as wood, fabric or leather.

Artisan et plasticien, Harold Bouvard est diplômé de la HEAD – Genève en 2016 (CH). Il ouvre et dirige ensuite Le Grand Atelier, une association de bricolage destinée à la population, puis devient enseignant en arts visuels. Passionné de mobilier, de peinture et de sculpture, il travaille avec divers matériaux tels que le bois, le tissu ou le cuir.

Participation: *Superstructure* 2019

Felipe Castelblanco COL

Born in Bogota (COL), lives and works in Basel (CH), 1985
Né à Bogota (COL) en 1985, vit et travaille à Bâle (CH)

Felipe Castelblanco works with the materiality of meta-spaces formed by contemporary natural and cultural phenomena, by atmospheric pollutants and vast networks of traffic and migration, the uprooting of cultural identities and transnationality to experimental geographies that compromise the contradictory movement of capital, ideologies, bodies and resources across the planet. By understanding public space as a fundamentally fluid dimension that also contains the near and far, the invisible and the Other, Felipe Castelblanco rethinks the function, form and agency of public art and situated practices.

Felipe Castelblanco explore à travers la matière et la spatialité, la manière dont le mouvement des personnes, des ressources et des idéologies est impacté par des catastrophes naturelles où culturelles. C'est en s'intéressant aux réseaux de trafic et de migration, aux polluants atmosphériques ou encore à la transnationalité qu'il réinvente des géographies expérimentales où se joue l'expression d'identités culturelles déracinées.

Participation: MATZA Edgelands Medellin 2022

Pierre Cauderay CH

Lives and works in Lausanne (CH)
Vit et travaille à Lausanne (CH)

Pierre Cauderay studied engineering physics, then architecture at EPFL (CH) and ETSAM (Madrid, ESP). He then completed his training with an internship at Shigeru Ban, architect in New York (USA). In 2013, he founded the Azar workshop, a research project in architecture, prototyping and urbanism. His practice explores both the core of traditional architecture (design and construction), as well as the edges of the discipline (scenography, prototyping). He is the co-founder of collective projects and associations such as Labor, La Coquette or jaccuzi.ch.

Pierre Cauderay étudie l'ingénierie physique, puis l'architecture à l'EPFL (CH) et à l'ETSAM (Madrid, ESP), puis complète sa formation par un stage chez Shigeru Ban architecte à New York (USA). En 2013, il fonde l'atelier Azar, un projet de recherche en architecture, prototypage et urbanisme. Sa pratique explore autant l'intérieur du métier traditionnel (conception et chantier), que les bordures de la discipline (scénographie, prototypage). Il est cofondateur de projets collectifs et d'associations tels que Labor, La Coquette, ou encore jaccuzi.ch.

Participation: Matza Aletsch 2018, *Superstructure* 2019. He co-leads *Bivouac* 2021.

Les frères Chapuisat

Gregory and Cyril Chapuisat create works at the frontier between monumental sculpture and micro-architecture. Their installations, built using a method specific to each project, are usually site-specific, and therefore ephemeral. They evoke dreams, fears or childhood experiences, and affirm a convergence between art and life. The phases of creation and realization take shape in long periods of collective work, during which the artists sometimes live in their works. Their overflowing imaginations have taken shape in a number of projects in which they have shown a clear preference towards using wood.

Gregory et Cyril Chapuisat réalisent des œuvres aux confins de la sculpture monumentale et de la micro-architecture. Leurs installations, construites avec une méthode inventée pour chaque cas, sont le plus souvent spécifiques à un lieu, et donc éphémères. Elles évoquent des rêves, des peurs ou des expériences de l'enfance, et affirment une convergence entre l'art et la vie. Les phases de création et de réalisation prennent corps en de longues périodes de travail collectif, pendant lesquelles les artistes vivent parfois dans leurs œuvres. Leur imagination débordante a pris forme lors de plusieurs projets au cours desquels ils ont montré une nette préférence pour le bois.

Participation: MATZA Aletsch 2018

Mathilde Chénin FR

In her practice, which focuses on versions and processes, and makes collaboration an essential part of her research, Mathilde Chénin explores the forms created by togetherness through performative writing. She develops immaterial and utopian architectures, games, systems, genealogies, scores and other "collective large objects." In 2016, she co-founded bermuda, a shared studio for making, researching and disseminating contemporary art, located in Sergy, Ain. In December 2022 she completed a thesis in sociology "When artists make shape by living together."

Au sein de sa pratique, qui privilégie les versions et les processus et fait de la collaboration un temps essentiel de ses recherches, Mathilde Chénin explore les formes créées par l'être ensemble au moyen d'écritures élargies et performatives. Elle élabore ainsi des architectures immatérielles et utopiques, des jeux, des systèmes, des généalogies, des partitions et autres «collective large objects». En 2016, elle cofonde bermuda, ateliers mutualisés de fabrication, de recherche et de diffusion en arts contemporains. Elle soutient en décembre 2022 une thèse en sociologie intitulée «Quand les artistes font forme en habitant ensemble».

www.mathildechenin.org
www.bermuda-ateliers.com

Frédéric Choffat CH

Frédéric Choffat is a fiction and documentary director whose work has long addressed migration and identity issues. These questions are an integral part of his work: whether it be through photographs, in Bosnian refugee camps in Croatia in 1993, short movies *A Nedjad* (Pardino de oro, Locarno 1998), full-length movies (*La Vraie Vie est Ailleurs* (1996), *Mangrove* (2012), both of which have won awards) and also theatre with Julie Gilbert, *Outrages Ordinaires* (2011 – 2012) (Ordinary Insults), which combines theatre and cinema, harshly recounting the tragic destiny faced by migrants on the road of exile.

Réalisateur de films de fiction et de documentaires, Frédéric Choffat questionne la problématique de la migration ou de l'identité. Ces questions sont abordées au fil de ses œuvres, tant photographiques, dans les camps de réfugiés bosniaques en Croatie en 1993, qu'en court métrage *A Nedjad* (Pardino d'oro, Locarno 1998) ou longs métrages, *La Vraie Vie est Ailleurs* (1996), *Mangrove* (2012), tous deux plusieurs fois primés, ou encore sur scène avec Julie Gilbert, *Outrages Ordinaires* (2011-2012), qui mêle théâtre et cinéma, relatant crûment le destin tragique des migrants jetés sur toutes les routes de l'exil.

Participation: *MATZA Amboy* 2016

La-Clique

La-Clique is an independent platform for exchange and experimentation around architecture at different scales, cultivating modes of action based on plural intelligence. The members of the collective are graduates of the Polytechnic Schools of Lausanne and Zürich and claim to belong to a generation of architects motivated by interdisciplinarity and teamwork. They are convinced of the crucial role that discipline must play in political, social and environmental action.

La-clique est une plateforme indépendante d'échange et d'expérimentation autour de l'architecture à différentes échelles, cultivant des modes d'action basés sur l'intelligence plurielle. Issus de l'enseignement des Écoles polytechniques de Lausanne et de Zürich, les membres du collectif revendiquent leur appartenance à une génération d'architectes motivée par l'interdisciplinarité et le travail d'équipe. Ils sont convaincus du rôle crucial que la discipline doit jouer dans l'action politique, sociale et environnementale.

Participation: *Bivouac* 2021

Maëlle Cornut CH

Maëlle Cornut is a visual artist and artistic researcher based in Switzerland, and an alumna of the HEAD – Geneva (Bachelor in Visual Arts, Master of Research CCC). Nourished by her collaborations with various spheres of society and particularly inspired by the scientific community, her researches question our ways of relating to the living and the environment, adopting a generative approach that focuses on hope and living together.

Maëlle Cornut est une artiste visuelle chercheuse basée en Suisse et une alumna de la HEAD-Genève (bachelor en arts visuels, master de recherche CCC). Nourrie par des collaborations avec diverses sphères de la société et inspirée par le milieu scientifique notamment, ses recherches questionnent nos modes relationnels au vivant et à l'environnement en adoptant une approche générative, tournée vers l'espoir et le vivre-ensemble.

Participation: MATZA Aletsch 2018

Myriam Dalal LBN

Myriam Dalal is a writer and researcher, interested in exploring the ties between death, images and society. She holds a PhD in Arts and Sciences of Art from the Sorbonne University in France, and her postdoctoral studies will focus on Public History, Coproduction and Participatory Practices. For 13 years, Dalal has been writing about arts and culture for many platforms and newspapers in Arabic, English and French, including *Ecriture de Soi-R*, the *Markaz Review* and *Megaphone news*.

Myriam Dalal est une écrivaine et chercheuse, intéressée par les liens qui existent entre la mort, l'image et la société. Elle est titulaire d'un doctorat en arts et sciences de la Sorbonne en France. Ses études postdoctorales porteront sur l'histoire publique, la coproduction et les pratiques participatives. Myriam Dalal écrit sur les arts et la culture depuis treize ans pour de nombreuses plateformes et journaux en arabe, anglais et français, notamment *Écriture de Soi-R, Markaz Review* et *Megaphone news*.

Participation: MATZA Edgelands Geneva 2023

Nicolas Delaroche CH

Lives and works between Lausanne (CH) and Clamesy (FR)
Vit et travaille entre Lausanne (CH) et Clamesy (FR)

Nicolas Delaroche pursued an interdisciplinary career for the past ten years, which has been rewarded on several occasions, among which winning the Pro Helvetia prize for the next generation of photographers, an exhibition project at the Venice Architecture Biennale (IT) in 2021, and an invitation to create a "Kunst am Bau" at the Gymnase de Chamblandes in Pully (CH).

Nicolas Delaroche mène depuis dix ans une carrière interdisciplinaire, couronnée à maintes reprises, notamment par le prix de la relève photographique de Pro Helvetia, d'un projet d'exposition à la Biennale d'architecture de Venise (IT) en 2021 et d'une invitation à réaliser un «Kunst am Bau» au Gymnase de Chamblandes à Pully (CH).

Participation: *Bivouac* 2021

Simon Deppierraz CH

Lives and works in Lausanne (CH)
Vit et travaille à Lausanne (CH)

Simon Deppierraz's work is centered around an interest for dualities; the balance between opposing forces and structural systems. During the initial creative process, the underlying idea of his works can often be identified within the fields of physics or optical laws and phenomena, such as gravity, the weight of bodies and their relationship in space-time. He then develops his work into prints, drawings, sculptures and large-scale installations.

Le travail de Simon Deppierraz s'inscrit dans un intérêt pour les dualités, pour l'équilibre entre forces opposées et pour les systèmes structurels. Au cours du processus initial de création, l'idée sous-jacente de ses œuvres peut souvent être identifiée au sein des domaines de la physique ou des lois et des phénomènes optiques, comme la gravité, le poids des corps et leur relation dans l'espace-temps. Il développe ensuite ses travaux qui se déclinent en impressions, dessins, sculptures et installations de grandes dimensions.

Participation: *Bivouac* 2021

Lorca Devanne-Langlais FR

Devanne Langlais is a media artist and sculptor living and working in Marseille, and a researcher at Annecy Art School. Their work focuses on the fields of new medias and technology, using craft manner to gently hack and question our contemporary world and systems. Through fictions and writing they are interested in relationship between human beings and others living creatures. In 2019, with the creation of La Société des Nouveaux Mondes their practice takes a new turn by questioning the collective process of production, authorship and multi-identities, and experimentation in different research axis.

Lorca Devanne Langlais est unx artiste et chercheurx à l'École supérieure d'art d'Annecy. Son travail fait converger une pratique brute de la sculpture avec une approche empirique des nouvelles technologies dans des formes d'installation-fictions. Avec la création de La Société des Nouveaux Mondes en 2019, la pratique de Lorca prend une nouvelle tournure en questionnant les processus collectifs de production, d'auteurx et de multi-identités, et l'expérimentation autour de différents axes de recherche.

Participation: MATZA Edgelands Geneva 2023

Alejandro Duque COL

Lives and works in Medellin (COL), 1970
Vit et travaille à Medellín (COL), 1970

With a PhD in media philosophy (Switzerland), Alejandro is experienced in net.art (network-based art), streaming technologies and amateur radio under the name -HK4ADJ-. In his practice, he mixes sound and video by manipulating current and older media technologies, particularly using open-source hard- and software. A founding member in Colombia of networks such as Bricolabs, dorkbot, labSurlab, un\loquer and Pnode, he is active on red.radiolibre.cc and Coomunate.

Possédant un doctorat en philosophie du media (Suisse), Alejandro est expérimenté en net.art (art basé sur le network), en technologies du streaming et en radio amateur sous le nom -HK4ADJ-. Dans sa pratique, il mélange le son et la vidéo en manipulant des technologies du média actuelles ou plus anciennes, plus particulièrement en utilisant des hardwares ou softwares en libre accès. Membre fondateur de networks tels que Bricolabs, dorkbot, labSurlab, un\loquer et Pnode, il est actif sur red.radiolibre.cc et Coomunate.

Participation: MATZA Edgelands Medellín 2022

Wissem El Abed TUN

Wissem El-Abed is a visual artist and holds a doctorate in plastic arts and art sciences from the Sorbonne. His artistic work affirms art's ability to reconcile the imaginary by assimilating the violence and paradoxes of today's world. He has held a series of solo and group exhibitions and has participated in various international contemporary art fairs.

Wissem El-Abed est artiste plasticien et titulaire d'un doctorat en arts plastiques et sciences de l'art à la Sorbonne. Sa pratique artistique atteste la capacité de l'art à assurer la médiation entre les imaginaires et absorber les violences et les paradoxes du monde actuel. Il a à son actif une série d'expositions personnelles et collectives et a participé à diverses reprises à des foires internationales d'art contemporain.

Participation: MATZA Kerkennah 2017

Laurent Faulon CH

Lives and works in Geneva (CH)
Vit et travaille à Genève (CH)

Laurent Faulon develops an art of interventions, oftentimes ephemeral and strongly contextualized. Over the past twenty years, his work has evolved from performance to sculpture. Often designing works that resonate with the architectural, political, economic or social characteristics of the places that host them, the latter constitute the starting point of his reflection. His practice is based on the analysis of the conditions of production and exhibition, and seeks to reconfigure the issues at stake.

Laurent Faulon développe un art d'interventions, le plus souvent éphémère et fortement contextualisé. En une vingtaine d'années, son travail s'est déplacé de la performance à la sculpture. Concevant souvent des œuvres qui entrent en résonance avec les caractéristiques architecturales, politiques, économiques ou sociales des lieux qui les accueillent, ces derniers constituent le point de départ de sa réflexion. Sa pratique est basée sur l'analyse des conditions de production et d'exposition, et cherche à en reconfigurer les enjeux.

Participation: *Superstructure* 2019

Laurence Favre CH

Laurence Favre's work falls within contemporary fields of identity, as well as the relationship between individuals and their environment, and the construction of collective memory. She explores these through film, photography and words, inspired by people and environments she comes across. The porous border between "fiction" and "reality" plays a central role in her approach to image making, as a playground in which she explores human experience and social living, both critically and poetically.

Le travail de Laurence Favre s'inscrit dans les problématiques contemporaines liées à l'identité, au rapport des individus à leur environnement et la construction de la mémoire collective. Elle les explore à travers le film, la photographie et les mots, inspirée par les personnes et les environnements qu'elle rencontre. La porosité de la frontière entre « fiction » et « réalité » occupe une place centrale dans son approche de la fabrication d'images, comme terrain de jeu pour l'exploration de l'expérience humaine et de la vie sociale, à la fois critique et poétique.

Participation: MATZA Aletsch 2017 and *Superstructure* 2019

Moufida Fedhila TUN

Moufida Fedhila is a Tunisian plastic artist, director and producer. Her work has been showcased in numerous solo and group exhibitions around the world. Her works are included in several private and public collections. She released her new film titled *AYA* in 2017, a fiction based on a true story. She lives and works between Paris and Tunis.

Moufida Fedhila est une plasticienne tunisienne, réalisatrice et productrice. Son travail a été présenté au sein de nombreuses expositions personnelles et collectives à travers le monde. Ses œuvres font partie de plusieurs collections privées et publiques. Moufida Fedhila sort en 2017 le film *AYA*, un drame inspiré de faits réels ayant remporté de nombreux prix. Elle vit et travaille entre Paris et Tunis.

Participation: MATZA Kerkennah 2017

Sabrina Fernández Casas CH/ESP

Her work investigates non-hegemonic, migratory and post-industrial narratives. This poetic and subjective research unfolds with the help of different medias, depending on modes of circulation and contexts of dissemination. Sabrina Fernández Casas defends an ecology of art operating through existing, transformed and pirated materials. In 2015, she co-founded the collective MACACO PRESS that explores the relationship between self-publishing and performance. Her works were exhibited at Centre d'art contemporain (Genève), La Capsula (Zurich), CAN (Neuchâtel), Kiosko Galería (Santa Cruz de la Sierra, Bolivia), Weserburg Museum für moderne Kunst (Bremen), La Casa Encendida (Madrid), Galería Bacelos (Vigo).

Son travail porte sur les récits non hégémoniques, migratoires et post-industriels. Cette recherche poétique et subjective se déploie sur différents supports, en fonction des modes de circulation et des contextes de diffusion. Sabrina Fernández Casas défend une écologie de l'art fonctionnant à partir de matériaux existants, transformés et piratés. En 2015, elle a cofondé le collectif MACACO PRESS qui explore la relation entre l'autoédition et la performance.

Participation: MATZA Edgelands Geneva 2023

William L. Fox USA

William L. Fox is founding Director of the Center for Art + Environment at the Nevada Museum of Art in Reno, Nevada, and has been recognized an art critic, science writer, and cultural geographer. He has published fifteen books on cognition and landscape, hundreds of essays in art monographs, magazines, and journals, and fifteen collections of poetry. He is a fellow of the Royal Geographical Society and recipient of fellowships from the Guggenheim Foundation, National Endowment for the Humanities, and National Science Foundation.

William L. Fox est le directeur fondateur du Center for Art + Environment au Nevada Museum of Art de Reno, dans le Nevada. Il a été qualifié de critique d'art, d'écrivain scientifique et de géographe culturel. Il a publié quinze livres sur la cognition et le paysage, des centaines d'essais dans des monographies d'art, dans des magazines et des revues, et quinze recueils de poésie. Il est membre de la Royal Geographical Society et a reçu des bourses de la Guggenheim Foundation, de la National Endowment for the Humanities et de la National Science Foundation.

Marc Frochaux CH

Marc Frochaux is an art historian (UNIL) and architect (ETH Zürich). In his practice, he strives to link the themes of building culture (architecture, landscape, heritage, building technology) and bring them to different audiences. After working as a scientific assistant at the gta Institut, he becomes director of TRACÉS magazine in 2019. He is also co-curator of the Lugano Territory Biennale and a member of the committee of Forum of Architectures, Lausanne (F'AR).

Marc Frochaux est historien de l'art (UNIL) et architecte (ETH Zürich). Dans ses activités, il tâche de lier les thématiques de la culture du bâti (architecture, paysage, patrimoine, technique du bâti) et les porter à différentes audiences. Après avoir travaillé comme assistant scientifique au gta Institut, il prend la direction de la revue TRACÉS en 2019. Il est également cocommissaire de la Biennale du territoire de Lugano et membre du comité du Forum d'Architectures, Lausanne (F'AR).

Gailing Rickling CH

Nurtured by their respective experiences, Héloïse Gailing and Marc Rickling joined forces in 2020 to found the Gailing Rickling office, which focuses on architecture and the mediation of building culture. Especially mindful of materials and their implementation, their projects are anchored in their natural, built and social context. Their commitment extends to their involvement in projects to raise awareness of the approach to construction.

Riches de leurs expériences respectives, Héloïse Gailing et Marc Rickling se sont associés en 2020 pour fonder le bureau Gailing Rickling, actif dans l'architecture et la médiation de la culture du bâti. Particulièrement sensibles aux matériaux et à leur mise en œuvre, leurs projets sont ancrés dans leur contexte naturel, construit et social. Leur engagement se prolonge à travers leur implication dans des projets de sensibilisation à la culture du bâti.

Participation: *Bivouac* 2021

Céleste Gandolphe FR/BE

Lives and works between Marseille (FR) and Bruxelles (BE)
Vit et travaille entre Marseille (FR) et Bruxelles (BE)

Céleste Gandolphe is a muralist and illustrator. According to her, the mural is a social tool, an artisanal and popular art, as it allows citizens to be involved, and appeals to a large number of people. Intervention in the public space is an important question in her work. Her drawing ideas emerge from the interactions between the city and its inhabitants. She often draws inspiration from the walls, their stories and those who inhabit them.

Céleste Gangolphe est peintre muraliste et illustratrice. La fresque murale est pour elle un outil social, un art artisan et populaire puisqu'il permet une implication citoyenne qui touche souvent le plus grand nombre. L'intervention dans l'espace public est une problématique qui questionne beaucoup son travail. Ses idées de dessins émergent des interactions entre la ville et ses habitants. Les inspirations viennent souvent des murs, de leurs histoires et de celles et ceux qui les habitent.

Participation: *Bivouac* 2021

Félicien Goguey CH

Félicien Goguey is a media artist and interaction designer who lives and works in Geneva, Switzerland. He explores the creative potential of programming languages and new technologies to create interactive installations, live performances, applications and connected objects. His main interests lies in communication networks and in the factors responsible for their imperceptibility as well as their political and social consequences.

Félicien Goguey est un artiste et designer d'interaction qui vit et travaille à Genève. Il fait appel à des compétences multiples pour créer des installations interactives, des performances, des applications et des objets connectés. Il explore le potentiel créatif des langages de programmation et des nouvelles technologies en privilégiant les outils libres.

Participation: MATZA Edgelands Geneva 2023

Gaël Grivet CH/FR

Visual artist, born in 1978 in Versailles (FR), lives and works in Geneva (CH)
Artiste plasticien, né en 1978 à Versailles (FR), vit et travaille à Genève (CH)

Trained at the École des Beaux-Arts de Quimper (FR), he obtained the post-graduate diploma Art-Lieu-Paysage at the Haute école d'art et de design – Genève. Gaël Grivet's devices reflect a mode of image production ante litteram, providing the material for a narrative formed by collage and fertile telescoping. In recent years, his work has been shown at the Centre d'art contemporain in Geneva, the Swiss Art Awards in Basel, the Salon de Montrouge, the Palais de Tokyo and the Villa du Parc in Annemasse.

Formé à l'École des Beaux-Arts de Quimper (FR), il obtient le diplôme post-grade Art-Lieu-Paysage à la HEAD – Genève. Les dispositifs de Gaël Grivet renvoient à un mode de production de l'image *ante litteram*, ils constituent la matière d'une narration formée de collages et de télescopages fertiles.

Participation: MATZA Aletsch 2017, *Radical Biotope* 2017

Yann Gross CH

He lives and works alternatively between Switzerland, Spain and the Amazonian forest. Yann Gross is a Swiss artist working with photography, video and installation. Inspired by anthropology and ethnobotany, Yann explores, often in an offbeat way, how communities shape their identities, give in to escapism and shape their environments.

Yann Gross vit et travaille alternativement entre la Suisse, l'Espagne et la forêt amazonienne. Il est suisse et travaille avec la photographie, la vidéo et l'installation. Inspiré par l'anthropologie et l'ethnobotanique, il explore souvent de manière décalée comment les communautés façonnent leurs identités, cèdent à l'évasion et modèlent leurs environnements.

Participation: MATZA Edgelands Medellín 2022

Grégoire Guex-Crosier CH

Lives and works in Lausanne (CH)
Vit et travaille à Lausanne (CH)

Grégoire Guex-Crosier graduated from EPFL in 2017 with a Master's degree in architecture. He develops different projects with a focus that ranges from the detail to the large scale. His international presence allows him to develop different research projects in Nida (LT), Inari (FN), Rijeka (CR) and Venice (IT). Today, active in many competitions, he combines a multidisciplinary vision with a broad approach to architecture.

Grégoire Guex-Crosier est diplômé en 2017 d'un master en architecture à l'EPFL. Il développe différents projets à travers une attention qui s'étend du détail à la grande échelle. Actif à l'international, il propose des projets de recherche entre Nida (LT), Inari (FN), Rijeka (CR) et Venise (IT). Aujourd'hui présent sur de nombreux concours, il allie une vision pluridisciplinaire à une large culture du bâti.

Participation: *Bivouac* 2021

Tarik Hayward CH

Lives and works in la Vallée de Joux (CH)
Vit et travaille à la Vallée de Joux (CH)

Whether he produces a handmade bulletproof glass or his own glue to assemble the pages of his exhibition catalog, or fabricates water from pig blood, Tarik Hayward blends the components of art and the course of life. His entire corpus focuses on the living and non-living, and their silent, fluid, and uncontrollable evolution and involution. From collapse to reuse, Tarik's work is an ode to the end of things and a conjuration of the dark times we are currently experiencing.

Qu'il fabrique lui-même un verre pare-balles ou sa propre colle pour assembler les pages de son catalogue d'exposition, ou qu'il produise de l'eau à partir de sang de porc, Tarik Hayward entrelace des éléments d'art et de lignes de vie. Tout son corpus repose sur la vie des choses, leur évolution et leur involution silencieuses, fluides et incontrôlables. De l'effondrement à la réutilisation, l'œuvre de Tarik est en même temps une ode à la fin des choses et une conjuration des temps sombres que nous traversons.

Participation: *Bivouac* 2021

Katharina Hohmann CH

Katharina Hohmann was born in Switzerland, grew up in Italy and studied Fine Art, Sculpture and Installation in Berlin. She works as an artist and exhibition curator in various projects and interdisciplinary circles. In her artistic practice, she focuses primarily on temporary installations in public or institutional spaces, which she transforms through discreet manipulation, often emulating reality. As her installations are always connected with the spaces they occupy, a research phase is important to focus on historical, political and social circumstances which are inherent to the exhibited work. Numerous publications have been published alongside NGBK, Berlin, Merve and Revolver, and more recently with Les Presses du Réel in collaboration with HEAD – Geneva. Since 2007, she has directed the Construction, Art and Spaces program at the Haute École d'Art et de Design, HEAD – Geneva.

Katharina Hohmann est née en Suisse et a fait des études aux Beaux-Arts de Berlin en peinture, sculpture et installation. Elle travaille comme artiste et curatrice sur divers projets. Dans sa pratique d'artiste, elle se spécialise dans les installations temporaires dans des espaces soit publics soit institutionnels qu'elle transforme par des interventions subtiles, souvent en utilisant le moyen de la simulation du réel. Ses installations sont toujours liées aux lieux des interventions et à la recherche conduite.

Participation: MATZA Amboy 2017

Séverine Hubard FR

Lives and works between Saint-Denis and le Cassan (FR)
Vit et travaille entre Saint-Denis et le Cassan (FR)

After studying at the Beaux-Arts of Dunkerque and Nantes (FR), Séverine Hubard obtained her DNSEP in 2001.

In her work, she builds three-dimensional structures, and uses materials according to the rules of DIY; materials are used for her personal endeavor and not for what they are intended for. While the main focus of Séverine's work remains her own approach to architecture, there exists four other important axes: the attention to the public, the importance of memory, the use of the point of view and the investigation of public spaces.

Après un cursus aux Beaux-Arts de Dunkerque et de Nantes (FR), Séverine Hubard obtient son DNSEP en 2001. Dans son travail, elle construit des structures tridimensionnelles et emploie les matériaux en suivant les règles du bricolage : les matériaux sont utilisés pour en faire ce dont elle a besoin et non pour ce à quoi ils sont destinés. Si l'axe principal du travail de Séverine reste sa propre lecture de l'architecture, on distingue aussi quatre autres axes importants : l'attention au public, l'importance de la mémoire, l'utilisation du point de vue et l'investigation d'espaces publics.

Participation: *Superstructure* 2019

Elise Indovino FR

Lives in Marseille (FR) and works between Marseille and Bruxelles (BE)
Vit à Marseille (FR), travaille entre Marseille et Bruxelles (BE)

After starting her career in the film industry in France (Producer Assistant for short movies, Assistant Stage Manager, Set Photographer) and always drawn to images, Élise Indovino attended the Beaux-Arts of Bruxelles (BE) in photography. Since then, her practice has oscillated between photography and plastic projects. These two universes are often combined into one, filmmaking making up a large part of her artistic practice.

Après un parcours dans le domaine cinématographique en France (assistante-réalisation court métrage, assistante régie, photographe plateau) et toujours animée par l'image, Élise Indovino s'est dirigée vers les Beaux-Arts de Bruxelles en section photographie. Dès lors, sa pratique oscille entre photographie et projets plastiques. Ces deux univers sont souvent associés, le médium vidéo faisant également grandement partie de sa pratique artistique.

Participation: *Bivouac* 2021

Marco Janssen NL/USA

Marco Janssen is a Professor in the School of Sustainability at Arizona State University, USA. He is also the director of the Center for Behavior, Institutions, and the Environment at the same university. His main research focus is studying the conditions for effective self-governance of shared resources using field case study analysis, field and lab experiments, and computational modeling. His recent research projects include water management in Mexico City, stimulating groundwater governance in India using games, DryLab 2023, and Port of Mars.

Marco Janssen est professeur à la School of Sustainability de l'Arizona State University, aux États-Unis.

Il est également directeur du Center for Behavior, Institutions, and the Environment (Centre pour le comportement, les institutions et l'environnement) dans cette même université. Ses principales recherches portent sur l'étude des conditions d'une autogestion efficace des ressources partagées, à l'aide d'analyses d'études de cas sur le terrain, d'expériences sur le terrain et en laboratoire, et de la modélisation informatique. Ses projets de recherche récents comprennent la gestion de l'eau à Mexico, la stimulation de la gouvernance des eaux souterraines en Inde à l'aide de jeux, DryLab 2023 et Port of Mars.

Olivier Kaeser CH

Art historian, curator of exhibitions and multidisciplinary projects, director of Arta Sperto and head of editorial projects, Olivier Kaeser co-directed the Centre culturel suisse in Paris from 2008 to 2018 and the attitudes association in Geneva from 1994 to 2012.

Historien de l'art, commissaire d'expositions et de projets pluridisciplinaires, directeur d'Arta Sperto et pilote de projets éditoriaux, Olivier Kaeser a codirigé le Centre culturel suisse à Paris de 2008 à 2018 et l'association Attitudes à Genève de 1994 à 2012.

artasperto.ch

Mouna Karray TUN

Mouna Karray is a Tunisian photographer artist. For more than 10 years, she has been working on personal and identity issues. After the revolution, she traveled accross her country to "give a voice" to places and everyday objects. As an artist she seeks to go beyond appearances and predetermined usage, to recover the complexity of the spaces (domestic or urban, intimate or public) she encounters.

Mouna Karray est une artiste photographe tunisienne. Depuis plus de dix ans, elle mène un travail lié à des questions personnelles et identitaires. Parcourant son pays après la révolution, elle s'attache à «faire parler» lieux et objets du quotidien. L'artiste cherche à restaurer, au-delà des apparences et des déterminations, la complexité des espaces (domestiques ou urbains, intimes ou publics) qu'elle rencontre.

Participation: MATZA Kerkennah 2017

Andreas Kressig CH

Andreas Kressig lives and works in Geneva. He creates ephemeral, installation-based works made from salvaged, diverted or found materials in the vicinity of the sites he works from. His installations are often inspired by vehicles or mobile structures that the public can freely take ownership of.

Andreas Kressig vit et travaille à Genève. Il crée des œuvres éphémères, installatives, faites de matériaux de récupération détournés ou trouvés à proximité des sites dans lesquels il travaille. Ses installations sont souvent inspirées par des véhicules ou des structures mobiles que le public peut s'approprier.

Participation: *Bivouac* 2021

Valentin Kunik et Guillaume de Morsier – Kunik de Morsier architectes CH

Kunik de Morsier Architectes was founded in Lausanne in 2010 by Valentin Kunik and Guillaume de Morsier. United by a shared interest in critical and committed architecture, their work explores urban matters as well as issues concerning the renovation and adaptation of buildings or programmatic planning. They pursue an open and multifaceted approach to architecture and urban planning. Thus, their practice is not confined to any specific field. Each space can become a manifesto, and each construction takes on a crucial role.

Le bureau Kunik de Morsier Architectes est fondé à Lausanne en 2010 par Valentin Kunik et Guillaume de Morsier. Réunis autour de leur intérêt commun pour une architecture critique et engagée, ils travaillent aussi bien sur des problématiques urbaines que sur des questions concernant la rénovation et l'adaptation de bâtiments, ou encore la planification programmatique. Leur approche de l'architecture et de l'urbanisme est ouverte et multiple. Tout espace devient sujet à manifestes, toute construction prend un rôle crucial.

Participation: MATZA Amboy 2015, MATZA Aletsch 2016, *Undergrounds* 2016, *Radical Biotope* 2017 et la Termitière en 2020.

Syowia Kyambi KEN

Lives and works in Kenya. Incorporating photography, video, sculpture and performance installation, Syowia Kyambi's approach takes aim at today's politics as well as their legacy: what is remembered, what is archived, and how we can see the world anew. History collapses into the contemporary through various objects and sounds including mythical characters that simultaneously embody mischief, disruption and hurt. She opens her gullet like a pelican and try to digest the intangible. Rooted in her practice is a deep connection to land, earth and home.

Vit et travaille au Kenya. Incorporant la photographie, la vidéo, la sculpture et l'installation de performance, l'approche de Syowia Kyambi vise la politique du temps ainsi que son héritage aujourd'hui. Ce dont on se souvient, ce qui est archivé et comment nous voyons le monde renouvelé. L'histoire s'effondre dans le contemporain à travers divers objets et sons, y compris des personnages mythiques qui incarnent simultanément la malice, la perturbation et la blessure. Elle ouvre son gosier comme un pélican et tente de digérer l'intangible. Sa pratique est ancrée dans un lien profond avec la terre, le sol et la maison.

Participation: MATZA Edgelands Cúcuta 2022

Vanessa Lacaille RE

Lives and works in Switzerland. Vanessa Lacaille is an architect and landscape architect from Reunion Island. In 2013, she founded Le laboratoire d'architecture with Mounir Ayoub. Their work in Europe and Africa covers multiple fields: social architecture, landscape, collaborative territorial studies as well as editorial and curatorial projects. Vanessa Lacaille was co-curator of the Swiss pavilion at the 17th International Architecture Biennale in Venice. Since 2022, she is a Visiting Professor at EPFL.

Architecte réunionnaise, Vanessa Lacaille vit et travaille en Suisse. En 2013, elle fonde Le laboratoire d'architecture avec Mounir Ayoub. Leur travail en Europe et en Afrique couvre de multiples champs : architecture sociale et paysage, études territoriales collaboratives ainsi que des projets éditoriaux et curatoriaux. Vanessa Lacaille a été cocommissaire du pavillon suisse à la 17ᵉ Biennale d'architecture de Venise. En 2022, elle est professeure invitée à l'EPFL.

Participation: MATZA Edgelands Cúcuta 2022

Maxime Lamarche FR

Born in 1988 in Audincourt (25), Maxime Lamarche is now based in Saint Etienne. He studied mechanical engineering in Montbéliard, before graduating from Lyon's Ecole Nationale Supérieure des Beaux Arts in 2012. Through the landscapes and architectures he evokes, Maxime Lamarche questions the survival time of our fantasies and illusions with his hybrid sculptures of precarious equilibrium. He hijacks architecture, boats, vehicles and other symbolic objects in order to reveal their cultural importance. Playing on the scale and evocative potential of his works, he initiates a disconcerting narrative that questions our finitude, scaffolding tomorrow's forms from those of yesterday's world.

Né en 1988 à Audincourt (FR), Maxime Lamarche est basé à Saint-Étienne. Il suit d'abord une formation de génie mécanique à Montbéliard puis sera diplômé de L'École nationale supérieure des Beaux-Arts de Lyon en 2012. À travers les paysages et les architectures qu'il convie, Maxime Lamarche interroge la durée de survie de nos fantasmes et de nos illusions avec ses sculptures hybrides aux équilibres précaires. Il détourne architectures, bateaux, véhicules et autres objets symboliques pour voir émerger leur charge culturelle. Jouant sur les échelles et les potentialités évocatrices de ses œuvres, il amorce un récit qui déroute et questionne notre finitude, échafaudant les formes de demain à partir de celles du monde d'hier.

Participation: MATZA Aletsch 2019

Simon Lamunière CH

Simon Lamunière (born in 1961) is an exhibition curator. Based in Geneva, he develops projects that broaden the usual fields of art and its dissemination in Switzerland. He specializes in events, exhibitions, and projects for public spaces. He recently directed *Open House*, an exhibition on habitat in the fields of architecture, art, design and humanitarianism, after curating Art|Unlimited in Basel, for Le Centre pour l'Image Contemporaine and directed *Neon Parallax*, a public art project in Geneva.

Simon Lamunière (né en 1961) est commissaire d'exposition. Basé à Genève (CH), il développe des projets qui élargissent les champs habituels de l'art et de sa diffusion en Suisse. Sa spécialité consiste à réaliser des événements, des expositions et des projets pour l'espace public. Il a récemment dirigé *Open House*, une exposition sur l'habitat dans les domaines de l'architecture, l'art, le design et l'humanitaire après avoir été curateur de Art|Unlimited à Bâle, du Centre pour l'image contemporaine et piloté le projet d'art public *Neon Parallax* à Genève.

www.simonlamuniere.com

Mick Lorusso USA

Mick Lorusso is a cross-disciplinary artist who interweaves musings on molecules, cells, societies, and environments. He creates images, cabinets of curiosity and interactions to address questions about energy, water, climate, and health. He has participated in urban ecology collaborations in Mexico City and as a resident in various interdisciplinary art programs.

Mick Lorusso est un artiste pluridisciplinaire qui entremêle des réflexions sur les molécules, les cellules, les sociétés et les environnements. Il crée des images, des cabinets de curiosités et des interactions pour répondre à des questions sur l'énergie, l'eau, le climat et la santé. Il a participé à des collaborations sur l'écologie urbaine à Mexico et a été résident dans divers programmes artistiques interdisciplinaires.

Participation: MATZA Aletsch 2017

Thierry Maeder CH

Thierry Maeder is a PhD student in urbanism and spatial planning at the University of Geneva. His work focuses on a geography of cultural policies. In 2015, he published a study of Lausanne's new museum hub and the issues surrounding large-scale cultural facilities. His current doctoral research analyses the transformations of artistic public commission and how it articulates with urban planning and the production of public space. Besides his academic activities, Thierry Maeder has worked for the Geneva Contemporary Art Fund, and regularly collaborates with a private sector urban planning office.

Thierry Maeder a été formé en aménagement du territoire et urbanisme à l'Université de Genève. Ses travaux portent sur la géographie des politiques culturelles. Il a publié en 2015 une étude sur le futur pôle muséal de Lausanne et les enjeux urbains des grands équipements culturels. Ses recherches doctorales analysent les transformations de la commande artistique publique ainsi que son articulation avec les politiques d'aménagement et de la production de l'espace public. Par ailleurs, Thierry Maeder a travaillé pour le Fonds municipal d'art contemporain de la Ville de Genève et collabore régulièrement avec un bureau d'architecture et d'urbanisme privé.

Participation: MATZA Amboy 2017

Zul Mahmod SG

Zul Mahmod (born in 1975) is one of Singapore's leading sound artists. He has been at the forefront of a generation of sound-media artists in Singapore's contemporary art development – one of the genres of international contemporary art-making that has been garnering interest for its interdisciplinary approach and experimental edge. Zul has made himself a reputation for integrating 3-D forms with "sound constructions" and "sound-scapes." Zul explores spatial awareness, aural architecture and social issues in a subtle way but impactful in his practice.

Zul Mahmod (né en 1975) est l'un des principaux artistes sonores de Singapour. Il a été à l'avant-garde d'une génération d'artistes travaillant le son dans le champ de l'art contemporain à Singapour – un medium qui a suscité beaucoup d'intérêt de par son approche interdisciplinaire et expérimentale. Zul s'est forgé une réputation en intégrant des formes tridimensionnelles à des constructions et des paysages sonores. Dans sa pratique, Zul explore la conscience spatiale, l'architecture sonore et les questions sociales d'une manière subtile mais percutante.

Participation: MATZA Edgelands Geneva 2023

Onyis Martin KEN

Lives and works in Nairobi (KEN), 1987
Vit et travaille à Nairobi (KEN)

Experimenting with a wide range of materials, Onyis Martin explores the human condition and the global geopolitical interface through the lens of human trafficking, migration, corruption and displacement. In addition, he explores issues related to communication, the rapidly changing technological environment and the consumerism that surrounds it. Using his personal experience as a starting point, he interweaves individual and collective experiences highlighting the similar experiences people have in different places around the world. In his most recent series of works, Talking Walls (2016), Martin has expanded his exploration on how information is dependent on and influenced by freedom and social structure in the rise of consumerism.

Expérimentant un large éventail de matériaux, Onyis Martin explore la condition humaine et l'interface géopolitique mondiale sous le prisme de la traite de l'être humain, de la migration, de la corruption et du déplacement. De plus, il explore les questions liées à la communication, à notre environnement technologique en rapide évolution et au consumérisme. Utilisant son expérience personnelle comme point de départ, il entremêle des expériences individuelles et collectives mettant en évidence les expériences similaires que les gens vivent dans différents endroits à travers le monde.

Participation: MATZA Edgelands Medellín 2022

Bastian Marzoli CH

Lives and works in Lausanne (CH)
Vit et travaille à Lausanne (CH)

Bastian Marzoli graduated from EPFL in 2021 with a degree in architecture. Defining himself as an architect who does not want to build, his theoretical research focuses on a moratorium banning new construction. In his practice and daily life, Bastian strives to use only what already exists – both out of ecological conviction and for his love of kitsch aesthetics of the late 20th century. In addition to that, in 2021 he co-founded the diversified practice détritus.

Bastian Marzoli obtient son diplôme d'architecture à l'EPFL en 2021. Se définissant comme un architecte qui ne veut pas construire, sa recherche théorique se porte sur un moratoire interdisant les nouvelles constructions. Dans son art, son architecture et dans sa vie quotidienne, Bastian s'applique à n'utiliser que ce qui existe déjà – à la fois par conviction écologique, mais aussi par amour pour l'esthétique kitsch de la fin du XXᵉ siècle. De plus, il cofonde en 2021 la pratique multiple détritus.

Participation: *Bivouac* 2021

Jérôme Massard CH

Jérôme Massard is an artist, curator, cultural activist, graphic designer and adult trainer. A graduate in critical studies (CCC) from the Geneva University of Applied Arts, he is conducting work on the status of the independent art scene in Geneva. He is president of the Forde committee – a contemporary art venue created in 2006, and of the Vélodrome association – a self-regulated artistic and artisanal centre active between 2010 and 2015. As a member of the KLAT artists' group, he has taken part in numerous exhibitions and opened several art venues in Geneva, including Shark and the Broom Social Club.

Artiste, Jérôme Massard est également curateur, activiste culturel, graphiste et formateur d'adultes. Diplômé en études critiques (CCC) de l'École supérieure d'arts visuels de Genève, il travaille sur le statut de la scène indépendante genevoise. Il est président du comité de Forde – espace d'art contemporain depuis 2006 et de l'association Vélodrome – Centre artistique et artisanal autogéré entre 2010 et 2015. Comme membre du groupe d'artistes KLAT, il participe à de nombreuses expositions et ouvre plusieurs lieux d'art à Genève dont Shark puis le Broom Social Club.

Participation: MATZA Amboy 2015

Louis Méjean FR

Trained as an architect, Louis Méjean is currently a social worker. He likes to explore the territory, combining documentary photography and performance.

Architecte de formation, Louis Méjean est actuellement travailleur social. Il aime explorer le territoire en mêlant photographie documentaire et performance.

Participation: MATZA Aletsch 2018

Jane Chang Mi USA

Trained as an ocean engineer and an artist, Jane Chang Mi focuses on land politics and postcolonial ecologies. Exploring the traditions and narratives associated with the environment through her interdisciplinary and research-based work, Mi aims to express our contemporary relationship to nature and each other.

Ingénieure océanique et artiste de formation, Jane Chang Mi s'intéresse aux politiques foncières et aux écologies postcoloniales. Elle explore les traditions et les récits associés à l'environnement dans le cadre de son travail interdisciinaire et fondé sur la recherche. Mi cherche à exprimer notre relation contemporaine à la nature et aux autres.

Participation: MATZA Aletsch 2017

Emmanuel Mottu CH

Artist and engraver Emmanuel Mottu defines his work like so: turning shit into gold and vice versa. Absorbing images and throwing their skeleton into relief to highlight their shadows. Bridging a gap between subconscious and reality. Retrieving the invisible part of the world around us. As a cultural activist and member of the Epicerie de l'agonie in Geneva, his work often addresses the idea of reasserting ownership of a space, through occupied buildings, clandestine bars and the cité des bars. Emmanuel Mottu is also the technical director and team coordinator of the Geneva centre for engraving.

Artiste, graveur, Emmanuel Mottu définit sa pratique artistique ainsi : transformer la merde en or et inversement : absorber des images, faire apparaître leur ossature pour en extraire leur part d'ombre ; ouvrir une piste entre l'inconscient et la réalité ; rapatrier l'invisible dans le monde existant. Activiste culturel et membre de l'épicerie de l'agonie à Genève, il travaille autour de la réappropriation de l'espace : maisons occupées, bars clandestins, cité des bars. Emmanuel Mottu est également responsable technique et coordinateur de l'équipe de l'atelier genevois de gravure contemporaine.

Participation: MATZA Aletsch 2016, *Undergrounds* 2016

Ogutu Muraya COL

Lives and works in Nairobi (Kenya), 1986
Vit et travaille à Nairobi (KEN), 1986

With a body of work rooted in and informed by oral practice, Ogutu Muraya is a writer and playwright. In his work, he explores new forms of storytelling, seeking to merge socio-political aspects with the belief that art can challenge certainties. After studying International Relations at USIU-Africa, he graduated in 2016 with a Master's degree in Theatre Arts. His writings have been published in numerous magazines, his performances and stories presented in several theaters and festivals around the world.

Avec un travail ancré et nourri par la pratique orale, Ogutu Muraya est écrivain et crée des pièces de théâtre. Dans son travail, il explore de nouvelles formes de narration autour de questions socio-politiques avec la conviction que l'art permet de remettre en question les certitudes. Après avoir étudié les relations internationales à l'USIU-Africa, il obtient en 2016 un master en arts du théâtre.

Participation: MATZA Edgelands Medellín 2022

Shabu Mwangi KEN

Shabu Mwangi was born in 1985 and began making art in 2003. He lives and works in Mukuru slum where he established the Wajukuu Art Project in 2013 with a deep conviction that his work could highlight the lives of the disadvantaged minorities in his community. Deeply concerned by society's inequality and our lack of empathy for people with different social, political, ethnic and religious beliefs, his work seeks to examine human behavior and our collective amnesia.

Shabu Mwangi est né en 1985 et a commencé à faire de l'art en 2003. Il vit et travaille dans le bidonville de Mukuru à Nairobi, où il a cofondé le Wajukuu Arts en 2013 avec l'envie de mettre en lumière la vie des minorités défavorisées de sa communauté. Profondément préoccupé par les inégalités sociétales et le manque d'empathie pour les personnes ayant des croyances sociales, politiques, ethniques et religieuses différentes, son travail s'intéresse au comportement humain et à l'amnésie collective.

Participation: MATZA Edgelands Nairobi 2023, MATZA Edgelands Geneva 2023

Joan Otieno KEN

Joan Otieno is a Kenyan artist currently living in the Lucky summer estate of Nairobi and works from her studio which is located in the slums of Korogocho. Joan works with recycled materials and turns them into two dimensional artworks, three dimensional art installations and functional outfits that are worn on runways and even during street exhibitions and photo shoots.

Artiste kényane, Joan Otieno vit actuellement dans le quartier Lucky Summer à Nairobi et travaille depuis son studio situé dans les bidonvilles de Korogocho. Joan travaille avec des matériaux recyclés et les transforme en œuvres d'art bidimensionnelles, en installations artistiques tridimensionnelles et en tenues fonctionnelles qui sont portées sur des podiums, lors de défilés de rue ou de photoshoots.

Participation: MATZA Edgelands Nairobi 2023

Sandrine Pelletier CH

Lives and works between Lausanne and Cairo (Egypt), 1976
Vit et travaille entre Lausanne et Le Caire (Égypte), 1976

From Lausanne to Vienna, from Beirut to Cairo where she settled shortly after the beginning of the Arab Spring, Sandrine Pelletier witnesses the noise of the different national political waves. As a privileged witness to moments of calm and fury, she adapts her relationship to time and life by immersing herself in the stories of places and people. Her practice can be summed up as a contextual immersion which is accompanied each time by a risk-taking where the experimentation finds its full meaning and influences her productions durably.

De Lausanne à Vienne, de Beyrouth au Caire où elle s'est installée peu après le début du Printemps arabe, Sandrine Pelletier assiste aux bruits des différentes ondes politiques nationales. En témoin privilégiée des instants de calme et de fureur, elle adapte son rapport au temps et à la vie en se plongeant dans les histoires des lieux et des personnes. Une immersion contextuelle qui s'accompagne chaque fois d'une prise de risque où l'expérimentation trouve pleinement son sens et influence durablement ses productions.

Participation: MATZA Aletsch 2018, MATZA Edgelands Medellin 2022

Éric Philippoz CH

Éric Philippoz is an artist from Ayent. From 2006 to 2009, he studied visual arts/media at the Haute école d'art et de design, Geneva, and went to the Bergen National Academy of the Arts in Norway in 2008 as part of an exchange semester. He obtained his Bachelor's degree in 2009, graduating with honours. From 2010 to 2012, he continued his studies with a Master's degree in visual arts at the ArtEZ Dutch Art Institute, Arnhem, in the Netherlands. He has been invited to several residencies. In 2010, he joined the P4 collective in Neuchâtel. In 2012, he travelled to Notodden, Norway, and then, from 2012-2014, resided at Atelier tremplin pour jeunes artistes at Ferme Asile in Sion.

Éric Philippoz est un artiste originaire d'Ayent. De 2006 à 2009, il suit des études en arts visuels pôle art/media à la HEAD – Genève et se rend à la Bergen National Academy of the Arts en Norvège en 2008 dans le cadre d'un semestre d'échange. Il obtient son diplôme de bachelor en 2009 avec les félicitations du jury. Il poursuit ses études avec, de 2010 à 2012, un master en arts visuels à l'ArtEZ Dutch Art Institute, Arnhem, aux Pays-Bas. Il a été invité pour plusieurs séjours en résidence. En 2010, il rejoint le collectif P4 à Neuchâtel. En 2012, il se rend à Notodden en Norvège puis réside, de 2012-2014, à Atelier tremplin pour jeunes artistes à la Ferme Asile à Sion.

Participation: MATZA Aletsch 2018

Laurence Piaget-Dubuis CH

Laurence Piaget-Dubuis is an artist, graphic designer and photographer from canton Valais in Switzerland. She uses the visual arts to express invisible realities, create meaning and arouse emotions in a tension of convergence between aesthetic and ethical research. She uses pictures to relate stories that are allegories of a larger one: that of Humanity. Her area of experiment is that of contemporary issues as a mirror of society and man's relationship with his environment. In an age of transformation and convinced that culture enables us to be more aware, to strengthen democracy and sharpen consciences, the

artist is committed to transitioning to a sustainable and positive future.

Laurence Piaget-Dubuis est artiste, graphiste-designer et photographe valaisanne. Elle utilise les arts visuels pour exprimer des réalités invisibles, créer du sens et susciter des émotions dans une tension de convergence entre recherche esthétique et éthique. Elle conte en images des parcelles d'histoires qui sont des allégories permettant d'en raconter une plus grande : celle de l'Humanité. Les enjeux contemporains comme miroir de la société et du rapport de l'homme envers son environnement constituent son terreau d'expérimentation. Dans une époque en transformation et convaincue que la culture permet d'accroître la vigilance, de renforcer la démocratie et d'affûter les consciences, l'artiste s'engage pour une transition portée vers un futur durable et positif.

Participation: MATZA Aletsch 2016, *Radical Biotope* 2017

Margarita Pineda COL

Lives and works in Medellin (COL), 1982
Vit et travaille à Medellín (COL), 1982

Margarita Pineda is interested in relationships to cities on a 1:1 scale. The contexts in which she intervenes are often triggers for her production. The dynamics encountered define a language specific to each place and influence the development of her interventions. The location, the utility, the materials and the memory of these spaces are invested and used as tactical elements to build a work, notably through the display, putting into perspective the social and economic changes of these spaces. Margarita Pineda develops projects for public space and intervenes regularly in museum and gallery institutions.

Margarita Pineda investit les espaces et les relations à l'échelle 1:1, ce qui influence son travail et souvent déclenche sa production. Pour chaque lieu, elle s'intéresse aux dynamiques rencontrées, à la localisation, aux personnes qui sont usagères du lieu, à l'utilité des matériaux ou encore à la mémoire des espaces sur lesquels elle se base pour construire son travail. Dans ses interventions, elle met en perspective les changements sociaux et économiques de ces espaces.

Participation: MATZA Edgelands Medellín 2022

Valentina Pini CH

Born in 1982 in Ticino, lives and works in Zürich (CH)
Née en 1982 au Tessin, vit et travaille à Zürich (CH)

Valentina Pini's artistic practice revolves around the perception of the matter. In her own way with a mixture of humour and rigour, the artist juxtaposes illusion and reality. Her sculptures show delicate and intricate visions of apparently quiet and irrelevant objects. Trading a fine line between the recognizable and the indeterminate, the installations, rigorous and essential in form, allow the observer to be enchanted, thanks to their transformative power that redirects everyday objects to new

and improbable purposes. Pini's work combines expressive mediums such as sculpture, installation and video and sits somewhere between chemistry and magic, where creation is not flagrantly confesses but subtly suggested.

Chaque création de Valentina Pini suit un protocole bien défini. Certains de ses dessins éveillent en elle un désir de matérialisation, qui, après une recherche autour du matériau, de la forme et de la taille, se concrétise en une installation. Un choix attentif des matières, un jeu ambigu entre artificiel et naturel, entre le proche et le lointain, a souvent pour but de donner une apparence trompeuse aux œuvres, afin de susciter chez le spectateur une certaine curiosité.

Participation: MATZA Aletsch 2018 and MATZA Edgelands Medellín 2022

Anu Pennanen FIN

Anu Pennanen is a Finnish sound artist and film-maker. Her interest in space and territory leads her to invest the places where she works in depth. For Bivouac en 2021, she used archive documents and sounds taken on and around the Rasude site to imagine, in collaboration with artist Sasu Ripatti, an immersive sound work that speaks of the building's history, its present and the speculated forms of its possible future.

Anu Pennanen est une artiste sonore et réalisatrice finlandaise. Son intérêt pour l'espace et le territoire la pousse à investir en profondeur les lieux de ses interventions. Pour Bivouac en 2021, elle est partie des documents d'archives et de sons pris sur le site et à proximité de la Rasude pour imaginer, en collaboration avec l'artiste Sasu Ripatti, une œuvre immersive et sonore qui parle de l'histoire du bâtiment, de son présent et des formes spéculées de ses possibles futurs.

Participation: *Bivouac* 2021

Ronald Pizzoferrato VEN

Was born in 1988 in Caracas (VEN), lives and works in Bern (CH).

Ronald Pizzoferrato is a visual artist and photographer, resident in Bern since 2014. His works are the result of prolonged ethnographic design research with a visual focus. Pizzoferrato documents and investigates social phenomenons and conflicts in his native Venezuela. Additionally, he works on international projects related to identity, migration, violence, and decolonization.

Ronald Pizzoferrato est un artist visuel né en 1988 à Caracas (VE) et vivant à Berne depuis 2014. Ses œuvres sont le résultat d'une recherche design ethnographique prolongée par un focus visuel. Ronald documente et enquête sur les phénomènes sociaux et les conflits dans son pays natal, le Venezuela. En outre, il travaille sur des projets internationaux liés à l'identité, la migration, la violence et la décolonisation.

Participation: MATZA Edgelands Cúcuta 2022, MATZA Edgelands Nairobi, 2023

Adrian Preciado VEN

Lives and work in Venezuela.

Adrián Preciado is an Art Historian and Visual Artist from the University of Los Andes. His research focuses on the relationship between traditional arts and new technologies and topics such as borders and migration.

Vivant et travaillant au Venezuela, Adrián Preciado est historien de l'art et artiste visuel de l'Université de Los Andes. Ses recherches portent sur la relation entre les arts traditionnels et les nouvelles technologies, ainsi que sur les frontières et la migration.

Participation: MATZA Edgelands Cúcuta 2022

Delphine Reist CH

Lives and works in Geneva (CH), 1970.

In her exhibitions, Delphine Reist presents all kinds of things that come to life on their own, such as cars or tools, sinks transformed into fountains, office chairs or flags that turn on themselves. Spontaneous movement aside, what's most remarkable is that all these objects remain themselves. In her work, shopping carts remain shopping carts, oil remains oil, cans are real cans, and so on. They are not images of other things, and as such, they are a form of concrete art. (V. Pecoil)

Delphine Reist (vit et travaille à Genève, 1970) présente dans ses expositions toutes sortes de choses qui s'animent toutes seules comme des voitures ou des outils, des éviers transformés en fontaines, des chaises de bureau ou des drapeaux qui tournent sur eux-mêmes. Abstraction faite de cette mise en mouvement spontané, le plus remarquable est que tous ces objets restent eux-mêmes. Dans son travail, les caddies restent des caddies, l'huile reste de l'huile, les bidons sont de vrais bidons, et ainsi de suite. Ce ne sont pas des images d'autres choses et, de ce fait, il s'agit d'une forme d'art concret. (V. Pecoil)

Participation: *Superstructure* 2019

Delphine Renault FR

Delphine Renault was born in Paris in 1984 and studied Fine Arts in Lyon, Rennes and at the HEAD in Geneva. Her work focuses above all on space, representation and perception. Her installations are created in situ, on a human scale, and offer a reinterpretation of pre-existing or imported architectural elements. She takes inspiration from the various rhythms and patterns of a landscape to form a trail punctuated by moments of contemplation and wandering, along which the visitor's role is that of point of reference in, and enabler of, the landscape.

Née en 1984 à Paris, Delphine Renault est diplômée des Beaux-Arts de Lyon, de Rennes et de la HEAD de Genève. Sa pratique est avant tout liée à l'espace, sa représentation et sa perception. Elle réalise des installations in situ, à l'échelle du corps, qui proposent une lecture d'éléments préexistants à l'architecture du lieu et/ou rapportés. Elle s'inspire des différents codes de fabrique de paysage pour penser un parcours, rythmé par des temps de contemplation et de déambulation, où le visiteur prend les rôles de repère spatial et d'activateur de décor.

Participation: MATZA Amboy 2016 and MATZA Aletsch 2017

Nathalie Rodach CH/FR

A self-taught plastic artist, Nathalie Rodach tells stories, weaving bonds between the spiritual, the organic and the trivial. Through the materials she uses, such as thread or a tree branch, she explores the paths of life, embroidering the questions posed by individuals, and interweaving reflections on memory with an exploration of the idea of identity.

Artiste plasticienne autodidacte, Nathalie Rodach raconte des histoires, tisse des liens entre le spirituel, l'organique et le trivial. Par les matériaux auxquels elle recourt (le fil, la branche d'arbre), elle explore des chemins de vie, brode les interrogations des individus, entremêlant une réflexion sur la mémoire à une exploration de la notion d'identité.

Participation: MATZA Kerkennah 2017

Flurina Rothenberger CH

Flurina Rothenberger is a Swiss photographer/artist raised in Côte d'Ivoire and based in Abidjan and Zurich. Her work draws on photography and writing, combining a research-based approach with highly collaborative projects in the form of books, zines, installations and workshops. She is a lecturer in the Faculty of Advanced Studies in Photography in Vevey, and a program manager at Artlink.

Flurina Rothenberger est une photographe et artiste suisse qui a grandi en Côte d'Ivoire. Elle est actuellement basée entre Abidjan et Zürich, et son travail s'appuie sur la photographie et l'écriture, combinant une approche basée sur la recherche et des projets hautement collaboratifs sous forme de livres, zines, installations et ateliers. Elle est chargée de cours à l'École supérieure des arts appliqués de Vevey section photographie, ainsi que responsable de la gestion de programme chez Artlink.

Participation: MATZA Edgelands Nairobi 2023

Julie Semoroz CH

Lives and works in Geneva (Switzerland), 1984

Julie Semoroz is a singer, sound artist and artistic project manager. She sculpts sound using several sources such as field recordings, live microphones and her voice with software and hardware elements. She proposes sound pieces as inner journeys into the unconscious where one penetrates shadowy areas. Her work questions the relationship of the individual to mechanical and organic time in her bodily practices and questions post-industrial consumerist society and new technologies. In a search for ecology in the sense of «habitat», Julie Semoroz asks the question of how to inhabit our bodies and our lives in society.

Julie Semoroz est chanteuse, artiste sonore et directrice de projets artistiques. Elle sculpte à l'aide de softwares et de hardwares divers sons qu'elle récolte, par exemple lors de field recordings, avec des micros en direct ou en enregistrant sa propre voix. Ses pièces sonores agissent comme des voyages intérieurs, où l'on pénètre des parts sombres de l'inconscient. Son travail interroge le rapport de l'individu au temps, questionne la société postindustrielle consumériste et les nouvelles technologies. Dans une recherche d'écologie au sens de « l'habitat », Julie Semoroz pose la question de comment habiter nos corps et nos vies dans la société.

Participation: MATZA Edgelands Medellín 2022

Matthias Solenthaler CH

Following his studies in political science, Matthias Solenthaler applied himself to documentary filmmaking, organizing musical events and assembling cultural venues. His recent projects have addressed the role and impact of culture and artists in the production of a city. To improve his knowledge of urban questions, for the last two years he has been following a postgraduate course (MAS) in sustainable urban planning. He is currently working on his thesis and on setting up a cultural cooperative, and would like to spend the coming years practicing a form of town planning that is at once critical, sustainable, and close to citizens.

Après des études en sciences politiques, Matthias Solenthaler s'investit dans la réalisation de films documentaires et le montage de lieux culturels dédiés à la musique. À travers ses projets, il questionne la place de la culture et des artistes dans la production de la ville. Son intérêt pour l'urbanisme et la politique de la ville le pousse en 2013 à entamer une formation post-grade en urbanisme durable (MAS). Il travaille actuellement à son mémoire de diplôme et souhaite consacrer ces prochaines années à la pratique d'un urbanisme critique, durable et citoyen.

Participation: MATZA Amboy 2016

Diego Sologuren ESP

Lives and works in Getxo (ESP)
Vit et travaille à Getxo (ESP)

Diego Sologuren studied architecture in San Sebastián (ESP) and continued with a Master in Urban Studies in Brussels (BE). In 2014, he joined Francis Kéré's architecture firm, an experience that sharpened his sensibility and influenced his way of conceiving architecture and design, integrating as key values honesty, economy of means and constructive simplicity. Diego develops his experimental practice and continually seeks to bend the rules of convention. He aims to push architecture to its conceptual boundaries with other disciplines.

Diego Sologuren étudie l'architecture à San Sebastián (ESP) et poursuit avec un master en études urbaines à Bruxelles (BE). En 2014, il rejoint le bureau de l'architecte Francis Kéré, une expérience qui a affûté sa sensibilité et influencé sa façon de concevoir l'architecture et le design, intégrant comme valeurs-clés l'honnêteté, l'économie de moyens et la simplicité constructive. Diego développe sa pratique expérimentale et cherche continuellement à déjouer les règles du conventionnel. Il cherche à pousser l'architecture à ses frontières conceptuelles avec d'autres disciplines.

Participation: *Bivouac* 2021

Dorothea Strauss CH

Dorothea Strauss managed various art institutions such as Kunsthalle St. Gallen and Museum Haus Konstruktiv in Zurich. From 2013 to 2022, she built up a corporate social responsibility department at Die Mobiliar. Today she is a freelance curator and transformation specialist. She lives and works near Zurich.

Dorothea Strauss a dirigé plusieurs institutions artistiques telles que la Kunsthalle de Saint-Gall et le Museum Haus Konstruktiv à Zurich. De 2013 à 2022, elle a mis en place un département de responsabilité sociale des entreprises à La Mobilière. Aujourd'hui, elle est conservatrice indépendante et spécialiste de la transformation. Elle vit et travaille près de Zurich.

Angélica Teuta COL

Lives and works in Medellin (COL), 1985
Vit et travaille à Medellín (COL), 1985

With simple, handmade, and low-tech elements, Angélica Teuta creates dreamlike worlds that develop as poetic landscapes. Her work is not focused on these theatrical atmospheres in themselves but rather on the multiple processes necessary for the activation of the objects present, often borrowed from everyday life, then immersed in a complex, illusory, and narrative universe. Her longest and ongoing project called "Emotional Architecture" combines interests in vernacular and nomadic design, DIY furniture, and wooden structures, designing micro-spaces within other spaces. Utopia, childhood memories, zen environments, and working with live plants are also themes prevalent in Teuta's work.

Avec des éléments simples, faits main et low-tech, Angélica Teuta crée des mondes oniriques composés de lumières, d'images et d'ombres qui se développent comme des paysages poétiques. Utilisant des découpes papier, des objets, du son et des photographies, elle transforme l'espace d'exposition en un lieu de vie qui évolue en temps réel devant les yeux des spectateurs. Son travail est focalisé sur les multiples processus nécessaires à l'activation des objets présents, souvent empruntés du quotidien, alors plongés dans une atmosphère illusoire et théâtrale.

Participation: MATZA Edgelands Medellín 2022

Laurent Tixador FR

Laurent Tixador was born in Colmar, and currently lives and works in Nantes. Since 2001, Laurent Tixador has regularly participated in monographic and group exhibitions in France and abroad. In 2013, he won the COAL Art

and Environment Prize. Laurent Tixador revels in putting himself to the test in extreme and offbeat situations.

Laurent Tixador est né à Colmar, il vit et travaille actuellement à Nantes. Depuis 2001, Laurent Tixador participe régulièrement à des expositions monographiques et collectives, en France et à l'étranger. En 2013, il est lauréat du Prix COAL Art et Environnement. Laurent Tixador se distingue par des actions où il se met à l'épreuve de situations aussi extrêmes que décalées.

Participation: MATZA Aletsch 2017

Sébastien Tripod CH

Lives and works in Lausanne (CH)
Vit et travaille à Lausanne (CH)

Sébastien Tripod holds a master's degree in architecture (CH) and a degree from the Ghent School of Art (BE). He works as a freelance architect and creates experiments focused on sustainability, self-building and cooperation. Sébastien is part of Constructlab, a transdisciplinary and collaborative network of practitioners and often collaborates with different groups (HALLO, Inland, A.Pass and Free Home University) on residential projects, advocating environmental and social ecology.

Sébastien Tripod est diplômé d'un master en architecture (CH) et de l'École d'art de Gand (BE). Il travaille en tant qu'architecte indépendant et crée des expériences axées sur la durabilité, l'autoconstruction et la coopération. Sébastien fait partie de Constructlab, un réseau transdisciplinaire et collaboratif de praticiens et collabore souvent avec différents groupes (HALLO, Inland, A.Pass et Free Home University) pour des projets en résidence, prônant l'écologie environnementale et sociale.

Participation: *Bivouac* 2021

Alexia Turlin CH

Alexia Turlin presents herself as a cross-over artistic agency named Milkshake Agency. Its artistic activity takes very diverse forms and involves multiple uses. She creates murals, furniture and garden layouts, playful and utilitarian sculptures, videos and printed matter distributed through many networks. Her "art for living" is one of its most accomplished expressions in this exhibition. She creates a complete environment, with carpeting on the floor and partially covering the walls, beanbags, multicoloured lamps and furniture elements. Visitors can sit comfortably to watch videos, or to attend the various evening events, round tables, performances and other one-off events organized throughout the exhibition.

Alexia Turlin se présente comme une agence artistique « cross-over » nommée Milkshake agency. Son activité artistique prend des formes très diverses et implique des usages pluriels. Elle réalise des peintures murales, des aménagements de mobilier et de jardin, des sculptures ludiques et utilitaires, des vidéos et des imprimés diffusés dans de nombreux réseaux.

Participation: MATZA Aletsch 2017

Marie Velardi CH

Marie Velardi's artistic production takes various forms – installations, sketches, videos, audio recordings, text – but all follow a similar theme: a relationship to different temporalities. Projections over time are the way she connects past, present and future and how she examines the state of the Earth today. Through her creations, collaborations and research, Marie Velardi attempts to give shape(s) to a memory of the future.

La pratique artistique de Marie Velardi est multiforme – installations in situ, dessins, vidéos, bandes sonores, textes – mais suit un fil conducteur : la relation aux différentes temporalités. Les projections dans le temps sont un moyen pour elle de relier présent, passé et avenir, et de questionner l'état de la Terre aujourd'hui. Par des réalisations, des collaborations et des recherches, Marie Velardi tente de mettre en forme(s) une mémoire de l'avenir.

Participation: MATZA Amboy 2015, MATZA Aletsch 2016

Santiago Vélez COL

Lives and work in Medellìn (Colombia), 1972
Vit et travaille à Medellìn (COL)

The observation of water in multiple contexts around the world has led Santiago Vélez to study the relationship between this element and contemporary issues such as human migration, climate change, mining or the economy. With the intention of pointing out the relevance of water in specific events, he approaches these territories through explorations and investigations which, often following disruptive gestures, are then translated into installations, videos, photographs and sculptures.

L'observation de l'eau dans de multiples contextes à travers le monde a conduit Santiago Vélez à étudier la relation entre cet élément et des questions contemporaines telles que la migration humaine, les changements climatiques, l'exploitation minière ou l'économie. Dans l'intention de souligner la pertinence de l'eau dans des événements spécifiques, il aborde ces territoires par le biais d'explorations et d'enquêtes qui, souvent à la suite de gestes perturbateurs, sont ensuite traduits en installations, vidéos, photographies et sculptures.

Participation: MATZA Edgelands Cúcuta 2022

Wanjiru Ngure, [M] / [MONRHEA] KEN

Wanjiru Ngure, [M] / [MONRHEA] explores art through music production, sound design, creative coding, DJing and tutoring in the realms of bass, techno, underground hip-hop and experimental music. She is a guest tutor at SEMA on experimental approaches, and participated in a three months residency at The MIST. Recently she was actively spearheading initiatives under The Rhealistic Collective such as TCHNO and BYTE.

Wanjiru Ngure, [M] / [MONRHEA] explore l'art à travers la production musicale, le design sonore, le code créatif, le DJ-ing et le tutorat dans la basse, la techno, le hip-hop underground et la musique expérimentale. Elle est tutrice invitée au SEMA sur les pratiques expérimentales, et a participé à une résidence de trois mois au MIST. Elle a récemment été à l'origine de plusieurs initiatives du Rhealistic Collective telles que TCHNO et BYTE.

Participation: MATZA Edgelands Nairobi 2023

Nabalayo Wattimah KEN

Nabalayo Wattimah is a Nairobi based producer, singer-songwriter and performer; channeling indigenous Kenyan ancestral energies to create electronic music. Her music blends ethereal soundscapes and rich local folk idioms with light airy vocals in order to transport her audience to other realms of existence. Her artistic practice is driven by the values of storytelling, archiving and showcasing the beauty of diversity.

Nabalayo Wattimah est une productrice et autrice-compositrice-interprète basée à Nairobi. Dans son travail, elle s'inspire des énergies ancestrales kényanes qu'elle cherche à canaliser afin de créer de la musique électronique. Sa musique mélange des paysages sonores éthérés et riches en idiomes folkloriques locaux avec des voix aériennes afin de transporter le public vers d'autres univers. Sa pratique artistique est guidée par les valeurs de la narration, l'archivage et la beauté de la diversité.

Participation: MATZA Edgelands Nairobi 2023

Ngugi Waweru KEN

Ngugi Waweru is a multimedia and self-taught artist who was born in Nakuru and grew up in Nairobi. He started experimenting after observing his friends that were practicing and that had already cultivated a passion and skills in art. Ngugi resolved to embrace it full time. He signed up for a community talent search and emerged the winner in the printing category with a woodcut print artwork. Ngugi is one of the founders of Wajukuu Arts.

Né à Nakuru, Ngugi Waweru est un artiste visuel autodidacte qui a grandi à Nairobi. C'est en observant des amis en train de faire de l'art qu'il commence à expérimenter lui-même divers médiums. Il est l'un des fondateurs de Wajukuu Arts et s'investit à présent à plein temps dans son travail artistique. Il est repéré lors d'un concours communautaire de jeunes talents dont il ressort lauréat avec une gravure sur bois.

Participation: MATZA Edgelands Nairobi 2023

Anja Wyden Guelpa CH

Lives and works in Geneva. After twenty years of experience in key management positions in the private and public sector as a project manager, director general of social affairs and state chancellor of the canton of Geneva, she and her team now advise companies and managers on innovation and corporate culture. She founded her company civicLab sarl in 2018, which she has been running ever since. She has been involved in the MATZA stages from the outset, organizing a workshop at MATZA Kerkennah in 2017. From 2022, she is co-curator of MATZA Edgelands.

Elle vit et travaille à Genève. Après vingt ans d'expérience à des postes clés dans le secteur privé et public en tant que cheffe de projet, directrice générale des affaires sociales et chancelière d'État du canton de Genève, elle conseille aujourd'hui avec son équipe des entreprises et des dirigeants en matière d'innovation et de culture d'entreprise. Elle a fondé sa société civicLab sarl en 2018, qu'elle dirige depuis. Elle s'est impliquée dans les étapes de MATZA dès le début et organise un workshop lors de MATZA Kerkennah en 2017. À partir de 2022, elle est cocuratrice de MATZA Edgelands.

Participation: Cocurator of MATZA Edgelands Medellin 2022, MATZA Edgelands Cúcuta 2022, MATZA Edgelands Nairobi 2023 and MATZA Edgelands Geneva 2023.

Sabine Zaalene CH

Sabine Zaalene, a Swiss artist, also has a university education in archaeology and art history. Her ongoing research entitled "Current Antiquities" is supported by the ArtPro Scholarship of the Canton of Valais. She enjoys exploring historical and contemporary contexts. Several of her works are related to West Africa and Algeria. Vieille branche, her first narrative, published by art&fiction in Lausanne, is a discourse with Algeria.

Sabine Zaalene, artiste suisse, a aussi pour bagage une formation universitaire en archéologie et en histoire de l'art. Sa recherche en cours intitulée «Actuelles Antiques» est soutenue par la bourse ArtPro du Canton du Valais. Elle aime explorer les contextes historiques et actuels. Plusieurs de ses travaux sont en lien avec l'Afrique de l'Ouest et l'Algérie. «Vieille branche», son premier récit, édité chez art&fiction, à Lausanne, dialogue avec l'Algérie.

Participation: MATZA Kerkennah 2017, MATZA Aletsch 2017, *Radical Biotope* 2017, *Bivouac* 2021

Tatyana Zambrano COL

Lives and works in Medellin (COL), 1982
Vit et travaille à Medellín (COL), 1982

In a time when capitalism and technology place us between ethical dilemmas and identity, political and sexual questioning, Tatyana Zambrano proclaims herself a «communist bitch». She explores strategies for the circulation of art, asking herself how her own practice can circulate and infiltrate the Internet and social media. Using advertising techniques, Tatyana Zambrano's artistic spaces range from the web to TikTok, from videos to merchandising and fashion accessories, questioning with humor and satire the hold of technology and communication on current ideologies.

À une époque où le capitalisme et la technologie nous placent entre dilemmes éthiques et remises en question identitaires, politiques et sexuelles, Tatyana Zambrano se proclame «salope communiste». Elle explore des stratégies de circulation de l'art, en se demandant comment sa propre pratique peut circuler et infiltrer internet et les réseaux sociaux. Recourant notamment aux techniques de la publicité, les espaces investis par Tatyana Zambrano vont du web à TikTok ou encore des vidéos merchandising aux accessoires de mode. C'est avec humour et satire qu'elle questionne l'emprise de la technologie sur les idéologies actuelles.

Participation: MATZA Edgelands Medellín 2022

Légends
Légendes

the desert

264 *Hydrometeores*
(detail of installation)
Séverin Guelpa, Valentin Kunik
and Guillaume de Morsier,
Bâtiment 76, Genève (CH), 2016

Hydrométéores
(détail de l'installation)
Séverin Guelpa, Valentin
Kunik et Guillaume de Morsier,
Bâtiment 76, Genève (CH), 2016

266 *The uprooted tree*
-267 Séverin Guelpa, University
of Geneva (CH), 2022

The uprooted tree
Séverin Guelpa, Université
de Genève (CH), 2022

268 *Radical Biotope*
-269 Séverin Guelpa, Valentin Kunik
and Guillaume de Morsier,
Ferme Asile, Sion (CH), 2017

Radical Biotope
Séverin Guelpa, Valentin Kunik
et Guillaume de Morsier,
Ferme Asile, Sion (CH), 2017

270 *The great filtration basin*
Séverin Guelpa, Bâtiment 76,
Genève (CH), 2016

The great filtration basin
Séverin Guelpa, Bâtiment 76,
Genève (CH), 2016

272 MATZA Aletsch 2016

289 Site under construction
for cooperative buildings A10
and A11, Ecoquartier des
Vergers, Meyrin (CH), 2019

Site en construction des
bâtiments coopératifs A10
et A11, Ecoquartier des
Vergers, Meyrin (CH), 2019

290 *Construction site*
-291 (refectory and common area)
Meyrin (CH), 2019

Espace chantier
(réfectoire et lieu commun
du chantier)
Meyrin (CH), 2019

292 Top:View of the construction site

Haut: vue du chantier

Bottom: Pelles mécaniques
(coordinated performance
between two site machines)
Delphine Reist,
Superstructure 2019

Bas: Pelles mécaniques
(performance coordonnée entre
deux machines de chantier)
Delphine Reist,
Superstructure 2019

293 Vergers construction site
and Superstructure site,
Meyrin (CH), 2019

Chantier des Vergers
et site de Superstructure,
Meyrin (CH), 2019

294 *Envol*
(6km of red and white
signage tape)
Séverine Hubard,
Superstructure 2019

Envol
(6km de bande signalétique
rouge et blanche)
Séverine Hubard,
Superstructure 2019

296 *Skycrop*
-297 (structure with solar panels)
Séverin Guelpa,
Superstructure 2019

Skycrop
(structure avec panneaux
solaires)
Séverin Guelpa,
Superstructure 2019

300 Dormitory space on site,
-301 Superstructure 2019

Espace dortoir sur le chantier,
Superstructure 2019

302 Top: (left to right) Stéphanie
Guibentif, Théo Bellmann,
Léopold Banchini, Laurence
Favre, Laurent Faulon, Delphine
Reist and Vincent Bertholet

Haut: (de gauche à droite)
Stéphanie Guibentif, Théo
Bellmann, Léopold Banchini,
Laurence Favre, Laurent Faulon,
Delphine Reist et Vincent
Bertholet

304 *Cité satellite*
-305 (architecture and illuminated
sign)
Léopold Banchini and Pierre
Cauderay,
Superstructure 2019

Cité satellite
(architecture et enseigne
lumineuse)
Léopold Banchini et Pierre
Cauderay,
Superstructure 2019

305 Autographs, Séverin Guelpa,
Marko et Rigor (waterproofers),
Superstructure 2019

Autographes, Séverin Guelpa,
Marko et Rigor (étancheurs),
Superstructure 2019

306 From left to right: Delphine
-307 Reist, Vincent Bertholet, Pierre
Cauderay, Laurent Faulon,
Séverine Hubard, two assistants,
Séverin Guelpa and Léopold
Banchini

De gauche à droite: Delphine
Reist, Vincent Bertholet, Pierre
Cauderay, Laurent Faulon,
Séverine Hubard, deux as-
sistantes, Séverin Guelpa et
Léopold Banchini

308 Dormitory space on the building
-309 site, Superstructure 2019

Espace dortoir sur le chantier,
Superstructure 2019

310 *Unir ses forces*
-311 (collection of new
and used hammers)
Séverin Guelpa,
Superstructure 2019

Unir ses forces
(collection de marteaux
neufs et usagers)
Séverin Guelpa,
Superstructure 2019

312 *Abris*
Delphine Reist,
Superstructure 2019

313 *De l'autre côté*
(photographies collées),
Laurence Favre,
Superstructure 2019

On the other side
(collaged photographs),
Laurence Favre,
Superstructure 2019

314 *Home*
(furniture elements covered
in spreadable paste)
Laurent Faulon,
Superstructure 2019

Home
(éléments de mobilier
recouverts de pâte à tartiner)
Laurent Faulon,
Superstructure 2019

315 *Il faut le vouloir*
(materials collected on site)
Harold Bouvard,
Superstructure 2019

Il faut le vouloir
(matériaux récoltés sur
le chantier)
Harold Bouvard,
Superstructure 2019

385 *Énergies grises*
(silver photographic X-rays)
Céleste Gangolphe, Élise
Indovino, Bivouac 2021

Énergies grises
(radiographies photographiques
argentiques)
Céleste Gangolphe, Élise
Indovino, Bivouac 2021

386 *Emergence·s*
(core drilling in concrete)
Héloïse Gailing and Marc
Rickling (Bureau Gailing Rickling
architectes)

Emergence·s
(carottage dans béton)
Héloïse Gailing et Marc Rickling
(Bureau Gailing Rickling
architectes)

387 *Gadolinium*
(building pipe smoking system)
la-clique, Bivouac 2021

Gadolinium
(dispositif d'enfumage des
conduites du bâtiment)
la-clique, Bivouac 2021

388 *Loco*
(prototype train made
of recycled materials)
Andreas Kressig, Bivouac 2021

Loco
(prototype de train en matériaux
de récupération)
Andreas Kressig, Bivouac 2021

392 *Gadolinium*
-393 (building pipe smoking system)
la-clique, Bivouac 2021

Gadolinium
(dispositif d'enfumage des
conduites du bâtiment)
la-clique, Bivouac 2021

394 Performance by Manufacture
-395 students during the Bivouac
exhibition, directed by Claire
de Ribaupierre

Performance des étudiant·es
de la Manufacture durant
l'exposition Bivouac sous la
direction de Claire de
Ribaupierre

396 Model of the Rasude site
created by EPFL students
under the direction of Tiphaine
Abenia and Agathe Mignon,
Bivouac 2021

Maquette du site de la Rasude
réalisé par des étudiant·es
de l'EPFL sous la direction
de Tiphaine Abenia et Agathe
Mignon, Bivouac 2021

397 *Atlas*
(Atlas atlantes hanging from
the building's concrete fascia)
Sabine Zaalene, Bivouac 2021

Atlas
(atlantes représentant Atlas
accrochées au bandeau de
béton du bâtiment)
Sabine Zaalene, Bivouac 2021

398 *New economy citadel*
(shotcrete on camping tent)
Tarik Hayward, Bivouac 2021

New economy citadel
(béton projeté sur tente
de camping)
Tarik Hayward, Bivouac 2021

400 *Gadolinium*
(building pipe smoking system)
la-clique, Bivouac 2021

Gadolinium
(dispositif d'enfumage des
conduites du bâtiment)
la-clique, Bivouac 2021

401 *That's all folks!*
(printing of a La Rasude access
tunnel on recycled tiles)
Nicolas Delaroche,
Bivouac 2021

That's all folks!
(impression d'un tunnel
d'accès de la Rasude sur
carreaux de faïence recyclés)
Nicolas Delaroche,
Bivouac 2021

402 *New economy citadel*
(sprayed concrete
on camping tent)
Tarik Hayward, Bivouac 2021

New economy citadel
(béton projeté sur tente
de camping)
Tarik Hayward, Bivouac 2021

403 *Strato-logique*
(multi-strate installation cross-
ing the roof of the building)
Diego Sologuren et Sébastien
Tripod, Bivouac 2021

Strato-logique
(installation multi-strates tra-
versant la toiture du bâtiment)
Diego Sologuren et Sébastien
Tripod, Bivouac 2021

406 *Mambo mini-golf*
(parcours mini-golf en matériaux
récupérés sur le site)
Bastian Marzoli et Grégoire
Guex-Crosier, Bivouac 2021

Mambo mini-golf
(mini-golf course made of materials recovered from the site)
Bastian Marzoli and Grégoire
Guex-Crosier, Bivouac 2021

407 Anu Pennanen, Bivouac 2021

408 *Gadolinium*
(building pipe smoking system)
la-clique, Bivouac 2021

Gadolinium
(dispositif d'enfumage
des conduites du bâtiment)
la-clique, Bivouac 2021

Credits

Séverin Guelpa
1-5, 7-17, 20, 21, 24, 25, 30-35, 40, 41-49, 54-61, 64-87, 90-92, 95-99, 110-113, 159, 160, 164,165, 169, 177, 179, 184, 185, 186, 192, 198-209, 213, 218, 222, 223, 231-237, 252, 253, 260-262, 264, 265, 271, 272, 290-303, 305, 308, 309, 318-320, 324, 325, 334-339, 343-358, 360, 384, 394, 395, cover, back cover

Frédéric Choffat
6, 26, 27, 114,115

Bureau A et Maxime Bondu
18-19

Ariane Arlotti
22, 23, 28, 29, 36-39, 62, 63, 88, 89, 93, 94, 100, 101, 117

Kunik de Morsier architectes
50-51, 102-109, 166, 167, 180, 181, 190, 191, 247, 248, 258-259

Drylab 2023
52-53

Laurence Piaget-Dubuis
153-158, 168, 173, 193, 212, 214, 228, 229, 229, 240-243, 250, 251, 254, 255, 263, 270

Pierre Cauderay
161, 162, 170-172, 187-189, 216, 217, 235, 296, 304, 305, 323, 369, 372, 373, 396

Laurence Bonvin
163, 174, 175, 176, 178, 182, 183, 224, 225, 238, 239

Point prod
195-197, 211, 215, 219, 230, 244-246, 249

Louis Méjean
210

Delphine Renault
220-221

Laurent Chiu
266-267

Nicolas Delaroche
268-269, 364-367, 370, 371, 374-383, 385-393, 397-408

Michael Hartwell
289-290, 322, 323, 326, 327, 362, 363, 368

Yannick Hennaf
306, 307

Nicolas Schopfer
310-315, 321, 328-333, 341, 342, 359

Théo Bellmann
316-317

Soutiens et remerciements
Support and thanks

From 2014 to 2023, MATZA was supported by the following generous donors and institutions:

De 2014 à 2023, MATZA a été soutenu par les généreux donateurs et institutions suivantes :

2023
Pro Helvetia Johannesburg, le Bureau de l'Intégration des Etrangers, the Edgelands Institute, le canton de Genève, la ville de Genève et le fond de transformation du canton de Genève, la fondation Leenards, la loterie romande, la ville de Meyrin, la fondation meyrinoise du Casino et le fonds mécénat SIG

2022
Pro Helvetia South America, the Edgelands Institute, le canton de Genève, la ville de Genève, la fondation Botnar, Corporación Perpetuo Socorro, Mattelsa et Comfama

2021
Pro Helvetia, la loterie romande, SV Rasude, CFF, la ville de Lausanne, la Poste, une fondation privée anonyme à Genève, Implenia SA, Conrad Kern SA, la fondation Sotto Voce, SIA section vaud, Frame contemporary art Finland et Taike, centre de promotion des arts, Finlande

2020
Les fonds mécénat SIG, le Théâtre de l'Orangerie, une fondation privée anonyme à Genève, la Ville de Genève, Maulini SA, Jundt Ingénieurs civils SA et Terrabloc Sarl

2019
La ville de Meyrin, le fond énergie Meyrin, la fondation meyrinoise du casino, une fondation privée anonyme à Genève, la coopérative Codha, la coopérative Voisinage, Bellmann Architectes et Espace Chantier

2018
La ville de Genève, la loterie romande et une fondation privée anonyme à Genève

2017
La ville de Genève, Artpro – canton du Valais, la loterie romande, le canton de Genève, la fondation Usine, la fondation Matanel, une fondation privée anonyme à Genève, les SIG (Services Industriels de Genève), les assurances Maghrebia, Concorde Hotels & Resorts, Business & Decision et Albert Okura

2016
La ville de Genève, le canton de Genève, la loterie romande, Pro Helvetia, la fondation suisse pour la culture, Swissnex (San Francisco), la fondation Leenards, la fondation meyrinoise du Casino, le consulat général de Suisse (Los Angeles), une fondation privée anonyme à Genève, Albert Okura et SMART (Sustainable Mountain Art)

MATZA would like to thank the following institutions for their collaboration and support:

MATZA remercie les institutions suivantes pour leur collaboration et complicité :

Ecole polytechnique fédérale de Lausanne (EPFL), Lausanne (CH)
Haute école d'art et de design (HEAD), Genève (CH)
Arizona State University, Phoenix (USA)
Le Musée National du Bardo, Tunis (TUN)
Boxo projects | Contemporary Art at the New Frontier
Ressource Urbaines (RU), Genève (CH)
Le Centre culturel suisse, Paris (FR)
Le Centre d'art contemporain, Genève (CH)
La Ferme Asile, Sion (CH)
Kunstraum Walcheturm, Zürich (CH)
BBAX gallery, Santa Monica (USA)
Artsci Center UCLA, Los Angeles (USA)
La maison de l'architecture, Genève (CH)

Séverin Guelpa remercie du fond du cœur les personnes suivantes pour avoir œuvré, de près ou de loin, à la réalisation des projets MATZA. Un merci tout particulier à sa femme Anja Wyden Guelpa pour son rôle essentiel, son regard pertinent et son flair implacable tout au long de ces années. Il remercie également les membres du comité de MATZA, Vinent Gonet, Elisabeth Logean, Deborah Mattatia, Carole Rigaut et Francis Rivolta pour leurs indéfectibles conseils et soutiens, ainsi que les amis et collègues Tiphaine Abenia, Camille Abele, Madeleine Amsler, Benoit Antille, Tom Battin, Theo Bellmann, Philippe Bertherat, Carine Bonsack, Beatriz Botero, Amina Bouzguenda Zeghal, Barbara Buser, Marisa Caichiolo, Alain Cauderay, Andrée Cauderay, Pierre Cauderay, Mathilde Chénin, Yves Daccord, Thierry Debons, Hélène Demont, Dieter Dietz, Céline Eidenbenz, Jean-Paul Felley, Adrian Fernandez, Fort Mojave tribal marching band, Wiliam Fox, Marc Frochaux, Noémie Gambino, Anne-Marie Graf, Joachim et Guillaume Guelpa, Denis et Jacqueline Guelpa, Stéphanie Guibentif, Yannick Hennaf, Fabien Hohenauer, Katharina Hohmann, Patrick Huber, Marco Janssen, Adriene Jenik, Olivier Kaeser, Deborah Keller, Gaston Kruger, Christophe Lamps, Simon Lamunière, Bernard Leibov, Jean-François Lichtenstern, Amanda Mc Cord, Mathilde et David Maradan, David Martin, Véronique Mauron, Guillaume Massard, Hélène Mariéthoz, Joelle Mathey, Laurent Matthey, Andre de Oliveira, Albert Okura, Luca Pattaroni, Jenny Piaget, Léonore Porchet, Helen Stubbs Pugin et Laurent Pugin, Olivier Rambert, Claire de Ribaupierre Furlan, Marie Saconni, Jérémie Schaeli, Raphael Soulié, Markus Stoeffel, Dorothea Strauss, Kim Stringfellow, Aurora Tang, Barbara Tirone, Pierre-Alain Tschudi, Cyril Veillon, Ariane Widmer, Adam Wyden, André Wyss, Slim Zeghal, Philipp Zehnder…